Wörterbuch deutscher Dialekte

Wörterbuch deutscher Dialekte

Eine Sammlung von Mundartwörtern
aus zehn Dialektgebieten im Einzelvergleich,
in Sprichwörtern und Redewendungen

von

Ulrich Knoop

unter Mitarbeit von Michael Mühlenhort

Bertelsmann Lexikon Verlag

Projektleitung und Redaktion: Dr. Sabine Krome
Dateneingabe, Satz und Layout: Michael Mühlenhort
Kartenentwürfe: Helga Krumpholz
Herstellung: Günter Hauptmann
Einbandgestaltung: Petra Dorkenwald

Druck und Bindung: Wiener Verlag, Himberg bei Wien
Printed in Austria
ISBN: 3-577-10574-7

7 6 5 4 3 2 1

Vorwort

Als Herr Wolf-Eckhard Gudemann vom Bertelsmann Lexikon Verlag mich vor drei Jahren fragte, ob ich eine Sammlung von Dialektwörtern und ihre synoptische Gegenüberstellung erarbeiten könne, habe ich mich über zweierlei gewundert: über das Interesse an den Dialekten überhaupt, dann aber auch über das Wiederaufleben einer alten Idee. Der Wunsch nach einem umfassenden Überblick über den dialektalen Wortschatz des Deutschen scheint also nicht bloß ein Wissenschaftlerwunsch zu sein, der schon im 18. Jahrhundert zu großen Sammlungen geführt und schließlich den »Deutschen Wortatlas« mit seinen 22 Kartenbänden bewirkt hat.

Dieser ist allerdings nicht leicht lesbar, so daß er der Vermittlung bedarf. Eine solche versucht das »Wörterbuch deutscher Dialekte«, das den Ergebnissen dieses großen Werkes vieles verdankt. Dieser Dank gilt deshalb der Institution, die noch heute ein Dorado für die Dialektforschung ist: dem »Forschungsinstitut für deutsche Sprache – Deutscher Sprachatlas« bei der Philipps-Universität Marburg und namentlich seinem Direktor (dem letzten Herausgeber des »Deutschen Wortatlas«), Herrn Professor Dr. Reiner Hildebrandt, der mir freundlicherweise die einmalige Sammlung an Dialektwörterbüchern des Instituts zur Verfügung gestellt hat. Außerdem möchte ich der Zeichnerin am »Deutschen Sprachatlas«, Frau Helga Krumpholz, für die Kartenvorlagen und Herrn Ernst-Jürgen Bischoff vom Bertelsmann Lexikon Verlag für wertvolle Hinweise beim Satz dieses Buches danken. In einem gewissen Sinne fortgeführt worden ist der »Deutsche Wortatlas« von Jürgen Eichhoff, Pennsylvania State University, der mir den vierten Band seines »Wortatlasses der deutschen Umgangssprachen« liebenswürdigerweise noch vor dem Druck zur Verfügung gestellt hat.

Die Arbeit an diesem Wörterbuch ist gerne geleistet worden, was wohl daran liegt, daß die Beschäftigung mit den Dialekten immer interessant und oft auch unterhaltsam ist. Sicher ergab sich auch deshalb die freundliche Hilfe von Ulrike Hönsch und – entscheidend – die fruchtbare Zusammenarbeit mit Michael Mühlenhort, beide vom Arbeitsbereich »Geschichtliche Landeskunde« der Albert-Ludwigs-Universität Freiburg. Ihnen gilt mein herzlicher Dank.

Wörter sind ja zunächst Chiffren, aber im Zusammenhang zeigen sie ihre Lebendigkeit – für die Anregung zur Aufnahme der »Redewendungen« und die stets gute Betreuung des Wörterbuches danke ich Frau Dr. Sabine Krome vom Bertelsmann Lexikon Verlag. Das Leben der Wörter spiegelt das Leben der Menschen, ihr Denken, Meinen, Hoffen und Urteilen wider. Dialektwörter tun dies in einer ganz besonders vertrauten Weise – zumindest in dem Dialekt, den man selber spricht. In diesem »Wörterbuch deutscher Dialekte« kann der Leser nun – natürlich in einem Ausschnitt – die Verbreitung und die Vielfältigkeit von Dialektwörtern in ganz Deutschland betrachten und sich daran freuen, wie lebendig, anschaulich und manchmal auch eigenartig es in den Dialekten zugeht. Wenn das Blättern, Nachschlagen und Lesen in dem »Wörterbuch deutscher Dialekte« dies bei seinen Lesern erreichte, wäre das auch der gewünschte Erfolg der Arbeit an diesem Buche.

Freiburg im Breisgau, im März 1997 Ulrich Knoop

Inhaltsverzeichnis

Kartenverzeichnis

Die Karten wurden angefertigt nach Entwürfen von Helga Krumpholz, Marburg.

Hinweise zur Benutzung

Das **Wörterbuch deutscher Dialekte** zeigt die Unterschiedlichkeit der deutschen Mundarten anhand ihres Wortschatzes im Vergleich mit dem Hochdeutschen im Einzelvergleich, in Sprichwörtern und Redewendungen. Das Buch ist in 5 Teile gegliedert.

Teil 1

führt in prägnanter und allgemeinverständlicher Darstellung in die verschiedenen Dialektlandschaften – ihre Ausprägung, Entstehung und Entwicklung – ein. Der »Einleitung« sind drei mehrfarbige Karten zur räumlichen Gliederung der Dialekte in der Bundesrepublik Deutschland und ein »Literaturverzeichnis« beigegeben.

Teil 2

bietet zu 292 Stichwörtern des Standarddeutschen über 3500 verschiedene Bezeichnungen in den zehn Hauptdialekten Westniederdeutsch, Ostniederdeutsch, Sächsisch, Thüringisch, Hessisch, Rheinisch, Pfälzisch, Schwäbisch-Alemannisch, Fränkisch und Bairisch. In einer doppelseitigen »Synopse« werden die Dialektwörter, geordnet nach standarddeutschen Bezugswörtern, vergleichend gegenübergestellt. Das hochdeutsche Stichwort gilt dabei als Inhaltserläuterung und alphabetischer Führer. Die Reihenfolge der Dialektwörter gibt Häufigkeit und Geltung einer Bezeichnung im jeweiligen Dialektgebiet wieder. Alle Schreibungen sind weitgehend dem Standarddeutschen angeglichen (vgl. »Einleitung«).

Teil 3

ordnet den Dialektwortschatz der »Synopse« in 15 »Sachgruppen«, die die wichtigsten Lebensbereiche umfassen. Die Dialektwörter sind für jedes Dialektgebiet alphabetisch sortiert, so daß die zusammengehörigen Bezeichnungen rasch überblickt werden können. Jede Sachgruppe ist durch charakteristische Abbildungen illustriert.

Teil 4

zeigt zu 45 ausgewählten Stichwörtern in 2000 »Redewendungen« (Sprichwörter, Kinderreime, kurze Schilderungen usw.) mit Illustrationen die Ausdruckswelt der Dialektwörter. Die Schreibung folgt hier den schriftlichen Quellen (eine Liste mit dem genauen Nachweis der Fundstellen kann mit einem frankierten DIN-A4-Rückumschlag über den Verlag angefordert werden). Erläuterungen und Übersetzungshilfen sind in Klammern beigefügt. Das entsprechende Dialektwort ist mit einer besonderen *Schrifttype* gekennzeichnet. Bei außerdem vorkommenden Dialektwörtern aus der »Synopse« wird mit einem Sternchen (*) auf das entsprechende standarddeutsche Bezugswort verwiesen.

Teil 5

besteht aus zwei Registern: »Dialektwörter A–Z« faßt alle Dialektwörter aus der »Synopse« in alphabetischer Reihenfolge mit Hinweisen auf ihre regionale Verbreitung und das Vorkommen in den »Redewendungen« zusammen. Das »Wortregister Redewendungen« versammelt in Teil 4 vorkommende Dialektwörter alphabetisch nach den standarddeutschen Stichwörtern der »Synopse«.

Für alle alphabetisch sortierten Teile gilt: Wie bei den meisten großlandschaftlichen Wörterbüchern werden die Umlaute (ä, ö und ü) bei der alphabetischen Reihenfolge wie die entsprechenden Vokale behandelt. ß ist wie ss eingeordnet.

Die vergleichende Methode des **Wörterbuchs deutscher Dialekte** eröffnet dem Benutzer den Zugang sowohl vom Hochdeutschen als auch von den einzelnen Dialekten her. Durch die »Sachgruppen« kann der Dialektwortschatz thematisch in verschiedenen Richtungen und unter unterschiedlichen Aspekten erschlossen werden. Da das **Wörterbuch der Dialekte** darüberhinaus das Dialektwort im Gebrauch und damit im Sprachzusammenhang dokumentiert, weckt es das Interesse des Lesers an den vielschichtigen Ausdrucksmöglichkeiten der deutschen Sprache. Mittels der Register ist ein schneller Zugriff auf die gesuchten Wörter, speziell auf die »Redewendungen«, möglich.

Einleitung

Die Hochsprache – einheitlich?

Mit einer gewissen Selbstverständlichkeit gehen wir davon aus, daß zwischen Rostock und Berchtesgaden die Wörter unserer deutschen Sprache gleichermaßen gebraucht und verstanden werden und es für jede Sache nur ein Wort gibt: Auto, Versicherung, Haus, Regierung, Stadt, Schule, Abgeordneter, Stuhl, Lampe, Einkommensteuererklärung, Banane, Frisör und vieles mehr. Schauen wir aber genauer hin, dann sehen wir durchaus Unterschiede, wenn nicht gar Unverständliches. Da stutzt man dann doch, wenn jeweils *Rundstücke*, *Wecken* oder *Semmeln eingeholt*, *besorgt* oder *gekauft* werden oder beim Wurst- und Fleischeinkauf mal *Fleischer*, mal *Metzger* als Ladeninschrift zu finden ist.[1] Und so kann man auf Reisen erleben, daß jemand beim *Metzger* ein *Hendl* und eine *Semmel* kauft. Etwas gewitzt, ist manchem schon klar, daß dies nur in Bayern der Fall sein kann. Wir wissen, daß die hochdeutschen Bezeichnungen 'Brathähnchen' und 'Brötchen' in Bayern kaum verwendet werden und daß es auch im Schwäbisch-Alemannischen oder Hessischen anders heißt, bis hin zum *Broiler* im Gebiet der ehemaligen DDR – also im Gebiet des Ostniederdeutschen (mit Mecklenburg-Vorpommern, Berlin-Brandenburg) und des Ostmitteldeutschen (Sachsen und Thüringen). Diese DDR-spezifische Bezeichnung ist allerdings – wie auch *Plaste* – auf dem Rückzug vor den hochdeutschen bzw. Dialektwörtern der nun wieder erstarkenden Dialektlandschaften Ostdeutschlands. Was aber wäre die hochdeutsche Entsprechung zu *Fastnacht*, *Fasching*, *Karneval* oder *Metzger*? Keine, denn diese Wörter existieren gleichberechtigt, aber landschaftlich unterschieden auch im Hochdeutschen nebeneinander. Hier lassen sich „hochdeutsch" und „dialektal" nicht deutlich voneinander trennen. Ein Blick in die überregionalen Tageszeitungen zeigt, daß dieses Phänomen gar kein Einzelfall ist: *Sonnabend* und *Samstag* wird auf den Titelseiten z.T. mit Schrägstrich quasi zur Auswahl angeboten, im norddeutschen redaktionellen Teil mit *Sonnabend*, im süddeutschen mit *Samstag* wiedergegeben. Prüft man daraufhin allein die Wörter der »Synopse«, so kommt man schon bei dieser Auswahl auf eine erstaunliche Zahl von Begriffen, für die es mehr als eine „hochsprachliche" Bezeichnung gibt: *Bürgersteig* – *Gehsteig* – *Gehweg* – *Trottoir* – *Fußweg*; *eben* – *halt*; *Abendbrot* – *Abendessen*;

[1] Zur Kennzeichnungskonvention in der »Einleitung«: Wörter aus den Dialekten und dialektale Lautphänomene sind in *kursiver, serifenloser Schrift* geschrieben. Standardsprachliche Bezugswörter sind mit einfachen 'Häkchen' versehen.

Pfarrer – Pastor; *Eigelb – Eidotter*; *Fahrstuhl – Aufzug – Lift*; *Klempner – Installateur*; *Lauch – Porree*; *Christkind – Weihnachtsmann*; *Werktag – Alltag – Wochentag* u.v.m.

Ein Blick in die großen Wörterbücher des Hoch- bzw. Standarddeutschen mit spezialisierenden Kennzeichnungen wie „landschaftlich", „süddeutsch", „norddeutsch", „mundartlich", „dialektal" usw. überzeugt davon, daß die Gleichheit des Wortschatzes im Hochdeutschen weder selbstverständlich ist, noch so weit reicht wie allgemein unterstellt. Wenn man davon ausgeht, daß wir eine gut ausgebaute und verwendungsfähige Hochsprache haben – und zu ihr gehört auch ein einheitlicher Wortschatz –, dann stellt sich die Frage, warum keine vollständige Einheitlichkeit vorliegt, wir vielmehr viele, z.T. große Unterschiede in den Bedeutungen und Verwendungsweisen der Wörter im Deutschen haben.

Die Dialekte

Neben den vielen Sondersprachen, die die Hochsprache begleiten – Fach-, Jugend-, Geheim- und sonstige Sprachen –, gibt es Sprachformen, die regional gebunden sind, ein zähes Eigenleben führen und sogar die Hochsprache beeinflussen. Diese Sprachen, die Dialekte, sind immer wieder in einen Gegensatz zur Hochsprache gestellt worden. Zu Unrecht, wie schon aus dem einen Beispiel *Fastnacht / Fasching / Karneval* aus der »Synopse« zu ersehen ist. Denn die Hochsprache erfüllt offensichtlich gar nicht alle notwendigen Bezeichnungsmöglichkeiten und -notwendigkeiten, so daß sie sich regionalsprachlicher, dialektaler Wörter bedienen muß, um Dinge richtig bezeichnen zu können. Schon daraus wird ersichtlich, daß die Dialekte keine heruntergekommenen Teile einer Hochsprache sein können. Sie sind kein minderwertiger Jargon und was dergleichen mehr Verunglimpfungen im Laufe der Zeit über die Dialekte ausgesprochen wurde und was aus einer überzogenen Vorstellung von der Ausformung und Gültigkeit einer normierten Hochsprache herrührt. Denn tatsächlich sind die Dialekte gar nicht so weit entfernt von der Hochsprache. Wie kommt das? Das kommt daher, daß die Dialekte die Grundlage für das Hoch- oder „Standarddeutsch" abgegeben haben und bis heute in einem Austauschverhältnis mit diesem stehen. Die geschichtliche Entwicklung der Standardsprache verläuft nämlich so, daß diese aus den Dialekten hervorgegangen ist und die Dialekte alle mehr oder minder zu ihrer Herausbildung beigetragen haben. In einem langwährenden Verfahren des Wählens, Abtrennens, Formens, Beeinflussens ist die deutsche Hochsprache aus den Beständen der Dialekte entstanden. Die Vereinheitlichung und damit die Entfernung von den Dialekten wurde im Laufe der Zeit weit voran getrieben, blieb dann aber bei einer Gruppe von Wörtern stehen, die im Vergleich zum gesamten Wortschatz sicherlich klein ist, aber aufgrund der Bezeichnungsbereiche aus häufig verwendeten Wörtern besteht. Dieser Teil des Wortschatzes hat bis heute keine Vereinheitlichung erfahren und ist deshalb in den großen Wörterbüchern der Hochsprachen an zwei oder mehr Stellen zu finden. Seine Gültigkeit ist immer noch von den räumlichen Erstreckungen eines oder mehrerer Dialekte bestimmt.

Die hohe Frequenz dieser Wörter entsteht aus ihrer Zugehörigkeit zu den Bezeichnungsbereichen der unmittelbaren Nähe, der Sphäre des Alltags. Dies veranschaulichen die in diesem Wörterbuch gebildeten »Sachgruppen«. Diese Entwicklung, deren Rest wir so in der Hochsprache noch bemerken können, ist dadurch verursacht, daß es in Deutschland ursprünglich mehrere selbständige Sprachgebiete gab. Diese Selbständigkeit kann an der Lautung, dem Wortschatz und der jeweiligen Mundartliteratur abgelesen werden. Die entsprechenden Gebiete sind noch heute zu erkennen, da sie trotz der Hochsprache und ihrer Kultur eine deutlich spürbare Eigenständigkeit bewahrt haben und dies auch heute noch zum Ausdruck bringen (vgl. zum Folgenden Karte 1 »Dialektgebiete in der Bundesrepublik Deutschland« und Karte 3 »Die Länder der Bundesrepublik Deutschland«).

Am deutlichsten wird dies, wenn wir den bairischen Dialekt betrachten. Regionales Selbstbewußtsein und sprachliche Eigenständigkeit kommen hier in einem Bewußtsein der Zusammengehörigkeit überein. Das *mir san mir* bringt das unmißverständlich zum Ausdruck. Ein solchermaßen geprägtes Bundesland, der Freistaat Bayern, lebt denn auch vom Erhalt seiner Sprachform. Allerdings zeigt schon die Schreibweise – einmal i in ba*i*rischer Dialekt, einmal y in Ba*y*ern –, daß staatlicher Verbund und Sprachraum, wie immer bei lebendigen Sprachen, nicht zu einer absoluten Übereinstimmung gebracht werden können. Denn die Sprache, die in Bayern gesprochen wird, ist auch die Sprache großer Teile Österreichs und Südtirols. Die Schreibung von „bairisch" erinnert daran, daß das Siedlungsgebiet des damaligen Stammesherzogtums vor allem im 8. und 9. Jahrhundert größer war als das heutige Gebiet des Freistaats Bayern. Ferner weist diese Schreibweise darauf hin, daß der Freistaat auch andere Dialekte in seinem Staatsterritorium hat: nämlich im Norden das Fränkische und im Westen das Schwäbische.

Wie im Bairischen rührt der Name dieses Dialekts, des Schwäbischen, von einem, allerdings jüngeren, Herzogtum Schwaben her, während sich von dem älteren Stammesherzogtum der Alemannen der sprachwissenschaftliche Name für das gesamte Dialektgebiet ableitet, das sich zusätzlich zu Schwaben auch über Baden, Elsaß, Deutschschweiz und Vorarlberg erstreckt. Auch von der Sprache her findet der Zusammenschluß der ehemaligen Länder (Großherzogtum) Baden und (Königreich) Württemberg zum Bundesland Baden-Württemberg seine Grundlage.

Nördlich davon trifft man auf ein Dialektgebiet, dessen Name auf das dritte alte Herzogtum verweist: das Fränkische. An die Franken erinnert politisch nur noch der nördliche Regierungsbezirk Bayerns und seine Sprache. Sprachwissenschaftlich wird allerdings mit den Bezeichnungen für das Rheinische (= Mittelfränkisch), das Pfälzische und Hessische (= Rheinfränkisch) und das Fränkische (= Ostfränkisch) gezeigt, daß für diese heutigen Einzeldialekte eine gemeinsame Grundlage existiert. Inwieweit die Hessen etwas mit den Chatten zu tun haben, ist strittig, insgesamt aber auch deshalb von geringerem Wert, weil die politische Entwicklung dieses lange geteilten Gebietes erst nach dem 2. Weltkrieg zu einem Zusammenschluß führte und sprachlich vor allem der südhessische Raum mit Frankfurt und Darmstadt prägend wirkte. Das Beharrungsvermögen des Hessischen zeigt sich aber in der Tradition des Namens über Jahrhunderte hinweg in allen Landesteilen.

Das gilt ähnlich für das benachbarte Thüringen, das seinen Namen ebenfalls von einer germanischen Völkerschaft aus dem 6. Jahrhundert herleitet und diesen über die Landgrafschaft, die sächsisch-thüringischen Herzogtümer bis zur Benennung des heutigen Bundeslandes erhalten konnte. Sachsen dagegen verdankt seinen Namen einer Jahrhunderte währenden West-Ost-Verschiebung aus dem ehemaligen Stammesherzogtum der

Sachsen um Braunschweig in die östlichen Neusiedelländer, also von der norddeutschen Tiefebene in die nördlichen Mittelgebirge, das Oberland. Deshalb hieß das heutige Sachsen noch lange Obersachsen, wozu dann die Bezeichnung Niedersachsen gebildet wurde (vgl. das »Wörterbuch der „obersächsischen" Mundarten«; Karte 2 »Bearbeitungsgebiete der deutschen Dialektwörterbücher« und das »Literaturverzeichnis«). Dann aber haben die *vigilanten*, d.h. 'intelligenten', Einwohner Sachsens die kürzere Form für sich gängig gemacht.

Alle diese Dialektbezeichnungen haben einen gemeinsamen Bezug: germanische Volksstämme stehen Pate, und heutige Bundesländergrenzen entsprechen ungefähr dem Dialektraum. Hier ermöglichen also Sprechweise und politischer, historischer Raum eine Identifizierung mit der jeweiligen Region.

Letzteres trifft zwar sicherlich auch auf die Pfalz zu, aber ihr Name rührt ursprünglich vom möglichen Regierungssitz eines Herrschers her, und es gibt deshalb mit der Oberpfalz oder der Kurpfalz noch andere Regionen mit dieser Bezeichnung. Außerdem ist die Pfalz nur die eine, südliche Häfte des Bundeslandes Rheinland-Pfalz. Dessen anderer Teil bildet mit dem südlichen Teil von Nordrhein-Westfalen das Rheinische, eine Dialektlandschaft, die ihren Namen von dem Fluß bezieht, der sie hier verbindet, während er anderswo trennt. Diese Bezeichnung hat sich als angemessen erwiesen, denn sie benennt einen Sprachraum, der sich als sehr eigenständig weiß und dies auch mit dem »Rheinischen Wörterbuch« dokumentiert (siehe Karte 2 »Bearbeitungsgebiete der deutschen Dialektwörterbücher« und das »Literaturverzeichnis«).

Die Sprachbezeichnung für den ganzen norddeutschen Raum weist nun ein Wort auf, das man bei den Dialekten eigentlich nicht vermuten würde: das Wort für die Gesamtsprache, also „deutsch", verbunden mit einer Landschafts- oder Regionalcharakteristik, nämlich „nieder". Der Wechsel im Bezeichnungssystem ist durchaus folgerichtig. Denn diese Sprachregion versteht sich zu recht als eine Einheit, begründet nicht zuletzt durch eine weitgehend gemeinsame Sprache.

Die Ursache für dieses Selbstverständnis liegt darin, daß diese Sprachregion in vordeutscher Zeit Ausgangspunkt für mehrere, sich weiter entwickelnde Sprachen war, von denen einige Nationalsprachen wurden: u.a. Englisch, Niederländisch, Friesisch und eben „Sächsisch", dessen Benennung sich auf das vierte Stammesherzogtum des frühen Mittelalters bezieht. Die älteste Form des Niederdeutschen (800–1200) wird deshalb auch – im Gegensatz zum gleichzeitigen Althochdeutsch – Altsächsisch genannt. Eine große Blüte und regionale Ausdehnung erfuhr diese Sprache im Wirtschafts- und politischen Verbund der Hanse, die zwischen 1300 und 1500 den gesamten norddeutschen Raum sowie die Häfen und Stapelplätze der Ostsee wirtschaftlich, rechtlich und auch politisch bestimmte. Damals war (Mittel-)Niederdeutsch eine Schriftsprache und nicht nur Sprechsprache, wie man dies von den Dialekten annimmt.

Die Hanse und die Besiedlung der Räume östlich der Elbe ab dem 8. Jahrhundert und östlich der Oder ab dem 11. Jahrhundert führten dazu, daß Niederdeutsch sich weit in den Osten hinein als die bestimmende Verkehrs- und Umgangssprache ausdehnte. Sprachlich war Niederdeutsch durch die Beibehaltung der germanischen Lautungen p, t, k scharf vom Hochdeutschen abgetrennt (*Panne* 'Pfanne'; *open* 'offen'; *Tid* 'Zeit'; *Water* 'Wasser';

maken 'machen'; *ik* 'ich'). Mit dem Niedergang der Hanse nach der Orientierung des europäischen Handels nach Indien und Amerika im 16. Jahrhundert kam es in Deutschland zu einer Südorientierung und zur Übernahme der hochdeutschen Sprache im niederdeutschen Gebiet, zunächst im wirtschaftlichen und Rechtsschrifttum, dann aber auch durch die Texte der Glaubenserneuerung (Reformation). Neben Luthers Bibelübersetzung wirkte hier vor allem der hochdeutsche Katechismus.

Die hochdeutsche Sprache – und hier ist der ursprüngliche Begriff gemeint: die deutsche Sprache in Mittel- und Oberdeutschland – wurde von den niederdeutschen Sprechern aus der Schrift gelernt und damit auch eine schriftmäßige Aussprache eingeübt. Sie wurde im weiteren Verlauf gegenüber der dialektal orientierten Aussprache in den hochdeutschen Regionen vorbildlich. Dies bewirkte einen eher seltenen Zusammenschluß zweier schon länger getrennter Sprachformen, nämlich der nieder- und hochdeutschen, und nach längerer Entwicklung die Begründung einer Gemeinsprache im 18. Jahrhundert. Diese wurde zwar insgesamt Hochdeutsch – also nach dem südlichen Teil – genannt, die Niederdeutschen waren aber „tonangebend": sie prägten die Aussprache. Da sie den Süddeutschen als „Preußen" erschienen, war damit der bis heute waltende Gegensatz begründet. Die niederdeutsche Schriftsprache fand durchaus eine Fortsetzung: Klaus Groths Mundartdichtung und die niederdeutsche Umgangssprache bei Fritz Reuter sind die berühmtesten Zeugnisse einer langen Tradition.

Das alles wird einem aber erst bewußt, wenn man sich mit der distanzierenden Schriftsprache befassen muß und einem dann der Unterschied zwischen der Sprache aufgeht, die man spricht und derjenigen, die man schreibt. Die Schriftsprache mit ihrer raumzeitlich weiteren, allgemeineren Gültigkeit erfordert eine zweite Sprachausbildung in der Schule, während die gemeinhin gesprochene Sprache quasi natürlich gelernt wird. Und diese gesprochene Sprache ist ganz einfach *die* Sprache, während die Schriftsprache und ihre Formen erst aus dem Überblick über alle gesprochenen Sprachen, die Dialekte, in Deutschland erklärlich wird. Gesprochen wird deshalb nicht „niederdeutsch", „hessisch" oder „schwäbisch": man *snackt plattdütsch*, *storcht platt*, oder *schwätzt*. Das gilt aber nur für einen selber und die Menschen aus der Umgebung. Bei anderen Sprechern stellt man dagegen nicht nur fest, daß sie anders reden, man kann teilweise sogar sagen, aus welcher Gegend Deutschlands sie stammen, welchen Dialekt sie sprechen. Oftmals genügt schon der Klang der Sprechweise, um bestimmen zu können, aus welcher Gegend der andere kommt. *Semmel*, *Schwammerl* oder *servus* muß er deshalb noch gar nicht gesagt haben. Wie kommt es dazu?

Dialektforschung

Wir sprechen nicht nur so, wie uns der Schnabel gewachsen ist, also nach der Art, die wir gewöhnt sind, sondern wir hören uns auch sprechen, verbessern uns, vor allem aber: wir vergleichen. So können wir feststellen, daß der eine so spricht wie wir, ein anderer dagegen nicht. Dieses Anderssein können wir nach einiger Erfahrung auch räumlich zuordnen. Die Sprachmodulation ist der am wenigsten bewußte Teil des Sprechens und damit der zuletzt zu verändernde Sprachbereich – diese Erfahrung macht jeder, der seinen Dialekt aufgeben will und sich auf Tonträgern hört. Sprachbau und Wortschatz lassen sich relativ leicht ändern oder erweitern, die Sprachmelodie nicht. Aber warum auch? Deutschland hat eine stark ausgeprägte Regionalsprachlichkeit, und diese trägt sicherlich nicht unerheblich zur Lebendigkeit unserer gesamten Sprache bei. Andere Sprechweisen kann man also – auch ohne sprachwissenschaftliche Kenntnisse – hinsichtlich ihrer Herkunft bestimmen, so daß sich von daher unser Sprachbewußtsein bestätigt. Nun möchte man aber wissen: Welchen Dialekt spricht der andere, oder: wie weit reicht mein Dialekt? Das versucht die Dialektologie zu bestimmen, die hierbei aber die Schwierigkeit hat, räumliche Grenzen und dialektale Geltungsbereiche in Übereinstimmung zu bringen. Man nimmt zunächst einmal an, daß die Standardsprache den gleichen räumlichen Geltungsbereich hat wie das politische Gebiet des Staates, dessen Sprache sie ist. Aber so einfach ist es selbst bei der Standardsprache nicht. Da genügt schon ein Blick nach Belgien, der Schweiz oder Kanada.

Da die Geltungsbereiche der Dialekte nicht staatlich gebunden sind, bestimmen sie sich zunächst rein sprachlich. Da die Menschen sich aber sprachlich gerade nicht abgrenzen und auch Mauern hier nichts vermögen, werden sprachliche Unterschiede im wechselnden Austausch ausgeglichen bzw. nivelliert. Demnach hört ein Dialekt nicht abrupt an einer Grenze auf, vielmehr mehren sich die Unterschiede, je weiter man sich von den sogenannten Kerngebieten entfernt, und in einer Entfernung von 50 und mehr Kilometern kann man dann unter Umständen einen anderen Dialekt feststellen. Die Dialektologie spricht deshalb von Kern- und Randzonen – immer im Hinblick auf die Benennung des Dialekts mit einem der gültigen Dialektnamen. Selbstverständlich hat man auch in den „Randzonen" eine dialektale Sprechweise: aber unter dem Gesichtspunkt einer Zuordnung zu den großen Dialektlandschaften spricht man eben nicht den Dialekt der Kernlandschaft. So spricht man z.B. in Karlsruhe nicht alemannisch, obwohl dies einmal die Residenz des Großherzogtums Baden war, dessen Gebiet fast mit dem alemannischen Sprachraum übereinstimmt. Dort, in Karlsruhe und Umgebung, spricht man einen alemannisch-fränkischen Mischdialekt. Da Sprache durch das vielfältige Sprechen – also Sprache austauschen – sehr beweglich, also veränderlich ist, bedarf sie, wenn sie denn erhalten werden soll, eines kulturellen und letztlich politischen Willens für ihre Behauptung. Kernlandschaften der Dialekte können nur entstehen und sich auch erhalten, wenn ein solcher Wille über längere Zeit am Wirken ist. Es sei an die eingangs genannte historische Entwicklung erinnert, wonach die großen, bedeutenden Dialektlandschaften auch immer geschichtlich begründete Räume sind, deren Tradition nicht nur im Erhalt dieser Sprachlichkeit fortwirkt. Die Länder der Bundesrepublik Deutschland sind keine Zufallsbildungen, zu ihren Begründungen tragen eben auch ihre eigenständigen Dialekte bei.

Die Sprachmelodie ist, wie schon erwähnt, eines der deutlichsten Anzeichen für einen Dialekt. Sie ist aber auch das am Dialekt, was am schwierigsten zu erfassen und darzustellen ist. Das „Singen" der Rheinländer, das „Sächseln" oder „Schwäbeln" ist nämlich kaum beschreibbar. Die Dialektologie hat deshalb versucht, das genauer zu erfassen, was dieser Sprachmelodie möglichst nahe kommt: die Laute und ihre Unterschiedlichkeit zwischen den verschiedenen Dialekten. Also: neben dem *–le* als sehr häufiger Verkleinerungsform im Schwäbischen klingt das *–sch–* für –s– in den Wörtern mit –st– für andere Ohren sehr schwäbisch: *ischt*, *fescht*, *Durscht*, *Moscht*, *Kommunischt*. Für solche einzelnen Lauterscheinungen gibt es deutliche Grenzlinien, so daß man von diesseits und jenseits sprechen kann. Die beeindruckendste dieser Grenzlinien trennt die beiden Sprachformen Niederdeutsch und Hochdeutsch. Nördlich einer Linie Aachen, Siegen, Kassel, Dessau, Berlin, Frankfurt/Oder sagt man im Dialekt *Pund, Appel, Dorp*; *Tid, Water, Holt*; *ik, maken*. Südlich davon – im Hochdeutschen – sagt man: *Pfund / Fund, Appel / Apfel, Dorf*; *Zeit, Wasser, Holz*; *ich, machen*. Diese Grenzlinie markiert den Bereich, den eine Lautveränderung bestimmt hat, die im frühen Mittelalter zur Trennung des Deutschen in einen südlichen und einen nördlichen Teil geführt hat. In der Sprachwissenschaft wird diese erhebliche Veränderung die 2. oder hochdeutsche Lautverschiebung genannt. Sie führt zur Begründung der hochdeutschen Dialektgebiete und zur lange wirksamen Teilung in Hochdeutsch im Süden und Niederdeutsch im Norden.

Aufgrund solcher als bedeutend erachteter Grenzlinien sind die einzelnen Dialekte von der Dialektologie schließlich räumlich unterschieden, auf Karten erfaßt und zu einem Gesamtüberblick über die Dialekte des Deutschen zusammengestellt worden (vgl. Karte 1 »Dialektgebiete in der Bundesrepublik Deutschland«). Das Material für diese Kartierung wurde in einer großartigen wissenschaftlichen Unternehmung am Ende des letzten Jahrhunderts zusammengetragen und auf großformatigen Karten verzeichnet. Ein junger Sprachwissenschaftler aus Düsseldorf, Georg Wenker (1852–1911), kam in den siebziger Jahren auf die Idee, Schulklassen zu bitten, vierzig hochdeutsche Sätze in den jeweiligen Dialekt zu übersetzen, um so die wichtigsten dialektalen Lautmerkmale für den jeweiligen Schulort bestimmen zu können. Wenker ging 1876 nach Marburg und erhob von dort aus diese Fragebogen von allen Schulorten des Reichsgebiets.

Aus den eingegangenen Meldungen – insgesamt über 48.000 Fragebogen! – wurden von 1889 bis 1933 in entsagungsvoller Arbeit die genannten Lautmerkmale auf Karten eingezeichnet. Für jeden Sprachlaut, insgesamt 500 Lautphänomene, wurden drei Teilkarten des Reichsgebiets erstellt, von denen jede ca. 55 x 70 cm mißt. So entstanden z.B. Lautkarten für 'nichts' (westniederdeutsch *nix*, ostniederdeutsch *nischt*, rheinisch *nöx / nüs*, hessisch *naut*, pfälzisch und schwäbisch *nex*, alemannisch *nüt*, bairisch *nix*) oder 'ich' (niederdeutsch *ik*, mitteldeutsch *ich / ech*, oberdeutsch *i*). Dieser Kartenbestand wird heute im Marburger Forschungsinstitut für deutsche Sprache verwahrt, das im Untertitel die Bezeichnung hat, unter der das ganze Werk in der Wissenschaft bekannt geworden ist: »Deutscher Sprachatlas«. Aufgrund dieser Übersicht und weiterer Arbeiten zu den deutschen Dialekten – mittlerweile gibt es viele regionale Sprachatlanten für die einzelnen Dialekte – ist es möglich, ihre wichtigsten Eigenschaften kurz vorzustellen. Damit soll eine Bestimmung für die Dialektbezeichnungen gegeben werden, die über den einzelnen Rubriken der »Synopse«, also der vergleichenden Zusammenstellung der Dialektwörter, stehen und die in den anderen Verzeichnissen (»Sachgruppen«, »Redewendungen« etc.) verwendet werden.

Zehn Dialektregionen

Schwäbisch-Alemannisch

Dieses Dialektgebiet liegt südlich einer Linie, die ungefähr von Zabern im Westen über Karlsruhe, Heilbronn bis Crailsheim im Osten verläuft und westlich einer Linie, die von Crailsheim über Augsburg, Landsberg bis Kempten reicht, also dem Flußlauf des Lech folgt. Östlich davon beginnt das Bairische, nordöstlich das Fränkische und nordwestlich das Pfälzische. Im Westen und Süden hört das Schwäbisch-Alemannische zwar nicht auf (Elsaß, Deutschschweiz und Vorarlberg), wohl aber das deutsche Staatsgebiet.

Die deutlichste Unterscheidung zum Pfälzischen hin ist die Aussprache aller Wörter mit pf– und –pf–: das Schwäbisch-Alemannische hat hier *Pfund*, *Apfel*, *Pfarrer*, *Pfeife*, das Pfälzische eben *Palz*, *Pund*, *Abbel*, *Parrer*, *Peip*. Außerdem hat das Schwäbisch-Alemannische im Westen *Iis*, *Ziit* und *Huus*, *Muus* für 'Eis', 'Zeit' und 'Haus', 'Maus'. Auch das bekannte *–le* gehört dazu: nördlich heißt es *–che* (statt *bißle bißche*). Das gilt ebenso gegenüber dem nordöstlich anschließenden Fränkisch, dort kommt aber noch eines der auffälligsten Kennzeichen des Schwäbisch-Alemannischen hinzu: *scht*, *schp* wird, wie schon erwähnt, auch im Inlaut gesprochen (*ischt*, *fescht*, *Reschpekt*). Vom Bairischen kann das Schwäbisch-Alemannische vor allem durch das Wort für 'Dienstag' und die persönlichen Fürwörter 'ihr' und 'euch' geschieden werden: *Ziischdi* (bairisch z.T. *Aftermontag* bzw. *Erta*) und *ir*, *üüch* (bairisch *ös*, *enk*). Hinsichtlich des Wortschatzes hat das Schwäbisch-Alemannische eine ganze Reihe von Wörtern, die nur in diesem Raum gelten (in der »Synopse« sind es gut 300). Die bekanntesten sind: *Batenke* ('Schlüsselblume (Primula)'), *Bibeleskäse* ('Quark'), *Finken* ('Hausschuhe'), *Herdapfel* ('Kartoffel'), *Kauter* ('Tauber'), *klemmen* ('kneifen'), *Kutterschaufel* ('Kehrschaufel'), *Öhmd* ('Grummet', 'zweiter Grasschnitt'), *sauen* ('laufen'), *Schneuzfleck* ('Taschentuch'), *Vesper* ('Abendmahlzeit') und *wunderfitzig* ('neugierig').

Zwar gilt eine Aussprache im Schwäbisch-Alemannischen überall: *gsait* für 'gesagt', aber ansonsten gibt es wichtige Anzeichen für die Teilung dieses Dialektgebiets, die ja auch in der Bindestrichkennzeichnung deutlich wird. Sprachwissenschaftlich wird das gesamte Gebiet als Alemannisch bezeichnet, die südlichen, nördlichen und östlichen Nachbarn nennen es Schwäbisch. Zwischen dem schwäbischen (württembergischen) und dem badischen Teil des Alemannischen (also ohne Elsaß, Deutschschweiz und Vorarlberg) bestehen freilich große Unterschiede, die aufgrund der Verwandtschaft natürlich noch deutlicher herausgestellt werden müssen: *Sind'r scho mol z'Basel gsii?* fragt der Badener einen Berliner. *Det ha' ick nich vastandn.* Ein Schwabe will helfen: *Er moint: gwea!* Die Form für 'gewesen' wird im Badischen mit ‚sein' gebildet und im Schwäbischen unter Ausfall des –s– mit ‚gewesen'. Entscheidend ist aber, wie gegenüber dem Pfälzischen schon angemerkt, daß nur das Badische *Iis*, *Huus* hat und umgekehrt nur die Schwaben un–, an–, en– usw. nasaliert aussprechen. Hier hat *das* schwäbische Kennwort seinen Ursprung: 'unangenehm' – mit verschiedenen Nasalierungen. Weitere Anzeichen sind auch die besonderen schwäbischen Lautungen für 'Schnee' und 'schon': *Schnai* und *schau*. Und so trennt sich das Schwäbische vom übrigen Alemannischen entlang des Schwarzwaldes und oberhalb des Bodensees („Schwarzwaldschranke“ und „Sundgau-Bodensee-Schranke“).

Bairisch

Östlich des Lech und südlich einer Linie Hof, Bayreuth, Nürnberg und Crailsheim (dem Nord-Ost-Punkt des Schwäbisch-Alemannischen) befinden sich die drei bairischen Regierungsbezirke des Freistaats (Ober-, Niederbayern und Oberpfalz). Deutlich wird dieser Dialekt auch dem Außenstehenden durch die Veränderung des –ei– zu *–oa–* oder *–oi–*: *hoas*, *broad*, *broida*, *Loada* (’heiß’, ’breit’, ’breiter’, ’Leiter’; hierher gehört die Kennerausprache von *Eichkatzelschweif*), und des langen –u– zu *–ua–*: *Bruader* (’Bruder’). Was im Hochdeutschen e oder ä lautet, wird im Bairischen mit einem ganz hellen *a* ausgesprochen: *zaach*, *Schar*, *Radi*, *Mandl*, *Sagi*, *Andn* (’zäh’, ’Schere’, ’Rettich’, ’Männlein’, ’Säcklein’, ’Ente’).

Wie sich Geschichte und Sprache ganz unmittelbar gegenseitig beeinflussen können, zeigen die Glaubensauseinandersetzungen der Frühen Neuzeit im bairischen Sprachraum. Lutherische Texte waren in Bayern sofort erkennbar, weil sie am Wortende ein –e aufwiesen, wohingegen das Bairische *i sing*, *i nimm*, *zwoa Dog* hat (’ich singe’, ’ich nehme’, ’zwei Tage’). Wie überhaupt das Bairische vielfach die Silben reduziert: *i ho's o'zong* (nur vier Silben) – ’ich habe sie (die Hose) angezogen’ (acht Silben). Davon ist auch das –l– betroffen. Es fällt aus bzw. wird zu *–i–*, und die Aussprache wird besonders charakteristisch: *vui*, *Gowe*, *Hoiz*, *Geid*, *Schdui* (’viel’, ’Gabel’, ’Holz’, ’Geld’, ’Stuhl’) – das allerdings nicht in der Oberpfalz, also nordöstlich der Linie Straubing, Augsburg. Die Verkleinerungsform, schwäbisch-alemannisch *–le* (statt *–chen*), lautet im Bairischen meistens *–l*, *–al*, aber auch *–i*: *Haisl*, *Hasal*, *Biachl*, *Ressai* / *Ressl* (’Häuschen’, ’Häschen’, ’Büchlein’, ’Rößlein’). Schließlich kennt man den Brauch des *Derbleckens* (des ’Hänselns’), was auf die Vorsilben ’er–’, ’zer–’, ’ver–’ hinweist, die im Bairischen mit *der–* wiedergegeben wird: *derbarmen*, *derschrecken*, *derschlagen*, *derhungern*, *sich derrennen* (’erbarmen’, ’erschrecken’, ’er–’ / ’zerschlagen’, ’verhungern’, ’verunglücken’). Im Wortbereich ist nicht – wie allgemein angenommen – die *Semmel*, der *Fasching* oder das *Schwammerl* baierntypisch (siehe »Synopse«), sondern: *Anzen* (’Gabeldeichsel’ beim Einspänner), *Dult* (’Jahrmarkt’), *Fangermandl* (das Kinderspiel ’Fangen’), *Fotze* (’Ohrfeige’), *Haxe* (’Ferse’, bzw. ’Fuß’ bis ’Bein’), *himmazen* (’blitzen’), *it(e)rucken* (’wiederkäuen’), *Kranawit* (’Wacholder’), *Rauchfang* (’Schornstein’), *Schulpack* (’Schulranzen’) und *Spritzkrug* (’Gießkanne’). Der Satzbau weist die Besonderheit der „doppelten“ Verneinung auf: *i hob iara nia nix gsogt* (’ich habe ihr nichts gesagt’).

Fränkisch

An der Nordgrenze der Oberpfalz hört das Bairische natürlich nicht abrupt auf. Es stellt sich also die Frage: spricht man am Sitz der Bezirksregierung Frankens bairisch? Das läßt sich nicht lokalpatriotisch beantworten. Kulturell-politisch ist Nürnberg sicherlich *die* fränkische Stadt, sprachlich jedoch hat Nürnberg mit *Brouda* ('Bruder') u.a. einerseits (nord-)bairische Lautungen, andererseits aber fränkische mit *Saafm*, *Huuf*, *uufm*, *Fiigl* ('Seife', 'Hof', 'Ofen', 'Vögel'). Das weist schon auf die Schwierigkeiten hin, *das* Fränkische zu kennzeichnen. Immerhin ist das Fränkische von vier Dialektgebieten umgeben und besitzt dementsprechend viele Übergangsgebiete: zum Bairischen, Schwäbisch-Alemannischen, Hessischen und Thüringischen. Eines ist dann aber für den Zusammenhang des Gebiets auffällig: es umfaßt den Raum um den Flußlauf des Mains und seiner Nebenflüsse (Pegnitz, Saale usw.). Charakteristisch für die fränkische Aussprache ist etwas, was man schriftlich nicht darstellen kann: die unbehauchte Aussprache von p, t, k (etwa wie b, d, g, aber nicht stimmhaft) und die auffälligen „Rundungen" (= *ü* für i, *ö* für ü) in *üme*, *Wöfl* ('immer', 'Würfel') und *Hooi*, *Frooid*, *Looid* ('Heu', 'Freude', 'Leute'). –ei– (vgl. bairisch *hoas* 'heiß') wird weitverbreitet *–aa–* ausgesprochen: *Gaas*, *braat*, *Raaf* ('Geiß', 'breit', 'Reifen'). Sprachlich sollen die Franken mit dem Spruch gekennzeichnet werden: *wou die Hasen Hoosn und die Hosen Huusn haaßn* ('wo die Hasen *Hoosn* und die Hosen *Huusn* heißen'). Dies gilt aber nicht in ganz Franken, sondern macht vielmehr auf eine Trennlinie von großer Bedeutung aufmerksam. Diese Sprechweise gibt es nämlich nur im Osten des Fränkischen, im Westen, also jenseits des Steigerwaldes, heißt der Satz: *wo die Hasen Hoos und die Hosen Housn hääßn*. Die „Steigerwaldschranke" teilt das Fränkische und zeigt die jeweilige Angleichung an die benachbarten Dialektgebiete. '–chen / –lein' kann das demonstrieren: die Veränderung von *–lein* zu *–la* gilt als fränkisch (*Männla* 'Männchen'). Das trifft aber nur auf den Osten des Gebiets zu, nach Westen hin gilt *–lich*, nach Südwesten *–che* und nach Süden *–l*. Der dort anschließende Dialektraum (zwischen Miltenberg und Tauberbischofsheim im Norden, Heilbronn und Pforzheim im Westen und Crailsheim im Osten, also der Tauberraum, Hohenlohe, der Mosbacher Raum und der Kraichgau) ist ein vielfältiges Übergangsgebiet. Zwar hat sich die Bezeichnung „Südfränkisch" wissenschaftlich eingebürgert, doch sieht man schon an der uneinheitlichen Bearbeitung durch die großlandschaftlichen Wörterbücher, daß weiterhin Unklarheiten bestehen. So wird der Kraichgau und der Mosbacher Raum im »Badischen Wörterbuch« aufgenommen (das ehemalige Großherzogtum Baden ist dessen Bearbeitungsgebiet) und das »Schwäbische Wörterbuch« erfaßt das Hohenlohische (siehe Karte 2 »Bearbeitungsgebiete der deutschen Dialektwörterbücher«). Der Zusammenhang mit dem Fränkischen im Osten ist dennoch deutlich. Der Hasen/Hosen-Satz lautet im west- bzw. südfränkischen Gebiet: *wuu die Hasen Haasche und die Hosen Hoosche heese* (so im Schefflenztal). Es bestehen demnach noch deutliche Unterschiede zum Schwäbisch-Alemannischen oder Hessischen. Seine Besonderung findet das Fränkische in den kleinen Wörtern: *des is orch schee* ('das ist sehr schön'); *a ganz bleeda Hund is der* ('ein ganz blöder Hund'); *den hots gescheit rumkhaut* ('den hat es arg erwischt' = 'er ist schwer erkrankt'); *geh zu bleib doo* ('unglaublich, schrecklich'); *wi is, Schorsch, kaaf ma si* (uns) *nuch a Seidla?* ('wie ist es, Georg, kaufen wir uns noch einen Seidel Bier?'). Aber auch der Wortschatz insgesamt hat charakteristische Eigenheiten: *Feghadern* ('Scheuertuch'), *Gamberla* ('Schleuder', das Kinderspielzeug), *Häspele* ('Eisbein'), *Hetschelbahn* ('Rutschbahn'), *Kipfel* ('Brötchen'), *Pauternickel* ('Pfannkuchen'), *Pfiffer* ('Pilz'), *Potacke* ('Kartoffel'), *Steckhaftla* ('Stecknadel') und *Wochentölpel* ('Mumps').

Pfälzisch

Nordwestlich vom Schwäbisch-Alemannischen, westlich vom auslaufenden fränkischen Dialektgebiet hebt sich dieser Dialekt deutlich durch den *p*-Anlaut und -Inlaut ab. Zu großen Teilen linksrheinisch angesiedelt, gehört die ehemalige Kurpfalz mit Heidelberg, Schwetzingen und Mannheim durchaus dazu. Nach Nordwesten hin grenzt sich das Gebiet durch die Aussprache von –s in 'das', 'was' 'alles', 'es' vom Rheinischen ab, das hierfür *dat*, *wat*, *allet*, *et* sagt. Da dies weitgehend auch für das Saarland gilt, wird es hier mit einbezogen – natürlich nur sprachlich. Nach Norden und Osten hin hört das Pfälzische mit der Aussprache bei dem auf, was es mit dem Schwäbisch-Alemannischen gemeinsam hat: die *–scht–*, *–schp–* Aussprache in *fescht*, *bischt* usw. Das Hessische und Fränkische haben *fest* und *bist*. Dort gilt auch die Aussprache *pf–*, *–f–*, so daß der bekannte Spruch *in de Palds gehd de Parre mid de Peip in die Kerch* eine gute Charakteristik der Pfälzer Sprechweise abgibt. Eine Teilung des Sprachgebiets in West- und Ostpfälzisch wird u.a. durch '–chen' bewirkt, das im Osten als *–el*, im Westen als *–che* erscheint (*Schäfel / Schäfche*) und dann noch die ungewöhnliche Pluralbildung *Schäfelcher / Schäfcher* aufweist. Im Wortschatz ist das Pfälzische eigenständig, z.T. mit einzigartigen Übernahmen aus dem Französischen: westpfälzisch *Druschel*, ostpfälzisch *Grusselbeere* für 'Stachelbeere' stehen in Verbindung zu neufranzösisch *grosseil*; *Blaffoo* ('Zimmerdecke') zu französisch *plafond*. Ansonsten: *Aberhaar* ('Wimper'), *Geckisches Knippchen* ('Musikantenknochen'), *Hüppelches* (das Hüpfspiel 'Himmel und Hölle'), *maien* ('sich unterhalten'), *Pellmänner* ('Pellkartoffeln'), *Pferdsbobert* ('Mistkäfer'), *schleimern* ('schlittern'), *Spackelter* ('Hagebutte'), *Wäle* ('Heidelbeere') und *Weicher Käse* 'Quark'.

Hessisch

Hier gilt Ähnliches wie im Fränkischen. Das Hessische ist umgeben von fünf anderen Dialekten (Pfälzisch, Fränkisch und seinem Ausläufer Südfränkisch, Rheinisch, Thüringisch und Niederdeutsch) und hat die große (ehemalige Reichs-)Stadt Frankfurt auf seinem Gebiet, so daß der Frankfurter Dialekt vielfach als *das* Hessische angesehen wird. Gemäß der historischen Entwicklung – erst nach dem 2. Weltkrieg kam es zur Bildung des vereinigten Hessen – ist die dialektale Ausprägung von großer Unterschiedlichkeit. Dennoch zeigt sich auch hier, daß ein länger währender politisch-kultureller Wille auch eine Gemeinsamkeit im Sprachlichen herausbilden kann, daß also die verschiedenen, einstmals dynastischen Zentren Marburg, Kassel und Darmstadt eine sprachliche Zusammengehörigkeit erhalten bzw. geprägt haben. Nach Norden hin, nördlich der Eder und nördlich Kassel verläuft die starke Sprachgrenze (2. Lautverschiebung, s.o.), die *–k–* und *–ch–*, *–t–* und *–s–* trennt: hessisch also *machen*, *ich*; *was*, *Wasser* (damit hat aber das Bundesland ganz im Norden zwischen Korbach und Hofgeismar ein niederdeutsches Sprachgebiet). Letzteres trennt das Hessische vom Rheinischen (vgl. die nördliche Abgrenzung des Pfälzischen): Rheinisch gilt *dat* und *wat* (vom Ederursprung ungefähr in einer südwärts verlaufenden Linie zur Lahnmündung) und nach Südwesten zum Pfälzischen hin die schon bekannte *fest/fescht*-Linie. Nördlich einer Linie Lahnmündung, Weinheim bis Aschaffenburg sagt man *fest*. Nach Osten hin sind die Unterscheidungsmerkmale die Grenze von *p–*, *–p–* zu *f–*, *–pf–* (*Pund, Appel / Fund, Apfel*) und die Veränderung des –d– in ein *–r–*. Im Hessischen sagt man also im Gegensatz zum Thüringischen und Fränkischen *Abbel* oder *Appel*, *Pund*, *Braure* ('Apfel', 'Pfund', 'Bruder') usw.

Gemäß den schon genannten historischen Raumbildungskräften ist das Hessische stark unterteilt. In Nordhessen bildet der Raum um Kassel bis Frankenberg und Alsfeld den niederhessischen Dialektteil. Ihm sprachlich nahe ist der osthessische mit Hersfeld, Hünfeld und Fulda. Im Süden (mit Frankfurt, Wiesbaden, Offenbach über Darmstadt bis Heppenheim und Erbach) folgt das Südhessische. Das Mittelhessische im Raum Büdingen, Friedberg, Weilburg, Dillenburg, Marburg nimmt eine sehr eigenständige Position ein. Deutlich wird das im Bereich der Vokale. Nieder- und südhessisch: *leebe / liibe guude Breere / Briire* ('liebe gute Brüder'). Mittelhessisch: *leiwe goure Broirer*. Nieder- und südhessisch: *scheen, heern*; *root*; *Schnee, Klee, meer*. Mittelhessisch: *schii, hiirn*; *ruut*; *Schnii, Klii, mii* ('schön', 'hören'; 'rot'; 'Schnee', 'Klee', 'mehr'). Wortbildung und Wortschatz haben ihre Besonderheiten: *Äuler* ('Töpfer'), *bissi* ('bißchen', mit der Verkleinerungsform *–i*), *Bockse* ('Pflaume'), *Docke* ('Mutterschwein'), *Gude* ('Guten Tag'), *knällern* ('rauchen'), *Molbert* ('Maulwurf'), *Prieslauch* ('Schnittlauch'), *Rengsbeere* ('Himbeere'), *Spennadel* ('Stecknadel'), *Taubhorn* ('Tauber'), *Trauer* ('Begräbnis'), *Vorder* ('Pflugwende') und *wurzeln* ('schuften', 'hart arbeiten').

Rheinisch

Im Norden des Pfälzischen und am Nordwestrand des Hessischen verläuft die schon erwähnte Trennlinie zwischen *das / dat*, *es / et*, *was / wat* und *alles / allet*. Die Lautverschiebung ist allerdings in den Adjektiven, Substantiven und Verben (rheinisch *naß*; *Wasser*; *essen*) wie im übrigen Hochdeutschen erfolgt. Mit diesen Lautungen ist denn auch eines der wichtigsten Kennzeichen des Rheinischen genannt. Da die übrigen Grenzen der großen Trennlinie zwischen dem Hochdeutschen und dem Niederdeutschen ab Siegen im Osten des Rheinischen nicht mehr zusammen verlaufen, sondern sich in westlicher, südwestlicher und südlicher Richtung auffächern (in der Dialektforschung nennt man diese Aufteilung den „Rheinischen Fächer"), sind diese nun vereinzelten Merkmale in das Rheinische so integriert, daß sie nicht mehr trennen. Und so erstreckt sich das Rheinische von der Mosel nordwärts über die Räume um Bonn, Köln, Düsseldorf bis hinein ins niederrheinische Kleve. Dort gilt dann schon das *ik*, das das übrige Rheinische *ich* vom Niederdeutschen abhebt. Insgesamt wird dieser Dialektraum stark von der einstmals größten deutschen Stadt bestimmt: *dat hellije Kölle / et hillije Kölle*.

Neben vielen Besonderheiten und binnengliedernden Unterschieden fällt das Rheinische insbesondere durch drei Eigenheiten auf. Die Veränderung des g– in *j–*: *Jaade, joot, Jang, Jans* ('Garten', 'gut', 'Gang', 'Gans'); t, d werden zu *k, g*: *Tsik, Lük, hük, Huk, lege* ('Zeit', 'Leute', 'heute', 'Haut', 'leiden'); –n erhält ein *–g*: *brung, Wing* ('braun', 'Wein').

Der typische „rheinische Singsang" ist, ähnlich wie der sächsische Tonfall, schriftlich nicht andeutbar. Sprachwissenschaftlich als „Rheinische Akzentuierung" oder „Rheinische Schärfung" bezeichnet, erstehen aus diesen Ausspracheformen sprachwissenschaftliche Bestimmungs- und Erläuterungsschwierigkeiten. Man kann sagen, daß der Vokal abschwächend bis zu einer kurzen Pause ausgesprochen wird, bevor dann der Konsonant folgt. Diese Aussprachefom ist so prägend für das Rheinische, daß sie – zusammen mit *dat / das* – eine deutliche Grenzmarkierung gegenüber dem südlichen Pfälzischen und südöstlichen Hessischen bildet und den Sprecher des Rheinischen erkennbar macht.

Einige Besonderheiten im Wortschatz haben das Rheinische über seine Grenzen hinaus bekannt gemacht: *bleckföß(ig)* ('barfuß'), *Kamelle* ('Bonbon') oder *Mösch* ('Sperling'). Weniger bekannt, aber gleichwohl charakteristisch sind: *Augenflitter* ('Wimper'), *Backmohl* ('Backtrog'), *Bakchen* ('Kaffeetasse'), *Buscherbel* ('Walderdbeere'), *Datschert* ('Kartoffelpuffer'; *Reibekuchen* gilt auch im Hessischen und Niederdeutschen), *Döllchen* ('Ohrfeige'), *Entenhahn* ('Erpel') und *Erpel* für ('Kartoffel'; aus: *Erdapfel*), *Faßbänder* ('Faßmacher'), *Faulstich* ('Viehbremse'), *Föpp* ('Schnuller'), *Kall* ('Unterhaltung'), *Nüsel* ('Apfelrest'), *plagen* ('sich beeilen'), *söcken* ('laufen') und *Worbel* ('Heidelbeere').

Thüringisch

Im Osten des Hessischen und im Norden des Fränkischen schließt sich das Thüringische an, dessen westliche und südliche sprachliche Begrenzung zum Hessischen schon bekannt ist, nämlich der Unterschied von hessisch *p–*, *–p–*, *–r–* (aus *–d–*) und thüringisch *f–*, *–pf–*: *Pund / Fund*, *Abbel / Apfel*, *Broure / Bruder*. Nach Süden, zum Fränkischen hin, ist die Verkleinerungsform ein wichtiges Unterscheidungsmerkmal: thüringisch *–chen* steht dem fränkischen *–la* gegenüber, was das Thüringische auch vom Sächsischen (*–el*) unterscheidet, sowie die volle Form 'Mann': thüringisch *Monn* / fränkisch *Mo*, *Mu*, *Ma*. Am deutlichsten und intensivsten ist die Abgrenzung gegenüber dem Niederdeutschen nördlich einer Linie Heiligenstadt, Nordhausen, Aschersleben, die vor allem in dem schon bekannten Unterschied *p–*, *–p–* gegenüber thüringisch *f–*, *–pf–* (*Fanne*, *Fund*, *offen*, *Apfel*), zwischen *–k–* und *–ch–* (*ich*, *mach* 'machen') und zwischen *t–*, *–t–* und *z–*, *–ss–* (*Zeit*, *Wasser*) zum Ausdruck kommt. Nach Westen (Niederhessisch) und nach Osten (Sächsisch) gibt es keine so starken Abgrenzungen, da Thüringen kulturell-politisch in beide Richtungen gute Verbindungen gepflegt hat. Unterscheidungsmerkmal zum Sächsischen ist die Endungslosigkeit der Verbinfinitive, also *ich will mach(e)* gegenüber sächsisch *machen*, die Entrundung (ü zu *i* im Sächsischen *mißt* 'müßt'). Das alles deutet darauf hin, daß Thüringisch kein einheitliches Dialektgebiet ist, sondern im intensiven Austausch mit den angrenzenden Dialektgebieten steht und deshalb eine an deren Einflußgebieten orientierte Binnengliederung hat, die ein gutes Dutzend thüringischer Dialektgebiete begründet. Der Zusammenhalt ist allerdings ausgeprägt und findet sich in folgenden gemeinsamen Dialektkennzeichen wieder: endungsloser Infinitiv (*ich kann mach*), dem *–g–* für –t– bzw. –d– (*hingen*, *gefongen*, 'hinten', 'gefunden') und den auffälligen Lautungen *ech* ('ich'), *Loft* ('Luft'), *Durf* ('Dorf'), *Brut* ('Brot'). Unter den vielen nur thüringischen Wörtern seien hier genannt: *Dorrle* und *Schnorrkauz* ('Kreisel', Kinderspielzeug), *Dreibrot* ('Kaffeetrinken um drei Uhr'), *Christbusch* und *Buschbaum* ('Weihnachtsbaum'), *Knackelbeere* ('Walderdbeere'), *Kollertour* ('Purzelbaum'), *Kommoden* ('Hausschuhe'), *Moosjocke* und *Brauschnitze* ('Preiselbeere'), *nädern* ('wiederkäuen'), *neumärisch* ('neugierig'), *Perücke* und *Scharbs* ('Kartoffelpuffer'), *pfitzen* und *Pfitzzange* ('kneifen', 'Kneifzange'), *Quewede* ('Holunder'), *Schaffkuchen* ('Pfannkuchen', zu *Schaffen* 'Stielpfanne'), *Spanischlauch* ('Lauch'), *Speicher* ('Wagenmacher', zu 'Speiche'), *Torantel* ('Ohrwurm'), *Tulk* ('Kartoffelpürree') und *Vorart* ('Pflugwende').

Sächsisch

Mit dem Sächsischen hat es insofern etwas Besonderes auf sich, als dieser Dialekt über längere Zeit als vorbildlich galt. Das ist etwas, worüber die Sachsen genauso erstaunt sind wie die anderen Dialektsprecher. Aber noch im 18. Jahrhundert hieß es: Sie „redeten so feines Hoch-Teutsch, als ob sie gebohrne Sachsen wären" (Johann Gottfried Schnabel in seinem 1731 erschienenen Roman »Insel Felsenburg«, S. 98). Diese Unterstellung wurde aber schon zu dieser Zeit heftig bestritten und mit der tatsächlichen Aussprache der Sachsen widerlegt. Diese kennt die behauchte Aussprache von p–, t–, k– nicht, so daß das Sächsische „weich" erscheint, was aber zu allererst von den *hellen* oder *vigilanten* Sachsen selbst aufs Korn genommen wurde (z.B. in der Romanfigur *Rebubliganer Bliemchen* im 19. Jahrhundert). Die „harte" Aussprache erhielt das Standarddeutsche über die Leseaussprache in Niederdeutschland.

Der Dialekt Sachsens ist eine spätere Sprachschichtung als die südlicheren Mundarten Deutschlands. Entstanden aus den Siedlungsbewegungen im Mittelalter nach Osten, enthält das Sächsische Ausgleichsmomente verschiedener, vor allem westlicher Dialekte. Der Name selbst ist ja eine Übertragung aus dem Nordwesten. Das macht auch eine Besonderheit erklärlich. Auf dem Territorium des heute wiederhergestellten Freistaats und im Südosten Brandenburgs befindet sich das einzige nichtdeutsche Dialektgebiet: das Sorbische in der Lausitz (obersorbisch in der Oberlausitz in Sachsen, niedersorbisch in der Niederlausitz um Cottbus in Brandenburg), ein slawischer Dialekt. Charakteristisch für das sächsische Kerngebiet um das Dreieck Leipzig, Chemnitz und Dresden ist die über alles dominierende Aussprache nicht nur der p–, t–, k–, sondern überhaupt die Intonation, der Singsang des sächsischen Tonfalls, der diese Dialektsprecher überall erkennbar macht. Außerdem gelten für das Sächsische die langen Vokale *o*, *e* und *a* für hochdeutsch 'au', 'ei' und 'au', also *Boom*, *Kleed* und *Fraa* (mittelhochdeutsch *frouwe*), als besondere Kennzeichen, sowie die (im Verhältnis zum Thüringischen) noch weitergehende Umwandlung von –nd– in *–ng–* mit Abfall des –en: *hing* 'hinten', *ung* 'unten'.

Aufgrund der in der »Synopse« vorgelegten Auswahl erweisen sich folgende Wortmeldungen als allein sächsisch: *Spunziger* ('Sperling'), *Zauke* ('Maiglöckchen'), *Wederle* ('Schnittlauch'), *Mauke* ('Kartoffelbrei'), *knälen* ('wiederkäuen'), *Getzen* ('Kartoffelpuffer'), *Maline* ('Himbeere'), *Juchhannel* ('Wacholder'), *Forellchen* ('Kreisel'), *Feuerrüpel* ('Schornsteinfeger'), *Bäbe* ('Napfkuchen') und *Bocksterz* ('Purzelbaum'). Natürlich vermißt hier jeder Eingeweihte einiges. Aber *Bemme* ('Brotschnitte') wird auch im Thüringischen und Südmärkischen (bis Berlin, hier wahrscheinlich bei zugezogenen Sachsen) gesagt und *vigilant* ('intelligent'), *Plinse* ('Pfannkuchen'), *Kratzbeere* ('Brombeere') kommen auch im Thüringischen vor.

Niederdeutsch

Das Niederdeutsche ist der größte Dialektraum und damit eigentlich eher ein Teilsprachgebiet des Deutschen. Denn die Trennung in West- und Ostniederdeutsch beruht auf einer zeitlich-räumlichen Verschiebung: Im Zuge der Ostsiedlung zogen Landnehmer im 13. Jahrhundert, vornehmlich aus dem niederdeutschen Westen, in die heutigen Dialektlandschaften Mecklenburg, Pommern, Brandenburg (man beachte das Sorbische in der Niederlausitz als Rest der ehemals slawischen Besiedelung; vgl. »Sächsisch«) und in Teile Ostpreußens, die nun mit dem Ostfälischen (das Gebiet zwischen Göttingen und Magdeburg, südlich Lüneburg und östlich Minden), dem Westfälischen (das Gebiet zwischen Bentheim und Minden, westlich Göttingen und nördlich Olpe) und dem Nordniederdeutschen (Schleswig-Holstein, Hamburg, Bremen und nördlich Oldenburg und Papenburg) ein großes Dialektgebiet bilden (zu dem vor 1945 noch Teile Pommerns und Ostpreußens gehörten). Das Friesische auf den Nordseeinseln ist mit dem Niederdeutschen zwar verwandt, gehört aber seit dem frühen Mittelalter zur eigenständigen friesischen Sprachgruppe (Ostfriesland um Emden ist erst im Verlauf der letzten Jahrhunderte niederdeutsch geworden). Die Größe deutet auch auf die besondere Bewandtnis dieses Dialekts hin. Niederdeutsch war über längere Zeit eine Schrift- und Hochsprache für ein sogar noch größeres Gebiet. Ausgangspunkt dafür war die damals zweitgrößte Stadt des deutschen Reiches: *Lubece aller steden schone*. Lübeck war Mittelpunkt der größten Wirtschaftsgemeinschaft im 14. und 15. Jahrhundert, die als „Hanse“ nicht nur den Ost- und östlichen Nordseeraum dominierte, sondern auch ganz Nord- und große Teile Mitteldeutschlands. Der Wirtschaft folgten Recht, Politik und Literatur, so daß die *sassesche sprake* vor allem im Norden Europas als Umgangs- und Schriftsprache üblich wurde. Grundlage für diese Sprachexpansion war die ererbte Gemeinsamkeit des Niederdeutschen mit den anderen Sprachen der Region, dem Englischen, dem Friesischen und dem sich gerade formierenden Niederländischen (man beachte besonders den Ausfall des –n– in vielen Wörtern: niederdeutsch *fief*, englisch *five*; niederdeutsch *Goos*, englisch *goose*; niederdeutsch *Süd*, englisch *south*, hochdeutsch eigentlich *Sunt* wie in Suntgau, Sonthofen; 'Süden' ist aus dem Niederdeutschen übernommen), vor allem aber die „unverschobenen“, schon bekannten, p, t, k, die die Nordgrenze des Sächsischen, Thüringischen, Hessischen und Rheinischen markieren (2. Lautverschiebung).

Mit der Neuorientierung des Handels nach Amerika und Indien, der Erstarkung des binnendeutschen Wirtschaftsraums und der Verselbständigung des skandinavischen und russischen Raums verlor die Hanse binnen Kurzem ihre Wirkung als Wirtschafts- und Handelsverbund. Norddeutschland mußte sich nach Süden orientieren, so daß die Handelshäuser, die städtische Rechtspflege und die – ohnehin z.T. hochdeutschen – Dynastien (Oldenburg, Mecklenburg, Brandenburg u.a.) im 16. Jahrhundert zur hochdeutschen Schriftsprache übergingen. Für weite Bevölkerungskreise hatte die Reformation dieselben Auswirkungen. Nach anfänglich niederdeutscher Sprachform übernahmen die Schulordnungen die hochdeutsche Schriftsprache, so daß zunehmend die Schulkinder, und mit Anweisungen zur hochdeutschen Kanzelsprache (z.B. 1650 in Schleswig) auch die Erwachsenen, mit der fremden Sprache bekannt gemacht wurden. Das Hochdeutsch wurde

„buchstäblich“ ausgesprochen, weil es wie eine Fremdsprache aus der Schrift erlernt wurde. So kam es, daß die Norddeutschen vor allem die p, t, k deutlicher artikulierten als im hochdeutschen Sprachraum üblich und eigene Lautungen dem Schriftbild hintanstellten (niederdeutsch *Farwe* – hochdeutsch 'Farbe'). Diese Aussprache des Hochdeutschen wurde im 19. Jahrhundert vorbildlich. Das Niederdeutsche selbst sank aber zu einer Umgangssprache herab, die freilich lange noch als „platt“ angesehen wurde, d.h. als klar, deutlich und jedermann verständlich. Erst im Zuge der Dialektverachtung wurde daraus „die Sprache der niederen Stände“.

Die Eigenständigkeit des Niederdeutschen und die Erinnerung an seinen einstmaligen Rang kommt darin zum Tragen, daß es eine Art literarischer Umgangssprache entwickelt und bis heute bewahrt hat. Daraus ergibt sich eine allgemein verwendbare Regionalsprache, die auch über eine geschriebene Form verfügt, was sonst kein Dialekt hat. Geprägt wurde dies vor allem durch die Sprache in den vielgelesenen Romanen von Fritz Reuter. Allerdings ist dieses „Missingsch“ nur im niederdeutschen Raum, dessen sprachliche Situation es widerspiegelt, möglich. Ursprünglich meinte es das vorbildliche „meißnische“ Hochdeutsch, das dem Niederdeutschen anverwandelt wird, woraus sich die sprachliche Allgemeinheit ergibt, von der vor allem die Verschriftlichung dieses Dialekts lebt.

Denn die niederdeutschen Dialekte verzeichnen trotz ihrer starken gemeinsamen Wurzel in der *sasseschen* Sprache auch eine unterschiedliche Entwicklung. West- und Ostniederdeutsch trennen sich am deutlichsten im niederdeutschen Einheitsplural. Im Westen sagt man *wi*, *gi*, *se mak(e)t*, im Osten dagegen *wi*, *gi*, *se maken*. Hierin stimmen die ansonsten nochmals unterteilten Gebiete des West- und Ostniederdeutschen überein. Innerhalb des Westniederdeutschen ist das Westfälische ein ausgeprägt eigenständiges Dialektgebiet, das sich einerseits vom Nordniederdeutschen mit der *sk*– oder *s-ch*–Aussprache *Stücks-cken* ('Stückchen'), *Disk* ('Tisch'), *S-chapp* ('Schrank'), *sal* und *döt* statt nordniederdeutsch *schal* und *deit* ('soll' und 'tut'), aber auch im Wortbereich (z.B. *küren* statt nordniederdeutsch *snacken* 'reden', *Gaffeltang* 'Ohrwurm', selteneres *Saterdag* statt *Sonnabend* 'Samstag', *Rüe* 'Hund') abgrenzt und andererseits (gemeinsam mit dem Nordniederdeutschen) vor allem mit *mi*, *di*, *u(n)s*, *ju* ('mir' / 'mich', 'dir' / 'dich', 'uns', 'euch') vom Ostfälischen. Dieses bildet den pronominalen Einheitskasus aus dem Akkusativ: *mik*, *dik*, *ü(n)sch*, *jük* bzw. auch *deck* und *meck*. So sagt der Bauer am Schluß von »Max und Moritz«: *Wat geit meck dat an?* ('was geht mich das an?'). Außerdem fallen das *–i–* in *Bike*, *Hinne*, *Stidde*, *Schipper* ('Bach', 'Henne', 'Stätte', 'Schäfer') auf sowie die kurze Aussprache von *Voggel*, *Fedder*, *Leppel* ('Vogel', 'Feder', 'Löffel') usw. Das Nordniederdeutsche ist das Sprachgebiet, in dem über den s-pitzen S-tein ges-tolpert wird, was man außerhalb vor allem deshalb gern unter dem Niederdeutschen überhaupt versteht, weil hier noch am ehesten die Reste der einstmaligen „buchstäblichen“ Aussprache erkennbar sind. Auffällig ist die Tendenz von –i–/–e– zu *–ü–*: *güstern* ('gestern'), *jümmer* ('immer'), und das *ik weer*, *wi weren* ('ich war', 'wir waren'), wo West- und Ostfälisch *ik*, *he was* ('ich, er war') haben.

Das Westniederdeutsche hat auch seine eigenen Ausdrücke, sowohl dem Ostniederdeutschen wie den anderen Dialekten gegenüber: *Bonsche* ('Bonbon'), *Lüning* ('Sperling'), *Rundstück* ('Brötchen') oder *Setzmilch* ('Dickmilch'). Außerdem sind charakteristisch:

Abendkost ('Abendmahlzeit'), *Anweide* ('Pflugwende'), *Backelken* ('Schlüsselblume'), *Plinke* ('Wimper' oder 'Augenlid'), *Bregenschülpen* ('Kopfschmerz'), *Büsdok* und *Schnottentuch* ('Taschentuch'), *Döhle* ('Eigelb'), *Drivels* ('Hefe'), *Ettgröde* ('Grummet'), *Fröte* ('Maulwurf'), *Gaine* ('Grasschwade'), *Grüsbeere* ('Stachelbeere'), *Löper* ('Murmel'), *Luke* ('Schornstein'), *Piesel* ('Kneipe'), *Pogge* ('Frosch'), *roden* ('Kartoffeln ernten'), *Wittfrost* ('Rauhreif') und *Wort* ('Erpel').

Im Ostniederdeutschen hebt sich das Mecklenburgisch-Vorpommersche mit der Aussprache von *mir* ('mehr'), *Ur* ('Ohr'), *hürn* ('hören') von den anderen Dialekten ab. Auffällig ist die Andeutung des *–g–* in *schri(g)en* ('schrei-en') oder *bu(g)en* ('bau-en') und das wohl bekannteste Merkmal: die *–ing*-Verkleinerung in *Mudding*, *Vadding* usw. Südlich schließt sich das Brandenburgische an, das mit seinem auffälligsten Kennzeichen, *det* statt *dat* im sonstigen Niederdeutsch, anzeigt, daß die große Stadt Berlin Auswirkungen zeitigt. Denn mit Berlin ragt ein starker Keil des Hochdeutschen in dieses Gebiet herein. Trotz *icke*, *det* und *wat* ist das Berlinische nämlich anders als sein Umland: Hier gilt *machen*, *Zeit*, *Wasser*, *Fund*, *Apfel* usw. statt der niederdeutschen, unverschobenenen Formen. Brandenburgisch ist der Zusammenfall von Dativ und Akkusativ in *up det Feld*, *hinder det Hus* (Berlin hat hier: *Haus*).

Auch das Ostniederdeutsche hat (zusammen mit dem Berlinischen) seine eigene Ausdruckswelt: *Destille* ('Kneipe'), *manních* ('nicht wahr'), *Rinnstein* ('Bordstein'). Außerdem: *aus Daffke* ('absichtlich'), *Bärme* ('Hefe'), *Kabolz* ('Purzelbaum'), *Klabatsch* ('Peitsche'), *Knirk* ('Wacholder'), *Kortenkohl* ('Grünkohl'), *kötertrecken* ('nachharken'), *Kränge* ('Pflugwende'), *Madick* ('Regenwurm'), *Poll* ('Apfelrest'), *Range* ('Mutterschwein'), *Sal* ('Teich'), *Schillebock* ('Libelle'), *Schnähe* ('Brotscheibe'), *Schöttel* ('Murmel'), *Stippmilch* ('Dickmilch'), *Strippe* ('Bindfaden'), *Schrippe* ('Brötchen'), *Ülling* ('Iltis') und *Wädick* ('Erpel').

Dieser Überblick ist natürlich alles andere als erschöpfend. Es gibt noch viel mehr lautliche Phänomene und Wörter, die den Dialektsprechern bekannt sind und die sie mit ihrem Dialekt identifizieren. Da aber diese Identifikation auch von nicht-sprachlichen Eindrücken und Wissensbeständen (Kultur, Geschichte) geprägt ist, wird es immer schwer sein, eine alle zufriedenstellende Kennzeichnung zu finden. Dies ist auch der Grund, warum hier nur zehn große Dialektgebiete benannt worden sind, obwohl es viele kleinere und dennoch wichtige Differenzierungen gibt. Es war aber nicht allein die sicherlich einsehbare Notwendigkeit zur Platzbeschränkung, die zu dieser Auswahl bzw. Einteilung geführt hat. Ursache waren auch die Verteilungsräume der hier ausgewählten Wörter, die eine weitere Differenzierung der Dialektgebiete nicht sinnvoll erscheinen ließen. Es werden also solch interessante Dialektregionen wie das Westfälische, das Saarländische, das Schleswig-Holsteinische, das Mecklenburgische oder das Brandenburgische nicht eigens aufgeführt.

Dialektwortschätze – synoptisch

Wer dieser Übersicht über die deutschen Dialekte gefolgt ist, wird sicherlich festgestellt haben, daß man die Dialekte hinsichtlich ihrer Laute annähernd bestimmen kann, daß aber viele Dialektwörter nicht nur für einen Dialekt gelten. Das geht sogar so weit, daß gerade die Wörter, die man gemeinhin mit einem Dialekt verbindet, nicht ausschließlich in diesem Dialektgebiet vorkommen – z.B. *Semmel* oder *Schwammerl* für Bairisch, *Bühne* ('Dachboden') für Hessisch oder *Bemme* für Sächsisch (siehe »Synopse«). Das liegt daran, daß Wörter, die mit der Sache oder dem Eindruck von anderen übernommen werden, einem größeren Austausch unterliegen als die Laute. So dringt *tschüß* aus Norddeutschland in den gesamtbundesdeutschen Sprachraum mit Ausnahme des Bairischen vor. Dialektwörter werden fast immer auch in anderen, meist angrenzenden Regionen gebraucht, oder sind zumindest dort bekannt: *fei* ('eben'), *Schweinshaxe* ('Eisbein') aus dem Bairischen, *Bulette* ('Frikadelle') aus dem Berlinischen, *Braunkohl* ('Grünkohl') aus dem Bremischen (siehe die »Synopse« bei den entsprechenden Stichwörtern). Es gibt hier also keine „Besitzstände". Dieser Befund wird durch die großen Materialsammlungen gestützt, die die Dialektologie erarbeitet und gerade unter dem Aspekt der Verteilung in den Dialekträumen kartographisch erfaßt hat. In Ergänzung zum »Sprachatlas des deutschen Reichs« (siehe oben Seite 17) hat das Marburger Sprachatlas-Institut 1939/40 eine große Umfrage vorgenommen und deren Ergebnisse, die Bezeichnungen von rund 200 Gegenständen und sprachlichen Wendungen, auf Karten dargestellt. Dieser »Deutsche Wortatlas« (1951 begründet von Walther Mitzka) wurde 1980 von Reiner Hildebrandt mit dem 22. Band erfolgreich abgeschlossen. In den 70er Jahren unternahm dann Jürgen Eichhoff eine erneute Umfrage mit zum Teil anderen Bezugswörtern und legte bis 1997 einen »Wortatlas der deutschen Umgangssprachen« in vier Bänden mit ca. 220 Bezugswörtern zum Gebiet der (alten) Bundesrepublik und der ehemaligen DDR vor. Beide Werke zeigen die räumliche Geltung der abgefragten Dialektwörter. Auf diese Weise beantworten sie die Frage, welche Wörter von den Sprechern ungefähr in welchen Räumen gebraucht werden und wo ein neuer Wortbereich beginnt. Insofern sind diese Kartenwerke ein guter Anhaltspunkt für die Geltungsbereiche von einzelnen Wörtern.

Da es in diesen Kartenwerken aber nur um einzelne Wörter ging, wird etwas anderes nicht ersichtlich, was aber für die Dialekte ausschlaggebend ist: die Bezeichnungsvielfalt. So beweglich die Wörter im Raum sind, so einfallsreich sind die Menschen im Benennen ihrer Dinge und Verhältnisse. So kommt es, daß ein Dialekt zwar einen Ausdruck mit einem anderen Dialekt teilt, dafür aber weitere Bezeichnungen hat, die mehr oder minder differenziert angewendet werden und wiederum eine Verteilung innerhalb des Dialekts aufweisen. Hierfür gibt es viele Beispiele in der nachfolgenden Wortübersicht, die »Synopse« genannt wird, und eine „Zusammenschau" meint. Ganz besonders beeindruckend ist die Bezeichnungsvielfalt für 'reden'. Hieran wird deutlich, was die Dialekte so anziehend und lebendig macht und sie vor allem von der Hoch- oder Standardsprache unterscheidet: letztere hat zwar einen großen Wortvorrat für sehr viele Bereiche, die Dialekte haben aber viele, variante Ausdrucksmöglichkeiten in den Bereichen des Alltags und der näheren Lebensumstände. Das ist beeindruckend an dem vorliegenden Wörterbuch abzulesen: für 292

Wörter der Standardsprache sind, verteilt auf zehn Dialektgebiete, über 3500 besondere Wörter verzeichnet, ohne daß damit die Vielfalt der Dialekte etwa erschöpft wäre. Hierin liegt denn auch der Reiz dieser Sammlung. Natürlich schaut jeder erst einmal: was „gilt“ denn für meinen Dialekt? Dann aber auch: ist alles richtig wiedergegeben? Sprachlich interessanter dürfte jedoch sein, daß man vergleichen kann und sieht, wie reichhaltig unsere Sprachmöglichkeiten sind.

Die Dialektwörtersammlungen

Gebrauch und Geltungsbereich der Wörter sind aufgrund der menschlichen Individualität Schwankungen unterworfen, und der Dialekt ist gerade nicht so organisiert wie die Hochsprache: nämlich geregelt und genormt. Deshalb soll diese Wörtersammlung auch dazu beitragen, daß dieses – nach unserer Meinung – wichtigste Gut der Dialekte, nämlich ihre Vielfalt in den Bezeichnungen, klar zum Ausdruck kommt. Daß dieses Material überhaupt so zusammengestellt werden konnte, verdanken wir der ausdauernden, fleißigen und manchmal entsagungsvollen Arbeit an den Dialektwörterbüchern. Sie erfassen im Gegensatz zu den Kartenwerken mit ihren vergleichsweise kleinen Wörtermengen – aber dem Gewinn in der Gesamtdarstellung – den gesamten Wortschatz eines Dialekts. Mittlerweile ist für fast alle Dialekte ein Wörterbuch vorhanden oder in Arbeit (zur Übersicht über die großlandschaftlichen Dialektwörterbücher siehe Karte 2 »Bearbeitungsgebiete der deutschen Dialektwörterbücher« und das »Literaturverzeichnis«). Erst wenn man die Bestände solcher Wörterbücher miteinander vergleicht – und die vorliegende Wörtersammlung ist u.a. das Ergebnis eines solchen Vergleichs –, dann gewinnt man den Blick dafür, daß viele Dialektwörter auch in anderen Gebieten gelten, daß aber andererseits für viele Dinge ein großer Bezeichnungsreichtum in den einzelnen Dialekten vorhanden ist. Diese Vielfalt bringt es mit sich, daß in der »Synopse« die gleichen Wörter öfters genannt werden und sogar hochdeutsche Wörter in den Dialekten erscheinen. Das hängt mit den schon angeführten Verbindungen der Dialekte untereinander und mit der Entstehung und Prägekraft der deutschen Hochsprache zusammen. In den einzelnen Rubriken der »Synopse« wird das aufgelistet, was an Ausdrücken im jeweiligen Dialekt am meisten gemeldet worden ist. Gab es mehrere Ausdrücke, dann haben wir versucht, aufgrund der Vermerke in den dialektologischen Arbeiten eine Reihenfolge nach der Geltung herzustellen. Das Material wurde aus den vielfältigsten Wörterbüchern und Dialektkartenwerken zusammengetragen, verglichen, geprüft und schließlich für den Eintrag übernommen.

Obwohl es der Idee der Dialekte – etwa im Sinne einer Eigensprachlichkeit – widerspricht, gab es auch zuvor schon Versuche, dialektale Ausdrücke zusammenfassend und übersichtlich darzustellen. Eigentlich ist es ja die Standardsprache, die den Wortschatz zusammenfaßt. Aber – wie gesehen – tut sie dies nicht, vielmehr entwickeln die Dialekte, teils gemeinsam, teils jeder für sich, Bezeichnungen außerhalb dieser standardsprachlichen Einigung. Das war auch schon im 18. Jahrhundert bekannt, als Friedrich Carl Fulda (1724–1788) und Johann Popowitsch (1705–1773) solche Dialektwörtersammlungen zusammengetragen haben. Im 19. Jahrhundert ging es dann einerseits um die Standardisierung

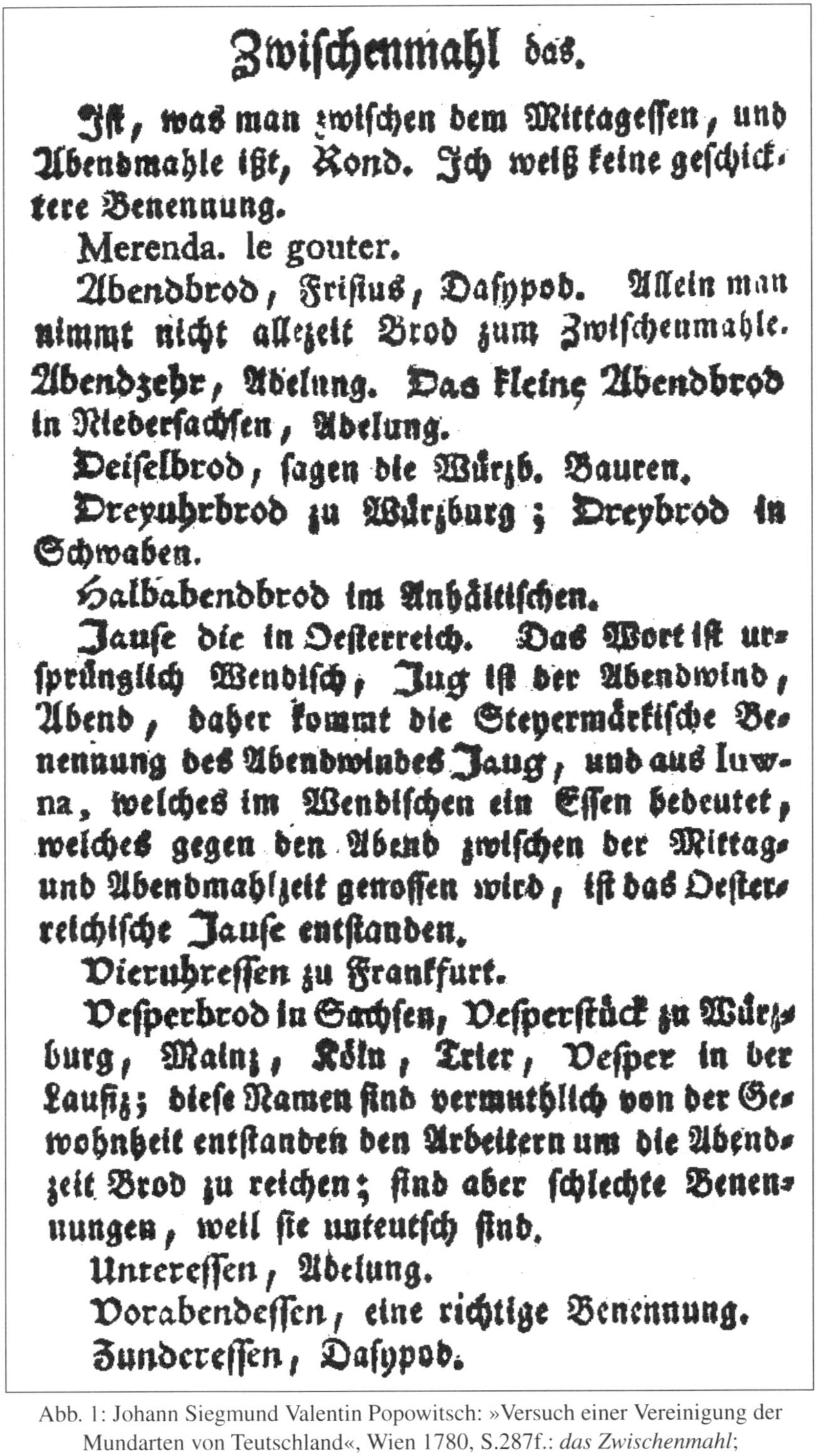

Zwischenmahl das.

Ist, was man zwischen dem Mittagessen, und Abendmahle ißt, Rond. Ich weiß keine geschicktere Benennung.

Merenda. le gouter.

Abendbrod, Frisius, Dasypod. Allein man nimmt nicht allezeit Brod zum Zwischenmahle.

Abendzehr, Adelung. Das kleine Abendbrod in Niedersachsen, Adelung.

Deiselbrod, sagen die Würzb. Bauren.

Dreyuhrbrod zu Würzburg; Dreybrod in Schwaben.

Halbabendbrod im Anhältischen.

Jause die in Oesterreich. Das Wort ist ursprünglich Wendisch, Jug ist der Abendwind, Abend, daher kommt die Steyermärkische Benennung des Abendwindes Jaug, und aus Iuwna, welches im Wendischen ein Essen bedeutet, welches gegen den Abend zwischen der Mittag- und Abendmahlzeit genossen wird, ist das Oesterreichische Jause entstanden.

Vieruhressen zu Frankfurt.

Vesperbrod in Sachsen, Vesperstück zu Würzburg, Mainz, Köln, Trier, Vesper in der Lausiz; diese Namen sind vermuthlich von der Gewohnheit entstanden den Arbeitern um die Abendzeit Brod zu reichen; sind aber schlechte Benennungen, weil sie unteutsch sind.

Unteressen, Adelung.

Vorabendessen, eine richtige Benennung.

Zunderessen, Dasypod.

Abb. 1: Johann Siegmund Valentin Popowitsch: »Versuch einer Vereinigung der Mundarten von Teutschland«, Wien 1780, S.287f.: *das Zwischenmahl*; vgl. »Synopse«, Stichwort »Kaffeetrinken«

der Hochsprache und andererseits um die Erfassung der einzelnen Dialekte vor allem in Wörterbüchern. Anfang des 20. Jahrhunderts versuchte Paul Kretschmer unter dem Begriff der „Umgangssprache" regionale Wortschätze zu erfassen, während in neuerer Zeit Wilfried Seibicke die differierende Ausdrucksweise in Deutschland dargestellt hat (vgl. das »Literaturverzeichnis«). Ihnen allen ist eigen, daß sie zwar viele Ausdrücke versammeln und meist auch angeben, wo sie gültig sind. Dieses **Wörterbuch deutscher Dialekte** bringt aber erstmals eine Gesamtübersicht zu einzelnen Bezeichnungsfeldern und zu jedem einzelnen Dialekt. Darüberhinaus wird die Fülle der Varianten angegeben, die ja ein besonderes Kennzeichen dialektaler Ausdrucksmöglichkeiten ist.

Unter diesem Gesichtspunkt sind auch die standarddeutschen Bezugswörter ausgesucht worden. Sie gehören solchen Bereichen an, in denen die Dialekte einerseits möglichst große Bezeichnungsunterschiede haben, so daß die Differenz zwischen ihnen gut sichtbar wird, andererseits sollten sie aber auch eine möglichst große Bezeichnungsvielfalt innerhalb der einzelnen Dialekte abrufen. Die häufigste, nämlich die einfache Differenz, meist als Nord-Süd-Gegensatz zu beschreiben, sollte die seltenste sein (das ist der Typ: *Junge – Bub*; *Tischler – Schreiner*; *Porree – Lauch*). Da nur eine Auswahl darstellungstechnisch möglich ist (ansonsten müßte ein sicherlich zehnbändiges Wörterbuch erarbeitet werden), sollte sie reichhaltig sein. Die Stichwort-Auswahl mit der zuvor genannten Maßgabe ist so vorgenommen worden, daß ein ausreichend vielfältiges Spektrum der dialektalen Wortwelt zur Abbildung kommt. Das wird besonders bei den »Sachgruppen« deutlich, die den in der Dialektologie bekannten Bezeichnungsfeldern entsprechen.

Wie schon eingangs erwähnt, gibt es in den Dialekten Bezeichnungen, für die kein direktes Äquivalent im Standarddeutschen besteht. Für diese Fälle wurde eine Umschreibung gegeben. Möglichst vermieden wurde die Auswahl von Bezeichnungen als Stichwort, die in den Dialekten zu unterschiedlichen Sachbezügen führen. So kann standarddeutsches 'Flieder' ('Syringa vulgaris') in einigen Dialekten als *Flieder* den 'Holunder' meinen ('Sambucus nigra') oder *Karotte* im Rheinischen u.a. auch 'Rote Bete'. Da dies natürlich weitere Erklärungen nötig macht, vor allem aber den Zusammenhang von Stichwort und Sachbezug berührt, wurden solche mehrdeutigen standarddeutschen Bezugswörter möglichst nicht verwendet. Wörterbücher leiden immer ein wenig an Erklärungsplausibilität, weil die erläuternden Begriffswörter natürlich selbst wiederum eigene Bedeutungsbezüge (sprachwissenschaftlich: „Konnotationen") haben. Unter anderem deshalb werden mit den »Redewendungen« Beispiele für den Gebrauch der Wörter gegeben, so daß ihre Verwendung und Bedeutung in einem größeren Sprachzusammenhang deutlich werden. Diese »Redewendungen« sind außerdem ein Beispiel für die Bezeichnungswelt der Dialekte. Da diese z.T. sehr eigen ist, werden die beigegebenen Erläuterungen und Übersetzungen sicherlich als nützlich angesehen.

Schon ein kurzer Blick auf den Wörterbestand zeigt, daß dieser Wortschatz nicht ausschließlich der Lebenswelt am Ausgang des 20. Jahrhunderts entstammt. Es gibt Bereiche, die veraltet sind. Das gilt besonders für die landwirtschaftlichen Bestände. Aber Wortschätze sind eben auch „Schätze". Wir hören hier nicht nur das Neueste, sondern auch Dinge, die für uns schon vergangen sind, aber in der Eltern- und Großelterngeneration noch gewußt werden. Wortschatz meint eben auch das, was im Generationenzusammenhang erfragt und erzählt werden kann. Außerdem ist die Lebendigkeit der Dialekte sicherlich von Region zu Region unterschiedlich. Was in einem Ort lebendige Gegenwart ist, kann anderswo veraltet oder vergessen sein. Wörterbücher haben die Aufgabe, allen gerecht zu werden. Deshalb war auch der erinnerte, noch gewußte Wortschatz aufzunehmen.

Dialektwörter – orthographisch?

Die zweifellos schwierigsten Entscheidungen waren bei der Überführung der gesprochenen Sprache „Dialekt" in die Schrift zu treffen. Denn der Charme der Dialekte besteht ja vielfach in ihrer Aussprache, die so unterschiedlich und nuancenreich ist. Andererseits ist unsere Rechtschreibung für den ganz anderen Zweck eines einheitlichen Wortbildes entwickelt worden, so daß dialektale Vielfalt und einheitliche Rechtschreibung einen gewissen Gegensatz bilden. Hier ist deshalb eine Entscheidung nötig gewesen, die allerdings schon von den anderen Dialektwörterbüchern vorgeprägt worden ist. Diese wählen eine Normalschreibung, die sich an der standarddeutschen Rechtschreibung orientiert. Und das führt zu einer Standardisierung im Schriftbild des Dialektwortes. Für Dialektsprecher ist dieses Verfahren in Hinsicht auf ihre eigenen Dialektwörter sicherlich seltsam, wenn etwa für das Schwäbisch-Alemannische *Vesper* hingeschrieben wird, obwohl man dort doch eher *Veschper* sagt. Gleiches gilt für pfälzisch *Parrer* ('Pfarrer') oder *Märe* ('Mädchen'). Für das Niederdeutsche wurde meistens eine Verhochdeutschung vorgenommen und dies betrifft *p–*, *–k–*, *i* etc. (zu pf–, –ch–, ei etc).

Da diese Standardisierung für alle hier dargestellten Dialekte gilt, kommt das ganze Schriftsystem derart zum Ausgleich, daß alle Dialektsprecher die Wörter der anderen Dialekte wahrnehmen und vergleichen können. Wir können außerdem bei der heutigen Zweisprachigkeit und den vielfältigen Verschriftlichungen von Dialekt davon ausgehen, daß den meisten Lesern die Rückumsetzung in die dialektale Lautung gelingt. Die Wörter sind so umgesetzt worden, daß ihre gemeinsame Grundlage erkennbar wird bzw. bleibt. Natürlich freuen sich die Dialektsprecher an der möglichst genauen Umsetzung ihrer Sprechweise in der Schrift, also: *Krummbern*, *Grumbieren*, *Härdäpfeln* oder *Arbern*. Um diese Wörter aber mit den *Grundbirnen*, *Erdäpfeln* oder *Erdbirnen* vergleichbar zu machen, waren diese Umsetzungen nötig, die auch in den Wortzusammensetzungen ('Kartoffelbrei', 'Pellkartoffel', 'Kartoffelpuffer') zum Tragen kamen. Diese Standardisierung wurde nicht vorgenommen, wenn die Lautung schon so eigenständig geworden ist, daß sie als eigenes Wort empfunden wird: z.B. rheinisch *Gromper*, pfälzisch *Grumber*, schwäbisch-alemannisch *Grumbir* für eine standardsprachliche Form 'Grundbirne'.

Natürlich liegt hier ein Ermessensspielraum vor. Dieser wurde z.B. bei häufig zu hörenden Wörtern ausgenutzt, so daß z.B. 'bißchen' dialektnah umgesetzt wurde: *büschen*, *bißken*, *bissi*, *bissel* usw. Die Grundform bleibt erkennbar und die Vergleichbarkeit ist trotzdem gewahrt. Diese „Orthographisierung" der Dialektwörter hat den Vorteil, daß ein folgerichtiges alphabetisches Register aller Dialektwörter erstellt werden und auch die Einteilung in die »Sachgruppen« übersichtlich erfolgen konnte. Nur bei den »Redewendungen« wurde lediglich das Stichwort in der Überschrift – quasi als „Übersetzung" –

standardsprachlich geschrieben. Über die Hervorhebung des entsprechenden Dialektwortes im Text kann der Leser den Bezug herstellen. In den »Redewendungen« selbst wird das Dialektwort in der Schreibweise wiedergegeben, wie es in der Verschriftung des einzelnen Dialekts üblich ist. Ein erschöpfender Überblick über die unterschiedlich geschriebenen und gesprochenen, aber dennoch zusammengehörigen Bezeichnungen könnte durch eine erklärende (wortgeschichtliche) Kongruenzliste geleistet werden – aber das wäre ein Gegenstand für weitere, spätere Ausarbeitungen aufgrund eines lebhaften Interesses an diesem Wörterbuch. Bei den Stichwörtern in der »Synopse« schließlich wurde darauf geachtet, daß, wenn sie Satzteile bezeichnen (z.B. 'Auf Wiedersehen'; 'ich friere'; 'es wird dunkel') oder wenn reflexiver Gebrauch vorliegt ('sich beeilen'), eine Form gewählt wurde, die sich alphabetisch einordnen läßt ('sich beeilen' findet man demnach nicht unter S, sondern unter B).

Die Darstellung der Dialektwortschätze

Aufgrund dieser Planung und ihrer Ausführung ist der ausgewählte Dialektwortschatz zusammengestellt worden und kann nun in folgender erschließender Darstellung wahrgenommen werden: Die mehr als 3500 unterschiedlichen Dialektwörter sind in einer »Synopse« übersichtlich und vergleichbar zusammengestellt; das standarddeutsche Bezugswort gilt als Inhaltserläuterung und alphabetischer Führer. Der Ausdrucksreichtum dieser Auswahl wird in der Zusammenstellung der Dialektwörter zu »Sachgruppen« sichtbar. Den lebendigen Einsatz eines Teils der Dialektwörter aus der »Synopse« zeigen die 2000 »Redewendungen« mit Beispielen aus allen Hauptdialekten. In den »Dialektwörtern von A–Z« sind alle Dialektwörter der »Synopse« nach der verwendeten Orthographie alphabetisch aufgeführt und mit Seitenverweisen auf die »Redewendungen« versehen. Darüberhinaus werden die Dialektwörter der »Synopse«, die in den »Redewendungen« vorkommen, in einem »Wortregister Redewendungen« zugänglich gemacht. Vergleich, Verwendung und Vorkommen dieser vielen Dialektwörter dürften solchermaßen deutlich werden und zeigen, wie reichhaltig unsere Sprache in diesem Bereich ist.

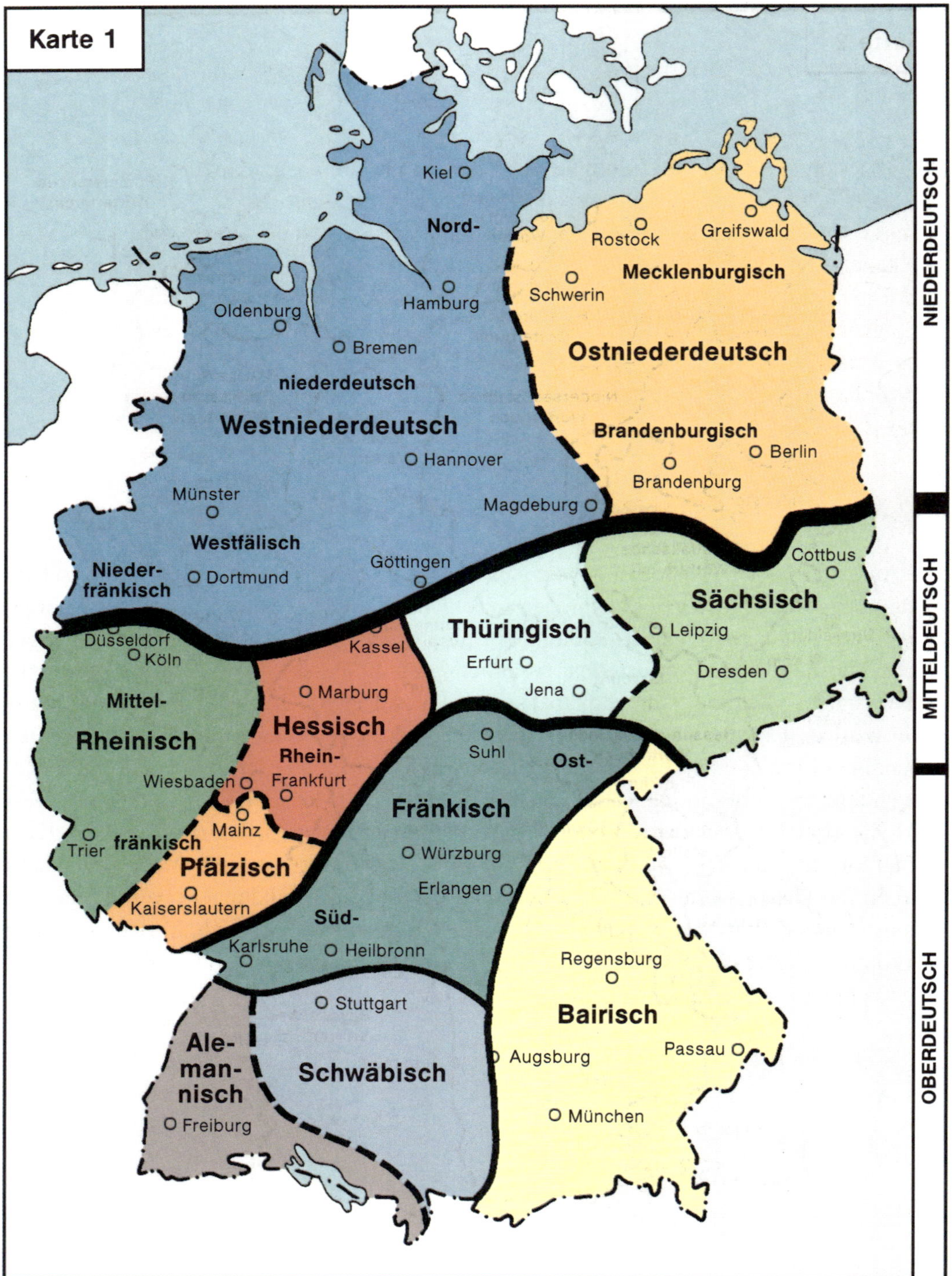

Dialektgebiete in der Bundesrepublik Deutschland

(auf der Grundlage des »Deutschen Sprachatlasses«, um 1900)

0 50 100 150 200 250 Km

Karte 2

Die Bearbeitungsgebiete der großlandschaftlichen Dialektwörterbücher

– – – – – Von zwei Wörterbüchern zugleich erfaßte Gebiete [ ] geplante Wörterbücher

0 50 100 150 200 250 Km

Karte 3

Die Länder der Bundesrepublik Deutschland

— — — — Ländergrenzen

0 50 100 150 200 250 Km

Literaturverzeichnis

Großlandschaftliche Wörterbücher

Die Wörterbücher sind nach der Reihenfolge der Dialekte in der »Synopse« geordnet. Zum jeweiligen Geltungsbereich siehe Karte 2.

***Schleswig-Holsteinisches* Wörterbuch (Volksausgabe).** Hg. von Otto Mensing, Neumünster 1927–1935 [5 Bände].

***Hamburgisches* Wörterbuch.** Auf Grund der Vorarbeiten von Christoph Walther und Agathe Lasch hg. von Hans Kuhn und Ulrich Pretzel, fortgeführt von Jürgen Meier und Dieter Möhn, Neumünster 1985ff. [bisher 1 Band; A–hillige].

***Niedersächsisches* Wörterbuch.** Hg. von Dieter Stellmacher. Institut für Historische Landesforschung der Universität Göttingen. Arbeitsstelle Niedersächsisches Wörterbuch, Neumünster 1953ff. [bisher 4 Bände; A–Gest].

***Westfälisches* Wörterbuch** hg. im Auftrage der Kommission für Mundart- und Namenforschung des Landschaftsverbandes Westfalen-Lippe von Jan Goossens, Neumünster 1969ff. [bisher 9 Lieferungen und ein Beiband; A–Brambiere].

***Mecklenburgisches* Wörterbuch** im Auftrage der Deutschen Akademie der Wissenschaften Berlin aus den Sammlungen Richard Wossidlos und aus den Ergänzungen und nach der Anlage Hermann Teucherts, Neumünster 1942ff. [bisher 7 Bände; A–Z].

***Brandenburg-Berlinisches* Wörterbuch.** Begründet und angelegt von Anneliese Bretschneider unter Einschluß der Sammlungen von Hermann Teuchert fortgesetzt von Gerhard Ising bearbeitet unter der Leitung von Joachim Wiese, Berlin/Neumünster 1976ff. [bisher 3 Bände; A–tappen].

[*Mittelelbisches* **Wörterbuch.** Hg. von der Sächsischen Akademie der Wissenschaften zu Leipzig. Bearbeitet von Gerhard Kettmann, J. Möhring und U. Wenner; Halle (seit Okober 1995 liegt eine Probelieferung Kabache–Klatsche vor).]

Wörterbuch der *obersächsischen* Mundarten. Begründet von Theodor Frings und Rudolf Große unter der Leitung von Gunter Bergmann bearbeitet von Gunter Bergmann, Ingrid Eichler, Dagmar Helm, Isolde Neumann, Lothar Wezel, Hartmut Wittkowski und Ingrid Wittkowski, Berlin 1994ff. [bisher Band 3 und 4; L–Z].

***Thüringisches* Wörterbuch.** Aufgrund der Sammlungen von Victor Michels und Herman Hucke bearbeitet von Band IV bis Band VI unter Leitung von Karl Spangenberg, fortgeführt unter Leitung von Wolfgang Lösch, Berlin 1966ff. [bisher Band 4–6 und ein Beiband; A–Blumenkohl; L–Z].

***Hessen-Nassauisches* Volkswörterbuch** aus den für ein Hessen-Nassauisches Wörterbuch von Ferdinand Wrede angelegten und verwalteten Sammlungen begonnen von Luise Berthold, fortgesetzt von Hans Friebertshäuser und Heinrich J. Dingeldein, Marburg 1927ff. [bisher Band 2 und 3; L–wischen].

***Südhessisches* Wörterbuch** begründet von Friedrich Maurer. Nach den Vorarbeiten von Friedrich Maurer, Friedrich Stroh und Rudolf Mulch bearbeitet von Rudolf Mulch, Marburg 1965ff. [bisher 4 Bände; A–Stipps].

***Rheinisches* Wörterbuch.** Auf Grund der von Johannes Franck begonnenen Sammlung nach den Vorarbeiten von Josef Müller bearbeitet von Heinrich Dittmaier, Bonn 1928 [ab Band 2 Berlin] – 1971 [9 Bände].

***Pfälzisches* Wörterbuch.** Begründet von Ernst Christmann. Fortgeführt von Julius Krämer. Bearbeitet von Rudolf Post, Wiesbaden [seit 1981 Stuttgart] 1965ff. [bisher 5 Bände; A–Wiesweiler].

***Badisches* Wörterbuch.** Vorbereitet von Friedrich Kluge, Alfred Götze, Ludwig Sütterlin, Friedrich Wilhelm, Ernst Ochs, begonnen und bearbeitet von Ernst Ochs, fortgesetzt von Karl Friedrich Müller, weitergeführt und bearbeitet von Gerhard W. Baur; Lahr/Schwarzwald 1925ff. [bisher 2 Bände; A–Moste].

***Schwäbisches* Wörterbuch.** Auf Grund der von Adelbert von Keller begonnenen Sammlungen bearbeitet von Hermann Fischer, zu Ende geführt von Wilhelm Pfleiderer, Tübingen 1904–1936 [6 Bände].

Bayerisch-Österreichisches Wörterbuch. I: Bayern. *Bayerisches* Wörterbuch (BWB). Hg. von der Kommission für Mundartforschung, München 1995ff. [bisher Heft 1–2 und 1 Beiheft; A–Almer].

Weitere Dialektwörterbücher

Ohne jeden Anspruch auf Vollständigkeit werden hier nur Wörterbücher mit dialektologischer Fundierung verzeichnet. Sortierung wie oben.

Wolfgang Lindow: *Plattdeutsches* Wörterbuch. Hg. vom Institut für *niederdeutsche* Sprache, Leer 1984 (Schriften des Instituts für niederdeutsche Sprache. Reihe Dokumentation 8).

Eduard Kück: Lüneburger Wörterbuch. Wortschatz der *Lüneburger Heide* und ihrer Randgebiete, seit 1900 zusammen mit vielen Mitarbeitern gesammelt und sprachwissenschaftlich sowie volkskundlich erläutert, Neumünster 1942–1967 [3 Bände].

Georg Ludewig: *Stadthannoversches* Wörterbuch. Bearbeitet und hg. von Dieter Stellmacher, Neumünster 1987 (Name und Wort 10).

Günter Harte / Johanna Harte: *Hochdeutsch-plattdeutsches* Wörterbuch. Hg. vom Institut für *niederdeutsche* Sprache, Leer 1986 (Schriften des Instituts für niederdeutsche Sprache. Reihe Dokumentation 13).

Otto Buurmann: *Hochdeutsch-plattdeutsches* Wörterbuch. Auf der Grundlage *ostfriesischer* Mundart, Neumünster 1962–1975 [12 Bände].

Renate Herrmann-Winter: Kleines *plattdeutsches* Wörterbuch für den *mecklenburgisch-vorpommerschen* Sprachraum, Neumünster 1986 [zuerst Leipzig 1985; gekürzte Neuauflage als: Kleines *mecklenburg-vorpommersches* Wörterbuch, Leipzig 1995 (Reclam-Bibliothek 1545)].

J. ten Doornkaat Koolman: Wörterbuch der *ostfriesischen* Sprache. Etymologisch bearbeitet, Norden 1879–1884 (Neudruck, Wiesbaden 1965) [3 Bände].

Joachim Wiese: Kleines *Brandenburg-Berliner* Wörterbuch, Leipzig 1996 (Reclam-Bibliothek 1574).

Karl Müller-Fraureuth: Wörterbuch der *obersächsischen* und *erzgebirgischen* Mundarten, Dresden 1911/1914 (Unveränderter Nachdruck, Leipzig 1968) [2 Bände].

Gunter Bergmann: Kleines *sächsisches* Wörterbuch, München 1987 [Erstausgabe: Leipzig 1986; gekürzte Neuauflage, Leipzig 1995 (Reclam-Bibliothek 1520)].

Gunter Bergmann / Volkmar Hellfritzsch: Kleines *vogtländisches* Wörterbuch, Leipzig 1990.

Karl Spangenberg: Kleines *thüringisches* Wörterbuch, Rudolstadt und Jena 1994.

Literaturverzeichnis

Wolfgang Lösch / Rainer Petzold / Frank Reinhold / Susanne Wiegand: Kleines *Thüringer* Wörterbuch, Leipzig 1995 (Reclam-Bibliothek 1521).

Hans Friebertshäuser: Kleines *hessisches* Wörterbuch, München 1990.

***Frankfurter* Wörterbuch** aufgrund des von Johann Joseph Oppel (1815–1894) und Hans Ludwig Rauh (1892–1945) gesammelten Materials hg. von Wolfgang Brückner, Frankfurt am Main 1971–1988 [6 Bände].

Adam Wrede: Neuer *kölnischer* Sprachschatz, Köln 1956/1958 [3 Bände].

Johannes Bücher: *Bonn-Beueler* Sprachschatz, Köln 1986 (Rheinische Mundarten 3).

Helmut Fischer: Wörterbuch der unteren *Sieg*, Köln 1985 (Rheinische Mundarten 4).

Karl Conrath: Die Volkssprache der unteren Saar und der Obermosel – ein *moselfränkisches* Wörterbuch, Gießen 1975 (Beiträge zur deutschen Philologie 41).

Edith Braun und Max Mangold: *Saarbrücker* Wörterbuch, Saarbrücken 1984 (Beiträge zur Sprache im Saarland 5).

***Schwäbisches* Handwörterbuch** auf der Grundlage des »Schwäbischen Wörterbuchs« von Hermann Fischer und Wilhelm Pfleiderer bearbeitet von Hermann Fischer und Hermann Taigel. 2., verbesserte Auflage, Tübingen 1991.

Horst Steinmetz / Helmut Hofmann: *Windsheimer* Mundartwörterbuch. Glossarium der Mundart und Umgebungssprache von Bad Windsheim und Umgebung. Unter Verwendung der Aufzeichnungen des Windsheimer Schulrektors Georg Ott, München und Bad Windsheim 1987.

Wörterbuch von *Unterfranken*. Eine lexikologische Bestandsaufnahme. Zusammengestellt von Monika Fritz-Scheuplein, Almut König, Sabine Krämer-Neubert, Norbert Richard Wolf, Würzburg 1994.

Johann Andreas Schmeller: *Bayerisches* Wörterbuch. 3. Neudruck der von G. Karl Frommann bearbeiteten 2. Ausgabe München 1872–1877. Mit der wissenschaftlichen Einleitung zur Ausgabe Leipzig 1939 von Otto Mausser. Und mit einem Vorwort von 1961 von Otto Basler, Aalen 1973 [2 Bände].

Bayerisch-Österreichisches Wörterbuch. I: Österreich. Wörterbuch der *bairischen* Mundarten in Österreich (WBÖ). Hg. von der Kommission für Mundartkunde und Namenforschung, Wien 1970ff. [bisher 3 Bände und ein Beiheft; A–Temper].

Kartenwerke mit Wortgeographie

Georg Wenker: Deutscher Sprachatlas auf Grund des Sprachatlas des Deutschen Reichs begonnen von Ferdinand Wrede fortgesetzt von Walther Mitzka und Bernhard Martin, Marburg (Lahn) 1927–1956.

Walther Mitzka und Ludwig Erich Schmitt: Deutscher Wortatlas, Gießen 1951–1980 [22 Bände; Wortkartenregister in Band 20; Band 1–5 auch als reprographischer Nachdruck].

Bernhard Martin: Deutsche Wortgeographie; in: Sprache und Brauchtum. Bernhard Martin zum 90. Geburtstag hg. von Reiner Hildebrandt und Hans Friebertshäuser, Marburg 1980 (Deutsche Dialektgeographie 100), S. 28–66 [mit 13 Wortkarten; Nachdruck aus Teuthonista 1–6 und 8–10 (1924–1934)].

Jan Goossens: Sprachatlas des *nördlichen Rheinlands* und des südöstlichen Niederlands, »Fränkischer Sprachatlas«. Erste Lieferung, Marburg 1988.

Herman Hucke: *Thüringischer* Dialektatlas, Berlin 1961/1965 (Deutsche Akademie der Wissenschaften zu Berlin. Veröffentlichungen des Instituts für deutsche Sprache und Literatur 17 und 27) [2 Lieferungen mit je einem Karten- und einem Textteil].

Hubert Klausmann / Konrad Kunze / Renate Schrambke: Kleiner Dialektatlas. *Alemannisch* und *Schwäbisch* in Baden-Württemberg, Bühl/Baden 1994 (Themen der Landeskunde. Veröffentlichungsreihe aus dem Alemannischen Institut Freiburg im Breisgau 6).

***Südwestdeutscher* Sprachatlas** hg. von Hugo Steger, Eugen Gabriel, Volker Schupp, Marburg 1989ff. [bisher Einleitung I und 4 Lieferungen; Wortkarten in Abteilung IV].

Sprachatlas von *Bayerisch-Schwaben*. Band 2: Wortgeographie I. Der menschliche Körper – Körperliche und seelische Äußerungen – Die menschliche Gemeinschaft – Kleidung. Hg. von Werner König. Bearbeitet von Christine Feik. Exploration: Edith Funk, Manfred Renn und Brigitte Schwarz, Heidelberg 1996 (Bayrischer Sprachatlas Regionalteil 1).

Atlas der deutschen Volkskunde. Neue Folge. Auf Grund der von 1929 bis 1935 durchgeführten Sammlungen in Zusammenarbeit mit H.L. Cox, Gerda Grober-Glück und Günter Wiegelmann hg. von Matthias Zender, Marburg 1958ff. [bisher 7 Lieferungen (84 Karten), 3 Erläuterungsbände und 3 Beihefte].

Zum Wortschatz der Umgangssprachen

Jürgen Eichhoff: Wortatlas der deutschen Umgangssprachen, Bern und München 1977ff. [bisher 3 Bände].

Paul Kretschmer: Wortgeographie der hochdeutschen Umgangssprache. 2., durchgesehene und ergänzte Auflage, Göttingen 1969 [1. Auflage: Göttingen 1918].

Franz Dornseiff: Der deutsche Wortschatz nach Sachgruppen. Fünfte Auflage, Berlin 1959.

Wilfried Seibicke: Wie sagt man anderswo? Landschaftliche Unterschiede im deutschen Sprachgebrauch. 2., neu bearbeitete und erweiterte Auflage, Mannheim/Wien/Zürich 1983 (Die Duden-Taschenbücher 15).

Hans Friebertshäuser / Heinrich J. Dingeldein: Wortgeographie der städtischen Alltagssprache in *Hessen*, Tübingen 1988 (Hessische Sprachatlanten. Kleine Reihe 1).

Roland A. Wolff: Wie sagt man in *Bayern*. Eine Wortgeographie für Ansässige, Zugereiste und Touristen, München 1980 (Beck'sche Schwarze Reihe 211).

Provinzialwörter. Deutsche Idiotismensammlungen des 18. Jahrhunderts. Hg. von Walter Haas unter Mitarbeit von W. Günther Ganser, Karin Gerstner, Hanspeter von Flühe, Berlin/New York 1994 (Historische Wortforschung 3).

Handbücher und Bibliographien

Dialektologie. Ein Handbuch zur deutschen und allgemeinen Dialektforschung. Hg. von Werner Besch, Ulrich Knoop, Wolfgang Putschke, Herbert Ernst Wiegand; Berlin/New York 1982 und 1983 (Handbücher zur Sprach- und Kommunikationswissenschaft [HSK] 1) [2 Teilbände].

Werner König: dtv-Atlas zur deutschen Sprache. Tafeln und Texte, München 1978 (10., überarbeitete Auflage 1994; dtv 3025).

Deutsche Wortforschung in europäischen Bezügen. Untersuchungen zum Deutschen Wortatlas hg. von Ludwig Erich Schmitt. Band 1–5, Gießen 1958–1968.

Berlinisch. Geschichtliche Einführung in die Sprache einer Stadt. Hg. von Joachim Schildt und Hartmut Schmidt, Berlin 1992.

Rudolf Post: *Pfälzisch*. Einführung in eine Sprachlandschaft. 2. aktualisierte und erweiterte Auflage, Landau/Pfalz 1992.

Eberhard Wagner: Das *fränkische* Dialektbuch, München 1987.

Ludwig Zehetner: Das *Bairische* Dialektbuch, München 1985.

Peter von Polenz: Arbeiten zum Deutschen Wortatlas. Bibliographie; in: Deutsche Wortforschung in europäischen Bezügen, Band 2 (1963), S. 525–548.

Elli Siegel: Deutsche Wortkarte 1890–1962. Eine Bibliographie; in: Deutsche Wortforschung in europäischen Bezügen, Band 4 (1964), S. 629–691.

Erhard Barth: Deutscher Wortatlas 1939–1971. Eine Bibliographie; in: Germanistische Linguistik 3 (1971) S. 125–156.

Elli Siegel: Deutsche Wortkarte 1963–1970. Eine Bibliographie (Fortsetzung), Gießen 1974 (Beiträge zur deutschen Philologie 40).

Elli Siegel: Deutsche Wortkarte 1971–1978. Eine Bibliographie (Ergänzung), Gießen 1981 (Beiträge zur deutschen Philologie 40a).

Synopse
–
Dialektwörter aus zehn Hauptdialekten im Überblick

A

Stichwort	Westnddt.	Ostnddt.	Sächsisch	Thüringisch	Hessisch
Abendmahlzeit	Abendbrot Abendkost Nachtmahl	Abendbrot Nachtkost	Abendbrot	Abendbrot Nachtbrot Abendessen	Abendessen Abendbrot Nachtessen
abputzen (Schuhe)	abputzen abtreten (Füße)	abtreten (Füße) abputzen	abtreten (Füße) abstreichen abkratzen	abtreten (Füße) abputzen	abputzen abtreten (Füße)
absichtlich	extra mit Absicht mit Willen	mit Absicht mit Willen extra aus Daffke	mit Absicht zum Schure mutwillig zum Possen mit Fleiß	mit Absicht zum Fleiß zum Schure	extra mit Absicht mit Fleiß express
abwaschen	abwaschen spülen	abwaschen	abwaschen aufwaschen	abwaschen aufwaschen aufspülen	spülen abwaschen
Aktentasche	Aktentasche Tasche	Aktentasche Tasche	Aktentasche Tasche	Aktentasche	Tasche Mappe
Ameise	Miegimm Emigge	Pißmiere Miere Emken Miegimm	Seichämse Pißämse	Ameise Seichämse Emetze Hameisel	Emetze Ameise Seichameise Petzemese
Anemone	Buschwindröschen Osterblume Ziegenblume Öschen	Öschen Buschwindröschen Osterblume	Buschwindröschen	Anemone Buschwindröschen Hühnerblume	Buschwindröschen Kuckucksblume Geißblume Hängeblume
anzünden (Zigarette)	anstecken	anstecken	anbrennen anfünken	anstecken anbrennen	anstecken
Apfelrest	Kerngehäuse Apfelhäuschen Griebsch	Griebsch Knust Kerngehäuse Poll Apfelhäuschen	Griebsch Strunk	Griebs Schnürps	Krotzen Griebs Butzen

Rheinisch	Pfälzisch	Schw.-Alem.	Fränkisch	Bairisch	Stichwort
Abendessen	Nachtessen	Nachtessen	Abendessen	Abendessen	**Abendmahlzeit**
Abendbrot	Abendessen	Abendessen	Abendbrot	Nachtessen	
		Vesper	Nachtessen	Nachtmahl	
			Abendstück		
abputzen	abputzen	abputzen	abputzen	abputzen	**abputzen**
abtreten (Füße)		abkratzen	abstreifen	abstreifen	**(Schuhe)**
		abtreten (Füße)		abkratzen	
extra	extra	mit Fleiß	mit Fleiß	mit Fleiß	**absichtlich**
mit Absicht	gerade zu Leid	extra	extra	zu Fleiß	
express	express	zu Leid	zum Possen	extra	
	exküse	zum Possen			
	mit Fleiß				
spülen	spülen	spülen	spülen	abspülen	**abwaschen**
		abspülen	abspülen		
Aktentasche	Aktentasche	Tasche	Aktentasche	Mappe	**Aktentasche**
Tasche	Tasche	Mappe	Tasche	Tasche	
		Aktentasche	Mappe		
		Aktenmappe			
Seichameise	Emetze	Ameise	Ameise	Ameise	**Ameise**
Emseek	Seichameise	Hagameise	Seichameise		
	Ameise		Emetze		
Buschwindröschen	Kuckucksblume	Buschwindrösle	Anemone	Anemone	**Anemone**
Kuckucksblume		Kuckucksblume	Kuckucksblume	Buschwindrösel	
		Schneekätherle	Geißblume		
			Windrösla		
anmachen	anstecken	anzünden	anzünden	anzünden	**anzünden**
anstecken		anbrennen	anstecken	ankenten	**(Zigarette)**
			anbrennen		
Kitsch	Krotzen	Butzen	Butzen	Butzen	**Apfelrest**
Krotzen	Butzen	Bützget	Griebs		
Kippe		Gacken	Krotzen		
Nüsel					
Bitz					

STICHWORT	WESTNDDT.	OSTNDDT.	SÄCHSISCH	THÜRINGISCH	HESSISCH
arbeiten	arbeiten	arbeiten	arbeiten	arbeiten	arbeiten schaffen
artig sein	artig sein lieb sein sich schicken	artig sein lieb sein	artig sein lieb sein schön folgen	artig sein	brav sein sich schicken
Auf Wiedersehen	tschüß	tschüß	tschüß mach's gut	mach's gut tschüß	tschüß mach's gut
auflesen	aufsammeln aufsuchen aufheben	aufsammeln aufsuchen aufheben	auflesen aufheben	auflesen aufheben aufsammeln	auflesen aufheben
aufwischen	feudeln aufnehmen scheuern dweilen	aufwischen	wischen scheuern	wischen scheuern	putzen aufputzen aufwaschen
Augenbraue	Augenbraue Augenbräme Augenhaar	Augenbraue Augenbran Bran	Augenbraue Augenbraune Augenbräme	Augenbraune Augenbraue	Augenbraue
Augenlid	Augenlid Plinke	Augenlid	Augenlid	Augenlid Zwunzer	Augenlid Augendeckel Augenkläff
Ausguß (Kaffeekanne)	Tülle Güntche Tut Piep	Tülle Tipp Nippel	Schnauze Schneppe	Schneppe Tülle Züttich Zipf	Zutte Ausgießer
auswringen	auswringen wringen ausdrücken	auswringen	ausringen auswinden auswingen	ausringen	ausringen auswennen

RHEINISCH	PFÄLZISCH	SCHW.-ALEM.	FRÄNKISCH	BAIRISCH	STICHWORT
arbeiten	arbeiten	schaffen	schaffen	arbeiten	**arbeiten**
wirken	schaffen				
schaffen					
brav sein	brav sein	brav sein	brav sein	brav sein	**artig sein**
lieb sein	sich schicken	anständig sein		g'stad sein	
tschüß	tschüß	ade	ade	servus	**Auf Wiedersehen**
	servus	servus	tschüß	pfüeti	
	adjö	tschüß	servus		
		pfüeti			
aufheben	auflesen	aufheben	zusammenlesen	zusammenklauben	**auflesen**
aufsammeln	aufraffen	aufklauben	aufklauben	aufklauben	
aufraffen	aufheben	zusammenlesen	aufheben		
putzen	putzen	putzen	aufwischen	putzen	**aufwischen**
wischen		wischen	putzen	wischen	
aufnehmen		aufputzen	aufputzen		
		aufziehen	fegen		
Augenbraue	Augenbraue	Augenbraune	Augenbraune	Augenbraune	**Augenbraue**
Augenbrong	Aberhaar	Augenbraue	Augenbräme	Augenbrame	
Aberhaar	Augenhaar	Augenbrame	Augenhaar	Augenhaar	
Augendeckel	Augendeckel	Augendeckel	Augendeckel	Augendeckel	**Augenlid**
Augenflügel					
Augenflitter					
Tülle	Zutte	Schnabel	Schnaube	Schnabel	**Ausguß (Kaffeekanne)**
Schnute	Schnute	Schnauze	Schnauze		
	Schniepe	Schnaube	Zaute		
auswringen	ausdrehen	auswinden	auswinden	auswinden	**auswringen**
wringen		ausringen		ausreiben	

B

STICHWORT	WESTNDDT.	OSTNDDT.	SÄCHSISCH	THÜRINGISCH	HESSISCH
Backenzahn	Backenzahn Kuse	Backenzahn Kuse	Backenzahn Backzahn	Backenzahn Stockzahn	Backenzahn
Backtrog	Backeltrog Teigtrog	Backeltrog Backmolle	Backtrog Backmuhl Beute Dese	Backtrog Backmulle Mulle	Backetrog Backmuhl
barfuß	plattbarft barft barfuß bloßfüßig barbeinig	barst barft plattbarft barfuß barfbeinig	barbsch barwes barfuß	barwes	barwes
Bauchschmerzen	Bauchweh Leibkählt Leibwehtage Leibpein	Bauchwehtage Wamsrammeln Bauchkneifen	Bauchkneifen Wanstrammeln Bauchwehtage Bauchpein Nabelleiern	Bauchpfitzen Bauchkneifen Bauchwehtage Wanstrammeln	Leibschmerzen Leibweh Bauchweh Bauchgrimmen
Baumrinde	Borke Bast Schille	Borke	Rinde Kutter Pelle	Rinde Schale	Schale Rinde Schorkel
beeilen	beeilen zumachen hinmachen sputen gau tomaken hille tomaken regen topedden	beeilen sputen fix zumachen topedden zauen	beeilen hinmachen sputen schnellmachen fixmachen trabmachen fördern schicken zauen	beeilen sputen tummeln schicken hinmachen scharfmachen trabmachen fixmachen zauen	beeilen eilen tummeln
Begräbnis	Beerdigung Begräbnis Gräff Leich Tröstelbier Nachfolge	Begräbnis Beerdigung Gräfnis	Leich Beerdigung Begrabe	Leich Begrabe Beerdigung	Beerdigung Leich Trauer Flennes
Berliner	Berliner Krapfen	Pfannkuchen	Pfannkuchen	Kräppel Pfannkuchen	Kräppel

RHEINISCH	PFÄLZISCH	SCHW.-ALEM.	FRÄNKISCH	BAIRISCH	STICHWORT
Backenzahn	Backenzahn	Backenzahn	Backenzahn	Stockzahn	**Backenzahn**
Backzant		Stockzahn	Stockzahn		
Backzank			Kiestock		
Backmohl	Muhl	Backmuld	Backtrog	Backtrog	**Backtrog**
Mohl	Backmuhl	Knettrog			
Teigtrog	Backmuld	Muld			
bleckfößig	barwes	barfuß	barfeß	barfuß	**barfuß**
berwes	barfüßig		barfüßig	bloßfüßig	
nackte Füße					
Bauchpein	Leibweh	Bauchweh	Bauchweh	Bauchweh	**Bauchschmerzen**
	Bauchweh	Grimmen	Därmereißen	Grimmen	
	Magenweh	Ranzenweh		Bauchzwicken	
		Nabelsurren			
Schale	Rinde	Rinde	Rinde	Rinde	**Baumrinde**
Beune	Schale	Läsche	Schelfe	Scheiten	
Bast	Schörze			Lohe	
beeilen	beeilen	beeilen	beeilen	schicken	**beeilen**
zauen	tummeln	pressieren	schicken	tummeln	
plagen	eilen	nore machen	tummeln	schleunen	
tummeln		weidlemachen	weidlemachen	pressieren	
eilen		(mach') tapfer			
Begräbnis	Leich	Leich	Leich	Leich	**Begräbnis**
Leich	Begräbnis				
Reu					
Berliner Ballen	Fastnachtsküchel	Berliner	Krapfen	Krapfen	**Berliner**
Krapfen	Krapfen	Krapfen	Fastnachtsküchel		
		Fastnachtsküchle			
		Fasnetküchle			

Stichwort	Westnddt.	Ostnddt.	Sächsisch	Thüringisch	Hessisch
Bettlaken	Laken Leilaken	Laken	Bettuch	Bettuch	Bettuch Leintuch
Beule	Beule Knuppe Knust Brusche	Beule Brusche Puden	Brausche Horn Hübel Kaule	Bülle Beule Horn Bützel	Knörzchen Horn Kneul Knuppe Knippel
Bindfaden	Bindfaden Band Schnur Sehne	Bindfaden Strippe Schnur Band	Bindfaden Schnur Strick	Bindfaden Strick Schnur	Kordel Schnur
bißchen	büschen beten etwas	büschen beten etwas bißken	bissel weng	bißchen bißle bissel	bissi bissel wing
blitzen	blitzen lüchten leien	lüchten blitzen	blitzen leuchten	blitzen leuchten	blitzen
Blue Jeans	Nietenhose Jeans	Niethose Jeans	Niethose Jeans	Niethose	Jeans
Bonbon	Bonbon Bonsche Bollchen	Bonbon Bollchen Bönger	Bonbon Zuckerle Schnongs Malz	Bonbon Zuckerle Bollchen Schnongs Zuckerstein	Bonbon Guts-chen Gutsel Klumpen Klunscher Knollen Zuckerstein
Bordsteinkante	Bordstein Kantstein Saumstein	Bordstein Rinnstein Bordkante	Bordstein Bordkante	Bordstein Bordkante	Bordstein Randstein
Brathähnchen	Hähnchen	Broiler	Broiler Brathendl	Broiler	Hähnchen
Brennessel	Brennettel Nettel Katernettel	Brennettel Nettel Hitternettel	Brennessel	Brennessel Eiternessel	Brennessel
Briefumschlag	Briefumschlag	Briefumschlag	Briefumschlag	Briefumschlag Kuvert	Briefumschlag Kuvert

RHEINISCH	PFÄLZISCH	SCHW.-ALEM.	FRÄNKISCH	BAIRISCH	STICHWORT
Laken	Leintuch	Leintuch	Bettuch	Leintuch	**Bettlaken**
Bettuch		Leilich	Leilich	Bettuch	
Bettkleid			Leintuch		
Bühl	Bause	Bühl	Horn	Binkel	**Beule**
Dotz	Knuppe	Beule	Beule	Horn	
Düllen	Baber	Burre	Hüppel	Pauken	
Horn	Dutz	Horn			
Knuppe		Knipfel			
		Nülle			
		Beutzel			
Kordel	Kordel	Schnur	Schnur	Schnur	**Bindfaden**
Bändel	Schnur	Spagat	Bändel	Spagat	
	Seil		Spagat	Strick	
			Strick		
bißchen	bissel	bißle	weng	bisserl	**bißchen**
bitchen		weng	bibberla	weng	
etwas		bitzele	bisserla		
blitzen	blitzen	blitzen	blitzen	blitzen	**blitzen**
		blitzgen	wetterleuchten	himmazen	
				leuchten	
Jeans	Blue Jeans	Jeans	Jeans	Jeans	**Blue Jeans**
Nietenhose	Levis	Nietenhose	Cowboyhose		
Texashose	Texashose	Texashose			
		Levis			
Bonbon	Guts-chen	Gutsele	Bonbon	Gutel	**Bonbon**
Klümpchen	Gutsel	Bombo	Gutsele	Zeltel	
Kamelle	Schnäkes	Zuckerle	Geschleck		
Zückerchen	Geschnäuks	Klumpen			
	Zuckerstein				
Bordstein	Randstein	Randstein	Randstein	Randstein	**Bordsteinkante**
	Bordstein				
Hähnchen	Hähnchen	Gockler	Hähnla	Hendl	**Brathähnchen**
		Hähnle	Giegerla	Gickerl	
Brühnessel	Brennessel	Brennessel	Brennessel	Brennessel	**Brennessel**
Sengnessel	Sengnessel	Zengenessel	Brönnestel		
Brenndistel	Brenndistel	Brennhölzle			
Briefumschlag	Kuvert	Kuvert	Kuvert	Kuvert	**Briefumschlag**

Stichwort	Westnddt.	Ostnddt.	Sächsisch	Thüringisch	Hessisch
Brombeere	Brummelbeere	Brummelbeere Brombeere	Kratzbeere Brombeere	Brombeere Kratzbeere	Brombeere Brombel Fartzebeere
Brötchen	Brötchen Rundstück Semmel	Brötchen Schrippe Semmel	Semmel	Brötchen Semmel Weck	Brötchen Weck
Brotende	Knust Kappe Korste	Kanten Knust	Kanten Ränftel Rindel Aufschnitt	Käntchen Knietzchen Kuppe Fieze Ränftchen Aufschnitt	Krüstchen Knust Knörzchen
Brotkrümel	Krümel Krumen	Krümel	Krümel Brösel Krumen	Krümel Krumen	Krümel Krumen Ribel
Brotrinde	Rinde Kruste Kurste	Rinde Kruste Kurste Kanten	Rinde Ringe	Rinde Ringe	Kruste
Brotscheibe	Scheibe Brot Schnitte Butterbrot Brot Brücke	Stulle Schnähe Bodding Bemme	Bemme Schnitte Fieze Stück Brot	Brot (mit ...) Stulle Schnitte Fladen	Scheibe Stück Brot Schnitte
Bügelbrett	Bügelbrett Plättbrett Streichbrett	Plättbrett Bügelbrett	Plättbrett Bügelbrett	Bügelbrett	Bügelbrett
Bügeleisen	Bügeleisen Plätteisen Streicheisen	Bügeleisen Plätteisen Plätte	Bügeleisen Plätte Plättglocke Plätteisen	Bügeleisen Plätte Plätteisen Plättglocke	Bügeleisen
Bürgersteig	Bürgersteig Fußweg Gehweg	Bürgersteig Trottoir	Fußweg Fußsteig Gehweg	Bürgersteig Gehweg Fußweg Trottoir	Trottoir

Rheinisch	Pfälzisch	Schw.-Alem.	Fränkisch	Bairisch	Stichwort
Brambeere	Bremer	Braunbeere	Brombeere	Brambeere	**Brombeere**
Bromel	Schwarzbeere	Brebeere	Brommelbeere	Brame	
	Dörnerbeere		Braunbeere		
	Heckenbeere				
	Moren				
Brötchen	Weck	Weck	Weck	Semmel	**Brötchen**
	Mitsch	Semmel	Laabla	Weckerl	
		Mutschle	Kipfel		
			Semmel		
Knäppchen	Knäuschen	Knäusle	Knörzla	Scherzel	**Brotende**
Kruste	Knörzel	Riebele	Kuppe	Kipfel	
Kürstchen	Krüstel	Ränkele	Kipf	Ränftel	
Knust	Aufschnitt	Gickel	Ränftla		
		Ränftle			
Krümel	Krümel	Brosamen	Brösel	Brösel	**Brotkrümel**
	Brosamen	Brösel	Krumpen		
		Krum(s)ele			
Kruste	Kruste	Rinde	Rinde	Rinde	**Brotrinde**
Kurste	Kurste	Kruste	Kruste	Ranft	
		Ranft	Backela		
Butterbrot	Schmiere	Brot (mit ...)	Brot (mit ...)	Brot (mit ...)	**Brotscheibe**
Schnitte	Stück Brot	belegtes Brot	Stück Brot	bestrichenes Brot	
Knifte	Butterbrot	Schnitte	Schmierbrot	Butterbrot	
Butterram			Schnitte		
Brücke					
Bügelbrett	Bügelbrett	Bügelbrett	Bügelbrett	Bügelbrett	**Bügelbrett**
Streichbrett	Streckbrett				
Bügeleisen	Bügeleisen	Bügeleisen	Bügeleisen	Bügeleisen	**Bügeleisen**
Streicheisen	Streckeisen				
Bürgersteig	Trottoir	Trottoir	Gehsteig	Gehsteig	**Bürgersteig**
Trottoir		Gehweg	Trottoir	Trottoir	

C

STICHWORT	WESTNDDT.	OSTNDDT.	SÄCHSISCH	THÜRINGISCH	HESSISCH
Cousin	Cousin Vetter	Cousin Vetter	Cousin	Cousin	Cousin
Cousine	Cousine	Cousine	Cousine	Cousine	Cousine

D

STICHWORT	WESTNDDT.	OSTNDDT.	SÄCHSISCH	THÜRINGISCH	HESSISCH
Dachboden	Boden Bühne	Boden Bühne	Boden	Boden	Boden Speicher Laube Bühne
Deichsel	Diessel Diesselbaum	Diessel Wagenstange	Deistel Deichsel Wagenstange	Deistel Wagenstange Gischel	Gischel Deissel
Dickmilch	Dickmilch Sauermilch Setzmilch Kella	Dickmilch Saure Milch Stippmilch	Sauermilch Schlickermilch	Schläppermilch Sauermilch Geronnene Milch Schlickermilch	Dickmilch Sauermilch
Docht	Docht Dunken	Docht	Docht	Docht	Docht Wieche
dunkel, es wird	dunkel duster	dunkel duster dakig	finster	dunkel	dunkel es wird Nacht

RHEINISCH	PFÄLZISCH	SCHW.-ALEM.	FRÄNKISCH	BAIRISCH	STICHWORT
Cousin Vetter	Cousin	Vetter Cousin Geschwisterkind	Cousin Vetter	Cousin	**Cousin**
Cousine	Cousine	Bäsle Cousine	Cousine	Cousine Base	**Cousine**
Speicher Söller Läube Older	Speicher	Bühne Speicher Laube	Boden	Speicher Boden	**Dachboden**
Deichsel	Deissel Deichsel Lanne	Deissel Deichsel	Deichsel Deistel	Deichsel Eichsel	**Deichsel**
Dickmilch Saure Milch Plundermilch Klattermilch	Dickmilch Sauermilch Broch Brockel	Gestandene Milch Sauermilch Schlotter Stockmilch Bloddermilch Schlappermilch	Gestockte Milch Sauermilch Stöckert	Gestöckelte Milch Saure Milch Gestandene Milch	**Dickmilch**
Wiek Lemmet	Wieche	Docht	Docht Zoche	Docht Zauche	**Docht**
dunkel duster	dunkel	dunkel es wird Nacht finster es nachtet	dunkel finster es wird Nacht	finster es wird Nacht	**dunkel, es wird**

E

Stichwort	Westnddt.	Ostnddt.	Sächsisch	Thüringisch	Hessisch
eben	eben	eben ebend	eben ebend	eben fei	halt
Eichelhäher	Häger Tannhäger Schreihäkster Hiekster	Holzschreier Eichelhäher Markwart	Eichelkabsch Eichelhäher Nusser	Eichelhäher Kehr Nußhacker	Markolf Häher Kehr
Eigelb	Eigelb Dotter Döhle	Eigelb Dotter Gelbei	Eigelb Dotter	Eigelb Dotter Gelbei	Dotter Eigelb
Eisbein	Eisbein	Eisbein Spitzbein	Eisbein Spitzbein Saubein	Eisbein Spitzbein Schweinsköte Saubein	Eisbein Schweinshaxe Haspel Schweinsfuß
Elster	Heister Ägster	Heister Schackelster	Elster Schackelster	Elster	Elster Atzel
Erbsen	Erbsen Palarften Döppärften	Erbsen Schoten	Erbsen Schoten Knickchen	Erbsen Schoten	Erbsen Brockelerbsen Plückerbsen
Erdgeschoß	Erdgeschoß Parterre	Parterre	Parterre Erster Stock	Parterre	Parterre
erkälten	erkälten verkühlen verkälten	erkälten verkühlen	erkälten einkälten verkühlen einen Hund holen auf der Plauze haben	erkälten verkühlen auf der Plauze haben	erkälten verkälten verkühlen Rotlauf haben
ernten (Kartoffeln)	auskriegen roden kleien arnen aufgraben	buddeln racken sammeln	hacken lesen ausnehmen	raustun ausmachen rauslangen holen	ausmachen lesen austun

RHEINISCH	PFÄLZISCH	SCHW.-ALEM.	FRÄNKISCH	BAIRISCH	STICHWORT
eben	halt	halt	halt	halt	**eben**
halt		fei	fei	fei	
Markolf	Häher	Nußjäckel	Nußhäher	Eichelhäher	**Eichelhäher**
Märker	Margrub	Häher	Eichelhäher	Nußkratscher	
	Gäckert	Jäckel	Herrenvogel	Nußhäher	
			Guthäher	Nußgackel	
Eigelb	Eigelb	Dotter	Dotter	Dotter	**Eigelb**
Dotter	Dotter			Dotterling	
Eisbein	Eisbein	Schweinshaxe	Schweinshaxe	Schweinshaxe	**Eisbein**
Hämmchen	Schweinshaxe	Knöchle	Knöchle		
	Knöchelchen	Schweinsfuß	Häspele		
Elster	Atzel	Elster	Hätzel	Elster	**Elster**
		Hätze	Gagerhätzel	Schatterhex	
		Agerst			
		Schatterhex			
		Kägersch			
Erbsen	Erbsen	Erbsen	Erbsen	Erbsen	**Erbsen**
Kifererbsen	Kocherbsen	Brockele	Brockelerbsen	Kifererbsen	
Plückerbsen	Plückerbsen	Zuckerschefen			
		Kifererbsen			
Parterre	Erster Stock	Erdgeschoß	Parterre	Parterre	**Erdgeschoß**
	Parterre	Parterre	Erster Stock		
		Erster Stock			
erkälten	verkälten	verkälten	erkälten	verkälten	**erkälten**
verkälten	Rotlauf haben	Sucht haben	verkälten	Frost derwischen	
Rotlauf haben			verkühlen		
Pips holen					
ausmachen	ausmachen	raustun	raustun	klauben	**ernten (Kartoffeln)**
austun	graben	ausmachen	graben	arnen	
döbben	austun	graben	rausmachen	graben	
		klauben			

Stichwort	Westnddt.	Ostnddt.	Sächsisch	Thüringisch	Hessisch
Erpel	Wort .... Erpel Wek Drake	Erpel .... Wädick Wännerk Wenker	Enterich .... Erpel Wenderich Rächert	Enterich .... Erpel Drache Rächert	Enterich .... Antdrache
Erstkläßler	ABC-Schütze .... i-Männchen	ABC-Schütze	ABC-Schütze .... Erstenkrutscher Achtkläppler Einerbabel	ABC-Schütze .... Fischklässer	Erstkläßler .... ABC-Schütze
Euter	Jüller .... Jidder Titte Stripp	Üder .... Jidder	Euter .... Milchsack	Euter .... Titzen Milchsack	Mämme .... Mampel Titze

Rheinisch	Pfälzisch	Schw.-Alem.	Fränkisch	Bairisch	Stichwort
Entenhahn	Enterich	Enterich	Antdrache	Anterer	**Erpel**
Entenvogel		Antdrache	Enterich		
Enterich		Enteler			
Winder		Rätsch			
		Entenvogel			
		Geit			
i-Dötzchen	Erstkläßler	Erstkläßler	Erstkläßler	ABC-Schütze	**Erstkläßler**
i-Männchen	i-Männchen	ABC-Schütze	ABC-Schütze	Erstklaßler	
i-Dotz	i-Gacken	Erstbember	Erstenbatzer		
Auter	Titze	Euter	Euter	Euter	**Euter**
Ogger	Euter	Geeuter		Auter	
Sack	Auter	Gemelk			
Jeder	Nauter				

F

STICHWORT	WESTNDDT.	OSTNDDT.	SÄCHSISCH	THÜRINGISCH	HESSISCH
Fahrstuhl	Fahrstuhl	Fahrstuhl	Fahrstuhl	Fahrstuhl	Aufzug
Fangen (Kinderspiel)	Kriegen Tick Packen	Greifen Kriegen Zeck Einkriegezeck	Haschen Zeck Einkriegezeck	Haschen Kriegen Fangerles	Nachlauf Kriegen Fangerles
Faßmacher	Küper Böttcher	Böttcher Küper Faßbinder	Böttcher	Böttcher Böttner	Küfer Böttcher
Fastnacht	Karneval Fasching Fastelabend	Fasching Karneval Fastelabend	Fasching Fastnacht	Fasching Fastnacht Fastelabend	Fastnacht Karneval Fasching Fastelabend
Federmäppchen	Federtasche Etui Griffelmappe	Federtasche	Federmappe Federtasche Schieferkästel	Federmappe Federtasche	Mäppchen
fegen	fegen ulen	fegen schweepen	kehren	kehren	kehren
fegen (Schornstein)	fegen	fegen ausfegen	kehren	kehren fegen ausputzen reinemachen	fegen ausputzen reinemachen raumen
Ferkel	Farken Fickel Bigge	Farken Ferkel	Hunschel Baschel Tschuckel	Schweinchen Sucksäula	Ferkel Wutzchen Freckel
Ferse	Hacke Hacken	Hacken Hacke Hesse	Ferse Hacke	Ferse Hacke Farschel	Ferse Hacke
Fleischer	Schlachter Knochenhauer	Fleischer Schlachter Schlächter	Fleischer	Fleischer Metzger Schlachter	Metzger Schlachter Metzler

RHEINISCH	PFÄLZISCH	SCHW.-ALEM.	FRÄNKISCH	BAIRISCH	STICHWORT
Aufzug	Aufzug	Aufzug	Aufzug	Aufzug	**Fahrstuhl**
		Lift	Lift	Lift	
Nachlaufen	Nachlaufen	Fangerles	Fangerles	Fangermandl	**Fangen**
Kriegen	Fangches				**(Kinderspiel)**
Faßbänder	Küfer	Küfer	Büttner	Faßbinder	**Faßmacher**
Faßbänger			Küfer	Schäffler	
Küfer				Binder	
Karneval	Fastnacht	Fasnet	Fasching	Fasching	**Fastnacht**
Fastnacht		Fastnacht	Fastnacht	Fastnacht	
Fastelabend		Fasching			
Mäppchen	Mäppchen	Mäpple	Federmäpple	Mapperl	**Federmäppchen**
Etui		Etui	Mäpple	Federmapperl	
Griffelkasten					
kehren	kehren	kehren	kehren	kehren	**fegen**
fegen		firben	putzen		
		wischen	aufwaschen		
		putzen			
fegen	putzen	rußen	fegen	kehren	**fegen**
putzen	ausputzen	rußeln	ausputzen		**(Schornstein)**
	kratzen	kehren	rußen		
Ferkel	Wutzchen	Milchsäule	Sucksäula	Fackel	**Ferkel**
Pogge	Ferkel	Säule	Tschuckerl	Suckel	
Schnagge	Säuchen		Suckerla		
Korre	Freckel		Milchsäule		
			Butzele		
Ferse	Ferse	Ferse	Ferse	Ferse	**Ferse**
Hacke	Ferst	Fersen		Haxe	
Metzger	Metzger	Metzger	Metzger	Metzger	**Fleischer**
Schlächter					
Fleischhäuer					

STICHWORT	WESTNDDT.	OSTNDDT.	SÄCHSISCH	THÜRINGISCH	HESSISCH
Fliege	Fliege . . . . Brummer	Fliege . . . . Brummer	Fliege . . . . Brummer	Fliege . . . . Brummer Mücke	Fliege . . . . Mücke
friere, ich	ich friere . . . . mir ist kalt	mir ist kalt	mir ist kalt	ich friere	mir ist kalt . . . .
Frikadelle	Frikadelle . . . . Bulette Bratklops	Bulette . . . . Bratklops Gehackteskloß	Beefsteak . . . . Fleischklößchen Bratklops Bulette	Fleischklößchen . . Bratklops Fleischhuller	Frikadelle . . . .
Frosch	Pogge . . . . Höpper Ütsche	Padde . . . . Schottpogge Quadhux Höpper	Frosch . . . . Hutschke Moorkecker	Frosch . . . . Moorkecker Röhling	Frosch . . . . Röhling
Frühling	Frühjahr . . . . Vorjahr	Frühjahr . . . . Vorjahr	Frühjahr . . . . Frühling	Frühjahr	Frühjahr . . . .

Rheinisch	Pfälzisch	Schw.-Alem.	Fränkisch	Bairisch	Stichwort
Fliege	Mücke	Mucke	Mucke	Fliege	**Fliege**
Mücke	Schnake			Mucke	
mir ist kalt	ich habe kalt	mich friert's	mich friert's	mich friert's	**friere, ich**
Frikadelle	Frikadelle	Fleischküchle	Fleischküchla	Fleischpflanzerl ..	**Frikadelle**
Bällchen	Fleischküchle		Fleischklößchen	Fleischkrapfel	
	Hackküchelchen				
Frösch	Frosch	Frosch	Frosch	Frosch	**Frosch**
Pette	Krott	Krott		Hetsch	
Hüpperling					
Krutte					
Frühjahr	Frühjahr	Frühling	Frühjahr	Auswärts	**Frühling**
		Frühjahr		Frühjahr	

G

Stichwort	Westnddt.	Ostnddt.	Sächsisch	Thüringisch	Hessisch
Gabeldeichsel	Kluftdießel Scherendießel	Schere Gaffel	Gabeldeistel Schere	Schere Bern Gabeldeistel	Schere Bern
gackern	kakeln	kakeln gackern	gackern gatzen	gätzen gackern	gätzen gäcksen
gähnen	jappen hojahnen hojappen	hojahnen hojappen jappen	gähnen schnappen schläfern	gähnen aufsperren maulsperren	gähnen giewen Maul aufreißen
Gänschen	Gössel Goosküken Pirken	Gössel Gänseküken Wielegäußling	Bielchen Hiele Grieschel Husche	Gänschen Wullegans Wiele	Gänschen Ginsel Wullchen
Ganter	Ganter	Ganter	Gänserich Gäntsch Gansert	Gansert Ganeist	Ganser Gansert Gänserich
Geistlicher	Pástor Pastór Priester	Pfarrer Pástor Priester	Pfarrer Pástor	Pfarrer Pástor Pfarrner	Pfarrer Pfärrner
Genick	Genick Nacken	Genick Nacken	Genick Nacken	Genick Nacken Anken Halsgenick	Anken Genick Halsgenick
Getreide	Korn Frucht Saat	Korn	Getreide Korn	Getreide Frucht	Frucht Korn
Gießkanne	Gießkanne Brauskanne Gießer	Brauskanne Spritzfaß Sprenger	Gießkanne Netzkanne Sprengstütze	Gießkanne Gießer	Gießkanne Gieße Gießkante
Glanzbilder	Lackbilder Oblaten Wünsche Liebesmarken	Lackbilder Oblaten Stammversbilder	Stammbuch- blümchen Stammbuchbilder Stamperle	Stammbilder	Glanzbilder Lackbilder Poesiebilder

RHEINISCH	PFÄLZISCH	SCHW.-ALEM.	FRÄNKISCH	BAIRISCH	STICHWORT
Schere	Schere	Lanne	Gabeldeichsel	Anzen	**Gabeldeichsel**
Gestell	Lanne		Schere	Gabeldeichsel	
	Gestell				
kakeln	gäcksen	gacksen	gatzen	gackern	**gackern**
gacksen	gackern	gatzgen		gagatzen	
jappen	gähnen	gähnen	gähnen	Maul aufreißen	**gähnen**
jiewen	gabsen	Maul aufreißen			
gabsen		Maul aufsperren			
		Maul aufstrecken			
Gänschen	Gänschen	Gänsle	Wiewerla	Ganserl	**Gänschen**
Pullchen	Gänsel	Wusserle	Gänsla	Wuserl	
Gössel		Grole	Husserla	Husserl	
Giske					
Gänsehahn	Gansert	Gansker	Ganser	Ganserer	**Ganter**
Gänserich	Gerret	Gauser	Gansker	Geitel	
Gent		Gänserich	Götzger		
Pfarrer	Pfarrer	Pfarrer	Pfarrer	Pfarrer	**Geistlicher**
Pastór	Herr	Herrle		Herr	
Herr					
Genick	Genick	Genick	Genack	Genack	**Genick**
Nacken	Halskaute	Anke	Anke		
	Halskaule	Genack			
	Grübel	Naube			
		Äcken			
Frucht	Frucht	Frucht	Getreide	Getreide	**Getreide**
		Korn	Trad	Korn	
			Frucht	Trad	
Gießkanne	Gießkanne	Gießkante	Gießer	Spritzkrug	**Gießkanne**
Spräutze	Gieße	Gießer	Sprenger	Sprengstützen	
Gieße		Spritzkanne	Spretzer	Sprengeimer	
Späute		Sprenzkante	Spritzbecher		
Glanzbilder	Glanzbilder	Albumbilder	Albumbilder	Albumbilder	**Glanzbilder**
Tauschbilder	Poesiebilder	Bildle	Klebebilder	Poesiebilder	
	Preßbilder		Papperl	Pappbilder	
			Bildle	Bildle	

STICHWORT	WESTNDDT.	OSTNDDT.	SÄCHSISCH	THÜRINGISCH	HESSISCH
Glucke	Glucke . . . . Gluckhenne Klucksche	Glucke	Glucke	Glucke . . . . Kluckse	Glucke . . . .
Glühwürmchen	Glühwurm . . . . Glimmstert Glimmors Johanniswürmchen	Glühwurm . . . . Flämmstern	Johanniswürmchen Glühwürmchen Johannisfunken	Glühwürmchen . . . Johanniswürmchen	Glühwürmchen . . . Johannisfünkchen Johannisvögelchen Johannismücke
Grasschwade	Schwade . . . . Mahd Gaine	Schwade	Schwade . . . . Geschwad Schmaden	Schwade . . . . Geschwad Mahd Schmaden	Gemahd . . . . Mahd
Großmutter	Oma . . . . Großmutter Großmöhm Bestmutter	Großmutter . . . . . . Oma Größing	Großmutter . . . . . . Oma Woka	Großmutter . . . . . . Oma Eller Fräle	Großmutter . . . . . . Oma Eller
Großvater	Opa . . . . Großvater Bestvater	Großvater . . . . Opa	Großvater . . . . Opa	Großvater . . . . Ellervater Herrle	Großvater . . . . Opa Ellervater
Grummet	Grammer . . . . Ettgröde Nachmahd	Nachmahd . . . . Nachschnitt	Grummet	Grummet	Grummet . . . . Amahd
Grünkohl	Grünkohl . . . . Braunkohl	Grünkohl . . . . Braunkohl Kortenkohl	Grünkohl . . . . Krauskohl	Grünkohl . . . . Krauskohl Braunkohl	Grünkohl . . . . Krauskohl Winterkohl
guck	kuck . . . . kiek sieh	kuck . . . . kiek sieh	guck	guck	guck . . . . sieh schau
Gurke (Cucumis sativus)	Gurke	Gurke	Gurke	Gurke	Gummer . . . . Gurke Kukummer
Guten Tag	(Guten) Tag . . . . . . Moin	(Guten) Tag	(Gute) Tag	(Gute) Tag	(Gute) Tag . . . . Gude

RHEINISCH	PFÄLZISCH	SCHW.-ALEM.	FRÄNKISCH	BAIRISCH	STICHWORT
Glucke	Glucke	Bruthenne	Glucke	Bruthenne	**Glucke**
Kluckse		Brute	Klutzhenne		
Klutze		Gluckere	Bruthenne		
Johanniswürmchen	Glühwürmchen	Leuchtkäferle	Leuchtkäferla	Leuchtkäfer	**Glühwürmchen**
Gleiärseken	Johannisvögelchen	Glühwürmle	Johannisvögelchen	Sonnwendkäferl	
Flimmflämmke	Johannisfünkchen	Zündwürmle		Johanniskäfer	
	Gehannsböbchen	Scheinwürmle			
Schwade	Gemahd	Mahd	Mahd	Mahd	**Grasschwade**
Gemahd	Schlag	Schore			
	Mahd	Schwank			
	Schlacht				
Großmutter	Großmutter	Ahna	Großmutter	Großmutter	**Großmutter**
Oma	Oma	Nahna	Fräla	Ahnel	
Bestmutter	Groß	Großmutter		Ahnferl	
Altmamme	Großmamme				
Großvater	Großvater	Ähne	Großvater	Großvater	**Großvater**
Opa	Opa	Nähne	Herrla	Ähnel	
Bestvater	Großbabbe	Großvater		Herrel	
Altbabbe				Ahnherr	
Grummet	Grummet	Öhmd	Grummet	Gromad	**Grummet**
Nachmahd	Amahd		Ohmet		
Nachheu					
Grünkohl	Grünkohl	Grünkohl	Grünkohl	Grünkohl	**Grünkohl**
Krauskohl	Krauskohl	Winterkohl	Winterkohl		
Wintermus	Wintermus	Kehl	Kehl		
Hofmus	Kehl		Krauskohl		
kuck	guck	guck	schau	schau	**guck**
sieh	lug	lug	guck		
schau		schau			
lug					
Gurke	Gummer	Kukummer	Kümmerling	Kukummer	**Gurke (Cucumis sativus)**
Komkomere		Gurke	Kukummer	Kümmerling	
Gummer				Murke	
(Guten) Tag	(Gute) Tag	Grüß Gott	Grüß Gott	Grüß Gott	**Guten Tag**
			(Gute) Tag		

STICHWORT	WESTNDDT.	OSTNDDT.	SÄCHSISCH	THÜRINGISCH	HESSISCH
Hackfleisch	Gehacktes Hack Mett	Gehacktes Hackepeter Schabefleisch Mett	Gehacktes Gewiegtes Hackepeter Schabefleisch	Gehacktes Schweinsmus	Hackfleisch Gehacktes
Hagebutte	Hagebutte Hahnebutte Juckpulver Buttelte	Hagebutte Hahnebutte Lausbeere Juckpulver	Hahnebutte Hahnewiepchen Wiepe	Hahnebutte Hambutte Hiefe	Hambuttel Arschkitzel Hanappel
hageln	hageln schloten	hageln	hageln schloßen	hageln schloßen	kießeln hageln schloßen
Hahn	Hahn	Hahn	Hahn Gickerhahn Gickersch	Hahn Gickelhahn Göcker	Gickel Hahn
Handbesen	Handfeger Eule Stäuber	Handfeger Eule	Besen Handfeger Borstwisch	Handfeger Besen Borstwisch Eule	Handfeger Handbesen
hänseln	ärgern hänseln triezen necken zerren	ärgern hänseln triezen zergeln uzen	ärgern hänseln aufziehen äksern	ärgern hänseln zergeln äksern	hänseln ärgern aushieseln uzen
häufeln (Kartoffeln)	hüpen anregen anhacken anerden	hüpen behüpen anpflügen	anfahren anhacken hinanstreichen	häufeln bänken hinanstreichen	häufeln streichen
Hausaufgaben	Schularbeiten	Schularbeiten	Schularbeiten Schullern	Schularbeiten Schullern	Aufgaben Schulaufgaben
Hause, nach	nach Hause	nach Hause zu Hause	nach Hause heim	nach Hause heim zu Hause	heim

RHEINISCH	PFÄLZISCH	SCHW.-ALEM.	FRÄNKISCH	BAIRISCH	STICHWORT
Gehacktes	Hackfleisch	Hackfleisch	Hackfleisch	Hackfleisch	**Hackfleisch**
Mett	Gehacktes		Gehacktes		
Bottel	Arschkratzel	Hagebutze	Hiefe	Hagebutte	**Hagebutte**
Duttel	Hawuttel	Hagebutte	Butterfaßla	Arschkitzel	
Kiepe	Bottelchen	Butte	Hagebutze	Harwutzel	
Hagappel	Spackelter	Buckele		Wagenbutzerl	
Juckpulver		Hiefe		Hiefe	
				Hetschebeer	
hageln	schloßen	hageln	hageln	hageln	**hageln**
kießeln		kießeln	kießeln	schauern	
Hahn	Gockel	Gockler	Göcker	Gockel	**Hahn**
Kitzhahn	Hahn	Guller	Gieger	Gickerl	
		Gieger			
Handfeger	Handfeger	Besen	Besen	Besen	**Handbesen**
Stäuber	Handbesen	Kehrwisch	Kehrwisch	Kehrichtbesen	
	Kehrbürste			Kehrwisch	
ärgern	ärgern	ärgern	ärgern	tratzen	**hänseln**
hänseln	hänseln	hänseln	trätzen	ärgern	
triezen	uzen	trätzen	derblecken	derblecken	
zergen	zäcken	aufziehen	aufziehen	aufzwicken	
			frotzeln	zerren	
			uzen	frotzeln	
hüffeln	häufeln	häufeln	häufeln	häufeln	**häufeln (Kartoffeln)**
högen	zackern	aufziehen	hinaufackern	heindeln	
häufen	mollen	hacken	hacken	zusammenackern	
		scherlen	hinaufstreifen	anscheren	
			fretten		
			brachen		
			rängeln		
Schularbeiten	Aufgaben	Hausaufgaben	Hausaufgaben	Hausaufgaben	**Hausaufgaben**
Aufgaben				Hause	
nach Hause	heim	heim	heim	heim	**Hause, nach**
heim					

STICHWORT	WESTNDDT.	OSTNDDT.	SÄCHSISCH	THÜRINGISCH	HESSISCH
Hause, zu	zu Hause	zu Hause heim nach Hause	zu Hause daheim heim	zu Hause daheim heim	daheim
Hausflur	Flur Diele	Flur Korridor Diele	Korridor Vorsaal Haus	Korridor Flur Ern	Flur Diele Gang Ern
Hausschuhe	Puschen Pampuschen Pantoffeln Töffel(n) Schlurren	Latschen Pantoffeln Töffel(n) Puschen Pampuschen Schlappen Schlurren	Latschen Bärlatschen Pantoffeln	Latschen Pantoffeln Schlappen Kommoden Babuschen	Schlappen Batschen
Hebamme	Hebamme Bademutter Mutter Griepsch	Hebamme Mutter Griepsch	Kinderfrau Kindermutter Wehfrau	Hebamme Kinderfrau Ammefrau Pampelmutter Storchentante	Amme Kinderfrau Eller
Hefe	Hefe Gest Drivels	Hefe Bärme	Hefe	Hefe	Hefe
Heidelbeere	Bickbeere Blaubeere	Blaubeere Bickbeere Besinge Kuhteke	Heidelbeere Blaubeere Schwarzbeere	Heidelbeere Schwarzbeere	Heidelbeere Blaubeere Schwarzbeere Waldbeere
Heiligabend	Weihnachtsabend Christabend Heiligabend Vullbuksabend	Heiligabend Julklappabend Vullbuksabend	Heiligabend Christnacht	Heiligabend Christabend	Heiligabend Bescherabend Christabend
heiser	heiser heisch heisterig	heiser heisch schrau	heisch heiser	heisch heiserig	grammelich heiserig rauher Hals
Henne	Henne Huhn	Huhn Henne	Henne	Huhn Henne	Hinkel Huhn
Herbst	Herbst	Herbst	Herbst	Herbst	Herbst

RHEINISCH	PFÄLZISCH	SCHW.-ALEM.	FRÄNKISCH	BAIRISCH	STICHWORT
zu Hause daheim	daheim	daheim	daheim	daheim	**Hause, zu**
Flur Diele Korridor	Flur Gang	Gang Ern	Gang Korridor Ern	Gang Fletz	**Hausflur**
Pantoffeln Schlappen Schluffen	Schlappen	Hausschuhe Schlappen Pantoffeln Finken Tapper	Schlappen Tappen Socken Latschen Kommodschuhe	Hausschuhe Pantoffeln Tappen Papotschen	**Hausschuhe**
Hebamme Weisemutter	Ammebase	Hebamme	Ammfrau Ammefräla	Hebamme Wehmutter Bademutter	**Hebamme**
Hefe Gist	Hefe	Hefe	Hefe	Hefe Germ	**Hefe**
Waldbeere Blaubeere Worbel	Heidelbeere Wäle Staudelbeere Molbeere	Heidbeere Heidelbeere	Schwarzbeere Heidelbeere	Heidbeere Schwarzbeere Blaubeere Taubeere	**Heidelbeere**
Christabend Heiligabend	Heiligabend Christabend Bescherabend Weihnachtsabend	Heiligabend Weihnachtsabend Heilige Nacht	Heiligabend Christabend Christnacht	Heiligabend	**Heiligabend**
gramm heiser	heiser	heiser riëch rauher Hals	heiser heiserig	heiser griglet rauher Hals keuchet	**heiser**
Huhn Henne Tucke	Hinkel	Henne Huhn Guhlere Luckel	Huhn Henne Buddla Hinkel	Henne	**Henne**
Herbst	Herbst Spätjahr	Spätjahr Spätling	Herbst Einwärts Spätjahr	Einwärts Laubreis	**Herbst**

STICHWORT	WESTNDDT.	OSTNDDT.	SÄCHSISCH	THÜRINGISCH	HESSISCH
Heuschrecke	Grashüpfer Heuspringer Heuhüpfer Heupferdchen Springhahn Kornstapel	Heuhüpfer Heusprengsel Heupferd Heuhopser Haferbock Springepferd	Heupferd Graspferd Hoppelpferd Grashupfer	Grashüpfer Graspferd Grashitsche Heuhüpfer	Heuhüpfer
Himbeere	Himbeere	Himbeere	Himbeere Maline	Himbeere Hengbeere	Himbeere Stengelsbeere Rengsbeere
Himmel und Hölle (Hüpfspiel)	Hinke-Pinke Hinkepott Hinkelkasten Huckekasten Hüpfekästchen	Hopse Hinketick Humpelkasten	Huppe Huppekästel	Hüpfekästchen Zahlenhupfen Hicksen	Hickelhäuschen Hickelsches Hickelkästchen
Holunder (Sambucus nigra)	Alhorn Flieder Kalken Kiseken	Flieder Weißer Flieder Schwarzer Flieder Wilder Flieder	Holunder Schibbicke	Holunder Hollrungen Quewede Schibbicke	Holler
Hügel	Berg Brink Bült Knüll	Berg Hügel	Huckel Hügel Hübel	Huckel Hügel Köppel Horkel	Köppel Buckel Hübel
Hühnerauge	Leichdorn Hühnerauge Krähenauge	Leichdorn Hühnerauge Elsterauge	Hühnerauge	Hühnerauge Leichdorn Lichter	Leichdorn Atzelauge Hühnerauge
hüpfen (auf einem Bein)	hinken hüpfen	hüpfen hopsen hinken	hupfen hopsen huppen hicksen	hüpfen hicksen	hickeln

Rheinisch	Pfälzisch	Schw.-Alem.	Fränkisch	Bairisch	Stichwort
Heuschrecke	Heuhopser	Heuschrecke	Heuhüpfer	Heuschneider	**Heuschrecke**
Heupferd	Heusprung	Heujucker	Grashupfer	Heuhupfer	
Heuspringer	Heubutzer	Heuschnickel	Hupfeschneider	Heuroß	
Springhahn		Heugumber	Heuschnecke	Heuschnecke	
		Heustaffel		Haberheiß	
Himbeere	Himbeere	Himbeere	Himbeere	Molbeere	**Himbeere**
Imber	Imber	Holbeere	Holbeere	Holbeere	
Humpelter		Hindel		Hoippa	
Hüpfekästchen ...	Hickelsches	Himmel und Hölle	Kästlashupfen	Kasterlhupfen	**Himmel und Hölle (Hüpfspiel)**
Höppekästchen	Hüppelhäuschen	Kästlehüpfen	Himmel und Hölle	Häuserlhupfen	
Hinkeln	Hüppelches	Himmelhopfen			
		Hupferles			
Holunder	Holler	Holder	Holler	Holler	**Holunder (Sambucus nigra)**
Holänter	Holänter				
Flieder					
Höllerten					
Büssenholt					
Hübel	Hübel	Buckel	Bergla	Buckel	**Hügel**
Hügel	Buckel	Bürrle	Hügel	Bichel	
Auwer	Kopp		Buckel	Bergerl	
Kopp			Hübel	Huckel	
Knapp			Knock		
Elsterauge	Krähenauge	Hühnerauge	Hühnerauge	Hühnerauge	**Hühnerauge**
Krähenauge	Atzelauge	Hätzenauge	Hennenauge	Hennenauge	
		Agerstenauge	Hätzenauge		
		Krähenauge			
hüpfen	hickeln	hupfen	hupfen	hupfen	**hüpfen (auf einem Bein)**
hinkeln		hopfen	hopfen		
		hopsen			
		jucken			

I

Stichwort	Westnddt.	Ostnddt.	Sächsisch	Thüringisch	Hessisch
Igel	Swienegel Tunegel Stachelschwein	Swienegel Stachelschwein	Igel Stachelschwein Sauigel	Igel Stacheligel	Igel
Iltis	Ilk	Ilk Ülling Iltis	Iltis Stänker	Ratz Stänker	Ratz Iltis
Installateur	Klempner Blechschläger	Klempner	Klempner	Klempner Spengler	Klempner Spengler Blechschmied
intelligent	schlau klug plietsch	schlau klug pfiffig plietsch vigilant helle	schlau vigilant gescheit klug helle	schlau gescheit helle vigilant	gescheit schlau kochem
Jahr, dieses	dieses Jahr van 't Jahr	dieses Jahr över Jahr	dieses Jahr heuer	dieses Jahr heuer	dieses Jahr
Jahrmarkt	Jahrmarkt Rummel Kirmes Markt	Rummel Jahrmarkt	Rummel Jahrmarkt Kirmes	Kirmes Jahrmarkt Rummel	Kirmes Rummel Messe Kerb
jäten	weden weihen wieten	weiden auswieten	jäten wieten krauten grasen pecken	jäten raufen grasen pecken	ausroppen jäten krauten
Junge	Junge	Junge	Junge	Junge	Bub Junge

RHEINISCH	PFÄLZISCH	SCHW.-ALEM.	FRÄNKISCH	BAIRISCH	STICHWORT
Igel	Igel	Igel	Igel	Igel	**Igel**
Spießigel			Sauigel		
Scharphase					
Iltis	Iltis	Iltis	Iltis	Iltis	**Iltis**
Fürner			Ratz		
Stinkert					
Klempner	Klempner	Installateur	Installateur	Installateur	**Installateur**
Blechschläger	Blechschmied	Flaschner	Klempner	Spengler	
	Potche	Blechner	Spengler	Flaschner	
			Flaschner		
schlau	gescheit	gescheit	gescheit	gescheit	**intelligent**
lus	schlau	gewieft	vigilant		
gewitzt		knitz	flink		
klug			wendig		
gescheit			pfiffig		
dieses Jahr	dieses Jahr	dieses Jahr	heuer	heuer	**Jahr, dieses**
		heuer			
Kirmes	Kirmes	Jahrmarkt	Messe	Volksfest	**Jahrmarkt**
	Kerb	Rummel	Kirchweih	Dult	
	Messe	Messe	Kirwa	Kirtag	
		Kirbe	Volksfest		
krauten	rausroppen	jäten	ausgrasen	ausgrasen	**jäten**
krucken	jäten	ausgrasen	rausrupfen	ausreißen	
jäten	krauten	krauten	krauten	freden	
			raufen		
			pecken		
Junge	Bub	Bub	Bub	Bub	**Junge**

K

Stichwort	Westnddt.	Ostnddt.	Sächsisch	Thüringisch	Hessisch
Kaffeesieb	Sieb	Sieb	Sieb	Sieb Seiher	Sieb Seihe
Kaffeetasse	Tasse Köpfchen Muck	Tasse Tassenkopf Köppen	Tasse Köpfchen Tippel	Tasse Tassenkopf Köpfchen Hafela	Köpfchen Schale Tasse
Kaffeetrinken	Kaffee(trinken) Kaffeepause Vesper	Kaffee(trinken) Vesper Kaffeepause Lütt Abendbrot	Vesper Kaffee(trinken) Halbabend	Vesper Kaffee(trinken) Halbabend Dreibrot	Vesper Kaffee(trinken)
Kalb (weiblich)	Kalb Kuhkalb Starkenkalb	Starke Färsenkalb	Motschenkalb Kuhkalb	Meissenkälbchen Motschenkalb Diesenkalb	Kühkalb Meissenkälbchen Mutterkalb Minkelkalb
kämmen	kämmen	kämmen	kämmen	kämmen	kämmen strählen
Kaninchen	Kaninchen Karnickel	Karnickel Kaninchen Mucker	Karnickel Kuhhase Hase	Karnickel Stallhase Hasekuh	Stallhase Hase Karnickel
Kartoffel	Kartoffel Tüffel Pudel Patätsch	Kartoffel Knolle Tüffel Tüft Nudel Knödel	Kartoffel Erdbirne Erbern Erdapfel	Kartoffel Erdapfel Erdbirne Erbern	Kartoffel Grumber Tüffel
Kartoffelpuffer	Puffer Kartoffelpfann-kuchen Reibekuchen Pickert	Puffer Kartoffelkuchen Reibekuchen	Kartoffelpuffer Pampes Klitscher Backs Getzen Fratzen	Kartoffelpuffer Dätscher Scharbs Perücke Pampes Backs	Kartoffelpfann-kuchen Reibekuchen Kartoffelkräppel
Kartoffelpürree	Kartoffelbrei Kartoffelmus Stampfkartoffeln Muskartoffeln Gestovte Tüffeln	Kartoffelbrei Quetschkartoffeln Stampfkartoffeln Muskartoffeln Gestovte Tüffeln	Kartoffelbrei Kartoffelmus Mauke Erbernbrei Erdbirnenpappe	Kartoffelbrei Stampf Zammet Tulk	Kartoffelbrei Stampes

RHEINISCH	PFÄLZISCH	SCHW.-ALEM.	FRÄNKISCH	BAIRISCH	STICHWORT
Sieb	Seiher Siebchen	Seiher Sieb	Seiher	Seiher	**Kaffeesieb**
Tasse Köpfchen Bakchen	Kumpchen Dippchen Schüssel	Schüssele Schale	Schale Schüssel Haferla	Tasse Schale Haferl Kaffeekacherl	**Kaffeetasse**
Kaffee(trinken) Kaffeepause	Vesper Kaffeepause Kaffee(trinken)	Vesper Brotzeit Vesperbrot Kaffee(trinken) Marende Untern	Vesper Brotzeit Kaffee(trinken)	Brotzeit Kaffee(trinken) Marende Untern	**Kaffeetrinken**
Stirkenkalb Kälbchen Fäsch	Kälbchen Tochterkalb Mutterkalb Betzchen	Kälble Mutterkälble Buddele Busele	Mockela Kalbla Bamberla	Kalb Küßel Ziehkalberl	**Kalb (weiblich)**
kämmen keimen	strählen	strählen kampeln	kämmen	kampeln	**kämmen**
Kning Kaninchen	Stallhase	Stallhase Hase	Stallhase Hasekuh	Kinihas Hase	**Kaninchen**
Kartoffel Erdapfel Erpel Gromper Tüffel	Grumber	Kartoffel Herdapfel Bodenbirne Grumbir Erdbirne	Kartoffel Erdapfel Potacke Erdbirne Erbern Grumber	Kartoffel Erdapfel Pumser	**Kartoffel**
Reibekuchen Reibeplätzchen Kartoffelkräppel- chen Datschert	Grumberpfann- kuchen Grumberschnitte Grumberküchle Datsch Schales	Kartoffelpuffer Kartoffelküchle Reiberdatschi	Kartoffelpuffer Backs Kartoffelpfann- kuchen Kartoffelküchla Kartoffelkräpfla	Reiberdatschi Datsch	**Kartoffelpuffer**
Kartoffelpüree Kartoffelbrei Stampfkartoffeln Erpelspappe Gestovte Erpel	Kartoffelbrei Kartoffelpüree Stampes	Kartoffelbrei Kartoffelmus Herdäpfelstock Grumbirstock Erdbirnstopfer	Kartoffelbrei Stopfer Stampf	Kartoffelbrei Kartoffelpüree Kartoffelstampf	**Kartoffelpürree**

STICHWORT	WESTNDDT.	OSTNDDT.	SÄCHSISCH	THÜRINGISCH	HESSISCH
Kater	Kater Bolz	Kater Kuter	Kater Katerich Kuter Heinz	Katzert Heinz Heinzelmann	Kater Mallert Bammel
Kaulquappe	Stertpogge Dickkopf Piedelpogge Kaulquappe	Kaulquappe Kulpogge Kulpadde	Kaulquappe Kaularsch Kaulbatz Schnupperkeule	Kaulquappe Dickkopf Kulkopf Wäschebleuel	Dickkopf Gäulskopf
Kehrschaufel	Kehrblech Schaufel Fegeblech	Müllschippe Kehrblech Schippe Aufnehmer	Kehrschaufel Schippe Kehrblech Kehrichtschaufel	Kehrschaufel Schaufel	Schippe Dreckschippe
kicken	bolzen kicken pöhlen knullen	bolzen mauken fummeln knödeln	bolzen bäbbeln	bolzen	kicken bolzen
Klingel	Klingel Pingel	Klingel	Klingel	Klingel Schelle	Klingel Schelle
klingelt, es	klingelt pingelt bimmelt	klingelt	klingelt	klingelt	klingelt schellt
Kloß	Kloß Klump Klüten Hüdel	Kloß Klüten Klump	Kloß	Kloß	Kloß Klößchen
kneifen	kneifen kniepen	kneifen kniepen	zwicken kneipen	zwicken pfitzen krummen	petzen kneifen zwicken
Kneifzange	Kneifzange	Kneifzange	Beißzange Kneifzange	Kneifzange Beißzange Pfitzzange	Beißzange Pfetzzange
Kneipe	Kneipe Pinte Piesel	Kneipe Stampe Butike Destille	Kneipe	Kneipe	Kneipe Pinte
Knöchel	Enkel Knöckel Knorren Knöbel	Enkel Knöckel Knöchsel Knössel	Knöchel Knorren Knöchsel Knöbel	Knorren Knöchel Enkel	Knöchel

RHEINISCH	PFÄLZISCH	SCHW.-ALEM.	FRÄNKISCH	BAIRISCH	STICHWORT
Kater	Kater	Rälling	Katzer	Kater	**Kater**
Rämmel	Mallert	Ralle	Heinzer	Bember	
Müter		Roller	Benz	Bockel	
		Bale	Rämmler		
Kulkopf	Mollekopf	Kaulquappe	Dickkopf	Kaulquappe	**Kaulquappe**
Dickkopf	Kauzekopf	Roßkopf	Kochlöffela	Binderschlegel	
	Dickkopf	Mollekopf	Schlegela	Kochlöffel	
			Rotzkolm	Schnieberitze	
				Schlegel	
Kehrblech	Dreckschippe	Kutterschaufel	Schaufel	Schaufel	**Kehrschaufel**
Schaufel	Schippe	Schaufel	Kehrichtschaufel	Kehrichtschaufel	
Dreckschippe	Schaufel	Kehrschaufel	Dreckschippe		
bolzen	kicken	kicken	kicken	fußeln	**kicken**
pöhlen	bolzen		bolzen	bolzen	
			blunzen		
Klingel	Klingel	Klingel	Klingel	Glocke	**Klingel**
Schelle	Schelle	Glocke	Glocke	Klingel	
		Schelle		Klinsel	
schellt	schellt	schellt	schellt	läutet	**klingelt, es**
klingelt	klingelt	läutet		klingelt	
				schellt	
				klinselt	
Kloß	Kloß	Knödel	Kloß	Knödel	**Kloß**
	Knöpfle	Kloß	Knödel		
	Knödel	Knöpfle			
kneifen	petzen	zwicken	zwicken	zwicken	**kneifen**
petschen		pfetzen	pfetzen		
		klemmen			
		kleiben			
		krimmen			
Kneifzange	Beißzange	Beißzange	Beißzange	Beißzange	**Kneifzange**
Petschzange	Pfetzzange	Pfetzzange			
Kneipe	Kneipe	Beiz	Kneipe	Beiz	**Kneipe**
Pinte	Beiz	Kneipe		Kneipe	
	Butike				
Enkel	Enkel	Knoten	Knorren	Knöchel	**Knöchel**
Knöchel	Knöchel	Knöchel	Knöterle	Knöbel	
				Enkel	

STICHWORT	WESTNDDT.	OSTNDDT.	SÄCHSISCH	THÜRINGISCH	HESSISCH
Knospe	Knospe .... Knoppe Sprute Auge	Knoppe .... Knospe	Knospe .... Knoppe	Knospe .... Knoppe Knopfe	Knospe .... Knoppe Brosse Auge
knusprig	knusprig .... kroß	knusprig .... kroß	knusprig .... rösch	knusprig	knusprig ....
Kochtopf	Pott .... Grapen Tiegel	Pott .... Topf Grapen	Topf	Topf .... Dippe	Dippe .... Grapen Hafen
Kopfschmerzen	Kopfwehtage ..... Kopfkählt Kopfpein Kopfsehr Bregenschülpen	Kopfwehtage	Kopfangst .... Kopfwehtage Kopfreißen Nischelbrummen Schädelbrummen	Kopfschmerzen ... Kopfpein Hauptwehtage Hauptschmerzen Kopfwehtage	Kopfschmerzen ... Kopfweh
Korken	Korken .... Proppen	Korken .... Proppen	Korken .... Stöpsel Korks	Korken .... Stöpsel Stöpfel	Korken .... Stopfen Stoppen
Kornblume	Kornblume .... Roggenblume Tremse	Tremse .... Roggenblume Kornblume	Kornblume .... Ziegenbein	Kornblume .... Ziegenbein	Kornblume ....
Krawatte	Schlips	Schlips	Schlips	Schlips	Schlips .... Krawatte
Kreisel (Kinderspielzeug)	Brummküsel ..... Brummkreisel Pinndopp Tilltopp	Brummküsel ..... Triesel Küsel Brummkreisel	Kreisel .... Forellchen	Dorle .... Kreisel Schnorrkauz	Doppch .... Tänzer Driller Tanzbär Schnorrbetzel
Kröte	Ütsche .... Lork Pärre Breitpogge Puspogge Tutz	Kröte .... Quadhux Kullhüx Riedpogge Padde	Hutschke .... Kröte Kecker	Kröte .... Ütsche	Krott .... Ütsche

RHEINISCH	PFÄLZISCH	SCHW.-ALEM.	FRÄNKISCH	BAIRISCH	STICHWORT
Knoppe Knospe	Knospe Knoppe Potte Auge	Knospe Knopf Brosse Trieb	Knospe Knopf	Knospe Knopf Brost Butzen Trieb	**Knospe**
knusprig krapp kroß	knusprig	knusprig rösch	knusprig rösch	rösch knusprig	**knusprig**
Döppe Pott	Dippe Hafen Grapen	Hafen Scherben Kachel Rutscherle	Hafen Tiegel Rutscher Grapen	Haferl Tiegel Kachel Scherben	**Kochtopf**
Kopfpein	Kopfweh Kopfpein	Kopfweh Schädelweh Grindweh Schädelbrummen	Kopfweh Schädelweh	Kopfweh Schädelweh	**Kopfschmerzen**
Korken Stopfen	Korken Stopfen Stopper	Korken Pfropfen Zapfen Bunden	Korken Stöpsel Stöpfer Pfropfer	Stopsel	**Korken**
Kornblume Blaublume	Kornblume	Kornblume Kornbeißer Kornnägele	Kornblume	Kornblume	**Kornblume**
Schlips	Schlips	Krawatte	Krawatte Schlips	Krawatte Binder Selbstbinder Schlips	**Krawatte**
Dilldopp Heuldopp Dopp	Driller Tänzer Dilldopp Tänzeler	Topf Tanzknopf Habergeiß Hex Tänzer Driller	Kreisel Tanzknopf Schnorrer Seiltänzer Schnattergacks	Draller Kreisel Tanzbär	**Kreisel (Kinderspielzeug)**
Krott Pädde Hucke Muke Hütsche	Krott Muke	Krott Pfaude Krutseckel	Kröte Hötsch	Brotz Höbbing Hötsch	**Kröte**

L

STICHWORT	WESTNDDT.	OSTNDDT.	SÄCHSISCH	THÜRINGISCH	HESSISCH
Lamm (weiblich)	Aulamm Sipplamm Hittchen	Zibbenlamm Aulamm	Schaf	Kilwerlamm Schaf Zibbe	Kilwerlamm Gimellamm Hitzchen Lämmchen
Lauch	Porree	Porree	Porree	Porree Spanischlauch	Lauch Porree
laufen	laufen rennen schesen	rennen laufen pesen schesen socken	rennen rammeln äppeln	rennen rammeln springen äppeln	rennen laufen pesen wetzen springen
leer	ledig lose	ledig leer	leer ledig alle	leer alle ledig	leer ledig alle
leihen	leihen lehnen borgen pumpen	leihen lehnen borgen pumpen	borgen leihen pumpen	borgen leihen	leihen lehnen borgen pumpen
Libelle	Wasserjungfer Speckfreter Kuhstert Schneider	Hottepferd Libelle Wasserjungfer Schillebock	Libelle Schneider Wasserjungfer Augenstecher	Libelle Wasserjungfer Pferdestecher	Schneider Wasserjungfer Jäger
Limonade	Brause Sprudel	Brause	Limo Brause	Brause Limo	Limo Sprudel
Lutscher	Lolli Lutscher	Lolli Lutscher Lolliball	Lolliball Lutscher Nutscher	Lutscher Lolli Leckmaldran	Lutscher Lolli Lecki

RHEINISCH	PFÄLZISCH	SCHW.-ALEM.	FRÄNKISCH	BAIRISCH	STICHWORT
Schaf Schäfchen Lämmchen	Schaf Schäfchen Lämmchen	Schaf Schäfle Lämmle Mähhuberle	Bätzerla Schaf Schäfle	Lambe Lamberl Bätzerl	**Lamm (weiblich)**
Porree Breitlauch	Lauch Porrette	Lauch	Lauch Porree	Porree	**Lauch**
laufen rennen söcken	rennen laufen fußeln	rennen springen sauen wetzen fußeln reifeln	rennen springen wetzen hutzen	rennen laufen hutzen	**laufen**
leerlich ledig leg	leer alle	leer gar pappala	leer gar alle	leer	**leer**
leihen lehnen borgen pumpen	lehnen	vertlehnen lehnen leihen	leihen borgen pumpen lehnen	leihen leichen	**leihen**
Augenstößer Augenstecher Schneider Libelle	Schneider Libelle Bachschneider	Wasserjungfer Schneider Teufelsnadel Hirnschiesser	Wasserjungfer Schneider Augenstecher	Wasserjungfer Schneider Wasserhüter	**Libelle**
Limo Sprudel	Limo Sprudel Süßer Sprudel	Sprudel Süßer Sprudel Limo	Limo Sprudel Springerla	Limo Kracherl Springerl	**Limonade**
Lutscher Dauerlutscher Lolli	Lutscher	Schlotzer Lutscher	Lutscher Lecker	Lutscher Schleckerbär	**Lutscher**

M

Stichwort	Westnddt.	Ostnddt.	Sächsisch	Thüringisch	Hessisch
Mädchen	Mädchen Deern Wicht Mäken	Mädchen Deern Mäken	Mädel Mächen	Mädchen Mächen	Mädchen
Maiglöckchen (Convallaria maialis)	Maiglöckchen Maiblume Lilie	Maiglöckchen Maiblume Lilgenkumfalgen	Zauke Maiglöckchen Maiblume	Maischelle Maiblume Maiglöckle	Maiblume Maiglöckchen
Margerite (Chrysanthemum leucanthemum)	Margretenblume Hundsblume Rüdenblume	Margretenblume Hundsblume	Talerblume Käseblume Tellerblume	Gänseblume Margretenblume Talerblume Johannisblume	Gänseblume Margretenblume Johannisblume
Marienkäfer	Marienkäfer Sonnenkäfer	Marienkäfer Sonnenkäfer Marienwürmchen Herrgottswürm- chen	Marienkäfer Mutschekiebchen Himmelkühchen Sommerwürmle	Marienkäfer Mutschekiebchen Glückskäfer Johanniskühla	Marienkäfer Junikäfer
Maulwurf	Windwurm Mullewurp Fröte	Mollwurm Moll Mollmaus	Maulwurf Motwurf Motwolf Moll	Maulwurf Moll Motwurf	Moll Moltroff Maulwurf Molbert
Meerrettich	Meerrettich Marek Pfefferwurzel	Meerrettich Maretzig Marek	Meerrettich Kren	Meerrettich Kren	Meerrettich Rettich Merch
Mehlklümpchen	Klumpen Klüten Kluntern	Klumpen Klüten Klunker	Klumpen Batzen	Klumpen	Klumpen Knubbel Knollen
Mehlschwitze	Mehlschwitze	Mehlschwitze	Mehlschwitze Einbrenne	Mehlschwitze Schmälze	Mehlschwitze Einbrenne
Milchgefäß	Milchtopf Milchkanne Milchkrug Milchkumme	Milchtopf Milchkrug Milchpott	Milchkrug Milchtopf Milchkraus	Milchkrug Milchkanne	Milchkanne Milchdippe

RHEINISCH	PFÄLZISCH	SCHW.-ALEM.	FRÄNKISCH	BAIRISCH	STICHWORT
Mädchen	Mädchen	Mädle	Madla	Dirndel	**Mädchen**
Deern	Mädel	Fehl	Mädchen	Maderl	
Wicht	Mäden				
Maiglöckchen	Maiglöckchen	Mairösle	Maiglöckla	Maiglöckerl	**Maiglöckchen (Convallaria maialis)**
Maiblume	Mairöschen	Maiglöckle	Maiblümle		
		Maiblümle			
Margretenblume ..	Margrite	Margretle	Margaretenblume .	Margriten	**Margerite (Chrysanthemum leucanthemum)**
Hundsblume	Ochsenauge	Gänseblume	Gänseblume	Margaretenblume	
Gansblume	Storchenblume			Gänseblume	
Rüdenblume					
Marienkäfer	Marienkäfer	Marienkäfer	Junikäfer	Marienkäfer	**Marienkäfer**
Junikäfer	Herrgottskäfer	Herrgottskäfer	Marienkäfer	Maikäfer	
Herrgottstierchen	Herrgottstierchen	Frauenvögele	Herrgottsmockela	Junikäfer	
Muttergotteskäfer	Gehannsböbchen				
Himmelstierchen					
Moll	Mauerwolf	Schermaus	Maulwurf	Schermaus	**Maulwurf**
Gür	Moltroff	Maulwerfer	Motwürfel	Maulwerfer	
Moltroff	Maulwurf	Auwerder	Wühler	Auwerder	
Molthauf					
Meerrettich	Meerrettich	Meerrettich	Meerrettich	Kren	**Meerrettich**
Rettich		Kren	Kren		
Merek					
Klumpen	Klümpchen	Bollen	Klumpen	Batzeln	**Mehlklümpchen**
Knubbel	Klumpen	Klumpen	Batzen	Klumpen	
		Knollen	Bröckerl		
		Böbbele			
Mehlschwitze	Mehlschwitze	Mehlschwitze	Einbrenne	Einbrenne	**Mehlschwitze**
Einbrenne	Einbrenne	Einbrenne			
		Brenne			
		Zwerle			
Milchkanne	Milchkanne	Milchhafen	Milchtopf	Milchhaferl	**Milchgefäß**
Milchkrug	Milchkrug	Milchkanne	Milchkrug	Milchkanne	
Milchdöppe	Milchhafen	Milchkrug	Milchhafen	Milchkrug	
Milchpott				Milchbitschen	
				Milchgelten	
				Milchstitzen	

Stichwort	Westnddt.	Ostnddt.	Sächsisch	Thüringisch	Hessisch
Mistkäfer	Mistkäfer Schnuppen Kauschietenkleier Scharnbull	Mistkäfer Bullenkäfer Scharnwewer Luskäfer Bußkäfer Scharnbull	Mistkäfer Scheißkäfer	Mistkäfer	Mistkäfer Scheißkrabbler Mistgaul
Möhre	Wurzel	Mohrrübe Wurzel	Möhre	Möhre Gelbe Rübe	Gelbe Rübe Karotte Möhre
Muckefuck	Muckefuck Plürre Plürrkaffee Abwaschwasser Trüll	Plürre Lorke Blümchenkaffee Klafüt	Lorke Plempe Brühe Blümchenkaffee	Lorke Blümchenkaffee Latsch Plempe Wurzelbrühe	Muckefuck Brühe Blümchenkaffee
Mumps	Mumps Ziegenpeter Schafskopf	Ziegenpeter Mumps Lümmel	Ziegenpeter Bauernwetzel	Ziegenpeter Muppelkrankheit	Mumps Mops Ohrenklamm Ziegenpeter
Mund (halt den ...)	Maul Schnute Sabbel Babbel Bart Beck	Maul Schnauze Schnute Sabbel Babbel Flapp	Maul Gusche Labbe	Maul Gusche Schnauze Labbe Päppe Raffel Fleppe	Maul Gusche Schnute
Murmel	Knicker Marmel Picker Löper Kuller	Murmel Schöttel Knull Picker Marmel	Murmel Kugel Kuller Titscherkugel	Murmel Kugel Kuller Kullerschoß Steinert	Klicker Bickel Kugel
Musikanten-knochen	Musikknochen	Musikanten-knochen Brummknaken Dröhnappel	Musikknochen Mäusel Mäuschen	Mäuschen Mäusel Musikantenknopf	Musikknochen Judenknöchelchen
Mutterschwein	Sög Mutte	Sög Sau Range	Sau Muttersau Ferkelsau Hecksau	Sau Hecksau Zuchtel Dausch	Mucke Docke Ferkelsau
Mütze	Mütze Kippe Pole Pette	Mütze Klott	Mütze	Mütze Kappe Betzel Schappel	Kappe Mütze Betzel

RHEINISCH	PFÄLZISCH	SCHW.-ALEM.	FRÄNKISCH	BAIRISCH	STICHWORT
Mistkäfer	Pferdskäfer	Mistkäfer	Mistkäfer	Roßkäfer	**Mistkäfer**
Pferdstier	Mistkäfer	Roßkäfer		Mistkäfer	
Pferdswibbeler	Pferdsbobert	Dreckkäfer		Dreckkäfer	
	Dreckkäfer			Roßwiebel	
	Stinkkäfer				
	Knottelkäfer				
Möhre	Gelbe Rübe	Gelbe Rübe	Gelbe Rübe	Gelbe Rübe	**Möhre**
Wurzel	Möhre				
	Karotte				
	Wurzel				
Muckefuck	Muckefuck	Muckefuck	Brühe	Muckefuck	**Muckefuck**
Spülwasser		Brühe	Muckefuck	Brühe	
Brühe		Spülwasser	Negerschweiß	Blümchenkaffee	
		Schnitzbrühe		Hutzelbrühe	
Mumps	Mumps	Mumps	Mumps	Mumps	**Mumps**
Ziegenpeter	Ohrenklamm	Wochendippel	Ziegenpeter	Dallewatsch	
	Mops	Pfuser	Wochentölpel	Tölpel	
			Geißpeter		
Maul	Maul	Maul	Maul	Maul	**Mund**
Schnüß	Gusche	Gosch	Goschen	Fotzen	**(halt den ...)**
	Schnüß	Labbe	Pappen	Pappen	
		Schnurre	Raffel	Goschen	
			Waffel		
Knicker	Klicker	Glugger	Schusser	Schusser	**Murmel**
Klicker	Härdchen	Kugel	Klicker	Steinel	
Häuer	Achatchen	Schusser	Tatzer	Marbel	
Märbel	Märbel	Märbel		Spagonerl	
Ummer	Pucksert	Schneller			
Dotz		Tätscher			
Musikknochen	Judenknöchelchen	Mäusle	Mäusla	Mäuserl	**Musikanten-**
Elektrisierknochen	Geckisches				**knochen**
Kribbelknochen	Knippchen				
Krieme	Loos	Laus	Dausch	Laus	**Mutterschwein**
Sau	Mucke	Mor	Suckelsau	Naschel	
Ferkelsau	Ferkelsau	Kosel	Tragsau	Zuchtel	
Mucke		Suckel		Fackelsau	
Suge		Schweinmutter			
Mütze	Kappe	Kappe	Kappe	Hauben	**Mütze**
Kappe		Schappel	Hauben	Kappe	
			Betze		

Stichwort	Westnddt.	Ostnddt.	Sächsisch	Thüringisch	Hessisch
Nachharke	Hungerharke Schleppharke Toge Schmachtharke Susterbe Schleifharke	Köter Hungerharke Nachsöch Schleifharke Schleppharke	Schlepprechen Keschrechen Nachharke Schleppharke Härschelrechen	Schlepprechen Schleppharke Schleppe Hungerrechen Ährenrechen	Ernterechen Stoppelrechen Ährenrechen
nachharken	nachharken togen nachschleppen schleifharken susterben schmachtharken	nachharken kötertrecken hungerharken nachsöken schleifen	schleppen nachharken nachrechen keschen härscheln	nachrechen schleppen	rechen nachrechen zusammenrechen kratzen stoppelrechen
Nachtisch	Nachtisch	Nachtisch Kompott Nachspeise	Kompott	Nachtisch	Nachtisch
Napfkuchen	Topfkuchen Puffer Pottkuchen	Napfkuchen Topfkuchen Pottkuchen	Napfkuchen Aschkuchen Bäbe Rührkuchen Reibasch	Rührkuchen Aschkuchen Lochkuchen Formkuchen Topfkuchen Tiegelkuchen	Rodonkuchen Rührkuchen Formkuchen Bundkuchen
Narbe	Narbe Nare	Narbe Nare	Narbe Schramme Flarren	Narbe Schmarre Schramme	Narbe
Negerkuß	Negerkuß	Negerkuß	Negerkuß	Negerkuß	Mohrenkopf
neugierig	neuschierig niglig nietig	neulich neugierig neuschierig neulätern	neugierig neulätern	neugierig neumärisch neufängisch neuschierig	neuschierig neugierig naseweis neufängisch
nicht wahr?	ne	ne wa wat manních	ne wa gelle he hänt	gelle ne he	gelle ne

Rheinisch	Pfälzisch	Schw.-Alem.	Fränkisch	Bairisch	Stichwort
Rechen	Rechen	Rechen	Schlepprechen	Nachrechen	**Nachharke**
Harke	Hans	Hansel	Streifrechen	Halmrechen	
Treckharke		Pale	Tradrechen	Streifer	
Krätzer		Zugrechen	Schleifrechen		
		Streifrechen	Ährenrechen		
harken	rechen	nachrechen	nachrechen	nachrechen	**nachharken**
kämmen	zusammenrecheln	zusammenrechen	zusammenrechen	streifen	
kratzen	scherren	halmrechen	streifen	halmrecheln	
scheren	kämmen	palen	schleifen	ausrechen	
recheln	hansen	hanseln	ähren	nachstrangen	
		ackerrechen	stoppeln		
Nachtisch	Nachtisch	Nachtisch	Nachtisch	Nachspeise	**Nachtisch**
		Déssert	Nachspeise		
Rodonkuchen	Bund	Gugelhupf	Gugelhupf	Gugelhupf	**Napfkuchen**
Bund	Rodonkuchen		Gesundheits-kuchen	Gesundheits-kuchen	
	Formkuchen		Tiegelkuchen		
	Rührkuchen		Schard		
Narbe	Narbe	Narbe	Schramme	Masen	**Narbe**
Leimzeichen	Leimzeichen	Schramme	Masen	Narbe	
	Schramme	Schmarre	Narbe	Schramme	
	Anmal	Bletz	Schmarre		
Negerkuß	Mohrenkopf	Mohrenkopf	Mohrenkopf	Mohrenkopf	**Negerkuß**
Mohrenkopf			Negerkuß		
fürwitzig	naseweisig	wunderfitzig	neugierig	neugierig	**neugierig**
neuschierig	neuschierig	naseweis	neuschierig		
	fürwitzig	fürwitzig	naseweis		
	wunderlich	wundergern			
ne	gell	gell	gell	gell	**nicht wahr?**
gell	ne		ne		
woll					

O

STICHWORT	WESTNDDT.	OSTNDDT.	SÄCHSISCH	THÜRINGISCH	HESSISCH
Ohrfeige	Ohrfeige Backpfeife Backs	Ohrfeige Backpfeife Dachtel Zwetsch Backs Schelle Knallschote	Ohrfeige Schelle Backpfeife Fautze Dachtel Fake Quatsche	Ohrfeige Backpfeife Maulschelle Dachtel Fake	Ohrfeige Backpfeife Batsch
Ohrwurm	Ohrwurm Gaffeltang Ohrenknieper Ohrenkrüper	Ohrenknieper Pferdekneifer	Ohrenkriecher Ohrenkneiper	Ohrenkneiper Ohratzel Ohrlitze Torantel	Ohrschlitz Ohrenkriecher Ohrlitze Ohrwissel

RHEINISCH	PFÄLZISCH	SCHW.-ALEM.	FRÄNKISCH	BAIRISCH	STICHWORT
Ohrfeige	Ohrfeige	Ohrfeige	Schelle	Watschen	**Ohrfeige**
Dachtel	Batsch	Watsche	Ohrfeige	Schelle	
Watsche	Dachtel	Schelle	Dachtel	Fotze	
Döllchen		Backenschelle	Watschen	Dachtel	
			Batsch		
Ohrenratte	Ohrenschleffer ...	Ohrenmitzel......	Ohrenhöller	Ohrwutzel	**Ohrwurm**
Ohrenkrüper	Ohrenschlicher	Ohrenwitzeler	Ohrenbützel	Ohrenhöller	
Ohrenschleffer		Ohrenklemmer	Ohrenschlitzer		
Ohrenpetscher		Ohrenzwicker			
Ohrenquangel					

Stichwort	Westnddt.	Ostnddt.	Sächsisch	Thüringisch	Hessisch

P

Pate	Gevatter Vatter Pate	Pate Vatter	Pate	Pate Dot Mannspate Pfätter	Pätter Pfätter Pate
Patin	Vattersch Patin	Patin	Patin Gevatterin	Patin Gevatterin Dote Fraupate	Gote Dote Patin
Peitsche	Peitsche Schwippe Tagel	Peitsche Schwippe Flechter Klabatsch	Peitsche Karbatsche	Peitsche Geißel Riemen Karbatsche	Geißel Peitsche
Pellkartoffeln	Pellkartoffeln Pulkantüffeln	Pellkartoffeln Pellnudeln Brühtüffel Pellknollen	Pellkartoffeln Ganze Erbern Runde	Pellkartoffeln Aufgesottene	Pellkartoffeln Quellkartoffeln Gequellte
Pfannkuchen	Pfannkuchen Eierkuchen	Eierkuchen Eierpfannkuchen Pfannkuchen	Eierkuchen Plinse	Eierkuchen Plinse Schaffkuchen	Pfannkuchen Eierpfannkuchen Omelett
Pferd	Pferd Gaul Ackergaul Hieske	Pferd Gaul Ackergaul	Pferd Zosse	Pferd Gaul Hankel	Gaul Pferd
Pflaume	Plume Prume	Plume Pflaume Zwetsche	Pflaume Kriechel	Pflaume Quetsche Kriechel	Plaume Praume Bockse Krieche Quetsche
pflügen	plögen	plögen pliehen	ackern	ackern fliehen ären ruhren	ackern zackern

RHEINISCH	PFÄLZISCH	SCHW.-ALEM.	FRÄNKISCH	BAIRISCH	STICHWORT
Pate	Pätter	Göti	Pate	Göt	**Pate**
Patenohm	Pate	Dot	Dot	Döt	
Pätchen		Pfätterich	Herrdot		
Pätter		Hosendot			
Gote	Gote	Gote	Patin	Gotel	**Patin**
Götchestante	Götel	Dote	Dote	Dote	
Göle		Rockdote	Fraudote		
Patin		Gotebäs			
Pätchenstante					
Schmicke	Geißel	Geißel	Peitsche	Geißel	**Peitsche**
Schnacke	Peitsche	Peitsche		Peitsche	
Schwippe					
Peitsche					
Kletsch					
Pellkartoffeln	Gequellte	Pellkartoffeln	Pellkartoffeln	Pellkartoffeln	**Pellkartoffeln**
Quellmänner	Quellgrumbere	Schalkartoffeln	Gekochte Potacken	Gekochte	
Quellkartoffeln	Pellmänner	Geschwellti	Schalkartoffeln	Kartoffeln	
Bünerpel	Geschwellte	Gesottene		Gesottene	
	Gesottene	Grumbire		Kartoffeln	
Pfannkuchen	Pfannkuchen	Pfannkuchen	Pfannkuchen	Pfannkuchen	**Pfannkuchen**
		Omelett	Omelett		
		Eierdatsch	Pauternickel		
		Flädle			
Pferd	Gaul	Gaul	Gaul	Roß	**Pferd**
	Pferd	Roß	Pferd	Gaul	
			Hankel		
Prume	Praume	Pflaume	Pflaume	Pflaume	**Pflaume**
Quetsche	Plaume	Ziper	Zwetschge	Kriecherl	
		Hengst	Ziper	Zwetschge	
		Zwetschge		Roßbacken	
bauen	zackern	zackerfahren	ackern	ackern	**pflügen**
plögen		zackern	zackern		
ackern		ackern	ären		
			ruhren		

STICHWORT	WESTNDDT.	OSTNDDT.	SÄCHSISCH	THÜRINGISCH	HESSISCH
Pflugwende	Wende Vorwende Wendacker Anweide Vorwete Anwende	Anwende Vorhöft Vorgewende Höftland Kränge	Anwand Angewand Vorende Gewende	Vorart Angewand Gewende Vorende	Anwand Gewand Vorende Vorbeet Vorder
Pfriem (Werkzeug)	Saul Else Pluckelse Priem	Ort Priem Saul	Ahle Pfrieme	Pfrieme Ort Saubel Noll	Saul Ahle Ort
pfropfen	reisen paten proppen enten	echtmachen reisen paten proppen enken	pfropfen pelzen	veredeln poten gutmachen pelzen	proffen pfropfen
Pilz	Pilz Poggenstuhl Paddenstuhl	Pilz Poggenstuhl Schottpoggenstuhl	Pilz Schwamm	Pilz Schwamm	Pilz Schwamm
Plastik	Plastik	Plaste	Plaste	Plaste	Plastik
Portemonnaie	Portemonnaie Knippke Geldbörse Geldbeutel Geldpüt	Portemonnaie Geldbeutel	Portemonnaie Geldtaschel	Portemonnaie	Portemonnaie Geldbeutel
Preiselbeere	Kronsbeere Kroselbeere Tütebeere Klusterbeere Korinthenbeere Striekbeere	Preiselbeere Kronsbeere Linjong Tütebeere	Preiselbeere Kroselbeere	Preiselbeere Hölperle Mählbeere Moosjocke Spreiselbeere Brauschnitze	Preiselbeere
Pulswärmer	Pulswärmer Wristhandschen Letthandschen Handmuff	Pulswärmer Müffling Handpöters	Müffchen Handmüffchen Armstecker Stützel	Müffchen Handmüffchen Handstauchen	Stauche Armstauche
Purzelbaum	Purzelbaum Koppstibolter Koppheister-schießen Kalabums	Purzelbaum Kabolz Koppheister-schießen	Purzelbaum Bocksterz Kopfgäukel Sturzelbaum Kobolz Gäukelbock	Purzelbaum Kopfgäukel Kollertour Sturzelbaum	Purzelbaum

RHEINISCH	PFÄLZISCH	SCHW.-ALEM.	FRÄNKISCH	BAIRISCH	STICHWORT
Vorhaupt	Anwand	Anwand	Anwender	Einkehr	**Pflugwende**
Vorende	Gewand	Ort	Hät	Tretacker	
Anwende	Ant-hät	Kehre	Rain	Anwander	
Vorkopf		Treppe	Mehn	Vorbeet	
Hätigen		Trette	Vorende	Rain	
			Gewende		
Saul	Ahle	Ahle	Ahle	Ahle	**Pfriem (Werkzeug)**
Ahle	Saul	Pfrieme	Örtla	Örtel	
Ort		Säule	Noll		
possen	possen	zweigen	pelzen	pelzen	**pfropfen**
stecken	zweigen	emden			
proffen		impfen			
okulieren					
Pilz	Pilz	Pilz	Pilz	Schwammerl	**Pilz**
Schwamm	Schwamm	Schwamm	Pfiffer		
Paddenstuhl	Drischling		Schwamm		
Jüddefleesch					
Plastik	Plastik	Plastik	Plastik	Plastik	**Plastik**
Portemonnaie	Geldbeutel	Geldbeutel	Geldbeutel	Geldbeutel	**Portemonnaie**
	Portemonnaie		Portemonnaie	Geldbörse	
Preiselbeere	Preiselbeere	Preiselbeere	Preiselbeere	Preiselbeere	**Preiselbeere**
Preiselbesinge		Steinbeere	Spreiselbeere	Brausbeere	
Winterworbel		Krachelsbeere	Hölperle	Zwengerl	
Quinkeln		Moosbeere	Graslitzbeere	Kräuselbeere	
				Grantelbeere	
Stauche	Stauche	Stößle	Schlupfer	Handstritzel	**Pulswärmer**
Muff	Stutzen	Stutzen	Staucher	Stützerl	
		Strupfer	Steckerla	Armstützel	
		Geäderstutzen	Handsteckerla	Schliefferl	
		Schlupfer	Strupfer	Stutzen	
		Stäucherle			
Purzelbaum	Purzelbaum	Purzelbaum	Purzelbaum	Purzelbaum	**Purzelbaum**
Kuselkopp	Purzelbock	Purzengägel	Sturzelbaum		
Kukelebaum		Sturzebockel			
Tummelkopf		Scheurepurzel			

Stichwort	Westnddt.	Ostnddt.	Sächsisch	Thüringisch	Hessisch
putzen	saubermachen .... putzen reinemachen	saubermachen .... reinemachen	reinemachen ..... saubermachen	reinemachen	putzen ....
Putzfrau	Putzfrau .... Reinemachefrau	Putzfrau .... Aufwartung Reinemachefrau	Aufwartung ...... Reinemachefrau	Aufwartung ...... Reinemachefrau	Putzfrau ....

Q

Stichwort	Westnddt.	Ostnddt.	Sächsisch	Thüringisch	Hessisch
Quark	Quark .... Weißer Käse	Quark .... Weißkäse	Quark .... Matz Zwark	Quark .... Matz Matte Hotten Schmierkäse Glickerleskäse	Quark .... Matte Schmierkäse
Quecke	Quecke .... Quitsch	Quecke .... Päde	Quecke .... Päde	Quecke	Quecke ....
Querholz (Fuhrwerk)	Schwengel .... Knüppel	Schwengel .... Ortscheit Brack	Ortscheit	Ortscheit .... Silscheit Schwengel	Silscheit ....

Rheinisch	Pfälzisch	Schw.-Alem.	Fränkisch	Bairisch	Stichwort
putzen	putzen	putzen	putzen	putzen	**putzen**
Putzfrau	Putzfrau	Putzfrau	Putzfrau Zuspringerin Zugeherin	Putzfrau Zugehfrau	**Putzfrau**
Quark Klatschkäse Makei Weißer Käse Flötenkäse	Weißer Käse Weicher Käse Käsematte Käseschmier	Quark Bibeleskäse Luckeleskäse Knollen Zieger Toppen	Quark Weißer Käse Zibeleskäse Klumpen Luckeleskäse Matte	Topfen Quark	**Quark**
Quecke Graswurzel Denngras	Quecke	Schnürgras Quecke Zwecke Spitzgras	Quecke Flechtgras Spitzwurzel Rainwasen Brachwurzel	Quecke Brachwurz Weißwurz Schußwurz	**Quecke**
Kleff Hämken Silscheit Schwengel Rinscheit	Silscheit Wägele	Wagscheit Wägele Silscheit Kleffle	Wagscheit Ortscheit Silscheit	Wagscheit Zugscheitel Wagritscherl Vorschlagel	**Querholz (Fuhrwerk)**

R

Stichwort	Westnddt.	Ostnddt.	Sächsisch	Thüringisch	Hessisch
rauchen	rauchen schmöken paffen	rauchen schmöken qualmen blüsen paffen	qualmen rauchen paffen quarzen schmurzen	pappen rauchen qualmen schmauchen	rauchen plotzen qualmen knällern
Rauhreif	Rauhreif Rauhfrost Wittfrost Reif	Rauhreif Reif	Rauhreif Rauhfrost Anreim	Rauhreif Rauhfrost Anhang Anreim	Rauhreif Duft
reden	sprechen reden schnacken küren praten	sprechen reden schnacken	sprechen reden	reden sprechen schwatzen plaudern	reden schwätzen babbeln
Regenwurm	Mädsche Regenwurm Pierwurm Ölk Tauwurm	Piermade Madick Pierlauke Pierwurm Pieraas Taumade	Regenwurm Regenmade	Regenwurm Regenmade	Regenwurm
reinigen (Nase)	naseputzen ausschnupfen ausschnauben	naseputzen schnauben ausschnauben	naseputzen schnauben ausschnauben	naseputzen schneußen schnauben	naseputzen schneuzen schnupfen
Roggen	Roggen	Roggen	Korn	Korn Roggen	Korn
Rotkohl	Rotkohl	Rotkohl	Rotkraut Blaukraut	Rotkraut	Rotkraut
Rutschbahn	Glitschbahn Schlinderbahn Schurrbahn	Schlitterbahn Glitsche	Schinderbahn Schlitterbahn Schussel	Gländer Schlitterbahn Schussel	Schleife Eisbahn Schleifbahn Gleitebahn Schubber

Rheinisch	Pfälzisch	Schw.-Alem.	Fränkisch	Bairisch	Stichwort
rauchen	rauchen	rauchen	rauchen	rauchen	**rauchen**
piefen	fluppen	nebeln	plätzen	stauben	
schmuren	dämpen	motten			
schmöken	plotzen				
flöppen					
Rauhreif	Rauhreif	Rauhreif	Rauhreif	Rauhreif	**Rauhreif**
Rimm	Duft	Duft		Gereim	
Duft	Hach	Bereim		Anhang	
				Reim	
sprechen	schwätzen	schwätzen	reden	reden	**reden**
reden	reden		plaudern		
kallen	plaudern		sprechen		
küren			babbeln		
schwätzen					
Regenwurm	Regenwurm	Regenwurm	Regenwurm	Regenwurm	**Regenwurm**
Pier	Wurmen				
Schleiche	Erdwürmchen				
naseputzen	naseputzen	schneuzen	naseputzen	schneuzen	**reinigen (Nase)**
		naseputzen	schneuzen		
Korn	Korn	Roggen	Korn	Korn	**Roggen**
Roggen		Korn			
Rotkohl	Rotkraut	Blaukraut	Blaukraut	Blaukraut	**Rotkohl**
Roter Kappes	Blaukappes	Rotkraut	Rotkraut		
Roter Kumpest					
Schlinderbahn	Schleimer	Schleife	Hetschelbahn	Rutschbahn	**Rutschbahn**
Eisbahn	Schleife	Schleifbahn	Rutsche	Eisbahn	
Letschbahn	Gländer	Schleifere	Schleife		
			Schleifbahn		

Stichwort	Westnddt.	Ostnddt.	Sächsisch	Thüringisch	Hessisch
Samstag	Sonnabend Satertag	Sonnabend	Sonnabend	Sonnabend	Samstag Sonnabend
Sauerklee	Sauerklee Hasenklewer	Sauerklee Hasenklewer Hasenkohl	Sauerklee	Sauerklee	Hasenklee Sauerklee
Sauerkraut	Sauerkohl Sauerkraut	Sauerkraut Sauerkohl	Sauerkraut	Sauerkraut Kumpest Parforcekohl Scharbekraut	Sauerkraut Sauermus Saurer Kohl
schärfen (Sense)	haren kloppen	haren kloppen	dengeln kloppen	dengeln	dengeln haren
Schaufel	Schaufel Schippe	Schippe	Schaufel Schippe	Schaufel Schippe	Schippe
Scheuertuch	Feudel Aufnehmer Scheuerlappen	Scheuerlappen Aufwischlappen Feudel	Scheuerlappen Scheuerhader Hader Bankhader	Scheuerlappen Banklappen Hudel	Putzlumpen Putzlappen Aufwaschlumpen
Scheune	Scheune	Scheune	Scheune	Scheune Stadel Scheuer	Scheune Scheuer
schimpfen	schimpfen schelten schafudern	schimpfen schelten	ausschimpfen zanken ausheißen	schelten schäbbern zanken abtrumpfen	schelten schimpfen schennen
Schleuder (Kinderspielzeug)	Zwille Katapult	Katapult Katsche	Katapult Katsche Vogelschippe	Katapult Schlappschleuder Zwiesel	Schleuder Zwacke Zwille
schlittern	glitschen schlindern rutschen schurren	schlittern glitschen glissen	schindern schusseln zuscheln zinschern	gländern rutschen schurren zuscheln schaubern	schleifen rutschen gländern schurren

RHEINISCH	PFÄLZISCH	SCHW.-ALEM.	FRÄNKISCH	BAIRISCH	STICHWORT
Samstag	Samstag	Samstag	Samstag	Samstag	**Samstag**
Satertag					
Sauerklee	Sauerklee	Hasenklee	Sauerklee	Hasenklee	**Sauerklee**
Sauermoos	Kuckucksbrot	Sauerklee		Sauerklee	
Hasenklee	Hasenbrot	Kuckucksbrot			
Kuckucksmoos	Hasenklee				
Saurer Kappes	Sauerkraut	Sauerkraut	Sauerkraut	Sauerkraut	**Sauerkraut**
Sauermus	Sauerkappes	Kraut		Kraut	
kloppen	dengeln	dengeln	dengeln	dengeln	**schärfen (Sense)**
haren					
Schippe	Schippe	Schaufel	Schaufel	Schaufel	**Schaufel**
			Schippe		
Aufnehmer	Putzlumpen	Putzlumpen	Putzlumpen	Putzlumpen	**Scheuertuch**
Schrubbtuch	Putzlappen	Putzlappen	Putzlappen	Putzlappen	
	Aufziehlumpen		Feghadern	Hadern	
Scheune	Scheuer	Scheuer	Scheune	Stadel	**Scheune**
Scheuer		Stadel	Scheuer	Schober	
		Schopf	Stadel	Schopf	
		Schober	Halle		
schennen	schelten	schimpfen	schennen	schimpfen	**schimpfen**
knottern	schennen	schelten	schimpfen	fluchen	
		belfern	belfern	schelten	
		maulen	ramsen	belfern	
		bäffen		masseln	
		goschen			
		lästern			
Schleuder	Schleuder	Schleuder	Schleuder	Schleuder	**Schleuder**
Flitsche			Zwistel	Zwistel	**(Kinderspielzeug)**
			Gamberla		
schlindern	schleimern	schleifen	rutschen	rutschen	**schlittern**
Bahn schlagen	schleifen	rutschen	schleifen	schleifen	
rutschen	gländern		hetscheln	rantscheln	
	glitschen		hurren	haxeln	
			zischen		

STICHWORT	WESTNDDT.	OSTNDDT.	SÄCHSISCH	THÜRINGISCH	HESSISCH
Schluckauf	Schluckauf Hick Snuckup Huckup	Schlucken Hicker Schluckauf Huckup	Schlucken	Schlucksen Schlucken	Schlickser Schlucken Hickser
Schlüsselblume (Primula)	Primel Schlüsselblume Karkenslötel Tierläusken Backelken	Schlüsselblume Kükenblume	Himmelschlüssel-chen Hühnerblind	Himmelschlüssel-chen Schlüsselblume	Schlüsselblume
Schnittlauch	Schnittlauch Beslok Graslauch Kleinlauch Pfannkuchenkraut	Schnittlauch Pieplauch	Schnittlauch Frieserich Wederle	Schnittlauch Graslauch Kleinlauch Grieslich	Schnittlauch Prieslauch Hehrlauch Schlotten Grieslauch Frieslauch
Schnuller	Schnuller Nuckel Sauger Lutscher Happen	Nuckel Titt Proppen	Nuckel Hutel Nuppel Nutsch Zulp	Nuckel Huppen Nutsch Nuppel Zütz Stöppel	Schnuller Lutscher Nuckel Nuttel Tuttel
Schnupfen	Schnupfen Schnöw	Schnupfen Rotz Schnöw	Schnupfen Rotz	Schnupfen Rotz Schnuten Schnauben	Schnupfen Kobel
Schnürsenkel	Schnürband Schuhband	Schnürsenkel Schuhband Schnürband	Schnürsenkel	Schnürsenkel Schnürband Schuhbändel	Schuhriemen Schuhbändel
Schornstein	Schornstein Schottstein Luke	Schornstein Schottstein	Esse Feueresse	Schlot Schornstein Esse Kamin	Schornstein Schlot
Schornsteinfeger	Schornsteinfeger Schottsteinfeger Sottcher	Schornsteinfeger Schottsteinfeger Schwarzer Mann	Essenkehrer Feuerrüpel Rußkehler	Schornsteinfeger Schlotfeger Essenkehrer	Schornsteinfeger Schlotfeger
Schubkarre	Schiebkarre Schubkarre	Schubkarre Schiebkarre Karre Stürzkarre	Schubkarre Radkarren Radebere Robbern Kastenkarre Laufkarre Schuttkarre	Schubkarre Schiebekarre Radebere Robbern Schuttkarre Treibbere	Schubkarren

Rheinisch	Pfälzisch	Schw.-Alem.	Fränkisch	Bairisch	Stichwort
Schlicks	Schluckser	Hecker	Hetscher	Schnackler	**Schluckauf**
Hick	Schlickser	Gluckser	Schlucker	Hetscher	
Kicks	Gluckser	Höscher	Schlickser		
Pick		Glutzger	Glutzer		
		Gätzger	Hickerle		
Schlüsselblume	Schlüsselblume	Batenke	Schlüsselblume	Schlüsselblume	**Schlüsselblume**
Himmelschlüssel		Magenka		Himmelschlüssel	**(Primula)**
Kerkenschlöttel		Himmelschlüssel			
Schnittlauch	Schnittlauch	Schnittlauch	Schnittlauch	Schnittla	**Schnittlauch**
Beslok		Schnittling	Schnittling	Schnittling	
Bratzel		Abschnitt	Grieseli		
Breitlauch			Frieseli		
Pippkeslok					
Schmallauch					
Schnuller	Schnuller	Schnuller	Schnuller	Dietzel	**Schnuller**
Nuckel	Nuttel	Zapfen	Nucki	Dutzel	
Schnuckel	Noller	Suckel	Batzer	Schnuller	
Luppe	Zapfen	Schlotzer	Päpper	Bibi	
Lutscher	Luppe	Noller		Schlauch	
Föpp	Lutsch	Bäpf			
Schnupfen	Schnupfen	Schnupfen	Schnupfen	Katarrh	**Schnupfen**
Schnups	Freck	Katarrh	Katarrh	Strauchen	
Verkältheit		Pfnüsel	Strauchen		
		Geschnuder	Schnauben		
		Geschnäuf			
Schuhriemen	Schuhbändel	Schuhbändel	Schuhbändel	Schuhbandel	**Schnürsenkel**
Schnürriemen	Schuhnestel	Schuhnestel	Schnürbändel	Schuhlitzen	
	Schuhriemen	Schuhriemen	Schnürsteft		
	Nestel				
Schornstein	Schornstein	Kamin	Schlot	Kamin	**Schornstein**
Kamin	Harst	Kämmet	Kamin	Rauchfang	
				Schlot	
				Kintel	
Schornsteinfeger	Schornsteinfeger	Kaminfeger	Schlotfeger	Kaminkehrer	**Schornsteinfeger**
Kaminsfeger	Schornsteinputzer	Kämmetkehrer	Kaminkehrer	Rauchfangkehrer	
Schornsteinputzer	Harstenputzer		Kaminfeger	Schlotfeger	
Schorittfeger				Kintelkehrer	
Schubkarre	Schubkarren	Schubkarren	Schubkarren	Schubkarren	**Schubkarre**
		Schaltkarre	Robbern	Radeltruhe	
			Radebere	Tragatsch	

Stichwort	Westnddt.	Ostnddt.	Sächsisch	Thüringisch	Hessisch
schuften	schuften	schuften	schuften	schuften	schuften
	malochen	schindern	rackern	rackern	wurzeln
	ackern	ackern	klägen	klägen	wulen
	ranklotzen	ranklotzen	rammeln	placken	haudern
	knojen	wurachen	roboten	schindern	
	puckeln	knuffen	placken	würgen	
		rackern	wurachen	bataillen	
		marachen	bataillen	scharwerken	
Schulranzen	Tornister	Schulmappe	Schulranzen	Schulranzen	Schulranzen
	Ranzel	Tornister		Tornister	
Schwiegersohn	Schwiegersohn	Schwiegersohn	Schwiegersohn	Eidam	Schwiegersohn
				Schwiegersohn	Tochtermann
				Tochtermann	Arer
					Eidam
Schwiegertochter	Schwiegertochter	Schwiegertochter	Schwiegertochter	Schwiegertochter	Schwiegertochter
				Schnur	Schnürch
sehr	sehr	sehr	sehr	sehr	arg
	bannig	bannig	arg	schwinde	sehr
	baß		dämisch	arg	böse
			unbändig	heiden	
				dämisch	
				flämisch	
Seil	Reep	Strick	Seil	Seil	Seil
	Tau	Strang	Strick	Seime	Strick
	Strang	Reep			
	Strick				
seilspringen	seilspringen	seilspringen	seilspringen	seilhüpfen	seilspringen
	tauspringen	seilhopsen	seilhüppen		seilhüpfen
					seilhuppen
Senf	Senf	Mostrich	Senf	Senf	Senf
	Mostert			Mostrich	
Sperling	Lüning	Sperling	Spatz	Sperling	Spatz
	Spatz	Spatz	Sperling	Spatz	Spatzert
	Dacklünk		Spunziger	Sperk	
	Hausfink		Skanziger	Skanziger	
				Zwilch	
Spinngewebe	Spinnwebe	Spinngewebe	Spinnwebe	Kankergespinst	Spinnlappen
	Spinnekoppen	Spinnen	Spinnekanker	Spinnwebe	Spinnwebe
	Spinnewupp	Spinnwebe	Spinnelode	Spinnekanker	
			Kankergespinst	Spinnlappen	
			Spinneklunker		

RHEINISCH	PFÄLZISCH	SCHW.-ALEM.	FRÄNKISCH	BAIRISCH	STICHWORT
schuften malochen brasseln krosen haudern	schuften wulen malochen abrackern ochsen haudern	schuften abrackern schinden bosseln worgen schinageln placken haudern	schuften worgen abrackern haudern	schuften werkeln schinageln haudern	**schuften**
Tornister	Schulranzen	Schulranzen	Schulranzen Büchertasche Schulsack	Schulranzen Schultasche Schulpack Schulkalier	**Schulranzen**
Eidam Schwiegersohn	Tochtermann Schwiegersohn Eidam	Tochtermann Schwiegersohn Eidam	Schwiegersohn Tochtermann	Schwiegersohn	**Schwiegersohn**
Schnur Schnürch Schwiegertochter	Sohnsfrau Schnur	Söhnerin Sohnsfrau	Schwiegertochter	Schwiegertochter	**Schwiegertochter**
sehr arg fies	arg	arg jessasmäßig	arg	arg sehr recht sakrisch mentisch damisch	**sehr**
Seil Strick	Seil Strick	Seil Strick	Seil	Seil	**Seil**
seilchenspringen seilchenhöppen	seilspringen seilhupsen strickhupsen	seilhopfen seiljucken	seilhüpfen strickhupfen	seilhupfen strickhupfen	**seilspringen**
Senf Mostert Mostrich	Senf Mostert	Senf	Senf	Senf	**Senf**
Mösch Spatz	Spatz Spatzert	Spatz Gesparn	Spatz Sperk	Spatz	**Sperling**
Spinngewebe Koppenspinne Spinnwette	Spinnwebe Spinnest Spinnhudel Spinnwette	Spinnwebe Spinnewette Spinnhudel Spinnebobe	Spinnwebe	Spinnewette Spinnehaut	**Spinngewebe**

STICHWORT	WESTNDDT.	OSTNDDT.	SÄCHSISCH	THÜRINGISCH	HESSISCH
Springseil	Springtau	Springseil	Springseil Huppeseil Huppestrick	Hüpfseil	Hüpfseil
Stachelbeere (Ribes grossularia)	Stickelbeere Grüsbeere	Stickelbeere Stachelbeere Stickelbese Rauhbeere	Stachelbeere	Stachelbeere	Klosterbeere Stachelbeere
Stechmücke	Mücke Gnidde Miete	Mücke Gnidde Mietschke	Mücke Schnake Mietschke	Mücke Schnake	Schnake Mücke
Stecknadel	Knöppnadel Spendel Kopfnadel Spell	Knöppnadel Stecknadel	Stecknadel	Stecknadel Spendel	Spennadel Spennel Stecknadel
Streichholz	Streichholz Sticken Rietsticken Schwefelsticken	Streichholz Schwefelsticken Rietsticken Rietholt	Streichholz	Streichholz Schwefelholz	Streichholz Fixchen
Stricknadel	Knüttstock Strickelwier Breidelpremen Stricksticken	Knüttsticken Stricknadel	Stricknadel	Stricknadel Knüttstock Strickstock	Strickstock Stricknadel

Rheinisch	Pfälzisch	Schw.-Alem.	Fränkisch	Bairisch	Stichwort
Seilchen	Seil	Hopfseil	Hupfseil	Seil	**Springseil**
Seil	Springseil	Juckseil	Strick	Strick	
	Strick		Strickhupfer	Springseil	
Knurschel	Druschel	Stachelbeere	Stachelbeere	Stachelbeere	**Stachelbeere (Ribes grossularia)**
Grünschel	Grusselbeere	Grüsselbeere		Stichweinbeerl	
Grüschel	Grüschel	Heckenbeere		Stechbeere	
		Stechbeere			
		Welschärsche			
Mücke	Schnake	Schnake	Schnake	Schnake	**Stechmücke**
Schnake	Mücke	Mücke	Mücke	Mücke	
Knose	Pothammel		Staunzer	Staunze	
Knoppnadel	Spengel	Glufe	Stecknadel	Sperl	**Stecknadel**
Kopfnadel	Stecknadel	Stecknadel	Steckhaftla	Stecknadel	
Spengel	Gufe	Gufe	Glufe	Glufe	
Spelte	Glufe				
	Spell				
Streichholz	Streichholz	Streichholz	Streichholz	Zündholz	**Streichholz**
Schwegele	Fixfeuer	Zündholz	Zündhölzla	Streichholz	
Striekspan		Schwefele	Feuersteckel	Schnellfeuer	
Fixfeuer			Zündsteckerla	Kentscheitel	
Feuerspänchen			Schwefelsteckel		
Schwefelchen					
Fimpchen					
Stricknadel	Stricknadel	Stricknadel	Stricknadel	Stricknadel	**Stricknadel**
Breinadel	Strickspieß		Strickeisen		
Strickeisen	Strickeisen		Strickstengla		

STICHWORT	WESTNDDT.	OSTNDDT.	SÄCHSISCH	THÜRINGISCH	HESSISCH
Taschentuch	Taschentuch	Taschentuch	Taschentuch	Taschentuch	Taschentuch
	Schnottentuch	Schnupftuch	Schnupftuch	Schnupftuch	Sacktuch
	Schnupftuch	Rotzlappen			Schnupftuch
	Büsdok				
Tauber	Düffer	Düffer	Täuberich	Döbbert	Taubert
	Döbbert	Döbbert	Taubert	Taubert	Täuberich
	Ornt	Täuberich			Taubhorn
					Ruckert
Teich	Teich	Teich	Teich	Teich	Teich
	Tümpel	Tümpel	Tümpel	Tümpel	Weiher
	Pohl	Sal		Wäte	
		Pohl			
		Wätering			
Tischler	Tischler	Tischler	Tischler	Tischler	Schreiner
	Schreiner			Schreiner	
Töpfer	Pöttcher	Pötter	Töpfer	Töpfer	Dippenmacher
	Pottbäcker	Töpfer		Dippenmacher	Töpfer
		Pottmaker			Häfner
					Äuler
Traktor	Trecker	Trecker	Traktor	Trecker	Traktor
	Schlepper		Trecker	Traktor	Bulldog
			Zugmaschine		Schlepper
			Bulldog		Trecker
Türklinke	Klinke	Klinke	Klinke	Klinke	Klinke
	Griff	Drücker	Drücker	Drücker	Griff
	Drücker			Klippe	Drücker
	Türkläppe				

RHEINISCH	PFÄLZISCH	SCHW.-ALEM.	FRÄNKISCH	BAIRISCH	STICHWORT
Taschentuch	Taschentuch	Taschentuch	Taschentuch	Taschentuch	**Taschentuch**
Sacktuch	Sacktuch	Sacktuch	Fazinettla	Schneuztuch	
	Schnupftuch	Nastuch	Sacktuch	Sacktuch	
		Schneuzfleck			
		Fazinettle			
Taubenmännchen	Taubert	Kauter	Täuberich	Tauberer	**Tauber**
Täuberich	Kruckser	Tauber	Tauber		
Ruckert			Kröpfert		
Teich	Weiher	Teich	Teich	Weiher	**Teich**
Weiher		Weiher	Weiher	Gumpen	
Mar		See	See	Lacken	
		Wätte	Wätla		
		Gumpen			
Schreiner	Schreiner	Schreiner	Schreiner	Schreiner	**Tischler**
Döppebäcker	Töpfer	Hafner	Häfner	Hafner	**Töpfer**
Pottchesbäcker	Häfner		Töpfer	Töpfer	
Töpfer	Dippenmacher				
Traktor	Traktor	Bulldog	Bulldog	Bulldog	**Traktor**
Trecker	Bulldog	Traktor	Traktor	Traktor	
Bulldog			Schlepper	Schlepper	
Klinke	Schlinke	Schnalle	Klinke	Klinke	**Türklinke**
Türkrücke	Klinke	Klinke	Drücker	Griff	
Klensche	Schlempe	Türfalle	Griff		
Packe	Klensche	Schnäpper	Schlinke		

U

Stichwort	Westnddt.	Ostnddt.	Sächsisch	Thüringisch	Hessisch
unterhalten	klönen schnacken quatschen praten diskurrieren	klönen quatschen tratschen	quatschen tratschen klatschen schwatzen babeln diskurrieren texten mären	quatschen tratschen schwatzen storchen kosen diskurrieren	schwätzen tratschen babbeln diskurrieren
Unterhaltung	Klönschnack Plausch Prat Drön	Plausch Schwatz Klönschnack Drön Klön	Schwätzchen Plausch Tratsch Diskurs Babelchen	Schwätzchen	Schwätzchen Schwatz

V

Stichwort	Westnddt.	Ostnddt.	Sächsisch	Thüringisch	Hessisch
Viehbremse	Bremse Baue Blindefliege Blindseke	Bremse Dase Viehkneifer	Bremse Breme	Breme	Breme Bremse
viertel nach (6:15 Uhr)	viertel nach sechs	viertel sieben	viertel sieben	viertel sieben	viertel nach sechs viertel sieben
vorgestern	vorgestern ehergestern	ehergestern vorgestern	vorgestern ehergestern jentag	vorgestern vornächten ehergestern jentag	vorgestern

RHEINISCH	PFÄLZISCH	SCHW.-ALEM.	FRÄNKISCH	BAIRISCH	STICHWORT
tratschen	ratschen	schwätzen	ratschen	ratschen	**unterhalten**
quatschen	tratschen	tratschen	tratschen	diskurrieren	
schwätzen	schwätzen	ratschen	wafen	heimgarten	
plauschen	babbeln	batschen	schwätzen	schmatzen	
kallen	maien	babbeln	babbeln		
klafen	diskurrieren	heimgarten	diskurrieren		
	basen	diskurrieren			
		schnättern			
Plausch	Schwätzchen	Schwätzle	Tratsch	Ratsch	**Unterhaltung**
Schwätzchen	Maie	Heierles	Plausch	Heimgarten	
Quätschchen		Heimgarten	Klatsch	Schmatz	
Kall		Karz	Kränzla		
Klaf			Ständerle		
Verzähl			Gebatsch		
			Geplauder		
Bremse	Bremse	Breme	Breme	Breme	**Viehbremse**
Dase	Breme	Bremse	Kühmücke	Schnurrer	
Scheelmücke	Beiel			Nisser	
Beiel	Brummser				
Faulstich					
Pferdsfliege					
viertel nach sechs	viertel nach sechs	viertel sieben	viertel sieben	viertel nach sechs	**viertel nach (6:15 Uhr)**
	viertel sieben			viertel sieben	
				viertel über sechs	
vorgestern	vorgestern	vorgestern	vorgestern	vorgestern	**vorgestern**
		vornächt	außernächt	vornacht	

Stichwort	Westnddt.	Ostnddt.	Sächsisch	Thüringisch	Hessisch
Wacholder (Juniperus communis)	Wacholder .... Machandel Quakeln	Knirk .... Wacholder Machandel	Wacholder .... Juchhannel	Wacholder .... Wachtelbusch	Wacholder .... Wachhecke
Wagenmacher	Radmacher .... Stellmacher Wagenmacher	Stellmacher ...... Radmacher	Stellmacher ...... Wagner	Wagner .... Stellmacher Speicher	Wagner ....
Walderdbeere	Erdbeere .... Walderdbeere Wilde Erdbeere	Walderdbeere .... Erdbesinge Buscherdbeere Rotbesinge	Erdbeere .... Walderdbeere	Walderdbeere .... Erbel Rotbeere Knackelbeere	Erbel .... Erdbeere Rotbeere Walderdbeere
warten	töwen .... luern wachten	töwen .... warten luern	warten .... lauern	warten .... lauern harren	warten .... lauern passen
Weihnachtsbaum	Tannenbaum ..... Weihnachtsbaum Christbaum	Weihnachtsbaum . Tannenbaum Christbaum Rosinenbaum	Weihnachtsbaum . Christbaum Tannenbaum Lichterbaum	Weihnachtsbaum . Christbaum Zuckerbaum Lichterbaum Tannenbaum Mettenbaum Buschbaum Christbusch	Christbaum ...... Zuckerbaum Weihnachtsbaum Tannenbaum
Weihnachtsmann	Weihnachtsmann . Christkind Kindjesus	Weihnachtsmann . Ruhklas Heilechrist Kindjesus	Weihnachtsmann . Knecht Ruprecht Heiliger Christ Bornkindel	Weihnachtsmann . Heiliger Christ Christkind Hans Ruprecht Bornkindel Herrscheklaus	Christkind .... Nikolaus Weihnachtsmann
weinen	weinen .... blarren greinen roren heulen	roren .... weinen plinsen	grinsen .... fänzen quäken heulen natschen greinen flennen	heulen .... schreien fletschen gaken greinen flennen	flennen .... heulen greinen kreischen schreien garren blätzen
Weißkohl	Weißkohl .... Buskohl	Weißkohl	Weißkraut	Weißkraut	Weißkraut ....

RHEINISCH	PFÄLZISCH	SCHW.-ALEM.	FRÄNKISCH	BAIRISCH	STICHWORT
Wacholder	Wacholder	Wacholder Reckholder Pfefferrute	Wacholder Wachtelbeer Pfefferrute	Kranawit Krampertsstaude Wacholder	**Wacholder (Juniperus communis)**
Stellmacher Achsenmacher Wagner	Wagner	Wagner Krummholz Wangler	Wagner	Wagner	**Wagenmacher**
Erbel Wilde Erbel Buscherbel	Erbier Erbel	Walderdbeere Bodenbeere Brestling	Rotbeere Brestling Erbel	Rotbeere Erdbeere Brestling	**Walderdbeere**
warten wachten luern passen	warten lauern	warten passen belangen	warten passen	warten	**warten**
Weihnachtsbaum Christbaum Tannenbaum	Christbaum Weihnachtsbaum Zuckerbaum Buchsbaum	Christbaum Buchsbaum Weihnachtsbaum	Christbaum	Christbaum Christkindelbaum	**Weihnachtsbaum**
Christkind	Christkind Pelznickel	Christkindle Pelzmärte	Christkindla	Christkindel	**Weihnachtsmann**
kreischen heulen greinen schrauen knatschen bauzen	heulen kreischen greinen brüllen	heulen plärren brüllen heunen greinen briegen bellen	greinen heulen flennen fletschen blecken pfusen plärren	weinen zannen trenzen rören blecken heunen flennen	**weinen**
Weißkohl Kappes Weißer Kappes	Weißkraut Kappes Weißer Kappes	Weißkraut Kraut	Weißkraut Kraut	Weißkraut	**Weißkohl**

STICHWORT	WESTNDDT.	OSTNDDT.	SÄCHSISCH	THÜRINGISCH	HESSISCH
wenden (Heu)	wenden kehren	kehren wenden schütten	wenden schütten	wenden	wenden
Werktag	Alltag Wochentag Werkeltag	Alltag Wochentag Werkeltag	Wochentag	Wochentag	Werktag Wochentag
wiederkäuen	ederkauen aderkauen nederkauen wiederkäuen nerken	aderkauen wiederkäuen	wiederkäuen knälen ädern kälen	kälen nädern wiederkäuen niterücken	niterücken illerücken
wiehern	wrenschen wiehern brammen nöckern juchen lachen	wiehern krieschen nörricken meckern brenschen juchen	wiehern hichern	wiehern hichern kittern juchzen mieksen lachen	häbbeln lachen härcheln hicheln hüttern wiehern hutscheln
Wimper	Wimper Augenhaar Plinke	Augenwimper	Wimper	Wimper	Wimper

RHEINISCH	PFÄLZISCH	SCHW.-ALEM.	FRÄNKISCH	BAIRISCH	STICHWORT
wenden	wenden	umkehren	wenden	wenden	**wenden (Heu)**
umdrehen		wenden		umkehren	
umkehren		umschlagen		heugen	
				umschlagen	
Werkeltag	Werktag	Werktag	Werktag	Werktag	**Werktag**
Wochentag	Alltag	Werftag	Werkeltag		
Alltag					
wiederkäuen	irrerücken	däuen	urkäuen	itrucken	**wiederkäuen**
iterücken	itern	eitrucken	kälen	hitrucken	
nerken	iterichkauen	mäuen	itrücken	einkäuen	
			däuen		
			itern		
krähen	wiehern	wiehern	wiehern	wiehern	**wiehern**
wiehern	halgern	rücheln	kirren	schreien	
rönneken	hachern	wüscheln	rücheln	rücheln	
mizen	ranksen	hätteln	hutscheln	kirren	
magieren	häbbeln	juchzen	hanseln	heinzern	
lachen	lachen	muscheln	heinzern	hampern	
			hankern		
Augenflitter	Wimper	Wimper	Wimper	Wimper	**Wimper**
Wimper	Aberhaar			Augenhaar	
Augenhaar					
Augenflemme					

Z

Stichwort	Westnddt.	Ostnddt.	Sächsisch	Thüringisch	Hessisch
Zahnschmerzen	Zahnschmerzen	Zahnschmerzen	Zahnschmerzen	Zahnschmerzen	Zahnschmerzen
	Zahnweh	Zähnwehtage	Zahnreißen	Zahnweh	Zahnweh
	Zähnwehtage		Zahnangst	Zahnpein	
	Kusenkählt		Zahnpein	Zahnwehtage	
	Kusenpein			Zahnreißen	
Ziege	Ziege	Ziege	Ziege	Ziege	Ziege
	Zicke	Zicke	Zicke	Hippe	Geiß
	Hitte		Hippe	Geiß	
			Hättel	Zicke	
				Hättel	
ziehen	trecken	trecken	ziehen	zerren	ziehen
	ziehen	ziehen	zerren	schleppen	dinsen
		zoppen		trecken	zoppen
		tarren		dinsen	

RHEINISCH	PFÄLZISCH	SCHW.-ALEM.	FRÄNKISCH	BAIRISCH	STICHWORT
Zahnschmerzen...	Zahnweh.........	Zahnweh.........	Zahnweh.........	Zahnweh.........	**Zahnschmerzen**
Zahnpein			Zahnschmerzen		
			Zähnwehtage		
Ziege............	Geiß.............	Geiß.............	Geiß.............	Geiß.............	**Ziege**
Geiß	Bitsch	Hättel	Hippe	Hättel	
Hippe					
Butsch					
Lim					
trecken..........	ziehen...........	ziehen...........	ziegen...........	ziegen...........	**ziehen**
ziehen		ziegen	ziehen		
			zerren		

Darstellung des Dialektwortschatzes in Sachgruppen

Arbeit und Beruf

Stichwort

Aktentasche
arbeiten
Faßmacher
fegen (Schornstein)
Fleischer
Geistlicher
Hebamme
Installateur
Kneifzange
Pfriem (Werkzeug)
Putzfrau
Schornsteinfeger
schuften
Tischler
Töpfer
Wagenmacher
Werktag

Abb. 2: Das Abbinden der Fässer (F.P. Florinus: »Haus-Vatter«, 1722)

Westniederdeutsch

ackern .... schuften
Aktentasche .... Aktentasche
Alltag .... Werktag
arbeiten .... arbeiten
Bademutter .... Hebamme
Blechschläger ... Installateur
Böttcher .... Faßmacher
Else .... Pfriem
fegen .... fegen (Schornst.)
Griepsch, Mutter .... Hebamme
Hebamme .... Hebamme
Klempner .... Installateur
Kneifzange ...... Kneifzange
Knochenhauer ..... Fleischer
knojen .... schuften
Küper .... Faßmacher
malochen .... schuften
Mutter Griepsch .. Hebamme
Pastór .... Geistlicher
Pástor .... Geistlicher
Pluckelse .... Pfriem
Pottbäcker .... Töpfer
Pöttcher .... Töpfer
Priem .... Pfriem
Priester .... Geistlicher
puckeln .... schuften
Putzfrau .... Putzfrau
Radmacher ... Wagenmacher
ranklotzen .... schuften
Reinemachefrau .... Putzfrau
Saul .... Pfriem
Schlachter .... Fleischer

Sachgruppe: Arbeit und Beruf

Schornsteinfeger .... Schornsteinfeger
Schottsteinfeger .... Schornsteinfeger
Schreiner .... Tischler
schuften .... schuften
Sottcher ... Schornsteinfeger
Stellmacher .. Wagenmacher
Tasche .... Aktentasche
Tischler .... Tischler
Wagenmacher .... Wagenmacher
Werkeltag .... Werktag
Wochentag .... Werktag

Ostniederdeutsch

ackern .... schuften
Aktentasche .... Aktentasche
Alltag .... Werktag
arbeiten .... arbeiten
Aufwartung .... Putzfrau
ausfegen .. fegen (Schornst.)
Böttcher .... Faßmacher
Faßbinder .... Faßmacher
fegen .... fegen (Schornst.)
Fleischer .... Fleischer
Griepsch, Mutter .... Hebamme
Hebamme .... Hebamme
Klempner .... Installateur
Kneifzange ...... Kneifzange
knuffen .... schuften
Küper .... Faßmacher
Mann, Schwarzer .... Schornsteinfeger
marachen .... schuften
Mutter Griepsch .. Hebamme
Ort .... Pfriem
Pástor .... Geistlicher
Pfarrer .... Geistlicher
Pötter .... Töpfer
Pottmaker .... Töpfer
Priem .... Pfriem
Priester .... Geistlicher
Putzfrau .... Putzfrau
rackern .... schuften
Radmacher ... Wagenmacher
ranklotzen .... schuften
Reinemachefrau .... Putzfrau
Saul .... Pfriem
schindern .... schuften
Schlachter .... Fleischer
Schlächter .... Fleischer
Schornsteinfeger .... Schornsteinfeger
Schottsteinfeger .... Schornsteinfeger
schuften .... schuften
Schwarzer Mann .... Schornsteinfeger
Stellmacher .. Wagenmacher
Tasche .... Aktentasche
Tischler .... Tischler
Töpfer .... Töpfer
Werkeltag .... Werktag
Wochentag .... Werktag
wurachen .... schuften

Sächsisch

Ahle .... Pfriem
Aktentasche .... Aktentasche
arbeiten .... arbeiten
Aufwartung .... Putzfrau
bataillen .... schuften
Beißzange ...... Kneifzange
Böttcher .... Faßmacher
Essenkehrer .... Schornsteinfeger
Feuerrüpel .... Schornsteinfeger
Fleischer .... Fleischer
kehren ..... fegen (Schornst.)
Kinderfrau .... Hebamme
Kindermutter ..... Hebamme
klägen .... schuften
Klempner .... Installateur
Kneifzange ...... Kneifzange
Pástor .... Geistlicher
Pfarrer .... Geistlicher
Pfrieme .... Pfriem
placken .... schuften
rackern .... schuften
rammeln .... schuften
Reinemachefrau .... Putzfrau
roboten .... schuften
Rußkehler .... Schornsteinfeger
schuften .... schuften
Stellmacher .. Wagenmacher
Tasche .... Aktentasche
Tischler .... Tischler
Töpfer .... Töpfer
Wagner .... Wagenmacher
Wehfrau .... Hebamme
Wochentag .... Werktag
wurachen .... schuften

Thüringisch

Aktentasche … Aktentasche
Ammefrau … Hebamme
arbeiten … arbeiten
Aufwartung … Putzfrau
ausputzen … fegen (Schornstein)
bataillen … schuften
Beißzange … Kneifzange
Böttcher … Faßmacher
Böttner … Faßmacher
Dippenmacher … Töpfer
Essenkehrer … Schornsteinfeger
fegen … fegen (Schornst.)
Fleischer … Fleischer
Hebamme … Hebamme
kehren … fegen (Schornst.)
Kinderfrau … Hebamme
klägen … schuften
Klempner … Installateur
Kneifzange … Kneifzange
Metzger … Fleischer
Noll … Pfriem
Ort … Pfriem
Pampelmutter … Hebamme
Pástor … Geistlicher
Pfarrer … Geistlicher
Pfarrner … Geistlicher
Pfitzzange … Kneifzange
Pfrieme … Pfriem
placken … schuften
rackern … schuften
Reinemachefrau … Putzfrau
reinemachen … fegen (Schornstein)
Saubel … Pfriem
scharwerken … schuften
schindern … schuften
Schlachter … Fleischer
Schlotfeger … Schornsteinfeger
Schornsteinfeger … Schornsteinfeger
Schreiner … Tischler
schuften … schuften
Speicher … Wagenmacher
Spengler … Installateur
Stellmacher … Wagenmacher
Storchentante … Hebamme
Tischler … Tischler
Töpfer … Töpfer
Wagner … Wagenmacher
Wochentag … Werktag
würgen … schuften

Hessisch

Ahle … Pfriem
Amme … Hebamme
arbeiten … arbeiten
Äuler … Töpfer
ausputzen … fegen (Schornstein)
Beißzange … Kneifzange
Blechschmied … Installateur
Böttcher … Faßmacher
Dippenmacher … Töpfer
Eller … Hebamme
fegen … fegen (Schornst.)
Häfner … Töpfer
haudern … schuften
Kinderfrau … Hebamme
Klempner … Installateur
Küfer … Faßmacher
Mappe … Aktentasche
Metzger … Fleischer
Metzler … Fleischer
Ort … Pfriem
Pfarrer … Geistlicher
Pfärrner … Geistlicher
Pfetzzange … Kneifzange
Putzfrau … Putzfrau
raumen … fegen (Schornst.)
reinemachen … fegen (Schornstein)
Saul … Pfriem
schaffen … arbeiten
Schlachter … Fleischer
Schlotfeger … Schornsteinfeger
Schornsteinfeger … Schornsteinfeger
Schreiner … Tischler
schuften … schuften
Spengler … Installateur
Tasche … Aktentasche
Töpfer … Töpfer
Wagner … Wagenmacher
Werktag … Werktag
Wochentag … Werktag
wulen … schuften
wurzeln … schuften

Rheinisch

Achsenmacher … Wagenmacher
Ahle … Pfriem
Aktentasche … Aktentasche
Alltag … Werktag
arbeiten … arbeiten

Sachgruppe: Arbeit und Beruf

Blechschläger ... Installateur
brasseln .... schuften
Döppebäcker .... Töpfer
Faßbänder .... Faßmacher
Faßbänger .... Faßmacher
fegen ...... fegen (Schornst.)
Fleischhäuer .... Fleischer
haudern .... schuften
Hebamme .... Hebamme
Herr .... Geistlicher
Kaminsfeger
.... Schornsteinfeger
Klempner .... Installateur
Kneifzange ...... Kneifzange
krosen .... schuften
Küfer .... Faßmacher
malochen .... schuften
Metzger .... Fleischer
Ort .... Pfriem
Pastór .... Geistlicher
Petschzange ..... Kneifzange
Pfarrer .... Geistlicher
Pottchesbäcker .... Töpfer
putzen ..... fegen (Schornst.)
Putzfrau .... Putzfrau
Saul .... Pfriem
schaffen .... arbeiten
Schlächter .... Fleischer
Schorittfeger
.... Schornsteinfeger
Schornsteinfeger
.... Schornsteinfeger
Schornsteinputzer
.... Schornsteinfeger
Schreiner .... Tischler
schuften .... schuften
Stellmacher .. Wagenmacher
Tasche .... Aktentasche
Töpfer .... Töpfer
Wagner .... Wagenmacher
Weisemutter ...... Hebamme
Werkeltag .... Werktag
wirken .... arbeiten
Wochentag .... Werktag

Pfälzisch

abrackern .... schuften
Ahle .... Pfriem
Aktentasche .... Aktentasche
Alltag .... Werktag
Ammebase .... Hebamme
arbeiten .... arbeiten
ausputzen
.... fegen (Schornstein)
Beißzange .... Kneifzange
Blechschmied ... Installateur
Dippenmacher .... Töpfer
Häfner .... Töpfer
Harstenputzer
.... Schornsteinfeger
haudern .... schuften
Herr .... Geistlicher
Klempner .... Installateur
kratzen .... fegen (Schornst.)
Küfer .... Faßmacher
malochen .... schuften
Metzger .... Fleischer
ochsen .... schuften
Pfarrer .... Geistlicher
Pfetzzange .... Kneifzange
Potche .... Installateur
putzen ..... fegen (Schornst.)
Putzfrau .... Putzfrau
Saul .... Pfriem
schaffen .... arbeiten
Schornsteinfeger
.... Schornsteinfeger
Schornsteinputzer
.... Schornsteinfeger
Schreiner .... Tischler
schuften .... schuften
Tasche .... Aktentasche
Töpfer .... Töpfer
Wagner .... Wagenmacher
Werktag .... Werktag
wulen .... schuften

Schwäbisch-Alemannisch

abrackern .... schuften
Ahle .... Pfriem
Aktenmappe .... Aktentasche
Aktentasche .... Aktentasche
Beißzange .... Kneifzange
Blechner .... Installateur
bosseln .... schuften
Flaschner .... Installateur
Hafner .... Töpfer
haudern .... schuften
Hebamme .... Hebamme
Herrle .... Geistlicher
Installateur .... Installateur
Kaminfeger
.... Schornsteinfeger
Kämmetkehrer
.... Schornsteinfeger
kehren ..... fegen (Schornst.)
Krummholz .. Wagenmacher
Küfer .... Faßmacher
Mappe .... Aktentasche

Metzger	Fleischer
Pfarrer	Geistlicher
Pfetzzange	Kneifzange
Pfrieme	Pfriem
placken	schuften
Putzfrau	Putzfrau
rußeln	fegen (Schornst.)
rußen	fegen (Schornst.)
Säule	Pfriem
schaffen	arbeiten
schinageln	schuften
schinden	schuften
Schreiner	Tischler
schuften	schuften
Tasche	Aktentasche
Wagner	Wagenmacher
Wangler	Wagenmacher
Werftag	Werktag
Werktag	Werktag
worgen	schuften

Fränkisch

abrackern	schuften
Ahle	Pfriem
Aktentasche	Aktentasche
Ammefräla	Hebamme
Ammfrau	Hebamme
ausputzen	fegen (Schornstein)
Beißzange	Kneifzange
Büttner	Faßmacher
fegen	fegen (Schornst.)
Flaschner	Installateur
Häfner	Töpfer
haudern	schuften
Installateur	Installateur
Kaminfeger	Schornsteinfeger
Kaminkehrer	Schornsteinfeger
Klempner	Installateur
Küfer	Faßmacher
Mappe	Aktentasche
Metzger	Fleischer
Noll	Pfriem
Örtla	Pfriem
Pfarrer	Geistlicher
Putzfrau	Putzfrau
rußen	fegen (Schornst.)
schaffen	arbeiten
Schlotfeger	Schornsteinfeger
Schreiner	Tischler
schuften	schuften
Spengler	Installateur
Tasche	Aktentasche
Töpfer	Töpfer
Wagner	Wagenmacher
Werkeltag	Werktag
Werktag	Werktag
worgen	schuften
Zugeherin	Putzfrau
Zuspringerin	Putzfrau

Bairisch

Ahle	Pfriem
arbeiten	arbeiten
Bademutter	Hebamme
Beißzange	Kneifzange
Binder	Faßmacher
Faßbinder	Faßmacher
Flaschner	Installateur
Hafner	Töpfer
haudern	schuften
Hebamme	Hebamme
Herr	Geistlicher
Installateur	Installateur
Kaminkehrer	Schornsteinfeger
kehren	fegen (Schornst.)
Kintelkehrer	Schornsteinfeger
Mappe	Aktentasche
Metzger	Fleischer
Örtel	Pfriem
Pfarrer	Geistlicher
Putzfrau	Putzfrau
Rauchfangkehrer	Schornsteinfeger
Schäffler	Faßmacher
schinageln	schuften
Schlotfeger	Schornsteinfeger
Schreiner	Tischler
schuften	schuften
Spengler	Installateur
Tasche	Aktentasche
Töpfer	Töpfer
Wagner	Wagenmacher
Wehmutter	Hebamme
werkeln	schuften
Werktag	Werktag
Zugehfrau	Putzfrau

Essen und Trinken

Stichwort

Abendmahlzeit
Apfelrest
Ausguß (Kaffeekanne)
Backtrog
Berliner
Bonbon
Brathähnchen
Brötchen
Brotende
Brotkrümel
Brotrinde
Brotscheibe
Dickmilch
Eigelb
Eisbein
Frikadelle
Hackfleisch
Hefe
Kaffeesieb
Kaffeetasse
Kaffeetrinken
Kartoffelpuffer
Kartoffelpürree
Kloß
Kneipe
knusprig
Kochtopf
Korken
Limonade
Lutscher
Meerrettich
Mehlklümpchen
Mehlschwitze
Milchgefäß
Muckefuck
Nachtisch
Napfkuchen
Negerkuß
Pellkartoffeln
Pfannkuchen
Quark
rauchen
Sauerkraut
Schnittlauch
Schnuller
Senf

Abb. 3: James Gillray: »Deutsche essen Sauerkraut« (1803)

Westniederdeutsch

Abendbrot .. Abendmahlzeit
Abendkost .. Abendmahlzeit
Abwaschwasser .... Muckefuck
Apfelhäuschen ..... Apfelrest
Backeltrog .... Backtrog
Berliner .... Berliner
Beslok .... Schnittlauch
Bollchen .... Bonbon
Bonbon .... Bonbon
Bonsche .... Bonbon
Bratklops .... Frikadelle
Brause .... Limonade
Brot .... Brotscheibe
Brot, Scheibe ... Brotscheibe
Brötchen .... Brötchen
Brücke .... Brotscheibe
Bulette .... Frikadelle
Butterbrot .... Brotscheibe
Dickmilch .... Dickmilch
Döhle .... Eigelb
Dotter .... Eigelb
Drivels .... Hefe
Eierkuchen .... Pfannkuchen
Eigelb .... Eigelb
Eisbein .... Eisbein
Frikadelle .... Frikadelle
Gehacktes .... Hackfleisch
Gest .... Hefe
Gestovte Tüffeln .... Kartoffelpürree
Grapen .... Kochtopf
Graslauch .... Schnittlauch
Griebsch .... Apfelrest
Güntche .... Ausguß
Hack .... Hackfleisch
Hähnchen ..... Brathähnchen
Happen .... Schnuller
Hefe .... Hefe
Hüdel .... Kloß
Kaffeepause .. Kaffeetrinken
Kaffee(trinken) .... Kaffeetrinken
Kappe .... Brotende
Kartoffelbrei .... Kartoffelpürree
Kartoffelmus .... Kartoffelpürree
Kartoffelpfannkuchen .... Kartoffelpuffer
Käse, Weißer .... Quark
Kella .... Dickmilch
Kerngehäuse .... Apfelrest
Kleinlauch ...... Schnittlauch
Kloß .... Kloß
Klump .... Kloß
Klumpen ... Mehlklümpchen
Kluntern ... Mehlklümpchen
Klüten .... Kloß
Klüten ...... Mehlklümpchen
Kneipe .... Kneipe
knusprig .... knusprig
Knust .... Brotende
Köpfchen .... Kaffeetasse
Korken .... Korken
Korste .... Brotende
Krapfen .... Berliner
kroß .... knusprig
Krümel .... Brotkrümel
Krumen .... Brotkrümel
Kruste .... Brotrinde
Kurste .... Brotrinde
Lolli .... Lutscher
Lutscher .... Lutscher
Lutscher .... Schnuller
Marek .... Meerrettich
Meerrettich ...... Meerrettich
Mehlschwitze .... Mehlschwitze
Mett .... Hackfleisch
Milchkanne ...... Milchgefäß
Milchkrug .... Milchgefäß
Milchkumme .... Milchgefäß
Milchtopf .... Milchgefäß
Mostert .... Senf
Muck .... Kaffeetasse
Muckefuck ...... Muckefuck
Muskartoffeln .... Kartoffelpürree
Nachtisch .... Nachtisch
Nachtmahl .. Abendmahlzeit
Negerkuß .... Negerkuß
Nuckel .... Schnuller
paffen .... rauchen
Pellkartoffeln .... Pellkartoffeln
Pfannkuchen .. Pfannkuchen
Pfannkuchenkraut .... Schnittlauch
Pfefferwurzel ... Meerrettich
Pickert .... Kartoffelpuffer
Piep .... Ausguß
Piesel .... Kneipe
Pinte .... Kneipe
Plürre .... Muckefuck
Plürrkaffee .... Muckefuck
Pott .... Kochtopf
Pottkuchen ..... Napfkuchen
Proppen .... Korken
Puffer .... Kartoffelpuffer
Puffer .... Napfkuchen
Pulkantüffeln .... Pellkartoffeln
Quark .... Quark
rauchen .... rauchen
Reibekuchen .... Kartoffelpuffer
Rinde .... Brotrinde
Rundstück .... Brötchen
Sauerkohl .... Sauerkraut

Sachgruppe: Essen und Trinken

Sauerkraut	Sauerkraut
Sauermilch	Dickmilch
Sauger	Schnuller
Scheibe Brot	Brotscheibe
schmöken	rauchen
Schnitte	Brotscheibe
Schnittlauch	Schnittlauch
Schnuller	Schnuller
Semmel	Brötchen
Senf	Senf
Setzmilch	Dickmilch
Sieb	Kaffeesieb
Sprudel	Limonade
Stampfkartoffeln	Kartoffelpürree
Tasse	Kaffeetasse
Teigtrog	Backtrog
Tiegel	Kochtopf
Topfkuchen	Napfkuchen
Trüll	Muckefuck
Tüffeln, Gestovte	Kartoffelpürree
Tülle	Ausguß
Tut	Ausguß
Vesper	Kaffeetrinken
Weißer Käse	Quark

Ostniederdeutsch

Abendbrot	Abendmahlzeit
Abendbrot, Lütt	Kaffeetrinken
Apfelhäuschen	Apfelrest
Backeltrog	Backtrog
Backmolle	Backtrog
Bärme	Hefe
Bemme	Brotscheibe
Blümchenkaffee	Muckefuck
blüsen	rauchen
Bodding	Brotscheibe
Bollchen	Bonbon
Bonbon	Bonbon
Bönger	Bonbon
Bratklops	Frikadelle
Brause	Limonade
Broiler	Brathähnchen
Brötchen	Brötchen
Brühtüffel	Pellkartoffeln
Bulette	Frikadelle
Butike	Kneipe
Destille	Kneipe
Dickmilch	Dickmilch
Dotter	Eigelb
Eierkuchen	Pfannkuchen
Eierpfannkuchen	Pfannkuchen
Eigelb	Eigelb
Eisbein	Eisbein
Gehacktes	Hackfleisch
Gehackteskloß	Frikadelle
Gelbei	Eigelb
Gestovte Tüffeln	Kartoffelpürree
Grapen	Kochtopf
Griebsch	Apfelrest
Hackepeter	Hackfleisch
Hefe	Hefe
Kaffeepause	Kaffeetrinken
Kaffee(trinken)	Kaffeetrinken
Kanten	Brotende
Kanten	Brotrinde
Kartoffelbrei	Kartoffelpürree
Kartoffelkuchen	Kartoffelpuffer
Kerngehäuse	Apfelrest
Klafüt	Muckefuck
Kloß	Kloß
Klump	Kloß
Klumpen	Mehlklümpchen
Klunker	Mehlklümpchen
Klüten	Kloß
Klüten	Mehlklümpchen
Kneipe	Kneipe
knusprig	knusprig
Knust	Apfelrest
Knust	Brotende
Kompott	Nachtisch
Köppen	Kaffeetasse
Korken	Korken
kroß	knusprig
Krümel	Brotkrümel
Kruste	Brotrinde
Kurste	Brotrinde
Lolli	Lutscher
Lolliball	Lutscher
Lorke	Muckefuck
Lutscher	Lutscher
Lütt Abendbrot	Kaffeetrinken
Marek	Meerrettich
Maretzig	Meerrettich
Meerrettich	Meerrettich
Mehlschwitze	Mehlschwitze
Mett	Hackfleisch
Milch, Saure	Dickmilch
Milchkrug	Milchgefäß
Milchpott	Milchgefäß
Milchtopf	Milchgefäß
Mostrich	Senf
Muskartoffeln	Kartoffelpürree
Nachspeise	Nachtisch
Nachtisch	Nachtisch
Nachtkost	Abendmahlzeit
Napfkuchen	Napfkuchen

Negerkuß .... Negerkuß
Nippel .... Ausguß
Nuckel .... Schnuller
paffen .... rauchen
Pellkartoffeln
.... Pellkartoffeln
Pellknollen ... Pellkartoffeln
Pellnudeln .... Pellkartoffeln
Pfannkuchen .... Berliner
Pfannkuchen .. Pfannkuchen
Pieplauch .... Schnittlauch
Plürre .... Muckefuck
Poll .... Apfelrest
Pott .... Kochtopf
Pottkuchen ...... Napfkuchen
Proppen .... Korken
Proppen .... Schnuller
Puffer .... Kartoffelpuffer
qualmen .... rauchen
Quark .... Quark
Quetschkartoffeln
.... Kartoffelpürree
rauchen .... rauchen
Reibekuchen
.... Kartoffelpuffer
Rinde .... Brotrinde
Sauerkohl .... Sauerkraut
Sauerkraut .... Sauerkraut
Saure Milch ...... Dickmilch
Schabefleisch .. Hackfleisch
schmöken .... rauchen
Schnähe .... Brotscheibe
Schnittlauch ... Schnittlauch
Schrippe .... Brötchen
Semmel .... Brötchen
Sieb .... Kaffeesieb
Spitzbein .... Eisbein
Stampe .... Kneipe
Stampfkartoffeln
.... Kartoffelpürree
Stippmilch .... Dickmilch
Stulle .... Brotscheibe
Tasse .... Kaffeetasse
Tassenkopf ...... Kaffeetasse
Tipp .... Ausguß
Titt .... Schnuller
Topf .... Kochtopf
Topfkuchen ..... Napfkuchen
Tüffeln, Gestovte
.... Kartoffelpürree
Tülle .... Ausguß
Vesper .... Kaffeetrinken
Weißkäse .... Quark

Sächsisch

Abendbrot .. Abendmahlzeit
Aschkuchen .... Napfkuchen
Aufschnitt .... Brotende
Bäbe .... Napfkuchen
Backmuhl .... Backtrog
Backs .... Kartoffelpuffer
Backtrog .... Backtrog
Batzen ...... Mehlklümpchen
Beefsteak .... Frikadelle
Bemme .... Brotscheibe
Beute .... Backtrog
Blümchenkaffee
.... Muckefuck
Bonbon .... Bonbon
Brathendl ..... Brathähnchen
Bratklops .... Frikadelle
Brause .... Limonade
Broiler .... Brathähnchen
Brösel .... Brotkrümel
Brot, Stück ...... Brotscheibe
Brühe .... Muckefuck
Bulette .... Frikadelle
Dese .... Backtrog
Dotter .... Eigelb
Eierkuchen .... Pfannkuchen
Eigelb .... Eigelb
Einbrenne ..... Mehlschwitze
Eisbein .... Eisbein
Erbern, Ganze
.... Pellkartoffeln
Erbernbrei .. Kartoffelpürree
Erdbirnenpappe
.... Kartoffelpürree
Fieze .... Brotscheibe
Fleischklößchen .. Frikadelle
Fratzen ...... Kartoffelpuffer
Frieserich .... Schnittlauch
Ganze Erbern
.... Pellkartoffeln
Gehacktes ...... Hackfleisch
Getzen .... Kartoffelpuffer
Gewiegtes ...... Hackfleisch
Griebsch .... Apfelrest
Hackepeter ...... Hackfleisch
Halbabend .... Kaffeetrinken
Hefe .... Hefe
Hutel .... Schnuller
Kaffee(trinken)
.... Kaffeetrinken
Kanten .... Brotende
Kartoffelbrei
.... Kartoffelpürree
Kartoffelmus
.... Kartoffelpürree
Kartoffelpuffer
.... Kartoffelpuffer
Klitscher ..... Kartoffelpuffer
Kloß .... Kloß
Klumpen ... Mehlklümpchen
Kneipe .... Kneipe
knusprig .... knusprig
Kompott .... Nachtisch
Köpfchen .... Kaffeetasse

Sachgruppe: Essen und Trinken

Korken	Korken
Korks	Korken
Kren	Meerrettich
Krümel	Brotkrümel
Krumen	Brotkrümel
Limo	Limonade
Lolliball	Lutscher
Lorke	Muckefuck
Lutscher	Lutscher
Malz	Bonbon
Matz	Quark
Mauke	Kartoffelpürree
Meerrettich	Meerrettich
Mehlschwitze	Mehlschwitze
Milchkraus	Milchgefäß
Milchkrug	Milchgefäß
Milchtopf	Milchgefäß
Napfkuchen	Napfkuchen
Negerkuß	Negerkuß
Nuckel	Schnuller
Nuppel	Schnuller
Nutsch	Schnuller
Nutscher	Lutscher
paffen	rauchen
Pampes	Kartoffelpuffer
Pellkartoffeln	Pellkartoffeln
Pfannkuchen	Berliner
Plempe	Muckefuck
Plinse	Pfannkuchen
qualmen	rauchen
Quark	Quark
quarzen	rauchen
Ränftel	Brotende
rauchen	rauchen
Reibasch	Napfkuchen
Rinde	Brotrinde
Rindel	Brotende
Ringe	Brotrinde
rösch	knusprig
Rührkuchen	Napfkuchen
Runde	Pellkartoffeln
Saubein	Eisbein
Sauerkraut	Sauerkraut
Sauermilch	Dickmilch
Schabefleisch	Hackfleisch
Schlickermilch	Dickmilch
schmurzen	rauchen
Schnauze	Ausguß
Schneppe	Ausguß
Schnitte	Brotscheibe
Schnittlauch	Schnittlauch
Schnongs	Bonbon
Semmel	Brötchen
Senf	Senf
Sieb	Kaffeesieb
Spitzbein	Eisbein
Stöpsel	Korken
Strunk	Apfelrest
Stück Brot	Brotscheibe
Tasse	Kaffeetasse
Tippel	Kaffeetasse
Topf	Kochtopf
Vesper	Kaffeetrinken
Wederle	Schnittlauch
Zuckerle	Bonbon
Zulp	Schnuller
Zwark	Quark

Thüringisch

Abendbrot	Abendmahlzeit
Abendessen	Abendmahlzeit
Aschkuchen	Napfkuchen
Aufgesottene	Pellkartoffeln
Aufschnitt	Brotende
Backmulle	Backtrog
Backs	Kartoffelpuffer
Backtrog	Backtrog
Blümchenkaffee	Muckefuck
Bollchen	Bonbon
Bonbon	Bonbon
Bratklops	Frikadelle
Brause	Limonade
Broiler	Brathähnchen
Brot (mit ...)	Brotscheibe
Brötchen	Brötchen
Dätscher	Kartoffelpuffer
Dippe	Kochtopf
Dotter	Eigelb
Dreibrot	Kaffeetrinken
Eierkuchen	Pfannkuchen
Eigelb	Eigelb
Eisbein	Eisbein
Fieze	Brotende
Fladen	Brotscheibe
Fleischhuller	Frikadelle
Fleischklößchen	Frikadelle
Formkuchen	Napfkuchen
Gehacktes	Hackfleisch
Gelbei	Eigelb
Geronnene Milch	Dickmilch
Glickerleskäse	Quark
Graslauch	Schnittlauch
Griebs	Apfelrest
Grieslich	Schnittlauch
Hafela	Kaffeetasse
Halbabend	Kaffeetrinken
Hefe	Hefe
Hotten	Quark
Huppen	Schnuller
Kaffee(trinken)	Kaffeetrinken
Käntchen	Brotende

Kartoffelbrei .... Kartoffelpürree
Kartoffelpuffer .... Kartoffelpuffer
Kleinlauch ...... Schnittlauch
Kloß .... Kloß
Klumpen ... Mehlklümpchen
Kneipe .... Kneipe
Knietzchen .... Brotende
knusprig .... knusprig
Köpfchen .... Kaffeetasse
Korken .... Korken
Kräppel .... Berliner
Kren .... Meerrettich
Krümel .... Brotkrümel
Krumen .... Brotkrümel
Kumpest .... Sauerkraut
Kuppe .... Brotende
Latsch .... Muckefuck
Leckmaldran .... Lutscher
Limo .... Limonade
Lochkuchen .... Napfkuchen
Lolli .... Lutscher
Lorke .... Muckefuck
Lutscher .... Lutscher
Matte .... Quark
Matz .... Quark
Meerrettich ...... Meerrettich
Mehlschwitze .... Mehlschwitze
Milch, Geronnene .... Dickmilch
Milchkanne ...... Milchgefäß
Milchkrug .... Milchgefäß
Mostrich .... Senf
Mulle .... Backtrog
Nachtbrot ... Abendmahlzeit
Nachtisch .... Nachtisch
Negerkuß .... Negerkuß
Nuckel .... Schnuller
Nuppel .... Schnuller
Nutsch .... Schnuller
Pampes ...... Kartoffelpuffer
pappen .... rauchen
Parforcekohl ..... Sauerkraut
Pellkartoffeln .... Pellkartoffeln
Perücke ...... Kartoffelpuffer
Pfannkuchen .... Berliner
Plempe .... Muckefuck
Plinse .... Pfannkuchen
qualmen .... rauchen
Quark .... Quark
Ränftchen .... Brotende
rauchen .... rauchen
Rinde .... Brotrinde
Ringe .... Brotrinde
Rührkuchen .... Napfkuchen
Saubein .... Eisbein
Sauerkraut .... Sauerkraut
Sauermilch .... Dickmilch
Schaffkuchen .. Pfannkuchen
Scharbekraut ..... Sauerkraut
Scharbs ...... Kartoffelpuffer
Schläppermilch .. Dickmilch
Schlickermilch ... Dickmilch
Schmälze ..... Mehlschwitze
schmauchen .... rauchen
Schmierkäse .... Quark
Schneppe .... Ausguß
Schnitte .... Brotscheibe
Schnittlauch .... Schnittlauch
Schnongs .... Bonbon
Schnürps .... Apfelrest
Schweinsköte .... Eisbein
Schweinsmus ... Hackfleisch
Seiher .... Kaffeesieb
Semmel .... Brötchen
Senf .... Senf
Sieb .... Kaffeesieb
Spitzbein .... Eisbein
Stampf ...... Kartoffelpürree
Stöpfel .... Korken
Stöppel .... Schnuller
Stöpsel .... Korken
Stulle .... Brotscheibe
Tasse .... Kaffeetasse
Tassenkopf ...... Kaffeetasse
Tiegelkuchen ... Napfkuchen
Topf .... Kochtopf
Topfkuchen ..... Napfkuchen
Tulk .... Kartoffelpürree
Tülle .... Ausguß
Vesper .... Kaffeetrinken
Weck .... Brötchen
Wurzelbrühe ..... Muckefuck
Zammet ..... Kartoffelpürree
Zipf .... Ausguß
Zuckerle .... Bonbon
Zuckerstein .... Bonbon
Züttich .... Ausguß
Zütz .... Schnuller

Hessisch

Abendbrot .. Abendmahlzeit
Abendessen .... Abendmahlzeit
Ausgießer .... Ausguß
Backetrog .... Backtrog
Backmuhl .... Backtrog
Blümchenkaffee .... Muckefuck
Bonbon .... Bonbon
Brot, Stück ...... Brotscheibe
Brötchen .... Brötchen
Brühe .... Muckefuck
Bundkuchen .... Napfkuchen
Butzen .... Apfelrest
Dickmilch .... Dickmilch

Sachgruppe: Essen und Trinken

Dippe ..... Kochtopf
Dotter ..... Eigelb
Eierpfannkuchen ..... Pfannkuchen
Eigelb ..... Eigelb
Einbrenne ..... Mehlschwitze
Eisbein ..... Eisbein
Formkuchen ..... Napfkuchen
Frieslauch ..... Schnittlauch
Frikadelle ..... Frikadelle
Gehacktes ..... Hackfleisch
Gequellte ..... Pellkartoffeln
Grapen ..... Kochtopf
Griebs ..... Apfelrest
Grieslauch ..... Schnittlauch
Guts-chen ..... Bonbon
Gutsel ..... Bonbon
Hackfleisch ..... Hackfleisch
Hafen ..... Kochtopf
Hähnchen ..... Brathähnchen
Haspel ..... Eisbein
Hefe ..... Hefe
Hehrlauch ..... Schnittlauch
Kaffee(trinken) ..... Kaffeetrinken
Kartoffelbrei ..... Kartoffelpürree
Kartoffelkräppel ..... Kartoffelpuffer
Kartoffelpfannkuchen ..... Kartoffelpuffer
Kloß ..... Kloß
Klößchen ..... Kloß
Klumpen ..... Bonbon
Klumpen ..... Mehlklümpchen
Klunscher ..... Bonbon
knällern ..... rauchen
Kneipe ..... Kneipe
Knollen ..... Bonbon
Knollen ..... Mehlklümpchen
Knörzchen ..... Brotende
Knubbel ..... Mehlklümpchen
knusprig ..... knusprig
Knust ..... Brotende
Kohl, Saurer ..... Sauerkraut
Köpfchen ..... Kaffeetasse
Korken ..... Korken
Kräppel ..... Berliner
Krotzen ..... Apfelrest
Krümel ..... Brotkrümel
Krumen ..... Brotkrümel
Krüstchen ..... Brotende
Kruste ..... Brotrinde
Lecki ..... Lutscher
Limo ..... Limonade
Lolli ..... Lutscher
Lutscher ..... Lutscher
Lutscher ..... Schnuller
Matte ..... Quark
Meerrettich ..... Meerrettich
Mehlschwitze ..... Mehlschwitze
Merch ..... Meerrettich
Milchdippe ..... Milchgefäß
Milchkanne ..... Milchgefäß
Mohrenkopf ..... Negerkuß
Muckefuck ..... Muckefuck
Nachtessen ..... Abendmahlzeit
Nachtisch ..... Nachtisch
Nuckel ..... Schnuller
Nuttel ..... Schnuller
Omelett ..... Pfannkuchen
Pellkartoffeln ..... Pellkartoffeln
Pfannkuchen ..... Pfannkuchen
Pinte ..... Kneipe
plotzen ..... rauchen
Prieslauch ..... Schnittlauch
qualmen ..... rauchen
Quark ..... Quark
Quellkartoffeln ..... Pellkartoffeln
rauchen ..... rauchen
Reibekuchen ..... Kartoffelpuffer
Rettich ..... Meerrettich
Ribel ..... Brotkrümel
Rodonkuchen ..... Napfkuchen
Rührkuchen ..... Napfkuchen
Sauerkraut ..... Sauerkraut
Sauermilch ..... Dickmilch
Sauermus ..... Sauerkraut
Saurer Kohl ..... Sauerkraut
Schale ..... Kaffeetasse
Scheibe ..... Brotscheibe
Schlotten ..... Schnittlauch
Schmierkäse ..... Quark
Schnitte ..... Brotscheibe
Schnittlauch ..... Schnittlauch
Schnuller ..... Schnuller
Schweinsfuß ..... Eisbein
Schweinshaxe ..... Eisbein
Seihe ..... Kaffeesieb
Senf ..... Senf
Sieb ..... Kaffeesieb
Sprudel ..... Limonade
Stampes ..... Kartoffelpürree
Stopfen ..... Korken
Stoppen ..... Korken
Stück Brot ..... Brotscheibe
Tasse ..... Kaffeetasse
Tuttel ..... Schnuller
Vesper ..... Kaffeetrinken
Weck ..... Brötchen
Zuckerstein ..... Bonbon
Zutte ..... Ausguß

Rheinisch

Abendbrot .. Abendmahlzeit
Abendessen .... Abendmahlzeit
Backmohl .... Backtrog
Bakchen .... Kaffeetasse
Bällchen .... Frikadelle
Ballen, Berliner ..... Berliner
Berliner Ballen ..... Berliner
Beslok .... Schnittlauch
Bitz .... Apfelrest
Bonbon .... Bonbon
Bratzel .... Schnittlauch
Breitlauch ...... Schnittlauch
Brötchen .... Brötchen
Brücke .... Brotscheibe
Brühe .... Muckefuck
Bund .... Napfkuchen
Bünerpel ...... Pellkartoffeln
Butterbrot .... Brotscheibe
Butterram .... Brotscheibe
Datschert .... Kartoffelpuffer
Dauerlutscher ...... Lutscher
Dickmilch .... Dickmilch
Döppe .... Kochtopf
Dotter .... Eigelb
Eigelb .... Eigelb
Einbrenne ..... Mehlschwitze
Eisbein .... Eisbein
Erpel, Gestovte .... Kartoffelpürree
Erpelspappe .... Kartoffelpürree
flöppen .... rauchen
Flötenkäse .... Quark
Föpp .... Schnuller
Frikadelle .... Frikadelle
Gehacktes .... Hackfleisch
Gestovte Erpel .... Kartoffelpürree
Gist .... Hefe
Hähnchen ..... Brathähnchen
Hämmchen .... Eisbein
Hefe .... Hefe
Kaffeepause .. Kaffeetrinken
Kaffee(trinken) .... Kaffeetrinken
Kamelle .... Bonbon
Kappes, Saurer .. Sauerkraut
Kartoffelbrei .... Kartoffelpürree
Kartoffelkräppelchen .... Kartoffelpuffer
Kartoffelpüree .... Kartoffelpürree
Käse, Weißer .... Quark
Kippe .... Apfelrest
Kitsch .... Apfelrest
Klatschkäse .... Quark
Klattermilch ...... Dickmilch
Kloß .... Kloß
Klümpchen .... Bonbon
Klumpen ... Mehlklümpchen
Knäppchen .... Brotende
Kneipe .... Kneipe
Knifte .... Brotscheibe
Knubbel .... Mehlklümpchen
knusprig .... knusprig
Knust .... Brotende
Köpfchen .... Kaffeetasse
Korken .... Korken
Krapfen .... Berliner
krapp .... knusprig
kroß .... knusprig
Krotzen .... Apfelrest
Krümel .... Brotkrümel
Kruste .... Brotende
Kruste .... Brotrinde
Kürstchen .... Brotende
Kurste .... Brotrinde
Limo .... Limonade
Lolli .... Lutscher
Luppe .... Schnuller
Lutscher .... Lutscher
Lutscher .... Schnuller
Makei .... Quark
Meerrettich ...... Meerrettich
Mehlschwitze .... Mehlschwitze
Merek .... Meerrettich
Mett .... Hackfleisch
Milch, Saure ...... Dickmilch
Milchdöppe ..... Milchgefäß
Milchkanne ...... Milchgefäß
Milchkrug .... Milchgefäß
Milchpott .... Milchgefäß
Mohl .... Backtrog
Mohrenkopf .... Negerkuß
Mostert .... Senf
Mostrich .... Senf
Muckefuck ...... Muckefuck
Nachtisch .... Nachtisch
Negerkuß .... Negerkuß
Nuckel .... Schnuller
Nüsel .... Apfelrest
Pellkartoffeln .... Pellkartoffeln
Pfannkuchen .. Pfannkuchen
piefen .... rauchen
Pinte .... Kneipe
Pippkeslok ..... Schnittlauch
Plundermilch ..... Dickmilch
Pott .... Kochtopf
Quark .... Quark
Quellkartoffeln .... Pellkartoffeln
Quellmänner .. Pellkartoffeln
rauchen .... rauchen
Reibekuchen .... Kartoffelpuffer

Sachgruppe: Essen und Trinken

Reibeplätzchen … Kartoffelpuffer
Rettich … Meerrettich
Rodonkuchen … Napfkuchen
Sauermus … Sauerkraut
Saure Milch … Dickmilch
Saurer Kappes … Sauerkraut
Schmallauch … Schnittlauch
schmöken … rauchen
schmuren … rauchen
Schnitte … Brotscheibe
Schnittlauch … Schnittlauch
Schnuckel … Schnuller
Schnuller … Schnuller
Schnute … Ausguß
Senf … Senf
Sieb … Kaffeesieb
Sprudel … Limonade
Spülwasser … Muckefuck
Stampfkartoffeln … Kartoffelpürree
Stopfen … Korken
Tasse … Kaffeetasse
Teigtrog … Backtrog
Tülle … Ausguß
Weißer Käse … Quark
Zückerchen … Bonbon

Pfälzisch

Abendessen … Abendmahlzeit
Aufschnitt … Brotende
Backmuhl … Backtrog
Backmuld … Backtrog
Beiz … Kneipe
Broch … Dickmilch
Brockel … Dickmilch
Brosamen … Brotkrümel
Brot, Stück … Brotscheibe
Bund … Napfkuchen
Butike … Kneipe
Butterbrot … Brotscheibe
Butzen … Apfelrest
dämpen … rauchen
Datsch … Kartoffelpuffer
Dickmilch … Dickmilch
Dippchen … Kaffeetasse
Dippe … Kochtopf
Dotter … Eigelb
Eigelb … Eigelb
Einbrenne … Mehlschwitze
Eisbein … Eisbein
Fastnachtsküchel … Berliner
Fleischküchle … Frikadelle
fluppen … rauchen
Formkuchen … Napfkuchen
Frikadelle … Frikadelle
Gehacktes … Hackfleisch
Gequellte … Pellkartoffeln
Geschnäuks … Bonbon
Geschwellte … Pellkartoffeln
Gesottene … Pellkartoffeln
Grapen … Kochtopf
Grumberküchle … Kartoffelpuffer
Grumberpfannkuchen … Kartoffelpuffer
Grumberschnitte … Kartoffelpuffer
Guts-chen … Bonbon
Gutsel … Bonbon
Hackfleisch … Hackfleisch
Hackküchelchen … Frikadelle
Hafen … Kochtopf
Hähnchen … Brathähnchen
Hefe … Hefe
Kaffeepause … Kaffeetrinken
Kaffee(trinken) … Kaffeetrinken
Kartoffelbrei … Kartoffelpürree
Kartoffelpüree … Kartoffelpürree
Käse, Weicher … Quark
Käse, Weißer … Quark
Käsematte … Quark
Käseschmier … Quark
Kloß … Kloß
Klümpchen … Mehlklümpchen
Klumpen … Mehlklümpchen
Knäuschen … Brotende
Kneipe … Kneipe
Knöchelchen … Eisbein
Knödel … Kloß
Knöpfle … Kloß
Knörzel … Brotende
knusprig … knusprig
Korken … Korken
Krapfen … Berliner
Krotzen … Apfelrest
Krümel … Brotkrümel
Kruste … Brotrinde
Krüstel … Brotende
Kumpchen … Kaffeetasse
Kurste … Brotrinde
Limo … Limonade
Luppe … Schnuller
Lutsch … Schnuller
Lutscher … Lutscher
Meerrettich … Meerrettich
Mehlschwitze … Mehlschwitze
Milchhafen … Milchgefäß
Milchkanne … Milchgefäß
Milchkrug … Milchgefäß
Mitsch … Brötchen
Mohrenkopf … Negerkuß

Mostert ... Senf
Muckefuck ... Muckefuck
Muhl ... Backtrog
Nachtessen .. Abendmahlzeit
Nachtisch ... Nachtisch
Noller ... Schnuller
Nuttel ... Schnuller
Pellmänner ... Pellkartoffeln
Pfannkuchen .. Pfannkuchen
plotzen ... rauchen
Quellgrumbere ... Pellkartoffeln
rauchen ... rauchen
Rodonkuchen .. Napfkuchen
Rührkuchen ... Napfkuchen
Sauerkappes ... Sauerkraut
Sauerkraut ... Sauerkraut
Sauermilch ... Dickmilch
Schales ... Kartoffelpuffer
Schmiere ... Brotscheibe
Schnäkes ... Bonbon
Schniepe ... Ausguß
Schnittlauch ... Schnittlauch
Schnuller ... Schnuller
Schnute ... Ausguß
Schüssel ... Kaffeetasse
Schweinshaxe ... Eisbein
Seiher ... Kaffeesieb
Senf ... Senf
Siebchen ... Kaffeesieb
Sprudel ... Limonade
Sprudel, Süßer ... Limonade
Stampes ... Kartoffelpürree
Stopfen ... Korken
Stopper ... Korken
Stück Brot ... Brotscheibe
Süßer Sprudel ... Limonade
Vesper ... Kaffeetrinken
Weck ... Brötchen
Weicher Käse ... Quark
Weißer Käse ... Quark
Zapfen ... Schnuller
Zuckerstein ... Bonbon
Zutte ... Ausguß

Schwäbisch-Alemannisch

Abendessen ... Abendmahlzeit
Abschnitt ... Schnittlauch
Backmuld ... Backtrog
Bäpf ... Schnuller
Beiz ... Kneipe
belegtes Brot ... Brotscheibe
Berliner ... Berliner
Bibeleskäse ... Quark
Bloddermilch ... Dickmilch
Böbbele ... Mehlklümpchen
Bollen ... Mehlklümpchen
Bombo ... Bonbon
Brenne ... Mehlschwitze
Brosamen ... Brotkrümel
Brösel ... Brotkrümel
Brot, belegtes ... Brotscheibe
Brot (mit ...) ... Brotscheibe
Brotzeit ... Kaffeetrinken
Brühe ... Muckefuck
Bunden ... Korken
Butzen ... Apfelrest
Bützget ... Apfelrest
Déssert ... Nachtisch
Dotter ... Eigelb
Eierdatsch ... Pfannkuchen
Einbrenne ... Mehlschwitze
Erdbirnstopfer ... Kartoffelpürree
Fasnetküchle ... Berliner
Fastnachtsküchle ... Berliner
Flädle ... Pfannkuchen
Fleischküchle ... Frikadelle
Gacken ... Apfelrest
Geschwellti ... Pellkartoffeln
Gesottene Grumbire ... Pellkartoffeln
Gestandene Milch ... Dickmilch
Gickel ... Brotende
Gockler ... Brathähnchen
Grumbire, Gesottene ... Pellkartoffeln
Grumbirstock ... Kartoffelpürree
Gugelhupf ... Napfkuchen
Gutsele ... Bonbon
Hackfleisch ... Hackfleisch
Hafen ... Kochtopf
Hähnle ... Brathähnchen
Hefe ... Hefe
Herdäpfelstock ... Kartoffelpürree
Kachel ... Kochtopf
Kaffee(trinken) ... Kaffeetrinken
Kartoffelbrei ... Kartoffelpürree
Kartoffelküchle ... Kartoffelpuffer
Kartoffelmus ... Kartoffelpürree
Kartoffelpuffer ... Kartoffelpuffer
Kloß ... Kloß
Klumpen ... Bonbon
Klumpen ... Mehlklümpchen
Knäusle ... Brotende
Kneipe ... Kneipe
Knettrog ... Backtrog
Knöchle ... Eisbein
Knödel ... Kloß

Knollen .... Mehlklümpchen
Knollen .... Quark
Knöpfle .... Kloß
knusprig .... knusprig
Korken .... Korken
Krapfen .... Berliner
Kraut .... Sauerkraut
Kren .... Meerrettich
Krum(s)ele .... Brotkrümel
Kruste .... Brotrinde
Limo .... Limonade
Luckeleskäse .... Quark
Lutscher .... Lutscher
Marende .... Kaffeetrinken
Meerrettich .... Meerrettich
Mehlschwitze .... Mehlschwitze
Milch, Gestandene .... Dickmilch
Milchhafen .... Milchgefäß
Milchkanne .... Milchgefäß
Milchkrug .... Milchgefäß
Mohrenkopf .... Negerkuß
motten .... rauchen
Muckefuck .... Muckefuck
Muld .... Backtrog
Mutschle .... Brötchen
Nachtessen .. Abendmahlzeit
Nachtisch .... Nachtisch
nebeln .... rauchen
Noller .... Schnuller
Omelett .... Pfannkuchen
Pellkartoffeln .... Pellkartoffeln
Pfannkuchen .. Pfannkuchen
Pfropfen .... Korken
Quark .... Quark
Ranft .... Brotrinde
Ränftle .... Brotende
Ränkele .... Brotende
rauchen .... rauchen
Reiberdatschi .... Kartoffelpuffer
Riebele .... Brotende
Rinde .... Brotrinde
rösch .... knusprig
Rutscherle .... Kochtopf
Sauerkraut .... Sauerkraut
Sauermilch .... Dickmilch
Schale .... Kaffeetasse
Schalkartoffeln .... Pellkartoffeln
Scherben .... Kochtopf
Schlappermilch .. Dickmilch
Schlotter .... Dickmilch
Schlotzer .... Lutscher
Schlotzer .... Schnuller
Schnabel .... Ausguß
Schnaube .... Ausguß
Schnauze .... Ausguß
Schnitte .... Brotscheibe
Schnittlauch .... Schnittlauch
Schnittling .... Schnittlauch
Schnitzbrühe .... Muckefuck
Schnuller .... Schnuller
Schüssele .... Kaffeetasse
Schweinsfuß .... Eisbein
Schweinshaxe .... Eisbein
Seiher .... Kaffeesieb
Semmel .... Brötchen
Senf .... Senf
Sieb .... Kaffeesieb
Sprudel .... Limonade
Sprudel, Süßer .... Limonade
Spülwasser .... Muckefuck
Stockmilch .... Dickmilch
Suckel .... Schnuller
Süßer Sprudel .... Limonade
Toppen .... Quark
Untern .... Kaffeetrinken
Vesper .... Abendmahlzeit
Vesper .... Kaffeetrinken
Vesperbrot .... Kaffeetrinken
Weck .... Brötchen
Zapfen .... Korken
Zapfen .... Schnuller
Zieger .... Quark
Zuckerle .... Bonbon
Zwerle .... Mehlschwitze

Fränkisch

Abendbrot .. Abendmahlzeit
Abendessen .... Abendmahlzeit
Abendstück .... Abendmahlzeit
Backela .... Brotrinde
Backs .... Kartoffelpuffer
Backtrog .... Backtrog
Batzen .... Mehlklümpchen
Batzer .... Schnuller
Bonbon .... Bonbon
Bröckerl .... Mehlklümpchen
Brösel .... Brotkrümel
Brot (mit ...) .... Brotscheibe
Brot, Stück .... Brotscheibe
Brotzeit .... Kaffeetrinken
Brühe .... Muckefuck
Butzen .... Apfelrest
Dotter .... Eigelb
Einbrenne .... Mehlschwitze
Fastnachtsküchel ... Berliner
Fleischklößchen .. Frikadelle
Fleischküchla .... Frikadelle
Frieseli .... Schnittlauch
Gehacktes .... Hackfleisch
Gekochte Potacken .... Pellkartoffeln

Sachgruppe: Essen und Trinken

Bairisch

Abendessen ... Abendmahlzeit
Backtrog ... Backtrog
Batzeln ... Mehlklümpchen
Beiz ... Kneipe
bestrichenes Brot ... Brotscheibe
Bibi ... Schnuller
Blümchenkaffee ... Muckefuck
Brösel ... Brotkrümel
Brot, bestrichenes ... Brotscheibe
Brot (mit ...) ... Brotscheibe
Brotzeit ... Kaffeetrinken
Brühe ... Muckefuck
Butterbrot ... Brotscheibe
Butzen ... Apfelrest
Datsch ... Kartoffelpuffer
Dietzel ... Schnuller
Dotter ... Eigelb
Dotterling ... Eigelb
Dutzel ... Schnuller
Einbrenne ... Mehlschwitze
Fleischkrapfel ... Frikadelle
Fleischpflanzerl ... Frikadelle
Gekochte Kartoffeln ... Pellkartoffeln
Germ ... Hefe
Gesottene Kartoffeln ... Pellkartoffeln
Gestandene Milch ... Dickmilch
Gestöckelte Milch ... Dickmilch
Gesundheitskuchen ... Napfkuchen
Gickerl ... Brathähnchen
Gugelhupf ... Napfkuchen
Gutel ... Bonbon
Hackfleisch ... Hackfleisch
Haferl ... Kaffeetasse
Haferl ... Kochtopf
Hefe ... Hefe
Hendl ... Brathähnchen
Hutzelbrühe ... Muckefuck
Kachel ... Kochtopf
Kaffeekacherl ... Kaffeetasse
Kaffee(trinken) ... Kaffeetrinken
Kartoffelbrei ... Kartoffelpürree
Kartoffeln, Gekochte ... Pellkartoffeln
Kartoffeln, Gesottene ... Pellkartoffeln
Kartoffelpüree ... Kartoffelpürree
Kartoffelstampf ... Kartoffelpürree
Kipfel ... Brotende
Klumpen ... Mehlklümpchen
Kneipe ... Kneipe
Knödel ... Kloß
knusprig ... knusprig
Kracherl ... Limonade
Krapfen ... Berliner
Kraut ... Sauerkraut
Kren ... Meerrettich
Limo ... Limonade
Lutscher ... Lutscher
Marende ... Kaffeetrinken
Milch, Gestandene ... Dickmilch
Milch, Gestöckelte ... Dickmilch
Milch, Saure ... Dickmilch
Milchbitschen ... Milchgefäß
Milchgelten ... Milchgefäß
Milchhaferl ... Milchgefäß
Milchkanne ... Milchgefäß
Milchkrug ... Milchgefäß
Milchstitzen ... Milchgefäß
Mohrenkopf ... Negerkuß
Muckefuck ... Muckefuck
Nachspeise ... Nachtisch
Nachtessen ... Abendmahlzeit
Nachtmahl ... Abendmahlzeit
Pellkartoffeln ... Pellkartoffeln
Pfannkuchen ... Pfannkuchen
Quark ... Quark
Ranft ... Brotrinde
Ränftel ... Brotende
rauchen ... rauchen
Reiberdatschi ... Kartoffelpuffer
Rinde ... Brotrinde
rösch ... knusprig
Sauerkraut ... Sauerkraut
Saure Milch ... Dickmilch
Schale ... Kaffeetasse
Scherben ... Kochtopf
Scherzel ... Brotende
Schlauch ... Schnuller
Schleckerbär ... Lutscher
Schnabel ... Ausguß
Schnittla ... Schnittlauch
Schnittling ... Schnittlauch
Schnuller ... Schnuller
Schweinshaxe ... Eisbein
Seiher ... Kaffeesieb
Semmel ... Brötchen
Senf ... Senf
Springerl ... Limonade
stauben ... rauchen
Stopsel ... Korken
Tasse ... Kaffeetasse
Tiegel ... Kochtopf
Topfen ... Quark
Untern ... Kaffeetrinken
Weckerl ... Brötchen
Zeltel ... Bonbon

Haus und Wohnung

Stichwort

abputzen (Schuhe)	**Erdgeschoß**	**Korken**
abwaschen	**Fahrstuhl**	**leer**
anzünden (Zigarette)	**fegen**	**Milchgefäß**
aufwischen	**fegen (Schornstein)**	**Plastik**
Ausguß (Kaffeekanne)	**Handbesen**	**Portemonnaie**
auswringen	**Hause, nach**	**putzen**
Backtrog	**Hause, zu**	**Putzfrau**
Bettlaken	**Hausflur**	**Scheuertuch**
Bindfaden	**Hausschuhe**	**Schornstein**
Bordsteinkante	**Kaffeesieb**	**Schornsteinfeger**
Briefumschlag	**Kaffeetasse**	**Spinngewebe**
Bügelbrett	**Kehrschaufel**	**Stecknadel**
Bügeleisen	**Klingel**	**Streichholz**
Bürgersteig	**klingelt, es**	**Stricknadel**
Dachboden	**Kneifzange**	**Taschentuch**
Docht	**Kochtopf**	**Türklinke**

Abb. 4: *Vom Brod-backen* (F.P. Florinus: »Haus-Vatter«, 1722)

Sachgruppe: Haus und Wohnung

Westniederdeutsch

abputzen	abputzen (Schuhe)
abtreten (Füße)	abputzen (Schuhe)
abwaschen	abwaschen
anstecken	anzünden
aufnehmen	aufwischen
Aufnehmer	Scheuertuch
ausdrücken	auswringen
auswringen	auswringen
Backeltrog	Backtrog
Band	Bindfaden
bimmelt	klingelt, es
Bindfaden	Bindfaden
Boden	Dachboden
Bordstein	Bordsteinkante
Breidelpremen	Stricknadel
Briefumschlag	Briefumschlag
Bügelbrett	Bügelbrett
Bügeleisen	Bügeleisen
Bühne	Dachboden
Bürgersteig	Bürgersteig
Büsdok	Taschentuch
Diele	Hausflur
Docht	Docht
Drücker	Türklinke
Dunken	Docht
dweilen	aufwischen
Erdgeschoß	Erdgeschoß
Eule	Handbesen
Fahrstuhl	Fahrstuhl
Fegeblech	Kehrschaufel
fegen	fegen
fegen	fegen (Schornst.)
Feudel	Scheuertuch
feudeln	aufwischen
Flur	Hausflur
Füße abtreten	abputzen (Schuhe)
Fußweg	Bürgersteig
Gehweg	Bürgersteig
Geldbeutel	Portemonnaie
Geldbörse	Portemonnaie
Geldpüt	Portemonnaie
Grapen	Kochtopf
Griff	Türklinke
Güntche	Ausguß
Handfeger	Handbesen
Hause, nach	Hause, nach
Hause, zu	Hause, zu
Kantstein	Bordsteinkante
Kehrblech	Kehrschaufel
Klingel	Klingel
klingelt	klingelt, es
Klinke	Türklinke
Kneifzange	Kneifzange
Knippke	Portemonnaie
Knöppnadel	Stecknadel
Knüttstock	Stricknadel
Köpfchen	Kaffeetasse
Kopfnadel	Stecknadel
Korken	Korken
Laken	Bettlaken
ledig	leer
Leilaken	Bettlaken
lose	leer
Luke	Schornstein
Milchkanne	Milchgefäß
Milchkrug	Milchgefäß
Milchkumme	Milchgefäß
Milchtopf	Milchgefäß
Muck	Kaffeetasse
nach Hause	Hause, nach
Pampuschen	Hausschuhe
Pantoffeln	Hausschuhe
Parterre	Erdgeschoß
Piep	Ausguß
Pingel	Klingel
pingelt	klingelt, es
Plastik	Plastik
Plättbrett	Bügelbrett
Plätteisen	Bügeleisen
Portemonnaie	Portemonnaie
Pott	Kochtopf
Proppen	Korken
Puschen	Hausschuhe
putzen	putzen
Putzfrau	Putzfrau
Reinemachefrau	Putzfrau
reinemachen	putzen
Rietsticken	Streichholz
saubermachen	putzen
Saumstein	Bordsteinkante
Schaufel	Kehrschaufel
Scheuerlappen	Scheuertuch
scheuern	aufwischen
Schlurren	Hausschuhe
Schnottentuch	Taschentuch
Schnupftuch	Taschentuch
Schnur	Bindfaden
Schornstein	Schornstein
Schornsteinfeger	Schornsteinfeger
Schottstein	Schornstein
Schottsteinfeger	Schornsteinfeger
Schwefelsticken	Streichholz
Sehne	Bindfaden
Sieb	Kaffeesieb
Sottcher	Schornsteinfeger
Spell	Stecknadel
Spendel	Stecknadel
Spinnekoppen	Spinngewebe
Spinnewupp	Spinngewebe
Spinnwebe	Spinngewebe

spülen .... abwaschen
Stäuber .... Handbesen
Sticken .... Streichholz
Streichbrett .... Bügelbrett
Streicheisen ...... Bügeleisen
Streichholz ...... Streichholz
Strickelwier ..... Stricknadel
Stricksticken .... Stricknadel
Taschentuch .... Taschentuch
Tasse .... Kaffeetasse
Teigtrog .... Backtrog
Tiegel .... Kochtopf
Töffel(n) .... Hausschuhe
Tülle .... Ausguß
Türkläppe .... Türklinke
Tut .... Ausguß
ulen .... fegen
wringen .... auswringen
zu Hause .... Hause, zu

Ostniederdeutsch

abputzen
.... abputzen (Schuhe)
abtreten (Füße)
.... abputzen (Schuhe)
abwaschen .... abwaschen
anstecken .... anzünden
Aufnehmer .... Kehrschaufel
Aufwartung .... Putzfrau
aufwischen ...... aufwischen
Aufwischlappen
.... Scheuertuch
ausfegen .. fegen (Schornst.)
auswringen ...... auswringen
Backeltrog .... Backtrog
Backmolle .... Backtrog
Band .... Bindfaden
Bindfaden .... Bindfaden
Boden .... Dachboden
Bordkante ... Bordsteinkante
Bordstein .... Bordsteinkante
Briefumschlag
.... Briefumschlag
Bügelbrett .... Bügelbrett
Bügeleisen .... Bügeleisen
Bühne .... Dachboden
Bürgersteig ...... Bürgersteig
Diele .... Hausflur
Docht .... Docht
Drücker .... Türklinke
Eule .... Handbesen
Fahrstuhl .... Fahrstuhl
fegen .... fegen
fegen .... fegen (Schornst.)
Feudel .... Scheuertuch
Flur .... Hausflur
Füße abtreten
.... abputzen (Schuhe)
Geldbeutel .... Portemonnaie
Grapen .... Kochtopf
Handfeger .... Handbesen
Hause, nach .... Hause, nach
Hause, nach .... Hause, zu
Hause, zu .... Hause, nach
Hause, zu .... Hause, zu
heim .... Hause, zu
Kehrblech ..... Kehrschaufel
Klingel .... Klingel
klingelt .... klingelt, es
Klinke .... Türklinke
Kneifzange ...... Kneifzange
Knöppnadel ...... Stecknadel
Knüttsticken ..... Stricknadel
Köppen .... Kaffeetasse
Korken .... Korken
Korridor .... Hausflur
Laken .... Bettlaken
Latschen .... Hausschuhe
ledig .... leer
leer .... leer
Mann, Schwarzer
.... Schornsteinfeger
Milchkrug .... Milchgefäß
Milchpott .... Milchgefäß
Milchtopf .... Milchgefäß
Müllschippe ... Kehrschaufel
nach Hause ..... Hause, nach
nach Hause .... Hause, zu
Nippel .... Ausguß
Pampuschen .... Hausschuhe
Pantoffeln .... Hausschuhe
Parterre .... Erdgeschoß
Plaste .... Plastik
Plättbrett .... Bügelbrett
Plätte .... Bügeleisen
Plätteisen .... Bügeleisen
Portemonnaie
.... Portemonnaie
Pott .... Kochtopf
Proppen .... Korken
Puschen .... Hausschuhe
Putzfrau .... Putzfrau
Reinemachefrau .... Putzfrau
reinemachen .... putzen
Rietholt .... Streichholz
Rietsticken .... Streichholz
Rinnstein .... Bordsteinkante
Rotzlappen ..... Taschentuch
saubermachen .... putzen
Scheuerlappen
.... Scheuertuch
Schippe .... Kehrschaufel
Schlappen .... Hausschuhe
Schlurren .... Hausschuhe
Schnupftuch .... Taschentuch
Schnur .... Bindfaden
Schornstein ..... Schornstein

Sachgruppe: Haus und Wohnung

Schornsteinfeger .... Schornsteinfeger
Schottstein ...... Schornstein
Schottsteinfeger .... Schornsteinfeger
Schwarzer Mann .... Schornsteinfeger
schweepen .... fegen
Schwefelsticken .... Streichholz
Sieb .... Kaffeesieb
Spinnen .... Spinngewebe
Spinngewebe .... Spinngewebe
Spinnwebe .... Spinngewebe
Stecknadel .... Stecknadel
Streichholz ...... Streichholz
Stricknadel ...... Stricknadel
Strippe .... Bindfaden
Taschentuch .... Taschentuch
Tasse .... Kaffeetasse
Tassenkopf ...... Kaffeetasse
Tipp .... Ausguß
Töffel(n) .... Hausschuhe
Topf .... Kochtopf
Trottoir .... Bürgersteig
Tülle .... Ausguß
zu Hause .... Hause, nach
zu Hause .... Hause, zu

Sächsisch

abkratzen .... abputzen (Schuhe)
abstreichen .... abputzen (Schuhe)
abtreten (Füße) .... abputzen (Schuhe)
abwaschen .... abwaschen
alle .... leer
anbrennen .... anzünden
anfünken .... anzünden
Aufwartung .... Putzfrau
aufwaschen ...... abwaschen
ausringen .... auswringen
auswinden .... auswringen
auswingen .... auswringen
Backmuhl .... Backtrog
Backtrog .... Backtrog
Bankhader ...... Scheuertuch
Bärlatschen ..... Hausschuhe
Beißzange .... Kneifzange
Besen .... Handbesen
Bettuch .... Bettlaken
Beute .... Backtrog
Bindfaden .... Bindfaden
Boden .... Dachboden
Bordkante ... Bordsteinkante
Bordstein .... Bordsteinkante
Borstwisch .... Handbesen
Briefumschlag .... Briefumschlag
Bügelbrett .... Bügelbrett
Bügeleisen .... Bügeleisen
daheim .... Hause, zu
Dese .... Backtrog
Docht .... Docht
Drücker .... Türklinke
Erster Stock ..... Erdgeschoß
Esse .... Schornstein
Essenkehrer .... Schornsteinfeger
Fahrstuhl .... Fahrstuhl
Feueresse .... Schornstein
Feuerrüpel .... Schornsteinfeger
Füße abtreten .... abputzen (Schuhe)
Fußsteig .... Bürgersteig
Fußweg .... Bürgersteig
Gehweg .... Bürgersteig
Geldtaschel ... Portemonnaie
Hader .... Scheuertuch
Handfeger .... Handbesen
Haus .... Hausflur
Hause, nach .... Hause, nach
Hause, zu .... Hause, zu
heim .... Hause, nach
heim .... Hause, zu
Kankergespinst .... Spinngewebe
Kehrblech ..... Kehrschaufel
kehren .... fegen
kehren ..... fegen (Schornst.)
Kehrichtschaufel .... Kehrschaufel
Kehrschaufel .. Kehrschaufel
Klingel .... Klingel
klingelt .... klingelt, es
Klinke .... Türklinke
Kneifzange ...... Kneifzange
Köpfchen .... Kaffeetasse
Korken .... Korken
Korks .... Korken
Korridor .... Hausflur
Latschen .... Hausschuhe
ledig .... leer
leer .... leer
Milchkraus ...... Milchgefäß
Milchkrug .... Milchgefäß
Milchtopf .... Milchgefäß
nach Hause ..... Hause, nach
Pantoffeln .... Hausschuhe
Parterre .... Erdgeschoß
Plaste .... Plastik
Plättbrett .... Bügelbrett
Plätte .... Bügeleisen
Plätteisen .... Bügeleisen

Plättglocke .... Bügeleisen
Portemonnaie .... Portemonnaie
Reinemachefrau .... Putzfrau
reinemachen .... putzen
Rußkehler .... Schornsteinfeger
saubermachen .... putzen
Scheuerhader .. Scheuertuch
Scheuerlappen .... Scheuertuch
scheuern .... aufwischen
Schippe .... Kehrschaufel
Schnauze .... Ausguß
Schneppe .... Ausguß
Schnupftuch .... Taschentuch
Schnur .... Bindfaden
Sieb .... Kaffeesieb
Spinnekanker .... Spinngewebe
Spinneklunker .... Spinngewebe
Spinnelode .... Spinngewebe
Spinnwebe .... Spinngewebe
Stecknadel .... Stecknadel
Stock, Erster .... Erdgeschoß
Stöpsel .... Korken
Streichholz ...... Streichholz
Strick .... Bindfaden
Stricknadel ...... Stricknadel
Taschentuch .... Taschentuch
Tasse .... Kaffeetasse
Tippel .... Kaffeetasse
Topf .... Kochtopf
Vorsaal .... Hausflur
wischen .... aufwischen
zu Hause .... Hause, zu

Thüringisch

abputzen .... abputzen (Schuhe)
abtreten (Füße) .... abputzen (Schuhe)
abwaschen .... abwaschen
alle .... leer
anbrennen .... anzünden
anstecken .... anzünden
aufspülen .... abwaschen
Aufwartung .... Putzfrau
aufwaschen ...... abwaschen
ausputzen .... fegen (Schornstein)
ausringen .... auswringen
Babuschen ...... Hausschuhe
Backmulle .... Backtrog
Backtrog .... Backtrog
Banklappen ..... Scheuertuch
Beißzange .... Kneifzange
Besen .... Handbesen
Bettuch .... Bettlaken
Bindfaden .... Bindfaden
Boden .... Dachboden
Bordkante ... Bordsteinkante
Bordstein .... Bordsteinkante
Borstwisch .... Handbesen
Briefumschlag .... Briefumschlag
Bügelbrett .... Bügelbrett
Bügeleisen .... Bügeleisen
Bürgersteig ...... Bürgersteig
daheim .... Hause, zu
Dippe .... Kochtopf
Docht .... Docht
Drücker .... Türklinke
Ern .... Hausflur
Esse .... Schornstein
Essenkehrer .... Schornsteinfeger
Eule .... Handbesen
Fahrstuhl .... Fahrstuhl
fegen .... fegen (Schornst.)
Flur .... Hausflur
Füße abtreten .... abputzen (Schuhe)
Fußweg .... Bürgersteig
Gehweg .... Bürgersteig
Hafela .... Kaffeetasse
Handfeger .... Handbesen
Hause, nach .... Hause, nach
Hause, zu .... Hause, nach
Hause, zu .... Hause, zu
heim .... Hause, nach
heim .... Hause, zu
Hudel .... Scheuertuch
Kamin .... Schornstein
Kankergespinst .... Spinngewebe
kehren .... fegen
kehren ..... fegen (Schornst.)
Kehrschaufel .. Kehrschaufel
Klingel .... Klingel
klingelt .... klingelt, es
Klinke .... Türklinke
Klippe .... Türklinke
Kneifzange ...... Kneifzange
Knüttstock .... Stricknadel
Kommoden ..... Hausschuhe
Köpfchen .... Kaffeetasse
Korken .... Korken
Korridor .... Hausflur
Kuvert .... Briefumschlag
Latschen .... Hausschuhe
ledig .... leer
leer .... leer
Milchkanne ...... Milchgefäß
Milchkrug .... Milchgefäß
Mulle .... Backtrog

nach Hause ..... Hause, nach
Pantoffeln .... Hausschuhe
Parterre .... Erdgeschoß
Pfitzzange .... Kneifzange
Plaste .... Plastik
Plätte .... Bügeleisen
Plätteisen .... Bügeleisen
Plättglocke .... Bügeleisen
Portemonnaie
.... Portemonnaie
Reinemachefrau .... Putzfrau
reinemachen
.... fegen (Schornstein)
reinemachen .... putzen
Schaufel .... Kehrschaufel
Schelle .... Klingel
Scheuerlappen
.... Scheuertuch
scheuern .... aufwischen
Schlappen .... Hausschuhe
Schlot .... Schornstein
Schlotfeger
.... Schornsteinfeger
Schneppe .... Ausguß
Schnupftuch .... Taschentuch
Schnur .... Bindfaden
Schornstein ..... Schornstein
Schornsteinfeger
.... Schornsteinfeger
Schwefelholz .... Streichholz
Seiher .... Kaffeesieb
Sieb .... Kaffeesieb
Spendel .... Stecknadel
Spinnekanker
.... Spinngewebe
Spinnlappen ... Spinngewebe
Spinnwebe .... Spinngewebe
Stecknadel ...... Stecknadel
Stöpfel .... Korken
Stöpsel .... Korken
Streichholz ...... Streichholz
Strick .... Bindfaden
Stricknadel ...... Stricknadel
Strickstock .... Stricknadel
Taschentuch .... Taschentuch
Tasse .... Kaffeetasse
Tassenkopf ...... Kaffeetasse
Topf .... Kochtopf
Trottoir .... Bürgersteig
Tülle .... Ausguß
wischen .... aufwischen
Zipf .... Ausguß
zu Hause .... Hause, nach
zu Hause .... Hause, zu
Züttich .... Ausguß

Hessisch

abputzen
.... abputzen (Schuhe)
abtreten (Füße)
.... abputzen (Schuhe)
abwaschen .... abwaschen
alle .... leer
anstecken .... anzünden
aufputzen .... aufwischen
aufwaschen ...... aufwischen
Aufwaschlumpen
.... Scheuertuch
Aufzug .... Fahrstuhl
Ausgießer .... Ausguß
ausputzen
.... fegen (Schornstein)
ausringen .... auswringen
auswennen .... auswringen
Backetrog .... Backtrog
Backmuhl .... Backtrog
Batschen .... Hausschuhe
Beißzange .... Kneifzange
Bettuch .... Bettlaken
Boden .... Dachboden
Bordstein .... Bordsteinkante
Briefumschlag
.... Briefumschlag
Bügelbrett .... Bügelbrett
Bügeleisen .... Bügeleisen
Bühne .... Dachboden
daheim .... Hause, zu
Diele .... Hausflur
Dippe .... Kochtopf
Docht .... Docht
Dreckschippe
.... Kehrschaufel
Drücker .... Türklinke
Ern .... Hausflur
fegen .... fegen (Schornst.)
Fixchen .... Streichholz
Flur .... Hausflur
Füße abtreten
.... abputzen (Schuhe)
Gang .... Hausflur
Geldbeutel .... Portemonnaie
Grapen .... Kochtopf
Griff .... Türklinke
Hafen .... Kochtopf
Handbesen .... Handbesen
Handfeger .... Handbesen
heim .... Hause, nach
kehren .... fegen
Klingel .... Klingel
klingelt .... klingelt, es
Klinke .... Türklinke
Köpfchen .... Kaffeetasse
Kordel .... Bindfaden
Korken .... Korken
Kuvert .... Briefumschlag
Laube .... Dachboden
ledig .... leer

leer .... leer
Leintuch .... Bettlaken
Milchdippe .... Milchgefäß
Milchkanne .... Milchgefäß
Parterre .... Erdgeschoß
Pfetzzange .... Kneifzange
Plastik .... Plastik
Portemonnaie .... Portemonnaie
putzen .... aufwischen
putzen .... putzen
Putzfrau .... Putzfrau
Putzlappen .... Scheuertuch
Putzlumpen .... Scheuertuch
Randstein .... Bordsteinkante
raumen .... fegen (Schornst.)
reinemachen .... fegen (Schornstein)
Sacktuch .... Taschentuch
Schale .... Kaffeetasse
Schelle .... Klingel
schellt .... klingelt, es
Schippe .... Kehrschaufel
Schlappen .... Hausschuhe
Schlot .... Schornstein
Schlotfeger .... Schornsteinfeger
Schnupftuch .... Taschentuch
Schnur .... Bindfaden
Schornstein .... Schornstein
Schornsteinfeger .... Schornsteinfeger
Seihe .... Kaffeesieb
Sieb .... Kaffeesieb
Speicher .... Dachboden
Spennadel .... Stecknadel
Spennel .... Stecknadel
Spinnlappen .... Spinngewebe
Spinnwebe .... Spinngewebe
spülen .... abwaschen
Stecknadel .... Stecknadel
Stopfen .... Korken
Stoppen .... Korken
Streichholz .... Streichholz
Stricknadel .... Stricknadel
Strickstock .... Stricknadel
Taschentuch .... Taschentuch
Tasse .... Kaffeetasse
Trottoir .... Bürgersteig
Wieche .... Docht
Zutte .... Ausguß

Abb. 5: Ein Haus (F.P. Florinus: »Haus-Vatter«, 1722)

Rheinisch

abputzen .... abputzen (Schuhe)
abtreten (Füße) .... abputzen (Schuhe)
anmachen .... anzünden
anstecken .... anzünden
aufnehmen .... aufwischen
Aufnehmer ..... Scheuertuch
Aufzug .... Fahrstuhl
auswringen ...... auswringen
Backmohl .... Backtrog
Bakchen .... Kaffeetasse
Bändel .... Bindfaden
Bettkleid .... Bettlaken
Bettuch .... Bettlaken
Bordstein .... Bordsteinkante
Breinadel .... Stricknadel
Briefumschlag .... Briefumschlag
Bügelbrett .... Bügelbrett
Bügeleisen .... Bügeleisen
Bürgersteig ...... Bürgersteig
daheim .... Hause, zu
Diele .... Hausflur
Döppe .... Kochtopf
Dreckschippe .... Kehrschaufel
fegen .... fegen
fegen .... fegen (Schornst.)
Feuerspänchen .. Streichholz
Fimpchen .... Streichholz
Fixfeuer .... Streichholz
Flur .... Hausflur
Füße abtreten .... abputzen (Schuhe)
Handfeger .... Handbesen
Hause, nach .... Hause, nach
Hause, zu .... Hause, zu
heim .... Hause, nach
Kamin .... Schornstein
Kaminsfeger .... Schornsteinfeger
Kehrblech ..... Kehrschaufel
kehren .... fegen
Klensche .... Türklinke
Klingel .... Klingel
klingelt .... klingelt, es
Klinke .... Türklinke
Kneifzange ...... Kneifzange
Knoppnadel ...... Stecknadel
Köpfchen .... Kaffeetasse
Kopfnadel .... Stecknadel
Koppenspinne .... Spinngewebe
Kordel .... Bindfaden
Korken .... Korken
Korridor .... Hausflur
Laken .... Bettlaken
Läube .... Dachboden
ledig .... leer
leerlich .... leer
leg .... leer
Lemmet .... Docht
Milchdöppe ..... Milchgefäß
Milchkanne ...... Milchgefäß
Milchkrug .... Milchgefäß
Milchpott .... Milchgefäß
Mohl .... Backtrog
nach Hause ..... Hause, nach
Older .... Dachboden
Packe .... Türklinke
Pantoffeln .... Hausschuhe
Parterre .... Erdgeschoß
Petschzange ..... Kneifzange
Plastik .... Plastik
Portemonnaie .... Portemonnaie
Pott .... Kochtopf
putzen .... aufwischen
putzen ..... fegen (Schornst.)
putzen .... putzen
Putzfrau .... Putzfrau
Sacktuch .... Taschentuch
Schaufel .... Kehrschaufel
Schelle .... Klingel
schellt .... klingelt, es
Schlappen .... Hausschuhe
Schluffen .... Hausschuhe
Schnute .... Ausguß
Schorittfeger .... Schornsteinfeger
Schornstein ..... Schornstein
Schornsteinfeger .... Schornsteinfeger
Schornsteinputzer .... Schornsteinfeger
Schrubbtuch .... Scheuertuch
Schwefelchen ... Streichholz
Schwegele .... Streichholz
Sieb .... Kaffeesieb
Söller .... Dachboden
Speicher .... Dachboden
Spelte .... Stecknadel
Spengel .... Stecknadel
Spinngewebe .... Spinngewebe
Spinnwette .... Spinngewebe
spülen .... abwaschen
Stäuber .... Handbesen
Stopfen .... Korken
Streichbrett .... Bügelbrett
Streicheisen ...... Bügeleisen
Streichholz ...... Streichholz
Strickeisen .... Stricknadel
Stricknadel ...... Stricknadel
Striekspan .... Streichholz
Taschentuch .... Taschentuch
Tasse .... Kaffeetasse
Teigtrog .... Backtrog
Trottoir .... Bürgersteig
Tülle .... Ausguß
Türkrücke .... Türklinke
Wiek .... Docht
wischen .... aufwischen
wringen .... auswringen
zu Hause .... Hause, zu

Pfälzisch

abputzen .... abputzen (Schuhe)
alle .... leer
anstecken .... anzünden
Aufziehlumpen .... Scheuertuch
Aufzug .... Fahrstuhl
ausdrehen .... auswringen
ausputzen .... fegen (Schornstein)
Backmuhl .... Backtrog
Backmuld .... Backtrog
Beißzange .... Kneifzange
Bordstein .... Bordsteinkante
Bügelbrett .... Bügelbrett
Bügeleisen .... Bügeleisen
daheim .... Hause, zu
Dippchen .... Kaffeetasse
Dippe .... Kochtopf
Dreckschippe .... Kehrschaufel
Erster Stock .... Erdgeschoß
Fixfeuer .... Streichholz
Flur .... Hausflur
Gang .... Hausflur
Geldbeutel .... Portemonnaie
Glufe .... Stecknadel
Grapen .... Kochtopf
Gufe .... Stecknadel
Hafen .... Kochtopf
Handbesen .... Handbesen
Handfeger .... Handbesen
Harst .... Schornstein
Harstenputzer .... Schornsteinfeger
heim .... Hause, nach
Kehrbürste .... Handbesen
kehren .... fegen
Klensche .... Türklinke
Klingel .... Klingel
klingelt .... klingelt, es
Klinke .... Türklinke
Kordel .... Bindfaden
Korken .... Korken
kratzen .... fegen (Schornst.)
Kumpchen .... Kaffeetasse
Kuvert .... Briefumschlag
leer .... leer
Leintuch .... Bettlaken
Milchhafen .... Milchgefäß
Milchkanne .... Milchgefäß
Milchkrug .... Milchgefäß
Muhl .... Backtrog
Parterre .... Erdgeschoß
Pfetzzange .... Kneifzange
Plastik .... Plastik
Portemonnaie .... Portemonnaie
putzen .... aufwischen
putzen .... fegen (Schornst.)
putzen .... putzen
Putzfrau .... Putzfrau
Putzlappen .... Scheuertuch
Putzlumpen .... Scheuertuch
Randstein .... Bordsteinkante
Sacktuch .... Taschentuch
Schaufel .... Kehrschaufel
Schelle .... Klingel
schellt .... klingelt, es
Schippe .... Kehrschaufel
Schlappen .... Hausschuhe
Schlempe .... Türklinke
Schlinke .... Türklinke
Schniepe .... Ausguß
Schnupftuch .... Taschentuch
Schnur .... Bindfaden
Schnute .... Ausguß
Schornstein .... Schornstein
Schornsteinfeger .... Schornsteinfeger
Schornsteinputzer .... Schornsteinfeger
Schüssel .... Kaffeetasse
Seiher .... Kaffeesieb
Seil .... Bindfaden
Siebchen .... Kaffeesieb
Speicher .... Dachboden
Spell .... Stecknadel
Spengel .... Stecknadel
Spinnest .... Spinngewebe
Spinnhudel .... Spinngewebe
Spinnwebe .... Spinngewebe
Spinnwette .... Spinngewebe
spülen .... abwaschen
Stecknadel .... Stecknadel
Stock, Erster .... Erdgeschoß
Stopfen .... Korken
Stopper .... Korken
Streckbrett .... Bügelbrett
Streckeisen .... Bügeleisen
Streichholz .... Streichholz
Strickeisen .... Stricknadel
Stricknadel .... Stricknadel
Strickspieß .... Stricknadel
Taschentuch .... Taschentuch
Trottoir .... Bürgersteig
Wieche .... Docht
Zutte .... Ausguß

Sachgruppe: Haus und Wohnung

Schwäbisch-Alemannisch

abkratzen ... abputzen (Schuhe)
abputzen ... abputzen (Schuhe)
abspülen ... abwaschen
abtreten (Füße) ... abputzen (Schuhe)
anbrennen ... anzünden
anzünden ... anzünden
aufputzen ... aufwischen
aufziehen ... aufwischen
Aufzug ... Fahrstuhl
ausringen ... auswringen
auswinden ... auswringen
Backmuld ... Backtrog
Beißzange ... Kneifzange
Besen ... Handbesen
Bügelbrett ... Bügelbrett
Bügeleisen ... Bügeleisen
Bühne ... Dachboden
Bunden ... Korken
daheim ... Hause, zu
Docht ... Docht
Erdgeschoß ... Erdgeschoß
Ern ... Hausflur
Erster Stock ... Erdgeschoß
Fazinettle ... Taschentuch
Finken ... Hausschuhe
firben ... fegen
Füße abtreten ... abputzen (Schuhe)
Gang ... Hausflur
gar ... leer
Gehweg ... Bürgersteig
Geldbeutel ... Portemonnaie
Glocke ... Klingel
Glufe ... Stecknadel
Gufe ... Stecknadel
Hafen ... Kochtopf
Hausschuhe ... Hausschuhe
heim ... Hause, nach
Kachel ... Kochtopf
Kamin ... Schornstein
Kaminfeger ... Schornsteinfeger
Kämmet ... Schornstein
Kämmetkehrer ... Schornsteinfeger
kehren ... fegen
kehren ... fegen (Schornst.)
Kehrschaufel ... Kehrschaufel
Kehrwisch ... Handbesen
Klingel ... Klingel
Klinke ... Türklinke
Knettrog ... Backtrog
Korken ... Korken
Kutterschaufel ... Kehrschaufel
Kuvert ... Briefumschlag
Laube ... Dachboden
läutet ... klingelt, es
leer ... leer
Leilich ... Bettlaken
Leintuch ... Bettlaken
Lift ... Fahrstuhl
Milchhafen ... Milchgefäß
Milchkanne ... Milchgefäß
Milchkrug ... Milchgefäß
Muld ... Backtrog
Nastuch ... Taschentuch
Pantoffeln ... Hausschuhe
pappala ... leer
Parterre ... Erdgeschoß
Pfetzzange ... Kneifzange
Pfropfen ... Korken
Plastik ... Plastik
putzen ... aufwischen
putzen ... fegen
putzen ... putzen
Putzfrau ... Putzfrau
Putzlappen ... Scheuertuch
Putzlumpen ... Scheuertuch
Randstein ... Bordsteinkante
rußeln ... fegen (Schornst.)
rußen ... fegen (Schornst.)
Rutscherle ... Kochtopf
Sacktuch ... Taschentuch
Schale ... Kaffeetasse
Schaufel ... Kehrschaufel
Schelle ... Klingel
schellt ... klingelt, es
Scherben ... Kochtopf
Schlappen ... Hausschuhe
Schnabel ... Ausguß
Schnalle ... Türklinke
Schnäpper ... Türklinke
Schnaube ... Ausguß
Schnauze ... Ausguß
Schneuzfleck ... Taschentuch
Schnur ... Bindfaden
Schüssele ... Kaffeetasse
Schwefele ... Streichholz
Seiher ... Kaffeesieb
Sieb ... Kaffeesieb
Spagat ... Bindfaden
Speicher ... Dachboden
Spinnebobe ... Spinngewebe
Spinnewette ... Spinngewebe
Spinnhudel ... Spinngewebe
Spinnwebe ... Spinngewebe
spülen ... abwaschen
Stecknadel ... Stecknadel
Stock, Erster ... Erdgeschoß
Streichholz ... Streichholz
Stricknadel ... Stricknadel
Tapper ... Hausschuhe
Taschentuch ... Taschentuch
Trottoir ... Bürgersteig
Türfalle ... Türklinke
wischen ... aufwischen
wischen ... fegen
Zapfen ... Korken
Zündholz ... Streichholz

Fränkisch

abputzen … abputzen (Schuhe)
abspülen … abwaschen
abstreifen … abputzen (Schuhe)
alle … leer
anbrennen … anzünden
anstecken … anzünden
anzünden … anzünden
aufputzen … aufwischen
aufwaschen … fegen
aufwischen … aufwischen
Aufzug … Fahrstuhl
ausputzen … fegen (Schornstein)
auswinden … auswringen
Backtrog … Backtrog
Bändel … Bindfaden
Beißzange … Kneifzange
Besen … Handbesen
Bettuch … Bettlaken
Boden … Dachboden
Bügelbrett … Bügelbrett
Bügeleisen … Bügeleisen
daheim … Hause, zu
Docht … Docht
Dreckschippe … Kehrschaufel
Drücker … Türklinke
Ern … Hausflur
Erster Stock … Erdgeschoß
Fazinettla … Taschentuch
fegen … aufwischen
fegen … fegen (Schornst.)
Feghadern … Scheuertuch
Feuersteckel … Streichholz
Gang … Hausflur
gar … leer
Gehsteig … Bürgersteig
Geldbeutel … Portemonnaie
Glocke … Klingel
Glufe … Stecknadel
Grapen … Kochtopf
Griff … Türklinke
Hafen … Kochtopf
Haferla … Kaffeetasse
heim … Hause, nach
Kamin … Schornstein
Kaminfeger … Schornsteinfeger
Kaminkehrer … Schornsteinfeger
kehren … fegen
Kehrichtschaufel … Kehrschaufel
Kehrwisch … Handbesen
Klingel … Klingel
Klinke … Türklinke
Kommodschuhe … Hausschuhe
Korken … Korken
Korridor … Hausflur
Kuvert … Briefumschlag
Latschen … Hausschuhe
leer … leer
Leilich … Bettlaken
Leintuch … Bettlaken
Lift … Fahrstuhl
Milchhafen … Milchgefäß
Milchkrug … Milchgefäß
Milchtopf … Milchgefäß
Parterre … Erdgeschoß
Pfropfer … Korken
Plastik … Plastik
Portemonnaie … Portemonnaie
putzen … aufwischen
putzen … fegen
putzen … putzen
Putzfrau … Putzfrau
Putzlappen … Scheuertuch
Putzlumpen … Scheuertuch
Randstein … Bordsteinkante
rußen … fegen (Schornst.)
Rutscher … Kochtopf
Sacktuch … Taschentuch
Schale … Kaffeetasse
Schaufel … Kehrschaufel
schellt … klingelt, es
Schlappen … Hausschuhe
Schlinke … Türklinke
Schlot … Schornstein
Schlotfeger … Schornsteinfeger
Schnaube … Ausguß
Schnauze … Ausguß
Schnur … Bindfaden
Schüssel … Kaffeetasse
Schwefelsteckel … Streichholz
Seiher … Kaffeesieb
Socken … Hausschuhe
Spagat … Bindfaden
Spinnwebe … Spinngewebe
spülen … abwaschen
Steckhaftla … Stecknadel
Stecknadel … Stecknadel
Stock, Erster … Erdgeschoß
Stöpfer … Korken
Stöpsel … Korken
Streichholz … Streichholz
Strick … Bindfaden
Strickeisen … Stricknadel
Stricknadel … Stricknadel
Strickstengla … Stricknadel
Tappen … Hausschuhe
Taschentuch … Taschentuch
Tiegel … Kochtopf
Trottoir … Bürgersteig
Zaute … Ausguß

Zoche .... Docht
Zugeherin .... Putzfrau
Zündhölzla .... Streichholz
Zündsteckerla .... Streichholz
Zuspringerin .... Putzfrau

Bairisch

abkratzen .... abputzen (Schuhe)
abputzen .... abputzen (Schuhe)
abspülen .... abwaschen
abstreifen .... abputzen (Schuhe)
ankenten .... anzünden
anzünden .... anzünden
Aufzug .... Fahrstuhl
ausreiben .... auswringen
auswinden .... auswringen
Backtrog .... Backtrog
Beißzange .... Kneifzange
Besen .... Handbesen
Bettuch .... Bettlaken
Boden .... Dachboden
Bügelbrett .... Bügelbrett
Bügeleisen .... Bügeleisen
daheim .... Hause, zu
Docht .... Docht
Fletz .... Hausflur
Gang .... Hausflur
Gehsteig .... Bürgersteig
Geldbeutel .... Portemonnaie
Geldbörse .... Portemonnaie
Glocke .... Klingel
Glufe .... Stecknadel
Griff .... Türklinke
Hadern .... Scheuertuch
Haferl .... Kaffeetasse
Haferl .... Kochtopf
Hausschuhe .... Hausschuhe
heim .... Hause, nach
Kachel .... Kochtopf
Kaffeekacherl .... Kaffeetasse
Kamin .... Schornstein
Kaminkehrer .... Schornsteinfeger
kehren .... fegen
kehren .... fegen (Schornst.)
Kehrichtbesen .... Handbesen
Kehrichtschaufel .... Kehrschaufel
Kehrwisch .... Handbesen
Kentscheitel .... Streichholz
Kintel .... Schornstein
Kintelkehrer .... Schornsteinfeger
Klingel .... Klingel
klingelt .... klingelt, es
Klinke .... Türklinke
Klinsel .... Klingel
klinselt .... klingelt, es
Kuvert .... Briefumschlag
läutet .... klingelt, es
leer .... leer
Leintuch .... Bettlaken
Lift .... Fahrstuhl
Milchbitschen .... Milchgefäß
Milchgelten .... Milchgefäß
Milchhaferl .... Milchgefäß
Milchkanne .... Milchgefäß
Milchkrug .... Milchgefäß
Milchstitzen .... Milchgefäß
Pantoffeln .... Hausschuhe
Papotschen .... Hausschuhe
Parterre .... Erdgeschoß
Plastik .... Plastik
putzen .... aufwischen
putzen .... putzen
Putzfrau .... Putzfrau
Putzlappen .... Scheuertuch
Putzlumpen .... Scheuertuch
Randstein .... Bordsteinkante
Rauchfang .... Schornstein
Rauchfangkehrer .... Schornsteinfeger
Sacktuch .... Taschentuch
Schale .... Kaffeetasse
Schaufel .... Kehrschaufel
schellt .... klingelt, es
Scherben .... Kochtopf
Schlot .... Schornstein
Schlotfeger .... Schornsteinfeger
Schnabel .... Ausguß
Schnellfeuer .... Streichholz
Schneuztuch .... Taschentuch
Schnur .... Bindfaden
Seiher .... Kaffeesieb
Spagat .... Bindfaden
Speicher .... Dachboden
Sperl .... Stecknadel
Spinnehaut .... Spinngewebe
Spinnewette .... Spinngewebe
Stecknadel .... Stecknadel
Stopsel .... Korken
Streichholz .... Streichholz
Strick .... Bindfaden
Stricknadel .... Stricknadel
Tappen .... Hausschuhe
Taschentuch .... Taschentuch
Tasse .... Kaffeetasse
Tiegel .... Kochtopf
Trottoir .... Bürgersteig
wischen .... aufwischen
Zauche .... Docht
Zugehfrau .... Putzfrau
Zündholz .... Streichholz

Kinder (Schule und Spiel)

Stichwort

artig sein
Bonbon
Erstkläßler
Fangen (Kinderspiel)
Federmäppchen
Glanzbilder
Hausaufgaben
Himmel und Hölle (Hüpfspiel)
hüpfen (auf einem Bein)
Junge
kicken
Kreisel (Kinderspielzeug)
Lutscher
Mädchen
Murmel
Purzelbaum
Rutschbahn
Schleuder (Kinderspielzeug)
schlittern
Schnuller
Schulranzen
seilspringen
Springseil

Abb. 6: Heinrich Zille: Himmel und Hölle (1924)

Westniederdeutsch

ABC-Schütze .... Erstkläßler
artig sein .... artig sein
Bollchen .... Bonbon
bolzen .... kicken
Bonbon .... Bonbon
Bonsche .... Bonbon
Brummkreisel .... Kreisel
Brummküsel .... Kreisel
Deern .... Mädchen
Etui .... Federmäppchen
Federtasche .... Federmäppchen

Sachgruppe: Kinder (Schule und Spiel)

Glitschbahn ..... Rutschbahn
glitschen .... schlittern
Griffelmappe
.... Federmäppchen
Happen .... Schnuller
Hinkelkasten
.... Himmel und Hölle
hinken
... hüpfen (auf einem Bein)
Hinke-Pinke
.... Himmel und Hölle
Hinkepott
.... Himmel und Hölle
Huckekasten
.... Himmel und Hölle
Hüpfekästchen
.... Himmel und Hölle
hüpfen
... hüpfen (auf einem Bein)
i-Männchen ...... Erstkläßler
Junge .... Junge
Kalabums .... Purzelbaum
Katapult .... Schleuder
kicken .... kicken
Knicker .... Murmel
knullen .... kicken
Koppheisterschießen
.... Purzelbaum
Koppstibolter ... Purzelbaum
Kriegen .... Fangen
Kuller .... Murmel
Lackbilder .... Glanzbilder
lieb sein .... artig sein
Liebesmarken ... Glanzbilder
Lolli .... Lutscher
Löper .... Murmel
Lutscher .... Lutscher
Lutscher .... Schnuller
Mädchen .... Mädchen
Mäken .... Mädchen
Marmel .... Murmel
Nuckel .... Schnuller
Oblaten .... Glanzbilder
Packen .... Fangen
Picker .... Murmel
Pinndopp .... Kreisel
pöhlen .... kicken
Purzelbaum ..... Purzelbaum
Ranzel .... Schulranzen
rutschen .... schlittern
Sauger .... Schnuller
schicken, sich ...... artig sein
Schlinderbahn .. Rutschbahn
schlindern .... schlittern
Schnuller .... Schnuller
Schularbeiten
.... Hausaufgaben
Schurrbahn ...... Rutschbahn
schurren .... schlittern
seilspringen ..... seilspringen
sein, artig .... artig sein
sein, lieb .... artig sein
sich schicken ...... artig sein
Springtau .... Springseil
tauspringen ..... seilspringen
Tick .... Fangen
Tilltopp .... Kreisel
Tornister .... Schulranzen
Wicht .... Mädchen
Wünsche .... Glanzbilder
Zwille .... Schleuder

Ostniederdeutsch

ABC-Schütze .... Erstkläßler
artig sein .... artig sein
Bollchen .... Bonbon
bolzen .... kicken
Bonbon .... Bonbon
Bönger .... Bonbon
Brummkreisel .... Kreisel
Brummküsel .... Kreisel
Deern .... Mädchen
Einkriegezeck .... Fangen
Federtasche
.... Federmäppchen
fummeln .... kicken
glissen .... schlittern
Glitsche .... Rutschbahn
glitschen .... schlittern
Greifen .... Fangen
hinken
... hüpfen (auf einem Bein)
Hinketick
.... Himmel und Hölle
Hopse ... Himmel und Hölle
hopsen
... hüpfen (auf einem Bein)
Humpelkasten
.... Himmel und Hölle
hüpfen
... hüpfen (auf einem Bein)
Junge .... Junge
Kabolz .... Purzelbaum
Katapult .... Schleuder
Katsche .... Schleuder
knödeln .... kicken
Knull .... Murmel
Koppheisterschießen
.... Purzelbaum
Kriegen .... Fangen
Küsel .... Kreisel
Lackbilder .... Glanzbilder
lieb sein .... artig sein
Lolli .... Lutscher
Lolliball .... Lutscher

Lutscher .... Lutscher
Mädchen .... Mädchen
Mäken .... Mädchen
Marmel .... Murmel
mauken .... kicken
Murmel .... Murmel
Nuckel .... Schnuller
Oblaten .... Glanzbilder
Picker .... Murmel
Proppen .... Schnuller
Purzelbaum ..... Purzelbaum
Schlitterbahn ... Rutschbahn
schlittern .... schlittern
Schöttel .... Murmel
Schularbeiten
.... Hausaufgaben
Schulmappe .... Schulranzen
seilhopsen .... seilspringen
seilspringen ..... seilspringen
sein, artig .... artig sein
sein, lieb .... artig sein
Springseil .... Springseil
Stammversbilder
.... Glanzbilder
Titt .... Schnuller
Tornister .... Schulranzen
Triesel .... Kreisel
Zeck .... Fangen

Sächsisch

ABC-Schütze .... Erstkläßler
Achtkläppler ..... Erstkläßler
artig sein .... artig sein
bäbbeln .... kicken
Bocksterz .... Purzelbaum
bolzen .... kicken
Bonbon .... Bonbon
Einerbabel .... Erstkläßler
Einkriegezeck .... Fangen
Erstenkrutscher .. Erstkläßler
Federmappe
.... Federmäppchen
Federtasche
.... Federmäppchen
folgen, schön ...... artig sein
Forellchen .... Kreisel
Gäukelbock ..... Purzelbaum
Haschen .... Fangen
hicksen
... hüpfen (auf einem Bein)
hopsen
... hüpfen (auf einem Bein)
hupfen
... hüpfen (auf einem Bein)
Huppe ... Himmel und Hölle
Huppekästel
.... Himmel und Hölle
huppen
... hüpfen (auf einem Bein)
Huppeseil .... Springseil
Huppestrick .... Springseil
Hutel .... Schnuller
Junge .... Junge
Katapult .... Schleuder
Katsche .... Schleuder
Kobolz .... Purzelbaum
Kopfgäukel ..... Purzelbaum
Kreisel .... Kreisel
Kugel .... Murmel
Kuller .... Murmel
lieb sein .... artig sein
Lolliball .... Lutscher
Lutscher .... Lutscher
Mächen .... Mädchen
Mädel .... Mädchen
Malz .... Bonbon
Murmel .... Murmel
Nuckel .... Schnuller
Nuppel .... Schnuller
Nutsch .... Schnuller
Nutscher .... Lutscher
Purzelbaum ..... Purzelbaum
Schieferkästel
.... Federmäppchen
Schinderbahn ... Rutschbahn
schindern .... schlittern
Schlitterbahn ... Rutschbahn
Schnongs .... Bonbon
schön folgen .... artig sein
Schularbeiten
.... Hausaufgaben
Schullern ..... Hausaufgaben
Schulranzen .... Schulranzen
Schussel .... Rutschbahn
schusseln .... schlittern
seilhüppen ...... seilspringen
seilspringen ..... seilspringen
sein, artig .... artig sein
sein, lieb .... artig sein
Springseil .... Springseil
Stammbuchbilder
.... Glanzbilder
Stammbuchblümchen
.... Glanzbilder
Stamperle .... Glanzbilder
Sturzelbaum .... Purzelbaum
Titscherkugel .... Murmel
Vogelschippe ...... Schleuder
Zeck .... Fangen
zinschern .... schlittern
Zuckerle .... Bonbon
Zulp .... Schnuller
zuscheln .... schlittern

Sachgruppe: Kinder (Schule und Spiel)

Thüringisch

ABC-Schütze .... Erstkläßler
artig sein .... artig sein
Bollchen .... Bonbon
bolzen .... kicken
Bonbon .... Bonbon
Dorrle .... Kreisel
Fangerles .... Fangen
Federmappe .... Federmäppchen
Federtasche .... Federmäppchen
Fischklässer ...... Erstkläßler
Gländer .... Rutschbahn
gländern .... schlittern
Haschen .... Fangen
hicksen ... hüpfen (auf einem Bein)
Hicksen . Himmel und Hölle
Hüpfekästchen .... Himmel und Hölle
hüpfen ... hüpfen (auf einem Bein)
Hüpfseil .... Springseil
Huppen .... Schnuller
Junge .... Junge
Katapult .... Schleuder
Kollertour .... Purzelbaum
Kopfgäukel ..... Purzelbaum
Kreisel .... Kreisel
Kriegen .... Fangen
Kugel .... Murmel
Kuller .... Murmel
Kullerschoß .... Murmel
Leckmaldran .... Lutscher
Lolli .... Lutscher
Lutscher .... Lutscher
Mächen .... Mädchen
Mädchen .... Mädchen
Murmel .... Murmel
Nuckel .... Schnuller
Nuppel .... Schnuller
Nutsch .... Schnuller
Purzelbaum ..... Purzelbaum
rutschen .... schlittern
schaubern .... schlittern
Schlappschleuder .... Schleuder
Schlitterbahn ... Rutschbahn
Schnongs .... Bonbon
Schnorrkauz .... Kreisel
Schularbeiten .... Hausaufgaben
Schullern ..... Hausaufgaben
Schulranzen .... Schulranzen
schurren .... schlittern
Schussel .... Rutschbahn
seilhüpfen ...... seilspringen
sein, artig .... artig sein
Stammbilder .... Glanzbilder
Steinert .... Murmel
Stöppel .... Schnuller
Sturzelbaum .... Purzelbaum
Tornister .... Schulranzen
Zahlenhupfen .... Himmel und Hölle
Zuckerle .... Bonbon
Zuckerstein .... Bonbon
zuscheln .... schlittern
Zütz .... Schnuller
Zwiesel .... Schleuder

Hessisch

ABC-Schütze .... Erstkläßler
Aufgaben ..... Hausaufgaben
Bickel .... Murmel
bolzen .... kicken
Bonbon .... Bonbon
brav sein .... artig sein
Bub .... Junge
Doppch .... Kreisel
Driller .... Kreisel
Eisbahn .... Rutschbahn
Erstkläßler .... Erstkläßler
Fangerles .... Fangen
gländern .... schlittern
Glanzbilder ..... Glanzbilder
Gleitebahn ...... Rutschbahn
Guts-chen .... Bonbon
Gutsel .... Bonbon
Hickelhäuschen .... Himmel und Hölle
Hickelkästchen .... Himmel und Hölle
hickeln ... hüpfen (auf einem Bein)
Hickelsches .... Himmel und Hölle
Hüpfseil .... Springseil
Junge .... Junge
kicken .... kicken
Klicker .... Murmel
Klumpen .... Bonbon
Klunscher .... Bonbon
Knollen .... Bonbon
Kriegen .... Fangen
Kugel .... Murmel
Lackbilder .... Glanzbilder
Lecki .... Lutscher

Lolli .... Lutscher
Lutscher .... Lutscher
Lutscher .... Schnuller
Mädchen .... Mädchen
Mäppchen .. Federmäppchen
Nachlauf .... Fangen
Nuckel .... Schnuller
Nuttel .... Schnuller
Poesiebilder ..... Glanzbilder
Purzelbaum ..... Purzelbaum
rutschen .... schlittern
schicken, sich ..... artig sein
Schleifbahn ..... Rutschbahn
Schleife .... Rutschbahn
schleifen .... schlittern
Schleuder .... Schleuder
Schnorrbetzel .... Kreisel
Schnuller .... Schnuller
Schubber .... Rutschbahn
Schulaufgaben .... Hausaufgaben
Schulranzen .... Schulranzen
schurren .... schlittern
seilhüpfen ...... seilspringen
seilhuppen ...... seilspringen
seilspringen ..... seilspringen
sein, brav .... artig sein
sich schicken ...... artig sein
Tanzbär .... Kreisel
Tänzer .... Kreisel
Tuttel .... Schnuller
Zuckerstein .... Bonbon
Zwacke .... Schleuder
Zwille .... Schleuder

Abb. 7: Franz Pocci: »Schule« (1867)

Rheinisch

Aufgaben ..... Hausaufgaben
Bahn schlagen ..... schlittern
bolzen .... kicken
Bonbon .... Bonbon
brav sein .... artig sein
Dauerlutscher ...... Lutscher
Deern .... Mädchen
Dilldopp .... Kreisel
Dopp .... Kreisel
Dotz .... Murmel
Eisbahn .... Rutschbahn
Etui .... Federmäppchen
Flitsche .... Schleuder
Föpp .... Schnuller
Glanzbilder ..... Glanzbilder
Griffelkasten .... Federmäppchen
Häuer .... Murmel
Heuldopp .... Kreisel
hinkeln ... hüpfen (auf einem Bein)
Hinkeln .... Himmel und Hölle
Höppekästchen .... Himmel und Hölle
Hüpfekästchen .... Himmel und Hölle
hüpfen ... hüpfen (auf einem Bein)
i-Dotz .... Erstkläßler

Sachgruppe: Kinder (Schule und Spiel)

i-Dötzchen .... Erstkläßler
i-Männchen ...... Erstkläßler
Junge .... Junge
Kamelle .... Bonbon
Klicker .... Murmel
Klümpchen .... Bonbon
Knicker .... Murmel
Kriegen .... Fangen
Kukelebaum .... Purzelbaum
Kuselkopp ...... Purzelbaum
Letschbahn ...... Rutschbahn
lieb sein .... artig sein
Lolli .... Lutscher
Luppe .... Schnuller
Lutscher .... Lutscher
Lutscher .... Schnuller
Mädchen .... Mädchen
Mäppchen .. Federmäppchen
Märbel .... Murmel
Nachlaufen .... Fangen
Nuckel .... Schnuller
pöhlen .... kicken
Purzelbaum ..... Purzelbaum
rutschen .... schlittern
schlagen, Bahn .... schlittern
Schleuder .... Schleuder
Schlinderbahn .. Rutschbahn
schlindern .... schlittern
Schnuckel .... Schnuller
Schnuller .... Schnuller
Schularbeiten
.... Hausaufgaben
Seil .... Springseil
Seilchen .... Springseil
seilchenhöppen
.... seilspringen
seilchenspringen
.... seilspringen
sein, brav .... artig sein
sein, lieb .... artig sein
Tauschbilder .... Glanzbilder
Tornister .... Schulranzen
Tummelkopf .... Purzelbaum
Ummer .... Murmel
Wicht .... Mädchen
Zückerchen .... Bonbon

Pfälzisch

Achatchen .... Murmel
Aufgaben ..... Hausaufgaben
bolzen .... kicken
brav sein .... artig sein
Bub .... Junge
Dilldopp .... Kreisel
Driller .... Kreisel
Erstkläßler .... Erstkläßler
Fangches .... Fangen
Geschnäuks .... Bonbon
Gländer .... Rutschbahn
gländern .... schlittern
Glanzbilder ..... Glanzbilder
glitschen .... schlittern
Guts-chen .... Bonbon
Gutsel .... Bonbon
Härdchen .... Murmel
hickeln
... hüpfen (auf einem Bein)
Hickelsches
.... Himmel und Hölle
Hüppelches
.... Himmel und Hölle
Hüppelhäuschen
.... Himmel und Hölle
i-Gacken .... Erstkläßler
i-Männchen ...... Erstkläßler
kicken .... kicken
Klicker .... Murmel
Luppe .... Schnuller
Lutsch .... Schnuller
Lutscher .... Lutscher
Mädchen .... Mädchen
Mädel .... Mädchen
Mäden .... Mädchen
Mäppchen .. Federmäppchen
Märbel .... Murmel
Nachlaufen .... Fangen
Noller .... Schnuller
Nuttel .... Schnuller
Poesiebilder ..... Glanzbilder
Preßbilder .... Glanzbilder
Pucksert .... Murmel
Purzelbaum ..... Purzelbaum
Purzelbock ...... Purzelbaum
schicken, sich ...... artig sein
Schleife .... Rutschbahn
schleifen .... schlittern
Schleimer .... Rutschbahn
schleimern .... schlittern
Schleuder .... Schleuder
Schnäkes .... Bonbon
Schnuller .... Schnuller
Schulranzen .... Schulranzen
Seil .... Springseil
seilhupsen .... seilspringen
seilspringen ..... seilspringen
sein, brav .... artig sein
sich schicken .... artig sein
Springseil .... Springseil
Strick .... Springseil
strickhupsen .... seilspringen
Tänzeler .... Kreisel
Tänzer .... Kreisel
Zapfen .... Schnuller
Zuckerstein .... Bonbon

Schwäbisch-Alemannisch

ABC-Schütze .... Erstkläßler
Albumbilder .... Glanzbilder
anständig sein .... artig sein
Bäpf .... Schnuller
Bildle .... Glanzbilder
Bombo .... Bonbon
brav sein .... artig sein
Bub .... Junge
Driller .... Kreisel
Erstbember .... Erstkläßler
Erstkläßler .... Erstkläßler
Etui .... Federmäppchen
Fangerles .... Fangen
Fehl .... Mädchen
Glugger .... Murmel
Gutsele .... Bonbon
Habergeiß .... Kreisel
Hausaufgaben .... Hausaufgaben
Hex .... Kreisel
Himmel und Hölle .... Himmel und Hölle
Himmelhopfen .... Himmel und Hölle
Hölle, Himmel und .... Himmel und Hölle
hopfen .... hüpfen (auf einem Bein)
hopsen .... hüpfen (auf einem Bein)
hupfen .... hüpfen (auf einem Bein)
Hopfseil .... Springseil
Hupferles .... Himmel und Hölle
jucken .... hüpfen (auf einem Bein)
Juckseil .... Springseil
Kästlehüpfen .... Himmel und Hölle
kicken .... kicken
Klumpen .... Bonbon
Kugel .... Murmel
Lutscher .... Lutscher
Mädle .... Mädchen
Mäpple .... Federmäppchen
Märbel .... Murmel
Noller .... Schnuller
Purzelbaum .... Purzelbaum
Purzengägel .... Purzelbaum
rutschen .... schlittern
Scheurepurzel .. Purzelbaum
Schleifbahn .... Rutschbahn
Schleife .... Rutschbahn
schleifen .... schlittern
Schleifere .... Rutschbahn
Schleuder .... Schleuder
Schlotzer .... Lutscher
Schlotzer .... Schnuller
Schneller .... Murmel
Schnuller .... Schnuller
Schulranzen .... Schulranzen
Schusser .... Murmel
seilhopfen .... seilspringen
seiljucken .... seilspringen
sein, anständig .... artig sein
sein, brav .... artig sein
Sturzebockel .... Purzelbaum
Suckel .... Schnuller
Tänzer .... Kreisel
Tanzknopf .... Kreisel
Tätscher .... Murmel
Topf .... Kreisel
Zapfen .... Schnuller
Zuckerle .... Bonbon

Fränkisch

ABC-Schütze .... Erstkläßler
Albumbilder .... Glanzbilder
Batzer .... Schnuller
Bildle .... Glanzbilder
blunzen .... kicken
bolzen .... kicken
Bonbon .... Bonbon
brav sein .... artig sein
Bub .... Junge
Büchertasche .... Schulranzen
Erstenbatzer .... Erstkläßler
Erstkläßler .... Erstkläßler
Fangerles .... Fangen
Federmäpple .... Federmäppchen
Gamberla .... Schleuder
Geschleck .... Bonbon
Gutsele .... Bonbon
Hausaufgaben .... Hausaufgaben
Hetschelbahn .... Rutschbahn
hetscheln .... schlittern
Himmel und Hölle .... Himmel und Hölle
Hölle, Himmel und .... Himmel und Hölle
hopfen .... hüpfen (auf einem Bein)
hupfen .... hüpfen (auf einem Bein)
Hupfseil .... Springseil
hurren .... schlittern

Sachgruppe: Kinder (Schule und Spiel)

Kästlashupfen .... Himmel und Hölle
kicken .... kicken
Klebebilder ..... Glanzbilder
Klicker .... Murmel
Kreisel .... Kreisel
Lecker .... Lutscher
Lutscher .... Lutscher
Mädchen .... Mädchen
Madla .... Mädchen
Mäpple ..... Federmäppchen
Nucki .... Schnuller
Päpper .... Schnuller
Papperl .... Glanzbilder
Purzelbaum ..... Purzelbaum
Rutsche .... Rutschbahn
rutschen .... schlittern
Schleifbahn ..... Rutschbahn
Schleife .... Rutschbahn
schleifen .... schlittern
Schleuder .... Schleuder
Schnattergacks .... Kreisel
Schnorrer .... Kreisel
Schnuller .... Schnuller
Schulranzen .... Schulranzen
Schulsack .... Schulranzen
Schusser .... Murmel
seilhüpfen .... seilspringen
Seiltänzer .... Kreisel
sein, brav .... artig sein
Strick .... Springseil
strickhupfen .... seilspringen
Strickhupfer .... Springseil
Sturzelbaum .... Purzelbaum
Tanzknopf .... Kreisel
Tatzer .... Murmel
zischen .... schlittern
Zwistel .... Schleuder

Bairisch

ABC-Schütze .... Erstkläßler
Albumbilder .... Glanzbilder
Bibi .... Schnuller
Bildle .... Glanzbilder
bolzen .... kicken
brav sein .... artig sein
Bub .... Junge
Dietzel .... Schnuller
Dirndel .... Mädchen
Draller .... Kreisel
Dutzel .... Schnuller
Eisbahn .... Rutschbahn
Erstklaßler .... Erstkläßler
Fangermandl .... Fangen
Federmapperl .... Federmäppchen
fußeln .... kicken
g'stad sein .... artig sein
Gutel .... Bonbon
Hausaufgaben .... Hausaufgaben
Hause .... Hausaufgaben
Häuserlhupfen .... Himmel und Hölle
haxeln .... schlittern
hupfen ... hüpfen (auf einem Bein)
Kasterlhupfen .... Himmel und Hölle
Kreisel .... Kreisel
Lutscher .... Lutscher
Maderl .... Mädchen
Mapperl .... Federmäppchen
Marbel .... Murmel
Pappbilder .... Glanzbilder
Poesiebilder ..... Glanzbilder
Purzelbaum ..... Purzelbaum
rantscheln .... schlittern
Rutschbahn ..... Rutschbahn
rutschen .... schlittern
Schlauch .... Schnuller
Schleckerbär .... Lutscher
schleifen .... schlittern
Schleuder .... Schleuder
Schnuller .... Schnuller
Schulkalier ..... Schulranzen
Schulpack ...... Schulranzen
Schulranzen .... Schulranzen
Schultasche ..... Schulranzen
Schusser .... Murmel
Seil .... Springseil
seilhupfen .... seilspringen
sein, brav .... artig sein
sein, g'stad .... artig sein
Spagonerl .... Murmel
Springseil .... Springseil
Steinel .... Murmel
Strick .... Springseil
strickhupfen .... seilspringen
Tanzbär .... Kreisel
Zeltel .... Bonbon
Zwistel .... Schleuder

Kleidung

Stichwort

abputzen (Schuhe)
Blue Jeans
Bügelbrett
Bügeleisen
Hausschuhe
Krawatte
Mütze
Pulswärmer
Schnürsenkel
Stecknadel
Stricknadel
Taschentuch

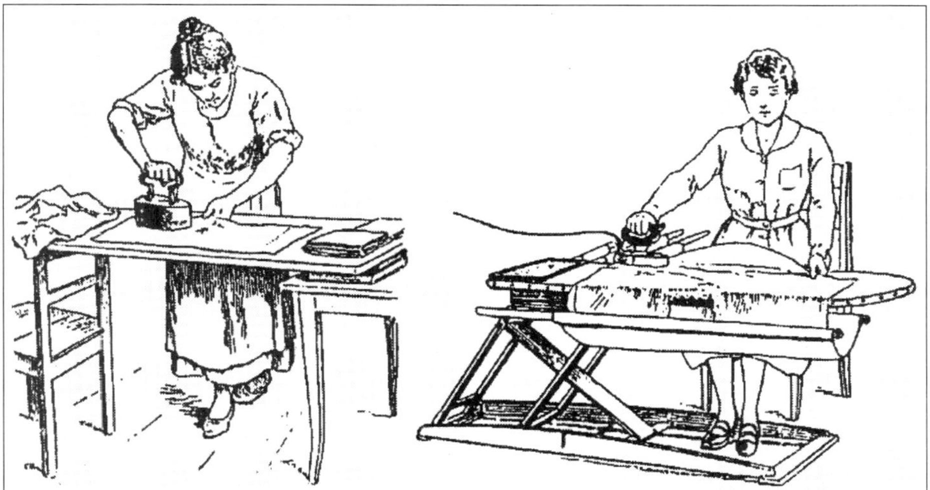

185. Falsch!

186. Richtig! Verstellbarer Patentbügeltisch mit Wäscheaufhang und -Auffänger

Abb. 8: Der Patentbügeltisch

Westniederdeutsch

abputzen .... abputzen (Schuhe)
abtreten (Füße) .... abputzen (Schuhe)
Breidelpremen .. Stricknadel
Bügelbrett .... Bügelbrett
Bügeleisen .... Bügeleisen
Büsdok .... Taschentuch
Füße abtreten .... abputzen (Schuhe)
Handmuff .... Pulswärmer
Jeans .... Blue Jeans
Kippe .... Mütze
Knöppnadel ...... Stecknadel
Knüttstock .... Stricknadel
Kopfnadel .... Stecknadel
Letthandschen .. Pulswärmer
Mütze .... Mütze
Nietenhose .... Blue Jeans
Pampuschen .... Hausschuhe
Pantoffeln .... Hausschuhe
Pette .... Mütze
Plättbrett .... Bügelbrett
Plätteisen .... Bügeleisen
Pole .... Mütze
Pulswärmer ..... Pulswärmer
Puschen .... Hausschuhe
Schlips .... Krawatte
Schlurren .... Hausschuhe
Schnottentuch .. Taschentuch
Schnupftuch .... Taschentuch
Schnürband ... Schnürsenkel
Schuhband .... Schnürsenkel

Sachgruppe: Kleidung

Spell .... Stecknadel
Spendel .... Stecknadel
Streichbrett .... Bügelbrett
Streicheisen .... Bügeleisen
Strickelwier .... Stricknadel
Strickesticken .... Stricknadel
Taschentuch .... Taschentuch
Töffel(n) .... Hausschuhe
Wristhandschen .... Pulswärmer

Ostniederdeutsch

abputzen .... abputzen (Schuhe)
abtreten (Füße) .... abputzen (Schuhe)
Bügelbrett .... Bügelbrett
Bügeleisen .... Bügeleisen
Füße abtreten .... abputzen (Schuhe)
Handpöters .... Pulswärmer
Jeans .... Blue Jeans
Klott .... Mütze
Knöppnadel .... Stecknadel
Knüttsticken .... Stricknadel
Latschen .... Hausschuhe
Müffling .... Pulswärmer
Mütze .... Mütze
Niethose .... Blue Jeans
Pampuschen .... Hausschuhe
Pantoffeln .... Hausschuhe
Plättbrett .... Bügelbrett
Plätte .... Bügeleisen
Plätteisen .... Bügeleisen
Pulswärmer .... Pulswärmer
Puschen .... Hausschuhe
Rotzlappen .... Taschentuch
Schlappen .... Hausschuhe
Schlips .... Krawatte
Schlurren .... Hausschuhe
Schnupftuch .... Taschentuch
Schnürband .... Schnürsenkel
Schnürsenkel .... Schnürsenkel
Schuhband .... Schnürsenkel
Stecknadel .... Stecknadel
Stricknadel .... Stricknadel
Taschentuch .... Taschentuch
Töffel(n) .... Hausschuhe

Sächsisch

abkratzen .... abputzen (Schuhe)
abstreichen .... abputzen (Schuhe)
abtreten (Füße) .... abputzen (Schuhe)
Armstecker .... Pulswärmer
Bärlatschen .... Hausschuhe
Bügelbrett .... Bügelbrett
Bügeleisen .... Bügeleisen
Füße abtreten .... abputzen (Schuhe)
Handmüffchen .... Pulswärmer
Jeans .... Blue Jeans
Latschen .... Hausschuhe
Müffchen .... Pulswärmer
Mütze .... Mütze
Niethose .... Blue Jeans
Pantoffeln .... Hausschuhe
Plättbrett .... Bügelbrett
Plätte .... Bügeleisen
Plätteisen .... Bügeleisen
Plättglocke .... Bügeleisen
Schlips .... Krawatte
Schnupftuch .... Taschentuch
Schnürsenkel .... Schnürsenkel
Stecknadel .... Stecknadel
Stricknadel .... Stricknadel
Stützel .... Pulswärmer
Taschentuch .... Taschentuch

Thüringisch

abputzen .... abputzen (Schuhe)
abtreten (Füße) .... abputzen (Schuhe)
Babuschen .... Hausschuhe
Betzel .... Mütze

Bügelbrett .... Bügelbrett
Bügeleisen .... Bügeleisen
Füße abtreten .... abputzen (Schuhe)
Handmüffchen .... Pulswärmer
Handstauchen .. Pulswärmer
Kappe .... Mütze
Knüttstock .... Stricknadel
Kommoden ..... Hausschuhe
Latschen .... Hausschuhe
Müffchen .... Pulswärmer
Mütze .... Mütze
Niethose .... Blue Jeans
Pantoffeln .... Hausschuhe
Plätte .... Bügeleisen
Plätteisen .... Bügeleisen
Plättglocke .... Bügeleisen
Schappel .... Mütze
Schlappen .... Hausschuhe
Schlips .... Krawatte
Schnupftuch .... Taschentuch
Schnürband ... Schnürsenkel
Schnürsenkel .... Schnürsenkel
Schuhbändel .. Schnürsenkel
Spendel .... Stecknadel
Stecknadel .... Stecknadel
Stricknadel ...... Stricknadel
Strickstock .... Stricknadel
Taschentuch .... Taschentuch

Hessisch

abputzen .... abputzen (Schuhe)
abtreten (Füße) .... abputzen (Schuhe)
Armstauche ..... Pulswärmer
Batschen .... Hausschuhe
Betzel .... Mütze
Bügelbrett .... Bügelbrett
Bügeleisen .... Bügeleisen
Füße abtreten .... abputzen (Schuhe)
Jeans .... Blue Jeans
Kappe .... Mütze
Krawatte .... Krawatte
Mütze .... Mütze
Sacktuch .... Taschentuch
Schlappen .... Hausschuhe
Schlips .... Krawatte
Schnupftuch .... Taschentuch
Schuhbändel .. Schnürsenkel
Schuhriemen .. Schnürsenkel
Spennadel .... Stecknadel
Spennel .... Stecknadel
Stauche .... Pulswärmer
Stecknadel .... Stecknadel
Stricknadel ...... Stricknadel
Strickstock .... Stricknadel
Taschentuch .... Taschentuch

Rheinisch

abputzen .... abputzen (Schuhe)
abtreten (Füße) .... abputzen (Schuhe)
Breinadel .... Stricknadel
Bügelbrett .... Bügelbrett
Bügeleisen .... Bügeleisen
Füße abtreten .... abputzen (Schuhe)
Jeans .... Blue Jeans
Kappe .... Mütze
Knoppnadel ...... Stecknadel
Kopfnadel .... Stecknadel
Muff .... Pulswärmer
Mütze .... Mütze
Nietenhose .... Blue Jeans
Pantoffeln .... Hausschuhe
Sacktuch .... Taschentuch
Schlappen .... Hausschuhe
Schlips .... Krawatte
Schluffen .... Hausschuhe
Schnürriemen .... Schnürsenkel
Schuhriemen .. Schnürsenkel
Spelte .... Stecknadel
Spengel .... Stecknadel
Stauche .... Pulswärmer
Streichbrett .... Bügelbrett
Streicheisen ...... Bügeleisen
Strickeisen .... Stricknadel
Stricknadel ...... Stricknadel
Taschentuch .... Taschentuch
Texashose .... Blue Jeans

Sachgruppe: Kleidung

Pfälzisch

abputzen	abputzen (Schuhe)
Blue Jeans	Blue Jeans
Bügelbrett	Bügelbrett
Bügeleisen	Bügeleisen
Glufe	Stecknadel
Gufe	Stecknadel
Jeans, Blue	Blue Jeans
Kappe	Mütze
Levis	Blue Jeans
Nestel	Schnürsenkel
Sacktuch	Taschentuch
Schlappen	Hausschuhe
Schlips	Krawatte
Schnupftuch	Taschentuch
Schuhbändel	Schnürsenkel
Schuhnestel	Schnürsenkel
Schuhriemen	Schnürsenkel
Spell	Stecknadel
Spengel	Stecknadel
Stauche	Pulswärmer
Stecknadel	Stecknadel
Streckbrett	Bügelbrett
Streckeisen	Bügeleisen
Strickeisen	Stricknadel
Stricknadel	Stricknadel
Strickspieß	Stricknadel
Stutzen	Pulswärmer
Taschentuch	Taschentuch
Texashose	Blue Jeans

Abb. 9: Krawattenwerbung

Schwäbisch-Alemannisch

abkratzen	abputzen (Schuhe)
abputzen	abputzen (Schuhe)
abtreten (Füße)	abputzen (Schuhe)
Bügelbrett	Bügelbrett
Bügeleisen	Bügeleisen
Fazinettle	Taschentuch

Finken .... Hausschuhe
Füße abtreten
.... abputzen (Schuhe)
Geäderstutzen .. Pulswärmer
Glufe .... Stecknadel
Gufe .... Stecknadel
Hausschuhe ..... Hausschuhe
Jeans .... Blue Jeans
Kappe .... Mütze
Krawatte .... Krawatte
Levis .... Blue Jeans
Nastuch .... Taschentuch
Nietenhose .... Blue Jeans
Pantoffeln .... Hausschuhe
Sacktuch .... Taschentuch
Schappel .... Mütze
Schlappen .... Hausschuhe
Schlupfer .... Pulswärmer
Schneuzfleck .. Taschentuch
Schuhbändel .. Schnürsenkel
Schuhnestel ... Schnürsenkel
Schuhriemen .. Schnürsenkel
Stäucherle .... Pulswärmer
Stecknadel .... Stecknadel
Stößle .... Pulswärmer
Stricknadel ...... Stricknadel
Strupfer .... Pulswärmer
Stutzen .... Pulswärmer
Tapper .... Hausschuhe
Taschentuch .... Taschentuch
Texashose .... Blue Jeans

Fränkisch

abputzen
.... abputzen (Schuhe)
abstreifen
.... abputzen (Schuhe)
Betze .... Mütze
Bügelbrett .... Bügelbrett
Bügeleisen .... Bügeleisen
Cowboyhose ..... Blue Jeans
Fazinettla .... Taschentuch
Glufe .... Stecknadel
Handsteckerla .. Pulswärmer
Hauben .... Mütze
Jeans .... Blue Jeans
Kappe .... Mütze
Kommodschuhe
.... Hausschuhe
Krawatte .... Krawatte
Latschen .... Hausschuhe
Sacktuch .... Taschentuch
Schlappen .... Hausschuhe
Schlips .... Krawatte
Schlupfer .... Pulswärmer
Schnürbändel
.... Schnürsenkel
Schnürsteft .... Schnürsenkel
Schuhbändel .. Schnürsenkel
Socken .... Hausschuhe
Staucher .... Pulswärmer
Steckerla .... Pulswärmer
Steckhaftla .... Stecknadel
Stecknadel .... Stecknadel
Strickeisen .... Stricknadel
Stricknadel ...... Stricknadel
Strickstengla .... Stricknadel
Strupfer .... Pulswärmer
Tappen .... Hausschuhe
Taschentuch .... Taschentuch

Bairisch

abkratzen
.... abputzen (Schuhe)
abputzen
.... abputzen (Schuhe)
abstreifen
.... abputzen (Schuhe)
Armstützel ...... Pulswärmer
Binder .... Krawatte
Bügelbrett .... Bügelbrett
Bügeleisen .... Bügeleisen
Glufe .... Stecknadel
Handstritzel ..... Pulswärmer
Hauben .... Mütze
Hausschuhe ..... Hausschuhe
Jeans .... Blue Jeans
Kappe .... Mütze
Krawatte .... Krawatte
Pantoffeln .... Hausschuhe
Papotschen ...... Hausschuhe
Sacktuch .... Taschentuch
Schliefferl .... Pulswärmer
Schlips .... Krawatte
Schneuztuch ... Taschentuch
Schuhbandel .. Schnürsenkel
Schuhlitzen ... Schnürsenkel
Selbstbinder .... Krawatte
Sperl .... Stecknadel
Stecknadel .... Stecknadel
Stricknadel ...... Stricknadel
Stutzen .... Pulswärmer
Stützerl .... Pulswärmer
Tappen .... Hausschuhe
Taschentuch .... Taschentuch

Landwirtschaft und Gartenbau

Stichwort

auflesen
Deichsel
ernten (Kartoffeln)
Erpel
Euter
Ferkel
Gabeldeichsel
gackern
Gänschen
Ganter
Getreide
Gießkanne
Glucke
Grasschwade
Grummet
Hahn
häufeln (Kartoffeln)
Henne
jäten
Kalb (weiblich)
Lamm (weiblich)
Mutterschwein
Nachharke
nachharken
Peitsche
Pferd
pflügen
Pflugwende
pfropfen
Querholz (Fuhrwerk)
Roggen
schärfen (Sense)
Schaufel
Scheune
Schubkarre
Seil
Tauber
Traktor
Viehbremse
wenden (Heu)
wiederkäuen
wiehern
Ziege

Abb. 10: *Die Peltz- Pfropff und Jmpff=Kunst/*
(immassen diese Wörter ohne Unterschied der Arbeit einerley Verstand haben)
(F.P. Florinus: »Haus-Vatter«, 1722)

Westniederdeutsch

Ackergaul	Pferd
aderkauen	wiederkäuen
anerden	häufeln
anhacken	häufeln
anregen	häufeln
Anweide	Pflugwende
Anwende	Pflugwende
arnen	ernten (Kart.)
aufgraben	ernten (Kart.)
aufheben	auflesen
aufsammeln	auflesen
aufsuchen	auflesen
Aulamm	Lamm (w.)
auskriegen	ernten (Kart.)
Baue	Viehbremse
Bigge	Ferkel
Blindefliege	Viehbremse
Blindseke	Viehbremse
brammen	wiehern
Brauskanne	Gießkanne
Bremse	Viehbremse
Diessel	Deichsel
Diesselbaum	Deichsel
Döbbert	Tauber
Drake	Erpel
Düffer	Tauber
ederkauen	wiederkäuen
enten	pfropfen
Erpel	Erpel
Ettgröde	Grummet
Farken	Ferkel
Fickel	Ferkel
Frucht	Getreide
Gaine	Grasschwade
Ganter	Ganter
Gaul	Pferd
Gießer	Gießkanne
Gießkanne	Gießkanne
Glucke	Glucke
Gluckhenne	Glucke
Goosküken	Gänschen
Gössel	Gänschen
Grammer	Grummet
Hahn	Hahn
haren	schärfen (Sense)
Henne	Henne
Hieske	Pferd
Hittchen	Lamm (w.)
Hitte	Ziege
Huhn	Henne
Hungerharke	Nachharke
hüpen	häufeln
Jidder	Euter
juchen	wiehern
Jüller	Euter
kakeln	gackern
Kalb	Kalb (w.)
kehren	wenden (Heu)
kleien	ernten (Kart.)
kloppen	schärfen (Sense)
Kluckschc	Glucke
Kluftdießel	Gabeldeichsel
Knüppel	Querholz (Fuhrwerk)
Korn	Getreide
Kuhkalb	Kalb (w.)
lachen	wiehern
Mahd	Grasschwade
Mutte	Mutterschwein
nachharken	nachharken
Nachmahd	Grummet
nachschleppen	nachharken
nederkauen	wiederkäuen
nerken	wiederkäuen
nöckern	wiehern
Ornt	Tauber
paten	pfropfen
Peitsche	Peitsche
Pferd	Pferd
Pirken	Gänschen
plögen	pflügen
proppen	pfropfen
Reep	Seil
reisen	pfropfen
roden	ernten (Kart.)
Roggen	Roggen
Saat	Getreide
Schaufel	Schaufel
Scherendießel	Gabeldeichsel
Scheune	Scheune
Schiebkarre	Schubkarre
Schippe	Schaufel
Schleifharke	Nachharke
schleifharken	nachharken
Schlepper	Traktor
Schleppharke	Nachharke
Schmachtharke	Nachharke
schmachtharken	nachharken
Schubkarre	Schubkarre
Schwade	Grasschwade
Schwengel	Querholz (Fuhrwerk)
Schwippe	Peitsche
Sipplamm	Lamm (w.)
Sög	Mutterschwein
Starkenkalb	Kalb (w.)
Strang	Seil
Strick	Seil
Stripp	Euter
Susterbe	Nachharke
susterben	nachharken
Tagel	Peitsche
Tau	Seil
Titte	Euter
Toge	Nachharke
togen	nachharken
Trecker	Traktor
Vorwende	Pflugwende

Sachgruppe: Landwirtschaft und Gartenbau

Vorwete ... Pflugwende
weden ... jäten
weihen ... jäten
Wek ... Erpel
Wendacker ... Pflugwende
Wende ... Pflugwende
wenden ... wenden (Heu)
wiederkäuen ... wiederkäuen
wiehern ... wiehern
wieten ... jäten
Wort ... Erpel
wrenschen ... wiehern
Zicke ... Ziege
Ziege ... Ziege

Ostniederdeutsch

Ackergaul ... Pferd
aderkauen ... wiederkäuen
anpflügen ... häufeln
Anwende ... Pflugwende
aufheben ... auflesen
aufsammeln ... auflesen
aufsuchen ... auflesen
Aulamm ... Lamm (w.)
auswieten ... jäten
behüpen ... häufeln
Brack ... Querholz (Fuhrw.)
Brauskanne ... Gießkanne
Bremse ... Viehbremse
brenschen ... wiehern
buddeln ... ernten (Kart.)
Dase ... Viehbremse
Diessel ... Deichsel
Döbbert ... Tauber
Düffer ... Tauber
echtmachen ... pfropfen
enken ... pfropfen
Erpel ... Erpel
Farken ... Ferkel
Färsenkalb ... Kalb (w.)
Ferkel ... Ferkel
Flechter ... Peitsche
gackern ... gackern
Gaffel ... Gabeldeichsel
Gänseküken ... Gänschen
Ganter ... Ganter
Gaul ... Pferd
Glucke ... Glucke
Gössel ... Gänschen
Hahn ... Hahn
haren ... schärfen (Sense)
Henne ... Henne
Höftland ... Pflugwende
Huhn ... Henne
Hungerharke ... Nachharke
hungerharken ... nachharken
hüpen ... häufeln
Jidder ... Euter
juchen ... wiehern
kakeln ... gackern
Karre ... Schubkarre
kehren ... wenden (Heu)
Klabatsch ... Peitsche
kloppen ... schärfen (Sense)
Korn ... Getreide
Köter ... Nachharke
kötertrecken ... nachharken
Kränge ... Pflugwende
krieschen ... wiehern
meckern ... wiehern
nachharken ... nachharken
Nachmahd ... Grummet
Nachschnitt ... Grummet
Nachsöch ... Nachharke
nachsöken ... nachharken
nörricken ... wiehern
Ortscheit ... Querholz (Fuhrwerk)
paten ... pfropfen
Peitsche ... Peitsche
Pferd ... Pferd
pliehen ... pflügen
plögen ... pflügen
proppen ... pfropfen
racken ... ernten (Kart.)
Range ... Mutterschwein
Reep ... Seil
reisen ... pfropfen
Roggen ... Roggen
sammeln ... ernten (Kart.)
Sau ... Mutterschwein
Schere ... Gabeldeichsel
Scheune ... Scheune
Schiebkarre ... Schubkarre
Schippe ... Schaufel
schleifen ... nachharken
Schleifharke ... Nachharke
Schleppharke ... Nachharke
Schubkarre ... Schubkarre
schütten ... wenden (Heu)
Schwade ... Grasschwade
Schwengel ... Querholz (Fuhrwerk)
Schwippe ... Peitsche
Sög ... Mutterschwein
Sprenger ... Gießkanne
Spritzfaß ... Gießkanne
Starke ... Kalb (w.)
Strang ... Seil
Strick ... Seil
Stürzkarre ... Schubkarre
Täuberich ... Tauber
Trecker ... Traktor
Üder ... Euter
Viehkneifer ... Viehbremse
Vorgewende ... Pflugwende
Vorhöft ... Pflugwende
Wädick ... Erpel

Wagenstange ... Deichsel
Wännerk ... Erpel
weiden ... jäten
wenden ... wenden (Heu)
Wenker ... Erpel
wiederkäuen ... wiederkäuen
wiehern ... wiehern
Wielegäußling ... Gänschen
Zibbenlamm ... Lamm (w.)
Zicke ... Ziege
Ziege ... Ziege

Sächsisch

ackern ... pflügen
ädern ... wiederkäuen
anfahren ... häufeln
Angewand ... Pflugwende
anhacken ... häufeln
Anwand ... Pflugwende
aufheben ... auflesen
auflesen ... auflesen
ausnehmen ... ernten (Kart.)
Baschel ... Ferkel
Bielchen ... Gänschen
Breme ... Viehbremse
Bremse ... Viehbremse
Bulldog ... Traktor
Deichsel ... Deichsel
Deistel ... Deichsel
dengeln ... schärfen (Sense)
Enterich ... Erpel
Erpel ... Erpel
Euter ... Euter
Ferkelsau ... Mutterschwein
Gabeldeistel ... Gabeldeichsel
gackern ... gackern
Gänserich ... Ganter
Gansert ... Ganter
Gäntsch ... Ganter
gatzen ... gackern
Geschwad ... Grasschwade
Getreide ... Getreide
Gewende ... Pflugwende
Gickerhahn ... Hahn
Gickersch ... Hahn
Gießkanne ... Gießkanne
Glucke ... Glucke
grasen ... jäten
Grieschel ... Gänschen
Grummet ... Grummet
hacken ... ernten (Kart.)
Hahn ... Hahn
härscheln ... nachharken
Härschelrechen ... Nachharke
Hättel ... Ziege
Hecksau ... Mutterschwein
Henne ... Henne
hichern ... wiehern
Hiele ... Gänschen
hinanstreichen ... häufeln
Hippe ... Ziege
Hunschel ... Ferkel
Husche ... Gänschen
jäten ... jäten
kälen ... wiederkäuen
Karbatsche ... Peitsche
Kastenkarre ... Schubkarre
keschen ... nachharken
Keschrechen ... Nachharke
kloppen ... schärfen (Sense)
knälen ... wiederkäuen
Korn ... Getreide
Korn ... Roggen
krauten ... jäten
Kuhkalb ... Kalb (w.)
Laufkarre ... Schubkarre
lesen ... ernten (Kart.)
Milchsack ... Euter
Motschenkalb ... Kalb (w.)
Muttersau ... Mutterschwein
Nachharke ... Nachharke
nachharken ... nachharken
nachrechen ... nachharken
Netzkanne ... Gießkanne
Ortscheit ... Querholz (Fuhrwerk)
pecken ... jäten
Peitsche ... Peitsche
pelzen ... pfropfen
Pferd ... Pferd
pfropfen ... pfropfen
Rächert ... Erpel
Radebere ... Schubkarre
Radkarren ... Schubkarre
Robbern ... Schubkarre
Sau ... Mutterschwein
Schaf ... Lamm (w.)
Schaufel ... Schaufel
Schere ... Gabeldeichsel
Scheune ... Scheune
Schippe ... Schaufel
schleppen ... nachharken
Schleppharke ... Nachharke
Schlepprechen ... Nachharke
Schmaden ... Grasschwade
Schubkarre ... Schubkarre
schütten ... wenden (Heu)
Schuttkarre ... Schubkarre
Schwade ... Grasschwade
Seil ... Seil
Sprengstütze ... Gießkanne
Strick ... Seil
Täuberich ... Tauber
Taubert ... Tauber
Traktor ... Traktor
Trecker ... Traktor
Tschuckel ... Ferkel
Vorende ... Pflugwende

Wagenstange ... Deichsel
wenden ... wenden (Heu)
Wenderich ... Erpel
wiederkäuen ... wiederkäuen
wiehern ... wiehern
wieten ... jäten
Zicke ... Ziege
Ziege ... Ziege
Zosse ... Pferd
Zugmaschine ... Traktor

Thüringisch

ackern ... pflügen
Ährenrechen ... Nachharke
Angewand ... Pflugwende
ären ... pflügen
aufheben ... auflesen
auflesen ... auflesen
aufsammeln ... auflesen
ausmachen ... ernten (Kart.)
bänken ... häufeln
Bern ... Gabeldeichsel
Breme ... Viehbremse
Dausch ... Mutterschwein
Deistel ... Deichsel
dengeln ... schärfen (Sense)
Diesenkalb ... Kalb (w.)
Döbbert ... Tauber
Drache ... Erpel
Enterich ... Erpel
Erpel ... Erpel
Euter ... Euter
fliehen ... pflügen
Frucht ... Getreide
Gabeldeistel ... Gabeldeichsel
gackern ... gackern
Ganeist ... Ganter
Gänschen ... Gänschen
Gansert ... Ganter
gätzen ... gackern
Gaul ... Pferd
Geiß ... Ziege
Geißel ... Peitsche
Geschwad ... Grasschwade
Getreide ... Getreide
Gewende ... Pflugwende
Gickelhahn ... Hahn
Gießer ... Gießkanne
Gießkanne ... Gießkanne
Gischel ... Deichsel
Glucke ... Glucke
Göcker ... Hahn
grasen ... jäten
Grummet ... Grummet
gutmachen ... pfropfen
Hahn ... Hahn
Hankel ... Pferd
Hättel ... Ziege
häufeln ... häufeln
Hecksau ... Mutterschwein
Henne ... Henne
hichern ... wiehern
hinanstreichen ... häufeln
Hippe ... Ziege
holen ... ernten (Kart.)
Huhn ... Henne
Hungerrechen ... Nachharke
jäten ... jäten
juchzen ... wiehern
kälen ... wiederkäuen
Karbatsche ... Peitsche
Kilwerlamm ... Lamm (w.)
kittern ... wiehern
Kluckse ... Glucke
Korn ... Roggen
lachen ... wiehern
Mahd ... Grasschwade
Meissenkälbchen ... Kalb (weiblich)
mieksen ... wiehern
Milchsack ... Euter
Motschenkalb ... Kalb (w.)
nachrechen ... nachharken
nädern ... wiederkäuen
niterücken ... wiederkäuen
Ortscheit ... Querholz (Fuhrwerk)
pecken ... jäten
Peitsche ... Peitsche
pelzen ... pfropfen
Pferd ... Pferd
poten ... pfropfen
Rächert ... Erpel
Radebere ... Schubkarre
raufen ... jäten
rauslangen ... ernten (Kart.)
raustun ... ernten (Kart.)
Riemen ... Peitsche
Robbern ... Schubkarre
Roggen ... Roggen
ruhren ... pflügen
Sau ... Mutterschwein
Schaf ... Lamm (w.)
Schaufel ... Schaufel
Schere ... Gabeldeichsel
Scheuer ... Scheune
Scheune ... Scheune
Schiebekarre ... Schubkarre
Schippe ... Schaufel
Schleppe ... Nachharke
schleppen ... nachharken
Schleppharke ... Nachharke
Schlepprechen ... Nachharke
Schmaden ... Grasschwade
Schubkarre ... Schubkarre
Schuttkarre ... Schubkarre
Schwade ... Grasschwade

Schweinchen ... Ferkel
Schwengel ... Querholz (Fuhrwerk)
Seil ... Seil
Seime ... Seil
Silscheit ... Querholz (Fuhrwerk)
Stadel ... Scheune
Sucksäula ... Ferkel
Taubert ... Tauber
Titzen ... Euter
Traktor ... Traktor
Trecker ... Traktor
Treibbere ... Schubkarre
veredeln ... pfropfen
Vorart ... Pflugwende
Vorende ... Pflugwende
Wagenstange ... Deichsel
wenden ... wenden (Heu)
wiederkäuen ... wiederkäuen
wiehern ... wiehern
Wiele ... Gänschen
Wullegans ... Gänschen
Zibbe ... Lamm (w.)
Zicke ... Ziege
Ziege ... Ziege
Zuchtel ... Mutterschwein

Hessisch

ackern ... pflügen
Ährenrechen ... Nachharke
Amahd ... Grummet
Antdrache ... Erpel
Anwand ... Pflugwende
aufheben ... auflesen
auflesen ... auflesen
ausmachen ... ernten (Kart.)
ausroppen ... jäten
austun ... ernten (Kart.)
Bern ... Gabeldeichsel
Breme ... Viehbremse
Bremse ... Viehbremse
Bulldog ... Traktor
Deissel ... Deichsel
dengeln ... schärfen (Sense)
Docke ... Mutterschwein
Enterich ... Erpel
Ernterechen ... Nachharke
Ferkel ... Ferkel
Ferkelsau ... Mutterschwein
Freckel ... Ferkel
Frucht ... Getreide
gäcksen ... gackern
Gänschen ... Gänschen
Ganser ... Ganter
Gänserich ... Ganter
Gansert ... Ganter
gätzen ... gackern
Gaul ... Pferd
Geiß ... Ziege
Geißel ... Peitsche
Gemahd ... Grasschwade
Gewand ... Pflugwende
Gickel ... Hahn
Gieße ... Gießkanne
Gießkanne ... Gießkanne
Gießkante ... Gießkanne
Gimellamm ... Lamm (w.)
Ginsel ... Gänschen
Gischel ... Deichsel
Glucke ... Glucke
Grummet ... Grummet
häbbeln ... wiehern
Hahn ... Hahn
härcheln ... wiehern
haren ... schärfen (Sense)
häufeln ... häufeln
hicheln ... wiehern
Hinkel ... Henne
Hitzchen ... Lamm (w.)
Huhn ... Henne
hutscheln ... wiehern
hüttern ... wiehern
illerücken ... wiederkäuen
jäten ... jäten
Kilwerlamm ... Lamm (w.)
Korn ... Getreide
Korn ... Roggen
kratzen ... nachharken
krauten ... jäten
Kühkalb ... Kalb (w.)
lachen ... wiehern
Lämmchen ... Lamm (w.)
lesen ... ernten (Kart.)
Mahd ... Grasschwade
Mämme ... Euter
Mampel ... Euter
Meissenkälbchen ... Kalb (weiblich)
Minkelkalb ... Kalb (w.)
Mucke ... Mutterschwein
Mutterkalb ... Kalb (w.)
nachrechen ... nachharken
niterücken ... wiederkäuen
Peitsche ... Peitsche
Pferd ... Pferd
pfropfen ... pfropfen
proffen ... pfropfen
rechen ... nachharken
Ruckert ... Tauber
Schere ... Gabeldeichsel
Scheuer ... Scheune
Scheune ... Scheune
Schippe ... Schaufel
Schlepper ... Traktor
Schubkarren ... Schubkarre
Seil ... Seil
Silscheit ... Querholz (Fuhrwerk)

stoppelrechen ... nachharken
Stoppelrechen ... Nachharke
streichen ... häufeln
Strick ... Seil
Täuberich ... Tauber
Taubert ... Tauber
Taubhorn ... Tauber
Titze ... Euter
Traktor ... Traktor
Trecker ... Traktor
Vorbeet ... Pflugwende
Vorder ... Pflugwende
Vorende ... Pflugwende
wenden ... wenden (Heu)
wiehern ... wiehern
Wullchen ... Gänschen
Wutzchen ... Ferkel
zackern ... pflügen
Ziege ... Ziege
zusammenrechen ... nachharken

Rheinisch

ackern ... pflügen
Anwende ... Pflugwende
aufheben ... auflesen
aufraffen ... auflesen
aufsammeln ... auflesen
ausmachen ... ernten (Kart.)
austun ... ernten (Kart.)
Auter ... Euter
bauen ... pflügen
Beiel ... Viehbremse
Bremse ... Viehbremse
Bulldog ... Traktor
Butsch ... Ziege
Dase ... Viehbremse
Deichsel ... Deichsel
döbben ... ernten (Kart.)
Entenhahn ... Erpel
Entenvogel ... Erpel
Enterich ... Erpel
Fäsch ... Kalb (w.)
Faulstich ... Viehbremse
Ferkel ... Ferkel
Ferkelsau ... Mutterschwein
Frucht ... Getreide
gacksen ... gackern
Gänschen ... Gänschen
Gänsehahn ... Ganter
Gänserich ... Ganter
Geiß ... Ziege
Gemahd ... Grasschwade
Gent ... Ganter
Gestell ... Gabeldeichsel
Gieße ... Gießkanne
Gießkanne ... Gießkanne
Giske ... Gänschen
Glucke ... Glucke
Gössel ... Gänschen
Grummet ... Grummet
Hahn ... Hahn
Hämken ... Querholz (Fuhrwerk)
haren ... schärfen (Sense)
Harke ... Nachharke
harken ... nachharken
Hätigen ... Pflugwende
häufen ... häufeln
Henne ... Henne
Hippe ... Ziege
högen ... häufeln
hüffeln ... häufeln
Huhn ... Henne
iterücken ... wiederkäuen
jäten ... jäten
Jeder ... Euter
kakeln ... gackern
Kälbchen ... Kalb (w.)
kämmen ... nachharken
Kitzhahn ... Hahn
Kleff ... Querholz (Fuhrw.)
Kletsch ... Peitsche
kloppen ... schärfen (Sense)
Kluckse ... Glucke
Klutze ... Glucke
Korn ... Roggen
Korre ... Ferkel
krähen ... wiehern
kratzen ... nachharken
Krätzer ... Nachharke
krauten ... jäten
Krieme ... Mutterschwein
krucken ... jäten
lachen ... wiehern
Lämmchen ... Lamm (w.)
Lim ... Ziege
magieren ... wiehern
mizen ... wiehern
Mucke ... Mutterschwein
Nachheu ... Grummet
Nachmahd ... Grummet
nerken ... wiederkäuen
Ogger ... Euter
okulieren ... pfropfen
Peitsche ... Peitsche
Pferd ... Pferd
Pferdsfliege ... Viehbremse
plögen ... pflügen
Pogge ... Ferkel
possen ... pfropfen
proffen ... pfropfen
Pullchen ... Gänschen
recheln ... nachharken
Rechen ... Nachharke
Rinscheit ... Querholz (Fuhrwerk)
Roggen ... Roggen
rönneken ... wiehern

Ruckert ... Tauber
Sack ... Euter
Sau ... Mutterschwein
Schaf ... Lamm (w.)
Schäfchen ... Lamm (w.)
Scheelmücke ... Viehbremse
Schere ... Gabeldeichsel
scheren ... nachharken
Scheuer ... Scheune
Scheune ... Scheune
Schippe ... Schaufel
Schmicke ... Peitsche
Schnacke ... Peitsche
Schnagge ... Ferkel
Schubkarre ... Schubkarre
Schwade ... Grasschwade
Schwengel ... Querholz (Fuhrwerk)
Schwippe ... Peitsche
Seil ... Seil
Silscheit ... Querholz (Fuhrwerk)
Späute ... Gießkanne
Spräutze ... Gießkanne
stecken ... pfropfen
Stirkenkalb ... Kalb (w.)
Strick ... Seil
Suge ... Mutterschwein
Taubenmännchen ... Tauber
Täuberich ... Tauber
Traktor ... Traktor
Trecker ... Traktor
Treckharke ... Nachharke
Tucke ... Henne
umdrehen ... wenden (Heu)
umkehren ... wenden (Heu)
Vorende ... Pflugwende
Vorhaupt ... Pflugwende
Vorkopf ... Pflugwende
wenden ... wenden (Heu)
wiederkäuen ... wiederkäuen
wiehern ... wiehern
Winder ... Erpel
Ziege ... Ziege

Pfälzisch

Amahd ... Grummet
Ant-hät ... Pflugwende
Anwand ... Pflugwende
aufheben ... auflesen
auflesen ... auflesen
aufraffen ... auflesen
ausmachen ... ernten (Kart.)
austun ... ernten (Kart.)
Auter ... Euter
Beiel ... Viehbremse
Betzchen ... Kalb (w.)
Bitsch ... Ziege
Breme ... Viehbremse
Bremse ... Viehbremse
Brummser ... Viehbremse
Bulldog ... Traktor
Deichsel ... Deichsel
Deissel ... Deichsel
dengeln ... schärfen (Sense)
Enterich ... Erpel
Euter ... Euter
Ferkel ... Ferkel
Ferkelsau ... Mutterschwein
Freckel ... Ferkel
Frucht ... Getreide
gackern ... gackern
gäcksen ... gackern
Gänschen ... Gänschen
Gänsel ... Gänschen
Gansert ... Ganter
Gaul ... Pferd
Geiß ... Ziege
Geißel ... Peitsche
Gemahd ... Grasschwade
Gerret ... Ganter
Gestell ... Gabeldeichsel
Gewand ... Pflugwende
Gieße ... Gießkanne
Gießkanne ... Gießkanne
Glucke ... Glucke
Gockel ... Hahn
graben ... ernten (Kart.)
Grummet ... Grummet
häbbeln ... wiehern
hachern ... wiehern
Hahn ... Hahn
halgern ... wiehern
Hans ... Nachharke
hansen ... nachharken
häufeln ... häufeln
Hinkel ... Henne
irrerücken ... wiederkäuen
iterichkauen ... wiederkäuen
itern ... wiederkäuen
jäten ... jäten
Kälbchen ... Kalb (w.)
kämmen ... nachharken
Korn ... Roggen
krauten ... jäten
Kruckser ... Tauber
lachen ... wiehern
Lämmchen ... Lamm (w.)
Lanne ... Deichsel
Lanne ... Gabeldeichsel
Loos ... Mutterschwein
Mahd ... Grasschwade
mollen ... häufeln
Mucke ... Mutterschwein
Mutterkalb ... Kalb (w.)
Nauter ... Euter
Peitsche ... Peitsche
Pferd ... Pferd

possen .... pfropfen
ranksen .... wiehern
rausroppen .... jäten
rechen .... nachharken
Rechen .... Nachharke
Säuchen .... Ferkel
Schaf .... Lamm (w.)
Schäfchen .... Lamm (w.)
Schere .... Gabeldeichsel
scherren .... nachharken
Scheuer .... Scheune
Schippe .... Schaufel
Schlacht .... Grasschwade
Schlag .... Grasschwade
Schubkarren .... Schubkarre
Seil .... Seil
Silscheit .... Querholz (Fuhrwerk)
Strick .... Seil
Taubert .... Tauber
Titze .... Euter
Tochterkalb .... Kalb (w.)
Traktor .... Traktor
Wägele .. Querholz (Fuhrw.)
wenden .... wenden (Heu)
wiehern .... wiehern
Wutzchen .... Ferkel
zackern .... häufeln
zackern .... pflügen
zusammenrecheln .... nachharken
zweigen .... pfropfen

Schwäbisch-Alemannisch

ackern .... pflügen
ackerrechen .... nachharken
Antdrache .... Erpel
Anwand .... Pflugwende
aufheben .... auflesen
aufklauben .... auflesen
aufziehen .... häufeln
ausgrasen .... jäten
ausmachen .... ernten (Kart.)
Breme .... Viehbremse
Bremse .... Viehbremse
Brute .... Glucke
Bruthenne .... Glucke
Buddele .... Kalb (w.)
Bulldog .... Traktor
Busele .... Kalb (w.)
däuen .... wiederkäuen
Deichsel .... Deichsel
Deissel .... Deichsel
dengeln .... schärfen (Sense)
eitrucken .... wiederkäuen
emden .... pfropfen
Enteler .... Erpel
Entenvogel .... Erpel
Enterich .... Erpel
Euter .... Euter
Frucht .... Getreide
gacksen .... gackern
Gänserich .... Ganter
Gansker .... Ganter
Gänsle .... Gänschen
gatzgen .... gackern
Gaul .... Pferd
Gauser .... Ganter
Geeuter .... Euter
Geiß .... Ziege
Geißel .... Peitsche
Geit .... Erpel
Gemelk .... Euter
Gieger .... Hahn
Gießer .... Gießkanne
Gießkante .... Gießkanne
Gluckere .... Glucke
Gockler .... Hahn
graben .... ernten (Kart.)
Grole .... Gänschen
Guhlere .... Henne
Guller .... Hahn
hacken .... häufeln
halmrechen .... nachharken
Hansel .... Nachharke
hanseln .... nachharken
Hättel .... Ziege
hätteln .... wiehern
häufeln .... häufeln
Henne .... Henne
Huhn .... Henne
impfen .... pfropfen
jäten .... jäten
juchzen .... wiehern
Kälble .... Kalb (w.)
Kauter .... Tauber
Kehre .... Pflugwende
klauben .... ernten (Kart.)
Kleffle ... Querholz (Fuhrw.)
Korn .... Getreide
Korn .... Roggen
Kosel .... Mutterschwein
krauten .... jäten
Lämmle .... Lamm (w.)
Lanne .... Gabeldeichsel
Laus .... Mutterschwein
Luckel .... Henne
Mahd .... Grasschwade
Mähhuberle .... Lamm (w.)
mäuen .... wiederkäuen
Milchsäule .... Ferkel
Mor .... Mutterschwein
muscheln .... wiehern
Mutterkälble .... Kalb (w.)
nachrechen .... nachharken
Öhmd .... Grummet
Ort .... Pflugwende
Pale .... Nachharke

palen .... nachharken
Peitsche .... Peitsche
Rätsch .... Erpel
raustun .... ernten (Kart.)
Rechen .... Nachharke
Roggen .... Roggen
Roß .... Pferd
rücheln .... wiehern
Säule .... Ferkel
Schaf .... Lamm (w.)
Schäfle .... Lamm (w.)
Schaltkarre .... Schubkarre
Schaufel .... Schaufel
scherlen .... häufeln
Scheuer .... Scheune
Schober .... Scheune
Schopf .... Scheune
Schore .... Grasschwade
Schubkarren .... Schubkarre
Schwank .... Grasschwade
Schweinmutter .... Mutterschwein
Seil .... Seil
Silscheit .... Querholz (Fuhrwerk)
Sprenzkante .... Gießkanne
Spritzkanne .... Gießkanne
Stadel .... Scheune
Streifrechen .... Nachharke
Strick .... Seil
Suckel .... Mutterschwein
Tauber .... Tauber
Traktor .... Traktor
Treppe .... Pflugwende
Trette .... Pflugwende
umkehren .... wenden (Heu)
umschlagen .... wenden (Heu)
Wägele .... Querholz (Fuhrw.)
Wagscheit .... Querholz (Fuhrwerk)
wenden .... wenden (Heu)
wiehern .... wiehern
wüscheln .... wiehern
Wusserle .... Gänschen
zackerfahren .... pflügen
zackern .... pflügen
Zugrechen .... Nachharke
zusammenlesen .... auflesen
zusammenrechen .... nachharken
zweigen .... pfropfen

Abb. 11: Gartenarbeit (F.P. Florinus: »Haus-Vatter«, 1722)

Fränkisch

ackern .... pflügen
ähren .... nachharken
Ährenrechen .... Nachharke
Antdrache .... Erpel
Anwender .... Pflugwende
ären .... pflügen
aufheben .... auflesen
aufklauben .... auflesen
ausgrasen .... jäten

Sachgruppe: Landwirtschaft und Gartenbau

Bamberla .... Kalb (w.)
Bätzerla .... Lamm (w.)
brachen .... häufeln
Breme .... Viehbremse
Bruthenne .... Glucke
Buddla .... Henne
Bulldog .... Traktor
Butzele .... Ferkel
däuen .... wiederkäuen
Dausch .... Mutterschwein
Deichsel .... Deichsel
Deistel .... Deichsel
dengeln .... schärfen (Sense)
Enterich .... Erpel
Euter .... Euter
fretten .... häufeln
Frucht .... Getreide
Gabeldeichsel .... Gabeldeichsel
Ganser .... Ganter
Gansker .... Ganter
Gänsla .... Gänschen
gatzen .... gackern
Gaul .... Pferd
Geiß .... Ziege
Getreide .... Getreide
Gewende .... Pflugwende
Gieger .... Hahn
Gießer .... Gießkanne
Glucke .... Glucke
Göcker .... Hahn
Götzger .... Ganter
graben .... ernten (Kart.)
Grummet .... Grummet
hacken .... häufeln
Halle .... Scheune
Hankel .... Pferd
hankern .... wiehern
hanseln .... wiehern
Hät .... Pflugwende
häufeln .... häufeln
heinzern .... wiehern
Henne .... Henne
hinaufackern .... häufeln
hinaufstreifen .... häufeln
Hinkel .... Henne
Hippe .... Ziege
Huhn .... Henne
Husserla .... Gänschen
hutscheln .... wiehern
itern .... wiederkäuen
itrücken .... wiederkäuen
Kalbla .... Kalb (w.)
kälen .... wiederkäuen
kirren .... wiehern
Klutzhenne .... Glucke
Korn .... Roggen
krauten .... jäten
Kröpfert .... Tauber
Kühmücke .... Viehbremse
Mahd .... Grasschwade
Mehn .... Pflugwende
Milchsäule .... Ferkel
Mockela .... Kalb (w.)
nachrechen .... nachharken
Ohmet .... Grummet
Ortscheit .... Querholz (Fuhrwerk)
pecken .... jäten
Peitsche .... Peitsche
pelzen .... pfropfen
Pferd .... Pferd
Radebere .... Schubkarre
Rain .... Pflugwende
rängeln .... häufeln
raufen .... jäten
rausmachen .... ernten (Kart.)
rausrupfen .... jäten
raustun .... ernten (Kart.)
Robbern .... Schubkarre
rücheln .... wiehern
ruhren .... pflügen
Schaf .... Lamm (w.)
Schäfle .... Lamm (w.)
Schaufel .... Schaufel
Schere .... Gabeldeichsel
Scheuer .... Scheune
Scheune .... Scheune
Schippe .... Schaufel
schleifen .... nachharken
Schleifrechen .... Nachharke
Schlepper .... Traktor
Schlepprechen .... Nachharke
Schubkarren .... Schubkarre
Seil .... Seil
Silscheit .... Querholz (Fuhrwerk)
Sprenger .... Gießkanne
Spretzer .... Gießkanne
Spritzbecher .... Gießkanne
Stadel .... Scheune
stoppeln .... nachharken
streifen .... nachharken
Streifrechen .... Nachharke
Suckelsau .... Mutterschwein
Suckerla .... Ferkel
Sucksäula .... Ferkel
Tauber .... Tauber
Täuberich .... Tauber
Trad .... Getreide
Tradrechen .... Nachharke
Tragsau .... Mutterschwein
Traktor .... Traktor
Tschuckerl .... Ferkel
urkäuen .... wiederkäuen
Vorende .... Pflugwende
Wagscheit .... Querholz (Fuhrwerk)
wenden .... wenden (Heu)
wiehern .... wiehern
Wiewerla .... Gänschen
zackern .... pflügen
zusammenlesen .... auflesen
zusammenrechen .... nachharken

Bairisch

ackern .... pflügen
anscheren .... häufeln
Anterer .... Erpel
Anwander .... Pflugwende
Anzen .... Gabeldeichsel
arnen .... ernten (Kart.)
aufklauben .... auflesen
ausgrasen .... jäten
ausrechen .... nachharken
ausreißen .... jäten
Auter .... Euter
Bätzerl .... Lamm (w.)
Breme .... Viehbremse
Bruthenne .... Glucke
Bulldog .... Traktor
Deichsel .... Deichsel
dengeln .... schärfen (Sense)
Eichsel .... Deichsel
einkäuen .... wiederkäuen
Einkehr .... Pflugwende
Euter .... Euter
Fackel .... Ferkel
Fackelsau .... Mutterschwein
freden .... jäten
Gabeldeichsel .... Gabeldeichsel
gackern .... gackern
gagatzen .... gackern
Ganserer .... Ganter
Ganserl .... Gänschen
Gaul .... Pferd
Geiß .... Ziege
Geißel .... Peitsche
Geitel .... Ganter
Getreide .... Getreide
Gickerl .... Hahn
Gockel .... Hahn
graben .... ernten (Kart.)
Gromad .... Grummet
halmrecheln .... nachharken
Halmrechen .... Nachharke
hampern .... wiehern
Hättel .... Ziege
häufeln .... häufeln
heindeln .... häufeln
heinzern .... wiehern
Henne .... Henne
heugen .... wenden (Heu)
hitrucken .... wiederkäuen
Husserl .... Gänschen
itrucken .... wiederkäuen
Kalb .... Kalb (w.)
kirren .... wiehern
klauben .... ernten (Kart.)
Korn .... Getreide
Korn .... Roggen
Küßel .... Kalb (w.)
Lambe .... Lamm (w.)
Lamberl .... Lamm (w.)
Laus .... Mutterschwein
Mahd .... Grasschwade
nachrechen .... nachharken
Nachrechen .... Nachharke
nachstrangen .... nachharken
Naschel .... Mutterschwein
Nisser .... Viehbremse
Peitsche .... Peitsche
pelzen .... pfropfen
Radeltruhe .... Schubkarre
Rain .... Pflugwende
Roß .... Pferd
rücheln .... wiehern
Schaufel .... Schaufel
Schlepper .... Traktor
Schnurrer .... Viehbremse
Schober .... Scheune
Schopf .... Scheune
schreien .... wiehern
Schubkarren .... Schubkarre
Seil .... Seil
Sprengeimer .... Gießkanne
Sprengstützen .... Gießkanne
Spritzkrug .... Gießkanne
Stadel .... Scheune
streifen .... nachharken
Streifer .... Nachharke
Suckel .... Ferkel
Tauberer .... Tauber
Trad .... Getreide
Tragatsch .... Schubkarre
Traktor .... Traktor
Tretacker .... Pflugwende
umkehren .... wenden (Heu)
umschlagen .... wenden (Heu)
Vorbeet .... Pflugwende
Vorschlagel .... Querholz (Fuhrwerk)
Wagritscherl .... Querholz (Fuhrwerk)
Wagscheit .... Querholz (Fuhrwerk)
wenden .... wenden (Heu)
wiehern .... wiehern
Wuserl .... Gänschen
Ziehkalberl .... Kalb (w.)
Zuchtel .... Mutterschwein
Zugscheitel .... Querholz (Fuhrwerk)
zusammenackern .... häufeln
zusammenklauben .... auflesen

Mensch

Stichwort

Augenbraue
Augenlid
Backenzahn
barfuß
Bauchschmerzen
beeilen
Beule
erkälten
Ferse
friere, ich
gähnen
Genick
guck
heiser
Hühnerauge
hüpfen (auf einem Bein)
intelligent
Junge
kämmen
kneifen
Knöchel
Kopfschmerzen
laufen
Mädchen
Mumps
Mund (halt den ...)
Musikantenknochen
Narbe
neugierig
reden
reinigen (Nase)
Schluckauf
Schnupfen
warten
weinen
Wimper
Zahnschmerzen
ziehen

Abb. 12: Albrecht Dürer: »Adam und Eva« (1504)

Westniederdeutsch

Augenbräme .... Augenbraue
Augenbraue .... Augenbraue
Augenhaar ...... Augenbraue
Augenhaar .... Wimper
Augenlid .... Augenlid
ausschnauben
.... reinigen (Nase)
ausschnupfen
.... reinigen (Nase)
Babbel .... Mund
Backenzahn .... Backenzahn
barbeinig .... barfuß
barft .... barfuß
barfuß .... barfuß
Bart .... Mund
Bauchweh
.... Bauchschmerzen
Beck .... Mund
beeilen .... beeilen
Beule .... Beule
blarren .... weinen
bloßfüßig .... barfuß
Bregenschülpen
.... Kopfschmerzen
Brusche .... Beule
Deern .... Mädchen
Enkel .... Knöchel
erkälten .... erkälten
friere, ich .... friere, ich
gau tomaken .... beeilen
Genick .... Genick
greinen .... weinen
Hacke .... Ferse
Hacken .... Ferse
heisch .... heiser
heiser .... heiser
heisterig .... heiser
heulen .... weinen
Hick .... Schluckauf
hille tomaken .... beeilen
hinken
... hüpfen (auf einem Bein)
hinmachen .... beeilen
hojahnen .... gähnen
hojappen .... gähnen
Huckup .... Schluckauf
Hühnerauge .... Hühnerauge
hüpfen
... hüpfen (auf einem Bein)
ich friere .... friere, ich
ist kalt, mir .... friere, ich
jappen .... gähnen
Junge .... Junge
kalt, mir ist .... friere, ich
kämmen .... kämmen
kiek .... guck
klug .... intelligent
kneifen .... kneifen
kniepen .... kneifen
Knöbel .... Knöchel
Knöckel .... Knöchel
Knorren .... Knöchel
Knuppe .... Beule
Knust .... Beule
Kopfkählt ... Kopfschmerzen
Kopfpein .... Kopfschmerzen
Kopfsehr .... Kopfschmerzen
Kopfwehtage
.... Kopfschmerzen
Krähenauge ..... Hühnerauge
kuck .... guck
küren .... reden
Kuse .... Backenzahn
Kusenkählt
.... Zahnschmerzen
Kusenpein .. Zahnschmerzen
laufen .... laufen
Leibkählt .. Bauchschmerzen
Leibpein .. Bauchschmerzen
Leibwehtage
.... Bauchschmerzen
Leichdorn .... Hühnerauge
luern .... warten
Mädchen .... Mädchen
Mäken .... Mädchen
Maul .... Mund
mir ist kalt .... friere, ich
Mumps .... Mumps
Musikknochen
.... Musikantenknochen
Nacken .... Genick
Narbe .... Narbe
Nare .... Narbe
naseputzen .. reinigen (Nase)
neuschierig .... neugierig
nietig .... neugierig
niglig .... neugierig
plattbarft .... barfuß
plietsch .... intelligent
Plinke .... Augenlid
Plinke .... Wimper
praten .... reden
reden .... reden
regen .... beeilen
rennen .... laufen
roren .... weinen
Sabbel .... Mund
Schafskopf .... Mumps
schesen .... laufen
schlau .... intelligent
Schluckauf .... Schluckauf
schnacken .... reden
Schnöw .... Schnupfen
Schnupfen .... Schnupfen
Schnute .... Mund
sieh .... guck
Snuckup .... Schluckauf
sprechen .... reden
sputen .... beeilen

tomaken, gau .... beeilen
tomaken, hille .... beeilen
topedden .... beeilen
töwen .... warten
trecken .... ziehen
verkälten .... erkälten
verkühlen .... erkälten
wachten .... warten
weinen .... weinen
Wicht .... Mädchen
Wimper .... Wimper
Zahnschmerzen .... Zahnschmerzen
Zahnweh ... Zahnschmerzen
Zähnwehtage .... Zahnschmerzen
Ziegenpeter .... Mumps
ziehen .... ziehen
zumachen .... beeilen

Ostniederdeutsch

Augenbran ...... Augenbraue
Augenbraue .... Augenbraue
Augenlid .... Augenlid
Augenwimper ...... Wimper
ausschnauben .... reinigen (Nase)
Babbel .... Mund
Backenzahn .... Backenzahn
barfbeinig .... barfuß
barft .... barfuß
barfuß .... barfuß
barst .... barfuß
Bauchkneifen .... Bauchschmerzen
Bauchwehtage .... Bauchschmerzen
beeilen .... beeilen
Beule .... Beule
Bran .... Augenbraue
Brummknaken .... Musikantenknochen
Brusche .... Beule
Deern .... Mädchen
Dröhnappel .... Musikantenknochen
Elsterauge ...... Hühnerauge
Enkel .... Knöchel
erkälten .... erkälten
fix zumachen .... beeilen
Flapp .... Mund
Genick .... Genick
Hacke .... Ferse
Hacken .... Ferse
heisch .... heiser
heiser .... heiser
helle .... intelligent
Hesse .... Ferse
Hicker .... Schluckauf
hinken ... hüpfen (auf einem Bein)
hojahnen .... gähnen
hojappen .... gähnen
hopsen ... hüpfen (auf einem Bein)
Huckup .... Schluckauf
Hühnerauge .... Hühnerauge
hüpfen ... hüpfen (auf einem Bein)
ist kalt, mir .... friere, ich
jappen .... gähnen
Junge .... Junge
kalt, mir ist .... friere, ich
kämmen .... kämmen
kiek .... guck
klug .... intelligent
kneifen .... kneifen
kniepen .... kneifen
Knöchsel .... Knöchel
Knöckel .... Knöchel
Knössel .... Knöchel
Kopfwehtage .... Kopfschmerzen
kuck .... guck
Kuse .... Backenzahn
laufen .... laufen
Leichdorn ...... Hühnerauge
luern .... warten
Lümmel .... Mumps
Mädchen .... Mädchen
Mäken .... Mädchen
Maul .... Mund
mir ist kalt .... friere, ich
Mumps .... Mumps
Musikantenknochen .... Musikantenknochen
Nacken .... Genick
Narbe .... Narbe
Nare .... Narbe
naseputzen .. reinigen (Nase)
neugierig .... neugierig
neulätern .... neugierig
neulich .... neugierig
neuschierig .... neugierig
pesen .... laufen
pfiffig .... intelligent
plattbarft .... barfuß
plietsch .... intelligent
plinsen .... weinen
Puden .... Beule
reden .... reden
rennen .... laufen
roren .... weinen
Rotz .... Schnupfen
Sabbel .... Mund
schesen .... laufen
schlau .... intelligent

Schluckauf ...... Schluckauf
Schlucken .... Schluckauf
schnacken .... reden
schnauben .. reinigen (Nase)
Schnauze .... Mund
Schnöw .... Schnupfen
Schnupfen .... Schnupfen
Schnute .... Mund
schrau .... heiser
sieh .... guck
socken .... laufen
sprechen .... reden
sputen .... beeilen
tarren .... ziehen
topedden .... beeilen
töwen .... warten
trecken .... ziehen
verkühlen .... erkälten
vigilant .... intelligent
Wamsrammeln
.... Bauchschmerzen
warten .... warten
weinen .... weinen
Zahnschmerzen
.... Zahnschmerzen
Zähnwehtage
.... Zahnschmerzen
zauen .... beeilen
Ziegenpeter .... Mumps
ziehen .... ziehen
zoppen .... ziehen
zumachen, fix .... beeilen

Sächsisch

äppeln .... laufen
auf der Plauze haben
.... erkälten
Augenbräme .... Augenbraue
Augenbraue .... Augenbraue
Augenbraune ... Augenbraue
Augenlid .... Augenlid
ausschnauben
.... reinigen (Nase)
Backenzahn .... Backenzahn
Backzahn .... Backenzahn
barbsch .... barfuß
barfuß .... barfuß
barwes .... barfuß
Bauchkneifen
.... Bauchschmerzen
Bauchpein
.... Bauchschmerzen
Bauchwehtage
.... Bauchschmerzen
Bauernwetzel .... Mumps
beeilen .... beeilen
Brausche .... Beule
der Plauze haben, auf
.... erkälten
einen Hund holen ... erkälten
einkälten .... erkälten
erkälten .... erkälten
fänzen .... weinen
Ferse .... Ferse
fixmachen .... beeilen
Flarren .... Narbe
flennen .... weinen
fördern .... beeilen
gähnen .... gähnen
Genick .... Genick
gescheit .... intelligent
greinen .... weinen
grinsen .... weinen
guck .... guck
Gusche .... Mund
haben, auf der Plauze
.... erkälten
Hacke .... Ferse
heisch .... heiser
heiser .... heiser
helle .... intelligent
heulen .... weinen
hicksen
... hüpfen (auf einem Bein)
hinmachen .... beeilen
holen, einen Hund .. erkälten
hopsen
... hüpfen (auf einem Bein)
Horn .... Beule
Hübel .... Beule
Hühnerauge .... Hühnerauge
Hund holen, einen .. erkälten
hupfen
... hüpfen (auf einem Bein)
huppen
... hüpfen (auf einem Bein)
ist kalt, mir .... friere, ich
Junge .... Junge
kalt, mir ist .... friere, ich
kämmen .... kämmen
Kaule .... Beule
klug .... intelligent
kneipen .... kneifen
Knöbel .... Knöchel
Knöchel .... Knöchel
Knöchsel .... Knöchel
Knorren .... Knöchel
Kopfangst .. Kopfschmerzen
Kopfreißen
.... Kopfschmerzen
Kopfwehtage
.... Kopfschmerzen
Labbe .... Mund
lauern .... warten
Mächen .... Mädchen
Mädel .... Mädchen
Maul .... Mund

Mäuschen ... Musikantenknochen
Mäusel ... Musikantenknochen
mir ist kalt ... friere, ich
Musikknochen ... Musikantenknochen
Nabelleiern ... Bauchschmerzen
Nacken ... Genick
Narbe ... Narbe
naseputzen ... reinigen (Nase)
natschen ... weinen
neugierig ... neugierig
neulätern ... neugierig
Nischelbrummen ... Kopfschmerzen
Plauze haben, auf der ... erkälten
quäken ... weinen
rammeln ... laufen
reden ... reden
rennen ... laufen
Rotz ... Schnupfen
Schädelbrummen ... Kopfschmerzen
schicken ... beeilen
schläfern ... gähnen
schlau ... intelligent
Schlucken ... Schluckauf
schnappen ... gähnen
schnauben ... reinigen (Nase)
schnellmachen ... beeilen
Schnupfen ... Schnupfen
Schramme ... Narbe
sprechen ... reden
sputen ... beeilen
trabmachen ... beeilen
verkühlen ... erkälten
vigilant ... intelligent
Wanstrammeln ... Bauchschmerzen
warten ... warten
Wimper ... Wimper
Zahnangst ... Zahnschmerzen
Zahnpein ... Zahnschmerzen
Zahnreißen ... Zahnschmerzen
Zahnschmerzen ... Zahnschmerzen
zauen ... beeilen
zerren ... ziehen
Ziegenpeter ... Mumps
ziehen ... ziehen
zwicken ... kneifen

Thüringisch

Anken ... Genick
äppeln ... laufen
auf der Plauze haben ... erkälten
aufsperren ... gähnen
Augenbraue ... Augenbraue
Augenbraune ... Augenbraue
Augenlid ... Augenlid
Backenzahn ... Backenzahn
barwes ... barfuß
Bauchkneifen ... Bauchschmerzen
Bauchpfitzen ... Bauchschmerzen
Bauchwehtage ... Bauchschmerzen
beeilen ... beeilen
Beule ... Beule
Bülle ... Beule
Bützel ... Beule
der Plauze haben, auf ... erkälten
dinsen ... ziehen
Enkel ... Knöchel
erkälten ... erkälten
Farschel ... Ferse
Ferse ... Ferse
fixmachen ... beeilen
flennen ... weinen
Fleppe ... Mund
fletschen ... weinen
friere, ich ... friere, ich
gähnen ... gähnen
gaken ... weinen
Genick ... Genick
gescheit ... intelligent
greinen ... weinen
guck ... guck
Gusche ... Mund
haben, auf der Plauze ... erkälten
Hacke ... Ferse
Halsgenick ... Genick
harren ... warten
Hauptschmerzen ... Kopfschmerzen
Hauptwehtage ... Kopfschmerzen
heisch ... heiser
heiserig ... heiser
helle ... intelligent
heulen ... weinen
hicksen ... hüpfen (auf einem Bein)
hinmachen ... beeilen
Horn ... Beule
Hühnerauge ... Hühnerauge
hüpfen ... hüpfen (auf einem Bein)

ich friere .... friere, ich
Junge .... Junge
kämmen .... kämmen
Knöchel .... Knöchel
Knorren .... Knöchel
Kopfpein .... Kopfschmerzen
Kopfschmerzen
.... Kopfschmerzen
Kopfwehtage
.... Kopfschmerzen
krummen .... kneifen
Labbe .... Mund
lauern .... warten
Leichdorn .... Hühnerauge
Lichter .... Hühnerauge
Mächen .... Mädchen
Mädchen .... Mädchen
Maul .... Mund
maulsperren .... gähnen
Mäuschen
.... Musikantenknochen
Mäusel
.... Musikantenknochen
Muppelkrankheit .... Mumps
Musikantenknopf
.... Musikantenknochen
Nacken .... Genick
Narbe .... Narbe
naseputzen .. reinigen (Nase)
neufängisch .... neugierig
neugierig .... neugierig
neumärisch .... neugierig
neuschierig .... neugierig
Päppe .... Mund
pfitzen .... kneifen
plaudern .... reden
Plauze haben, auf der
.... erkälten
Raffel .... Mund
rammeln .... laufen
reden .... reden
rennen .... laufen
Rotz .... Schnupfen
scharfmachen .... beeilen
schicken .... beeilen
schlau .... intelligent
schleppen .... ziehen
Schlucken .... Schluckauf
Schlucksen .... Schluckauf
Schmarre .... Narbe
schnauben .. reinigen (Nase)
Schnauben .... Schnupfen
Schnauze .... Mund
schneußen .. reinigen (Nase)
Schnupfen .... Schnupfen
Schnuten .... Schnupfen
Schramme .... Narbe
schreien .... weinen
schwatzen .... reden
sprechen .... reden
springen .... laufen
sputen .... beeilen
Stockzahn .... Backenzahn
trabmachen .... beeilen
trecken .... ziehen
tummeln .... beeilen
verkühlen .... erkälten
vigilant .... intelligent
Wanstrammeln
.... Bauchschmerzen
warten .... warten
Wimper .... Wimper
Zahnpein ... Zahnschmerzen
Zahnreißen
.... Zahnschmerzen
Zahnschmerzen
.... Zahnschmerzen
Zahnweh .... Zahnschmerzen
Zahnwehtage
.... Zahnschmerzen
zauen .... beeilen
zerren .... ziehen
Ziegenpeter .... Mumps
zwicken .... kneifen
Zwunzer .... Augenlid

Hessisch

Anken .... Genick
Atzelauge .... Hühnerauge
aufreißen, Maul ...... gähnen
Augenbraue .... Augenbraue
Augendeckel .... Augenlid
Augenkläff .... Augenlid
Augenlid .... Augenlid
babbeln .... reden
Backenzahn .... Backenzahn
barwes .... barfuß
Bauchgrimmen
.... Bauchschmerzen
Bauchweh
.... Bauchschmerzen
beeilen .... beeilen
blätzen .... weinen
Bub .... Junge
dinsen .... ziehen
eilen .... beeilen
erkälten .... erkälten
Ferse .... Ferse
flennen .... weinen
gähnen .... gähnen
garren .... weinen
Genick .... Genick
gescheit .... intelligent
giewen .... gähnen
grammelich .... heiser
greinen .... weinen
guck .... guck

Gusche … Mund
haben, Rotlauf … erkälten
Hacke … Ferse
Hals, rauher … heiser
Halsgenick … Genick
heiserig … heiser
heulen … weinen
hickeln … hüpfen (auf einem Bein)
Hickser … Schluckauf
Horn … Beule
Hühnerauge … Hühnerauge
ist kalt, mir … friere, ich
Judenknöchelchen … Musikantenknochen
Junge … Junge
kalt, mir ist … friere, ich
kämmen … kämmen
kneifen … kneifen
Kneul … Beule
Knippel … Beule
Knöchel … Knöchel
Knörzchen … Beule
Knuppe … Beule
Kobel … Schnupfen
kochem … intelligent
Kopfschmerzen … Kopfschmerzen
Kopfweh … Kopfschmerzen
kreischen … weinen
lauern … warten
laufen … laufen
Leibschmerzen … Bauchschmerzen
Leibweh … Bauchschmerzen
Leichdorn … Hühnerauge
Mädchen … Mädchen
Maul aufreißen … gähnen
Maul … Mund
mir ist kalt … friere, ich
Mops … Mumps
Mumps … Mumps
Musikknochen … Musikantenknochen
Narbe … Narbe
naseputzen … reinigen (Nase)
naseweis … neugierig
neufängisch … neugierig
neugierig … neugierig
neuschierig … neugierig
Ohrenklamm … Mumps
passen … warten
pesen … laufen
petzen … kneifen
rauher Hals … heiser
reden … reden
rennen … laufen
Rotlauf haben … erkälten
schau … guck
schlau … intelligent
Schlickser … Schluckauf
Schlucken … Schluckauf
schneuzen … reinigen (Nase)
schnupfen … reinigen (Nase)
Schnupfen … Schnupfen
Schnute … Mund
schreien … weinen
schwätzen … reden
sieh … guck
springen … laufen
strählen … kämmen
tummeln … beeilen
verkälten … erkälten
verkühlen … erkälten
warten … warten
wetzen … laufen
Wimper … Wimper
Zahnschmerzen … Zahnschmerzen
Zahnweh … Zahnschmerzen
Ziegenpeter … Mumps
ziehen … ziehen
zoppen … ziehen
zwicken … kneifen

Rheinisch

Aberhaar … Augenbraue
Augenbraue … Augenbraue
Augenbrong … Augenbraue
Augendeckel … Augenlid
Augenflemme … Wimper
Augenflitter … Augenlid
Augenflitter … Wimper
Augenflügel … Augenlid
Augenhaar … Wimper
Backenzahn … Backenzahn
Backzank … Backenzahn
Backzant … Backenzahn
Bauchpein … Bauchschmerzen
bauzen … weinen
beeilen … beeilen
berwes … barfuß
bleckfößig … barfuß
Bühl … Beule
Deern … Mädchen
Dotz … Beule
Düllen … Beule
eilen … beeilen
Elektrisierknochen … Musikantenknochen
Elsterauge … Hühnerauge
Enkel … Knöchel
erkälten … erkälten
Ferse … Ferse
fürwitzig … neugierig
Füße, nackte … barfuß
gabsen … gähnen
Genick … Genick

gescheit .... intelligent
gewitzt .... intelligent
gramm .... heiser
greinen .... weinen
haben, Rotlauf ...... erkälten
Hacke .... Ferse
heiser .... heiser
heulen .... weinen
Hick .... Schluckauf
hinkeln
... hüpfen (auf einem Bein)
holen, Pips .... erkälten
Horn .... Beule
hüpfen
... hüpfen (auf einem Bein)
ist kalt, mir .... friere, ich
jappen .... gähnen
jiewen .... gähnen
Junge .... Junge
kallen .... reden
kalt, mir ist .... friere, ich
kämmen .... kämmen
keimen .... kämmen
Kicks .... Schluckauf
klug .... intelligent
knatschen .... weinen
kneifen .... kneifen
Knöchel .... Knöchel
Knuppe .... Beule
Kopfpein .... Kopfschmerzen
Krähenauge ..... Hühnerauge
kreischen .... weinen
Kribbelknochen
.... Musikantenknochen
kuck .... guck
küren .... reden
laufen .... laufen
Leimzeichen .... Narbe
luern .... warten
lug .... guck
lus .... intelligent
Mädchen .... Mädchen
Maul .... Mund
mir ist kalt .... friere, ich
Mumps .... Mumps
Musikknochen
.... Musikantenknochen
Nacken .... Genick
nackte Füße .... barfuß
Narbe .... Narbe
naseputzen .. reinigen (Nase)
neuschierig .... neugierig
passen .... warten
petschen .... kneifen
Pick .... Schluckauf
Pips holen .... erkälten
plagen .... beeilen
reden .... reden
rennen .... laufen
Rotlauf haben .... erkälten
schau .... guck
schlau .... intelligent
Schlicks .... Schluckauf
Schnupfen .... Schnupfen
Schnups .... Schnupfen
Schnüß .... Mund
schrauen .... weinen
schwätzen .... reden
sieh .... guck
söcken .... laufen
sprechen .... reden
trecken .... ziehen
tummeln .... beeilen
verkälten .... erkälten
Verkältheit .... Schnupfen
wachten .... warten
warten .... warten
Wicht .... Mädchen
Wimper .... Wimper
Zahnpein ... Zahnschmerzen
Zahnschmerzen
.... Zahnschmerzen
zauen .... beeilen
Ziegenpeter .... Mumps
ziehen .... ziehen

Pfälzisch

Aberhaar .... Augenbraue
Aberhaar .... Wimper
Anmal .... Narbe
Atzelauge .... Hühnerauge
Augenbraue .... Augenbraue
Augendeckel .... Augenlid
Augenhaar ...... Augenbraue
Baber .... Beule
Backenzahn .... Backenzahn
barfüßig .... barfuß
barwes .... barfuß
Bauchweh
.... Bauchschmerzen
Bause .... Beule
beeilen .... beeilen
brüllen .... weinen
Bub .... Junge
Dutz .... Beule
eilen .... beeilen
Enkel .... Knöchel
Ferse .... Ferse
Ferst .... Ferse
Freck .... Schnupfen
fürwitzig .... neugierig
fußeln .... laufen
gabsen .... gähnen
gähnen .... gähnen
Geckisches Knippchen
.... Musikantenknochen
Genick .... Genick

gescheit ... intelligent
Gluckser ... Schluckauf
greinen ... weinen
Grübel ... Genick
guck ... guck
Gusche ... Mund
habe kalt, ich ... friere, ich
haben, Rotlauf ... erkälten
Halskaule ... Genick
Halskaute ... Genick
heiser ... heiser
heulen ... weinen
hickeln ... hüpfen (auf einem Bein)
ich habe kalt ... friere, ich
Judenknöchelchen ... Musikantenknochen
kalt, ich habe ... friere, ich
Knippchen, Geckisches ... Musikantenknochen
Knöchel ... Knöchel
Knuppe ... Beule
Kopfpein ... Kopfschmerzen
Kopfweh ... Kopfschmerzen
Krähenauge ... Hühnerauge
kreischen ... weinen
lauern ... warten
laufen ... laufen
Leibweh ... Bauchschmerzen
Leimzeichen ... Narbe
lug ... guck
Mädchen ... Mädchen
Mädel ... Mädchen
Mäden ... Mädchen
Magenweh ... Bauchschmerzen
Maul ... Mund
Mops ... Mumps
Mumps ... Mumps
Narbe ... Narbe
naseputzen ... reinigen (Nase)
naseweisig ... neugierig
neuschierig ... neugierig
Ohrenklamm ... Mumps
petzen ... kneifen
plaudern ... reden
reden ... reden
rennen ... laufen
Rotlauf haben ... erkälten
schlau ... intelligent
Schlickser ... Schluckauf
Schluckser ... Schluckauf
Schnupfen ... Schnupfen
Schnüß ... Mund
Schramme ... Narbe
schwätzen ... reden
strählen ... kämmen
tummeln ... beeilen
verkälten ... erkälten
warten ... warten
Wimper ... Wimper
wunderlich ... neugierig
Zahnweh ... Zahnschmerzen
ziehen ... ziehen

Schwäbisch-Alemannisch

Äcken ... Genick
Agerstenauge ... Hühnerauge
Anke ... Genick
aufreißen, Maul ... gähnen
aufsperren, Maul ... gähnen
aufstrecken, Maul ... gähnen
Augenbrame ... Augenbraue
Augenbraue ... Augenbraue
Augenbraune ... Augenbraue
Augendeckel ... Augenlid
Backenzahn ... Backenzahn
barfuß ... barfuß
Bauchweh ... Bauchschmerzen
beeilen ... beeilen
belangen ... warten
bellen ... weinen
Beule ... Beule
Beutzel ... Beule
Bletz ... Narbe
briegen ... weinen
brüllen ... weinen
Bub ... Junge
Bühl ... Beule
Burre ... Beule
Fehl ... Mädchen
Ferse ... Ferse
Fersen ... Ferse
friert's, mich ... friere, ich
fürwitzig ... neugierig
fußeln ... laufen
gähnen ... gähnen
Gätzger ... Schluckauf
Genack ... Genick
Genick ... Genick
gescheit ... intelligent
Geschnäuf ... Schnupfen
Geschnuder ... Schnupfen
gewieft ... intelligent
Gluckser ... Schluckauf
Glutzger ... Schluckauf
Gosch ... Mund
greinen ... weinen
Grimmen ... Bauchschmerzen
Grindweh ... Kopfschmerzen
guck ... guck
haben, Sucht ... erkälten
Hals, rauher ... heiser
Hätzenauge ... Hühnerauge
Hecker ... Schluckauf
heiser ... heiser

heulen ... weinen
heunen ... weinen
hopfen ... hüpfen (auf einem Bein)
hopsen ... hüpfen (auf einem Bein)
Horn ... Beule
Höscher ... Schluckauf
Hühnerauge ... Hühnerauge
hupfen ... hüpfen (auf einem Bein)
jucken ... hüpfen (auf einem Bein)
kampeln ... kämmen
Katarrh ... Schnupfen
kleiben ... kneifen
klemmen ... kneifen
Knipfel ... Beule
knitz ... intelligent
Knöchel ... Knöchel
Knoten ... Knöchel
Kopfweh ... Kopfschmerzen
Krähenauge ... Hühnerauge
krimmen ... kneifen
Labbe ... Mund
lug ... guck
mach' tapfer ... beeilen
machen, nore ... beeilen
Mädle ... Mädchen
Maul aufreißen ... gähnen
Maul aufsperren ... gähnen
Maul aufstrecken ... gähnen
Maul ... Mund
Mäusle ... Musikantenknochen
mich friert's ... friere, ich
Mumps ... Mumps
Nabelsurren ... Bauchschmerzen
Narbe ... Narbe
naseputzen ... reinigen (Nase)
naseweis ... neugierig
Naube ... Genick
nore machen ... beeilen
Nülle ... Beule
passen ... warten
pfetzen ... kneifen
Pfnüsel ... Schnupfen
Pfuser ... Mumps
plärren ... weinen
pressieren ... beeilen
Ranzenweh ... Bauchschmerzen
rauher Hals ... heiser
reifeln ... laufen
rennen ... laufen
riëch ... heiser
sauen ... laufen
Schädelbrummen ... Kopfschmerzen
Schädelweh ... Kopfschmerzen
schau ... guck
Schmarre ... Narbe
schneuzen ... reinigen (Nase)
Schnupfen ... Schnupfen
Schnurre ... Mund
Schramme ... Narbe
schwätzen ... reden
springen ... laufen
Stockzahn ... Backenzahn
strählen ... kämmen
Sucht haben ... erkälten
tapfer, (mach') ... beeilen
verkälten ... erkälten
warten ... warten
weidlemachen ... beeilen
wetzen ... laufen
Wimper ... Wimper
Wochendippel ... Mumps
wunderfitzig ... neugierig
wundergern ... neugierig
Zahnweh ... Zahnschmerzen
ziegen ... ziehen
ziehen ... ziehen
zwicken ... kneifen

Fränkisch

Anke ... Genick
Augenbräme ... Augenbraue
Augenbraune ... Augenbraue
Augendeckel ... Augenlid
Augenhaar ... Augenbraue
babbeln ... reden
Backenzahn ... Backenzahn
barfeß ... barfuß
barfüßig ... barfuß
Bauchweh ... Bauchschmerzen
beeilen ... beeilen
Beule ... Beule
blecken ... weinen
Bub ... Junge
Därmereißen ... Bauchschmerzen
erkälten ... erkälten
Ferse ... Ferse
flennen ... weinen
fletschen ... weinen
flink ... intelligent
friert's, mich ... friere, ich
gähnen ... gähnen
Geißpeter ... Mumps
Genack ... Genick
gescheit ... intelligent
Glutzer ... Schluckauf
Goschen ... Mund
greinen ... weinen

guck ..... guck
Hätzenauge ..... Hühnerauge
heiser ..... heiser
heiserig ..... heiser
Hennenauge ..... Hühnerauge
Hetscher ..... Schluckauf
heulen ..... weinen
Hickerle ..... Schluckauf
hopfen ..... hüpfen (auf einem Bein)
Horn ..... Beule
Hühnerauge ..... Hühnerauge
hupfen ..... hüpfen (auf einem Bein)
Hüppel ..... Beule
hutzen ..... laufen
kämmen ..... kämmen
Katarrh ..... Schnupfen
Kiestock ..... Backenzahn
Knorren ..... Knöchel
Knöterle ..... Knöchel
Kopfweh ..... Kopfschmerzen
Mädchen ..... Mädchen
Madla ..... Mädchen
Masen ..... Narbe
Maul ..... Mund
Mäusla ..... Musikantenknochen
mich friert's ..... friere, ich
Mumps ..... Mumps
Narbe ..... Narbe
naseputzen ..... reinigen (Nase)
naseweis ..... neugierig
neugierig ..... neugierig
neuschierig ..... neugierig
Pappen ..... Mund
passen ..... warten
pfetzen ..... kneifen
pfiffig ..... intelligent
pfusen ..... weinen
plärren ..... weinen
plaudern ..... reden
Raffel ..... Mund
reden ..... reden
rennen ..... laufen
Schädelweh ..... Kopfschmerzen
schau ..... guck
schicken ..... beeilen
Schlickser ..... Schluckauf
Schlucker ..... Schluckauf
Schmarre ..... Narbe
Schnauben ..... Schnupfen
schneuzen ..... reinigen (Nase)
Schnupfen ..... Schnupfen
Schramme ..... Narbe
sprechen ..... reden
springen ..... laufen
Stockzahn ..... Backenzahn
Strauchen ..... Schnupfen
tummeln ..... beeilen
verkälten ..... erkälten
verkühlen ..... erkälten
vigilant ..... intelligent
Waffel ..... Mund
warten ..... warten
weidlemachen ..... beeilen
wendig ..... intelligent
wetzen ..... laufen
Wimper ..... Wimper
Wochentölpel ..... Mumps
Zahnschmerzen ..... Zahnschmerzen
Zahnweh ..... Zahnschmerzen
Zähnwehtage ..... Zahnschmerzen
zerren ..... ziehen
ziegen ..... ziehen
Ziegenpeter ..... Mumps
ziehen ..... ziehen
zwicken ..... kneifen

Bairisch

aufreißen, Maul ..... gähnen
Augenbrame ..... Augenbraue
Augenbraune ..... Augenbraue
Augendeckel ..... Augenlid
Augenhaar ..... Augenbraue
Augenhaar ..... Wimper
barfuß ..... barfuß
Bauchweh ..... Bauchschmerzen
Bauchzwicken ..... Bauchschmerzen
Binkel ..... Beule
blecken ..... weinen
bloßfüßig ..... barfuß
Bub ..... Junge
Dallewatsch ..... Mumps
derwischen, Frost ..... erkälten
Dirndel ..... Mädchen
Enkel ..... Knöchel
Ferse ..... Ferse
flennen ..... weinen
Fotzen ..... Mund
friert's, mich ..... friere, ich
Frost derwischen ..... erkälten
Genack ..... Genick
gescheit ..... intelligent
Goschen ..... Mund
griglet ..... heiser
Grimmen ..... Bauchschmerzen
Hals, rauher ..... heiser
Haxe ..... Ferse
heiser ..... heiser
Hennenauge ..... Hühnerauge

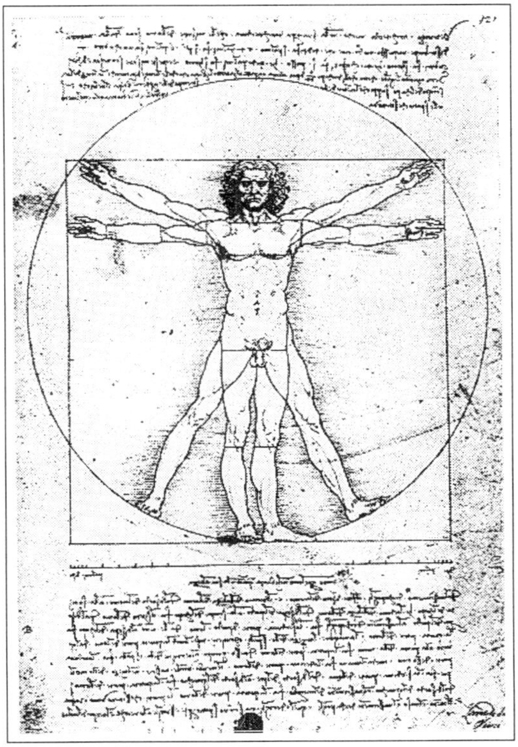

Abb. 13: Leonardo da Vinci:
Der Mensch nach Vitruv (1490?)

Hetscher .... Schluckauf
heunen .... weinen
Horn .... Beule
Hühnerauge .... Hühnerauge
hupfen ... hüpfen (auf einem Bein)
hutzen .... laufen
kampeln .... kämmen
Katarrh .... Schnupfen
keuchet .... heiser
Knöbel .... Knöchel
Knöchel .... Knöchel
Kopfweh .... Kopfschmerzen
laufen .... laufen
Maderl .... Mädchen
Masen .... Narbe
Maul aufreißen .... gähnen
Maul .... Mund
Mäuserl .... Musikantenknochen
mich friert's .... friere, ich
Mumps .... Mumps
Narbe .... Narbe
neugierig .... neugierig
Pappen .... Mund
Pauken .... Beule
pressieren .... beeilen
rauher Hals .... heiser
reden .... reden
rennen .... laufen
rören .... weinen
Schädelweh .... Kopfschmerzen
schau .... guck
schicken .... beeilen
schleunen .... beeilen
Schnackler .... Schluckauf
schneuzen ... reinigen (Nase)
Schramme .... Narbe
Stockzahn .... Backenzahn
Strauchen .... Schnupfen
Tölpel .... Mumps
trenzen .... weinen
tummeln .... beeilen
verkälten .... erkälten
warten .... warten
weinen .... weinen
Wimper .... Wimper
Zahnweh ... Zahnschmerzen
zannen .... weinen
ziegen .... ziehen
zwicken .... kneifen

Natur (Wetter und Landschaft)

Stichwort

blitzen	**hageln**	**Rauhreif**
dunkel, es wird	**Hügel**	**Teich**

Abb. 14: Petrarca-Meister:
Von der Artzney bayder Glück/ des guten vnd widerwärtigen (1532)

Westniederdeutsch

Berg	Hügel	dunkel	dunkel, es wird	leien	blitzen
blitzen	blitzen	duster	dunkel, es wird	lüchten	blitzen
Brink	Hügel	hageln	hageln	Pohl	Teich
Bült	Hügel	Knüll	Hügel	Rauhfrost	Rauhreif

Rauhreif .... Rauhreif
Reif .... Rauhreif
schloten .... hageln
Teich .... Teich
Tümpel .... Teich
Wittfrost .... Rauhreif

Ostniederdeutsch

Berg .... Hügel
blitzen .... blitzen
dakig .... dunkel, es wird
dunkel .... dunkel, es wird
duster .... dunkel, es wird
hageln .... hageln
Hügel .... Hügel
lüchten .... blitzen
Pohl .... Teich
Rauhreif .... Rauhreif
Reif .... Rauhreif
Sal .... Teich
Teich .... Teich
Tümpel .... Teich
Wätering .... Teich

Sächsisch

Anreim .... Rauhreif
blitzen .... blitzen
finster .... dunkel, es wird
hageln .... hageln
Hübel .... Hügel
Huckel .... Hügel
Hügel .... Hügel
leuchten .... blitzen
Rauhfrost .... Rauhreif
Rauhreif .... Rauhreif
schloßen .... hageln
Teich .... Teich
Tümpel .... Teich

Thüringisch

Anhang .... Rauhreif
Anreim .... Rauhreif
blitzen .... blitzen
dunkel .... dunkel, es wird
hageln .... hageln
Horkel .... Hügel
Huckel .... Hügel
Hügel .... Hügel
Köppel .... Hügel
leuchten .... blitzen
Rauhfrost .... Rauhreif
Rauhreif .... Rauhreif
schloßen .... hageln
Teich .... Teich
Tümpel .... Teich
Wäte .... Teich

Hessisch

blitzen .... blitzen
Buckel .... Hügel
Duft .... Rauhreif
dunkel .... dunkel, es wird
es wird Nacht .... dunkel, es wird
hageln .... hageln
Hübel .... Hügel
kießeln .... hageln
Köppel .... Hügel
Nacht, es wird .... dunkel, es wird
Rauhreif .... Rauhreif
schloßen .... hageln
Teich .... Teich
Weiher .... Teich
wird Nacht, es .... dunkel, es wird

Rheinisch

Auwer .... Hügel
blitzen .... blitzen
Duft .... Rauhreif
dunkel .... dunkel, es wird
duster .... dunkel, es wird
hageln .... hageln
Hübel .... Hügel
Hügel .... Hügel
kießeln .... hageln
Knapp .... Hügel
Kopp .... Hügel
Mar .... Teich
Rauhreif .... Rauhreif
Rimm .... Rauhreif
Teich .... Teich
Weiher .... Teich

Pfälzisch

blitzen .... blitzen
Buckel .... Hügel
Duft .... Rauhreif
dunkel .... dunkel, es wird
Hach .... Rauhreif
Hübel .... Hügel
Kopp .... Hügel
Rauhreif .... Rauhreif
schloßen .... hageln
Weiher .... Teich

Schwäbisch-Alemannisch

Bereim .... Rauhreif
blitzen .... blitzen
blitzgen .... blitzen
Buckel .... Hügel
Bürrle .... Hügel
Duft .... Rauhreif
dunkel .... dunkel, es wird
es nachtet ... dunkel, es wird
es wird Nacht .... dunkel, es wird
finster .... dunkel, es wird
Gumpen .... Teich
hageln .... hageln
kießeln .... hageln
Nacht, es wird .... dunkel, es wird
nachtet, es ... dunkel, es wird
Rauhreif .... Rauhreif
See .... Teich
Teich .... Teich
Wätte .... Teich
Weiher .... Teich
wird Nacht, es .... dunkel, es wird

Fränkisch

Bergla .... Hügel
blitzen .... blitzen
Buckel .... Hügel
dunkel .... dunkel, es wird
es wird Nacht .... dunkel, es wird
finster .... dunkel, es wird
hageln .... hageln
Hübel .... Hügel
Hügel .... Hügel
kießeln .... hageln
Knock .... Hügel
Nacht, es wird .... dunkel, es wird
Rauhreif .... Rauhreif
See .... Teich
Teich .... Teich
Wätla .... Teich
Weiher .... Teich
wetterleuchten .... blitzen
wird Nacht, es .... dunkel, es wird

Abb. 15: *Wie das Röhricht aus den Weyhern zu bringen* (F.P. Florinus: »Haus-Vatter«, 1722)

Bairisch

Anhang .... Rauhreif
Bergerl .... Hügel
Bichel .... Hügel
blitzen .... blitzen
Buckel .... Hügel
es wird Nacht .... dunkel, es wird
finster .... dunkel, es wird
Gereim .... Rauhreif
Gumpen .... Teich
hageln .... hageln
himmazen .... blitzen
Huckel .... Hügel
Lacken .... Teich
leuchten .... blitzen
Nacht, es wird .... dunkel, es wird
Rauhreif .... Rauhreif
Reim .... Rauhreif
schauern .... hageln
Weiher .... Teich
wird Nacht, es .... dunkel, es wird

Obst und Gemüse

Stichwort

Apfelrest
Brombeere
Erbsen
Grünkohl
Gurke (Cucumis sativus)
Heidelbeere
Himbeere
Kartoffel
Lauch
Meerrettich
Möhre
Pflaume
Pilz
Preiselbeere
Rotkohl
Schnittlauch
Stachelbeere (Ribes grossularia)
Walderdbeere
Weißkohl

Abb. 16: Pflaumen

Westniederdeutsch

Apfelhäuschen ..... Apfelrest
Beslok .... Schnittlauch
Bickbeere .... Heidelbeere
Blaubeere .... Heidelbeere
Braunkohl .... Grünkohl
Brummelbeere .. Brombeere
Buskohl .... Weißkohl
Döppärften .... Erbsen
Erbsen .... Erbsen
Erdbeere ...... Walderdbeere
Erdbeere, Wilde .... Walderdbeere
Graslauch .... Schnittlauch
Griebsch .... Apfelrest
Grünkohl .... Grünkohl
Grüsbeere ...... Stachelbeere
Gurke .... Gurke
Himbeere .... Himbeere
Kartoffel .... Kartoffel
Kerngehäuse .... Apfelrest
Kleinlauch ...... Schnittlauch
Klusterbeere .... Preiselbeere
Korinthenbeere .... Preiselbeere
Kronsbeere ..... Preiselbeere
Kroselbeere ..... Preiselbeere
Marek .... Meerrettich
Meerrettich ...... Meerrettich
Paddenstuhl .... Pilz
Palarften .... Erbsen
Patätsch .... Kartoffel
Pfannkuchenkraut .... Schnittlauch
Pfefferwurzel ... Meerrettich
Pilz .... Pilz
Plume .... Pflaume

Poggenstuhl ... Pilz
Porree ... Lauch
Prume ... Pflaume
Pudel ... Kartoffel
Rotkohl ... Rotkohl
Schnittlauch ... Schnittlauch
Stickelbeere ... Stachelbeere
Striekbeere ... Preiselbeere
Tüffel ... Kartoffel
Tütebeere ... Preiselbeere
Walderdbeere ... Walderdbeere
Weißkohl ... Weißkohl
Wilde Erdbeere ... Walderdbeere
Wurzel ... Möhre

Ostniederdeutsch

Apfelhäuschen ... Apfelrest
Besinge ... Heidelbeere
Bickbeere ... Heidelbeere
Blaubeere ... Heidelbeere
Braunkohl ... Grünkohl
Brombeere ... Brombeere
Brummelbeere ... Brombeere
Buscherdbeere ... Walderdbeere
Erbsen ... Erbsen
Erdbesinge ... Walderdbeere
Griebsch ... Apfelrest
Grünkohl ... Grünkohl
Gurke ... Gurke
Himbeere ... Himbeere
Kartoffel ... Kartoffel
Kerngehäuse ... Apfelrest
Knödel ... Kartoffel
Knolle ... Kartoffel
Knust ... Apfelrest
Kortenkohl ... Grünkohl
Kronsbeere ... Preiselbeere
Kuhteke ... Heidelbeere
Linjong ... Preiselbeere
Marek ... Meerrettich
Maretzig ... Meerrettich
Meerrettich ... Meerrettich
Mohrrübe ... Möhre
Nudel ... Kartoffel
Pflaume ... Pflaume
Pieplauch ... Schnittlauch
Pilz ... Pilz
Plume ... Pflaume
Poggenstuhl ... Pilz
Poll ... Apfelrest
Porree ... Lauch
Preiselbeere ... Preiselbeere
Rauhbeere ... Stachelbeere
Rotbesinge ... Walderdbeere
Rotkohl ... Rotkohl
Schnittlauch ... Schnittlauch
Schoten ... Erbsen
Schottpoggenstuhl ... Pilz
Stachelbeere ... Stachelbeere
Stickelbeere ... Stachelbeere
Stickelbese ... Stachelbeere
Tüffel ... Kartoffel
Tüft ... Kartoffel
Tütebeere ... Preiselbeere
Walderdbeere ... Walderdbeere
Weißkohl ... Weißkohl
Wurzel ... Möhre
Zwetsche ... Pflaume

Sächsisch

Blaubeere ... Heidelbeere
Blaukraut ... Rotkohl
Brombeere ... Brombeere
Erbern ... Kartoffel
Erbsen ... Erbsen
Erdapfel ... Kartoffel
Erdbeere ... Walderdbeere
Erdbirne ... Kartoffel
Frieserich ... Schnittlauch
Griebsch ... Apfelrest
Grünkohl ... Grünkohl
Gurke ... Gurke
Heidelbeere ... Heidelbeere
Himbeere ... Himbeere
Kartoffel ... Kartoffel
Knickchen ... Erbsen
Kratzbeere ... Brombeere
Krauskohl ... Grünkohl
Kren ... Meerrettich
Kriechel ... Pflaume
Kroselbeere ... Preiselbeere
Maline ... Himbeere
Meerrettich ... Meerrettich
Möhre ... Möhre
Pflaume ... Pflaume
Pilz ... Pilz
Porree ... Lauch
Preiselbeere ... Preiselbeere
Rotkraut ... Rotkohl
Schnittlauch ... Schnittlauch
Schoten ... Erbsen
Schwamm ... Pilz
Schwarzbeere ... Heidelbeere
Stachelbeere ... Stachelbeere
Strunk ... Apfelrest
Walderdbeere ... Walderdbeere
Wederle ... Schnittlauch
Weißkraut ... Weißkohl

Thüringisch

Braunkohl .... Grünkohl
Brauschnitze ... Preiselbeere
Brombeere .... Brombeere
Erbel .... Walderdbeere
Erbern .... Kartoffel
Erbsen .... Erbsen
Erdapfel .... Kartoffel
Erdbirne .... Kartoffel
Gelbe Rübe .... Möhre
Graslauch .... Schnittlauch
Griebs .... Apfelrest
Grieslich .... Schnittlauch
Grünkohl .... Grünkohl
Gurke .... Gurke
Heidelbeere ..... Heidelbeere
Hengbeere .... Himbeere
Himbeere .... Himbeere
Hölperle .... Preiselbeere
Kartoffel .... Kartoffel
Kleinlauch ...... Schnittlauch
Knackelbeere .... Walderdbeere
Kratzbeere .... Brombeere
Krauskohl .... Grünkohl
Kren .... Meerrettich
Kriechel .... Pflaume
Mählbeere ...... Preiselbeere
Meerrettich ...... Meerrettich
Möhre .... Möhre
Moosjocke ...... Preiselbeere
Pflaume .... Pflaume
Pilz .... Pilz
Porree .... Lauch
Preiselbeere .... Preiselbeere
Quetsche .... Pflaume
Rotbeere ...... Walderdbeere
Rotkraut .... Rotkohl
Rübe, Gelbe .... Möhre
Schnittlauch .... Schnittlauch
Schnürps .... Apfelrest
Schoten .... Erbsen
Schwamm .... Pilz
Schwarzbeere .. Heidelbeere
Spanischlauch .... Lauch
Spreiselbeere ... Preiselbeere
Stachelbeere ... Stachelbeere
Walderdbeere .... Walderdbeere
Weißkraut .... Weißkohl

Abb. 17: Eugène Ronjat: Gemüse (Jules Goufflé: »Le Livre de Cuisine«, 1867)

Hessisch

Blaubeere .... Heidelbeere
Bockse .... Pflaume
Brockelerbsen .... Erbsen
Brombeere .... Brombeere
Brombel .... Brombeere
Butzen .... Apfelrest
Erbel .... Walderdbeere
Erbsen .... Erbsen
Erdbeere ...... Walderdbeere

Fartzebeere ... Brombeere
Frieslauch ... Schnittlauch
Gelbe Rübe ... Möhre
Griebs ... Apfelrest
Grieslauch ... Schnittlauch
Grumber ... Kartoffel
Grünkohl ... Grünkohl
Gummer ... Gurke
Gurke ... Gurke
Hehrlauch ... Schnittlauch
Heidelbeere ... Heidelbeere
Himbeere ... Himbeere
Karotte ... Möhre
Kartoffel ... Kartoffel
Klosterbeere ... Stachelbeere
Krauskohl ... Grünkohl
Krieche ... Pflaume
Krotzen ... Apfelrest
Kukummer ... Gurke
Lauch ... Lauch
Meerrettich ... Meerrettich
Merch ... Meerrettich
Möhre ... Möhre
Pilz ... Pilz
Plaume ... Pflaume
Plückerbsen ... Erbsen
Porree ... Lauch
Praume ... Pflaume
Preiselbeere ... Preiselbeere
Prieslauch ... Schnittlauch
Quetsche ... Pflaume
Rengsbeere ... Himbeere
Rettich ... Meerrettich
Rotbeere ... Walderdbeere
Rotkraut ... Rotkohl
Rübe, Gelbe ... Möhre
Schlotten ... Schnittlauch
Schnittlauch ... Schnittlauch
Schwamm ... Pilz
Schwarzbeere ... Heidelbeere
Stachelbeere ... Stachelbeere
Stengelsbeere ... Himbeere
Tüffel ... Kartoffel
Waldbeere ... Heidelbeere
Walderdbeere ... Walderdbeere
Weißkraut ... Weißkohl
Winterkohl ... Grünkohl

Rheinisch

Beslok ... Schnittlauch
Bitz ... Apfelrest
Blaubeere ... Heidelbeere
Brambeere ... Brombeere
Bratzel ... Schnittlauch
Breitlauch ... Lauch
Breitlauch ... Schnittlauch
Bromel ... Brombeere
Buscherbel ... Walderdbeere
Erbel ... Walderdbeere
Erbel, Wilde ... Walderdbeere
Erbsen ... Erbsen
Erdapfel ... Kartoffel
Erpel ... Kartoffel
Gromper ... Kartoffel
Grünkohl ... Grünkohl
Grünschel ... Stachelbeere
Grüschel ... Stachelbeere
Gummer ... Gurke
Gurke ... Gurke
Himbeere ... Himbeere
Hofmus ... Grünkohl
Humpelter ... Himbeere
Imber ... Himbeere
Jüddefleesch ... Pilz
Kappes ... Weißkohl
Kappes, Roter ... Rotkohl
Kappes, Weißer ... Weißkohl
Kartoffel ... Kartoffel
Kifererbsen ... Erbsen
Kippe ... Apfelrest
Kitsch ... Apfelrest
Knurschel ... Stachelbeere
Komkomere ... Gurke
Krauskohl ... Grünkohl
Krotzen ... Apfelrest
Kumpest, Roter ... Rotkohl
Meerrettich ... Meerrettich
Merek ... Meerrettich
Möhre ... Möhre
Nüsel ... Apfelrest
Paddenstuhl ... Pilz
Pilz ... Pilz
Pippkeslok ... Schnittlauch
Plückerbsen ... Erbsen
Porree ... Lauch
Preiselbeere ... Preiselbeere
Preiselbesinge ... Preiselbeere
Prume ... Pflaume
Quetsche ... Pflaume
Quinkeln ... Preiselbeere
Rettich ... Meerrettich
Roter Kappes ... Rotkohl
Roter Kumpest ... Rotkohl
Rotkohl ... Rotkohl
Schmallauch ... Schnittlauch
Schnittlauch ... Schnittlauch
Schwamm ... Pilz
Tüffel ... Kartoffel
Waldbeere ... Heidelbeere
Weißer Kappes ... Weißkohl
Weißkohl ... Weißkohl
Wilde Erbel ... Walderdbeere
Wintermus ... Grünkohl
Winterworbel ... Preiselbeere
Worbel ... Heidelbeere
Wurzel ... Möhre

Sachgruppe: Obst und Gemüse

Pfälzisch

Blaukappes	Rotkohl
Bremer	Brombeere
Butzen	Apfelrest
Dörnerbeere	Brombeere
Drischling	Pilz
Druschel	Stachelbeere
Erbel	Walderdbeere
Erbier	Walderdbeere
Erbsen	Erbsen
Gelbe Rübe	Möhre
Grumber	Kartoffel
Grünkohl	Grünkohl
Grüschel	Stachelbeere
Grusselbeere	Stachelbeere
Gummer	Gurke
Heckenbeere	Brombeere
Heidelbeere	Heidelbeere
Himbeere	Himbeere
Imber	Himbeere
Kappes	Weißkohl
Kappes, Weißer	Weißkohl
Karotte	Möhre
Kehl	Grünkohl
Kocherbsen	Erbsen
Krauskohl	Grünkohl
Krotzen	Apfelrest
Lauch	Lauch
Meerrettich	Meerrettich
Möhre	Möhre
Molbeere	Heidelbeere
Moren	Brombeere
Pilz	Pilz
Plaume	Pflaume
Plückerbsen	Erbsen
Porrette	Lauch
Praume	Pflaume
Preiselbeere	Preiselbeere
Rotkraut	Rotkohl
Rübe, Gelbe	Möhre
Schnittlauch	Schnittlauch
Schwamm	Pilz
Schwarzbeere	Brombeere
Staudelbeere	Heidelbeere
Wäle	Heidelbeere
Weißer Kappes	Weißkohl
Weißkraut	Weißkohl
Wintermus	Grünkohl
Wurzel	Möhre

Schwäbisch-Alemannisch

Abschnitt	Schnittlauch
Blaukraut	Rotkohl
Bodenbeere	Walderdbeere
Bodenbirne	Kartoffel
Braunbeere	Brombeere
Brebeere	Brombeere
Brestling	Walderdbeere
Brockele	Erbsen
Butzen	Apfelrest
Bützget	Apfelrest
Erbsen	Erbsen
Erdbirne	Kartoffel
Gacken	Apfelrest
Gelbe Rübe	Möhre
Grumbir	Kartoffel
Grünkohl	Grünkohl
Grüsselbeere	Stachelbeere
Gurke	Gurke
Heckenbeere	Stachelbeere
Heidbeere	Heidelbeere
Heidelbeere	Heidelbeere
Hengst	Pflaume
Herdapfel	Kartoffel
Himbeere	Himbeere
Hindel	Himbeere
Holbeere	Himbeere
Kartoffel	Kartoffel
Kehl	Grünkohl
Kifererbsen	Erbsen
Krachelsbeere	Preiselbeere
Kraut	Weißkohl
Kren	Meerrettich
Kukummer	Gurke
Lauch	Lauch
Meerrettich	Meerrettich
Moosbeere	Preiselbeere
Pflaume	Pflaume
Pilz	Pilz
Preiselbeere	Preiselbeere
Rotkraut	Rotkohl
Rübe, Gelbe	Möhre
Schnittlauch	Schnittlauch
Schnittling	Schnittlauch
Schwamm	Pilz
Stachelbeere	Stachelbeere
Stechbeere	Stachelbeere
Steinbeere	Preiselbeere
Walderdbeere	Walderdbeere
Weißkraut	Weißkohl
Welschärsche	Stachelbeere
Winterkohl	Grünkohl
Ziper	Pflaume
Zuckerschefen	Erbsen
Zwetschge	Pflaume

Fränkisch

Blaukraut	Rotkohl
Braunbeere	Brombeere
Brestling	Walderdbeere
Brockelerbsen	Erbsen
Brombeere	Brombeere
Brommelbeere	Brombeere
Butzen	Apfelrest
Erbel	Walderdbeere
Erbern	Kartoffel
Erbsen	Erbsen
Erdapfel	Kartoffel
Erdbirne	Kartoffel
Frieseli	Schnittlauch
Gelbe Rübe	Möhre
Graslitzbeere	Preiselbeere
Griebs	Apfelrest
Grieseli	Schnittlauch
Grumber	Kartoffel
Grünkohl	Grünkohl
Heidelbeere	Heidelbeere
Himbeere	Himbeere
Holbeere	Himbeere
Hölperle	Preiselbeere
Kartoffel	Kartoffel
Kehl	Grünkohl
Krauskohl	Grünkohl
Kraut	Weißkohl
Kren	Meerrettich
Krotzen	Apfelrest
Kukummer	Gurke
Kümmerling	Gurke
Lauch	Lauch
Meerrettich	Meerrettich
Pfiffer	Pilz
Pflaume	Pflaume
Pilz	Pilz
Porree	Lauch
Potacke	Kartoffel
Preiselbeere	Preiselbeere
Rotbeere	Walderdbeere
Rotkraut	Rotkohl
Rübe, Gelbe	Möhre
Schnittlauch	Schnittlauch
Schnittling	Schnittlauch
Schwamm	Pilz
Schwarzbeere	Heidelbeere
Spreiselbeere	Preiselbeere
Stachelbeere	Stachelbeere
Weißkraut	Weißkohl
Winterkohl	Grünkohl
Ziper	Pflaume
Zwetschge	Pflaume

Bairisch

Blaubeere	Heidelbeere
Blaukraut	Rotkohl
Brambeere	Brombeere
Brame	Brombeere
Brausbeere	Preiselbeere
Brestling	Walderdbeere
Butzen	Apfelrest
Erbsen	Erbsen
Erdapfel	Kartoffel
Erdbeere	Walderdbeere
Gelbe Rübe	Möhre
Grantelbeere	Preiselbeere
Grünkohl	Grünkohl
Heidbeere	Heidelbeere
Hoippa	Himbeere
Holbeere	Himbeere
Kartoffel	Kartoffel
Kifererbsen	Erbsen
Kräuselbeere	Preiselbeere
Kren	Meerrettich
Kriecherl	Pflaume
Kukummer	Gurke
Kümmerling	Gurke
Molbeere	Himbeere
Murke	Gurke
Pflaume	Pflaume
Porree	Lauch
Preiselbeere	Preiselbeere
Pumser	Kartoffel
Roßbacken	Pflaume
Rotbeere	Walderdbeere
Rübe, Gelbe	Möhre
Schnittla	Schnittlauch
Schnittling	Schnittlauch
Schwammerl	Pilz
Schwarzbeere	Heidelbeere
Stachelbeere	Stachelbeere
Stechbeere	Stachelbeere
Stichweinbeerl	Stachelbeere
Taubeere	Heidelbeere
Weißkraut	Weißkohl
Zwengerl	Preiselbeere
Zwetschge	Pflaume

Pflanzen

Stichwort

Anemone
Baumrinde
Brennessel
Getreide
Hagebutte
Holunder (Sambucus nigra)
Knospe
Kornblume
Maiglöckchen (Convallaria maialis)
Margerite (Chrysanthemum leucanthemum)
Pilz
Quecke
Roggen
Sauerklee
Schlüsselblume (Primula)
Wacholder (Juniperus communis)

Abb. 18: *Meyblüml – Lilium Convallium*
(W.H. Freiherr von Hohberg: »Lust- und Arzneygarten des Königlichen Propheten Davids«, 1675)

Westniederdeutsch

Ostniederdeutsch

Sachgruppe: Pflanzen

Sächsisch

Brennessel .... Brennessel
Buschwindröschen .... Anemone
Getreide .... Getreide
Hahnebutte .... Hagebutte
Hahnewiepchen .. Hagebutte
Himmelschlüsselchen . Schlüsselblume (Primula)
Holunder .... Holunder
Hühnerblind . Schlüsselblume (Primula)
Juchhannel .... Wacholder
Käseblume .... Margerite
Knoppe .... Knospe
Knospe .... Knospe
Korn .... Getreide
Korn .... Roggen
Kornblume .... Kornblume
Kutter .... Baumrinde
Maiblume .... Maiglöckchen
Maiglöckchen .... Maiglöckchen
Päde .... Quecke
Pelle .... Baumrinde
Pilz .... Pilz
Quecke .... Quecke
Rinde .... Baumrinde
Sauerklee .... Sauerklee
Schibbicke .... Holunder
Schwamm .... Pilz
Talerblume .... Margerite
Tellerblume .... Margerite
Wacholder .... Wacholder
Wiepe .... Hagebutte
Zauke .... Maiglöckchen
Ziegenbein .... Kornblume

Thüringisch

Anemone .... Anemone
Brennessel .... Brennessel
Buschwindröschen .... Anemone
Eiternessel .... Brennessel
Frucht .... Getreide
Gänseblume .... Margerite
Getreide .... Getreide
Hahnebutte .... Hagebutte
Hambutte .... Hagebutte
Hiefe .... Hagebutte
Himmelschlüsselchen . Schlüsselblume (Primula)
Hollrungen .... Holunder
Holunder .... Holunder
Hühnerblume .... Anemone
Johannisblume .... Margerite
Knopfe .... Knospe
Knoppe .... Knospe
Knospe .... Knospe
Korn .... Roggen
Kornblume .... Kornblume
Maiblume .... Maiglöckchen
Maiglöckle ... Maiglöckchen
Maischelle ... Maiglöckchen
Margretenblume .. Margerite
Pilz .... Pilz
Quecke .... Quecke
Quewede .... Holunder
Rinde .... Baumrinde
Roggen .... Roggen
Sauerklee .... Sauerklee
Schale .... Baumrinde
Schibbicke .... Holunder
Schlüsselblume . Schlüsselblume (Primula)
Schwamm .... Pilz
Talerblume .... Margerite
Wacholder .... Wacholder
Wachtelbusch .... Wacholder
Ziegenbein .... Kornblume

Hessisch

Arschkitzel .... Hagebutte
Auge .... Knospe
Brennessel .... Brennessel
Brosse .... Knospe
Buschwindröschen .... Anemone
Frucht .... Getreide
Gänseblume .... Margerite
Geißblume .... Anemone
Hambuttel .... Hagebutte
Hanappel .... Hagebutte
Hängeblume .... Anemone
Hasenklee .... Sauerklee
Holler .... Holunder
Johannisblume .... Margerite
Knoppe .... Knospe
Knospe .... Knospe
Korn .... Getreide
Korn .... Roggen
Kornblume .... Kornblume
Kuckucksblume ... Anemone

Maiblume .... Maiglöckchen
Maiglöckchen .... Maiglöckchen
Margretenblume .. Margerite
Pilz .... Pilz
Quecke .... Quecke
Rinde .... Baumrinde
Sauerklee .... Sauerklee
Schale .... Baumrinde
Schlüsselblume . Schlüsselblume (Primula)
Schorkel .... Baumrinde
Schwamm .... Pilz
Wachhecke ...... Wacholder
Wacholder .... Wacholder

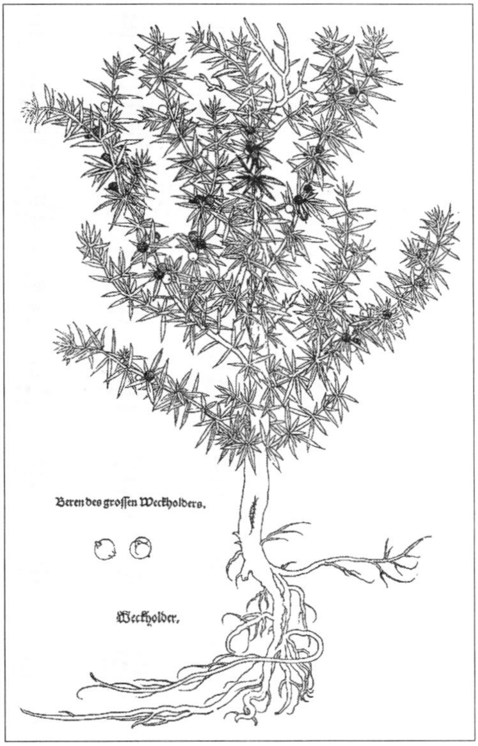

Abb. 19: »Weckholder«
(Leonh. Fuchs: »New=Kreüterbüchlein«, 1543)

Abb. 20: »Brennessel«
(L. Fuchs: »New=Kreüterbüchlein«, 1543)

Rheinisch

Bast .... Baumrinde
Beune .... Baumrinde
Blaublume .... Kornblume
Bottel .... Hagebutte
Brenndistel .... Brennessel
Brühnessel .... Brennessel
Buschwindröschen .... Anemone
Büssenholt .... Holunder
Denngras .... Quecke
Duttel .... Hagebutte
Flieder .... Holunder
Frucht .... Getreide
Gansblume .... Margerite
Graswurzel .... Quecke
Hagappel .... Hagebutte
Hasenklee .... Sauerklee
Himmelschlüssel . Schlüsselblume (Primula)
Holänter .... Holunder
Höllerten .... Holunder
Holunder .... Holunder
Hundsblume .... Margerite
Juckpulver .... Hagebutte
Jüddefleesch .... Pilz
Kerkenschlöttel . Schlüsselblume (Primula)

Sachgruppe: Pflanzen

Kiepe ... Hagebutte
Knoppe ... Knospe
Knospe ... Knospe
Korn ... Roggen
Kornblume ... Kornblume
Kuckucksblume ... Anemone
Kuckucksmoos ... Sauerklee
Maiblume ... Maiglöckchen
Maiglöckchen ... Maiglöckchen
Margretenblume ... Margerite
Paddenstuhl ... Pilz
Pilz ... Pilz
Quecke ... Quecke
Roggen ... Roggen
Rüdenblume ... Margerite
Sauerklee ... Sauerklee
Sauermoos ... Sauerklee
Schale ... Baumrinde
Schlüsselblume ... Schlüsselblume (Primula)
Schwamm ... Pilz
Sengnessel ... Brennessel
Wacholder ... Wacholder

Pfälzisch

Arschkratzel ... Hagebutte
Auge ... Knospe
Bottelchen ... Hagebutte
Brenndistel ... Brennessel
Brennessel ... Brennessel
Drischling ... Pilz
Frucht ... Getreide
Hasenbrot ... Sauerklee
Hasenklee ... Sauerklee
Hawuttel ... Hagebutte
Holänter ... Holunder
Holler ... Holunder
Knoppe ... Knospe
Knospe ... Knospe
Korn ... Roggen
Kornblume ... Kornblume
Kuckucksblume ... Anemone
Kuckucksbrot ... Sauerklee
Maiglöckchen ... Maiglöckchen
Mairöschen ... Maiglöckchen
Margrite ... Margerite
Ochsenauge ... Margerite
Pilz ... Pilz
Potte ... Knospe
Quecke ... Quecke
Rinde ... Baumrinde
Sauerklee ... Sauerklee
Schale ... Baumrinde
Schlüsselblume ... Schlüsselblume (Primula)
Schörze ... Baumrinde
Schwamm ... Pilz
Sengnessel ... Brennessel
Spackelter ... Hagebutte
Storchenblume ... Margerite
Wacholder ... Wacholder

Schwäbisch-Alemannisch

Batenke ... Schlüsselblume
Brennessel ... Brennessel
Brennhölzle ... Brennessel
Brosse ... Knospe
Buckele ... Hagebutte
Buschwindrösle ... Anemone
Butte ... Hagebutte
Frucht ... Getreide
Gänseblume ... Margerite
Hagebutte ... Hagebutte
Hagebutze ... Hagebutte
Hasenklee ... Sauerklee
Hiefe ... Hagebutte
Himmelschlüssel ... Schlüsselblume (Primula)
Holder ... Holunder
Knopf ... Knospe
Knospe ... Knospe
Korn ... Getreide
Korn ... Roggen
Kornbeißer ... Kornblume
Kornblume ... Kornblume
Kornnägele ... Kornblume
Kuckucksblume ... Anemone
Kuckucksbrot ... Sauerklee
Läsche ... Baumrinde
Magenka ... Schlüsselblume
Maiblümle ... Maiglöckchen
Maiglöckle ... Maiglöckchen
Mairösle ... Maiglöckchen
Margretle ... Margerite
Pfefferrute ... Wacholder
Pilz ... Pilz
Quecke ... Quecke
Reckholder ... Wacholder
Rinde ... Baumrinde
Roggen ... Roggen
Sauerklee ... Sauerklee
Schneekätherle ... Anemone
Schnürgras ... Quecke
Schwamm ... Pilz
Spitzgras ... Quecke

Trieb … Knospe
Wacholder … Wacholder
Zengenessel … Brennessel
Zwecke … Quecke

Fränkisch

Anemone … Anemone
Brachwurzel … Quecke
Brennessel … Brennessel
Brönnestel … Brennessel
Butterfaßla … Hagebutte
Flechtgras … Quecke
Frucht … Getreide
Gänseblume … Margerite
Geißblume … Anemone
Getreide … Getreide
Hagebutze … Hagebutte
Hiefe … Hagebutte
Holler … Holunder
Knopf … Knospe
Knospe … Knospe
Korn … Roggen
Kornblume … Kornblume
Kuckucksblume … Anemone
Maiblümle … Maiglöckchen
Maiglöckla … Maiglöckchen
Margaretenblume … Margerite
Pfefferrute … Wacholder
Pfiffer … Pilz
Pilz … Pilz
Quecke … Quecke
Rainwasen … Quecke
Rinde … Baumrinde
Sauerklee … Sauerklee
Schelfe … Baumrinde
Schlüsselblume … Schlüsselblume (Primula)
Schwamm … Pilz
Spitzwurzel … Quecke
Trad … Getreide
Wacholder … Wacholder
Wachtelbeer … Wacholder
Windrösla … Anemone

Bairisch

Anemone … Anemone
Arschkitzel … Hagebutte
Brachwurz … Quecke
Brennessel … Brennessel
Brost … Knospe
Buschwindrösel … Anemone
Butzen … Knospe
Gänseblume … Margerite
Getreide … Getreide
Hagebutte … Hagebutte
Harwutzel … Hagebutte
Hasenklee … Sauerklee
Hetschebeer … Hagebutte
Hiefe … Hagebutte
Himmelschlüssel … Schlüsselblume (Primula)
Holler … Holunder
Knopf … Knospe
Knospe … Knospe
Korn … Getreide
Korn … Roggen
Kornblume … Kornblume
Krampertsstaude … Wacholder
Kranawit … Wacholder
Lohe … Baumrinde
Maiglöckerl … Maiglöckchen
Margaretenblume … Margerite
Margriten … Margerite
Quecke … Quecke
Rinde … Baumrinde
Sauerklee … Sauerklee
Scheiten … Baumrinde
Schlüsselblume … Schlüsselblume (Primula)
Schußwurz … Quecke
Schwammerl … Pilz
Trad … Getreide
Trieb … Knospe
Wacholder … Wacholder
Wagenbutzerl … Hagebutte
Weißwurz … Quecke

Sitten und Gebräuche

Stichwort

Abendmahlzeit
Begräbnis
Fastnacht
Heiligabend
Jahrmarkt
Kaffeetrinken
unterhalten
Unterhaltung
Weihnachtsbaum
Weihnachtsmann

Abb. 21: Münchener Bilderbogen Nr.417: »Das Schicksal eines Christbaums«

Westniederdeutsch

Abendbrot .. Abendmahlzeit
Abendkost .. Abendmahlzeit
Beerdigung .... Begräbnis
Begräbnis .... Begräbnis
Christabend ..... Heiligabend
Christbaum .... Weihnachtsbaum
Christkind .... Weihnachtsmann
diskurrieren ...... unterhalten
Drön .... Unterhaltung
Fasching .... Fastnacht
Fastelabend .... Fastnacht
Gräff .... Begräbnis
Heiligabend .... Heiligabend
Jahrmarkt .... Jahrmarkt
Kaffeepause .. Kaffeetrinken
Kaffee(trinken) .... Kaffeetrinken
Karneval .... Fastnacht
Kindjesus .... Weihnachtsmann
Kirmes .... Jahrmarkt
klönen .... unterhalten
Klönschnack .. Unterhaltung
Leich .... Begräbnis
Markt .... Jahrmarkt
Nachfolge .... Begräbnis
Nachtmahl .. Abendmahlzeit
Plausch .... Unterhaltung
Prat .... Unterhaltung
praten .... unterhalten
quatschen .... unterhalten

Rummel .... Jahrmarkt
schnacken .... unterhalten
Tannenbaum .... Weihnachtsbaum
Tröstelbier .... Begräbnis
Vesper .... Kaffeetrinken
Vullbuksabend .... Heiligabend
Weihnachtsabend .... Heiligabend
Weihnachtsbaum .... Weihnachtsbaum
Weihnachtsmann .... Weihnachtsmann

Ostniederdeutsch

Abendbrot .. Abendmahlzeit
Abendbrot, Lütt .... Kaffeetrinken
Beerdigung .... Begräbnis
Begräbnis .... Begräbnis
Christbaum .... Weihnachtsbaum
Drön .... Unterhaltung
Fasching .... Fastnacht
Fastelabend .... Fastnacht
Gräfnis .... Begräbnis
Heilechrist .... Weihnachtsmann
Heiligabend .... Heiligabend
Jahrmarkt .... Jahrmarkt
Julklappabend .. Heiligabend
Kaffeepause .. Kaffeetrinken
Kaffee(trinken) .... Kaffeetrinken
Karneval .... Fastnacht
Kindjesus .... Weihnachtsmann
Klön .... Unterhaltung
klönen .... unterhalten
Klönschnack .. Unterhaltung
Lütt Abendbrot .... Kaffeetrinken
Nachtkost ... Abendmahlzeit
Plausch .... Unterhaltung
quatschen .... unterhalten
Rosinenbaum .... Weihnachtsbaum
Ruhklas ... Weihnachtsmann
Rummel .... Jahrmarkt
Schwatz .... Unterhaltung
Tannenbaum .... Weihnachtsbaum
tratschen .... unterhalten
Vesper .... Kaffeetrinken
Vullbuksabend .... Heiligabend
Weihnachtsbaum .... Weihnachtsbaum
Weihnachtsmann .... Weihnachtsmann

Sächsisch

Abendbrot .. Abendmahlzeit
Babelchen ..... Unterhaltung
babeln .... unterhalten
Beerdigung .... Begräbnis
Begrabe .... Begräbnis
Bornkindel .... Weihnachtsmann
Christ, Heiliger .... Weihnachtsmann
Christbaum .... Weihnachtsbaum
Christnacht ..... Heiligabend
diskurrieren ...... unterhalten
Diskurs .... Unterhaltung
Fasching .... Fastnacht
Fastnacht .... Fastnacht
Halbabend .... Kaffeetrinken
Heiligabend .... Heiligabend
Heiliger Christ .... Weihnachtsmann
Jahrmarkt .... Jahrmarkt
Kaffee(trinken) .... Kaffeetrinken
Kirmes .... Jahrmarkt
klatschen .... unterhalten
Knecht Ruprecht .... Weihnachtsmann
Leich .... Begräbnis
Lichterbaum .... Weihnachtsbaum
mären .... unterhalten
Plausch .... Unterhaltung
quatschen .... unterhalten
Rummel .... Jahrmarkt
Ruprecht, Knecht .... Weihnachtsmann
Schwätzchen .. Unterhaltung
schwatzen .... unterhalten
Tannenbaum .... Weihnachtsbaum
texten .... unterhalten
Tratsch .... Unterhaltung
tratschen .... unterhalten
Vesper .... Kaffeetrinken
Weihnachtsbaum .... Weihnachtsbaum
Weihnachtsmann .... Weihnachtsmann

Thüringisch

Abendbrot .. Abendmahlzeit
Abendessen ... Abendmahlzeit
Beerdigung ... Begräbnis
Begrabe ... Begräbnis
Bornkindel ... Weihnachtsmann
Buschbaum ... Weihnachtsbaum
Christ, Heiliger ... Weihnachtsmann
Christabend ... Heiligabend
Christbaum ... Weihnachtsbaum
Christbusch ... Weihnachtsbaum
Christkind ... Weihnachtsmann
diskurrieren ... unterhalten
Dreibrot ... Kaffeetrinken
Fasching ... Fastnacht
Fastelabend ... Fastnacht
Fastnacht ... Fastnacht
Halbabend ... Kaffeetrinken
Hans Ruprecht ... Weihnachtsmann
Heiligabend ... Heiligabend
Heiliger Christ ... Weihnachtsmann
Herrscheklaus ... Weihnachtsmann
Jahrmarkt ... Jahrmarkt
Kaffee(trinken) ... Kaffeetrinken
Kirmes ... Jahrmarkt
kosen ... unterhalten
Leich ... Begräbnis
Lichterbaum ... Weihnachtsbaum
Mettenbaum ... Weihnachtsbaum
Nachtbrot ... Abendmahlzeit
quatschen ... unterhalten
Rummel ... Jahrmarkt
Ruprecht, Hans ... Weihnachtsmann
Schwätzchen .. Unterhaltung
schwatzen ... unterhalten
storchen ... unterhalten
Tannenbaum ... Weihnachtsbaum
tratschen ... unterhalten
Vesper ... Kaffeetrinken
Weihnachtsbaum ... Weihnachtsbaum
Weihnachtsmann ... Weihnachtsmann
Zuckerbaum ... Weihnachtsbaum

Hessisch

Abendbrot .. Abendmahlzeit
Abendessen ... Abendmahlzeit
babbeln ... unterhalten
Beerdigung ... Begräbnis
Bescherabend .. Heiligabend
Christabend ... Heiligabend
Christbaum ... Weihnachtsbaum
Christkind ... Weihnachtsmann
diskurrieren ... unterhalten
Fasching ... Fastnacht
Fastelabend ... Fastnacht
Fastnacht ... Fastnacht
Flennes ... Begräbnis
Heiligabend ... Heiligabend
Kaffee(trinken) ... Kaffeetrinken
Karneval ... Fastnacht
Kerb ... Jahrmarkt
Kirmes ... Jahrmarkt
Leich ... Begräbnis
Messe ... Jahrmarkt
Nachtessen .. Abendmahlzeit
Nikolaus .. Weihnachtsmann
Rummel ... Jahrmarkt
Schwatz ... Unterhaltung
Schwätzchen .. Unterhaltung
schwätzen ... unterhalten
Tannenbaum ... Weihnachtsbaum
tratschen ... unterhalten
Trauer ... Begräbnis
Vesper ... Kaffeetrinken
Weihnachtsbaum ... Weihnachtsbaum
Weihnachtsmann ... Weihnachtsmann
Zuckerbaum ... Weihnachtsbaum

Rheinisch

Abendbrot .. Abendmahlzeit
Abendessen .... Abendmahlzeit
Begräbnis .... Begräbnis
Christabend ..... Heiligabend
Christbaum .... Weihnachtsbaum
Christkind .... Weihnachtsmann
Fastelabend .... Fastnacht
Fastnacht .... Fastnacht
Heiligabend .... Heiligabend
Kaffeepause .. Kaffeetrinken
Kaffee(trinken) .... Kaffeetrinken
Kall .... Unterhaltung
kallen .... unterhalten
Karneval .... Fastnacht
Kirmes .... Jahrmarkt
Klaf .... Unterhaltung
klafen .... unterhalten
Leich .... Begräbnis
Plausch .... Unterhaltung
plauschen .... unterhalten
Quätschchen .. Unterhaltung
quatschen .... unterhalten
Reu .... Begräbnis
Schwätzchen .. Unterhaltung
schwätzen .... unterhalten
Tannenbaum .... Weihnachtsbaum
tratschen .... unterhalten
Verzähl .... Unterhaltung
Weihnachtsbaum .... Weihnachtsbaum

Pfälzisch

Abendessen .... Abendmahlzeit
babbeln .... unterhalten
basen .... unterhalten
Begräbnis .... Begräbnis
Bescherabend .. Heiligabend
Buchsbaum .... Weihnachtsbaum
Christabend ..... Heiligabend
Christbaum .... Weihnachtsbaum
Christkind .... Weihnachtsmann
diskurrieren ...... unterhalten
Fastnacht .... Fastnacht
Heiligabend .... Heiligabend
Kaffeepause .. Kaffeetrinken
Kaffee(trinken) .... Kaffeetrinken
Kerb .... Jahrmarkt
Kirmes .... Jahrmarkt
Leich .... Begräbnis
Maie .... Unterhaltung
maien .... unterhalten
Messe .... Jahrmarkt
Nachtessen .. Abendmahlzeit
Pelznickel .... Weihnachtsmann
ratschen .... unterhalten
Schwätzchen .. Unterhaltung
schwätzen .... unterhalten
tratschen .... unterhalten
Vesper .... Kaffeetrinken
Weihnachtsabend .... Heiligabend
Weihnachtsbaum .... Weihnachtsbaum
Zuckerbaum .... Weihnachtsbaum

Schwäbisch-Alemannisch

Abendessen .... Abendmahlzeit
babbeln .... unterhalten
batschen .... unterhalten
Brotzeit .... Kaffeetrinken
Buchsbaum .... Weihnachtsbaum
Christbaum .... Weihnachtsbaum
Christkindle .... Weihnachtsmann
diskurrieren ...... unterhalten
Fasching .... Fastnacht
Fasnet .... Fastnacht
Fastnacht .... Fastnacht
Heierles .... Unterhaltung
Heiligabend .... Heiligabend
Heilige Nacht .. Heiligabend
heimgarten .... unterhalten
Heimgarten .... Unterhaltung
Jahrmarkt .... Jahrmarkt
Kaffee(trinken) .... Kaffeetrinken
Karz .... Unterhaltung

Sachgruppe: Sitten und Gebräuche

Kirbe ...... Jahrmarkt
Leich ...... Begräbnis
Marende ...... Kaffeetrinken
Messe ...... Jahrmarkt
Nacht, Heilige ...... Heiligabend
Nachtessen ...... Abendmahlzeit
Pelzmärte ...... Weihnachtsmann
ratschen ...... unterhalten
Rummel ...... Jahrmarkt
schnättern ...... unterhalten
schwätzen ...... unterhalten
Schwätzle ...... Unterhaltung
tratschen ...... unterhalten
Untern ...... Kaffeetrinken
Vesper ...... Abendmahlzeit
Vesper ...... Kaffeetrinken
Vesperbrot ...... Kaffeetrinken
Weihnachtsabend ...... Heiligabend
Weihnachtsbaum ...... Weihnachtsbaum

Fränkisch

Abendbrot ...... Abendmahlzeit
Abendessen ...... Abendmahlzeit
Abendstück ...... Abendmahlzeit
babbeln ...... unterhalten
Brotzeit ...... Kaffeetrinken
Christabend ...... Heiligabend
Christbaum ...... Weihnachtsbaum
Christkindla ...... Weihnachtsmann
Christnacht ...... Heiligabend
diskurrieren ...... unterhalten
Fasching ...... Fastnacht
Fastnacht ...... Fastnacht
Gebatsch ...... Unterhaltung
Geplauder ...... Unterhaltung
Heiligabend ...... Heiligabend
Kaffee(trinken) ...... Kaffeetrinken
Kirchweih ...... Jahrmarkt
Kirwa ...... Jahrmarkt
Klatsch ...... Unterhaltung
Kränzla ...... Unterhaltung
Leich ...... Begräbnis
Messe ...... Jahrmarkt
Nachtessen ...... Abendmahlzeit
Plausch ...... Unterhaltung
ratschen ...... unterhalten
schwätzen ...... unterhalten
Ständerle ...... Unterhaltung
Tratsch ...... Unterhaltung
tratschen ...... unterhalten
Vesper ...... Kaffeetrinken
Volksfest ...... Jahrmarkt
wafen ...... unterhalten

Bairisch

Abendessen ...... Abendmahlzeit
Brotzeit ...... Kaffeetrinken
Christbaum ...... Weihnachtsbaum
Christkindel ...... Weihnachtsmann
Christkindelbaum ...... Weihnachtsbaum
diskurrieren ...... unterhalten
Dult ...... Jahrmarkt
Fasching ...... Fastnacht
Fastnacht ...... Fastnacht
Heiligabend ...... Heiligabend
heimgarten ...... unterhalten
Heimgarten ...... Unterhaltung
Kaffee(trinken) ...... Kaffeetrinken
Kirtag ...... Jahrmarkt
Leich ...... Begräbnis
Marende ...... Kaffeetrinken
Nachtessen ...... Abendmahlzeit
Nachtmahl ...... Abendmahlzeit
Ratsch ...... Unterhaltung
ratschen ...... unterhalten
Schmatz ...... Unterhaltung
schmatzen ...... unterhalten
Untern ...... Kaffeetrinken
Volksfest ...... Jahrmarkt

Tiere

Stichwort

Ameise
Eichelhäher
Elster
Erpel
Euter
Ferkel
Fliege
Frosch
gackern
Gänschen
Ganter
Glucke
Glühwürmchen
Hahn
Henne
Heuschrecke
Igel
Iltis
Kalb (weiblich)
Kaninchen
Kater
Kaulquappe
Kröte
Lamm (weiblich)
Libelle
Marienkäfer
Maulwurf
Mistkäfer
Mutterschwein
Ohrwurm
Pferd
Regenwurm
Sperling
Spinngewebe
Stechmücke
Tauber
Viehbremse
wiederkäuen
wiehern
Ziege

Abb. 22: Matthäus Merian: »Equus – Pferd – Roß – Hengst – Gaul« (1650)

Sachgruppe: Tiere

Westniederdeutsch

Ackergaul	Pferd
aderkauen	wiederkäuen
Ägster	Elster
Aulamm	Lamm (w.)
Baue	Viehbremse
Bigge	Ferkel
Blindefliege	Viehbremse
Blindseke	Viehbremse
Bolz	Kater
brammen	wiehern
Breitpogge	Kröte
Bremse	Viehbremse
Brummer	Fliege
Dacklünk	Sperling
Dickkopf	Kaulquappe
Döbbert	Tauber
Drake	Erpel
Düffer	Tauber
ederkauen	wiederkäuen
Emigge	Ameise
Erpel	Erpel
Farken	Ferkel
Fickel	Ferkel
Fliege	Fliege
Fröte	Maulwurf
Gaffeltang	Ohrwurm
Ganter	Ganter
Gaul	Pferd
Glimmors	Glühwürmchen
Glimmstert	Glühwürmchen
Glucke	Glucke
Gluckhenne	Glucke
Glühwurm	Glühwürmchen
Gnidde	Stechmücke
Gooskùken	Gänschen
Gössel	Gänschen
Grashüpfer	Heuschrecke
Häger	Eichelhäher
Hahn	Hahn
Hausfink	Sperling
Heister	Elster
Henne	Henne
Heuhüpfer	Heuschrecke
Heupferdchen	Heuschrecke
Heuspringer	Heuschrecke
Hiekster	Eichelhäher
Hieske	Pferd
Hittchen	Lamm (w.)
Hitte	Ziege
Höpper	Frosch
Huhn	Henne
Ilk	Iltis
Jidder	Euter
Johanniswürmchen	Glühwürmchen
juchen	wiehern
Jüller	Euter
kakeln	gackern
Kalb	Kalb (w.)
Kaninchen	Kaninchen
Karnickel	Kaninchen
Kater	Kater
Kaulquappe	Kaulquappe
Kauschietenkleier	Mistkäfer
Kluckschc	Glucke
Kornstapel	Heuschrecke
Kuhkalb	Kalb (w.)
Kuhstert	Libelle
lachen	wiehern
Lork	Kröte
Lüning	Sperling
Mädsche	Regenwurm
Marienkäfer	Marienkäfer
Miegimm	Ameise
Miete	Stechmücke
Mistkäfer	Mistkäfer
Mücke	Stechmücke
Mullewurp	Maulwurf
Mutte	Mutterschwein
nederkauen	wiederkäuen
nerken	wiederkäuen
nöckern	wiehern
Ohrenknieper	Ohrwurm
Ohrenkrüper	Ohrwurm
Ohrwurm	Ohrwurm
Ölk	Regenwurm
Ornt	Tauber
Pärre	Kröte
Pferd	Pferd
Piedelpogge	Kaulquappe
Pierwurm	Regenwurm
Pirken	Gänschen
Pogge	Frosch
Puspogge	Kröte
Regenwurm	Regenwurm
Scharnbull	Mistkäfer
Schneider	Libelle
Schnuppen	Mistkäfer
Schreihäkster	Eichelhäher
Sipplamm	Lamm (w.)
Sög	Mutterschwein
Sonnenkäfer	Marienkäfer
Spatz	Sperling
Speckfreter	Libelle
Spinnekoppen	Spinngewebe
Spinnewupp	Spinngewebe
Spinnwebe	Spinngewebe
Springhahn	Heuschrecke
Stachelschwein	Igel
Starkenkalb	Kalb (w.)
Stertpogge	Kaulquappe
Stripp	Euter
Swienegel	Igel
Tannhäger	Eichelhäher
Tauwurm	Regenwurm
Titte	Euter

Tunegel ... Igel
Tutz ... Kröte
Ütsche ... Frosch
Ütsche ... Kröte
Wasserjungfer ... Libelle
Wek ... Erpel
wiederkäuen ... wiederkäuen
wiehern ... wiehern
Windwurm ... Maulwurf
Wort ... Erpel
wrenschen ... wiehern
Zicke ... Ziege
Ziege ... Ziege

Ostniederdeutsch

Ackergaul ... Pferd
aderkauen ... wiederkäuen
Aulamm ... Lamm (w.)
Bremse ... Viehbremse
brenschen ... wiehern
Brummer ... Fliege
Bullenkäfer ... Mistkäfer
Bußkäfer ... Mistkäfer
Dase ... Viehbremse
Döbbert ... Tauber
Düffer ... Tauber
Eichelhäher ... Eichelhäher
Emken ... Ameise
Erpel ... Erpel
Farken ... Ferkel
Färsenkalb ... Kalb (w.)
Ferkel ... Ferkel
Flämmstern ... Glühwürmchen
Fliege ... Fliege
gackern ... gackern
Gänseküken ... Gänschen
Ganter ... Ganter
Gaul ... Pferd
Glucke ... Glucke
Glühwurm ... Glühwürmchen
Gnidde ... Stechmücke
Gössel ... Gänschen
Haferbock ... Heuschrecke
Hahn ... Hahn
Heister ... Elster
Henne ... Henne
Herrgottswürmchen ... Marienkäfer
Heuhopser ... Heuschrecke
Heuhüpfer ... Heuschrecke
Heupferd ... Heuschrecke
Heusprengsel ... Heuschrecke
Holzschreier ... Eichelhäher
Höpper ... Frosch
Hottepferd ... Libelle
Huhn ... Henne
Ilk ... Iltis
Iltis ... Iltis
Jidder ... Euter
juchen ... wiehern
kakeln ... gackern
Kaninchen ... Kaninchen
Karnickel ... Kaninchen
Kater ... Kater
Kaulquappe ... Kaulquappe
krieschen ... wiehern
Kröte ... Kröte
Kullhüx ... Kröte
Kulpadde ... Kaulquappe
Kulpogge ... Kaulquappe
Kuter ... Kater
Libelle ... Libelle
Luskäfer ... Mistkäfer
Madick ... Regenwurm
Marienkäfer ... Marienkäfer
Marienwürmchen ... Marienkäfer
Markwart ... Eichelhäher
meckern ... wiehern
Miegimm ... Ameise
Miere ... Ameise
Mietschke ... Stechmücke
Mistkäfer ... Mistkäfer
Moll ... Maulwurf
Mollmaus ... Maulwurf
Mollwurm ... Maulwurf
Mücke ... Stechmücke
Mucker ... Kaninchen
nörricken ... wiehern
Ohrenknieper ... Ohrwurm
Padde ... Frosch
Padde ... Kröte
Pferd ... Pferd
Pferdekneifer ... Ohrwurm
Pieraas ... Regenwurm
Pierlauke ... Regenwurm
Piermade ... Regenwurm
Pierwurm ... Regenwurm
Pißmiere ... Ameise
Quadhux ... Frosch
Quadhux ... Kröte
Range ... Mutterschwein
Riedpogge ... Kröte
Sau ... Mutterschwein
Schackelster ... Elster
Scharnbull ... Mistkäfer
Scharnwewer ... Mistkäfer
Schillebock ... Libelle
Schottpogge ... Frosch
Sög ... Mutterschwein
Sonnenkäfer ... Marienkäfer
Spatz ... Sperling
Sperling ... Sperling
Spinnen ... Spinngewebe
Spinngewebe ... Spinngewebe

Sachgruppe: Tiere

Spinnwebe .... Spinngewebe
Springepferd .... Heuschrecke
Stachelschwein .... Igel
Starke .... Kalb (w.)
Swienegel .... Igel
Täuberich .... Tauber
Taumade .... Regenwurm
Üder .... Euter
Ülling .... Iltis
Viehkneifer .... Viehbremse
Wädick .... Erpel
Wännerk .... Erpel
Wasserjungfer .... Libelle
Wenker .... Erpel
wiederkäuen .... wiederkäuen
wiehern .... wiehern
Wielegäußling .... Gänschen
Zibbenlamm .... Lamm (w.)
Zicke .... Ziege
Ziege .... Ziege

Sächsisch

ädern .... wiederkäuen
Augenstecher .... Libelle
Baschel .... Ferkel
Bielchen .... Gänschen
Breme .... Viehbremse
Bremse .... Viehbremse
Brummer .... Fliege
Eichelhäher .... Eichelhäher
Eichelkabsch .... Eichelhäher
Elster .... Elster
Enterich .... Erpel
Erpel .... Erpel
Euter .... Euter
Ferkelsau .... Mutterschwein
Fliege .... Fliege
Frosch .... Frosch
gackern .... gackern
Gänserich .... Ganter
Gansert .... Ganter
Gäntsch .... Ganter
gatzen .... gackern
Gickerhahn .... Hahn
Gickersch .... Hahn
Glucke .... Glucke
Glühwürmchen .... Glühwürmchen
Grashupfer .... Heuschrecke
Graspferd .... Heuschrecke
Grieschel .... Gänschen
Hahn .... Hahn
Hase .... Kaninchen
Hättel .... Ziege
Hecksau .... Mutterschwein
Heinz .... Kater
Henne .... Henne
Heupferd .... Heuschrecke
hichern .... wiehern
Hiele .... Gänschen
Himmelkühchen .... Marienkäfer
Hippe .... Ziege
Hoppelpferd .... Heuschrecke
Hunschel .... Ferkel
Husche .... Gänschen
Hutschke .... Frosch
Hutschke .... Kröte
Igel .... Igel
Iltis .... Iltis
Johannisfunken .... Glühwürmchen
Johanniswürmchen .... Glühwürmchen
kälen .... wiederkäuen
Kankergespinst .... Spinngewebe
Karnickel .... Kaninchen
Kater .... Kater
Katerich .... Kater
Kaularsch .... Kaulquappe
Kaulbatz .... Kaulquappe
Kaulquappe .... Kaulquappe
Kecker .... Kröte
knälen .... wiederkäuen
Kröte .... Kröte
Kuhhase .... Kaninchen
Kuhkalb .... Kalb (w.)
Kuter .... Kater
Libelle .... Libelle
Marienkäfer .... Marienkäfer
Maulwurf .... Maulwurf
Mietschke .... Stechmücke
Milchsack .... Euter
Mistkäfer .... Mistkäfer
Moll .... Maulwurf
Moorkecker .... Frosch
Motschenkalb .... Kalb (w.)
Motwolf .... Maulwurf
Motwurf .... Maulwurf
Mücke .... Stechmücke
Mutschekiebchen .... Marienkäfer
Muttersau .... Mutterschwein
Nusser .... Eichelhäher
Ohrenkneiper .... Ohrwurm
Ohrenkriecher .... Ohrwurm
Pferd .... Pferd
Pißämse .... Ameise
Rächert .... Erpel
Regenmade .... Regenwurm
Regenwurm .... Regenwurm
Sau .... Mutterschwein
Sauigel .... Igel
Schackelster .... Elster
Schaf .... Lamm (w.)
Scheißkäfer .... Mistkäfer
Schnake .... Stechmücke

Schneider .... Libelle
Schnupperkeule .... Kaulquappe
Seichämse .... Ameise
Skanziger .... Sperling
Sommerwürmle .... Marienkäfer
Spatz .... Sperling
Sperling .... Sperling
Spinnekanker .... Spinngewebe
Spinneklunker .... Spinngewebe
Spinnelode .... Spinngewebe
Spinnwebe .... Spinngewebe
Spunziger .... Sperling
Stachelschwein .... Igel
Stänker .... Iltis
Täuberich .... Tauber
Taubert .... Tauber
Tschuckel .... Ferkel
Wasserjungfer .... Libelle
Wenderich .... Erpel
wiederkäuen ... wiederkäuen
wiehern .... wiehern
Zicke .... Ziege
Ziege .... Ziege
Zosse .... Pferd

Thüringisch

Ameise .... Ameise
Breme .... Viehbremse
Brummer .... Fliege
Dausch .... Mutterschwein
Dickkopf .... Kaulquappe
Diesenkalb .... Kalb (w.)
Döbbert .... Tauber
Drache .... Erpel
Eichelhäher ..... Eichelhäher
Elster .... Elster
Emetze .... Ameise
Enterich .... Erpel
Erpel .... Erpel
Euter .... Euter
Fliege .... Fliege
Frosch .... Frosch
gackern .... gackern
Ganeist .... Ganter
Gänschen .... Gänschen
Gansert .... Ganter
gätzen .... gackern
Gaul .... Pferd
Geiß .... Ziege
Gickelhahn .... Hahn
Glucke .... Glucke
Glückskäfer .... Marienkäfer
Glühwürmchen .... Glühwürmchen
Göcker .... Hahn
Grashitsche .... Heuschrecke
Grashüpfer ..... Heuschrecke
Graspferd ...... Heuschrecke
Hahn .... Hahn
Hameisel .... Ameise
Hankel .... Pferd
Hasekuh .... Kaninchen
Hättel .... Ziege
Hecksau ..... Mutterschwein
Heinz .... Kater
Heinzelmann .... Kater
Henne .... Henne
Heuhüpfer ..... Heuschrecke
hichern .... wiehern
Hippe .... Ziege
Huhn .... Henne
Igel .... Igel
Johanniskühla .. Marienkäfer
Johanniswürmchen .... Glühwürmchen
juchzen .... wiehern
kälen .... wiederkäuen
Kankergespinst .... Spinngewebe
Karnickel .... Kaninchen
Katzert .... Kater
Kaulquappe ..... Kaulquappe
Kehr .... Eichelhäher
Kilwerlamm ..... Lamm (w.)
kittern .... wiehern
Kluckse .... Glucke
Kröte .... Kröte
Kulkopf .... Kaulquappe
lachen .... wiehern
Libelle .... Libelle
Marienkäfer .... Marienkäfer
Maulwurf .... Maulwurf
Meissenkälbchen .... Kalb (weiblich)
mieksen .... wiehern
Milchsack .... Euter
Mistkäfer .... Mistkäfer
Moll .... Maulwurf
Moorkecker .... Frosch
Motschenkalb ..... Kalb (w.)
Motwurf .... Maulwurf
Mücke .... Fliege
Mücke .... Stechmücke
Mutschekiebchen .... Marienkäfer
nädern .... wiederkäuen
niterücken ...... wiederkäuen
Nußhacker ...... Eichelhäher
Ohratzel .... Ohrwurm
Ohrenkneiper ...... Ohrwurm

Ohrlitze	Ohrwurm
Pferd	Pferd
Pferdestecher	Libelle
Rächert	Erpel
Ratz	Iltis
Regenmade	Regenwurm
Regenwurm	Regenwurm
Röhling	Frosch
Sau	Mutterschwein
Schaf	Lamm (w.)
Schnake	Stechmücke
Schweinchen	Ferkel
Seichämse	Ameise
Skanziger	Sperling
Spatz	Sperling
Sperk	Sperling
Sperling	Sperling
Spinnekanker	Spinngewebe
Spinnlappen	Spinngewebe
Spinnwebe	Spinngewebe
Stacheligel	Igel
Stallhase	Kaninchen
Stänker	Iltis
Sucksäula	Ferkel
Taubert	Tauber
Titzen	Euter
Torantel	Ohrwurm
Ütsche	Kröte
Wäschebleuel	Kaulquappe
Wasserjungfer	Libelle
wiederkäuen	wiederkäuen
wiehern	wiehern
Wiele	Gänschen
Wullegans	Gänschen
Zibbe	Lamm (w.)
Zicke	Ziege
Ziege	Ziege
Zuchtel	Mutterschwein
Zwilch	Sperling

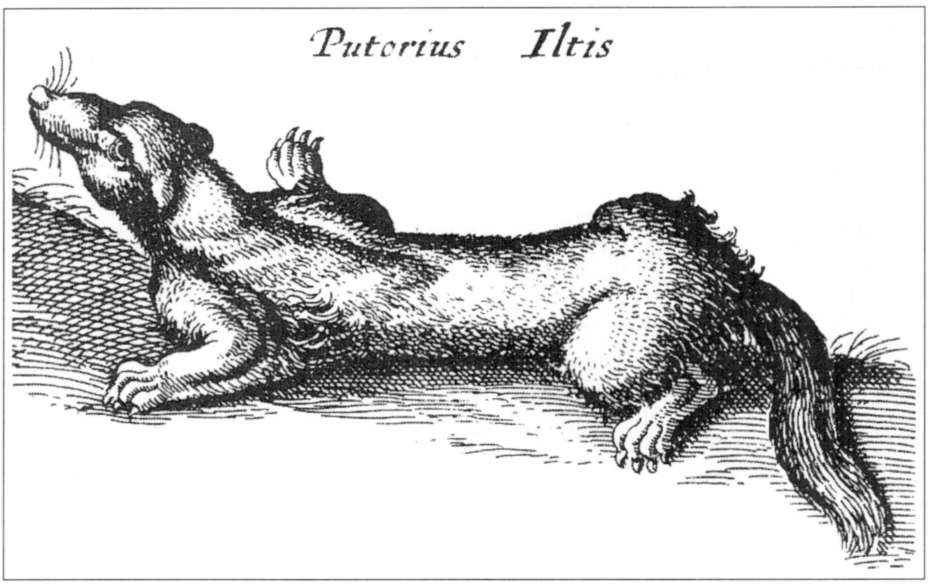

Abb. 23: Matthäus Merian: »Putorius – Iltis« (1650)

Hessisch

Ameise	Ameise
Antdrache	Erpel
Atzel	Elster
Bammel	Kater
Breme	Viehbremse
Bremse	Viehbremse
Dickkopf	Kaulquappe
Docke	Mutterschwein
Elster	Elster
Emetze	Ameise
Enterich	Erpel
Ferkel	Ferkel

Ferkelsau ... Mutterschwein
Fliege ... Fliege
Freckel ... Ferkel
Frosch ... Frosch
gäcksen ... gackern
Gänschen ... Gänschen
Ganser ... Ganter
Gänserich ... Ganter
Gansert ... Ganter
gätzen ... gackern
Gaul ... Pferd
Gäulskopf ... Kaulquappe
Geiß ... Ziege
Gickel ... Hahn
Gimellamm ... Lamm (w.)
Ginsel ... Gänschen
Glucke ... Glucke
Glühwürmchen ... Glühwürmchen
häbbeln ... wiehern
Häher ... Eichelhäher
Hahn ... Hahn
härcheln ... wiehern
Hase ... Kaninchen
Heuhüpfer ... Heuschrecke
hicheln ... wiehern
Hinkel ... Henne
Hitzchen ... Lamm (w.)
Huhn ... Henne
hutscheln ... wiehern
hüttern ... wiehern
Igel ... Igel
illerücken ... wiederkäuen
Iltis ... Iltis
Jäger ... Libelle
Johannisfünkchen ... Glühwürmchen
Johannismücke ... Glühwürmchen
Johannisvögelchen ... Glühwürmchen
Junikäfer ... Marienkäfer
Karnickel ... Kaninchen
Kater ... Kater
Kehr ... Eichelhäher
Kilwerlamm ... Lamm (w.)
Krott ... Kröte
Kühkalb ... Kalb (w.)
lachen ... wiehern
Lämmchen ... Lamm (w.)
Mallert ... Kater
Mämme ... Euter
Mampel ... Euter
Marienkäfer ... Marienkäfer
Markolf ... Eichelhäher
Maulwurf ... Maulwurf
Meissenkälbchen ... Kalb (weiblich)
Minkelkalb ... Kalb (w.)
Mistgaul ... Mistkäfer
Mistkäfer ... Mistkäfer
Molbert ... Maulwurf
Moll ... Maulwurf
Moltroff ... Maulwurf
Mücke ... Fliege
Mucke ... Mutterschwein
Mücke ... Stechmücke
Mutterkalb ... Kalb (w.)
niterücken ... wiederkäuen
Ohrenkriecher ... Ohrwurm
Ohrlitze ... Ohrwurm
Ohrschlitz ... Ohrwurm
Ohrwissel ... Ohrwurm
Petzemese ... Ameise
Pferd ... Pferd
Ratz ... Iltis
Regenwurm ... Regenwurm
Röhling ... Frosch
Ruckert ... Tauber
Scheißkrabbler ... Mistkäfer
Schnake ... Stechmücke
Schneider ... Libelle
Seichameise ... Ameise
Spatz ... Sperling
Spatzert ... Sperling
Spinnlappen ... Spinngewebe
Spinnwebe ... Spinngewebe
Stallhase ... Kaninchen
Täuberich ... Tauber
Taubert ... Tauber
Taubhorn ... Tauber
Titze ... Euter
Ütsche ... Kröte
Wasserjungfer ... Libelle
wiehern ... wiehern
Wullchen ... Gänschen
Wutzchen ... Ferkel
Ziege ... Ziege

Rheinisch

Augenstecher ... Libelle
Augenstößer ... Libelle
Auter ... Euter
Beiel ... Viehbremse
Bremse ... Viehbremse
Butsch ... Ziege
Dase ... Viehbremse
Dickkopf ... Kaulquappe
Elster ... Elster
Emseek ... Ameise
Entenhahn ... Erpel
Entenvogel ... Erpel
Enterich ... Erpel
Fäsch ... Kalb (w.)
Faulstich ... Viehbremse
Ferkel ... Ferkel
Ferkelsau ... Mutterschwein
Fliege ... Fliege

Sachgruppe: Tiere

Flimmflämmke .... Glühwürmchen
Frösch .... Frosch
Fürner .... Iltis
gacksen .... gackern
Gänschen .... Gänschen
Gänsehahn .... Ganter
Gänserich .... Ganter
Geiß .... Ziege
Gent .... Ganter
Giske .... Gänschen
Gleiärseken .... Glühwürmchen
Glucke .... Glucke
Gössel .... Gänschen
Gür .... Maulwurf
Hahn .... Hahn
Henne .... Henne
Herrgottstierchen .... Marienkäfer
Heupferd .... Heuschrecke
Heuschrecke ... Heuschrecke
Heuspringer ... Heuschrecke
Himmelstierchen .... Marienkäfer
Hippe .... Ziege
Hucke .... Kröte
Huhn .... Henne
Hüpperling .... Frosch
Hütsche .... Kröte
Igel .... Igel
Iltis .... Iltis
iterücken .... wiederkäuen
Jeder .... Euter
Johanniswürmchen .... Glühwürmchen
Junikäfer .... Marienkäfer
kakeln .... gackern
Kälbchen .... Kalb (w.)
Kaninchen .... Kaninchen
Kater .... Kater
Kitzhahn .... Hahn
Kluckse .... Glucke
Klutze .... Glucke
Kning .... Kaninchen
Knose .... Stechmücke
Koppenspinne .... Spinngewebe
Korre .... Ferkel
krähen .... wiehern
Krieme .... Mutterschwein
Krott .... Kröte
Krutte .... Frosch
Kulkopf .... Kaulquappe
lachen .... wiehern
Lämmchen .... Lamm (w.)
Libelle .... Libelle
Lim .... Ziege
magieren .... wiehern
Marienkäfer .... Marienkäfer
Märker .... Eichelhäher
Markolf .... Eichelhäher
Mistkäfer .... Mistkäfer
mizen .... wiehern
Moll .... Maulwurf
Molthauf .... Maulwurf
Moltroff .... Maulwurf
Mösch .... Sperling
Mücke .... Fliege
Mucke .... Mutterschwein
Mücke .... Stechmücke
Muke .... Kröte
Müter .... Kater
Muttergotteskäfer .... Marienkäfer
nerken .... wiederkäuen
Ogger .... Euter
Ohrenkrüper .... Ohrwurm
Ohrenpetscher ..... Ohrwurm
Ohrenquangel ..... Ohrwurm
Ohrenratte .... Ohrwurm
Ohrenschleffer .... Ohrwurm
Pädde .... Kröte
Pette .... Frosch
Pferd .... Pferd
Pferdsfliege ..... Viehbremse
Pferdstier .... Mistkäfer
Pferdswibbeler .... Mistkäfer
Pier .... Regenwurm
Pogge .... Ferkel
Pullchen .... Gänschen
Rämmel .... Kater
Regenwurm .... Regenwurm
rönneken .... wiehern
Ruckert .... Tauber
Sack .... Euter
Sau .... Mutterschwein
Schaf .... Lamm (w.)
Schäfchen .... Lamm (w.)
Scharphase .... Igel
Scheelmücke ... Viehbremse
Schleiche .... Regenwurm
Schnagge .... Ferkel
Schnake .... Stechmücke
Schneider .... Libelle
Seichameise .... Ameise
Spatz .... Sperling
Spießigel .... Igel
Spinngewebe .... Spinngewebe
Spinnwette .... Spinngewebe
Springhahn .... Heuschrecke
Stinkert .... Iltis
Stirkenkalb .... Kalb (w.)
Suge .... Mutterschwein
Taubenmännchen .... Tauber
Täuberich .... Tauber
Tucke .... Henne
wiederkäuen ... wiederkäuen
wiehern .... wiehern
Winder .... Erpel
Ziege .... Ziege

Pfälzisch

Ameise ... Ameise
Atzel ... Elster
Auter ... Euter
Bachschneider ... Libelle
Beiel ... Viehbremse
Betzchen ... Kalb (w.)
Bitsch ... Ziege
Breme ... Viehbremse
Bremse ... Viehbremse
Brummser ... Viehbremse
Dickkopf ... Kaulquappe
Dreckkäfer ... Mistkäfer
Emetze ... Ameise
Enterich ... Erpel
Erdwürmchen ... Regenwurm
Euter ... Euter
Ferkel ... Ferkel
Ferkelsau ... Mutterschwein
Freckel ... Ferkel
Frosch ... Frosch
gackern ... gackern
Gäckert ... Eichelhäher
gäcksen ... gackern
Gänschen ... Gänschen
Gänsel ... Gänschen
Gansert ... Ganter
Gaul ... Pferd
Gehannsböbchen ... Glühwürmchen
Gehannsböbchen ... Marienkäfer
Geiß ... Ziege
Gerret ... Ganter
Glucke ... Glucke
Glühwürmchen ... Glühwürmchen
Gockel ... Hahn
häbbeln ... wiehern
hachern ... wiehern
Häher ... Eichelhäher
Hahn ... Hahn
halgern ... wiehern
Herrgottskäfer ... Marienkäfer
Herrgottstierchen ... Marienkäfer
Heubutzer ... Heuschrecke
Heuhopser ... Heuschrecke
Heusprung ... Heuschrecke
Hinkel ... Henne
Igel ... Igel
Iltis ... Iltis
irrerücken ... wiederkäuen
iterichkauen ... wiederkäuen
itern ... wiederkäuen
Johannisfünkchen ... Glühwürmchen
Johannisvögelchen ... Glühwürmchen
Kälbchen ... Kalb (w.)
Kater ... Kater
Kauzekopf ... Kaulquappe
Knottelkäfer ... Mistkäfer
Krott ... Frosch
Krott ... Kröte
Kruckser ... Tauber
lachen ... wiehern
Lämmchen ... Lamm (w.)
Libelle ... Libelle
Loos ... Mutterschwein
Mallert ... Kater
Margrub ... Eichelhäher
Marienkäfer ... Marienkäfer
Mauerwolf ... Maulwurf
Maulwurf ... Maulwurf
Mistkäfer ... Mistkäfer
Mollekopf ... Kaulquappe
Moltroff ... Maulwurf
Mücke ... Fliege
Mucke ... Mutterschwein
Mücke ... Stechmücke
Muke ... Kröte
Mutterkalb ... Kalb (w.)
Nauter ... Euter
Ohrenschleffer ... Ohrwurm
Ohrenschlicher ... Ohrwurm
Pferd ... Pferd
Pferdsbobert ... Mistkäfer
Pferdskäfer ... Mistkäfer
Pothammel ... Stechmücke
ranksen ... wiehern
Regenwurm ... Regenwurm
Säuchen ... Ferkel
Schaf ... Lamm (w.)
Schäfchen ... Lamm (w.)
Schnake ... Fliege
Schnake ... Stechmücke
Schneider ... Libelle
Seichameise ... Ameise
Spatz ... Sperling
Spatzert ... Sperling
Spinnest ... Spinngewebe
Spinnhudel ... Spinngewebe
Spinnwebe ... Spinngewebe
Spinnwette ... Spinngewebe
Stallhase ... Kaninchen
Stinkkäfer ... Mistkäfer
Taubert ... Tauber
Titze ... Euter
Tochterkalb ... Kalb (w.)
wiehern ... wiehern
Wurmen ... Regenwurm
Wutzchen ... Ferkel

Sachgruppe: Tiere

Schwäbisch-Alemannisch

Agerst	Elster
Ameise	Ameise
Antdrache	Erpel
Auwerder	Maulwurf
Bale	Kater
Breme	Viehbremse
Bremse	Viehbremse
Brute	Glucke
Bruthenne	Glucke
Buddele	Kalb (w.)
Busele	Kalb (w.)
däuen	wiederkäuen
Dreckkäfer	Mistkäfer
eitrucken	wiederkäuen
Elster	Elster
Enteler	Erpel
Entenvogel	Erpel
Enterich	Erpel
Euter	Euter
Frauenvögele	Marienkäfer
Frosch	Frosch
gacksen	gackern
Gänserich	Ganter
Gansker	Ganter
Gänsle	Gänschen
gatzgen	gackern
Gaul	Pferd
Gauser	Ganter
Geeuter	Euter
Geiß	Ziege
Geit	Erpel
Gemelk	Euter
Gesparn	Sperling
Gieger	Hahn
Gluckere	Glucke
Glühwürmchen	Glühwürmchen
Gockler	Hahn
Grole	Gänschen
Guhlere	Henne
Guller	Hahn
Hagameise	Ameise
Häher	Eichelhäher
Hase	Kaninchen
Hättel	Ziege
hätteln	wiehern
Hätze	Elster
Henne	Henne
Herrgottskäfer	Marienkäfer
Heugumber	Heuschrecke
Heujucker	Heuschrecke
Heuschnickel	Heuschrecke
Heuschrecke	Heuschrecke
Heustaffel	Heuschrecke
Hirnschiesser	Libelle
Huhn	Henne
Igel	Igel
Iltis	Iltis
Jäckel	Eichelhäher
juchzen	wiehern
Kägersch	Elster
Kälble	Kalb (w.)
Kaulquappe	Kaulquappe
Kauter	Tauber
Kosel	Mutterschwein
Krott	Frosch
Krott	Kröte
Krutseckel	Kröte
Lämmle	Lamm (w.)
Laus	Mutterschwein
Leuchtkäferle	Glühwürmchen
Luckel	Henne
Mähhuberle	Lamm (w.)
Marienkäfer	Marienkäfer
mäuen	wiederkäuen
Maulwerfer	Maulwurf
Milchsäule	Ferkel
Mistkäfer	Mistkäfer
Mollekopf	Kaulquappe
Mor	Mutterschwein
Mucke	Fliege
Mücke	Stechmücke
muscheln	wiehern
Mutterkälble	Kalb (w.)
Nußjäckel	Eichelhäher
Ohrenklemmer	Ohrwurm
Ohrenmitzel	Ohrwurm
Ohrenwitzeler	Ohrwurm
Ohrenzwicker	Ohrwurm
Pfaude	Kröte
Ralle	Kater
Rälling	Kater
Rätsch	Erpel
Regenwurm	Regenwurm
Roller	Kater
Roß	Pferd
Roßkäfer	Mistkäfer
Roßkopf	Kaulquappe
rücheln	wiehern
Säule	Ferkel
Schaf	Lamm (w.)
Schäfle	Lamm (w.)
Schatterhex	Elster
Scheinwürmle	Glühwürmchen
Schermaus	Maulwurf
Schnake	Stechmücke
Schneider	Libelle
Schweinmutter	Mutterschwein
Spatz	Sperling
Spinnebobe	Spinngewebe
Spinnewette	Spinngewebe
Spinnhudel	Spinngewebe
Spinnwebe	Spinngewebe
Stallhase	Kaninchen
Suckel	Mutterschwein
Tauber	Tauber

Teufelsnadel .... Libelle
Wasserjungfer .... Libelle
wiehern .... wiehern
wüscheln .... wiehern
Wusserle .... Gänschen
Zündwürmle .... Glühwürmchen

Fränkisch

Ameise .... Ameise
Antdrache .... Erpel
Augenstecher .... Libelle
Bamberla .... Kalb (w.)
Bätzerla .... Lamm (w.)
Benz .... Kater
Breme .... Viehbremse
Bruthenne .... Glucke
Buddla .... Henne
Butzele .... Ferkel
däuen .... wiederkäuen
Dausch ...... Mutterschwein
Dickkopf .... Kaulquappe
Eichelhäher ..... Eichelhäher
Emetze .... Ameise
Enterich .... Erpel
Euter .... Euter
Frosch .... Frosch
Gagerhätzel .... Elster
Ganser .... Ganter
Gansker .... Ganter
Gänsla .... Gänschen
gatzen .... gackern
Gaul .... Pferd
Geiß .... Ziege
Gieger .... Hahn
Glucke .... Glucke
Göcker .... Hahn
Götzger .... Ganter
Grashupfer .... Heuschrecke
Guthäher .... Eichelhäher
Hankel .... Pferd
hankern .... wiehern
hanseln .... wiehern
Hasekuh .... Kaninchen
Hätzel .... Elster
Heinzer .... Kater
heinzern .... wiehern
Henne .... Henne
Herrenvogel ..... Eichelhäher
Herrgottsmockela .... Marienkäfer
Heuhüpfer ..... Heuschrecke
Heuschnecke .. Heuschrecke
Hinkel .... Henne
Hippe .... Ziege
Hötsch .... Kröte
Huhn .... Henne
Hupfeschneider .... Heuschrecke
Husserla .... Gänschen
hutscheln .... wiehern
Igel .... Igel
Iltis .... Iltis
itern .... wiederkäuen
itrücken .... wiederkäuen
Johannisvögelchen .... Glühwürmchen
Junikäfer .... Marienkäfer
Kalbla .... Kalb (w.)
kälen .... wiederkäuen
Katzer .... Kater
kirren .... wiehern
Klutzhenne .... Glucke
Kochlöffela ..... Kaulquappe
Kröpfert .... Tauber
Kröte .... Kröte
Kühmücke ...... Viehbremse
Leuchtkäferla .... Glühwürmchen
Marienkäfer .... Marienkäfer
Maulwurf .... Maulwurf
Milchsäule .... Ferkel
Mistkäfer .... Mistkäfer
Mockela .... Kalb (w.)
Motwürfel .... Maulwurf
Mucke .... Fliege
Mücke .... Stechmücke
Nußhäher .... Eichelhäher
Ohrenbützel .... Ohrwurm
Ohrenhöller .... Ohrwurm
Ohrenschlitzer .... Ohrwurm
Pferd .... Pferd
Rämmler .... Kater
Ratz .... Iltis
Regenwurm .... Regenwurm
Rotzkolm .... Kaulquappe
rücheln .... wiehern
Sauigel .... Igel
Schaf .... Lamm (w.)
Schäfle .... Lamm (w.)
Schlegela .... Kaulquappe
Schnake .... Stechmücke
Schneider .... Libelle
Seichameise .... Ameise
Spatz .... Sperling
Sperk .... Sperling
Spinnwebe .... Spinngewebe
Stallhase .... Kaninchen
Staunzer .... Stechmücke
Suckelsau .... Mutterschwein
Suckerla .... Ferkel
Sucksäula .... Ferkel
Tauber .... Tauber
Täuberich .... Tauber

Tragsau ... Mutterschwein
Tschuckerl ... Ferkel
urkäuen ... wiederkäuen
Wasserjungfer ... Libelle
wiehern ... wiehern
Wiewerla ... Gänschen
Wühler ... Maulwurf

Bairisch

Ameise ... Ameise
Anterer ... Erpel
Auter ... Euter
Auwerder ... Maulwurf
Bätzerl ... Lamm (w.)
Bember ... Kater
Binderschlegel ... Kaulquappe
Bockel ... Kater
Breme ... Viehbremse
Brotz ... Kröte
Bruthenne ... Glucke
Dreckkäfer ... Mistkäfer
Eichelhäher ... Eichelhäher
einkäuen ... wiederkäuen
Elster ... Elster
Euter ... Euter
Fackel ... Ferkel
Fackelsau ... Mutterschwein
Fliege ... Fliege
Frosch ... Frosch
gackern ... gackern
gagatzen ... gackern
Ganserer ... Ganter
Ganserl ... Gänschen
Gaul ... Pferd
Geiß ... Ziege
Geitel ... Ganter
Gickerl ... Hahn
Gockel ... Hahn
Haberheiß ... Heuschrecke
hampern ... wiehern
Hase ... Kaninchen
Hättel ... Ziege
heinzern ... wiehern
Henne ... Henne
Hetsch ... Frosch
Heuhupfer ... Heuschrecke
Heuroß ... Heuschrecke
Heuschnecke ... Heuschrecke
Heuschneider ... Heuschrecke
hitrucken ... wiederkäuen
Höbbing ... Kröte
Hötsch ... Kröte
Husserl ... Gänschen
Igel ... Igel
Iltis ... Iltis
itrucken ... wiederkäuen
Johanniskäfer ... Glühwürmchen
Junikäfer ... Marienkäfer
Kalb ... Kalb (w.)
Kater ... Kater
Kaulquappe ... Kaulquappe
Kinihas ... Kaninchen
kirren ... wiehern
Kochlöffel ... Kaulquappe
Küßel ... Kalb (w.)
Lambe ... Lamm (w.)
Lamberl ... Lamm (w.)
Laus ... Mutterschwein
Leuchtkäfer ... Glühwürmchen
Maikäfer ... Marienkäfer
Marienkäfer ... Marienkäfer
Maulwerfer ... Maulwurf
Mistkäfer ... Mistkäfer
Mucke ... Fliege
Mücke ... Stechmücke
Naschel ... Mutterschwein
Nisser ... Viehbremse
Nußgackel ... Eichelhäher
Nußhäher ... Eichelhäher
Nußkratscher ... Eichelhäher
Ohrenhöller ... Ohrwurm
Ohrwutzel ... Ohrwurm
Regenwurm ... Regenwurm
Roß ... Pferd
Roßkäfer ... Mistkäfer
Roßwiebel ... Mistkäfer
rücheln ... wiehern
Schatterhex ... Elster
Schermaus ... Maulwurf
Schlegel ... Kaulquappe
Schnake ... Stechmücke
Schneider ... Libelle
Schnieberitze ... Kaulquappe
Schnurrer ... Viehbremse
schreien ... wiehern
Sonnwendkäferl ... Glühwürmchen
Spatz ... Sperling
Spinnehaut ... Spinngewebe
Spinnewette ... Spinngewebe
Staunze ... Stechmücke
Suckel ... Ferkel
Tauberer ... Tauber
Wasserhüter ... Libelle
Wasserjungfer ... Libelle
wiehern ... wiehern
Wuserl ... Gänschen
Ziehkalberl ... Kalb (w.)
Zuchtel ... Mutterschwein

Verwandtschaft

Stichwort

Cousin	**Großvater**	**Schwiegersohn**
Cousine	**Pate**	**Schwiegertochter**
Großmutter	**Patin**	

Abb. 24: Ludwig Richter: »Taufgang« (1855)

Westniederdeutsch

Bestmutter .... Großmutter	Großvater .... Großvater	Schwiegertochter .... Schwiegertochter
Bestvater .... Großvater	Oma .... Großmutter	Vatter .... Pate
Cousin .... Cousin	Opa .... Großvater	Vattersch .... Patin
Cousine .... Cousine	Pate .... Pate	Vetter .... Cousin
Gevatter .... Pate	Patin .... Patin	
Großmöhm ...... Großmutter	Schwiegersohn .... Schwiegersohn	
Großmutter ...... Großmutter		

Ostniederdeutsch

Cousin	Cousin
Cousine	Cousine
Größing	Großmutter
Großmutter	Großmutter
Großvater	Großvater
Oma	Großmutter
Opa	Großvater
Pate	Pate
Patin	Patin
Schwiegersohn	Schwiegersohn
Schwiegertochter	Schwiegertochter
Vatter	Pate
Vetter	Cousin

Sächsisch

Cousin	Cousin
Cousine	Cousine
Gevatterin	Patin
Großmutter	Großmutter
Großvater	Großvater
Oma	Großmutter
Opa	Großvater
Pate	Pate
Patin	Patin
Schwiegersohn	Schwiegersohn
Schwiegertochter	Schwiegertochter
Woka	Großmutter

Thüringisch

Cousin	Cousin
Cousine	Cousine
Dot	Pate
Dote	Patin
Eidam	Schwiegersohn
Eller	Großmutter
Ellervater	Großvater
Fräle	Großmutter
Fraupate	Patin
Gevatterin	Patin
Großmutter	Großmutter
Großvater	Großvater
Herrle	Großvater
Mannspate	Pate
Oma	Großmutter
Pate	Pate
Patin	Patin
Pfätter	Pate
Schnur	Schwiegertochter
Schwiegersohn	Schwiegersohn
Schwiegertochter	Schwiegertochter
Tochtermann	Schwiegersohn

Hessisch

Arer	Schwiegersohn
Cousin	Cousin
Cousine	Cousine
Dote	Patin
Eidam	Schwiegersohn
Eller	Großmutter
Ellervater	Großvater
Gote	Patin
Großmutter	Großmutter
Großvater	Großvater
Oma	Großmutter
Opa	Großvater
Pate	Pate
Patin	Patin
Pätter	Pate
Pfätter	Pate
Schnürch	Schwiegertochter
Schwiegersohn	Schwiegersohn
Schwiegertochter	Schwiegertochter
Tochtermann	Schwiegersohn

Rheinisch

Altbabbe	Großvater
Altmamme	Großmutter
Bestmutter	Großmutter
Bestvater	Großvater
Cousin	Cousin
Cousine	Cousine
Eidam	Schwiegersohn
Göle	Patin
Götchestante	Patin
Gote	Patin
Großmutter	Großmutter
Großvater	Großvater
Oma	Großmutter
Opa	Großvater
Pätchen	Pate
Pätchenstante	Patin
Pate	Pate
Patenohm	Pate
Patin	Patin
Pätter	Pate
Schnur	Schwiegertochter
Schnürch	Schwiegertochter
Schwiegersohn	Schwiegersohn
Schwiegertochter	Schwiegertochter
Vetter	Cousin

Abb. 25: Wilhelm Busch: Großmutter gibt dem Kind den Schnuller (»Der Schnuller«, 1863)

Pfälzisch

Cousin	Cousin
Cousine	Cousine
Eidam	Schwiegersohn
Gote	Patin
Götel	Patin
Groß	Großmutter
Großbabbe	Großvater
Großmamme	Großmutter
Großmutter	Großmutter

Sachgruppe: Verwandtschaft

Großvater	Großvater
Oma	Großmutter
Opa	Großvater
Pate	Pate
Pätter	Pate
Schnur	Schwiegertochter
Schwiegersohn	Schwiegersohn
Sohnsfrau	Schwiegertochter
Tochtermann	Schwiegersohn

Schwäbisch-Alemannisch

Ahna	Großmutter
Ähne	Großvater
Bäsle	Cousine
Cousin	Cousin
Cousine	Cousine
Dot	Pate
Dote	Patin
Eidam	Schwiegersohn
Geschwisterkind	Cousin
Gote	Patin
Gotebäs	Patin
Göti	Pate
Großmutter	Großmutter
Großvater	Großvater
Hosendot	Pate
Nahna	Großmutter
Nähne	Großvater
Pfätterich	Pate
Rockdote	Patin
Schwiegersohn	Schwiegersohn
Söhnerin	Schwiegertochter
Sohnsfrau	Schwiegertochter
Tochtermann	Schwiegersohn
Vetter	Cousin

Fränkisch

Cousin	Cousin
Cousine	Cousine
Dot	Pate
Dote	Patin
Fräla	Großmutter
Fraudote	Patin
Großmutter	Großmutter
Großvater	Großvater
Herrdot	Pate
Herrla	Großvater
Pate	Pate
Patin	Patin
Schwiegersohn	Schwiegersohn
Schwiegertochter	Schwiegertochter
Tochtermann	Schwiegersohn
Vetter	Cousin

Bairisch

Ahnel	Großmutter
Ähnel	Großvater
Ahnferl	Großmutter
Ahnherr	Großvater
Base	Cousine
Cousin	Cousin
Cousine	Cousine
Döt	Pate
Dote	Patin
Göt	Pate
Gotel	Patin
Großmutter	Großmutter
Großvater	Großvater
Herrel	Großvater
Schwiegersohn	Schwiegersohn
Schwiegertochter	Schwiegertochter

Zeitangaben

Stichwort

Frühling
Heiligabend
Herbst
Jahr, dieses
Samstag
viertel nach (6:15 Uhr)
vorgestern
Werktag

Abb. 26: Franz Pocci: »Aprill« (1843)

Westniederdeutsch

Alltag .... Werktag
Christabend..... Heiligabend
dieses Jahr .... Jahr, dieses
ehergestern .... vorgestern
Frühjahr .... Frühling
Heiligabend .... Heiligabend
Herbst .... Herbst
Jahr, dieses ...... Jahr, dieses
Jahr, van 't .... Jahr, dieses
nach sechs, viertel ..... viertel nach (6:15 Uhr)
Satertag .... Samstag
sechs, viertel nach ..... viertel nach (6:15 Uhr)
Sonnabend .... Samstag
van 't Jahr .... Jahr, dieses
viertel nach sechs ..... viertel nach (6:15 Uhr)
vorgestern .... vorgestern
Vorjahr .... Frühling
Vullbuksabend .... Heiligabend
Weihnachtsabend .... Heiligabend
Werkeltag .... Werktag
Wochentag .... Werktag

Sachgruppe: Zeitangaben

Ostniederdeutsch

Alltag ... Werktag
dieses Jahr ... Jahr, dieses
ehergestern ... vorgestern
Frühjahr ... Frühling
Heiligabend ... Heiligabend
Herbst ... Herbst
Jahr, dieses ... Jahr, dieses
Jahr, över ... Jahr, dieses
Julklappabend .. Heiligabend
över Jahr ... Jahr, dieses
sieben, viertel ... viertel nach
Sonnabend ... Samstag
viertel sieben ... viertel nach
vorgestern ... vorgestern
Vorjahr ... Frühling
Vullbuksabend ... Heiligabend
Werkeltag ... Werktag
Wochentag ... Werktag

Sächsisch

Christnacht ... Heiligabend
dieses Jahr ... Jahr, dieses
ehergestern ... vorgestern
Frühjahr ... Frühling
Frühling ... Frühling
Heiligabend ... Heiligabend
Herbst ... Herbst
heuer ... Jahr, dieses
Jahr, dieses ... Jahr, dieses
jentag ... vorgestern
sieben, viertel ... viertel nach
Sonnabend ... Samstag
viertel sieben ... viertel nach
vorgestern ... vorgestern
Wochentag ... Werktag

Thüringisch

Christabend ... Heiligabend
dieses Jahr ... Jahr, dieses
ehergestern ... vorgestern
Frühjahr ... Frühling
Heiligabend ... Heiligabend
Herbst ... Herbst
heuer ... Jahr, dieses
Jahr, dieses ... Jahr, dieses
jentag ... vorgestern
sieben, viertel ... viertel nach
Sonnabend ... Samstag
viertel sieben ... viertel nach
vorgestern ... vorgestern
vornächten ... vorgestern
Wochentag ... Werktag

Hessisch

Bescherabend .. Heiligabend
Christabend ... Heiligabend
dieses Jahr ... Jahr, dieses
Frühjahr ... Frühling
Heiligabend ... Heiligabend
Herbst ... Herbst
Jahr, dieses ... Jahr, dieses
nach sechs, viertel ... viertel nach (6:15 Uhr)
Samstag ... Samstag
sechs, viertel nach ... viertel nach (6:15 Uhr)
sieben, viertel ... viertel nach
Sonnabend ... Samstag
viertel nach sechs ... viertel nach (6:15 Uhr)
viertel sieben ... viertel nach
vorgestern ... vorgestern
Werktag ... Werktag
Wochentag ... Werktag

Rheinisch

Alltag .... Werktag
Christabend..... Heiligabend
dieses Jahr .... Jahr, dieses
Frühjahr .... Frühling
Heiligabend .... Heiligabend
Herbst .... Herbst
Jahr, dieses ...... Jahr, dieses
nach sechs, viertel
..... viertel nach (6:15 Uhr)
Samstag .... Samstag
Satertag .... Samstag
sechs, viertel nach
..... viertel nach (6:15 Uhr)
viertel nach sechs
..... viertel nach (6:15 Uhr)
vorgestern .... vorgestern
Werkeltag .... Werktag
Wochentag .... Werktag

Pfälzisch

Alltag .... Werktag
Bescherabend .. Heiligabend
Christabend..... Heiligabend
dieses Jahr .... Jahr, dieses
Frühjahr .... Frühling
Heiligabend .... Heiligabend
Herbst .... Herbst
Jahr, dieses ...... Jahr, dieses
nach sechs, viertel
..... viertel nach (6:15 Uhr)
Samstag .... Samstag
sechs, viertel nach
..... viertel nach (6:15 Uhr)
sieben, viertel ... viertel nach
Spätjahr .... Herbst
viertel nach sechs
..... viertel nach (6:15 Uhr)
viertel sieben.... viertel nach
vorgestern .... vorgestern
Weihnachtsabend
.... Heiligabend
Werktag .... Werktag

Schwäbisch-Alemannisch

dieses Jahr .... Jahr, dieses
Frühjahr .... Frühling
Frühling .... Frühling
Heiligabend .... Heiligabend
Heilige Nacht .. Heiligabend
heuer .... Jahr, dieses
Jahr, dieses ...... Jahr, dieses
Nacht, Heilige
.... Heiligabend
Samstag .... Samstag
sieben, viertel ... viertel nach
Spätjahr .... Herbst
Spätling .... Herbst
viertel sieben.... viertel nach
vorgestern .... vorgestern
vornächt .... vorgestern
Weihnachtsabend
.... Heiligabend
Werftag .... Werktag
Werktag .... Werktag

Fränkisch

außernächt .... vorgestern
Christabend..... Heiligabend
Christnacht ..... Heiligabend
Einwärts .... Herbst
Frühjahr .... Frühling
Heiligabend .... Heiligabend
Herbst .... Herbst
heuer .... Jahr, dieses
Samstag .... Samstag
sieben, viertel ... viertel nach
Spätjahr .... Herbst
viertel sieben.... viertel nach
vorgestern .... vorgestern
Werkeltag .... Werktag
Werktag .... Werktag

Bairisch

Auswärts .... Frühling
Einwärts .... Herbst
Frühjahr .... Frühling
Heiligabend .... Heiligabend
heuer .... Jahr, dieses
Laubreis .... Herbst
nach sechs, viertel
..... viertel nach (6:15 Uhr)
Samstag .... Samstag
sechs, viertel nach
..... viertel nach (6:15 Uhr)
sechs, viertel über
..... viertel nach (6:15 Uhr)
sieben, viertel ... viertel nach
über sechs, viertel
..... viertel nach (6:15 Uhr)
viertel nach sechs
..... viertel nach (6:15 Uhr)
viertel sieben .... viertel nach
viertel über sechs
..... viertel nach (6:15 Uhr)
vorgestern .... vorgestern
vornacht .... vorgestern
Werktag .... Werktag

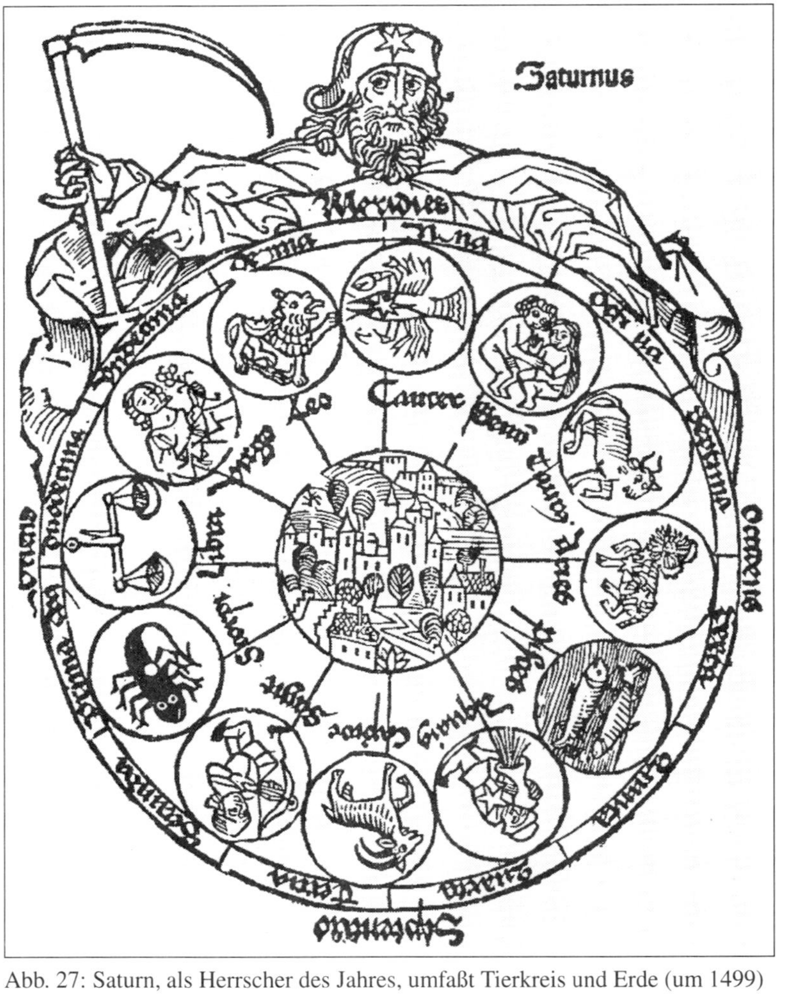

Abb. 27: Saturn, als Herrscher des Jahres, umfaßt Tierkreis und Erde (um 1499)

Zwischenmenschliches (Kommunikation)

Stichwort

absichtlich	**hänseln**	**Ohrfeige**
Auf Wiedersehen	**Kneipe**	**reden**
bißchen	**leihen**	**schimpfen**
eben	**Mund (halt den ...)**	**sehr**
guck	**neugierig**	**unterhalten**
Guten Tag	**nicht wahr?**	**Unterhaltung**

Abb. 28: Ludwig Richter: Lustige Gesellschaft (»Ludwig Bechstein's Märchenbuch«, 1853)

Westniederdeutsch

Absicht, mit ...... absichtlich	Bart .... Mund	diskurrieren ...... unterhalten
ärgern .... hänseln	baß .... sehr	Drön .... Unterhaltung
Babbel .... Mund	Beck .... Mund	eben .... eben
Backpfeife .... Ohrfeige	beten .... bißchen	etwas .... bißchen
Backs .... Ohrfeige	borgen .... leihen	extra .... absichtlich
bannig .... sehr	büschen .... bißchen	Guten Tag .... Guten Tag

hänseln .... hänseln
kiek .... guck
klönen .... unterhalten
Klönschnack .. Unterhaltung
Kneipe .... Kneipe
kuck .... guck
küren .... reden
lehnen .... leihen
leihen .... leihen
Maul .... Mund
mit Absicht .... absichtlich
mit Willen .... absichtlich
Moin .... Guten Tag
ne .... nicht wahr?
necken .... hänseln
neuschierig .... neugierig
nietig .... neugierig
niglig .... neugierig
Ohrfeige .... Ohrfeige
Piesel .... Kneipe
Pinte .... Kneipe
Plausch .... Unterhaltung
Prat .... Unterhaltung
praten .... reden
praten .... unterhalten
pumpen .... leihen
quatschen .... unterhalten
reden .... reden
Sabbel .... Mund
schafudern .... schimpfen
schelten .... schimpfen
schimpfen .... schimpfen
schnacken .... reden
schnacken .... unterhalten
Schnute .... Mund
sehr .... sehr
sieh .... guck
sprechen .... reden
Tag, (Guten) .... Guten Tag
triezen .... hänseln
tschüß ..... Auf Wiedersehen
Willen, mit .... absichtlich
zerren .... hänseln

Ostniederdeutsch

Absicht, mit .... absichtlich
ärgern .... hänseln
aus Daffke .... absichtlich
Babbel .... Mund
Backpfeife .... Ohrfeige
Backs .... Ohrfeige
bannig .... sehr
beten .... bißchen
bißken .... bißchen
borgen .... leihen
büschen .... bißchen
Butike .... Kneipe
Dachtel .... Ohrfeige
Daffke, aus .... absichtlich
Destille .... Kneipe
Drön .... Unterhaltung
eben .... eben
ebend .... eben
etwas .... bißchen
extra .... absichtlich
Flapp .... Mund
Guten Tag .... Guten Tag
hänseln .... hänseln
kiek .... guck
Klön .... Unterhaltung
klönen .... unterhalten
Klönschnack .. Unterhaltung
Knallschote .... Ohrfeige
Kneipe .... Kneipe
kuck .... guck
lehnen .... leihen
leihen .... leihen
manních .... nicht wahr?
Maul .... Mund
mit Absicht .... absichtlich
mit Willen .... absichtlich
ne .... nicht wahr?
neugierig .... neugierig
neulätern .... neugierig
neulich .... neugierig
neuschierig .... neugierig
Ohrfeige .... Ohrfeige
Plausch .... Unterhaltung
pumpen .... leihen
quatschen .... unterhalten
reden .... reden
Sabbel .... Mund
Schelle .... Ohrfeige
schelten .... schimpfen
schimpfen .... schimpfen
schnacken .... reden
Schnauze .... Mund
Schnute .... Mund
Schwatz .... Unterhaltung
sehr .... sehr
sieh .... guck
sprechen .... reden
Stampe .... Kneipe
Tag, (Guten) .... Guten Tag
tratschen .... unterhalten
triezen .... hänseln
tschüß ..... Auf Wiedersehen
uzen .... hänseln
wa .... nicht wahr?
wat .... nicht wahr?
Willen, mit .... absichtlich
zergeln .... hänseln
Zwetsch .... Ohrfeige

Sächsisch

Absicht, mit ...... absichtlich
äksern ...... hänseln
arg ...... sehr
ärgern ...... hänseln
aufziehen ...... hänseln
ausheißen ...... schimpfen
ausschimpfen ...... schimpfen
Babelchen ...... Unterhaltung
babeln ...... unterhalten
Backpfeife ...... Ohrfeige
bissel ...... bißchen
borgen ...... leihen
Dachtel ...... Ohrfeige
dämisch ...... sehr
diskurrieren ...... unterhalten
Diskurs ...... Unterhaltung
eben ...... eben
ebend ...... eben
Fake ...... Ohrfeige
Fautze ...... Ohrfeige
Fleiß, mit ...... absichtlich
gelle ...... nicht wahr?
guck ...... guck
Gusche ...... Mund
gut, mach's ...... Auf Wiedersehen
Gute Tag ...... Guten Tag
hänseln ...... hänseln
hänt ...... nicht wahr?
he ...... nicht wahr?
klatschen ...... unterhalten
Kneipe ...... Kneipe
Labbe ...... Mund
leihen ...... leihen
mach's gut ...... Auf Wiedersehen
mären ...... unterhalten
Maul ...... Mund
mit Absicht ...... absichtlich
mit Fleiß ...... absichtlich
mutwillig ...... absichtlich
ne ...... nicht wahr?
neugierig ...... neugierig
neulätern ...... neugierig
Ohrfeige ...... Ohrfeige
Plausch ...... Unterhaltung
Possen, zum ...... absichtlich
pumpen ...... leihen
Quatsche ...... Ohrfeige
quatschen ...... unterhalten
reden ...... reden
Schelle ...... Ohrfeige
Schure, zum ...... absichtlich
Schwätzchen ...... Unterhaltung
schwatzen ...... unterhalten
sehr ...... sehr
sprechen ...... reden
Tag, (Gute) ...... Guten Tag
texten ...... unterhalten
Tratsch ...... Unterhaltung
tratschen ...... unterhalten
tschüß ...... Auf Wiedersehen
unbändig ...... sehr
wa ...... nicht wahr?
weng ...... bißchen
zanken ...... schimpfen
zum Possen ...... absichtlich
zum Schure ...... absichtlich

Thüringisch

Absicht, mit ...... absichtlich
abtrumpfen ...... schimpfen
äksern ...... hänseln
arg ...... sehr
ärgern ...... hänseln
Backpfeife ...... Ohrfeige
bißchen ...... bißchen
bissel ...... bißchen
bißle ...... bißchen
borgen ...... leihen
Dachtel ...... Ohrfeige
dämisch ...... sehr
diskurrieren ...... unterhalten
eben ...... eben
Fake ...... Ohrfeige
fei ...... eben
flämisch ...... sehr
Fleiß, zum ...... absichtlich
Fleppe ...... Mund
gelle ...... nicht wahr?
guck ...... guck
Gusche ...... Mund
gut, mach's ...... Auf Wiedersehen
Gute Tag ...... Guten Tag
hänseln ...... hänseln
he ...... nicht wahr?
heiden ...... sehr
Kneipe ...... Kneipe
kosen ...... unterhalten
Labbe ...... Mund
leihen ...... leihen
mach's gut ...... Auf Wiedersehen
Maul ...... Mund
Maulschelle ...... Ohrfeige
mit Absicht ...... absichtlich
ne ...... nicht wahr?
neufängisch ...... neugierig
neugierig ...... neugierig
neumärisch ...... neugierig
neuschierig ...... neugierig

Ohrfeige ... Ohrfeige
Päppe ... Mund
plaudern ... reden
quatschen ... unterhalten
Raffel ... Mund
reden ... reden
schäbbern ... schimpfen
schelten ... schimpfen
Schnauze ... Mund
Schure, zum ... absichtlich
Schwätzchen .. Unterhaltung
schwatzen ... reden
schwatzen ... unterhalten
schwinde ... sehr
sehr ... sehr
sprechen ... reden
storchen ... unterhalten
Tag, (Gute) ... Guten Tag
tratschen ... unterhalten
tschüß ... Auf Wiedersehen
zanken ... schimpfen
zergeln ... hänseln
zum Fleiß ... absichtlich
zum Schure ... absichtlich

Hessisch

Absicht, mit ... absichtlich
arg ... sehr
ärgern ... hänseln
aushieseln ... hänseln
babbeln ... reden
babbeln ... unterhalten
Backpfeife ... Ohrfeige
Batsch ... Ohrfeige
bissel ... bißchen
bissi ... bißchen
borgen ... leihen
böse ... sehr
diskurrieren ... unterhalten
express ... absichtlich
extra ... absichtlich
Fleiß, mit ... absichtlich
gelle ... nicht wahr?
guck ... guck
Gude ... Guten Tag
Gusche ... Mund
gut, mach's ... Auf Wiedersehen
Gute Tag ... Guten Tag
halt ... eben
hänseln ... hänseln
Kneipe ... Kneipe
lehnen ... leihen
leihen ... leihen
mach's gut ... Auf Wiedersehen
Maul ... Mund
mit Absicht ... absichtlich
mit Fleiß ... absichtlich
naseweis ... neugierig
ne ... nicht wahr?
neufängisch ... neugierig
neugierig ... neugierig
neuschierig ... neugierig
Ohrfeige ... Ohrfeige
Pinte ... Kneipe
pumpen ... leihen
reden ... reden
schau ... guck
schelten ... schimpfen
schennen ... schimpfen
schimpfen ... schimpfen
Schnute ... Mund
Schwatz ... Unterhaltung
Schwätzchen .. Unterhaltung
schwätzen ... reden
schwätzen ... unterhalten
sehr ... sehr
sieh ... guck
Tag, (Gute) ... Guten Tag
tratschen ... unterhalten
tschüß ... Auf Wiedersehen
uzen ... hänseln
wing ... bißchen

Rheinisch

Absicht, mit ... absichtlich
arg ... sehr
ärgern ... hänseln
bißchen ... bißchen
bitchen ... bißchen
borgen ... leihen
Dachtel ... Ohrfeige
Döllchen ... Ohrfeige
eben ... eben
etwas ... bißchen
express ... absichtlich
extra ... absichtlich
fies ... sehr
fürwitzig ... neugierig
gell ... nicht wahr?
Guten Tag ... Guten Tag
halt ... eben
hänseln ... hänseln
Kall ... Unterhaltung
kallen ... reden
kallen ... unterhalten
Klaf ... Unterhaltung
klafen ... unterhalten
Kneipe ... Kneipe

knottern .... schimpfen
kuck .... guck
küren .... reden
lehnen .... leihen
leihen .... leihen
lug .... guck
Maul .... Mund
mit Absicht .... absichtlich
ne .... nicht wahr?
neuschierig .... neugierig
Ohrfeige .... Ohrfeige
Pinte .... Kneipe
Plausch .... Unterhaltung
plauschen .... unterhalten
pumpen .... leihen
Quätschchen .... Unterhaltung
quatschen .... unterhalten
reden .... reden
schau .... guck
schennen .... schimpfen
Schnüß .... Mund
Schwätzchen .... Unterhaltung
schwätzen .... reden
schwätzen .... unterhalten
sehr .... sehr
sieh .... guck
sprechen .... reden
Tag, (Guten) .... Guten Tag
tratschen .... unterhalten
triezen .... hänseln
tschüß .... Auf Wiedersehen
Verzähl .... Unterhaltung
Watsche .... Ohrfeige
woll .... nicht wahr?
zergen .... hänseln

Pfälzisch

adjö .... Auf Wiedersehen
arg .... sehr
ärgern .... hänseln
babbeln .... unterhalten
basen .... unterhalten
Batsch .... Ohrfeige
Beiz .... Kneipe
bissel .... bißchen
Butike .... Kneipe
Dachtel .... Ohrfeige
diskurrieren .... unterhalten
exküse .... absichtlich
express .... absichtlich
extra .... absichtlich
Fleiß, mit .... absichtlich
fürwitzig .... neugierig
gell .... nicht wahr?
gerade zu Leid .... absichtlich
guck .... guck
Gusche .... Mund
Gute Tag .... Guten Tag
halt .... eben
hänseln .... hänseln
Kneipe .... Kneipe
lehnen .... leihen
Leid, gerade zu .... absichtlich
lug .... guck
Maie .... Unterhaltung
maien .... unterhalten
Maul .... Mund
mit Fleiß .... absichtlich
naseweisig .... neugierig
ne .... nicht wahr?
neuschierig .... neugierig
Ohrfeige .... Ohrfeige
plaudern .... reden
ratschen .... unterhalten
reden .... reden
schelten .... schimpfen
schennen .... schimpfen
Schnüß .... Mund
Schwätzchen .... Unterhaltung
schwätzen .... reden
schwätzen .... unterhalten
servus .... Auf Wiedersehen
Tag, (Gute) .... Guten Tag
tratschen .... unterhalten
tschüß .... Auf Wiedersehen
uzen .... hänseln
wunderlich .... neugierig
zäcken .... hänseln
zu Leid, gerade .... absichtlich

Schwäbisch-Alemannisch

ade .... Auf Wiedersehen
arg .... sehr
ärgern .... hänseln
aufziehen .... hänseln
babbeln .... unterhalten
Backenschelle .... Ohrfeige
bäffen .... schimpfen
batschen .... unterhalten
Beiz .... Kneipe
belfern .... schimpfen
bißle .... bißchen
bitzele .... bißchen
diskurrieren .... unterhalten
extra .... absichtlich
fei .... eben
Fleiß, mit .... absichtlich
fürwitzig .... neugierig
gell .... nicht wahr?

Gosch .... Mund
goschen .... schimpfen
Gott, Grüß .... Guten Tag
Grüß Gott .... Guten Tag
guck .... guck
Gute Tag .... Guten Tag
halt .... eben
hänseln .... hänseln
Heierles .... Unterhaltung
heimgarten .... unterhalten
Heimgarten .... Unterhaltung
jessasmäßig .... sehr
Karz .... Unterhaltung
Kneipe .... Kneipe
Labbe .... Mund
lästern .... schimpfen
lehnen .... leihen
Leid, zu .... absichtlich
leihen .... leihen
lug .... guck
Maul .... Mund
maulen .... schimpfen
mit Fleiß .... absichtlich
naseweis .... neugierig
Ohrfeige .... Ohrfeige
pfüeti .... Auf Wiedersehen
Possen, zum .... absichtlich
ratschen .... unterhalten
schau .... guck
Schelle .... Ohrfeige
schelten .... schimpfen
schimpfen .... schimpfen
schnättern .... unterhalten
Schnurre .... Mund
schwätzen .... reden
schwätzen .... unterhalten
Schwätzle .... Unterhaltung
servus .... Auf Wiedersehen
Tag, (Gute) .... Guten Tag
tratschen .... unterhalten
trätzen .... hänseln
tschüß .... Auf Wiedersehen
vertlehnen .... leihen
Watsche .... Ohrfeige
weng .... bißchen
wunderfitzig .... neugierig
wundergern .... neugierig
zu Leid .... absichtlich
zum Possen .... absichtlich

Abb. 29: Eugen Neureuther: Disputation (J.G. Herder: »Cid«, Druck von 1859)

Fränkisch

ade .... Auf Wiedersehen
arg .... sehr
ärgern .... hänseln
aufziehen .... hänseln
babbeln .... reden
babbeln .... unterhalten
Batsch .... Ohrfeige
belfern .... schimpfen
bibberla .... bißchen

bisserla	bißchen
borgen	leihen
Dachtel	Ohrfeige
derblecken	hänseln
diskurrieren	unterhalten
extra	absichtlich
fei	eben
Fleiß, mit	absichtlich
frotzeln	hänseln
Gebatsch	Unterhaltung
gell	nicht wahr?
Geplauder	Unterhaltung
Goschen	Mund
Gott, Grüß	Guten Tag
Grüß Gott	Guten Tag
guck	guck
halt	eben
Klatsch	Unterhaltung
Kneipe	Kneipe
Kränzla	Unterhaltung
lehnen	leihen
leihen	leihen
Maul	Mund
mit Fleiß	absichtlich
naseweis	neugierig
ne	nicht wahr?
neugierig	neugierig
neuschierig	neugierig
Ohrfeige	Ohrfeige
Pappen	Mund
plaudern	reden
Plausch	Unterhaltung
Possen, zum	absichtlich
pumpen	leihen
Raffel	Mund
ramsen	schimpfen
ratschen	unterhalten
reden	reden
schau	guck
Schelle	Ohrfeige
schennen	schimpfen
schimpfen	schimpfen
schwätzen	unterhalten
servus	Auf Wiedersehen
sprechen	reden
Ständerle	Unterhaltung
Tratsch	Unterhaltung
tratschen	unterhalten
trätzen	hänseln
tschüß	Auf Wiedersehen
uzen	hänseln
wafen	unterhalten
Waffel	Mund
Watschen	Ohrfeige
weng	bißchen
zum Possen	absichtlich

Bairisch

arg	sehr
ärgern	hänseln
aufzwicken	hänseln
Beiz	Kneipe
belfern	schimpfen
bisserl	bißchen
Dachtel	Ohrfeige
damisch	sehr
derblecken	hänseln
diskurrieren	unterhalten
extra	absichtlich
fei	eben
Fleiß, mit	absichtlich
Fleiß, zu	absichtlich
fluchen	schimpfen
Fotze	Ohrfeige
Fotzen	Mund
frotzeln	hänseln
gell	nicht wahr?
Goschen	Mund
Gott, Grüß	Guten Tag
Grüß Gott	Guten Tag
halt	eben
heimgarten	unterhalten
Heimgarten	Unterhaltung
Kneipe	Kneipe
leichen	leihen
leihen	leihen
masseln	schimpfen
Maul	Mund
mentisch	sehr
mit Fleiß	absichtlich
neugierig	neugierig
Pappen	Mund
pfüeti	Auf Wiedersehen
Ratsch	Unterhaltung
ratschen	unterhalten
recht	sehr
reden	reden
sakrisch	sehr
schau	guck
Schelle	Ohrfeige
schelten	schimpfen
schimpfen	schimpfen
Schmatz	Unterhaltung
schmatzen	unterhalten
sehr	sehr
servus	Auf Wiedersehen
tratzen	hänseln
Watschen	Ohrfeige
weng	bißchen
zerren	hänseln
zu Fleiß	absichtlich

Die Dialekte in Sprichwörtern und Redewendungen

Redewendungen

Gesammelt aus den großlandschaftlichen Wörterbüchern und weiteren Dialektwörterbüchern. Eine Liste mit dem genauen Nachweis der Fundstellen kann mit einem frankierten DIN-A4-Rückumschlag über den Verlag angefordert werden.

Die Schreibung folgt den schriftlichen Quellen. Erläuterungen und Übersetzungshilfen sind in Klammern beigefügt. Das entsprechende Dialektwort ist mit einer besonderen *Schrifttype* gekennzeichnet. Bei außerdem vorkommenden Dialektwörtern aus der »Synopse« wird mit einem Sternchen (*) auf das entsprechende standarddeutsche Bezugswort verwiesen.

Abendmahlzeit

Beter is, ahn Avendbrod *to Beed gahn, as mit Schulden upstahn.*

De Oobendköst *woll nich recht smecken.*

(Westniederdeutsch)

Süß (sonst) *werd bi uns Sunndachs all* (schon) *vör söben* Anebrod *getten, hüt sall't irst gegen achten wat gewen.*

Mudder, de möök dät Abenbrot *torecht.*

Tau're (zur) Nackus *geef dat meistendeils Brattüften* (Bratkartoffeln) *un Melksupp.*

Ein, twei, drei vier fif, / Hest de Nachtkost *noch nich in Liw?*

(Ostniederdeutsch)

*Mer hatten *Gorkenselat mät Ruhm* (Sahne) *on *Kartoffel on bunte Wurscht* (Blutwurst) *zun* Nachtbrute.

Do gitt enn Jedes heime (nach *Hause)*, 's* Naachtbrot *wärd gegassen, un um niene do fängt's wedder ahn, bis aben Schluß äs.*

Hit gebbt's bi ons Matten (*Quark) *zum* Aamdbrot.

In d'r Stowwen ungerdessen sooßen bi de'm Owedassen *alle Nappern* (Nachbarn)*, Vettern, Tanten an d's langen Tisches Kanten.* (...) *Alle huwen in ganz feste.* (...) *So han se bim* Owedassen *'s ganze Schwienchen offgefrassen.*

„Wan de awer 's Nachdbrud *nin* (hinein; d.h. gegessen) *hesd, do gid's zer Irschde* (Erste) *ungersch Fansder un nune werd su lange uf un ob schbazerd, bis Rikchen rusgegukd hed. Was schwazd* (*redet) *di an do nurd imer zesamen? Ich glaiwe gor, di schwazd schund vun Freien* (heiraten)*! Das were dach warlich zum Kraischen, wan su Kinger schun dodrvone schbrache* (*reden) *wun; do mide dach warlich de Waldgeschichde* (Weltgeschichte) *ufhire."*

(Thüringisch)

Späres (spätes) Owedesse *leßt een net schloofe.*

Ich geh enaus in die Kich unn mach's Naachdesse.

Do hoat's als brässiert (immer gedrängt)*, dann wann de Mann am sechse fum Zug kumme is, hoat's* Noachtässe *uff'm Disch schdäih misse.*

Redewendungen: Abendmahlzeit

Es gitt a fun denne (gibt auch solche), *die wu mäihner* (mehr) *drinke, wie-se Dorscht häwe – denne fellt dann als* (immer) *werrer de Woi mit-zamt dem* Noachtässe *aus-em Gsicht.*

Iwwers Nachtesse *sinn mer beisamme gebliwwe.*

Da kammer ja sei Nachdesse *nett verdaue.*

(Hessisch)

Gequellde Grumbeere (*Pellkartoffeln) *un wääche Käs* (*Quark) *un Kaffi es aach e gut* Nachtesse.

For des Mädel (*Mädchen) *geb ich mei Middagesse orrer e gut* Nachtesse *drum.*

(Pfälzisch)

*Kommet r noch em *Kaffee, no könnet r zom* Nachtessa *wieder drhoim* (zu *Hause) *sei'.*

A klei Naachtessele *wet is au itt glei* (auch nicht gleich) *zu Bettler macha.*

Wenn en alte Ma s Nachtesse *vergißt, na muß ma n it* (nicht) *dra verinnere.*

„Desch widdr ä Durenandr! Im Vadder solli 's Nachtesse *richte. Im Lisa solli helfe, sei Thiaterkart suche. Dr Alfred mault, wiil i-em dr Kiddl no nit uffdämpft hab. Un's Trudi hockt am Klavier un haut jetz scho schtundelang „So ein Tag so wunderschön wie heute" rundr: Un doo sollmer nit zipfelsinnig* (verrückt) *werre bi sonere Wirdschaft?"*

(Schwäbisch-Alemannisch)

Abb. 30: Der maßvolle Esser
(Heinrich von Laufenberg: »Versehung des Leibs«, Druck von 1491)

absichtlich

Dat hes du extra *doon.*

Du kannst anner Lü vertellen (erzählen), *dat du dat neet* met Willen *daan hest.*

(Westniederdeutsch)

Aus *reinem* Daffke *bin ick nich mitjekomm'.*

Du büst mit Willen *tau lat* (spät) *kamen.*

Ick heff dat mit Willen *stüert* (gesteuert).

Mit *gauden* Willen *heff ick 't nich vergäten.*

Ik bün mit Willen *nich ringahn.*

Bloß aus Daffke *tut die det.*

Ick jeh aba doch hin – aus Daffke.

(Ostniederdeutsch)

Wenn ich's 'n verbiete, dann macht er 'sch mir erscht recht zun Schure.

Mei Schatz is a Müller, / drum siehet 'r su weiß, / den soll iech net liebn – / ich lieb'n mit Fleiß.

Ich habe das Mädel (*Mädchen) *nich* mit Fleiß *hingeschuppt, mer sin so zusammengerannt* (gegeneinander *gelaufen).

(Sächsisch)

Er duud das extra.

Brennt dann die Lamp mit Fleiß *do haus, awwer habbtersche vergesse auszudun?*

Hoschd du's midd Fleiß *gedoo?*

Ich deer em vezeihe, wann er mich nedd mit Fleiß *hinnergange hett.*

Jetzt mach ich's exbreß *nedd!*

Ich bleib exbreß *dehääm* (zu *Hause).

(Hessisch)

Redewendungen: absichtlich

Nu dohn ech et grad ekstraa.

Dat hät-e äkstra *jedon.*

Dat deit dä rein expree, *för dich ze ärjere.*

(Tünnes schlägt sich immer wieder, in genau bemessenen Abständen, mit dem Hammer auf den eigenen Daumen. Kopfschüttelnd fragt Schäl:) *„Tünnes, worüm häus do dich immer* expree *op dinge eijene Finger?" – „Weißte Schäl, et eß esu e schön Jeföhl, wann't dann ophööt."*

(Rheinisch)

Nää, ich kumm nit! Extra *nit!*

Jetzt gradzerleed *uf Biehe und Breche.*

Das macht se jetz grad expreß (exkies).

Mer Lauser (Lausejungen) *henn gelacht un immer* mit Fleiß *ihn so hitzig gemacht.*

(Pfälzisch)

Mit Fleiß *scheiße d Kinder ins Bett* (zu einem, der sich entschuldigt, etwas nicht absichtlich getan zu haben).

*„So moinet Ihr, i stirb vor Euch? Jetzt müesset r airscht *warta, bis mir s baßt, ond i stirb grad* zu Loid *no' net. Wer woiß, ob i net Euch no' vor mir zur Leich saga* (zum *Begräbnis einladen) *keet!"*

So a Lauser (Lausejunge), *so a elender, dös tuat er mir grad* zum Possa.

Mei, er macht it (nicht) *vorwärts. I glaub, dös tuat er mir grad* zum Possa.

Grad mit Fleiß *bin i gradaus gfahra!*

Der ist mit Fleiß *nix.*

(Schwäbisch-Alemannisch)

Ägsdra *mooch* (mag) *i ned!*

Der houd des fei mid Fleiß *gmachd.*

Des hob i egsdri *sou gmachd.*

Dos hobbi fei nit mit Fleiß *do.*

(Fränkisch)

Abb. 31: Eduard Thöny: »Der Kenner«
(Simplicissimus, 1898)

„Du, Loisl, sell schaug (*guck dort) *hi, do geht mei Advikat!" – „Dami, dami! Der is aber zaunrackerdürr!" – „Des hon i mit Fleiß tho. Woaßt, Loisl, balst amal an Advikaten brauchst, derfst koan foasten* (feisten) *net nehma, de speren* (mageren) *san de schärfern."*

An Rausch her, grod mid Fleiß, / weil i auf alles scheiß, / weils mid da Jaggalies / a nix mehr is.

Des duad der Hundling grod mid Fleiß!

Du thuast as deina' Muada' z' Fleiß.

Des hodar ia äkstra ksakt.

(Bairisch)

Apfelrest

De Appelkennels rappeln al (schon) *in 't Hüske, de Appels sünd riep.*

Ik eet dat Hüske mit up.

Du büst ja de Oolsch (Alte) *ut Appelhüschen.* (Neckspruch)

(Westniederdeutsch)

'S bleibt guarnischt weiter – bloß dar Griebsch.

In Kärnjehüs' kriecht 'ne oll, fette Mad rum.

Der hat'n Appeljriebsch verschluckt (zu jemand mit großem Adamsapfel).

Pin (Pein), *de an mi fret as 'n Pürrick* (Wurm) *in 't Appelhüschen.*

(Ostniederdeutsch)

'N Griebs hab'ch weggeschmissen.

(Sächsisch)

Mer maand graad, du heschd e Grutze em Hals stecke (zu einem Heiseren).

Er iß da dehinnerher wie die Sau uff en Äppelkrotze.

Er fährd denooch wie d' Gans nooch-eme Äppelbutze.

Er hot mer im Hals gestocke wie en Eppelkrotze.

(Hessisch)

De deilt den Appel esu, dat ech de Ketsch kreien un he dat ander.

Jede Appel hät sing Ketsch.

Et es ken Äppelchen su rut on so rond, et es sech (daß nicht doch) *en Ketschchen dren; et es ken *Mädchen su nett on su fein, et hät enen falschen Senn.*

Jev mer der Appel, dann krißt do de Ketsch.

Wenn de Äppel noch düer send, dann frett mer de Ketschen met.

Wann der nor e Grutz im Hals stecke blieb!

(Rheinisch)

Geh los, mit dir will ich kään Appel esse, du loscht eem doch nix wie die Schal un de Grutze *iwwrich.*

Wann d'r nor de Krotze *im Hals stecke bleiwe deet!*

(Pfälzisch)

*Dui stürzt sich druf, wia d'Gans uff-an Epfel*butza.

D' Herra häbet de Nutza / Und mir den Butza.

**Aguckt hat si us, wie d' Gas en Äpfel*butze.

Alles himache, Butze *und* Gacke, *rubes und stubes* (d.h. Stumpf und Stiel).

(Schwäbisch-Alemannisch)

*Du sollst dei Epfl*butzn *nit in der ganzs Stumm* (Stube) *umernanderleeng lassn.*

Miia wusde schun, wo-s raife Äbbl gibd, und dii ham-me dann schdibidsd, ham-se uff-gegässe und en Grodse *ham-me weggewofe.*

(Fränkisch)

Abb. 32: Obsternte (F.P. Florinus: »Haus-Vatter«, 1722)

Auf Wiedersehen

Tjüüs ook!

Tjüüs denn!

Na, denn tjüüs!

Adüs, kiek mal weller in!

(Westniederdeutsch)

Schüs ok, grüß ok, wenn di't gaut geiht, schrief ok!

Nun aber Tschüß!

(Ostniederdeutsch)

Mach's gut! Mach's besser!

(Sächsisch)

Macht's gut zusammen! Mach's a nett so schläächt!

(Hessisch)

Tschüs dann bes op en ander mol!

Saach dem Ohm och schön adjüs, jev im en Hängche (Händchen).

Ja, nau adschüs!

(Rheinisch)

Adjee, lossen 's eich gut geh!

Alla, adjee dann!

Allo, Servus!

(Pfälzisch)

Abb. 33: Ludwig Richter: Abschied
(»Ludwig Bechstein's Märchenbuch«, 1853)

Sonst hat me gsagt: bhüa' Gott, *ietz* ade.

Ade *mit einander!*

Ade *derweil!*

(Schwäbisch-Alemannisch)

Ich soch bloß Griß Gott (*Guten Tag) – Ade (d.h. ich muß gleich wieder gehen)*!*

(Fränkisch)

Serwass, *oide Hiddn* (alte Hütte; verwendet unter Spezeln)*!*

Solang die grüne Isar durch d' Münchnerstadt no geht, / Solang der Peter am Petersbergl steht, / Solang uns schmeckt a Rade (Rettich), *a Bier und a Trumm Brot, / Verlaß i aa mein München net, und jetza* Pfüät *enk* (euch) *Good!!!!!* [Karl Valentin: »Das Münchner Kindl vom Rathausturm besucht die unter ihm liegende Stadt«]

(Bairisch)

Backenzahn

Wenn dat ofbruukt (aufgebraucht) *is, sölen hum* (ihn) *de* Kusen *woll neet mehr kellen* (schmerzen).

Häi kricht nix mank (zwischen) *de* Kusen (er muß hungern).

Wenn hei höflich sien will, sleiht hei einen de Backentähne *in.*

Heßt wol lang keen Backthen *spütt* (gespuckt)*?*

He kriegt glieks 'n paar achter (hinter) *de* Kuusen.

Mit een Ruff (mit einem Mal) *reet de* Kusendokter *mi de Wuddel* (Wurzel) *d'r ut.*

In'n Rachen harr he blos dat Bitten (Bißchen) *von tweeunfoftig* Kusen *sitten.*

(Westniederdeutsch)

Abb. 34: Petrarca-Meister: *Von dem weethumb der zeen* (1532)

Denn' daun de Kusen *nich mehr weih* (er ist tot).

Hest woll lang' keen Backentähn *spuckt!*

Mach mir nicht tücksch, det sich nich meine Fäuste mit deine Backzähne *familiär machen!*

Nu hebben s' mi die letzte Kus' *uttreckt* (herausgezogen; ☞ *ziehen).

Hartbraut (Hartbrot) *gifft gaud' Kusen.*

(Ostniederdeutsch)

„Mutter, mei Bockszoah is lucker." – „Tou nuch a weng niddln, nouchat (ein *bißchen rütteln, dann) *fällter raus!"*

Du hast wohl lang keene Backzähne gespuckt?

Sohg's nor noch mol, da krichste ower e Ramftel (Schlag), *daß de morng Backzähne scheißt.*

*De *Großmutter kriegt Backzähne* (wenn eine Gesprächspause eintritt).

(Sächsisch)

Mei Backezoh ies ledich (lose) *worrn.*

(Thüringisch)

Willst de vielleicht emal Backezäh schlucke?

(Hessisch)

Dem dun och de Backzäng nit mih weh (er ist tot).

Ich schlahn dir an die Backe, dat der die Backenzähne wackele.

(Rheinisch)

Gell (*nicht wahr), *du hascht noch kään Backezahn geschlickt?*

(Pfälzisch)

Dia lachet uff de Stockzeh (verbeißt sich das Lachen).

(Schwäbisch-Alemannisch)

Ganz hint in der Eck hat da Xaver an Stockzahn, a Mordstrumm, aba hohl wia a alter Trankhafa (Tränke; ☞ *Kochtopf). *Da Xaver sagt, dös kann er net versteh, wenn do a Zahn hohl is, dann is doch im Zahn nix drin, und wia dös „nix" weh toa ko', dös konn er net versteh, dös wui eahm gar net ei'geh.* [Karl Valentin: »Der Menter Xaver hat Zahnweh«]

(Bairisch)

Bauchschmerzen

Wenn du Buukweih hess, dann drinke man (einfach) *'n Köppken Melke* (Tasse Milch; ☞ *Kaffeetasse).

Na den vielen Schwetschkenkauken halle ornick (habe ich ordentlich = starkes) *Biukweih krägen.*

Wenn fröher de Kinner Liiwwehdage harn, kregen se Bickbeern (*Heidelbeeren) *in, de in 'n Braataben updrögt* (im Ofen getrocknet) *wörn.*

He hett Liewehdaach (Liefpien) in 'n groten Tohn (Zehe), *mag gern eten un nix doon* (d.h. er ist ein Hypochonder oder Simulant).

(Westniederdeutsch)

Abb. 35: Wilhelm Busch: *Wie denn Böck von der Geschichte / Auch das Magendrücken kriegte* (»Max und Moritz«, 1865)

De Bukweihdag' möößt veräten (durch Essen vertreiben), *de Koppweihdag'* (*Kopfschmerzen) *möößt verslapen* (durch Schlafen vertreiben).

De Kranke hät Buukknippen *kricht.*

Bäätr in d' Welt schäätn / as in engn Buuk knääpn.

Junge, wenn dei Bukweihdag' *hett, dat möt öwer weih daun* (so groß ist der Bauch).

(Ostniederdeutsch)

Ich kann's vor Wanstrammeln *kaum noch aushalten.*

Mach waang den bißl (*bißchen) Bauchwiehding *kenn settn Lawand* (solches Gejammer)!

Mußt dein' Kaffee ni mit'n Messer imrihrn, da krichste Nabelleiern.

(Sächsisch)

Koch schnall enen Topp (*Kochtopf) *met Pfafferminztee, ich hann* Buchpfitzen!

E hätte Bauchkneipen, *daß e de Wänge* (Wände) *nauf müchte rasen.*

Mir hatten vor Lachen alle Bauchwiehting.

(Thüringisch)

Wann-de sou veel oureif Obst ißd, kriggste Leibschmerze!

Er dudd sich wälljern (herumwälzen) *vor* Leibwäih.

Der hodd Leibwäih *an der grouß Fußzäih* (d.h. er will sich vor der Arbeit drücken).

Er hodd sich Aawasser (Augenwasser = Tränen) *unn* Leibwäih *gelachd.*

Ich winsch eich e glickseliges neies Johr, Wage voll Saihoor (Sauhaare), *Wage voll roure Fläih* (roter Flöhe), *alle Morje* Bauchwäih! (scherzhafter Neujahrsgruß)

(Hessisch)

Do häs ja nit ens (einmal) *Plaatz för* Buchping (so dünn bist du).

He hät ok wat Buukpiin *am dicken Teven* (Zehe; d.h. die Krankheit ist eingebildet).

De is mer so lieb wie drei Dage Bauchpein.

Wenn dat net got für die Buukpiin *ös, dann wet ech net wat beeter ös.*

Dat hä sech pitschenaß jemaaht, / Hätt imm jar keine Spaaß jemaaht; / Esu hätt dä ärme Böck deswäje / Janz ärch un ööntlich Buchping *kräje. / Frau Böck, die hatt en jood Idee! / Mem *Bööjelieser kütt se hee; / Dat wärme Ieser hett se flöck / Dem Böck op singe Buch jedröck.* [nach Wilhelm Busch, »Max und Moritz«]

(Rheinisch)

Abb. 36: Wilhelm Busch: *Hoch ist hier Frau Böck zu preisen! / Denn ein heißes Bügeleisen, / Auf den kalten Leib gebracht, Hat es wieder gut gemacht* (»Max und Moritz«, 1865)

'S Leibweh *hat mer schier die Därem verriß.*

So lang Schnaps im Krug is, heert 's Leibweh *net uf* (als Vorwand zum Trinken).

Wann ich iwwer die Zeit nichdern bleib, krieg ich Mageweh.

Vun allem wisse macht Koppweh (*Kopfschmerzen) *un vun allem esse* Bauchweh.

(Pfälzisch)

„Warum hast du gestern im Unterricht gefehlt?" – (Das um gehobenes Deutsch bemühte Mädchen:) *„Weil ich das* Nablsurre *ghett habe, un meineren Mutter beim Zwätschge-Eimache hab helfe misse."*

Viel Wissen macht Kopfweh (*Kopfschmerzen) *und alls wisse* Bauchwe.

Er singt so schö, ma könnt's Bauchwe *kriege.*

Er singt so schö, daß d Mäus s Grimme *krieget.*

(Schwäbisch-Alemannisch)

Derfsd ned su vill Schoggerlaad essn, suns gräigsd Baucherlawäi!

(Fränkisch)

Da' Grimman *hat mi' anpackt.*

(Bairisch)

beeilen

Du mußt di 'n bietje (*bißchen) _beielen, wenn du noch mit de Zug komen wullt._

„Du hast't ja höllsch ilij!" – „Ja, ick will noch na Helmesteh (Helmstedt) _taun Zuch, da mot 'ck mick bëilen."_

Du mußt wat tomaken, anners (sonst) _is de Zug weg!_

Maak man (bloß) _gau to, dat dürt je 'n ewigen Tied, dat du klaar worst!_

Nu spoo di man (ruhig) _'n beten_ (*bißchen), _dat du fardig warrst!_

Gun Abend! / Is hier nicht Ooldjahrsabend (Silvester)_? / De Voss de bruut_ (der Fuchs braut; d.h. abendlicher Nebel steigt auf)_, / dat Werrer ward guud. / Mien Mudder sä, ik schull man_ (bloß) _gahn, / ik weer doch ni recht klook_ (*intelligent) _. / Ik gung as en Franzos, as en Schandarm, / mit en Korf in de Arm, / keem as en ool Mann un beddel en Stück Kook_ (Kuchen)_. / Maak to, maak to, mien Lüd_ (Leute)_; / ik schall hüt Abend noch wied_ (weit). (Heischevers zu Silvester)

(Westniederdeutsch)

Mak 'n bäten (*bißchen) _tau!_

„Mak fixing!" – „Fixing wahnt hier nich!"

Wir möten uos spooden.

(Ostniederdeutsch)

Nu märe (hier: trödel') _nich so rum, mache bissel_ (*bißchen) _hin, los!_

Mache hen, 's is pressant (dringend)_, lange kann ich nich *warte!_

Nu mache bißchen trab, sunst kimmste ze späte!

Schick dich fei (endlich)_, daß de net ze speet kimmst!_

Nu mußt de dich awwer sputen, sunst kimmst de ze späte.

Wenndr eich nich zauen tut, is's Gewitter da, un mer wern naß.

Lus, mer woll uns e bißchen federn!

Die zwee Arbter feedern sich ticht'g.

(Sächsisch)

Redewendungen: beeilen

Met der Arbeit hutt'ch mich flämisch (sehr) *getummelt.*

Brouchst'ch nech sue ze tommeln, se komm noch nech.

Schick dich, dar Bus kimmt!

Wer sich schickt zur Arbeit, schickt sich auch zum Essen.

Mach henn, du kimmst sunst zu speet.

Se mutte sich zau, bann se noch in de Kirche woll.

Mach e Lins (ein wenig) *schoorf!*

Alwi pfef e schneal (daraufhin pfiff er schnell) *di anere dabei un suk: „Krome Nod* (krumme Not) *noch ema! Bas* (was) *es das da, ei Lid* (Leute)*? Dumeld eich, geschwind!"*

(Thüringisch)

Ja, unn wannse sich dann dernach recht eile will, da stehner nu gar Henn-unn-Fiesch-still (Hände und Füße still), *da ißt's gar nix.*

Wos eilschd du dich so schnell?

Als e wink (*bißchen) *gedummeld, daß mr devookumme!*

Dummeld eich, ehr Leit, 's gibbt e schwer Gewirrer!

Allä (los), *dummel dich e bißche!*

Jetzt haaßd's awwer gedummelt!

Wenn de noch medd d'r Post wedd (willst), *mußte dich dommeln.*

Heinerich, dummel dich, / alle Buuwe (*Jungen) *suche dich. / Ich hunn gemaand, du wärschd dehaam* (zu *Hause), */ hocksch noch uff'm Beerebaam* (Birnenbaum). (Kinderreim)

(Hessisch)

Ich mos mich beiile, wänn ich de Zoch noch krie well.

Ech moß mech ile, dat ech hem (nach *Hause) *kunn.*

Hättste dich mih jezaut, hätte mer der Zoch noch kräje.

Zau dich jät (etwas) *bei de Arbeet!*

*Tommeld üch, deer Bus *waat net op üch!*

Plog dich jet (etwas), *ongersch* (anders = sonst) *werde wi net op den Tit ferdig.*

Ploch dich, ävver setz dich derbei (Eile mit Weile).

Wemmer op en Flor (d.h. in der Blüte seiner Jahre) *es, häscht et sich gedommelt on net gefaulenzt.*

Mer bruchen us net ze zaue, mer han Zit genog.

He plog sich, als wenn se met der Schmeck derhönger (*Peitsche dahinter) *wöre.*

(Rheinisch)

Dummel dich, daß mer vor'm Reen noch deheem (zu *Hause) *sin.*

Wann de dich tummelscht, kannscht vor Oewed noch fertich werre.

Der Dummel-dich het sich de Hals gebroch, de Langsam awwer lebt noch!

Eil dich e bißche, es pressiert (eilt).

(Pfälzisch)

Mach tapfer, 's kommt glei a Gwitter! Tapferle, Tapferle!

(Schwäbisch-Alemannisch)

Schigg di fei ä weng (*bißchen)*!*

(Fränkisch)

Mir hamar uns rächt (*sehr) *kschickt.*

Deat's enk (euch) *schigga, Kinda, und deat's enk warm oziag'n* (☞ *ziehen).

(Bairisch)

Begräbnis

Spooß mutt sien bi de Beerdigung, *sünst geit kener mit.*

Ik schöll (soll) *anseng'n, dat Klock dräi* (um drei Uhr) *de* Beërdigung *is un jü möchten dütmool äin' Dräger stell'n.* (Leichenbitterspruch)

Hier schickt mi Hinnerk un lett jau fründelk beten, de Verstürvene de leßte Ehr to erwiesen: Vör 'n Begräbnis *to 'n Drunk un na 'n* Begräbnis *we'er* (wieder) *intokehren.* (Leichenbitterspruch)

Froo, du mußt d'r an denken, dat du mi 'n Floor an de Hood maakst, wenn ik mörgen na 't Begräbnis *gah.*

Et koomet man bloos dei Frünne taur (ausschließlich die Freunde zum) Begräfnis.

Hei was ollerwärts mi bie; sogar bi siene eigenen Beërdigung.

Wenn na 'ne Beerdigung *de Kinner mit veel Spektakel vör een Huus speelt, kummt uut den Huus de nächste Liike.*

Wenn 't Hart man swart is (wenn das Herz bloß schwarz ist; d.h. Hauptsache, das Herz trägt Trauer), *sä de Köster; do dröög he 'n rohde West bi 'n* Begräbniß.

„Na, Fiedje, wo bist du denn west? Du hes di jo so fin mokt." – „Ick bin to Beerdigung *west." – „To* Beerdigung*?" – „Jo." – „Wer is denn doot?" – „Jan." – „Jan? So so ..." – „Jo." – „Hm – djä." – „Djä." – „Djä – ick mutt dor mitunner so an denken: wenn ick nu ook mal starv!" – „Djä, denn wars du ook begroben." – „Djä, un denn?" – „Denn wars du to Eer'* (Erde), *as de Paster* (*Geistlicher) *seggt, „Staub un Asche"." – „Na, und denn?" – „Denn fritt di de Kooh." – „Djä, un denn?" – „Denn smitt si di werrer ut." – „Sooo??" – „Jo." – „Djä, un denn?" – „Denn?" – „Djä." – „Djä – wenn ick di so werrerseh, denn segg ich: „Adje, Adje* (Eigenname), *wat hes du di verännert!""*

(Westniederdeutsch)

„Komm doch mit zu den seine Beerdigung! *" – „Nee, kommt der villeicht zu meine?"*

Sie können jo denn met to Gräftnisse *gahn.*

(Unter Kindern:) *„Du – wenn de den nich in Ruhe läßt – denn jibt's morjen 'n Kinder*bejräbnis! *"* [Heinrich Zille]

(Ostniederdeutsch)

Wißt ihr, wos früher e schiene Leich *war? Do wur e Sau geschlacht', do wur Kuchn gebacken, do wur Bier un Schnaps gekaaft. Un wenn dr Tute begrobn war, do wur gesunge un gelacht, do wur Musiek gemacht, do wur getanzt.*

Zur Begrabe *geht mer nich in bloßen Koppe* (barhäuptig).

Spaß muß sein bei der Leiche, *sonst geht keiner mit.*

De ganze Woche krank un Sonntag keene Leiche!

(Sächsisch)

Wenn die Leich *aus is, genn die Aghörigen zum Trauerhaus, dort gibts Tiechelkuchng* (*Napfkuchen) *und Kaffee, Butterbruet und Backstäikaas* (Käse in Form eines Ziegelsteins).

Dös wor äne gruße Leich, *weil dar Emil äne *sehr gruße Frinscht* (Bekanntschaft) *gehaat ha.*

Spaß muß sein auf der Leiche, *sonst geht kein Mensch mit.*

Dos Begroom *is erscht nochmittche* (nachmittags).

(Thüringisch)

Spaß muß sei bei de Beerdichung, *sunsd gehd niemand midd.*

Vorne singd's, medde stinkd's, hinne hodd's en lange Schwanz? (Rätsel)

Dr ale Schorsch äß gestorwe, ech wäll merrem (mit ihm) *zur* Liche *gehn.*

Mä sinn nett uff de Lieche *gebaaden* (gebeten = eingeladen).

Was nützt mich die schönst Leich, *wann ich debei de Dote spiele muß.*

Deer hod die Eerwed (Arbeit) *ned ufbroochd* (erfunden); *wan se begraawe werd, geer-e* (geht er) *aa mid uf die* Leichd (d.h. er ist ein Faulpelz).

Vor Zeite warn die Leiche *lustiger wei alleweil dei Hochzeite.*

Heut morgend iß dere Majern (Eigenname) *ihr Vatter begrawe warn, es soll gewiß e wunnerschee* Leicht *gewest sei.*

Hau Onnen (heute nachmittag) *muß ich off die* Trauer.

Gihste aach met en die Trauer?

(Hessisch)

Spaß mutt sin bi der Lich, *sös geht kener mit.*

Noom Bejräbnes *mos och ens* (einmal) *jelaach weerde, sos jeet keener mii met.*

Bes de rich, gohn ich met zur Lich; *bes de ärm, dat sich Gott erbärm.*

Mer moß den Geck net Öhm heschen (Onkel nennen), *soss moß mer och met der* Lich *gohn.*

En Blümken en den Ontit (zur Unzeit) *bedüt entweer en* Bejrefnis *oder en Hochtit.*

Jupp es des Herrn entschlope; de Familije lett dich ter Liik *be* (bitten), *tenge* (gegen) *Fridag öm nüje* (neun) *Uhre!* (Leichenbitterspruch)

(Rheinisch)

Abb. 37: Petrarca-Meister: *Von verlierung der hausfrawen* (1532)

Wann die Leich *erum is, werft de Dodegräwer de Sarg zu.*

Die Selbschtmörder hot mer friher en dee Kerchjobseck (Kirchhofsecke) *begrabt. De Parre* (*Geistliche) *hot nor gebet. Die Schilerkenn* (Schülerkinder) *sen met de* Leich *gang, han awwer net gesong.*

Spaß muß soi, sunscht ging nimmand mit zur Leich.

Wen ainer of der Leich *en lächerlich Mien micht, stirft ainer aus der Verwandtschaft no.*

Es waarn vill Laid merr-em (beim) Begräbnis.

Bei uns in die Palz isses bei einer Leich *lustiger als bei eich iewer die ganz* *Fasnacht.

(Pfälzisch)

Des war a scheene Leich.

Isch me reich, / No goht ma me mit dr Leich, */ Isch me arm, / No Gott erbarm.*

Morge um 10 Uhr begrabt ma de Schorsch, wenn jemand gern mit der Leich *gehe möcht.*

Da gang i viel lieber zu 're Hochzeit als zu 're Leich.

I ha die ganz Woch krank Leut und wenn i am Sonntag e Leich will, muß i sel in Tischwinkel liege.

Warum goht der Doktor nie mit der Liicht (seines Patienten)*? – Wil er kai guet Gwisse hett.*

Wen s nind z suufe gid, fräid mi di ganz Liich nid.

(Schwäbisch-Alemannisch)

Di schensd Leich dauchd nix, wemmer in Doudn machng mou (den Toten machen muß) .

Wenns af der Leich nigs zu lachn geberd, gennerd kas mehr mid.

A scheena Leichd, alle Leid hom griena (*geweint).

An scheena Gruß / von linggn Fuß, / der rechd is gschdorm, / di Leichd is morng.

'S ganz Jahr doktert und doch kei Leich.

(Fränkisch)

Do iis amoi an oita Baua gschdoam, und wa dn äm d Läid rächt (*sehr) *gmikt haman, und iiwaroi iis-a aagsäng gwen* (und überall ist er angesehen gewesen)*, na hod-a aa a rächt a groуße Läichht krejgt.*

Asoo hone ma Ledda (Lebtag) *ned glochht na, wej auf man Voodan saina Läicht.*

Wenn i' zum Vatern seiner Leich net das rote Schileh (Weste) *o'ziahgn* (☞ *ziehen) *derf, nacha* (dann) *gfreut mi dö ganz Leich net.*

A schöne Leich' is's g'wen, viel Leut hat's geb'n – und Räusch hat's geb'n!

(Bairisch)

Abb. 38: Franz Pocci: »Poccis Leichenbegängnis« (19.Jh.)

Berliner

Er jeht uf wie 'n Fannkuchen.

Fannkochen is ooch Kuchen.

Wat sik as Pannkoken utgiwwt, wart ok as Pannkoken upfräten.

(Ostniederdeutsch)

De Bäckerfangkuchng sin zu luftch, mer beißt bloß uff Luft.

*An *Fostnachtn woar mer fartch* (fertig) *mit Draschen; da goab's Pfangkuchen un ann guten Mokka.*

Ja un janz zerletzt, wenn alles fartig jespunnen woar, denn woar Spinnoabend, denn jabs en jroßen Pfannkuchenschmaus. Doa steierten mer zesammen, doa mußte jeder en halbes Sticke Butter metbrengen un ne halbe Metze (Hohlmaß) *Mehl. Wer de jretzte Stuwwe* (größte Stube) *hodde, die wurre ausjereimt. Un denn hammer jedanzt, was Zeik un Ledder huhlt.*

Er laaft auf wie e Pfannekuhng (d.h. er wird sehr dick).

(Sächsisch)

**Faasnacht ziehn de Jongen en Dorf rem on sammeln Kräppel ein.*

Do hot ern äne geschmiert, gerod iwersch Maul riwer, daß de Lipp aufgeloffen (geschwollen) *is wie e Pfannekuung.*

In Schierschwenge backen se de Fannkuchen mant (bloß) *uff err* (einer) *Sieten* (d.h. nur eine Straßenseite von Schierschwende ist bebaut und bewohnt).

(Thüringisch)

Der stäihd doo wie en Ochs zum Kreppel backe.

Was vestehd dann de Ochs vum Kreppel backe, wann er die ganze Woch nedd in die Kiche kimmd.

*Da *gucke-Se emal, wos Perle* (Bläschen im Wein)*! Geht Ihne do des Herz net uf, wie e Kräbbel?*

Ihr Biwerscher (Bübchen; ☞ *Junge), *ihr Mädercher* (*Mädchen), */ Ihr groß un klaa Gezeppel* (hier: kleine Kinder) */ Holt euch die warme *Bredercher / Und die gefillte Kreppel.*

Mei Mutter backt Krebbel / Sie backt se so hart / Sie stellt se ins Schränkche / Und giebt mir nicht satt (genug).

*Hoh, hoh, hoh – die *Fassenacht is do! / Un wann mei Mutter kaa* Krebbel *backt, / dann krieht se aach kaa Holz gehackt. / Hoh, hoh, hoh, die *Fassenacht is do!*

Ich haag (hau') *der off die Naas, daß se so platt werd wie e* Kräbbel*!*

Die Pann rabbeld, / die Kräbbel *sein geback; / her mit, / ich steck mer e paar in de Sack* (Tasche)*!* (Heischespruch)

**Faßnachd, die Pann krachd! / 'S iß e guuri Fraa im Haus, / gebb mer aa e* Kräbbel *eraus; / iß e bäise Mann im Haus, / kimmd e glei mirr 'm Stecke eraus.* (Heischespruch)

(Hessisch)

Öm Fasteloovend (*Fastnacht) *eröm weerde jeern* Krabele *jejässe.*

(Rheinisch)

Abb. 39: Fastnachtsmasken

*Luschdich is die *Fasenacht, / wann mei Mutter* Kichelcher *backt; / wann sie awwer keene backt, / pfeif ich uf die *Fasenacht.*

*Ach, du liewe *Faasnacht, bischde dann schun wirre do? Vorichsjohr hämmer ken* Kichle *g'hat, *desjohr geht's uns wirre so. Mei Mudder backt* Kichle, */ sie backt se zu hart. / Sie schließt sie ins Schänkel* (Schränkchen)*, / un gibt uns net satt* (genug)*. / Sie gibt uns drei Brocke, / fär 's Hinkel* (*Henne) *zu locke: / Komm Bibibibi!*

Hinkel (*Henne)*, Hinkele, *Hahne, / die *Fassenacht die isch aane* (hat begonnen)*; / die Pann kracht, / die Pann kracht, / die* Kichele *sin gebackt.*

(Pfälzisch)

Mei Mutter bacht Krapfe, */ Sind um und um brau, / Sie sperrt mir's in Kaste' / Und will mir kein lau* (lassen). */ Sie geit mir 'n Brocke / Zum* *Henna *'nei locke. / Gückerigicki, / De Brocke freß i!*

In die Schoole Kaffee (*Kaffeetasse) *how i e poor Sticklich Gouloppe* (*Napfkuchen) *und e poor* Foosekiechlich *tunkt.*

Was mr doch fer guate Sacha / ka' aus so na Säule (Schwein; ☞ *Ferkel) *macha! / Schonka, Brotwürst, Schwartamaga, / Knöchla* (*Eisbein) , *guate, et zom saga! / Schmalz zom* Fasnedküachla *bacha / ond zo andre guate Sacha, / gräuchte Zöngla, saure Nierla, / s send doch mögeliche* (sehr verschieden verwendbare) *Tierla! / Rippla, Rauchfloisch, Sulz ond Grieba, / so na Säule muaß mr liaba!*

(Schwäbisch-Alemannisch)

Abb. 40: Albrecht Dürer: Zwei Ferkel (Detail aus: »Der verlorene Sohn«, um 1496)

Lusdi is di **Fosernachd, / wenn mei Mudder* Kichli *baggd. / wenn si obber kanne baggd, / na scheiß i af di* **Fosernachd!*

(Fränkisch)

bißchen

Willt se nich en bettjen *midde herin kamen?*

Wenn 't noch duurt (dauert), *denn töft* (*warten) *wi noch* en beten.

Un wenn dat denn mool so koomen dää (tut), *wan de een von jemm* (einige von ihnen) *'n lütt* (kleines) beeten *öbern Sträng sloogen dää, denn holp de anner treulich mit, wat dat uck önnig* (auch sonst) *wardn dää.*

Willt ji Grütte köpen (wollt ihr Grütze kaufen)*? Kaine Rattenköttel* (Köttel = Kotkügelchen)*, kaine Muuseköttel, bloß min lüttje* (kleines) *Kind hatter en* bettjen *rinneschetten.*

Dei lagg eines Nachts in söiner Kaar un keik noch en betten *de Stieren* (Sterne) *an.*

Dat hett he sik ook 'n beten *anners* (d.h. ganz anders) *dacht.*

Hefft se dat 'n beten *anners mookt? Bi uns ward de Kaffee mit Wooter kookt.*

Eck maut ümmer en betten *wat ümme de Hand hebben, segt dei Deif* (Dieb)*, da kreeg hei Handmanschatten* (Handschellen).

Hat de Hexe de Melk betoowert, denn mut man'n beeten *von dat Flott* (Sahne) *in'n Keetel kriigen un kaaken dat.*

(Westniederdeutsch)

Ik bün kein bäten *mäud* (müde).

'N bäten *is noch dor tau äten.*

(Die kleine Erna zum noch kleineren Fritze:) *„Ick wer' dir mal'n Kuß jebn. Vielleicht wächste denn'n* bisken *rascher!"* [Heinrich Zille]

Bring' Se noch 'n bißken *Bier, aba 'n* bißken *ville.*

Etwas *is 't achteihnt Deil vonne Mügg* (*Stechmücke).

Wenn man den janzen Tag nischt jetan hat, kann man sich doch abends een bisken *ausruh'n!* [Heinrich Zille]

„Komm' Se denn mit Ihr'n Wirtschaftsjeld aus – Frau Nachbarin?" – „Det ick nich wüßte! Ick muß so'n bißken *mitverdien'!" – „Sehen Se – icke ooch!"* [Heinrich Zille]

Ick setz mir'n bißken, *damit mein Oller ooch mal wat uff de Bank hat!* [Heinrich Zille]

(Ostniederdeutsch)

Der Junge is mer su laß (träge) *geworn, doß ich'n arscht mol e* bill *offgesteift* (d.h. in Schwung gebracht) *hob.*

*Heite is mer de *Mahlschwitze e* bill (bissel) *ze braun geworn.*

Das Band mußte bissel *reim* (reiben), *da werd's gefieche* (gefüge = biegsam).

Ich hab mich e bissel **erkält'.*

Heut zun Sunntch ock (zum Sonntag nur) *a* wing *mehr Buhn' ei* (in) *a Koffie un a* bissel *winger Runkel* (Futterrübenpulver) *derzune.*

Nu wart ock (nur) *a* bissel, *ich war dir do a Loger zeraichtemachen.*

Nu, wenn mer zum guten Montag (Erntefest) *lange mit enn Mädchen tanzte, da hat mer ooch mal* bissel *neigelämblt* (lämbeln = langberen = einen Wagen ohne Zugtiere bewegen; übertr.: geschlechtlich verkehren).

De Wäsch is noch e bissel *resch* (feucht), *mer häng' se noch e* weng *an' Ufen.*

Wenn de Kieh trächtich sei, krieng se bissel *Lei* (Leinsamen) *gekocht, daß'n se besser hecken* (werfen).

Nauf de Rährnkuhng (Röhrenkuchen; flaches Kartoffelgebäck) *kam e* bill *Butter un e* weng *Zucker un Ziemet, nooch* (dann) *wurn se zammgewickelt.*

Gab mer mol e Nießel (Nößel; d.i. ein Schöpfgefäß). *Ich will* bißl *Wasser aus'n Ämer scheppen.*

**Wart ner emol, ich muß mich doch erscht e* bissel *neirichten.*

Bei den junge Leiten missen de Eltern noch e bissel *zubuttern, daß's im Ring* (vorwärts) *geht.*

(Sächsisch)

„Kemsd dan endlich haime (nach *Hause)*? 'S es nich me zum Ushalen. Das wais ai der liwe God, schdads das de haime* (zu *Hause) *blebsd un halfsd Vadern an* Beschen *med oder schdaksd de Nosen en en gescheides* (*intelligentes) *Buch – God bewore! Jeden Obd, wan dr Saier* (Uhr) *achde geschlain hed, do es' Bresdchen wak* (Schlingel weg) *un mi guken hingerhar!"*

(Thüringisch)

Willstde net so gut sei un mer ah e Bissi *Broud gewe?*

Kenntich nett noch e Bissi *Brod krie?*

Etz hawwich deene Maurer gestert (Mutter gestern) *e* bissi *Mittachäße gäwwe, e* bissi *alte Kummernsalat* (Gurkensalat; ☞ *Gurke) *von vorgästert Awend, unn e paar Stickelcher Blutworscht.*

Sie! Hawwese nett e bissi *e Landkard? Daß ich dem weise* (zeigen) *kann, wo Erford licht.*

Du kust noch iwest e wink *zugegaa* (du kannst noch ein bißchen hinzugeben; z.B. zu einer halbvollen Tasse Kaffee).

Unn da drickt er sich so e Bissi *e Däll enei ins Kisse.*

Ich muß maich (mich) *e* wink *schuun* (schonen).

(Hessisch)

Jäf me nuur-e klee bitzje *von deer Schoklaad.*

Bleift noch e beßche, *esu jongk komme mer nöt mih zesamme!*

Ich mööch noch-e besje *vom Läve han.*

En beßje *hösch* (vorsichtig), *de Vijelin* (Violine) *es noch neu.*

De hät en bißje *ze vill jedrunke.*

Et ös beter en betje *as gar niks, sät de Wolf, do frot he en Möck* (*Stechmücke).

(Rheinisch)

Mer bleiwe noch e bissel *do bei ich* (euch).

Jesses, Maria un e klän bissel *Josef!*

Die ferchten sich vor dem bissel *Aarwed.*

(Pfälzisch)

No ischer ans Kalt Biffeeh naakumme, un hät vun allem nur äwängli *gnumme. Nur son* äwängli *fir dr hungrig Schnabl. Un doch isch 's 'm jetz hunzmisrabl.*

„Nai, Herr Richter, wo er mich beleidigt hät, habi en bloß ä bitzeli *streng aaguckt* (☞ *guck). " – „Wie kommt es aber, daß er plötzlich im Bach lag?" – „Wahrscheinz ischer halt vu meim Blick ä* bitzeli *hypnodisiert gsi, Herr Richter."*

Besser e weng *etwas als gar nix.*

Jetzt setz dih a bitzli *do nieder.*

As muß aber doh a bitzale *verschtändiger rauskomma'.*

Er ist halt e bissle *dumm.*

Dr Joggeli hät gmaint, se hoolene fir d'Olymbiade, aber doodefir isch erne doch äwängli *z'lahmarschig gsi.*

Redewendungen: bißchen

I glaub, Frailai, do missese mer schu-n-ä bizzeli *ä schtärkeri Guggel* (Tüte) *gää, sunscht blazzt se mer widdr underwegs.*

Die ald Frau Zänsedängler schtoht nit gern uff d' Rolldreppi, denn jedesmool habberets äwängli *middere biim Uusschtiige.*

I main halt, wenn dr Schiller widder kumme un des alles erläbe dät, was mir erläbe misse, no dät er doch äwängli *fremdele* (sich unwohl, fremd fühlen). *Er kennt jo no nit ämool radfahre.*

(Schwäbisch-Alemannisch)

Gesdan wor-i in de Schdod gweesn, und wail-i nu a wängla *Zaid khabd hob, bin-i om Margd a* bisla *hin-a-widda geloffn. Dii verkaafn noch ian Kheeskhööl* (Blumenkohl) *und ian Beened* (Spinat) *und en Schdadsineeri* (Schwarzwurzeln), *genau wi doomools. Und no konns-d aa nuch seen: Öröbfl* (*Kartoffeln) *und a Blaugraud* (*Rotkohl) *und Bfiffa* (*Pilze), *ganza Schänzn* (Rückentragkörbe) *voll gibd-s do.*

I bin ä weng *mäid* (müde), *i mechd ä* bisserla *schloufm.*

I bin ä bisserla *mäid, i mechd ä* weng *schloufm.*

*Hom S a*weng *än Schdoll* (Stuhl), *daß i mi sedzn koo.*

(In einem gutsortiertern Geschäft:) *„I kum zu Iner, wal i hob mer denggd, Sie hom immer ä* weng *alles."*

Loss mi amol a bissäla *fäsuugn* (versuchen).

Rugg amol a bißla*!*

Gell (*nicht wahr), *i hob dei Fra a* weng *vergrätzd, wal s mi gor nemmer ouschaud* (☞ *guck).

Well mer a weng, *well mer a* weng */ Nauf die eiber* (obere) *Schdubm / Wu die scheena Madli* (*Mädchen) *sin / Und die rotzin Bubm* (*Jungen). */ Routz a Wasser kennd mer greina* (*weinen), */ schaud* (*guckt) *mer ner* (nur) *die Madli ou. / Jeder rotzier Buu had seina / und mir lafms all dervou!*

(Fränkisch)

Halt a bisserl, *wart a* bisserl, */ bleib a* bisserl *steh! / I möcht dir gern a Busserl gem, / na därfst glei wieder geh.*

Hed nacht, main-e, zuikts a weng *a* (*zieht es an = es friert).

Ja wennsd moanschd, na eazoi-e da hoid (erzähl ich dir halt) *a gloans* bisl *wos iwa d'Hoazatloderai* (das Einladen zur Hochzeit).

(Bairisch)

Bonbon

Wenn Heini 'n Bontje *kriegt, denn is he fein tofreen* (zufrieden).

„Mutter, dau meck Boltjens!*" – „Ja, teuf* (*warte), *eck well deck bi* Boltjens!*"*

Wullt di all weer (schon wieder) Bontjes *köpen?*

Hier haste 'ne Tute Boltchen; *nu lat dick awer nich de Hälften wedder afftaljen.*

Giff mik doch ok'n Bonsche *af!*

Een Bontschen *kunns du mi woll affgäbm!*

Ick have van dat Bumbüms *so backige Hannen* (klebrige Hände) *krägen.*

Tüdel lüdel lüüt, tüdel lüdel lüüt, / morgen kummt mien Tante, / bringt mi 'n Tüüt vull Boltjes *mit, / un denn sech ik „Danke".* (Kinderreim)

Ik heff en Tuut vull Buntje *opto* (dazu) *kregen.*

(Westniederdeutsch)

**Wein man* (nur) *nich, krist uk'n* Bönger.

Ach du leiwe Güt, fief Böngers *in eine Tüt!* (Ausruf des Erstaunens)

Ersten Dag in d'School kreeg jerer van uns 'n par Bongers *van'n Köster.*

Ach wat, du hast ooch noch keen nacklichten Mann een Bonbon *an't Hemde jeklebt* (zu einem Aufschneider).

Mir is so belemmert, so stoobig (elend), */ So mierig* (kränklich). *Krank werde ick, jloob ich. / Det kommt von de villen* Bonbon! */ In de Kaldaune* (Bauch) *is mir so kletrig* (übel), */ Im Demel* (Kopf) *so miesepetrig, / Im Schlung* (Kehle) *sitzt mir'n Luftballon.*

Anton mit de Fiedel, / Anton mit de Fläut, / Anton magst ok Böngers, / Böngers *smecken säut* (süß).

(Ostniederdeutsch)

Mutti, brenkg ema enne Tite Schnongse *aus'n Konsume met!*

Hier hast Geld, koof dir ne Tite Malzer!

In den Laden krichtste so große Mälze *for enn Feng, da kunnste de Maulsperre kriechen.*

(Sächsisch)

Redewendungen: Bonbon

Motter, käif mech doch fer'n Groschen Zockerstein*!*

Bes stelle, Wilhelminchen, kreist ooch a Zockersteenichen*!*

War het'ann minne Tüten Zockerstein *geschnükkelt* (genascht)*?*

(Thüringisch)

Die schwarzze Zäihn kumme bei de Kinn vum veele Gutsel *esse.*

Ich wollt meim Klaane e bissi (*bißchen) Guts *mitbringen.*

Daderrvor hat er sich Kluncher *kääft.*

(Hessisch)

Häs-de di Kamäll *at* (schon) *all?*

De friß de Papiercher on werp de Kamelle *fort.*

De Bauer schmeißt de Bonbon *fort on frißt et Tüttche.*

Jäf däm Kleen e Zückerche*, dann es-et stell!*

Ech moss öch jet verzälle vam ale Pitternelle (Eigenname)*, de soss en singem Keller on fross en Blos* (Tüte) Kamelle*.*

(Rheinisch)

Also, ich konnde nidd soon (sagen)*, wie der Louserd* (Lausejunge) *uff de* Schnääges *luure dudd!*

Die hawwe sich dann e Tutt voll Schnääges *gekafft.*

(Pfälzisch)

*Ä Krimi? Dät mi viil z' *arg uffrege, wenni bim Läse nit noch ä baar Beddmöckili z' schlozze* (Betthupferl zum lutschen; ☞ *Lutscher) *hätt; Honig*gutsili *odr äsoo.*

I will mir Bombo *kaufe.*

Gib mir au eins von deine Bombo*!*

Des Bombole *isch sauer.*

(Schwäbisch-Alemannisch)

Brötchen

Dat geit af (weg) *as warme Semmeln.*

Slaap rund, kannst morgen Rundstücken eten (scherzhafter Gutenachtgruß).

Slaap Rundstück, hest morgen frö wat to 'n Kaffe (scherzhafter Gutenachtgruß).

Pedd di man (tritt dir bloß) *keen Semmel in 'e Hack* (*Ferse). (Abweisung)

Oolsch (die Alte) *mit de Lücht* (Laterne), */ de de Lüd bedrüggt, / de de Eier haalt un se nich betahlt; / de Bäcker, de backt de Semmel so lütt* (klein), */ de Koopmann gifft so wenig in de Tüt.* (Teil eines Laternenliedes)

(Westniederdeutsch)

*Nimm so 'n paar kleene *knusprije Schrippen.*

Sin poor Plünnen (hier: Geld) *gahn weg as warm Semmel.*

Jeft mie een Schripken, / denn wassen de Mäkes (*Mädchen) *de Tittken.* (Heischelied)

Meine Wurst is jut / Wo keen Fleesch is – da is Blut / Wo keen Blut is – da sind Schrippen / An meine Wurst is nich zu tippen! [Heinrich Zille: »Der Budiker«]

Wenn de mir mit Gerda spielen laßt, jeb ick dir ooch meine Schrippe! [Heinrich Zille]

(Fritze kommt immer zu spät in die Schule:) *„Jlooben Sie, de Schrippen loofen alleene de Treppen ruff?"* [Heinrich Zille]

(Ostniederdeutsch)

Vur achtzch Juhren kam jeden Sunntch de Sammelfroo mit an Kurbvel (Korb voll) *frischen Sammeln. Do han de Leute drinnerümgewühlt und alle abgemalgert* (prüfend angefaßt).

Frem' Brut (Brot) *is'n Kinnern Semmel.*

(Sächsisch)

Es geht ab (weg) *wie warme Semmeln.*

Es spellt (splittert) *un fliegt wack wie merbe* (weiche) *Sammeln.*

Semmel in Zickenmilch (☞ *Ziege) *getitscht* (getunkt), *das is was!*

In Isenach het de Sammel sachs Knoppen (hier: Teile).

Redewendungen: Brötchen

Sturich, Sturich, Langbää, / hock mich auf on tröö mich hää (trage mich nach *Hause), */ tröö mich ins Beckehaus, / breng mir e* **Weckle** *raus.*

Wurscht on **Weck** *macht Bettelsäck.*

De **Wecken** *solln bis *Fasenacht reeche.*

Motter, schlag Botter, mir a **Weck** *on dir a Dreck.* (Kinderreim)

Johanniskühla (*Marienkäfer) *fliech aus, / fliech naus'n Hirtenhaus, / hull mir ä* **Weckla**, *dir a* **Weckla**, *annern Kinnern a Dreckla.* (Kinderreim)

Hoppe Hoppe Reiter, 's Herrle (*Großvater) *fährt noch weiter, fährt nach Themer* (Themar, Kr. Hildburghausen) *in die Stadt, kauft sich e* **Weckle** *on freßt sich satt.*

(Thüringisch)

Waig *mit viel Bodder droff en e Stick Woschd eaß ich fiier mai Leewe gern.*

„Ich habb den Schligge (*Schluckauf). *“ – „Du host gewiß dem Begger en* **Wegg** *gestohle.“*

Die **Weck** *sinn so klaa, weil de Bäcker soo e klaa Hannd hodd.*

*Die Sachsenhäuser *Mädercher gehe ab* (weg) *wie die* **Weck** *vom Lade.*

Den **Weck** *iän* (und) *de Kreuzer kamer niäd huu* (kann man nicht beides zugleich haben).

Links um die Eck, / Da wohnt de Schneider Meck, / Der streckt sein Arsch dem Fiänster eraus, / Iän seed (und sagt) *es wäär en* **Weck**.

(Hessisch)

*Deer *Jung soll di* **Brüütche** *en dat Säckelche don, wat an de Düür hängk.*

*Fröer kannd me Fraanz***brüütche** (kleine runde B.), *Schösje* (längliche B.) *on Melech***brüütche** *met on oone Rusinge ooder Krinte* (Korinthen).

An Schwatzbrut met **Brütche** *drop un jot Botter kammer sich vermaache* (etwa: sich gut schmecken lassen).

An **Brötche** *kann men sech ärm dran ete* (essen).

(Rheinisch)

Storch, Storch Steiner, / med de lange Beiner, / flih iwers Bäckerhaus, / hol drei **Weck** *eraus, / mer äne, deer äne und em anere ach äne.*

(Pfälzisch)

Wie mache die Becke die Wecke *so klei, / Sie meiner, sie bringet s in Ofe net nei.*

Der Beck der d Wecke *klemmt* (*„kneift"; d.h. er macht sie zu klein), */ Wird sehe, wie bald d Kundschaft abnimmt.*

Wenn d koi' Brot hosch, iß an Wecka.

Des ist so gwiß wia dr Weck *auf'm Lade* (d.h. es ist ganz sicher).

Ma muß der Katz de Weck *net hihalte, wenn ma n ihr net gebe will.*

Der ka me als Brot esse, er ißt d Weck *ugschält* (ungeschält).

I wot (wolte), *i wär im Himmel / Und du im Paradeis. / Ich wot i hätt e* Semmel */ Und du en Metze* (Hohlmaß) *Läus.*

Storch, Storch, Schnibel, Schnabel, / mit der langen Heuengabel! / Flieg in meiner Ahne (*Großmutter) *Haus, / hol mir ein paar* Wecken *raus! / Mir einen, dir einen / und meiner Mutter auch ein!*

„Also do hättsch solle Zukkr mitbringe, un ä Vorhangstang, un frischi Weckli, *un essigsauri Tonerd ... Un was bringsch haim* (nach *Hause)*? Drei Zwanziger-Briefmärkli un sunscht nix. I meecht nur wisse, wo du widdr rumbääst bisch* (dich herumgetrieben hast).*"*

(Schwäbisch-Alemannisch)

Des gäid wech wäi di warmer Weggla.

Di genna weg wi warma Semmeli.

Die lädscherdn (weichen) Weggli *kern* (gehören) *nuamal geifld* (nachgebacken).

Da drund in dera Undergaß, / da wohnd der Breznbegg, / der reggd sein Arsch zun Fensder naus, / daßd mänsd, des is a Wegg.

Schdorcher-, Schdorcherfrala (Storchenfräulein = Storchenweibchen), */ Mid deine lange Bala,* (Beinchen) */ Mid dein langa Schnibl-Schnabl, / Mid deiner langen Heigabl. / Fliech nauf aufs Beggerhaus, / Holl drei weißa* Weggn *raus, / Mir an, dir an, / Und in aldn Herrla* (dem Storchenmännchen) *an!*

(Fränkisch)

Aber wenn du aus einer Semmel *10 Semmelnknödeln* (☞ *Kloß) *machen tätst, dann würden die Semmelnknödeln so klein wie Mottenkugeln. Dann würde das Wort Semmelknödeln schon stimmen. Weils bloß aus einer* Semmel *sind. Aber solang die Semmelnknödeln aus mehreren* Semmeln *gemacht werden, sagt man unerbitterlich: Semmelnknödeln.* [Karl Valentin: »Semmelknödel«]

(Bairisch)

Brotende

*Dat sünd twee Knuusten, sä de *Jung, do sneed he dat Brood middendör.*

Middags well de Bengel nich eeten un namiddags gaat et dennesau (alsdann) *owern Brootknuust her.*

Mi kann de Knuust drög (trocken) *Brood heel* (hier: gar) *neet dick genoog werden.*

Dat ward en fette Hochtiet: de Brootknuust kickt (*guckt) *uten Finster, un de Geldbüdel* (*Portemonnaie) *kickt de Trepp hendol* (herunter).

De to 'n Knuust backen is, word sien Levend geen Brood.

Ik heff mien Brood bet op 'n lütten (kleinen) *Knuust opeten* (d.h. etwas geht nicht mehr weiter).

Pief (Pfeife) *Toback verdrifft de Grillen un 'n Knuust Brood kann 'n Hunger stillen.*

Du wullt di verlöm (verloben)*? Verlöv di doch mit'n Broodknuust, den kannst werr opeten, wenn em ni lieden magst!*

In't Kappke sitt de meeste Kracht (Kraft).

Oll (alte) *Minsken könen de Kappen neet mehr bieten.*

(Westniederdeutsch)

Ick will bloß wat ßu essen haben, und wenn't 'n oller Kanten is.

Dat sünd man (auch nur) *Knüüst, seggt dei *Jung' un snitt 't Brot midden dörch.*

Den Kant äät-ik am liewsten.

In'n Knuust sitt de mihrste Kraft.

Hest du noch'n Knuust in't Schapp (Schrank)*, geiht di dat noch lang' nich knapp.*

Min Mudder hadd' keen Tähnen mihr, öwer de Knüüst wiren (d.h. gehören) *ehr.*

Lütt (kleines) *Knüüsting Brot is ok nich mihr grot, hett de Swinhirerjung' an de Schündör* (*Scheunentür) *schräben.*

(Ostniederdeutsch)

Bei uns krieng immer de Kinner de Ränfteln.

Vun de Kinner wulle immer e jedes in Ranft han.

Schmeißt ju (ihr) *ne de Rämpfl weg, de sen fur de Kornickel* (*Kaninchen).

Ich will'n Rompft, *d'Moori* (Marie) *hut gestern 's* Rinnel *kriecht.*

'S Ahschnietel, 's Ohschnietel, 's Reckele, / 's Rämpftel, *'s* Rindel, *'s Eckele, / 's Restel, 's Endel, 's Backele, / 's* Aufschnietel *fers klaa Wackele* (Kind), */ Ahfang und End vun Laabel Bruet, / suelang mer's habn, do is kaa Nuet.* (der Reim versucht möglichst viele, nicht bloß sächsische Benennungen des Brotendes zu vereinigen)

(Sächsisch)

Dos Raaftchen *krinn de Keng.*

(Thüringisch)

Ich muß en frische Laab aschneide! – Wollese's Krestche*?*

Der hodd do awwer e schee Kreschdche*!*

An eme lange Laab Brood sinn zwaa Knärzelcher *drou.*

De Hannes ißd die Knärzcher *so geern.*

No Nikelees, dou host jo widder en scheene Abeditt, den Zabbe (Teil eines Wurstrings) *Worscht un des* Knerzi *Brud.*

(Hessisch)

Mer han nur noch e Knäbbche *Brut em Hus.*

(Rheinisch)

Mr spart auf e Häusle, / drom ißt mr au's Knäusle*.*

Loible, du muaßt Riebele *hoißa;* Riebele, *du muaßt gessa sei'!*

Nimm s Räftle, *wirst freudli.*

(Schwäbisch-Alemannisch)

Wennsd is Gnetzla *ißd, na lafm der alla Madli* (*Mädchen) *nach!*

(Fränkisch)

A Scherz *oder a* Scherzel *Brot is da O'schnid hint oda vorn vom Wegg'n* (Brotlaib).

As erste Scherzl *von an Loab, wo ma ned sKreuz drüber macht, kimmt oan ned zNutzn.*

(Bairisch)

Elster

Dar sitten dree flügge Eeksters *in 't Nest.*

Se hett 't in de Mund as de Eekster *in de Steert* (Schwanz).

De Eeksters, *de schackern, / de Höhner* (*Hennen) , *de gackern, / de Uul, de röppt „Hu hu". / „Paß up", seggt he, „du du"!*

He springt dorbi rum as de Heister *bi 'n Kellerputt* (Topf – ☞ *Kochtopf – mit *Dickmilch).

Dat smeckt na Vögels, sä de Fro, do kook se Sopp up Spricken (Zweigen) *van 'n* Eekstemüst (Elsternnest).

Nu geiht de Reis los, sä de Heister, *dor güng de Katt mit em to Böhn* (*Dachboden).

Mien Vader un Moder, de seten op 'n Verlehn (Altenteil), *hebbt 'n Kuckuck un Kiwitt* (Kiebitz) *för 'n* Heister *ansehn.*

Kuckuck, Kiwitt (Kiebitz), Heister, *Kreih, morgen gifft dat Speck un Ei.*

(Westniederdeutsch)

Wenn de Hääster *bi 'n Hus' up 'n Bom sitt un schri't, denn kamen Frömd', dor wo de Swanz henkickt* (☞ *guck), *dor kamen se her.*

Schreit de Häster *vör de Döör, gift Besöök.*

Wenn twei Heisters *ümmer achtern* (hinter dem) *Hus' rümfleigen, is ne heimliche Brut* (Braut) *in 'n Hus'.*

In een groten höltern Burken (hölzernen Vogelbauer) *awer flög 'n* Häster *hen und her.*

De kickt (☞ guck) *em so verleewt an as de* Hääster *dat krank Farken* (*Ferkel).

Ne lütt Diern (kleines *Mädchen), *de so schelmsch un unschüllig up em dal* (herunter) *sach, as sonn lütten* Heister *von sinen Telgen* (Zweig).

De Hääster *hett 'n langen Start* (Schwanz), */ Dat 't ball wedder bäter ward.* (Wundsegen)

Der Schackelster *schreit, wei wern no 'n Jast kreien.*

Die Schackelstern *fäh'n* (*fegen) *den Wech nachen Blocksberg, damit die Hexen off'n Bessenstiel hinrieten kenn'* (in der Walpurgisnacht).

(Ostniederdeutsch)

Daar maust wie an Aalaster.

(Sächsisch)

Die Atzele *kreische so, es gibd schlechd Werrer.*

Des klan Esi babbelt (Kind *redet) *schon wei a* Atzel.

E Atzel *mecht ka Lerch!* (d.h. schlechte Eltern erziehen keine guten Kinder)

Er iß druff aus wie die Atzel *uff e Daub.*

Der atzd (stiehlt) *wei e* Elster.

(Hessisch)

Den Elster *ös den Düwel sin Schwester.*

Schättert den Elster, *dann geft et Besük.*

Die Äälster *dräät alles, wat jlitzerd, fot.*

Ding Mamm hätt och besser en Elster *opgezogen, die kann se doch wirrer flege losse.*

Wammer en Elster *usscheck, dann kret mer ne bongkte* (bunten) *Vugel wedder.*

Wenn en Elster *kuert* (kurz = nahe) *an et Hus sett, dat göf en Tit van en half Johr en Brut of* (oder) *en Lik.*

(Rheinisch)

Der hot der Atzel *'s Aaj* (Ei) *gestohl* (d.h. er ist ein Schlaumeier).

Wenn ewer en Haus en Atzel *fleit, dei wöu greischt, da sterft enen em den Häus.*

Bimbalam, die Glock is krank, / Leit e dodner Mann im Schank (Schrank), */ Wer wird 'ne begrawe? / Die* Atzle *und die Rawe. / Wer werd singe? / Der Schullehre un die Kinner.*

En is su alert wie en Atzel.

(Pfälzisch)

'S gitt Stritt, wenn d' Ägerschte *bime Huus rätscht* (schreit).

'S zieht ihm ei (er keucht) *wie er blutte* (einer bloßen = federlosen) Hetz.

Bist e Kerle wie e Gägersch *und hast en Schatte wie e Mausdreck* (d.h. du machst viel Lärm und es ist nichts dahinter).

(Schwäbisch-Alemannisch)

Fleischer

Dat worden düre (teure) *Maltieden, wenn 'n alltied* (allezeit = ständig) *'t Padd* (Weg) *na de* Slachter *warmhollen mutt.*

Nix för ungood, sä de Slachter, *do stook he dat Swien.*

Dat weer 'n Feelslag, sä de Slachter, *do sloog he de Koh vör 'n Steert* (Schwanz).

Beter de Slachter *in Huus as de Dokter.*

Bring' dien Geld lewer na 'n Slachter *as na 'n Apteker!*

So wahr as ik vör Gott stah, ik kann nich mehr geben, sä de Slachter, *do stünn he vör 'n Ossen* (Ochsen).

Vör slöppt dat Gör (Kind), *achter* (hinten) *slöppt de* Slachter, *in 'e Midd slöppt de Smidt.* (Kinderreim)

(Westniederdeutsch)

Abb. 41: Der Fleischer (16. Jahrhundert)

Doa kikt (☞ *guck) Fleeschersch *Jeselle tsu Linewewersch* (Leinenwebers) *Fenster rut* (d.h. die Kleidung ist so zerrissen, daß Haut zu sehen ist).

Gah na'n Schlachter *un hal uns Wust!*

De Schlachter *kickt* (☞ *guck) *ut't Fenster, dat Fleisch ward billiger* (wenn der große Zeh durch ein Strumpfloch guckt).

Muh, / secht de Kauh, / de Slachter *is kam / het mi dat bunte Kalf nam.*

*„Deine Liese muß Benzin jesoff'n hab'n Fritze! Da is een Auto jarnischt jegen – die looft ja wie een jeölter Blitz!" – „Nee, August, sie hat vorhin den *Pferde*schlächter *jesehn!"* [Heinrich Zille]

(Ostniederdeutsch)

Enne Pletze, das is eengtlich e kleenes Beil mit enn Griffe. Wenn der Fleescher *Kutletten macht, hackter den Knuchen dormit dorch un pucht's Fleesch breet oo mit der Pletze.*

Der Fleescher *tutt se zersaang, de Morksknuchen, dann warn se ausgekucht.*

Das is doch velleicht 'n rawiater Fleescher, *der fihlt sich bluеß wohl, wenn-e de Schweine meucheln kann.*

De Fleescher, *wie si's Vieh noch treim taten, hatten jeder enne Uchsnpiepe* (Ochsenziemer).

*Bei dir *guckt der* Fleescher *raus* (d.h. deine Kleidung ist so zerrissen, daß Haut zu sehen ist)*!*

(Sächsisch)

In Naberderfchen (Nachbardörfchen) *Klendribsdrilingen ufen Harze hade en Buer sin Keiwichen* (Kälbchen), *wail se en* (ihm) *en Linschen* (d.h. ein wenig) *zu old geworn war, an en* Flaischer *fer 50 Daler verkaufd.*

Ee Tääl von Gelöng (vom eßbaren Eingeweide der Schlachttiere) *macht der* Metzger *in die Wurscht, vo's übrich kocht die Mutter Sölze.*

Mi wonn (wollen) *es Schwien weh* (wiegen), *der* Metzcher *wes nochmettche* (will es nachmittags) *holle.*

Metzger, *wetz das Metzgermesser, wenn dus wetzt, dann schneids viel besser.* (Zungenbrecher)

Metzger, *Garber o Schenner senn Geschwisterkenner.*

Sie soll en Schlochter *en Tog iehre* (eher) *bestellen.*

(Thüringisch)

De Metzjer *hodd sich beinoh de klaane Finger mit abgeschnerre, so knapps waar die Wurschd geschnerre.*

Der Schlächter *hott ois* (uns) *die Sau geschlacht, beim* Metzger *huu mer e Viertel Rind dezougekaaft.*

Uf dem ganze Wehk hierher redst de kahn Wort un bist newe mir hergelahfe, wie de Hammel mit dem Metzka.

Der Auguste ihr Jakob iß heut iwwer Land Hemmel kaafe, er iß nemlich Meßker, *Hammels*metzger.

Die greeschde Kälwer wähle sich ehre Metzger *selwer.*

Die Metzger *en die Schenner, die sei Geschwisterkinner.*

Redewendungen: Fleischer

Mer kriehn Frost die Nacht, saat de Metzjerborsch *– do hotter des Wasser aus de Flaaschworscht ablaafe losse.*

Der Metzger *wetzt das Metzgermesser.* (Zungenbrecher)

'S besser, mer gibd's Geld dem Metzger *unn Bäcker als 'em Dokder.*

(Hessisch)

Fröer joov et Mätzjere*, di ne Laade hatte on Fleesch on Wuursch vekoofe dääte, äver och* Mätzjere*, die bei de Buure on bei andere Lök, di Vee hatte, em Huus jeschlaach han.*

Wat en der Woosch es, weiß usser dem Metzjer *nor noch der levve Jott.*

Wat es der Onnerschied zwesche änem Weg, änem Metzjer *on änem Tur* (Turm)*? – Der Weg es dreckig, der* Metzjer *es speckig, der Tur es eckig.* (Scherzfrage)

De Dökter, Metzger *un Schinner, dat sei Geschwesterkinner.*

Nöngonnöngzig Metzger *on ene Köster sen hondert Spetzbove.*

Besser der Fleischhäuer *em Hus wie der Dokter.*

De fel jo de Lück (Leute) *an we ne* Fleischhäuer*hungk* (wie ein Fleischerhund).

Metzger*, wetz dei Metzgerschmesser!* (Zungenbrecher)

Wenn et Gleck hot, fahrt de Braut häm (nach *Hause)*, sot de* Metzger*, du hatt en fir billig Geld en fett Schwein koft.*

As (wenn) *de* Schlächter *op de Däl* (*Hausflur) *kömmt, es gen Tit mehr, öm et *Ferke te mäste.*

(Rheinisch)

Man gibt sei Geld rechter (besser) *dem Bäcker und* Metzger *als em Dokter un Abodeker.*

Die allergröschte Kälwer wählen ihre Metzger *selber.*

Was hemmer dann fer'n Metzger */ in unsre alde Stadt? / De* Metzger *esch 'n Galchestrick / an jeder Worscht do fehlt e Stick.*

Mei Schatz is Metzger*, e* Metzger *is er, / e luschtiger Flankier* (Herumtreiber)*, e Schuldemacher, / ball stecht'r die Kälwer, ball lüft'r de Hut, / mei Schatz is e* Metzger*, ich kenn-en gar gut.*

De Megsgeer *von der Wewerbach, den hot sein Worscht met Dreck gemach, dat Schwein, dat Schwein, die Sau!*

Der Metzger schlacht e Sau, unser Perer (Peter) *kriet de Blos, un der Anton kriet de Soß!*

(Pfälzisch)

Der Glaube macht selig, / Der Metzger macht d Wurst, / Der Pfarrer (*Geistlicher) *macht d Predig, / Der Häring macht Durst.*

I frai mi druff wia 's Hondle uf's Metzga.

Metzger in's Gäu gau, Kälble kaufoo, Baure it (nicht) *heim* (nach *Hause) *gau, s Geld versaufoo.*

Metzger, wetz dei Metzgersmesser – Wetz es recht, so schneid't es besser. (Zungenbrecher)

Was zu grob ist zu eime Baure, muß en Metzger gebe.

Mei Schatz ist e Metzger, e mögiges (liebenswertes) *Bürschle, / Er schickt mir äll Tag e Leberwürstle.*

(Schwäbisch-Alemannisch)

Es Schlachdn friia, des wooe a besondere Fraid. Da had-me scho in Medsga vuueheea bschdelln missn fiia an Dooch, wu-e Zaid had zum Schlachdn, und de Medsga had sain waisn Schöedsn ruu khaad, had sai waisa Bluusn uukhaad und an Göedlriima, do woen dii Messa naigschdeggd, und an Ruggsagg had-e khadd, da wooe es Haubaal (Haubeil) *drin.*

„Wo soll i dänn a Brod holn?" – „Bain Mädsgä!"

Metzger, wetz dei Metzgersmesser! Wenns des wetzd, na schneids vil besser! (Zungenbrecher)

Mei Schatz ist e Metzger, er sudelt im Blut, / Hat Kurasche (Mut) *wie e Teufel, wenn m niema nix tut.*

(Fränkisch)

Geh zum Metzga und sog eahm, da Obermoar bringt dös Kaiwi (Kälbchen) *heit no zu mia.*

(Ein Junge kommt zu seinem Vater, einem Fleischbeschauer, in die Kneipe:) *„Vadda, geh glei zon Metzga Weixlbaamer, du muaßt a Sau wabben"* (mit einem Stempel versehen).

(Bairisch)

Getreide

'T Koren steid all' good un wen 't good Arnt worden mag, den könen wii fan 't Jar (dieses *Jahr) *'n gooden Gewas ferwachten wäsen* (Ertrag *erwarten).

Dat leve Koorn (Saad) steiht as de Hoor up de Hund.

Dei Frucht hew sück gaut bestocket.

Van hoogmödig (hochmütigem) *Koorn bün ik geen Fründ, ik mag 't lever demödig* (demütig) *lieden* (d.h. wenn die Halme von der schweren Ähre geneigt sind).

Nich up jeden Acker waßt (wächst) *guute Fruch.*

Wenn 't Koorn up de Bön (*Dachboden) *bracht word, kieken de Musen al* (schon) *to de Gaten* (Löcher) *ut.*

Op smucke (schmucken) *Lüd ern Hals waßt* (wächst) *ok keen Korn.*

Ik un Vadder un Jehann sünd 3 fixe Kerls, wi gaht dör Korn un Flass (Flachs) *hendör.*

(Westniederdeutsch)

Abb. 42: Bäuerliche Arbeiten (Vergil: »Georgica«, Druck von 1502)

Dat oll Kuurn möt dat niech (neue) *noch seihn.*

In 1. Mai sall sich 'ne Kräje in 't Korn verstecken können.

Koorn un Nudeln (*Kartoffeln) *stahn goot.*

Wenn de April blast in sien Höörn / so steiht dat goot um Heu un Köörn.

*De Sommer is dor / as siedene Hoor / *kämmt Wind nu dät* Koorn */ un dukert de Oorn* (beugt die Ernte).

(Ostniederdeutsch)

Salt (selbst) *ham'mer s* Geträäd *noch mit'n Flechel gedroschen.*

Sinst, wie iech a Gung (*Junge) *war, wur's* Getraa *und Hei mit der Sichel ohgeschnieten – war dös Pei* (eine Quälerei)*!*

'S Jetreide *un es Hei das hammer alles missen mit de Hand abmäjen.*

Unner Getraa *gieht scheh auf, das hat gut gemilcht* (den milchigen Saft des keimenden Getreidekorns gebildet).

Das Korn *is nach lange nich so weit, die Kerner sin jo nach jans milchich* (und daher unreif).

Das Kurn *muß g'mälzt* (künstlich zum Keimen gebracht) *wardn fer d'Hiehner, do lähn se besser.*

Wenn mer 's Kurn *reihon* (reinholen)*, da tun mer e Letterwoin wieder uffkasten* (einen Leiterwagen für die Ernte mit einem kastenartigem Aufbau versehen)*; brauch mer noh amol a Letterwoin, da tun mer wieder imlettern* (umleitern).

Wenn's Korn *ze zeitch gehaun werd, dreucht's oo* (trocknet es auch)*, aber s werd geringes* Korn.

Vor Michaele (29. September) *dorfste kee* Korn *säen, do word's dinne.*

Hat der Vogelbeerboom vill Beern, trägt's Korn *dicke Ährn.*

De kleen' Leite setzten frieher ihr Korn *mehrschtens uff de Mandel* (15, manchmal 16 zum Trocknen zusammengestellte Garben)*, heite sieht mer das janz selten, in de letzten Juohre haw ich's jar nich mehr jesehn; die Jarm* (Garben) *wern jetzt woh nur noch uffjepuppt* (die Puppe ist ein kleinerer Garbenstand).

(Sächsisch)

'S wor emol e Man, der hus Melhorn. Der kofde Jedrede *uf. Nu kamb e emol bai e Bauer un wole do e Kof machen. Der wis 'n ene Browe* (Probe)*. Melhorn wule awer druksn* (hier: den Preis herunterhandeln) *un sade, de Kerner weren nich sire schine. Doderbai bis e Kerner anzwai. Do jreld-e* (grellt er = schreit er)*: „Je, das is e aner Korn." Un wail e 's raus brachde, warsch Mausedrek.*

Frieher wor de Frucht *met der Sänse ehaun.*

Ich hob das Gohr (Jahr) *su viel* **Getreede**, *daß ich enn Feimen* (Haufen) *ufs Fald muß loß setze.*

(Thüringisch)

Beim Dresche wed die **Frucht** *engesackt un off die Leeb gedrääd* (*Dachboden getragen).

Die Haase henn em sei **Frucht** *gedrosche* (d.h. die Halme abgenagt).

Die **Frucht** *stihd so dick* (dicht) *wie die Hoar uff 'em Hund.*

Deßmool hunn m'r mih **Kerner** *kräid wäi vursjuhr.*

En Stall voll Hirner (Hörner; d.h. Vieh), */ En Borrem* (*Dachboden) *voll* **Kirner**, */ En Keller voll Weu* (Wein), */ Des soll Eier Neijehrche* (Neujahrsgeschenk) *seu!* (Neujahrswunsch)

(Hessisch)

Abb. 43: Unwetter mit Blitz und Regenbogen (F.P. Florinus: »Haus-Vatter«, 1722)

De **Fruech** *steht so schön egal* (gleichmäßig), *dat en Katz dröver *lofe könnt.*

De **Frooch** *es joot jeroode* (geraten) *dit Joor.*

Geve et em Juni Donnerweddere, da wird och de **Frooch** *fettere.*

Et Onwedder hät de **Frooch** *all en de Boddem geschlage.*

De Fröcht *erin, of* (oder) *alles es för necks.*

We de Fröchte *te dick* (dicht) *sett, bruckt* (braucht) *de Schür* (*Scheune) *net grueter de bue.*

(Rheinisch)

Wann's morje trucke bleibt, kenne mer die Frucht *enfahre.*

Hot de Januar viel Reeje, bringt's der Frucht *wenich Seje.*

De Frucht *eß eerschd zeirig* (reif), *wann se heeguckd* (☞ *guck), *wo se herkumm eß* (d.h. wenn die Halme von der schweren Ähre geneigt sind).

Wo nix eß, kann nix velorn gehe, hodd de Schneirer gesaad, unn hodd sei Schor (den Ertrag des Ackers) Frucht *uffm Buckel haamgedraa* (nach *Hause getragen).

(Pfälzisch)

Wenn's an Alexii (17. Juli) *regnet, so wird d* Frucht *teuer, und wenn sie zum Dach 'naus wachst.*

Im Winter viel Duft (*Rauhreif), *im Sommer viel* Frucht.

Wenn 's Korn *schoßt und staht in der Bluht, / Na ists in 7 Woche zeitig* (reif) *und gut.*

Du kennst kein Vogel als d Saue und kei Korn *als d Krautsköpf* (Kohlköpfe).

*Dene *Henne, wo ma 's* Korn *git, die singet, dene, wo ma 's Brot git, die leget.*

(Schwäbisch-Alemannisch)

I bin a lusdis Baierla, / des is mer gor nid lad. / I wer ball widder af Windsa (Windsheim) *fohrn / mit an Ferdla* (kleinen Fuhre) Drad.

Des Drad *bringd Geld, mei Dorschd is graß, / gell* (*nicht wahr) *Leid, ihr dends begreifm, / wer's Jahr iber blaß Erberd had, / brauchd a wos fir sei Bfeifm* (Pfeife)!

Is Drad *had gschossd* (ist in die Höhe geschossen).

(Fränkisch)

Do, nimm de Kerndl in d' Hand und schau (*guck), *wos mia für a* Droad *ham!*

Tratocka (Brachacker; hier: ein abgeerntetes Feld) *bleibt vo da Arndt* (Ernte), *wans* Droit *geschnihn* (geschnitten) *is, bis an Auswärts* (*Frühling) *liegn.*

Wenn 's Troad *weg gwen is, hod da Knechd glei midi Ros* (*Pferd) *zum seift Oggan* (seicht *Pflügen) *aussi miassan, di Foida* (Felder) *ham nachad des soi* (selbe) *Johr a nomaö diaf goggad* (*gepflügt) *weadn miassn.*

(Bairisch)

Grummet (Zweiter Grasschnitt)

Dat Ettgrön *is good utfallen.*

Nao de Aarn (Ernte) *wüürr dat* Ettgro *maait un haaut, un denn güng't Törfinföern* (das Einfahren des Torfes) *los.*

(Westniederdeutsch)

Ägidi (1. September) *ward dei* Nahmadd *meiht.*

Micheil (29. September) *warden *Ketüffel klei't* (*geerntet) *un* Nahmad *meiht.*

Ik meen man (bloß), *det de Vöörmad to veel Dröggnis* (Trockenheit) *un de* Namad *to veel Regen krigen deit.*

De Nahmahd *mütt op de Hark dröjen* (trocknen).

(Ostniederdeutsch)

Abb. 44: *Vom Heu-machen* (F.P. Florinus: »Haus-Vatter«, 1722)

Off enner guten Wiese wächst de Grummt *zweemol.*

Der mäget schun enne halbe Wuche an sei Grummet.

(Sächsisch)

Wann am erschte Septembe die Sunn scheind iwweraal, kann me uff Michelsdaag (29. September) Grummet *mache im diefschde Daal.*

Nooch dem Haimache muß di Wiß ausbrenne; dann gidd 's **Grummet**.

(Hessisch)

Dorech di Düen (Dürre) *hame keene* **Jroomet** *schnige könne.*

De **Gromech** *muß mer of em Reche dir* (trocken) *mache.*

(Rheinisch)

Heit isch Bardelmee (24. August), *wer Korn* (*Roggen) *hat, der see* (sähe), *wer Äppel hat, der brech, wer* **Amet** *hat, der rech.*

Wer's **Grummet** *will heere krache, der muß es vor Barthelmää* (24. August) *mache.*

Der **Grummet** *is so derr, daß'n der Wind fortjaat.*

'S **Grummet** *kann glidich* (glühend heiß) *werre, wann's naß inkummt.*

(Pfälzisch)

Mr macht s' **Öhmd** *net vor-em Hai ond schneid't da Haber net vor-em Korn* (*Roggen).

(Schwäbisch-Alemannisch)

Abb. 45: Ackerbau mit Pflug und Egge (F.P. Florinus: »Haus-Vatter«, 1722)

Gurke

Gurken mutten de Klocken lüden hören könen, denn kummt d'r 'n Barg (große Anzahl) *up* (d.h. für einen reichen Ertrag dürfen die Kerne nicht zu tief in die Erde gesteckt werden).

Wat de Buur nich kennt, dat frett he nich, sä de Buur, do schull he Gurken eten.

Da baben (oben) *op 'n Barge* (*Hügel) , *da steit en Soldat, / hett 'n Diern* (*Mädchen) *in 'n Arm un snitt Gurkensalat.*

Wat kennt de Buur vun Gurkensalat. Den itt he mit de Mistforke (Mistgabel).

(Westniederdeutsch)

Wenn de Appelboom blöjt, denn müdd'n de Jurken lejt (gelegt) *wärr'n.*

Het man Jurken lecht, denn mütt man den blanken Hinnersten wiesen, denn blöjen se nich so doof (taub).

Wat weet de Buer van Gurkensalat: he mackt 'n met Trahn torecht un ett 'n mit der Meßfork (Mistgabel).

Nuscht jane (gegen) *Beene, aber Jurken jehörn in 'n Fatt.*

Erst war dir die saure Gurke zu fett, nu frißte det Schmalz von de Stulle (*Brotscheibe)! [Heinrich Zille]

(Ostniederdeutsch)

Hier missen Gurken wachsen, das Land is richtig mulder (locker).

Heite bin ich awwer listern uff enne saure Korke.

Da driem un da drunten, / da stieht e Soldat, / der hat e langes Messer, / schneidt Gorkensalat.

(Sächsisch)

Hast de Dorscht, beiß in die Worscht, hast de Hunger, beiß in Kummer.

*Im Berjesgrund / Da wachse scheene Kummern. / *Mädche, heb dei Hemd in die Höh / Do giebts en scheene Summer.*

Etz hat die den Kummernsalat steh lasse, desch schneuberig (wählerische) *Ding! Unn* (unten) *warn e paar ähnzige bitterne Scheiwercher drunner gewest.*

De Gummernsalaad schwätzt (*redet bzw. *unterhält sich) *de ganze Daag midd me* (d.h. der Magen macht Verdauungsgeräusche).

(Hessisch)

Ber (wer) *well Kummere esse, därf de Schorsch* (Georgstag = 24. April) *net vergesse.*

Ich ässe Jorke jeern, se stüsse me bloos immer wider op.

Ming Frau lääť di Komkomere en Salz en.

De grüeßte Garden en der Welt es et Gesicht, on et es doch ellen (allein) *en Gurek dren.*

(Rheinisch)

E sauri Gegumme is gut for Katzenjammer.

Es gebt die lengschde Gummere, wammer sie der lengscht Dag planzt.

Zur Kerwe (Kirchweih; ☞ *Jahrmarkt) *werd im Danzsaal e Gumme ufghängt.*

Dabber (schnell), *mei Maad* (Magd), *mach Gummeresalat, / gleich kummt mei Schätzche merrem *Schubkarch gejaat.*

(Pfälzisch)

Hosch Duscht, schlupfscht en a (schlüpfst in eine) *Wuscht, hosch Hunger, no schlupfscht en a Gugommer.*

In de Guggumere –, doo isch viel Wasser drin. Un mer sagt drum halt, daß sie nit bsunders nahrhaft sinn. S gitt aber Lütt, die nix denooch frooge; un imme (einem) *Guggumere-Salädli sinn sie allewiil gwooge.*

„Und an welchem Wochentag haben sie den Diebstahl bemerkt?" – „Sell (das) *kanni nimmi saage. Villiicht am Zischtig." – „Also am Dienstag?" – „Des haißt: S kennt au am Frittig gsi si." – „Am Freitag?" – „Nai, jetz habis! Sisch ganz bschtimmt am Samschtig gsi* (*Samstag gewesen), *denn mir hänn dert ä Nudlesubbe un Ochseflaisch un ä Gurgesalätli 'z Middaag ghät."*

(Schwäbisch-Alemannisch)

Awa maach ma tscheascht (zuerst) *no mei Gougummara-Glaasl auf, bevo das-e zun Schnoattn* (Schnaiten = Kleinholzhacken) *ausse gää.*

(Bairisch)

Hausschuhe

He draggt na Fieravend alltied (allezeit = immer) *Pantuffels (Puschen).*

Treck (*zieh') *dien Schoh ut un de Sluren an!*

Hest du neet noch 'n Paar olde Schoh stahn, war ik mi 'n Paar Sluren ut sniden kann?

Steck dien Foten man (einfach) *in de Pampusjes, denn sölen se woll warm werden.*

Ik wull man (nur) *even up Sluren bi jo inkieken* (☞ *guck; d.h. euch kurz besuchen).

Joestmientje (Eigenname) *sull na 't Schoolke gahn, / harr geen Hooskes un Schoontjes an, / treck* (*zieh') *dien Vaders Huuspussen man* (ruhig) *an.*

Spel di man (bloß) *ni op, du hesst ok op Tüffeln to School gahn.*

De Buur geid altid (allezeit = immer) *in sin Faders Sluur.*

He is so flau (schwach), *he kann de Tuffels neet mehr bören* (tragen).

Wenn enen de Schoh kniept (*kneift), *denn mutt he Tüffeln antrecken* (anziehen; ☞ *ziehen).

Kannst dien Slarren ni beter opbören (hochheben), *dien Vadder is woll Tüffelmaker.*

Nu wüllt wi uns man (aber) *op de Slarren maken* (d.h. aufbrechen).

He is 'n Unschuld op Sluren.

Dat schuuv ik hum (ihm) *mal weer in de Tuffels* (d.h. das zahl ich ihm heim).

Ik heff em mal örnli (ordentlich) *op de Slarren bröcht* (d.h. in Bewegung gebracht).

Du verdammtes Oos, ik neih (nähe; hier: haue) *di gliks een mit 'n Tuffel vor 'n Kösel* (Kopf)*!*

De höllt dat Muul (hält den *Mund) *ok bloot, wenn man mit 'n Tüffel drup sleit* (schlägt).

Deern (*Mädchen), **loop to, / haal mi 'n Paar Schoh, / ik heff noch 'n Paar Tüffeln, / de paßt dor nich to.*

Ik heff ok all (schon) *in de Stadt deent, heff ok all up lellern* (ledernen) *Slarren gahn, heff negen* (neun) *Daler un 'n olen Hoot kregen.* (Zurechtweisung eines prahlenden Dienstmädchens)

He is nettso dumm as Gerd sien Moor (Mutter)*: de backt Mehlpüt* (eine Mehlspeise) *in de Stevel un *Pannkook in de Sluur.*

Wat Minschenhänn (Menschenhände) *nich allens könnt, sä Klaas Arps, do harr he 'n Paar Tüffeln farrig* (fertig).

(Westniederdeutsch)

Natürlich gibt es lodderige Leute, die auch des Sonntags nicht in Stibbeln, sondern in Luatschen *rimschlompern* (herumschlurfen).

Mit denn' is nicks los, dei löppt so ut dei Laatschen *rut.*

Nu broat ma abba eena 'n Schtorsch met Latschen.

*Det hat schon meene *Jroßmutta iebern* Latschen *jefiffen* (d.h. das ist längs bekannt).

Olljohrsdag (Silvester) *hett de Fru dat Regieren: tau 'n Teiken* (als Zeichen) *ward 'n* Tüffel *öwer de Lamp hängt.*

Ihr'n Mann sein männlichet Ehrjefühl un sein Inschtinkt, det allet hatte sie unter den Pantoffel.

Dien Püüschen *stahn in't Abenrühr* (Ofenrohr).

Dos eene is dos Pantoffelschmeißen. *Wenn dar werd iäbern Kopp jefleddert* (geschleudert) *und tut met derr Spitze nuach derr Tiere weisen* (zeigen), *denn is dos en gudes Zeichen; dos Mahchen* (*Mädchen) *kimmt aus'n Hause und werd also bahlde heiruaten.*

Dei hett em den Tüffel *vör de Dör sett* (d.h. einen Korb gegeben).

Finnt sick all' wedder an, hadd' de oll Fru seggt, hadd' 'n Slarpen *ut 'n *grönen Kohl treckt* (*gezogen).

Dat Best an 'n Schoh is dat Hackenledder (☞ *Ferse), *süs* (sonst) *wir 't 'n* Slarpen.

Brenge me moal de Schlurren *häe, ik hewwe kolle Beene.*

(Ostniederdeutsch)

Jehk dach (geh ich doch) *nich in barbschen* Latschen (*barfuß in den Hausschuhen) *uff de Straße.*

Ich setz mich an Ufen un zieh de Bärlatschen *an.*

Das Mächen (*Mädchen) *loff so trabb* (schnell), *daß es die* Latschen *verliern tat.*

Määchens (*Mädchen) *schmeißen zu Neijohr enn* Pantoffel *nach de Stuwwentiere; zeigt de Spitze nach außen, werd se *dis Jahr noch heiraten, zeigt se nach innen, werd's mits Heiraten nischt.*

*Hoste meiner *Grußmutter* (ihre) Latschen *net gesäh? Se sei kotergraa* (katergrau; ☞ *Kater), *zerrissen sei se aa.*

Du kriegst eens mit'n Pantoffel *an Kopp!*

Minel, zieh de Latschen *ah, / 's is jemand in Loden! / Will fiern Dreier Kase hom, aber uhne Moden. / Uhne Moden hom mer nich. / Kläner Warchel* (Kind), *gieh ze Bett!* (Fingerspielreim)

(Sächsisch)

Redewendungen: Hausschuhe

Er schlenkert (schleudert) _de Pantuffel ungers Kanepee._

Ungern Kanepee wälzerten sich Schuhne un Schtäbbel, Lootschen un Pantuffel därch'n-anner rim.

Glabasdere (klappere) _nich so mit dein'n Latschn._

Den habn se mit dem Schlappen getroffen (d.h. er ist verrückt).

Die leeft n ganzn Tag in Bambuschen rem.

Ä läft in barwesen Pantoffeln (d.h. *barfuß in den Hausschuhen).

Du krichst e baar, daß de ausn Laatschn käppst.

(Thüringisch)

Der *laafd schunn, eh de Deiwel Schlappe oohodd (d.h. er ist früh unterwegs).

Danze, danze, Dimmelche. / „Motter, eich hun kan Schouh." / Dann dou dei ahle Schlappe on, / Danz als (nur) _immerzou._

Ich hab (hau') _dich, daß de dei Schlappe verlierst._

Mer kann nedd midd-de Schlappe nausgehe.

Er stehd bei seiner Fra unnerm Schlappe.

Liewer, liewer Nickelosmann (☞ *Weihnachtsmann), _ich will der bääre_ (beten), _was ich kann, paar alde Schuh, paar neie Schlappe, sollsd dich glei de Deer naus packe._

Gell (*nicht wahr), _du hoschd dem schläächde Hannjer_ (dummen Hansjörg) _sei Schlappe funne, wal de dich so dabbig stellst._

(Hessisch)

Sööks-de ding Pantöffele? Luur ens (*guck einmal) _joot unger di Bätt!_

Deer Piter well baal en riche Witfrau hieroode; doo bruch-e bloos de Pantuffele on de lang Piif metzebränge.

De Oomaa (*Großmutter) _hät däm Ditzje_ (Kleinkind) _e Paa Pantüffelche jestreck_ (gestrickt).

Jong op Pantuffeln, ault op Schluffen.

Dat Fleisch is so zih wie ne ale Schluffe.

Du könns-de ooch e neu Paa Schlappe zooläänje; di aale falle joo baal usenander.

Wat es dat füür-en Aat, bes Medaach en de Schlufe erömzeloofe!

Du kas de Schluffen *andohn, du bruchs jo net mih für de Dür ze gohn.*

Nicks wie fresse un suffe, noher gonn se op Schluffe.

On wenn de Al op Schluffen *küt* (kommt), *dann gohn mer doch net hem* (nach *Hause).

Schnei mir e Stick vom Schinke, / so groß wie meim Vatter sei Schoch, / do hommer allegare (allejahre) *genug; / so groß wie mein *Großvatter sei* Schlappe, */ do hommer allegare ze knappe!* (Heischelied)

Schluff, Pantuff, *Stevvel on Schohn, setz Pastuer* (*Geistlicher) *om Prädigstohl!* (Fingerspielreim)

Äppeltje, Päppeltje, Pirlapuff, / achter (hinter) *de Dör, dor let ne* Schluff, */ dor hät hei gelegen on let dor noch, / truff, traff, / du bös afgeschaff!* (Abzählreim)

Hä wor jrad opjestande un kom noch op de Schlappe *en et Zemmer.*

(Rheinisch)

Ball heert man 'ne uf leise Schlappe *die dunkel Trepp enunner tappe.*

Do meent mer grad, mer mißt Schlappe *kotze, un wann mer gar ke Ledder g'freß hat.*

Ich schlag der de Schlappe *uf de Gosch* (*Mund), *daß de e Läll* (dicke Lippe) *kriegscht!*

*„Ringele, ringele, Rosenkranz; o, *Mädchen, gähst du met zum Danz?" – „Ach Mutter, ich hab kän Schuh an!" – „Zieh deim Vatter sein* Schläppcher *an, hinnen un vor sin Knäppcher* (Knöpfchen) *dran!"*

(Pfälzisch)

E jeder Tappe *findt sei* Schlappe.

Heiesa hoppesa, ietz kommt mei Stoffel, / Hat blaue Hose a und en Pantoffel.

Breng mr meine Däpper *her!*

„Ja zaiersta hau ih 's Schweiga, 's Schlucka und Geduld g'learnet, noo (dann) *hast du* (angesprochen wird die Frau) *zu deira Kunst nimme weit g'hät* (gehabt), *ih glaub mer hoast* (nennt) *se nu d'* Pantoffel*regiering."*

(Schwäbisch-Alemannisch)

Der is grennd (*gelaufen), *daß er die* Schlabbm *verlorn had.*

Der houd nern zambudzd (runtergeputzt), *deß er in kan* Schlabbm *mäir neibaßd houd.*

(Fränkisch)

Heidelbeere

De Kruut un Bickbern *plücken will, / de bruuk sien Holtschen* (braucht seinen Hölzernen = Holzpantoffel) *un sien Brill, / dor liggt in mennig düstern Lake* (Loch) */ verdeckt en Teke oder Snake* (Zecke oder Schlange).

Ruut mit de Olsch (der Alten) *in 'e Frööjaarsluft* (☞ *Frühling), *wo de* Bickbeern *bloort un de Jansbeer'n* (Johannisbeeren) *duft.*

So lang noch blaue Bickbeern *gift, so lang gift ok noch Wein.*

In't Beuberkenholt (Waldstück mit Heidelbeeren), *in't Beuberkenholt! De* Beuberken *sind oll* (schon) *olle ruip.*

„Waner (wann)*?" – „To Pingsten up't Is to* Bickbernplücken (d.h. frag' nicht)*!"*

Schite mit Riis (Reis) *un* Bickbeern. (Scherzantwort auf die neugierige Frage, was es zu Essen gebe)

Bickbäärn, Bickbäärn, *künt de Brämer sick den Moors* (Hintern) *mit smäärn.*

He söcht de Luus ut de Bickbeern (d.h. er ist kleinlich).

Dat is so vele eise (als) *wenn de Osse 'n* Bickberen *krig.*

(Westniederdeutsch)

Wenn de Bickbeeren *so bitter smecken, is de ful Gret* (die gemeine Baumwanze, Cimex baccarum) *dor mank* (dazwischen).

Bickbeern, Bickbeern, *davon kann man dick wern.*

*Weit hin standen die *Himbeer-Tienen* (spezielles Holzgefäß für Himbeeren) *am Trottoir* (*Bürgersteig) *entlang, nur unterbrochen durch hohe, kiepenartige Körbe, daraus die* Besinge *blauschwarz und zum Zeichen ihrer Frische noch mit einem Anfluge von Flaum hervorlugten.* [Theodor Fontane: »Cécile«, Kap.17]

(Ostniederdeutsch)

Frieher konnten de Heedelbeern *glei mit der Riffel* (großer Kamm) *abgestreeft warn* (werden), *su viel gab's do.*

Mer genne in de Schwarzbeer.

Schwoarzbea *koast ma glei ann ganzn Noopf brenge.*

Rolle, rolle, roll, / mei Topp is voll, / voll lauter schwarze Beer', */ un war senn Topp net voller hoht, / des is e faule Mär* (Müßiggänger).

Heedelbeeren, Preuselbeeren (*Preiselbeeren) *wachsen uf der Sechse* (Waldgebiet bei Pulsnitz), *Hummelruse, Hummelruse is ne alte Hexe.* (Schmähruf auf ein dortiges Original)

Juchheidelbeer! Juchheidelbeer! / Wenn das Mädel (*Mädchen) *meine wär! / Se is nich meine, se is nich meine, / 's is'n dicken Kaspar seine.*

*Wer sich in Rochlitz will nähren, / Geh in die *Pilz und Heidelbeeren.*

Dörre (getrocknete) *Schwarzbäär sei gut gehnge Dorchfall.*

(Sächsisch)

Me genn in de Schwarze Beer.

Bann der Barthel (Bartholomäustag = 24. August) *uff de Schwarzbeer schißt, töge se nis mehr.*

Ich ging emoil in die Schworze Beer / on broicht mä Töpfle widder leer, / do nahm die Mutter die Ofegawu / on schlug mich ouf mäin Schwarzebeerschnawu.

(Thüringisch)

„*Kaaft derr Heidelbiern!*" (Straßenhändlerruf) – „*Wann se net so dheuer wiern.*" (Gegenruf der Kinder)

*Die Heidelbiern, die Heidelbiern, / Des sein die beste Pflanze / Un wann die *Mädercher danze hiern, / so fange se aa zu danze.*

Bär sich in Marbig well dernäer, / Där moß geh in die schwoazze Bär.

Wenn et kähn Wolbiern gett, dahn gerret (gibt es) *aach kähn Douffeln* (*Kartoffeln).

(Hessisch)

Mer gohn en den Bösch, Wolbere plöcke.

Rule, rule, rule, / ek han en schwarte Mule, / ek han ok schwarte Fenger, / dat söngen all die Kenger: / Kenger lot de Wolbern stohn, / vi wellen moern noch ens (einmal) *gohn. / Eerpel* (*Kartoffeln) *op den Dösch, / mier kummen us dem Bösch; / scheppt us den Brei, / mier kummen so frei; / scheppt us de Zoppe, / mier kummen ze lope; / scheppt us dat Mus, / mier kummen ze Fuß.* („Worbelen"lied)

Zick, zack, zoll, / mir komme aus der Holl, / mir han de Wolbern all verschott (verschüttet) */ un noch ömmer voll!* („Worbelen"lied)

Hem gonn (nach *Hause gehen), *drall hem gohn, minge Romp* (Rumpf) *es voll, mi Lif es voll bes en de kölsche Sifen, do sind de Wolberen am rifen!* („Worbelen"lied)

Redewendungen: Heidelbeere

Trall hem gonn (nach *Hause gehen), *trall hem gonn, wir hant us Döppen* (Töpfe; ☞ *Kochtopf) *strekevoll bis owen onger de Henke, on wenn wir et noch net voll genog hant, dann mössen wir noch jet* (etwas) *söken ongen en dem Sipen, do send de* Worbeln *ripe; Kroh, Kroh, lot se stohn, mouen weffer* (morgen wollen wir) *se plöcken en dat Sewenkannesdöppen; o, schepp ut den Brei, wir kommen alle drei met usen vollen Döppen!* („Worbelen"lied)

Mer kommen aus der Worbelsheck, / do woren de Worbeln *all bedeckt.* („Worbelen"lied)

(Rheinisch)

Wäle, Wäle, Heidelbeere, wer will sich de Schniß (*Mund) *verschmere.*

Schäler Jakob, kumm mol riwwer, do hot's Halbeere *wie e Faust. / Wann ich e Becher hätt, det ich se breche fer mei Lisbeth zu Haus.*

Diri, dira, diräle, / mer han e Korb voll Wäle, */ mer han e Korb voll Weißweck* (hellen *Brötchen), */ die annere Leit han Dreck.*

Wäle, Wäle, *hupp, hupp, hupp, / ich han mei Grumbirsupp* (Kartoffelsuppe; ☞ *Kartoffel) *verschutt; / ich han se jo so gere gess, / ich han se met dem Dreck gefress!*

Mer essen heit hooriche Knepp („haarige" *Klöße sind aus rohen Kartoffeln) *un* Hellbeere.

Isch geen Schdorrlbeere *bresche.*

Vum Staulbeere *Esse kriehd mer blooe Zähn.*

Ennen erof, uwen erof, kut un keft (kommt und kauft) *us de* Molbern *af.*

Riler, riler, Wälen. *Eich hu mei Sack voll* Wälen, *se sän sou deck wei en Daumen, Kirschen sä kän Praumen* (*Pflaumen)*; riler, riler* Wälen.

(Pfälzisch)

D Heidelbeer *sind zeitig* (reif), */ D Bube* (*Jungen) *sind so streitig, / D Mädle* (*Mädchen) *sind so brav* (*artig).

D Heidelbeer *sind zeitig* (reif), */ D Mädle* (*Mädchen) *sind so streitig, / D Bube* (*Jungen) *sind so brav* (*artig).

Dr Heiberä*wolf* (eine Schreckgestalt für Kinder) *isch dsuenis kumä, / hed is d* Heibere *ali gnumä / s Schisili fol un s Blädli leer, / jeds wod i das i daheime* (*zu Hause) *weer.* (...) Heidelbeere *hi,* Heidelbeere *her,* Heidelbeere *gibd es keine meer.*

(Schwäbisch-Alemannisch)

Fu Schwoädsbeän *griechsd a blaua Dsunga.*

Wenn di Schwarzbeer *gre* (grün = unreif) *sen, sen s' rad* (rot).

(Fränkisch)

Mia hama en Hoiwan *und en Schwamaln* (*Pilze) *gwen.*

Do hods Haiwa *gem gandz ra* (rau = eine große Menge).

Weiwei Haiwa *hostan zambrod* (zusammengebracht).

En Haiwabroka (beim Heidelbeerpflücken) *hamar ame t* Haiwa *ebreigld* (geschüttelt), *das mea ess Kschea* (ins Geschirr = in ein Gefäß) *aineganga hand.*

Aafgwoksn bin-i in an gloina Doaf, in an gloina Bauandoaf. Um des Doaf umme woa-r a groußa Wolld. Dou ham-ma ols Khina eftas gschbüld. Undh in Septemba ham-ma Praisbia (*Preiselbeeren) *und* Schwoatzpa *zupft* (gepflückt).

In de Fearjen, do iis ma dann, wail do hod ma mea Zääd ghod, wail ma ned in d Schul gee hod braacha, und do is alle Dooch, fast alle Dooch ins Holz ganga woadn. Wo-s geem hod: Rauppa (*Walderdbeeren), Schwoatzpa, *Hoippa* (*Himbeeren) , *Broopa* (*Brombeeren) , *Schwamma* (*Pilze), *und des hod ma dann pfluckt, an Eema voll owa* (oder) *iawos-s grod gwen iis und dann hod ma-s an andan Dooch fuat droong mejssn, und hod ma dann maistns da Voota fuat droong hälffa. Und do is-s na vakhafft woan.*

(Bairisch)

Abb. 46: Erbeeren, Schwarze, Rote und Weiße Johannisbeeren und Stachelbeeren
(Franz Bley: »Pomologisches Kinderbuch für jung und alt«, 1910)

Holunder (Sambucus nigra)

Alhoornblomen- un Kamellentee, ook Honnig, dat wörn fröher de Hauptmedizinen.

Ik wil di 'n Drank ut Fleddern un Kamellen (Kamillen) *kaken, de du tägen din Ferkolding* (gegen deine *Erkältung) *drinken kanst.*

Mi is to Rade gäfen, dat ik Fleddern drinken mut.

Vör denn Fleeder mutt man den Hoot afnehmen, dor steckt de ganze Aftheek' in.

*Wenn'n vor 'n Kailk'nbusch vorbii gait, wenn he bloüt, denn mutt 'n de *Mütz davor tück'n* (ziehen; aus Hochachtung vor seinen medizinischen Kräften).

Ellhöörnbusch, ik klooch di, / Smatt un Pien, de ploocht mi, / dorüüm leech ik Smatt un Pien / hier in dine Seele rin. (Heilsegen)

Goden Morgen, Herr Fleeder, / ik bring di mien Fewer, / ik knütt (knote) *di dat an / un gah darvan.* (Heilsegen)

Ellhoorn, ik klaag di, / Gicht un Wehdaag (Schmerzen) *plaagt mi, / hier röhr ik di an, / nu gah dorvan.* (Heilsegen, dreimal unter Anfassen des Baumes zu sprechen)

Ellhoorn, ik klaag di, / Gicht un Wehdaag (Schmerzen) *plaagt mi, / de erste Vagel, de öwer di flüggt, / nimm mi dat un gifft di dat.* (Heilsegen)

Allheiern, eck will dui bücken und drücken, bet de Deuf (Dieb) *de Sachen* (!) *wier trügge schicket.*

Wenn de Fleeder froih bloiht, gifft' en froihe Aorn (Ernte)*; bloiht he lang', kummt de Aorn so bald nich ünner Daaks.*

Ohne Fleeder vör'n Huus is dat Huus man (nur) *halv.*

Haast elker (fast jeder) *Buur hed hier sien Fleddern bi Huus staan.*

He hett sük 'n Sniertjebüß ut 'n Fledderntack (kleine Handspritze als Kinderspielzeug aus einem Holunderzweig) *maakt.*

(Westniederdeutsch)

Flera ick kloag di, datt Fewer ploagt mi. Ick bind't (binde es dem Holunderstrauch) *an un goah doarvon.* (Heilsegen)

Soväl dei witt Fleeder vör Johanni (24. Juni) *bläuht, / So väl ward dei *Roggen vör Jakobi* (25. Juli) *meiht.*

Fleedertee, Fleedertee! Mudder, mi deit dei Buk so weh!

(Ostniederdeutsch)

Mir Chung (wir *Jungen) *hutten cheder enn Fitschefeiler* (Pfeil und Bogen)*: der Boong aus Haselnuß, de Sehne vun *Bindfaden; de Bulzen hulten mer uns in Rohrgarten* (Sumpfland mit Rohrbewuchs), *un uhm an die Ruhrbolzen kam e Stickchen* Hohlunger, *im daß de Kuppe schwer genung war, daß se sich ni iewerschluhng bein Flieng.*

(Sächsisch)

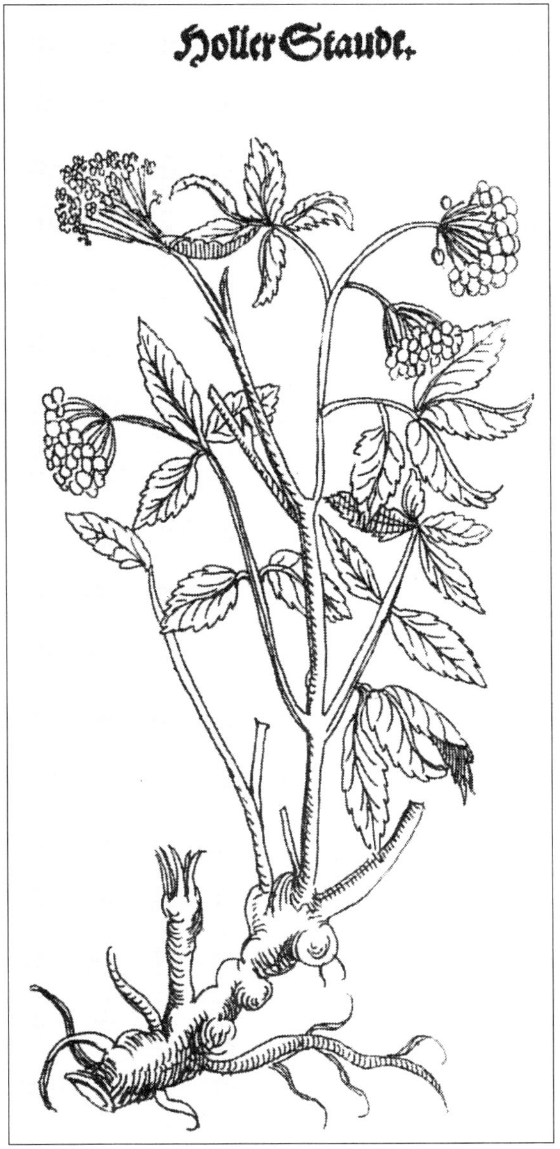

Abb. 47: »HollerStaude« (Pedanios Dioskurides: »Kräuterbuch«, Druck von 1610)

Redewendungen: Holunder (Sambucus nigra)

Wann der Holler *bliimd, leje de Hinkel* (*Hennen) *nicht.*

Der Kerl is so daab (taub) *wie* Holler.

Ringle, ringle, reihe, / Sinn der Kinder dreie, / Sitze hinnerm Holler*busch / Schreie alle: husch, husch, husch.*

(Hessisch)

Der Holänter *es der ierschte on beste Dokter van de Welt.*

Es dat all öhr Krankheit? – Dee / Sall ich bahl kureeren / Ohne Kruck (Kraut) *un* Fleeren, / *Ohne zo purgeeren.*

Wo ene Fliireschtruuk *am Hus steht, do geht et got on geregelt her.*

Drenk en Köppke (Tasse; ☞ *Kaffeetasse) Fliire*tee, dann deht dech de Buck net wieh.*

(Rheinisch)

Saft, Saft, Seide, Holler *in die Weide,* Holler *in das grüne Gras, daß der Saft eraussen laf!* (Bastlösespruch)

Saft, Saft, Seire, Holler *in de Weire,* Holler *in de Gillebach, sitzt en *Mädche uf dem Dach, hot sich halb krank gelacht.*

Er isch so dumm wie Holle.

(Pfälzisch)

Wie si der Holder *beert, so beert si der Wei.*

Der Sommer kommt umer, / Der Holder *wird schwaz, / Die Kirbe* (Kirchweih; ☞ *Jahrmarkt) *kommt her / Und i han wieder kein Schatz.*

(Schwäbisch-Alemannisch)

Ringl, Ringl, Reia, / sin di Kinnerli dreia, / sin di Kinnerli viera, / gennes hie zun Bierla, / gennes hie zun Holler*busch / schreies alle: Husch – husch – husch!*

(Fränkisch)

Hühnerauge

Mien Liekdoorn is de beste Weerwicker (Wetterprophet).

’T Höhneroog steckt mi, ’t gifft Unweer.

He hed ’n Liekdoorn under de Foot, wen de hum (ihn) _stekd gif ’t Watersnood_ (Hochwasser).

He sitt so krumm up ’t *Peerd, as wenn he Liekdoorns an de Mors (Hintern) _hett._

Du kriggst noch Liekdoorns an de Tung (Zunge; d.h. du bist ein Schwätzer).

Hum (ihn) _drücken de Liekdoorns neet mehr_ (d.h. er ist tot).

Pedd (tritt) _mi man_ (bloß) _nich up’n Lieduurn (up ’t Krai’nouch’)._

Ik heff em arig (kräftig) _op de Liekdöörn pedd_ (getreten).

(Westniederdeutsch)

Du tust ja seit ’n paar Tajen, als wenn dia fortwährend eena uff die Hiehnaoojen trampelt.

Den wer ’k uf de Hühneroogen (Elsteroogen) treten (d.h. zur Rede stellen).

Hei hett em uppe Liekdüürn perrt (getreten; d.h. er ist ihm zu nahe getreten, hat ihn beleidigt).

Denn’ drücken de Likdüürn nich mihr (d.h. er ist tot).

Uns’ Herr Gott lacht äwer ’t ganze Gesicht, wenn einer den Düwel orndlich eins up de Likdürn pedd’t (tritt).

Snack di man (*red’ dir bloß) _kein Likdüürn an de Tung_ (Zunge).

Dor lürdt (läutet) _den Doden wat in dat Graff_ (nämlich die Kirchenglocken), _/ Ick wasch mi minen Likdürn aff, / Dode, nimm sei mit int Graff._

Is denn jar keen Jensd’armerie (Polizist) _in der Nähe, der jleich in de Zehen Koppschmerzen un in’n Kopp Elsteroogen kriegte, wenn Eener uf de Straße en lautes Wort sprach._ [Adolf Glaßbrenner: »Berlin wie es ist – und trinkt«]

Ick kann nich jut upträden, hewwe an ’n Tei ’n Elsteraue.

(Ostniederdeutsch)

Traugott quärlt e *bischen *sehre mit der Zunge, als hätte ’r e Hihnerooge druff.

Tret mer de Hinneroogen ni ab!

(Sächsisch)

Redewendungen: Hühnerauge

Ha hätt uff bäden gruußen Ziehn jewaltige Liechter.

Geh wack, sost trat ech dech off de Lechdenner!

Dar Leechdönn *stecht, es gett anner Watter.*

(Thüringisch)

Ich hann doo e Leichdorn *an de klää Zeh; 's duud arg* (*sehr) *weh, er iß ordelich ingewachs.*

Mi Lichdorn *dout so wih, aich glaawe, et gett anner Werrer.*

'S gidd anner Werrer, mei Atzelaag (Hihneraage) *beißd mich.*

Lichdähre, Lichdähre, *eck wasche deck aff, / Gang met'n Daue* (Toten) *in't Graf* (als Gegenmittel während des Totengeläuts zu verrichten und aufzusagen).

Tret me mei Atzelaage *nedd oab!*

Wo de heit der Schuh drickt, do hilft dem sein Hihneraage*plaster nix.*

(Hessisch)

De Elsterauge *petsche* (*kneift) *mich, et jitt ander Wedder.*

Spetze Schong (Schuhe) *en schmal va Trett* (und mit schmalem Fußbett) *brenge de* Elsterauge *met.*

We selver Elsterauge *het, sall keinen anneren op de Tiahven trae* (Zehen treten).

Gen Koppingk (gegen *Kopfschmerzen) *hilp kene Viulekranz* (Veilchenkranz), *gen* Elsterauge *kene Danz.*

Et ji Lück (Leute), *die han do et Jeheen* (Gehirn), *wo andere de* Elsterauge *han.*

Einer, dem de Elsterauge *nit mih wih dont* (weil er tot ist).

„Ek häf Elsteraugen!*" – „Mak en Krengel dröm, dann krisse* Kreienogen*".*

En Stiefmamm an e Kriinouge, *de kennen än viel pengigen* (peinigen).

Will Au get (welches Auge gibt) *der Mensch, wenn et sen muß, am leifste her? – Det* Kreenau. (Scherzfrage)

(Rheinisch)

Die Krehnaue vertreibt mer am beschde mit Plaschder orrer Salb.

Wann die Krähnauge beiße, gebts Reen (Regen).

(Pfälzisch)

Ai Schdai träfft grad de Aabt am Zeh; / är hat zeit dort kai Greeaug meh.

Ma läut mit der Leich, / Was i greif, des weich, / Was i greif, nehm ab, / Wie der Tot im Grab. (als Gegenmittel)

(Schwäbisch-Alemannisch)

Abb. 48: Wilhelm Busch: *Gemeines Schädelweh*
(»Der Katzenjammer am Neujahrsmorgen«, 1868)

Jahrmarkt

Keen Jahrmarkt *ahne Deef* (ohne Dieb).

Wenn de Dummen to Markt *kaamt, kriegt de Kloken* (☞ *intelligent) *dat Geld.*

(Westniederdeutsch)

Abb. 49: Heinrich Zille: Das Karussell auf dem Rummelplatz (1924)

„Kommste mit, wir jehn uff'n Rummel*?" – „Nee – ick riech nich jern det Schmalz von de Pufferbude* (☞ *Kartoffelpuffer)*! Und da wer'n ooch bloß meine kleen' Jeschwister vadorben – bei die Buden!"* [Heinrich Zille]

(Im Erziehungheim:) *„Da haben wir ja das Mariechen, wo hats sichs denn rumgetrieben, Herr Wachmeister?" – „Ganz in der Nähe auf nen* Rummel*, Frau Doctor. Sie machte in ner Schaubude mit nen *Jungen die zusammengewachsenen „Siamesischen Zwillinge", der *Junge is' ausgerückt!"* [Heinrich Zille]

(Ostniederdeutsch)

Wenn Kirmst *wird sein, wenn* Kirmst *wird sein, da schlacht' mei Vater enn Bock. Da tanzt der Vater, da tanzt die Mutter, da wackelt der Mutter der Rock.*

*Und in *Harbst, da hoan mir unse* Kirmsten *immer, do a der Äwerlausitz, do machte dar sich oo uff un ging zu ser Tante a de* Kirmst.

Zer Kerms *is es Mode, enne Schaukel machen in der Scheune, enne einfache un enne Letterschaukel* (Schaukel mit einer kleinen Leiter als Sitzbrett) *an vier Ketten; da wurde geschaukelt; eener stand hinten, eener vurn, die gahm Schwung.*

Meine Mutter buk zur Kermse *immer Quarkkeilchen* (süßes Pfannengebäck aus Kartoffeln, Quark und Mehl), *da hammer uns bahle dumm gefressen.*

Off'n Gahrmert *gobs fir de Kinner zu unsrer Zeit tärkschen Honch un aa Mohblätter* (Mohnblätter; ein hauchdünnes, süßes, tellerartiges Gebäck).

(Sächsisch)

De Kärmse *äs's greßte Fast uff dn Dorfe. Schunt wochenlang verrhar waren do Veerkehrungen getroffen.*

Kirmes, Kirmes *loß nit noach.* Kirmes, *dauer acht Toäch!*

Ver dar Kermes *werd erschtmo rechtech Rangdewuu* (Rendezvous; hier: gründliche Reinigung, Aufräumarbeiten) *gemocht.*

Wenn Karmse *ward, wenn* Karmse *ward, kee Griesgrom is ze feng, / do frein sich alle, do lochen olle, wenn unse Kenger seng: / Wenn* Karmse *ward, wenn* Karmse *ward, / do schlocht mei Voter en Buck, / do tanzt meine Mutter, do tanzt meine Mutter, / do wackelt der ganze Ruck.*

(Thüringisch)

Es eß nedd alle Daag Kerb.

Wann die Katz niet dehaam (zu *Hause) *ies, huu de Mäus* Kermes.

Wanns Kermes *es, wanns* Kermes *is, da schloacht mei Voatter en Bock. / Daa daazt mei Modder, da daazt mei Modder met ehrem ruure* (roten) *Rock.*

Awer uff de Meenzer Meß *gehe mir dann aach.*

Am Sunndaag iß in Roßdorf Kerb, *doo sein die Äbbel merb unn die Bern morsch, do danze die *Mädcher midd de Borsch.*

Er häld de Kopp wie e Gans, wo uff de Kerb *gehd.*

Heit iß Kerwe, *morje iß* Kerwe *bis de Sunndaag Oowend, wann ich zu meim Schätzel kumm, sag ich guden Oowed.*

Haag (hau') *de Katz ehrn Schwanz ab, haag en norr nit ganz ab, loß norr noch en Steppel stäih, daß se uff die* Kerb *kann gäih.*

Wann die Chrischde kaa Kerb *herren* (hätten) *unn de Jurre* (Juden) *kaa Ooschdere, dann deed 's ganz Johr en de Haiser nedd uffgeraamd werre* (werden).

(Hessisch)

Redewendungen: Jahrmarkt

Wann et ränt un de Sonn schingk, hät der Düvel Kirmes.

Morje fängk uns Kirmes *an / Hör ens* (einmal) *dat Jebimmel / Wäde meer e Levve han* (da werden wir ein Leben haben) */ Wie nen Boor* (Bauer) *em Himmel.*

Wann't Kirmes *es, wann't* Kirmes *es, dann danz mer op de Hengerben* (Hinterbeine), *dann krieg ech ne neue Rock.*

Wenn et Kirmes *es odder Mat* (Markt), *dann küt* (kommt) *der Perdchesmann* (☞ *Pferd) *mit sinnem gröne Wage en jedes Dörpche an.*

(Rheinisch)

Heit gilts, heit isch Kerwe.

Wann die Frankforde Mess *on de Herrweihe* (Flurname) *kummt, krischde e silwer Nixelche* (zu „nichts") *un goldich Worteweilche* (Warteinweilchen). (vertröstende Scherzredensart mit erdachten Mitbringseln)

Do werd net lang Frankforder Mess *gemacht* (d.h. da werden keine großen Umstände gemacht).

(Pfälzisch)

Abb. 50: Darstellung des Cannstatter Volksfestes 1845

Oimol em Johr isch ao em kleinste Ort Kirbe.

Wenn dei Dommheit Äpfelkuacha wär, no hättsch du s'ganz Johr Kirbe.

Kei Jahrmarkt *ohne Dieb, kei Mädle* (*Mädchen) *ohne Lieb.*

D Sersheimer Luckele (Küken) *sin so gscheit* (*intelligent), */ Sie halte ihr* Kirbe, *wenns Erbire* (*Kartoffeln) *geit.* (Spottvers)

Wenn's Kirbe *ist, / Na sticht mei Vater en Bock, / Na tanzt mei Mutter, / Na wackelt ihr der Rock.*

Heut ist Kirbe, */ Morge ist* Kirbe, */ Bis am Dienstag z Abed / Und wenn i zu meim Schätzle komm, / Na sag i gute Abed.*

Wenn i nur gstorbe wär und an der Kirbe *wieder da!*

Wenn die Junge heiratet, sot (sollte) *ma d Alte auf d* Kirbe *metzge.*

Der ist so nüchtern wie der Bauer an der Kirbe.

Jaa nocha, wen Kchiiaba *kchomma-isch, dann hammr dräi Wocha voara scho s'kchranza* (mit Kränzen schmücken) *aagfanga, damipa* (damit man) *de Kchiia* (Kühe) *schiia aekchranza hot-kchenna.*

Zum Billige Jakob uff dr Meß */ ä Huffe Litt hiilaufe, / den der glopft wunderbari Schprich. / Un fimpfefuffzig wundre sich, / un ainezwanzig kaufe.*

(Schwäbisch-Alemannisch)

Heid werds a widder Nochd, grod wi an der Kerwa.

Af di Kerwa *muß mer geh, / griechd mer nigs, na schmeggds doch schee.*

Und af di Kerwa *frei i mi, / da danz i mit der Baieri. / Di had a zrissis Hemmerd ou, / da hald er mi drou ou.*

Heind is Kerwa, *heind is* Kerwa, */ Heind is unner* Kerwa, */ Wemmer a ka Geld nit hem, / na mach mer doch an Lärma.*

(Fränkisch)

A guada Kirda *dauert bis zon Irda* (Dienstag), *es ko si schicka, aa bis zon Migga* (Mittwoch).

As G'schäft geht heut flau da heraus auf der Dult. *Wenn dös lang so furt geht, dann wer i no wuid* (wild). *Beim billigen Jakob, da steh'ns alle rum, aber kaffa teans nix'n, bloß schaung recht* (*gucken *sehr) *saudumm?* [Karl Valentin: »Der billige Jakob«]

„Gehst mid as Voiksfest? *" – „Ach na, mi gfreids heid ned."*

Aufm Sunta 'r-is Kir'da' */ Und a' Tanz a dazua. / Und mei Schazal hat gsagt, / Bua* (*Junge), *da tanz mer uns gnua'.*

(Bairisch)

Kartoffel

De dummsten Buurn hebbt de gröttsten Kantüffeln.

De Dummen bucht (baut) *de dickst'n Ketüff'l.*

Geld as Schiet un Kantüffeln op Zinsen.

Wi könen neet mehr buten Tuffels to (ohne Kartoffeln auskommen).

Kantüffeln in'n Keller, Törf op'n Böön (*Dachboden), *nu kann de Winter kamen!*

Ooldags (*werktags) *Fleesch wat un Kantüffeln satt! Sündags Fleesch satt un Kantüffeln wat!*

De ganze Wek Kantüffelsupp un Sünndags is se noch nich up un Meendags gifft dat noch keen Fleesch un Dingsdags wat mit'n Klümpensleef (mit dem großen Löffel für die *Klöße) *un Mittwochs is de Grütt so stief* (Grütze so steif) *und Donnersdags gifft dat nix in't Lief, Friedags gifft dat wat in'e Pann un Sünnabends* (*Samstag) *fangt vun vörn an.*

Em geit dat as de Kantüffel, dat best is ünner de Eer.

(Westniederdeutsch)

Abb. 51: Thomas Theodor Heine: »Die Enthaltsamen«: *»Wieviel Kartoffel die Leute brauchen! Wir essen zu Mittag nicht mehr als zwei, drei Kartoffel.«* (Simplicissimus, 1929)

De Buern sünd ümmer untofräden: sünd blot grot Katüffel wussen (gewachsen), *hebbt se keen lütt* (kleinen) *för de Swin.*

De dummste Bur bugt (baut) *de gröttsten* Nudeln.

Up'n Knullacker *sin wedder recht vill Päden* (*Quecken) .

(Ostniederdeutsch)

De Kartoffeln *sin diß* *Jahr jut, awwer metunger is oo e kranker Stock derzwischen.*

Unse Kartoffeln *sin diss* *Jahr pockch* (pockig, schorfig von einer Krankheit), *mer han's Kartoffelfeld ze* *sehre jekalkt.*

Dis *Jahr jibt's viel Maikäwwer, da jibts's viel* Kartoffeln.

Heite stecken mer enne neie Kartoffel*sorte, die heeßt „Mank* (zwischen) *de Bohnen"* (eig.: Magnum bonum), *die solln* *sehre vill trahn.*

Die Abarn *pläppern* (brodelnd kochen) *schunn, do ward's niemieh* (nicht mehr) *lange dauern, do sein se weech.*

Wenn ema e paar gekuchte Arbern *iebrichgebliem sin, da zerdrick' mer se eefach mit der Gawel, un dann wern se in den Händen bißchen rundgewälchert* (drehend rundgeformt) *un breetgeklitscht, un dann wern se in de Rähre* (Ofenröhre) *neinklitscht, awer glei so, ni mit Fett, un da wern se bißchen braune.*

In Hause (*Hausflur) *steht de* Abern*quetsche zum Zerdricken vun gekuchten* Abern *un der Stammtruck* (Stampftrog) *oder anstatt dessen off greßern Wirtschaften de Runksmaschine* (Schneidemachine). *Da warn Karbse, Runkeln* (werden Kürbisse, Futterrüben), *Krautstrinker, grine* (rohe) Abern *un Kuhriem* (Kohlrüben) *gerunkst.*

Heier (dieses *Jahr) *sieht's met de* Äbern*ernte recht mies aus.*

Ääpern *un* *Ärbsen missen bei alen Monde gestäckt wär'n, sist* (sonst) *blihn se's ganze Jahr.*

Gestern tat der Edgar Ardäppel *ausnamm'* (*ernten), *on das Land war so dreuche* (trocken), *daß mer'n vor Malfer* (Staub) *ieberhaupt ne sahk.*

Alle Tooch Ardäppeln *un Harich* (Hering), *des ho iech nunmehro moll soot* (mal satt).

Beim Ardeppel*neitun läät* (beim Pflanzen der Kartoffeln legt) *sei ä ruts* (rotes) *Bändel rei, doß dä* Ardeppel *Frääd* (Freude) *hoon un mählig wär'n.*

Off de Woch missen mer de Erdäpfel *pecken* (*jäten).

Du bist e Leimlede (Lederlappen zum Vogelfangen; übertr.: du bist zu schmächtig)*; neet emal dern Sack* Erdäpfl *koëst* (kannst) *aus ne Wägle hüem* (heben).

Gruß sei de Äärdeppeln *soot heier* (dieses *Jahr satt = genug), *viel seier* (gibt es) *aa, faule gibts aa net drunner, dos is alles rächt schii, ober de klenn fer de Sei fähln doch.* (Klage eines Bauern nach guter Kartoffelernte)

(Sächsisch)

Redewendungen: Kartoffel

Ich haa ner noch e Kochet (Menge für eine Mahlzeit) *Kartoffel derhämm* (zu *Hause).

Die Ardäpfel wern met'n Koarscht (Karst; eine zwei- bis vierzinkige Hacke) *rusgehackt* (*geerntet).

Mi verbrünne die Storzel (Kartoffelkraut) *un brate uns Ardäpfel.*

(Thüringisch)

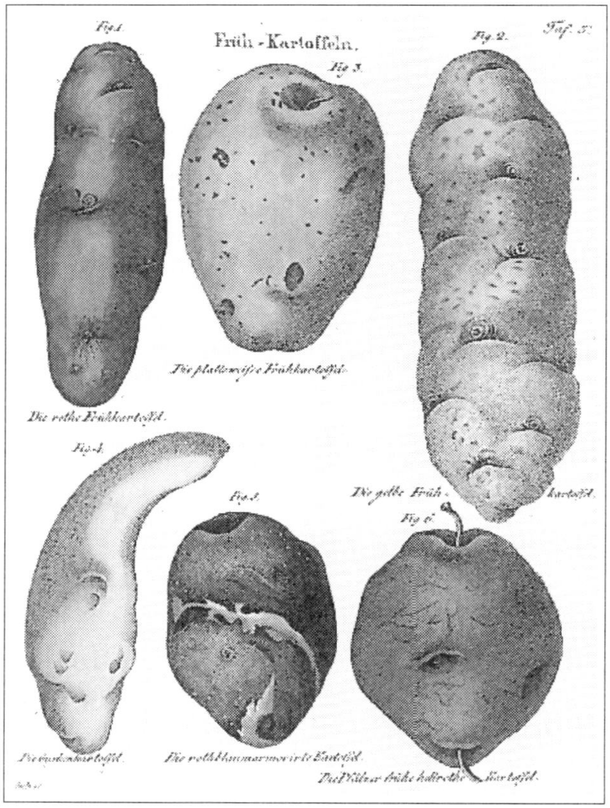

Abb. 52: »Früh-Kartoffeln«
(Carl Wilh. E. Putsch: »Monographie der Kartoffeln«, 1819)

De dömmste Bauer kreit die dickste Grombire.

Deß iß noch e Haubdkechin (Meisterköchin), *wann se die Kartoffel abrenne leßd!*

Geh' ich in mei Kellerche, will Kartoffele hoole, sitzd e bucklig Mennche doo, fängd oo zu johle. Bucklig Mennche, kannst de johle, kannst de aach mei Kartoffele hoole!

Ach, was bin ich so miide, ach, was bin ich so matt, hobb schunn e Grobbe (*Kochtopf) *voll Kartoffele gesse, bin awwer noch nett satt.*

(Hessisch)

Vel Lök meene, oone Eerpel *net läve ze könne.*

De dömmste Bore han de deckste Ädäppele.

Er sengt, mer mänt, de hät en Gromper *em Hals.*

Sall ech dech jet (etwas) *vertellen van de sieven Marjellen? De soten en der Dälen* (*Hausflur) *on woren am* Erpel *schellen.*

De bas su gescheid (*intelligent)*; et as schod* (schade), *datsde moß* Gromberen *essen.*

(Rheinisch)

Mer essen alle Daach Grumbeere: *morjens gereeschde, mettags Grumbeereschnitz* (Gericht aus Kartoffelstücken mit Petersilie und Lauch) *un oweds gequellde* (*Pellkartoffeln).

**Werkdags esse mer* Grumbeere *un sunndags Kartoffele.*

Grumbeere *un *Sauerkraut werd in unserer Palz gebaut.*

Die dummschde Bauere hunn die dickschde Grumbere.

Eßd Flääsch, Grumbere *kennder aach dehääm* (zu *Hause) *esse!* (zu Gästen)

Morgest gibts Grumbire*supp, middas were se all verstuppt* (zerstampft), *oweds kumme se mit samt der Schal, is das nit e* Grumbire*qual!*

Ich will der was verzähle: Grumbeere *sin kä Wehle* (*Heidelbeeren).

(Pfälzisch)

Friier wann's amool Julli gwääs-isch, no sind dia Mand von Schweescha (Schwörsheim) *rakhomma, mid ire Plaawääga, ond hond ire* Ääbiera *vrkhofd. Oond dia hand scho vom waibm immer gschria: „*Äääbirraa! Äääbirra!*" odr o „Päägsaad* (Fegsand)*! Päägsaad!"* *Onochta too* (und nachher da) *isch ma noch gschbrunga* (*gelaufen) *khoma, haubdsechlich bäi Päägsaad;* Ääabirra *hodma bäi os sälbr aweng ue baud* (ein *bißchen einige angebaut)*; oond däa Päägsaad, däan hodma brauchd zu dänee Schtubbabeeda* (Stubenböden) *fääga.*

D Erdäpfel *sind am beste, wenn ma s der Su git und nache d Su ißt.*

Die Bodenbiren *sind erst recht gut, wenn sie die Schweine gefressen haben.*

Wenn Grombira *durch da' Saumaga ganga send, schmecket se besser.*

D'Schweschtr waar graag, dia isch em Bed-glääaga, und diia hod gsääd: „Du muasch, wenn du häith hoemkhomsch (nach *Hause kommst), *Schdägga-aahagga* (Stecken abhacken = Kleinholz machen)*" – Booazaschdägga* (Borzenstecken = Reisig, Äste) *– „ondh* Khartoffl *aazopfa* (anzupfen = von Keimtrieben befreien)*," – dees waar *Friialeng – „bis b'Muuadr vom Holz* (aus der Waldarbeit) *hoikhombd!"*

Redewendungen: Kartoffel

Kraut (*Sauerkraut) und Bodenbire ist allig 's best Fresse.

Du bist z dumm zum Grombire pflegle (dreschen).

Je dümmer d Baure, je größer d Erdäpfel.

D Wort purzlet er no so raus, wie d Grombira aus em Sack.

Ä richtige Härdepflsubb muß äso dick sei, daß ä Katz druff schloofe kennt.

(Schwäbisch-Alemannisch)

Des Dörfla, wo ich doo aufgewachsn bej, des hod bluus seimhunnad Laidla khaddn und di masdn häddn wos mid Holz oda mid Schdaa (Stein) zu doo, (waren) Schdaabrächa und Holzmacha. Und do bej ich in den Bächla rimgedrambld und mia han *Daichla gebaud. Des Bächla laafd doech dii Wejsn, und Raiwa und Schendarm geschbejld und Fußboll mid-n annana hou-ich und die Zejng gehidd (gehütet) und Ärbfl gebägd (*gejätet) und Grous gemejd und Khouan (*Roggen) aigefooan.

A, ihr arma Bauernberschli / a, ihr arma Schluggerli, / all Doch (Tage) mißd er Ebbirn fressn / wie di glanna Suggerli (*Ferkel).

Di dimmsdn Bauern baua di greßdn Erdepfl.

Su is 's mit euch Leut'n: / Wenn ar nau was bsundars kreight, / Könnt ar 's gaar net z'schneidn, / Su Padackng, manat I, / Kan dei Frau transcheia'n (tranchieren) / Aba' mit'n Puttla (jungen Huhn; ☞ *Henne), horch! / Soll si 's nit probeia'n.

(Fränkisch)

„Ois hod sein Preis!", hod d' Schdandlfrau (Marktfrau) gsogt, wias ihrane dafeidn (verfaulten) Erdepfe vakafft hod.

I brauchad an Zentn (Zentner) Erdepfe!

So, des Erdepflfeld häjt ma wieda absolviert.

Mit'm Broatagga (breiten Acker) ho i mi heua vobauat (dieses *Jahr falsch angepflanzt), do häin (hätten) Erdöpfl highert.

Auf dem hairinga Hoabanacka (*diesjährigen Haferfeld) kemand nechsts Joah d' Eröpfö hie.

Heuer (dieses *Jahr) müaß ma auf unsern Katoffeacka aufpassn, weil d'Leut jetzt gern Katoffe stehln.

Adam und Eva san sparsame Leut, / sie flicken sich 's Gwand'l mit Erdäpfehäut. (Scherzreim)

(Bairisch)

Kater

Wat hebben de Katers van nacht (diese Nacht) *weer 'n Musik maakt!*

Hai slait koppsower – bauz up'n Rüggen – un ower'n Tiunböstet 'n gelen (und über den Zaun flitzt ein gelber) *Bolzen!*

De Bolßen strieket wier ümmet Hus to, use Kattens ßind woll wier lorsk (rollig).

Wenn dei Bolz in'n Hus bliben un musen schall, denn mutt hei utsneern (kastriert) *weern.*

Kann 'n Kater ok neet mehr musen, sitt he doch noch geern vör 't Muuslock.

Hei is so klook (*intelligent) *as unse Naber* (Nachbar) *sin Kater: de kan 't Gras wassen hören.*

Nu sitt wi all good, sä de Kater, do seet he op 'n Specksiet.

Wenn du 't man (bloß) *eerst wennt* (gewöhnt) *büst, sä de Becker, do nohm he de Kater un feilde darmit de hete* (heißen) *Backovend ut.*

„Wat häff ick in düssen Kuorf (Korb)*? Ji sind jä 'n Raotshär* (Ratsherr), *un dann müett ji dat auk raoen* (raten) *küennen." So fraogg 'n Bur 'n Raotshärn un wisede daobi up 'n Kuorf. Dao keek 'n Kattenstiätt* (Katzenschwanz) *herut. „Na ja", sagg de, „dao sitt ne Katte drin!" – „Verkiährt", raip de Bur, „et is 'n Boltsen."*

*Dat wüßt de Lehrer nich, wat dat wör, 'n Bolz, un he fragt den *Jungen. De kikt em an, wat de Lehrer doch dumm is, un segt: „Bolz is'n Katt, de nich lütjen* („kleinen"; d.h. Junge kriegen) *kann."*

Dat is so wiß (gewiß) *as dat de Katt kenn Kater is.*

Jan, spann an, / de Katten voran, / den Bolzen achteropp, / denn geit et Galopp. (Kinderreim)

En, twee, dree, veer, fiev, sös, söben, / unse Katt hett Junge kregen. / Dat hett Nahbers Kater daan, / de schall morgen Vadder (*Pate) *stahn. / Nehm den Kater, / smiet 'n in 't Water, / dat he ni mehr katern kann!* (Abzählreim)

Unse Katte hiät siäs Junge, twei witte, twei schwuarte und twei Bölzer.

Aort (Art) *bi Aort! – Et giff wall draikläörige* (dreifarbige) *Katten, man* (aber) *nich draikläörige Bolßen.*

Em geiht dat as Bussemann (Eigenname) *sien Kater: de schull musen un wull nich.*

He sett sik op as Thies (Eigenname) *sien Kater: de sett sik achter* (hinten) *op de Holtschoh un wull op 'n Wiehnachtenabend* (*Heiligabend) *keen Rohm* (Sahne) *slappen.*

He maket 'n Gesichte asse 'n Bolße, wänn't grummelt (wenn es donnert).

He maket 'n Gesichte as de Kater op de Fork (Gabel).

Redewendungen: Kater

He maket 'n Gesichte as wenn em de Kater *kleit* (gekratzt) *hett.*

Wenn wi den Kater *man* (bloß) *erst op 'n Böhn* (*Dachboden) *hebbt, denn kriegt wi em ok in 'n Sack.*

He meent wunner wat he grepen harr, do harr he 'n Kater *bi de Steert* (Schwanz).

Wenn äin old Wief un äine dicke Bolze *tauhope* (zusammen) *spazierengaoht, dichtet däi Lüe ehr alle Leipgeiten* (Schlechtigkeiten) *an.*

Met viel Halläo un Juchhäi wöern dai Schüttenglogdage vebej trocken (Schützenfest vorbei gezogen = vergangen; ☞ *ziehen). *Manch äiner harr niu ne schworen* Bolz *un ne wahnen* (sehr großen) *Nohduast.*

(Westniederdeutsch)

Abb. 53: Münchener Bilderbogen 128: Katzen-Mäuse-Kutsche

Dat kann ick ok, säd' de Kater, *as he 'n Kamel seg', un maakt 'n krummen Puckel.*

Wenn där Kuter *nich noahuse* (zu *Hause) *is, danzen de Muse upp 'n Disch.*

Een fetten Kater *is 'n schlechten Muser* (Mäusefänger).

Dat is 'n schlichten Karer, *de bloß vör een Loch muust.*

Kann 'n Kater *nich mehr musen, sitt hei noch girn vört Lock* (vor dem Loch).

Is all' een Gang, seggt de Kater *un nimmt twee Würst mit eens.*

Uns' oll Katt hett nägen (neun) *Jungen, / Dat hett Nahwers* (Nachbars) Karer *dan. / Nimm den* Karer, */ Smit 'n int Warer, / Dat hei nich mihr karern kann.*

Johann, spann an, dräi Katt'n vöran, dräi Karers *vörup, so geiht dit na d' Bruut.*

Dunnerwetter, / Mank (zwischen) *de Bretter / Sitt de* Kater, */ Maakt Theater.*

Man (nur) *nich so ängstlich, säd' dei* Kater *taun Katteiker* (Eichhörnchen), *donn fohrt hei mit em tau Böhn* (*Dachboden).

Mein Je, wo süht dat Kind den Vadder ähnlich, säd' dei Fru, dor leg' dei Kater *inne Weig'.*

Is dat ne Wirtschaft in 'n Hus', säd' de Buer, de Kater *hett de Mähr* (Stute; abfällig: Pferd) *dot perrt* (getreten) *un de Küken den Knecht.*

Mi is tau Maud' (zu Mute), *as wenn mi 'n* Kater *verkihrt dörch 'n Hals krapen* (gekrochen) *is.*

(Ostniederdeutsch)

Unser Katerch *heeßt Peter.*

Da hat die Mieze (hier: Vagina) *den* Kater *gefangen* (d.h. die Frau ist schwanger).

(Sächsisch)

*Wu treibt sich denn unner Katzen*heenz *rim?*

(Thüringisch)

Däi schlaagfluß (Verwünschung) Karre *hunn heut Nachd werre e Kunzert uffgefihrd, daß mr kaa Aag zoumache kunnd.*

More (Mutter), *de* Kore *woor im Goode* (Garten), *hod ol die Blenselschin* (Blümchen) *gabud gemoochd.*

Kränkser (verfluchter) Kaaler *medd deim Geschrääi, wann ich dich vewisch* (erwische), *schlaa ich dich kabudd!*

Schließlich bleibt kaa hocke: Jed Dippche (Töpfchen; ☞ *Kochtopf) *find sei Deckelche / Jed* Katerche *sei Scheckelche* (Kätzchen).

(Hessisch)

He kick drin, wie enne Kater *in et Hummelwer* (Gewitter).

Es de Koter *niet wis* (weise), *helt hej den Schluffe* (*Hausschuh) *för de Mis* (Mäuse).

Unse Kaater *es at* (bereits) *wider op Rötsch* (hinter Katzen her).

De micht e Bockel wie e Koder, *den op em Schleifstan sötzt.*

Redewendungen: Kater

Du blänks (blinkst) *jo öm den Kamm, as wann dek der Müter geleckt här!*

Et gof Meddags do so winnig Eerpel (*Kartoffeln), *vi hant en groeten Müter tehem* (zu *Hause), *der fröt se all allen* (ganz allein).

Mänsch, hadd-ich Fasteloovend (*Fastnacht) *ene Kaater!*

(Rheinisch)

Der faul Kade leit de ganze Dag hinner'm Owe.

Der is so schlau wie e alder Kade.

Hinnerm Haus, vorem Haus sät der Bellmann (Eigenname) **Erbse; spielt die Maus, danzt die Laus, huppst de Kade zum Fenschder naus.*

Do is e Karer merreme glieriche (glühenden) *Schwanz dorch die Scheier* (*Scheune; d.h. jemand hat sie angezündet).

Karer, fang der e Maus, strepp se ab, mach der e Belzkapp (☞ *Mütze).

(Pfälzisch)

Ear sei a Naachtwächtr gsei' oba raus (d.h. ein vortrefflicher) *ond häb sei's gleichas gsuacht Land uf, Land a. S häb seitrhär so Kerle gea, wenn dia bei Naacht romgloffa seine ond gsonga häbe, no häb a dau', ma' häb glatt gmant, s schrei a-n-altr Rälleng, odr s brommla-n-oar en an schettriga Kochhafa* (*Kochtopf) *nei'.*

„Weller ischs, wode noch grad vom Käfig äwägg gschaßt häsch? Seller (so einer) *schwarz mit dene griene Auge?“ – „Nai, seller mitem dicke Molli* (Kopf). *Sell* (der) *isch ä wilde Katzerolli.“*

„Jo, du musch noch Bussi-Bussili zu nem saage un musch em noch fladdiere (ihn liebkosen)*! Der schwarz Kaib* (urspr. Aas; hier Beschimpfung) *vume Katzerolli hätmer vorhi d'ganz Hand verkraiblet* (zerkratzt)*.“*

(Schwäbisch-Alemannisch)

Dea Bou is wida so dreke wei e kstraimta (gestreifter) *Koda.*

Dea hod an Schel (Schädel) *af wei a Koda* (d.h. einen großen).

Ich taufe dich mit Wasser, / und du sollst heißen Kasper. / Ich taufe dich mit Odl (Jauche)*, / und du sollst heißen Kodl.* (Kinderreim)

(Bairisch)

Kloß

Un dat ju seht, dat dat Eten good, / da bringt wi ju en grooten Kloot.

Mi geiht nix over Peren (Birnen) *mit Klütjes.*

Dat is wat för 'n kranken Maag, sä de Buur, do eet he Speck mit Klütjes.

Ende good, alles good, mörgen kriegen wi Hüdels!

Ik lat nich von'n Klüütk, un wenn de Läp'lstell (Löffelstiel) *brickt.*

Du kannst ok nix anners as Klüten eten.

Tideldütjes, / well mag Klütjes? / De mak ik neet, / de magst du! (Abzählreim)

Wat is dat gröttste Unrecht in Huus? – Dat de eerste Klütje nettsolang koken mutt as de lesde. (Scherzfrage)

Klüten (Erdklumpen) *sünd op 't Feld, in de Supp sind Klümp.*

Dor is nix bi verloren as de Supp; de Klümp könt werr upsammelt warrn (d.h. alles ist halb so schlimm).

Dat geit scharp her, wenn twee ut een Töller et (essen) *un beid na een Klümp stekt.*

*Wo kann 't angahn, dat de *Jung de Klümp ni mag? Hebbt 3 Daag in 't Röhr* (Ofenröhre) *stahn un denn soveel Solt ünner* (und dann so sehr gesalzen)*!*

(Westniederdeutsch)

„Wat giff't hüt to Middag?" – „Koll (kalte) *Klüt (Klöße) un warm Nachtmützen* (☞ *Mütze). " (Scherzantwort)

„Wat gifft 't to äten?" – „Suer Klüt un jung' Hunn'!" (Scherzantwort)

*Kindeken, Kindeken, *weene man* (nur) *nich / in de Rehre stehn Kleße / die siehste man* (bloß) *nich.*

Ik ääte bloß en'n Klut, stelle mei man (mir bloß) *di ängere Klüte warm tuen Ant* (bis zum Abend).

Backbärn (gedörrte Birnen) *un Klüt geewt* (gibt es), *un dat weer sien Liewgericht.*

He is väl Klümp un Backbeern (gedörrten Birnen) *ut 'n Wäg'* (d.h. er ist tot).

Dei verlett (verläßt) *dei Klümp (Klüt) nich, un wenn dei Läpelstäl* (Löffelstiel) *breckt!*

Fif Klüten, söß (sechs) *Mahltiden, bloß een möt dörchsniden warden!*

Dei danken (d.h. verzichten) *all för dei Klümp, wenn 's dei Supp nich hebben sölen* (müssen).

Redewendungen: Kloß

Dei is so klauk (*intelligent), _dei weit woväl Klümp in 'n Fatt Mähl sitten._

Wiste nich de Tüffeln (*Kartoffeln) _vör de Klümp schellen_ (schälen)_?_

(Ostniederdeutsch)

Mer han Kleße gehatt, da fressen se wie de zweeköppige Raupen. De Frau muß immer glei ne janze Muhl (*Backtrog) _vull machen._

Un de Brüh werd, wie's mernstens sue Mode is, in enn extern Schüssele hiegesetzt, nei die jeds nooch (dann) _seine Kließ neitutscht._

Heite jiwwet's ze Mittache Kloß un Bitterzilchsbriehe (Petersilienbrühe).

Nu so weene nur nich, / In der Röhre (Ofenröhre) _stehn Kliser, / Du siehst se nur nich._

Hupps sin se weg wie Seebachen (Eigenname) _seine Kleße, wie 'r de Brihe abgießen wollte und se kollerten derbei in de Schleiße._

(Sächsisch)

Uestern (Ostern) _hots Hebbela_ (Braten von jungen *Ziegen) _gaam – a Gedicht! Eärbrüh un Klüß dezu!_

'S gibt Kapern mit langen Schwänzen und Kleße mit Stielen. (Scherzantwort auf die neugierige Frage nach dem Essen)

In der Ufenrihre stieht dar Klußtupp (☞ *Kochtopf).

Der jieht kaputt wie Seebachen (Eigenname) _sein Kließe_ (d.h. er stirbt bald).

(Thüringisch)

Als ans nachem annern, wie mer die Kleeß ißt.

Mer maand, er hädd en Kleeß em Hals stecke (d.h. er spricht undeutlich).

Er hodd sei drei Kleeß (d.h. seine unerbetene Meinung) _aach dezu gewwe misse._

Deß werd gemachd, unn wann kaa Kläiß im Hawe (*Kochtopf) _bleibt._

(Hessisch)

Am Friidach jid-et Klüüs von jerevene Eerpel (geriebenen *Kartoffeln).

Dat micht mer alles änt no dem annere, wie die Bauere det Klessesse.

*Wänn de Motter drüe *Brüütche bellich koofe konnd, maat se dodrus* Klüüs *met Späckküüsje* (Speckgrieben).

(Rheinisch)

Das gehd, wie e Bauer die Kleeß *ißd: aaner im Mund, aaner uff de Gawwel unn aaner in de Aa* (Augen).

Anderees, koch die Kleeß, *koch se nedd so sauer, schon werf ich se all werre* (gegen) *die Mauer.*

Verheirate Knipp *un haariche Schwänz.* (Scherzantwort auf die Frage nach dem Essen; „haarige" Klöße sind aus rohen Kartoffeln)

Der will Spetzle un Knepfle *essen* (d.h. er will alles haben).

Riewe (Rüben), *Riewe, die hen mich vertriewe. Hätt mei Mutter* Knepp *gekocht, wer ich dehemm* (zu *Hause) *gebliewe.*

So mach ich's euch, saaht de Meckes (Schneider), *do horrer seine Kinner die* Knepp *vor de Nas eweggefress.*

An Silveschder eßt mer bei uns Knedl.

(Pfälzisch)

So lang 's noh Kraut (*Sauerkraut) *ond* Knöpfle *git, so lang verderbet d Schwoba it* (nicht)*!*

A Kräutle (*Sauerkraut) *und a schweinigs Fleisch / und* Knöpfla *in der Brüeh, / dös wenn man aus der Kuche bringt / vertlaufet d Schwoba nie. // Gar manche möget d* Knöpfla *it* (nicht) */ und s Schweinig it und s Kraut: / ma braucht halt au a schwäbisch Gmüet, / daß ma die Speis verdaut. // Im Kämi* (Räucherkammer), *wenn ma s Säule* (Schwein; ☞ *Ferkel) *hat / und s Kräutle in der Kuef* (Tonne), */ wenn Mehl gnua in der Truha ist, / hat s Haus en guete Ruef. // A sölles Essa ist a Staat / und besser, ohne Gspäß, / als Schnepfedreck und Kaviar / und all dös Teufelsgfräß.*

Wie 's Mehl ist, so werdet d Knöpfle.

Du mußt no me Knöpfle *esse* (zu einem, der einer Sache nicht gewachsen ist).

Wulleh wu („voulez vous" = wollt ihr) **Kadofflsubb awegs* („avec" = mit) *verbrennde* Gleeß*? Nä, Madam, sche* („je" = ich) *danke wu* („vous" = ihnen), *die sin mer viel zu heeß!* (Scherzreim mit „französischen" Einsprengseln)

(Schwäbisch-Alemannisch)

„Moogst roha Gläs? *“ – „Naa, i meechet Seidn*gläs (aus gekochten Kartoffeln). *“*

Heid semmer widder greizfidel, / morng gidds widder Gles *in Mehl. / Dambfnudln hemmer a scho kod* (gehabt) */ und an Salod.*

(Fränkisch)

Abb. 54: Josef Benedikt Engl: »Niederbayrisch« (Simplicissimus, 1906)

„Um Gottes willen, Sie werden diesen Schweinskopf doch nicht alleine essen?“ – „Na, na! I krieg no Knödeln *dazua und a Kraut* (*Sauerkraut)*!“*

„Wos gibts-s-n heid z essn?“ – „A Braal (kleinen Braten) *gibt-s heid.“ – „Ja, dees is räächht. Wiavej host-n* Gnell *dazua gemachht?“ – „Ja, a drai a viare* (etwa drei oder vier). *Glangan* (gelangen = reichen) *da dee?“*

Nachtn (gestern) *hamma* Melknedl *ghabt, henkan-ma' non in 'n Gaam,* (hängen mir noch im Gaumen) */ bal-ma'* (sobald wir) *wida'* Melknedl *habm, ge'n i nimma' haam* (nach *Hause).

Host an Gnell *im Mai* (Maul)*?* (zum Wortkargen)

Schneidagoaß (☞ *Ziege)*, / druck an Schoaß* (Furz)*, / druckn auf a Brell* (Brettel)*, / tragn deiner Muadda hoam* (nach *Hause)*, / sag, dös is a* Gnell*!* (Kinderreim)

(Bairisch)

kneifen

Ik heb' mi so knäpen, *dat 't Blood d'r ut leep.*

He knippt *de Drahd mit de Knieptang* (*Kneifzange) *of.*

Wenn een de Schoh kniept, *denn mutt he Tüffeln antrecken* (hinten offene Pantoffeln, ☞ *Hausschuhe, anziehen; ☞ *ziehen).

De al (schon) *in de Kniep* (Klemme) *sitt, word am düllsten* knepen.

Ik kniep *de Duum* (Daumen) *för di!*

Iepmi un Kniepmi */ wohnden beid in een Huus, / Iepmi gung weg, / well bleev in Huus?* (Kinderspiel: wer *Kniepmi* antwortet, wird gekniffen)

(Westniederdeutsch)

Dor is nicks to kniepen *un nicks to bieten* (beißen; d.h. es gibt nichts zu essen).

Kniepen *is keen Liebn / öwer mit 'n hölten Tüffl* (hölzernen Pantoffel; ☞ *Hausschuhe) *schmiet'n / dat is Liebn, sächt d' Buur.*

(Ostniederdeutsch)

Er wird schon wissen, wo's ihn zwickt.

(Sächsisch)

Dos es grod su, als wammer ne Kuh ins Horn fitzt.

Dr Kanter (Kantor = Lehrer) *hat'n oft satt* (genug) *en de Läffeln* (Ohren) gezweckt.

Ha (er) *hät das Maachen* (*Mädchen) *in Backen* gepfetzen.

(Thüringisch)

Autsch! Petz *mich doch nedd so, das dud weh.*

Däß batt (nutzt) *groad soo veel, wie wammer eme Ochs ins Hurn* pätzd.

Jetzt kriggt er Kurahsch, / Do petzt *er de Bärwel in's Flaasch!*

(Hessisch)

Se hant mich schwatt on blo gekneffen.

*Deer *Jung hät dat *Määdche en de Arem* jepetsch.

Dä Hennes petsch *eine jän* (gern).

Motter, use Jusep hät mich en de Arm gepetsch *met sengen Nägeln.*

Dat es mer eso gleich, wie em Ochs, den mer in't Horn pitscht.

*Mer kann kä Wort verstehn, duhr et Maul zesamme*petsche.

Petsch *ens* (einmal) *met de Kniipzang* (*Kneifzange) *dat Dröötche* (dünnen Draht) *af!*

(Rheinisch)

Des is grad so, wie wann mer 'me Ochs ins Horn petzt.

Lu (*guck) *emol, wie der mich* gepetzt *hot, de ganz Arm es blo on schwarz.*

(Pfälzisch)

Do kannsch grad äso guët ä-n Ochs ins Horn pfätze.

Der macht e Gsicht, wie wenn ma ihn in's Füdle (Hintern) klemmt.

Schneider, wenn d reite wit, sattle dein Bock, / Kleib *i in Säckel 'nei, na springt* (*läuft) *er im Galopp.*

(Schwäbisch-Alemannisch)

Her auf, du zwiggsd *mi, / her auf, du* zwiggsd *mi, / her auf, du* zwiggsd *mi in mei Houserba* (Hosenbein)*! / Mei Mudder wigsd* (schlägt) *mi, / mei Vadder haud mi, / des gid a graßa, graßa Gaudi!*

(Fränkisch)

Kneipe

Ooch Kneipen *jibt's bei uns recht viele / und viele sind uns lieb und wert.*

He (ein Dorfpolizist) *lehrt sick sinen Lex* (Lektion; d.h. er bereitete sich auf seinen Dienst vor) *erst ümmer in de sös* (sechs) Kneipen, *eher he de Runn makte.*

Un de Zehe tutt ma wehe / wenn ich aus da Kneipe *gehe.* (Scherzreim)

Is denn in diese lächalliche Stammpe *hier keen Wirt nich'?*

Jede Kneipe *und* Destille */ kennt den guten Vater Zille.*

Frohe Arbeit – ernster Wille! / Mal en Schluck in de Destille! */ Und een bisken* (*bißchen) *Kille Kille – / Det hält munter! Heinrich Zille.* (Widmung zu einem Selbstbildnis)

(Ostniederdeutsch)

Na, darr hat in der Kneipe *widder enn Larifari geredt.*

(Sächsisch)

Wann ich vun de Kneip *haamgäih* (nach *Hause), *dudd me mei Zäih* (Zehe) *so wäih.*

(Hessisch)

En jeder Kniep *kennt hä't* (er das) *Bier.*

En deer Pint *vekiire nuur Schnapsüüle* (Schnapseulen).

(Rheinisch)

Dann geh ich in e Buddick *nin un trink en Schoppe alte* (d.h. Wein).

Dem geheert die Budik *g'schlosse.*

Er krichd in alle Budige *erim.*

(Pfälzisch)

Mih treibts äll Tag so om de Viere en mei Beizle. *Dort hock e gmüetlich mih zo meine Spezel an de' Stammtisch na'.*

In sooere (so einer) Knaip *pis mitvnacht rum ze hocke!*

(Schwäbisch-Alemannisch)

Möhre

Unse Wuddels *sünd man lüttjet, man* (sind bloß klein, aber) *se sünd lecker, seggen de Emder Wuddelburen.*

Hebben wi keen Wuddels, *bruken wi ok keen weden* (*jäten).

Ik wull de Gosen (Gänse) *so geern an de* Wuddels *hebben* (d.h. sie sollen sie fressen)*!*

Du mußt de Sack düchtig schüddeln, dat de Wuddels *mehr tosamenfallen, denn könen d'r mehr in.*

(Westniederdeutsch)

De Supp is all' all öwerkaakt (überall schon übergekocht), *un sünd noch gor keen* Wörteln *schraapt.*

Dir ham se woll mit 'ne Mohrrübe *aus 'n Urwald jelockt!*

As hei in Not kem, hett em kein Minsch ne Wörtel *geben.*

Wenn dee ne Wörtel *in 'n Noors* (Hintern) *hett, slääpt de Busch* (schleift das Grün an der Möhre) *uppe Ierd* (d.h. er ist sehr klein).

(Ostniederdeutsch)

'S dimmste Schwein find' de greßte Mähre.

Wasch der de Ohr'n, mer kann ja Mehr'n *'neinsä'n.*

Micheele (29. September) *is vorüber, / mei Vieh ka rüber und nüber, / ka in Nachbars Kraut un* Möhren, */ ka's der Bauer net verwehren.*

(Sächsisch)

Meine Mehrn *sinn das *Joahr net geroten, 's sinn lauter zinsliche* (kümmerliche) *Dinger.*

Miehrn, *wan se jehiern* (gehören) */ 'n Knachtn on 'n Maiden* (Mägde), */ die frassen se mät Fraiden, / 'n Schwinn'n* (Schweinen) *on'n Gänsn, / die frassen se mätn Schwänzen* (den Haarwurzeln der Möhre).

In den seine dreckige Ohrn kammer Mehrn *säen.*

In ühr Dreckohrn konnt me Gale Ruwe *neigesäb.*

(Thüringisch)

*Er *guckd denoo wie e Gans noo er Gääleriib.*

Die Gälriiwe häwwe mich vedriiwe; hädd mei Modde Flaasch gekochd, weer ich bei-r-e gebliewe.

Herr G. saß uff dem Römerdach („Römer", das Rathaus in Frankfurt am Main) *ganz vorne uff der Schniep* (ganz am Rand), */ Un hat den Klapperstorch gemacht, im Maul e Gehlerieb.*

Als aans nach em annern! Wie bei de Hanauer Gehlerieweweiwer (Marktfrauen aus Hanau, die Möhren in Frankfurt am Main verkauften).

Dein schönes Casselaner Deutsch, was uffe Hanauer Gelerib gebrobt (*gepfropft) *is.*

Mer esse Mähre, mer trenke Mähre (als Ersatzkaffee) *o honn noch Mähre offs Brot se schmähn* (schmieren; d.h. als eingedickten Möhrensaft).

Muhre noh Christda'm (*Heiligabend), *Äppel noh Ostere, *Mädercher noh dreißig Johr honn de Geschmack verlore.*

(Hessisch)

Jäf däm Kning (*Kaninchen) *en Muur, äver dorech de Droot* (Draht des Stalls).

Wooren de Bere (Birnen) *schlääch jeroode, hät di Frau en et Berekruk* (Birnenkraut = eingekochte Birnen) *och jät* (etwas) *More jedon.*

Wer vill Murre iß, weed klooch (*intelligent).

Muhren on ke Flesch, dat get weste Kresch (gibt wüste Schreie).

Es der Bur en der Nut (Not), *dann göft e em* (einem) *Bruet; es e derdur* (hindurch), *dann göft e gen* (keine) *Muhr* (d.h. nichts).

En dem seine Uhre könnt mer Muhre säen.

Op dem senger Mau (Ärmel) *könnt mer Muhre säen.*

Wenn de Pöggskes (*Ferkel bzw. Schweinchen) *Wortele ete, dann krömme se de Stertjes* (Schwänzchen).

Hej mackt en Gesecht as en Katt, die hete (heiße) *Wortel en de Mond hät.*

Wenn et Kreskind (☞ *Weihnachtsmann) *es gebore, hant Röbe on Muhre der Schmak verlore.*

Wenn et Kreskind (☞ *Weihnachtsmann) *es gebore, hant Wortele on Knolle* (Futterrüben) *der Schmak verlore.*

De Düvel wull e Müehrke schrappe, / he woss net, wie he et Metz (Messer) *soll pocke; / du schniet he sich wahl en de Dumm, / det goef en dicke, fette Prumm* (*Pflaume)*!* (Abzählreim)

Redewendungen: Möhre

Den Düwel woll en Wortel *schrape, / hej woßt niet, wie hej et Mess* (Messer) *soll fate; / he piek se an, / wor selfs et erst dran!* (Abzählreim)

„Wer war das?" – „De Mann möt de Muhr *en de Fott* (Hintern), *dem sollste et Grönt* (das Grün an der Möhre) *afbite."*

(Rheinisch)

Die Gelleriewe *stehn so dick wie dei Hoor uf'm Kopp.*

Die alt Rechierung is iwwer die Gälleriewe *gejagt worre.*

D' Junge wachsen in d' Höch wie die Bääm, un mer Alte unnerschig (unterirdisch) *wie die* Geelerüwe.

Blinzel net so wie e Gans nooch're Gellriewe.

Wann ich gestorwe bin, kännen se mer e Gellriewe *hinneneistecke, dann schläafen mich die Gäns naus* (aus dem Grab).

Mer esse heit Bahne un Gääleriewe *darchenanner.*

In Schifferstadt gibts Schlodde (Zwiebeln), *in Flomerschem* (Flomersheim) *wachst Frühgemüs, in Maxdorf gibts* Garodde.

*Mer han dat *Johr* Wurzeln *so dick wie Arm.*

(Pfälzisch)

*„Haben Sie Möhren?" – „Nai" – „Ich meine: Mohrrüben?" – „Nai." – „Karotten?" – „ *Waardese mool: Viellicht zu *Ärbsli?" – „Ja, man kann sie auch zu Erbsen nehmen." – „Joo." – „Haben Sie Karotten?" – „Also, wennse* Gällriibli *maine: Joo, di habi."*

Da meinet sie, i sei uf ere gel Rübe (d.h. mittellos) *ins Städtle rei gritte.*

(Schwäbisch-Alemannisch)

Wenn iech ämal schderb, schdegged er mer ä Gelleroum *hindn nei, nou zäing* (dann *ziehen) *mi di Gans naus* (aus dem Grab).

Heier (dieses *Jahr) *hemmer widder nid viel baud* (angebaut) */ wi a baar Habdli Graud* (ein paar Kohlköpfchen) */ und a baar* gelba Rum *und an glan Bum* (Baum).

(Fränkisch)

I bin net auf da Gelruabm *daher gschwumman* (d.h. ich bin nicht irgendwer).

(Bairisch)

Mütze

He hett de Mütz *(*Pol*) all werrer* (schon wieder) *scheef op'n Kopp* (d.h. er ist unternehmungslustig).

Häi is nich recht inne Mütz (d.h. er ist mißgestimmt).

Pool *of, mörgen is 't Sönndag!* (zu jemandem, der die Mütze nicht abnimmt)

*Wenn ik di ni harr un mien Nacht*mütz, *dennso muß ik blootkopp* (barhäuptig) *to Bedd gahn.*

*Dat geiht allns in 'e Welt, bloß keen Nacht*mütz *mit Ärmeln un keen hölten Aben* (hölzerner Ofen).

(Westniederdeutsch)

'N bäten Grütz (*bißchen Gehirn) *ünner de* Mütz *is völ nütz.*

He hett dat unner de Klott (d.h. er ist schlau).

He hett dat in de Klott (d.h. er ist einfältig).

Abraham un Lot / Smeten sick beid' mit dei Klott. (Spielreim)

(Ostniederdeutsch)

(Die Ehefrau zum Ehemann:) *„Du bist Haupt der Familie? Da bin ich de* Mitze, *die sitzt noch ohm droff."*

Dir wird der Kuckuck in die Mitze *scheißen* (zu einem, der im Frühling eine Pelzmütze trägt).

Na, du weeßt do, daß ich ohne Mitze *nich schluafen kann. Da bin ich arscht heeme* (zu *Hause) *gewasen un hab mer meine Zippel*mitze *gehult.*

*Hojei, mer treim ei, / treim ins schiene Dorf nei, / wue de alten Bauern sitzen / mit den lange Zipfels*mitzen, */ die ihr Geld nooch Verteln messen / un ne Mutz* (*Quark) *mit Leffeln fressen.*

(Sächsisch)

**Junge, setz de* Mitze *auf, daß de Leise ken *Schnuppen kriegen.*

De klein Ginger (Kinder) *krein de dicken* Gappen *an un e* Schäbel *uffn Nischel* (Kopf).

An jäiden Tappen (Dummkopf) *gefellt sei* Kappen.

Redewendungen: Mütze

Lang mich mol die Batzel, *ich friere an 'n Dätz.*

Däi mäint wö, häi (hier) *sitzt 's un hät de* Betzel *uff?* (Ablehnung einer unangemessenen Geldforderung)

(Thüringisch)

Vom Haas seim Fell hann ich mer e Kapp *mache loss.*

Isch haach-der 'n Knibbel (*Beule) *ans Hern, daß-der daa'* Kapp *ned mehr baßd.*

Jerem Dapp gefälld sei Kapp.

(Hessisch)

Wie de Kapp, *so de Kopp.*

Et es kald, träk (*zieh') *däm Kleen e* Mötzje *över de Kop!*

Jede Jeck meint, sing Mötz *wör de schönste.*

(Rheinisch)

Er hot sei Kapp *uf Krakeel sitze* (d.h. er sucht Streit).

Er is newer de Kapp.

(Pfälzisch)

Ade (*Auf Wiedersehen), *alder Huat, i kauf mr a* Kapp!

Du bist e Kerle wie e Kapp *voll Burzgockeler* (*Purzelbäume; d.h. du bist ungeschickt).

Kauf dir e Kapp, *na* (dann) *brauchst kein Hut* (d.h. verschwinde)!

Ma will de Herre vor sehe, eh ma d Kapp *'ra *zieht.*

Jedem Lappe (Narre) / Gfallt sei Kappe */ Und mir mei Hut.*

(Schwäbisch-Alemannisch)

An jedn Narrn gfälld sei Kabbm.

Er hat sei grüani Bazn *über d'Stirn gschobm.*

*Wos brauchd denn der Bauer an Hud? Den schded doch a Zipfl*haum, *Zibfl*haum, *Zibfl*haum, *schded doch a Zibffl*haum *gut, ja gut! gut!*

Heiern (heiraten) *is nid* Kabbm *kandld* (gehandelt).

In meim Käpple *obe drobe / Habe mir d Vögel Haar rauszoge* (☞ *ziehen). */ Hab i de Ding nit gwüßt, / Daß mei* Käpple *lumpig ist.*

(Fränkisch)

Abb. 55: Diverse Mützenformen

„Leg di a (zieh dich an)*!" Haname schnei aglekt* (dann habe ich mich schnell angelegt = angezogen). *„Legs Suntagwantar* (Sonntagskleid) *a unt Haibschou und setz a* Ham *av!"*

Dea hod a Ham *af kod* (gehabt).

Da El (*Großvater) *und 's Anl* (*Großmutter) */ genga mitanand in d'Spanl / 's Anl wül it khlau'm, / schlagt's da El auf die* Haum.

An iadan Lappm gfallt sei Kappm.

(Bairisch)

neugierig

He is nieschierig as'n dänsch (dänisches) **Perd, erst schitt he un denn rükt* (riecht) *he dor an.*

He is so näischierich as sun ole Zick (*Ziege).

He is so neeisgierig as 'n Höhnermors (Hühnerhintern).

Neeisgierig bün ik neet, man (aber) *ik mag 't geern all weten!*

(Westniederdeutsch)

Neilig bün ik jo wider nich, ever weten mücht ik det woll likers (trotzdem).

Der is neujierich wie ne olle Schackelster (*Elster).

Nig'lich as oll Schrödersch, hett dat Plaugrad (Pflugrad) *för'n Kringel upäten* (aufgegessen) *un ne Schünendör för'n Säutkauken* (*Scheunentür als einen Süßkuchen).

(Ostniederdeutsch)

Du bist neigirich wie 'n Paster (*Geistlicher) *seine *Zieche.*

*„Wos gib's'n heit ze assen?" – „Neigieriche *Zieng!"* (Scherzantwort)

(Sächsisch)

Se war su grußlich naumirsch un hong glich ann Fenster, bann uff dr Gass nur en Floch kotzt (ein Floh hustet).

Un wi's achde verbi wor, do sas de Schenke schund gekild vol (gekeilt voll; d.h. gestopft voll). *Glich vorne nam Kaufman hode sich dr „neischirichde Friz" ufbosdird. Un do schbisde med'n Lefeln* (Löffeln = Ohren) *un gikelde* (stach) *med dr Zungen in Mule rim; un de Auwen finkelden wi an bar Henkeldebe vol Worschdsuben* (Henkeltöpfe – ☞ *Kochtopf – voll mit Wurstsuppe).

(Thüringisch)

Ich sein joo nedd neidscheerig, awwer wisse meechd ich's gern.

Was e Fro (Frage), *sei doch nedd so neischäärig!*

Der muß awwer aach sei neidscheerig Noos en alles stecke.

Hä stellt sik ahn wie ne nijefängesche **Zieje.*

Ich bin neugierig, *wie der sich aus de Patsche *ziehe werd.*

(Hessisch)

War bes-de suu vüürwetzich*? Mos-de onbedingk wesse, wat andere Lök em Döpe* (*Kochtopf) *han?*

Dat vüürwetzije *Kend konnd dorech et Schlüsselloch niks seen, weil de Motter von enne jät* (etwas) *dovüürjehange hatt.*

Nit esu vörwetzich, *do kleine Krott!*

Der es su vorwitzig, *als ging er dem Deiwel of de Kopp.*

(Rheinisch)

Der muß mit seiner vorwitziche *Nas iwwerall sei.*

(Pfälzisch)

I bee it (nicht) wonderfitzig, *i wett no gern älls wissa – sogar no s'Würzele.*

(Schwäbisch-Alemannisch)

Pate / Patin

Ik sall to mien Brörs Kind Vadder *wesen.*

Mien Tant (Unkel) is Vadderske *(*Paat*) bi mi west* (gewesen).

De Baamudder (*Hebamme) *geit mit de* Vaddernbreewe (Brief, der die Patenschaft anträgt) *loos un krigt von jeden* Vadder *'n Geldgeschenk.*

Wei sind doch midde enander verwandt, wei hebbet doch mal te hope (zusammen) Vadder *e'stahn.*

Wenn dat Kind edöfft is, willt sei alle Vadder *stahn.*

Hochtiedgahn un Vadderstahn *is 'n Ehr vör de Lü, man* (aber) *'n Schann* (Schande) *för de Geldpüt* (*Portemonnaie).

Hochtied gahn / Vadder *stahn / un Kinnelbier* (Tauffeier) *geven, / hett mennig Buur / van de Plaats ofdreven* (vertrieben).

Du bist good ton Vadder *stan, seggst to aln Ja un Amen!*

Wat Vadder, *wat Fründ! Wenn du keen Geld hesst, blief mi vun Lief.*

Wat Vadder, *wat Fründ, sä de Schoolmester, du kriggst wat vör de Bücks* (Hose).

Wüllt höpen, dat hett nix Leges (Schlechtes) *to bedüden, dat du toerst* (zuerst) *bi 'n *Jung* Valler *steist. Denk dor an, dat du jo nich an de Kark* (Kirche) *pissen deist, sünst ward dat Kind nich drög* (trocken) *liggen.*

(Westniederdeutsch)

De oft will tho Hochtiet gahn un oft wil Vadder *stahn, de moet eenen groten Büdel* (Beutel; ☞ *Portemonnaie) *han.*

*Wenn dei *Jung' lüder Frugenslü' as* Paden *hett, ward hei frugensmall* (verrückt nach den Frauen), *wenn 'ne Diern* (*Mädchen) *luder Mannslü' as* Paden *hett, ward sei schlimm hinner dei Mannslü' her.*

Dat drüdde Deel schlachten (zu einem Drittel schlagen) *de Kinder immer na den* Paden.

Bi denn' hett de grot Hund Pät *stahn* (d.h. er ist ein Großmaul).

Dee kann dor ok nich vör, dor sünd de Päten *schuld an.*

Denn' hebben de Paden *all* (schon) *vör de Döp* (Taufe) *to väl schüddelt* (Grund für Dummheit).

Dät is mine Peäte *jewest, der hät mei ümmer tue Wihnachn wat jebracht.*

Wi Kinder güngen den ierschten Feierdag noah de Kirche bei unse Päten *un hoalten uns wat in.*

Poade, *ik bedanke mich dir allet, wat je me jejeen hän, un där liewe Jott werd ok allet wedder beschär'n, atje* (adieu) Poade, *ik komme nich wedder.* (Dankspruch)

„Hest 'n Ogenblick Tit?" – „Ja." – „Kumm mit, ick will schiten, kannst Vadder *stahn."*

(Ostniederdeutsch)

Abb. 56: *wie Dil Ulenspiegel geboren und zu dreien Malen eins Tags gedöfft ward und wer sein Douffgötel waren* (»Dil Ulenspiegel«, 1515)

Pate *stiehn is enne kleene Ehre, aber leert 'n Beutel *sehre.*

E Kind jerate wie's jerate, 's hat ne Ader vun de Pate.

(Sächsisch)

Redewendungen: Pate / Patin

Dos Potengeschenk steckte der Pote *bi 'n Kinne in de Wieje.*

Wenn's Kind getauft äs, will jeder Pate *sie.*

Bann's Käind gehowe (getauft) *ies, nooch* (dann) *gitt's* Töte *genung.*

Mei Tot *is e guter Moo, er schenkt mir e Christkinnel* (Weihnachtsgeschenk; ☞ *Weihnachtsmann), *en Burkertsweck* (Gebäck zum Burkhardtstag, dem 11. Oktober) *un e Gwaand.*

Abschließender Kommentar im »Thüringischen Wörterbuch« zum Artikel *Pate*, Bd.4, Sp.1019 (geschrieben um 1975): *Heute* (wird das Wort Pate) *oft ohne kirchlichen Bezug und zunehmend auch* (in der Bedeutung) *„Zeuge bei der sozialistischen Namensgebung"* (verwendet).

(Thüringisch)

Wenn's Kind gehowwe (getauft) *eß, will jeder* Pfetter (Pate) *sein.*

Wer de Poabst zoum Petter *hodd, kann leichd Koardinal werrn.*

Mei Good *hot mer des Naujehrsche* (Geschenk zu Neujahr) *gebroocht.*

Erscht vor sechs Woche war ich drunne un hab mein Fräa (Frau) Geth *besucht.*

Gell (*nicht wahr), *der Schinnerhannes woar dein* Petter! (zu einem Tierquäler)

(Hessisch)

Minge Patüüm *woor met mier jaanet vewand, et woor ne Mann us de Nooperschaf* (Nachbarschaft).

Wenn et Kend gedaft es, well jeder Pat *spiele.*

Jöörd *woor bei mier di Motter von mingem Fater.*

*Dat *Mädche kütt* (kommt) *op sing* Jot (d.h. es ist ihr ähnlich).

Weil de Oomaa (*Großmutter) *ming* Pätchenstant *es, han ich füür de ierschte Komelioon* (Kommunion) *von ier de Aanzoch jekrääch.*

He horr a Maul, wie wenn der große Hund sei Pat *wär.*

De ment och, Kaisersch Katz wär sin Got.

Gangk dorch et Lewe wie din Got, *halt dich brav wie dine* Pattöhm, *mak di Vatter vill Freud on din Motter ke Led.*

(Rheinisch)

Wann's Kind gedaaft is, will jeder Patt sinn.

Am Neujohrsdog, do isch das Mode, besuche die Kinner Pat un Gote.

So as en Kind gschwind schwätze (*reden) *lernt, soll die Got oder der Peter em Kind der Leffel kaafe, wu's alle Daag mit eßt, die Got fer's Mädel* (*Mädchen), *der Peter fer der Bu* (*Jungen).

Die Kinner winschen bei Pedder un Gettel 's Neijohr aa (das Neujahr anwünschen = ein gutes neues Jahr wünschen) *un kriegen e großi Brezel.*

An Oschdere gibt's bei der Got e Oschderhas un Oschdereier.

*Hinner meiner Got ehrm Haus / *guckt so e großer Nußbaam 'raus; / wann der Nußbaam Äppel träht, / heirat ich meiner Got ehr Gret.*

Die eß so krank wie Gettches Katze (d.h. garnicht).

(Pfälzisch)

Lach a bißle (*bißchen), *heul* (*wein') *a *bißle / morge kommt dei Dötle, / hot a lange Wuurscht em Sack / ond a zuckrigs Brötle* (Keks).

Älles will Dotle sei', wenn's Kindle tauft ischt.

Wenn man Gotte und Götte ist, ist's einem eine Ehr, / Aber es macht den Beutel (☞ *Portemonnaie) **leer.*

Un d' Gotti in dr Kuchi, die drillt d' Kaffeemiili (dreht die Kaffeemühle).

Mit der Bas (weibliche Verwandte, auch *Cousine) *ist's um und d Gotte ist gstorbe* (d.h. es ist hoffnungslos).

Gelt (*nicht wahr), *de hesch 's Müüsli gfange, said d' Gotti* (zum Kind, das hingefallen ist).

(Schwäbisch-Alemannisch)

Dea hod se viar an Dafded adrong (angetragen = angeboten).

(Bairisch)

Pfannkuchen

De Eierkook smook so good, dat wi hum glieks heel (ihn gleich ganz) *upeten hebben.*

Pannkook un Salat is bi Sömmerdag 'n moi (gutes) *Eten.*

Dat beste an 'n Pannkoke is, dat he sük neet wehren kann, wann he upeten woren sall.

Nood lehrt beden un Hunger lehrt Pannkoken eten.

Man mutt allens eten lehrn (lernen), *sä de *Jung, do smer he sik Botter op'n Pannkook.*

Keen is woll so 'n ruger Freter (rauher Vielfraß) *as ik, sä de oll König, do eet he Eierkooken sünner* (ohne) *Brood.*

Ik wull, ik leeg in 't Bedd un weer lingelang (der Länge nach) *mit Pannkoken todeckt!*

Man kan geen Pannekook eten, sünder dat de Nabers 't weten (ohne daß die Nachbarn es wissen).

Riek Lü hör (ihre) *Krankheid un arme Lü hör Pannkoke stomen wied hen* (riechen weithin).

Ik hau di platt as 'n Pannkoken, wenn du neet maakst, dat du de Dreih kriggst (den Dreh' kriegst; hier: verschwindest).

Wenn 't all eenerlei is, denn is Kohschiet ok'n Pannkoken.

Ostfreesland is as 'n Pannkook: de rand is 't beste d'r fan.

Vun 'n Pannkoken und vun Sleswig-Holsteen is de Rand dat Beste.

De verstot et, von two Oiren dra Oierkauken to backen.

Dor geew datt Pankook idel (eitel) *un Eierkook luter* (lauter; d.h. das bleibt sich gleich).

Ik heff mi ins (einst) *schaamt op 'n Sünnabend* (*Samstag), *do heff ik keen Pannkoken kregen. Dat doo ik mien Daag ni werrer* (d.h. Scham hat keinen Nutzen).

Morgen wöllt wi Pannkoken backen von dat allerbeste Mehl, / nich to dick un denn good fett, / o, wo smeckt den Pannkoken nett. / Du schasst (sollst) *kriegen Speck mit Fiegen* (Feigen) *– / ik will di dat Hemd afsnieden.* (Kinderlied)

(...) *kääm äin lütken Jüngelchen* (kleiner *Junge), */ könn fleiten* (pfeifen) *un könn trümmelken* (trommeln), */ kääm ne lüttke Deern* (*Mädchen), */ könn schpinnen un könn tweern* („zwirnen" = Zwirn herstellen), */ könn Eierkoken kehrn* (in der Pfanne wenden), */ und wat säi noch nich wüß, / dat müß säi noch äirst lehrn.* (Kinderreim)

Jehann Pannkook, / slaa 'n Düwel dood, / kaak (koch') *Supp up, / fret 'n sülben* (selber) *up.*

Mariek, / op 'n Diek, / hett 'n Büdel an 'e Siet, / hett 'n Swans in 'n Nacken (*Genick), */ kann Pannkoken backen.* (Neckreim)

Anna Maria Rehbock, / geboren in 'e Teepott (Teetopf = Teekanne), */ gestorben in 'e Kaffeekann / begraben in 'e Pannkokenpann.* (Neckreim)

Mama Fittig, de droog graad / Pannkook up un ook Salaat. / Dat is doch dat beste Eten, / jedereen schall dat woll weten. [nach Wilhelm Busch, »Plisch und Plum«]

(Westniederdeutsch)

Wenn man et gewennt is, kann man 'n Dacksteen statt Eierkoken eten.

Jo, jo, dot sinn (tot sein) *un dänn met Eierkueke tuejedeckt.*

Du hürst (gehörst) *doch süs so tau de Klauken* (Klugen; ☞ *intelligent)*? / Nu sittst du dor un backst di Eierkauken* (d.h. du bist ratlos). [Fritz Reuter]

Wer woll so hartfräätsch (genügsam) *is as ick, säd' oll König, donn et* (aß) *he Eierkoken ahn Brot.*

Ick bün wat hartfraatsch (genügsam)*, säd' oll Kräugersch, donn smeert se sick Botter up 'n Pannkauken un läd' sick Kes' dorup.*

Dor süll uns' Herrgott man (ruhig) *'n Gaus'ei* (Gänseei) *ut maakt hebben, denn hadden wi em in 'n Pannkauken upfrööten* (d.h. er ist ein Nichtsnutz).

(Ostniederdeutsch)

Abb. 57: Petrarca-Meister: *Von schmaler Narung* (1532)

Redewendungen: Pfannkuchen

Plinsen raus, Plinsen raus, / sunst poch' mer alles zamm im Haus! (Heischespruch zu Fastnacht)

Wenn ausgedrusche werd, bleibt de Fraa in der Kiche, Plinse backen.

Hule mal ne Speckschwarte on tuck immer (tu schon) *'s Plinseisen* (Gerät zum Plinsen backen) *einschmäern, ich will nach Bottermilchplinse machen.*

Was soll mer'n nu ma machen (hier: zu etwas bringen), */ enne alte Frau zun Lachen, / enn altn Mann zun Grinsen, / morgen back mer Plinsen.*

(Sächsisch)

Em gonze Ourewald (Odenwald) *ißt ma am Grünedonnerschtag grüne Pannekuche – Pannekuche mit *Schnittlauch d'rin; do bleibt ma 's gonze Juhr g'sund un hot ka'n Geldmangel.*

Wege eeme Pannekuche e Feuer wie e Hell ze mache, als wollt se en Ochs brote.

Chrischdine, back emol heit recht gude Pannekuche! Nemmscht liewer e bissel mäihner Riebäil (*bißchen mehr Rapsöl) *dezu wie schunscht.*

Ich well in verkreppelter Pannkuche ohne Brot ässe, banns net wohr es.

Dä retscht net (der rutscht nicht; d.h. ein Besuch geht nicht wieder fort), *dot härre gurer Pannekuche gewe.*

*Wer's kann, der soll e Omlett esse / Wer's net kann, soll *Kadoffel fresse.*

Miir gäihn noch lang nidd haam (nach *Hause), *miir drinke noch aan, bis die Oald Pannekuche backd un kaa schepp Maul mäih machd; heit gäihn me aa goa nidd mäih, goa nidd mäih haam.*

E Gejend wie e (Aje)pannkuche (d.h. sie ist flach).

(Hessisch)

Ricke Löjs Krankheit en arme Löjs Pannekooche köje witt rüche (kannst du weit riechen).

Do as et esu propper, dat mer könnt Pannekooche vum Bodem op essen.

Düvels Mähl jitt Düvels Pannekoche.

Ich schlahn dir op de Kopp, dat er platt werd wie en Pannekooche.

Me mutt märr (nur) *nit blöad sin, sag Ulespiegel, do schniet he sich dem Pannekoochen half dur.*

Dä Paul un dä Pitter hee, die soohche: / die Mamm, die määht hück (heute) *Pannekooche; / Pannekooche un jröne Schloot* (Salat), */ dat schmeck doch immer widder jood!* [nach Wilhelm Busch, »Plisch und Plum«]

(Rheinisch)

Abb. 58: Wilhelm Busch: *Mama Fittig machte grad / Pfannenkuchen und Salat* (»Plisch und Plum«, 1882)

E Mäde (*Mädchen) *kann dann heirate, wann's die* Pannekuche *rumschnicke* (in der Pfanne wenden) *kann.*

Drei Äier gewwe aach e Pannkuche.

Ich hau d'r uff die Ohre, daß de die Sunn for e Pannekuche **agucksch*t.

(Pfälzisch)

O, wenn i no'em Hemmel wär ond mit Pfannakuacha *zuadeckt.*

Mit Pfannekuchen *können die Maurer gut wicklen* (etwa: die Wände verputzen).

D Mamma Fiddich, dia macht grad / Bfannakuacha *ond Salat. / Ällas lacht, weil des isch sälle* (die) */ Leibschbeis von de Fiddich älle.* [nach Wilhelm Busch, »Plisch und Plum«]

*Waisch, i mag d'*Amlett *am liebschte, wennsi äwängli* (ein *bißchen) *schwarz, un wennsi gefillt sinn. Mit Haschee odr äso.*

(Schwäbisch-Alemannisch)

Portemonnaie

He hett 'n groot Portmanee (ist wohlhabend).

Hest du noch wat in 't Knippke?

Wenn geen een mehr Geld harr, uns Moder harr alltied (allezeit = immer) *noch 'n bietje* (*bißchen) *in 't* Knippke.

Se hollt de Duum (Daumen) *up 't* Knippke.

Wi könen 'n anner all in 't Knippke *kieken* (☞ *guck; d.h. wir wissen, wer wieviel Geld hat).

*Mien *Grootmoder droog altied 'n sülfern* (immer ein silbernes) Knip' *up de Sied, wenn sei uhtgung of* (oder) *na de Kark* (Kirche) *gung. Un in Huus harr' sei hör* (ihr) *Geld in 'n sülfern* Knippke.

(Westniederdeutsch)

De Fründschaft reekt (reicht) *bet na 'n Himmel awer ne bet in 'n* Geldbüdel.

De besten Frünn' stäken in 'n Geldbüdel.

In mien Portjuchhee *is Fierabend.*

Deist (tust du) *de Ogen nich up, mööst 'n* Geldbüdel *opmaken.*

Ick heff min Portemonnaie *wedderfunnen* (hier: bin zur Besinnung gekommen).

(Ostniederdeutsch)

Zen Neimonde tut mer offs Portemonnee *kloppen, daß 's Geld soll währn.*

(Sächsisch)

E grußes Portmonee *howisch, awer nischt drinne.*

(Thüringisch)

Mei Portmannee *hodd die Schwinnsuchd.*

In däne ehr Bordmanee *hodds enenngeräjent* (d.h. es ist leer).

Am Geldbeutel *hört die Gemütlichkeit auf.*

Ja, ja! so geht's ewe in der Weld! Der a hot de Beudel unn der anner hots Geld!

Besser 'es Gold im Geldbeil wie im Maul.

Wann de Guggugg riffd, muß me mi'm Geldbeidel rabbele, daß mer 's ganz Johr Geld drin hodd.

(Hessisch)

Abb. 59: Ludwig Richter: Herr an der Jahrmarktsbude (1848)

Mi Portmanee es esu platt wie ene Hänsch (Handschuh).

Ich han keene Pänning mii em Potmonée.

En decke Appel as mih wert als wie en ledig (*leeres) *Portmanii.*

Doot üür (tut eure) *Potmonnées joot fot, wänn-e op de Kermes* (*Jahrmarkt) *sed!*

Dat Kleen krisch (*weint), *weil-et si Potmonéeche verloore hät.*

Marie, Marie, Maradada, / was macht denn dein Großmama? / Sie setzt em Bett un fängt de Fleh / un duht se en ehr Portmanee.

(Rheinisch)

Redewendungen: Portemonnaie

Wu de Geldbeidel afangt, heert d' Freindschaft uf.

Im Herz hot er immer Frühjohr (*Frühling), *in der Gorjel immer Summer un im Geldbeidel immer gefrore.*

Besser, die Aage ufmache als de Geldbeidel.

Dem sei Bodmanee (Geldbeidel) hot die Schwindsucht.

Got (*Patin) *un *Pat* (sein) *machen Ihr* (Ehre), *äwer se machen de Geldbeidel *lier.*

Ach was bin ich so mied, ach was bin ich so matt! Ich hab kä Geld im Potmonäh un hab ach keins im Sack (in der Tasche)*!* (Kinderreim)

Bald konn ich de Geldbeidel uf die Trock (zum Trocknen) *hänge* (so leer ist er).

(Pfälzisch)

D Freundschaft goht bis an Geldbeutel.

Der Geldbeutel leidt kei Freundschaft.

Reg (rühre) *mich überall a, nu net am Geldbeutel, sage d Baure.*

Wenn mei Geldbeutel lache könnt, wenn i ihn areg (anrühre), *er tät sich in eim Tag z Tod lache.*

Ihr Schatz isch Bandit, / mer sait ämmel-äsoo. / Scheen isch er grad nit, / doch sisch kainer sunscht doo! / Un was ihr Schatz hett, / sell (das) *waißi genau: / Im Geldbeitel nix, / un im Kopf hett er Schtrau* (Stroh).

(Schwäbisch-Alemannisch)

I winsch eich a gsunds neis Jahr! / An Schdall voll Herner (Hörner; d.h. Vieh), */ an Sagg voll Kerner, / an Geldbeidl voll Geld, / wus ringsrum rausfelld.* (Neujahrswunsch)

(Fränkisch)

Da Schneider Bartl hot ma heit in aller Früah an Gejdbeidl wieda brocht, den wo i gesting auf d' Nocht (gestern abend) *valor'n hob.*

Is dees a Leid und a Greiz auf dera Welt – dar oa hod an Bail, der ander as Geld.

(Bairisch)

Schluckauf

Sluckop un Hujahn (*Gähnen) *sünd den Dood sien Halfbröder.*

Ik kann de Snuckup doch neet weer quiet worden (los werden)*!*

Wenn du d' Hick hest, mußt du dreemal dröge daalslucken (trocken herunterschlucken).

Sluckup, / gah na Johann Huckop, / gah na Greet Witten / und blief dor besitten. (Besprechungsformel)

Huckup un Sluckup sprungen öwer dat Steg, Huckup füll rin, Sluckup güng weg. (Besprechungsformel)

Sluckop un ik gingen öwer 't Steg, Sluckup full rin un ik leep weg. (Besprechungsformel)

Ik un Snuck gingen öwer 't Steg, Snuck full rin un ik leep weg. (Besprechungsformel)

Snuckup un ik gungen over de Brügg, / ik kweem d'r over un Snuckup bleev torügg. (Besprechungsformel)

Hickup (Sluckup), / gah de Trepp up, / stieg up de Lerrer (Leiter)*, / kumm nimmer werrer.* (Besprechungsformel)

Snuckup un ik gungen afer 't Mer, / Snuckup bleef weg un ik kwam wer (wieder). (Besprechungsformel)

De Hick un ik gungen over 't Meer, / de Hick bleev achter (zurück)*, un ick kweem weer.* (Besprechungsformel)

(Westniederdeutsch)

Ik häbe den Schluckup, dänn denkt ender (jemand) *an mei.*

Schluckup lenk di, Schluckup senk di, mien Schatz denkt an mi.

Schlucke, Schlucke, / jeh noach Lucke (Luckau) */ kumm nich wedder heem* (nach *Hause) */ brich dich Hals un Been.* (Besprechungsformel)

Ik un Schlückchen / jing'n öwer 'n Brückchen / Schlückchen plumpste in 'n Groab'n / nu tu ick keen Schlückchen mehr hoab'n. (Besprechungsformel)

Huckup und Sluckup gingen öwern Steg, Huckup föll rinn und Sluckup ging weg. (Besprechungsformel)

Ick un Huckup güngen öwer de Brügg' / Ick kem röwer, un Huckup blew trügg' (blieb zurück). (Besprechungsformel)

Huckup, Sluckup, fall in 'n Graben, / Kumm nich wedder baben (nach oben).

Huckup, Sluckup, Slaberjahn (Reimwort) */ lat den Huckup öwer gahn.* (Besprechungsformel)

De Quade vertellt (das kleine Mädchen erzählt) *so doll bi 't Kau'n dat se 'n Hickup kreeg.*

Wenn dei lütten (kleinen) *Kinner den Huckup hebben, ward seggt: Nu waßt dat oll lütt Hart* (nun wächst das kleine Herz).

Wenn einer den Huckup hett, seggt hei: mi will dei Düwel dat Hart afstöten (das Herz fortstoßen).

(Ostniederdeutsch)

*Schlucken, drei *Glucken, siem Hiehner* (*Hennen), *sechs *Hähne!* (Besprechungsformel)

Ich hob monchmol 'n Schlucksn su schlimm, daß ich ke Wort konn rausbrenge.

(Thüringisch)

Schlickser, / fahr iwwer de Rickser, / fahr iwwer de Rhei, / loß de Schlickser sei. (Besprechungsformel)

Er hodd de Schlickser, weil er beim Becker Weck (*Brötchen) *gestohle hodd.*

Schlickser, Schlickser iwwern Rhein, Buuche (*Junge), *loß dein Schlickser sein!* (Besprechungsformel)

Schlicke, Schlicke, / Fahr iwwern Ricke / Fahr iwwern Rhein / Laß Schlicke Schlicke sein! (Besprechungsformel)

(Hessisch)

Drink en Tas (☞ *Kaffeetasse) *Wasser on hald dobei de Naas zoo, dann jeet de Schlecks fot.*

Häs-de jät (etwas) *ze hööstich jedrunke, dat-e de Kiks häs?*

Ich han der Schlecks, et denk einer an mich.

Ich ha der Heck, ich ha der Schleck (Pick), ich han en söve (sieben) *Joehr gehatt en han en noch an engem Stöck!*

Ich han der Schlecks, ich han der Pecks, ech han en sibbe Johr gehat, un es noch net fort!

Ek häbb den Heck, ek häbb den Keck (Peck) on ek gef öm de Nobermann (Nachbarn) . (Besprechungsformel)

Ek en de Heck*, wej gunge öwer de Rhin; ek gung dröwer, de* Heck *föll drin!* (Besprechungsformel)

Schlicks *versenk, fall iwer Stihl un Bänk,* Schlicks *versenk!* (Besprechungsformel)

Schlicks, */ fahr iwer de Ricks* (Reimwort), */ fahr iwer de Rhein, / on loss et* Schlickse *sein!* (Besprechungsformel)

(Rheinisch)

Wann der Schluckser *hoscht, setz dich uf en Stuhl, stell en Glas Wasser newich dich, du wenich Wasser in die Ohre mit de kleene Finger un halt sie drin bis du's Wasser all getrunke hoscht.*

Schluckser, *Baruckser* (Reimwort), *flieg iwwer Rhein / un loß den* Schluckser *Baruckser sein!* (Besprechungsformel)

(Pfälzisch)

Hecker, Hecker, *spring über drei Äcker, spring über a alt's Weib, daß der* Hecker *hocka bleibt.* (Besprechungsformel)

Heckerle, Heckerle, *spring* (*lauf') *über a Äckerle, gang über da Rhein, komm nemme* (nie mehr) *heim* (nach *Hause). (Besprechungsformel)

Hecker, Hecker, Hesch */ Han i gesse *Frösch, / Han i gesse siebe, / Die hänt mir de* Hecker *vertriebe.* (Besprechungsformel)

Hesch, Hesch, */ Gang in mei Tenn und dresch'! / Tu en Übergang, / Daß mir mei* Hesch *vergang.* (Besprechungsformel)

Hecker, Hecker, */ Spring über de Neckar / Spring über de Zau, / Lass mi gau.* (neunmal ohne Atemholen aufzusagende Besprechungsformel)

Aber it (nicht) *so lang* (die Luft anhalten), *bis man verstickat, denn lieber mit'm* Hecker *leba, als ohne* Hecker *sterba.*

(Schwäbisch-Alemannisch)

Die hat gnascht, walls in Hädscher *hat.*

Godd had mir den Hädscher *gschiggd; / Schigg ihn den, der mich liebd; / Liebd er mich nichd, schigg ihn wieder zurigg.* (Besprechungsformel)

(Fränkisch)

Schnupfen

Dor is'n Snöf *bi mi ünnerwegens* (unterwegs = im Anzug).

Ik heb mi'n Snupp'n *upsackt.*

Harrn wi mal Snöf, *so nehmen wi wat to sweten* (schwitzen).

(Westniederdeutsch)

So'n Snuppen *wir wat Gauds, de brök 'ne annere, swore Krankheit den Kopp af* [Fritz Reuter] .

Büst du bang', dat din Lüs' den Snuppen *krigen?* (Frage, wenn einer den Hut aufbehält)

Holder Engel, säuter Knuppen (*Knospe), */ Holl di warm, süs kriggst 'n* Snuppen.

(Ostniederdeutsch)

„Was ham Sie'n for ne Stimme? Sie kriechen woh'n Schnuppen?*" – „Ja, de Ida sagte schunn heite Frieh: Sie reden doch so wie e Bär. – Nee, daß 'ch ni lieche* (lüge), *se dagte: Sie brumm' doch wie so e Bär."*

Iech riech nischt, iech ho schue vierzeh Tohg de Schnupf.

Dei Schnuppen *gommt bloß von dein' dauernden 'n-Gopp-zum-Fenster-Naushäng'.*

Mal e Schnuppen *reenicht's Geherne* (reinigt das Gehirn).

De Schnupp *un de Hust / un zor Arwet* (Arbeit) *kenn Lust.*

(Sächsisch)

Ech haa en Rotz (Schnuppen) *bis off de Fiß.*

Gagen den Schnoppen *helfen vierzn Taa Geduld un a poir Dotzd Schnupptüchcher* (*Taschentücher).

Der truckene Schnuppen *is Haischnuppen un der nosse kimmt vun der Källe.*

(Thüringisch)

Ich muß en aam Stick nieße, so hunn ich de Schnupffe.

Ich häbb schon de de ganze Winder so en Kowel.

A ich bäzz (kränkel) *aa schun die ganz Woch un grieg de Kowel net lous.*

No biste dann dein Schnuppe jetz los, där dich so geplaacht hat vorich Woch?

Den Schnuppe hab ich schon längst eweg (d.h. ich weiß längst, worauf etwas hinausläuft).

Äwwer de ald Knoche hadd wahrscheund's de Schnupffe gemirkd (d.h. den Braten gerochen), *dann die Hausdeer war zugeschlosse unn an de Finsder warn die Lääre veer* (Läden vor).

(Hessisch)

De Schnopp as esou gesond, dat es schad as, wan en arme Mensch e kregt.

De Schnopp durt nüng Dag: Drei Dag kümmt e, drei Dag steht e, drei Dag geht e.

Ich ha-me en de kale Zemmer ne Schnop jehold.

Wann ehr dat rucht, dann hadder der Schnops nit.

(Rheinisch)

Mei Nas lääft, ich han de Schnuppe.

Er hot die Freck am Hals.

(Pfälzisch)

I han en Khadar, wo en Gaul (*Pferd) *umbringe könnt.*

(Schwäbisch-Alemannisch)

Di Schaf hem di Schdraung.

(Fränkisch)

„Gnädige Frau, I hab an Katarr" (, klagt die Magd, worauf jene:) *„Was du Bauerntrumpf, du willst gar den Katarrh haben, daß etwa die Huesten und die Strauchen nicht guet genueg ist für dich!"* [Johann Andreas Schmeller: »Bayerisches Wörterbuch« von 1836]

(Bairisch)

Schornsteinfeger

De Schösteenfeger *is ok weer unnerwegens.*

Schosteenfeger, */ Trummelsleger (swarte Neger; Klütendreger) / sitt op Dack / un smökt* (*raucht) *Tabak, / hett keen Nadel, / hett keen Twern* (Zwirn), */ hett bloot en lütt söte Dern* (bloß eines kleines süßes *Mädchen). (Kinderreim)

Ik bün vör de Duvel neet bang, sä de Grootsnut (Großmaul) *van *Jung, do reet he vör de* Schösteinfeger *ut.*

(Westniederdeutsch)

Wir Schwarzen verdienen unser Geld leichter, säd' de Schosteinfäger *tau 'n Paster* (*Geistlicher).

Doa kummt där Schoarsteenfejer, *der brengt Jlücke.*

Zeletzt worn wer olle schworz wie a Schurnstenfaiger.

Minsch, mak mi nich smutzig, säd' de Schosteenfäger *to 'n Möller.*

'N witten Schosteenfäger *un 'n swarten Möller, dee dögen* (taugen) *all' beid' nich.*

Dät is bärer (besser), *as wenn d'* Schosteenfäger *een' gu'n Dach secht* (sagt).

Schosteenfäger, */ Ledderdräger* (Leiterträger), */ Sitt up 't Dack, / Smöökt* (*raucht) *Toback!* (Kinderreim)

Schornsteenfejer, *schwurzer Nejer, / kumm ins Haus un *feje aus.* (Kinderreim)

Horch, du kleener Hosensejer (Hosenmatz), */ Morjen kommt der* Schoschtenfejer, */ Morjen wird *jefejt! / Huh, det krabbelt an die Wände, / Kree* (Tumult) *wie von Jespensterhände, / Det's dich lang hinlejt! / Det's du hellisch fällst vom Stengel. /* Schwarzer Mann *holt jeden Bengel, / Der ne Lippe rejt* (rührt). */ Singt drum mit mir:* Schoschtenfejer, */ Bist een knauber Klutendrejer, / Morjen wird *jefejt!* (Kinderreim)

Schosteenfäger, **fäg' ut, / Smit den Bessen öwer 't Hus, / Smit em nich so wit, / Dat dat Kind nich schri't.* (Kinderreim)

De Schosteinfäger *kann Gesell warden, wenn he baben* (oben) *in den *Schostein schiten un dat ünnen wedder upfangen kann.*

Dor bün 'ck mal flink dalkommen (heruntergekommen), *seggt de* Schosteenfäger, *dor wir* (war) *he ut 'n *Schosteen follen.*

Wecker is de Dümmst? – De Schosteenfäger, *däi kratzt ümmer dän, dän 't ga nich jökt.* (Scherzfrage)

(Ostniederdeutsch)

Essenkehrer Dix (Eigennname), *mach e bissel fix* (*beeil dich ein *bißchen), *mach 'ner nich so sachte, 's is jo gleich um achte.* (Kinderreim)

Feierriepel, putz dei Schniepel (Schwänzchen), *gab mer doch e Zuckertietel* (Tütchen mit *Bonbons). (Kinderreim)

Feierriipel, Leckerpiepel (naschhaftes Kind) */ Schenk mer dooch e Zuckerdiitel* (Tütchen mit *Bonbons), */ Wenns mer ni schmeckt, / Da hau ichs in Dreck.* (Kinderreim)

Der Rußkähler leeft barwis (*barfuß) *uffs Dach rim.*

(Sächsisch)

Abb. 60: Wilhelm Busch: »Müller und Schornsteinfeger« (1863)

Schornsteinfäger, Hosenträger, tripp trapp Käsenapp. (Neckreim)

Vör de Schlotfäer on die Briefträger mösse sich die Weiber in Acht nahm.

Der Schlottfäer kömmt un steck dich nei in Saak.

(Thüringisch)

*De Schornschdefeger iß do unn butzschd (*fegt) de *Schornschde aus.*

Etz iß der oosich (asige; etwa: verdammte) *Schornstafächer doch neckomme! Un-gestert leßder noch exbree* (ausdrücklich) *sache, er kemm in aller Frie.*

Schornsteenfeger kreideweiß, / Mach de Buwe (*Jungen) *schneeweiß, / Geb de *Mädcher Zuckerstan* (*Bonbons) */ Un de Buwe Schmiß* (Schläge). (Kinderreim)

Redewendungen: Schornsteinfeger

Schunstafeger kreireweiß, / hoschd dei Käppche (*Mützchen) *voller Lais.*

Schornschdaafecher ruckediguck, / steck dei Fraa in Essigkrugg, / steck se nit sou weid 'nei, / sunst gitt's kaan gure Ebbelwei.

Dann wann der erschte Mensch, der em morjens begegne deht, e Schornstäääfeger oder e Strohdeckemann (Händler mit Strohdecken) *oder e alt Frää wär, da hät er an dem Dag Unglick.*

Sieht mer an einem Tage zehn Schimmel, vier Hasen und zwei Schornsteinfeger, so hat man Glück.

(Hessisch)

Dä Kaminsfääjer koom fröer jeedes Vierdeljoor.

Der Ovve brennt nit, der Kaminsfäjer muß kumme.

Kaminsfäjer, Katzendräjer, eine Schluffe (*Hausschuh), *eine Schohn* (Schuh), *hopp Marjon* (Marion). (Kinderreim)

Wat sen de drei dommster Handwerker? Der Dachdecker, de deckt önner sech on läßt üwer sech rene (regnen); *der Schorschdeenbötzer, de kratzt, wo et em net wih deiht; der Pastur* (*Geistlicher) , *de giet annere Löggen* (Leuten) *en Frau on sech selwer kein.*

Schorsteefeger, wupp, wupp, wupp, / hät van Nacht (heute nacht) *in't Bett gepuppt; / woröm hät hej dat gedohn? / Hej was te läu* (träge) *öm optestahn!*

Der Scharüttfeger es su schwart wie ene Neger; wör ich bang für em, su dät er mich ens (einmal) **fege!*

Dor komme twee Onglicke bejmakare (zusammen), *saij de Schorsteefeger, duw fiel e met de Kont* (Hintern) *in de Schnee.*

(Rheinisch)

Der hot e G'sicht so schwarz wie e Schornschdefeger.

Unser Lousert (Lausejunge) *isch gischder häämkumm* (nach *Hause gekommen) *wie e Schornschdefeger.*

*Schornschtefeger, wo gehschte hin? In de *Schornschte kratze* (Schornstein *fegen)*! Wann de zu meim Schätzche kummscht, mach mer nor keen Faxe!*

Schornschdefeger, kreideweiß, / Hot e Säckche voller Lais. / Kann er's nimmähn trage, / Werft er's uf de Wage. / Wann de Wage bricht, / schmeißt er's uf de Mischt. / Wann de Mischt verfault, / Schmeißt er's uf de Gaul (*Pferd). */ Wann de Gaul verreckt, / Schmeißt er's in de Dreck.* (Kinderreim)

(Pfälzisch)

„I han hitt ä Kämmifeegr droffe.“ – „No häsch Glick gha?“ – „Erscht noch: am Schbielaudomat.“ – „Siehsch!“ – „Aber no habi alli Zehnerli widdr verschpielt.“

Kämifägr greideweis / had e Segle voler Leis / kans neme draage / schmeisds uf de Waage (Wagen) */ wen der Waage brichd / ligd er ufem Mischd.* (Kinderreim)

Kämmifeger Bolleruß, / Hast en Schübel (Klumpen) *Dreck am Fuß.* (Kinderreim)

Kemmetkehrer kreideweiß, / Mach mr meine Schühle weiß, / Mach mr s fei (aber) *nit kohleschwarz, / Oder du kriegst ’n Pantsch* (Schlag) *in Arsch.*

Kemifeger, schwarze Ma, / hesch e verriße Hemili (zerrissenes Hemdchen) *a / nimsch de Bese un de Lumpe / machsch die alte Wiber z gumpe* (springen). (Abzählreim)

(Schwäbisch-Alemannisch)

Schlootfecher Kreidlweiß, hast dei Säckla voller Lais, schmaaß nei in Groom, konnsts nemmer hoom (nach *Hause). (Kinderreim)

Schloudfeecher geggeregegg, housd dei Heisla vuller Dregg! (Kinderreim)

(Fränkisch)

Abb. 61: Christoph Weigel: »Der Schlotfeger. *Kehrt ab durch wahre Buß, in euch den Sünden Ruß.*« (1698)

schuften

Wi mutten noch örnlik schuften, *wenn wi 't Wark vandage* (die Sache heute) *noch an d' Sied* (Seite) *hebben willen.*

In disse Bedriev is dat Dag för Dag de glieke Schufteree.

He hett all sien Levend al (nur) *wat* schuften *mußt.*

Man mut sük hast (fast) *dood* knoojen, *so as man hiir *arbeiden mut.*

'K wul man (bloß), *dat ik dood was, den dat* knoojen *fangd des mörgens an un hold des afends wer* (wieder) *up.*

Hee knooid *sük hast* (fast) *of un kan dog hast neet so fööl fedeenen, dat he 't Brood för siin Kinder hed.*

Mennigeen (manch einer) *mutt sien Leben lang* puckeln.

(Westniederdeutsch)

Gistern hebben wi schön schuft't.

Hebben we hüte äbbe jeschindert.

Der schindert *aba mächtig!*

Wir haben unsern Plan und da klotzen *wir* ran.

Man ackert *und* ackert *und hat nischt davon.*

Dä Ollscher schuft *'t sich, un de Jungs seichen 't an 'n Stiel* (d.h. sie verjubeln das Erarbeitete).

(Ostniederdeutsch)

Do kann mer schuften *ond* schuften, *awer mer brengt's ze nischte.*

Ich hawe geschuftet *wie so e *Ferd.*

Das war ne Kläje, *ich bin ganz malade* (erschöpft).

Der Tahf (Gustav) *hoht meitoch* (zeitlebens) gerammelt *wie e Ochs.*

Mußte denn oo ahmds noch so wurachen!

Der muß oo an Sunntack wurachen.

Vun so e ahlen Boom de Worzeln rausmachen, das is werklich e Plack.

So e Umzug is ne tichtch Batallche.

Mir han geschuft' *in der Heiernte von frieh zeitch bis ohmds späte.*

(Sächsisch)

Ich han mich redlich geracker*t un* geschuft.

Nu sieht mer, wie dei Menschen sich rackern *un* wärgen.

N janzen Taach muß mer kläjen *for nischt un widder nischt.*

Dar schindert *sich ze Tude.*

Är batallcht *wie ä Uchse.*

Dar scharwercht, *bis er imfällt.*

Anne Vertelstunne gut gefrejjet (geheiratet) *is besser als zwanzig Johr* geschuftet.

De Frau scharwarejet *in der Kichen rim.*

Da moßte der Bauer sich schenge *on* placke *wie 's liewe Vieh.*

Mer plockt *s'ch, daß me nich me weeß, wu en der Schadel stieht.*

(Thüringisch)

Gewiß, Schulde häb ich koa, äwer ah koa Geld, drotzdem ich Doag unn Noacht schufte.

Wie heißt ‚geschaft' (*gearbeitet)*?* Geschuft *mußt du sagen, wenn du dir richtig teitsch ausquetschen willst.*

Dää muß schufte, *daß e bloo ïen schwarz wäad.*

Iwwerall hawwe die Schneeschipper gestanne un geworzelt.

(Hessisch)

Die wisse neist als ze schufte *vun morgets frih bis spät owets, dat is jo en Lewe wie en Hund.*

Ich han von morjens bes oovends jeschuf *on wuurd dobai noch usjeschand* (*ausgeschimpft), *dat ich esu lang blev.*

Eer hät sich en däm dräckije Betriib kapott jeschuf.

Dä brasselt *sich noch kapott (ze Dut).*

Mer hät de Dag on Nacht ze brassele.

Redewendungen: schuften

Mer müssen ält (immer) haudere *von enem Dag op den annern.*

Die ärm Frau hät vill ze krose.

Wat hat ühr do ze krose? *Ühr doht jo grad, wie wann ühr an enem Dag rich werde wöllt.*

He kroest *on werkt* (*arbeitet) *on sorgt on spart von morges fröh bis oeves lat* (abends spät).

(Rheinisch)

Der muß schufte, *bis em de Seelsack krachd.*

Em harte Frondienscht hun geschufft *die Baure / fer all die feine Herre hoch zu Roß.*

Die Zeit vegeht – jetzt hääßt's malooche.

Bei den däht ich mich nit verdinge, bei dem werd nit geschafft (*gearbeitet), *da werd nore* gehaudert.

Noht derf ma rawaasche (sich anstrengen) *bis in die Naacht / un* schufte *un* ochse *for die Bagaasch.*

(Pfälzisch)

Ma muaß sich schenda *wia a Karragaul* (☞ *Pferd).

Ma muaß sich ploga *wia a Wurm.*

Ma muß si s ganze Jahr schinde *und* placke.

Mit lauter schinde *und schaffe* (*arbeiten) *ist er zum Krüppel wore.*

(Schwäbisch-Alemannisch)

Da Schreiner (*Tischler) *Wambberl is an oida* Wergler; *der* **arwad se no zTod.*

I ho asoo gweagld *und* gschufft, *das-e ätz dees umbedingt brauch. Mi hungad so vej und sauffa muas-e ätz aa glai.*

(Bairisch)

Spinngewebe

Ik mutt mal all den Spinnwebb ut de Ecken ulen (*fegen).

Du hest dar noch Spinnweev in de Hook (Winkel) _sittenlaten!_

He hett ok en Muul, wo keen Spinnwef vör kummt!

(Westniederdeutsch)

Mit 'n Twölftenbessen warden de Spennen *affäägt in 'n Veihstall. (Der „Zwölftenbesen" wird in den zwölf Nächten zwischen Weihnachten und Dreikönigstag besonders gefertigt: _Dat Barkenris_ (Birkenreis) _för den Twölftenbessen müßt vör Sünnenupgang haalt warden, un dor dörft nich bi snackt_ (*geredet) _warden_).

Dat Spennwäf anne Stubendeck bedüüd't 'n Bruutmann (Bräutigam).

Wenn ick läsen wull, seg' ick luter Spenn, nahher sünd de Ogen wedder klorer worden.

Lejen Se sich doch aberst 'n Spinnewebe uf, det hilft ooch jejen Nasenbluten.

Lätt de Spinnjewewe hangen, susten (sonst) _nimmst dei de Freier furt._

(Ostniederdeutsch)

Sie sammelte mit der Kehreile (Kehreule = Besen mit langem Stiel) _Gangergespenste – zu der Zeit stillte mersch Blut immer mit alten stoob'gen Gangergespensten._

(Sächsisch)

Die färchterliche Spinnewäwe die da wie halwe Maltersäck (Säcke, die einen Malter, ein altes Hohlmaß, fassen) _in de Äcke henke un wie Fähnele von der Däck erunner._

*Guck noremal, was die *Mädercher so fittchich (flatterig) _agezogen_ (☞ *ziehen) _sinn! Deß iß ja e Zeuch an dene Kladercher wie e Spinnweb._

(Hessisch)

Wenn dat Spinnenjewef flügt, git es noch drög (hinterher trockenes) _Weder._

Spinnanwetten on de Ecken brenge gut Wedder.

(Rheinisch)

Redewendungen: Spinngewebe

Kän Socke ohne Loch, kän Hemmed ohne Blacke (Fleck), */ in alle Ecke Dreck,* Spinnwäwe *an de Wänd.*

Der Aazuch is so dinn wie e Spinnwäwe.

Wann mer Spinnwäwe *uf die Wund leet, blut se nimmi.*

Do sinn alle Ecke voller Spinneneschde.

Wann Spinneneschter *märgets* (morgens) *naß sinn, gebts kenn Regge.*

(Pfälzisch)

Der hat d Spinnwebe *rabrennt* (herabgebrannt; d.h. sein Haus angezündet).

Der macht e Gsicht 'na, wie wenn er Spinnwebe *gfresse hätt.*

De Baure ihr schlechtests Gschäft ist Spinnewebe *rackere in de Städel* (d.h. *schuften in der leeren *Scheune).

Los, nimm dr Bäse und fäg jetz endlig ämol selli (diese) Schbinnhuddle *vu dr Decki!*

(Schwäbisch-Alemannisch)

Abb. 62: Petrarca-Meister: *wellicher spynnen werck vnd gewürck/ subtil vnd zart/ yedoch brechlich vnd nichts nütz ist* (1532)

Stecknadel

Gif mi efen 'n Spel *her, dat ik dat efen fast steken kan.*

Dit Band mutten wi eerst blot mit Spellen *faststeken.*

Dat weer so still, dat man woll 'n Spell *fallen hören kunn.*

Glück mutt man hebben, sä de Snieder, do harr he sük de Spell *in de Foot treden, war he al* (schon) *lang söcht harr.*

Haal mal för 5 Penn Knoopnadel*saat.* (Auftrag als Aprilscherz)

(Westniederdeutsch)

Dat is so still wääst, dat man hett ne Knöpnadel *fallen hüren künnt.*

Mi steckt (sticht) *de Lung, as würd mi mit dusend* Knöpnadeln *rinpeekt* (hineingestochen).

En Knöpnatel *kann durch Tofall Ehen stiften un se utenanner brengen.*

„Wat gifft' 't tau eten?" – „Afbraken Knöpnadel *un stuwen* (stumpfe = abgenutzte) *Bessen."*

(Ostniederdeutsch)

Eene Stille war in'n Saal, daß mer kund eene Stecknodel *falln härn.*

In dar Büüdlei (Büttelei = Gefängnis) *gitt's eisera *Klöß un* Stecknoudels*brüh.*

(Thüringisch)

Was hawwich denn do alleweil erunnergeschmisse! Ach, do isses! 'S iß e Speenadel*! Die hat en ord'nliche Plump geda.*

Es stach mich wäi lauter Spirnole.

Mär hann-en gesocht bie (wie) *on* Spängel.

Noch niemals net is ääch nor e Spähnadel *eweckkomme.*

Serviette hieß Salvet, / Der Abtritt das Profet, / Herngege war die Stecknadel */ Noch dazumal e* Spehnadel.

(Hessisch)

Redewendungen: Stecknadel

Ens (einmal) *gegewe bleff* (bleibt) *gegewe; afgenohme es gestohle; drijmol ower de Kerktorn* (Kirchturm) *sprenge; Henneke, Penneke, de Kopp afgeschlohn; düsend Kanne* Spelte *dörschlucke.* (Spruch unter Kindern gegen Rücktausch)

Et woer esu müskeröeg (mäuschenruhig), *dat me en* Köpenadel *hei könne falle hüere.*

Et gewen Lü, die verbrauchen en hel (ganze) *Kerz, öm en* Spelt *te sücken* (suchen).

(Rheinisch)

Un ich suchs schun e ganzi Stunn wie e Stecknodel!

Du werscht en schun erausfinne, er is jo keen Stecknodel.

For ufzestecke (von Schwären) *nemm e* Spengel, *norre ke Norel* (Nadel).

Sepp, hol's Drucklicht (Taschenlampe) *un licht emol unner de Schank* (Schrank), *do lejt e* Spengel.

Er hot en Kopp wie e Spell (d.h. einen sehr kleinen Kopf).

(Pfälzisch)

Es ist so voll, daß man keine Glufe *tupfen* (mit den Fingern berühren) *kann.*

Jetzt sitzen wir auf den Glufen, *drum haben wir de Dreck am Stecken* (d.h. den Ärger).

Besser als a Gosch voll Glufa.

Se rädlet ond fädlet, macht Spickel (keilförmige Tuchstücke zum Ausbessern von Kleidung) *ond Bletz* (Flicken), */ se raatschet ond baatschet* (☞ *unterhalten) *ond woaß jedes Gschwätz. / Des mua'-ma' fei'* (*eben) *könne', des mua'-ma' verstaoh': / e Maul voler* Glufe *so schnäddere' lao'* (plappern lassen; ☞ *unterhalten)*!*

(Schwäbisch-Alemannisch)

Taschentuch

Dat Taskendook *is so lüttjet* (klein), *dar kann je neet mehr in as 'n Nös vull!*

Ik bün so verkollt (*erkältet), *dat ik d'r heel* (gar) *geen* Snuuvdoken *tegen* (dagegen) *kriegen kann.*

Ik hebb woll 'n Snöttdook, *sä de *Jung, as de vörnehme Fro hum* (ihn) *darna frogg, man* (aber) *ik lehn* (*leihe) *di 't neet.*

Maak di 'n Knütt in 't Taskendook, *anners vergettst du 't weer!*

Ik hör upper Büüne (*Dachboden) *wat rappeln, / Ik glääwe, et giiwet Appeln. / Appeln un Nüüte schmekket sau gaut. / Schmëitet se in mëinen* Taschendauk!

Lang mi mal de Snuppdook *her, dat ik mal de Sweet* (Schweiß) *umkehr, liek* (gerade) *un leef, krumm un scheef, du krummpuckelige Höhnerdeef.*

„Gresen un Gruun kann enen warrn (d.h. man kann sich schon erschrecken)*", seggt de Fuhrmann, „wenn so 'n Diert* (Tier) *in 't Geschirr geiht!". Dorbi harr hei de Strengen mit enen* Taschendook *tosamenknütt* (zusammengeknotet).

Well hett dat grootste Taskendook? *– De Höhner* (*Hennen), *de wisken de Snabel an de Eer* (Erde) *of.* (Scherzfrage)

(Westniederdeutsch)

Dat gew früher bunt Taschendauk, *wo 'n ganz Regiment Soldaten up wir.*

Alles, wat se besitten, draan se in 'n Schnoppdoek *bi sick.*

Sehste woll, wie da de Schnuppdicher *jeschwonken weer'n.*

Denn kannste deine Knochen in 't Schnupptuch *zu Hause* (nach *Hause) *tragen.*

Steck do man (ruhig) *di olle* Rotzlappe *inne Tasche.*

(Ostniederdeutsch)

Steck dir lieber noch e Schnupptichel *ein!*

Do will ich mir a Schnupptüchel *aus der Kommod namme.*

(Sächsisch)

Su e richtcher Schnupper (Tabakschnupfer) *konn kene weißen* Toschenticher *brauche.*

Ich schlaa der die Knochen kaputt, daß de se mußt in Taschentuch *heemtrage* (nach *Hause tragen).

Bind der en Knuten ins Schnupptuch*!*

Hä kriecht a Schnupptewaksduse, a gross ruet o gaal gedöppelt (gelb gepunktetes) Schnupptuch *on e Schmiesle* (Chemisele = Vorhemd)*, sü en Fallerock, a Brosche on a Ärdäffelsreibmaschine* (☞ *Kartoffel).

In der Raasche (Aufregung) *hann die dach min* Schnupptuch *met dan Gald verloren.*

(Thüringisch)

Nemm emol deu Sackduch *unn butz der die Naas* (*reinige dir die Nase)*!*

Do häwwe en Haufe Leit geschdanne un häwwe mit die Sackdicher *gewunke.*

Ich muß mer e Knoore (en Knibbel) ins Sackduch *(*Schnuppduch*) mache.*

Ich habb die schenschte von unsere Bätzel- un Knäizbeern (Birnensorten) *in moi routgewerfelt* Sackduch *gebunne un habb se rer gewwe.*

Wär hat da des grießt Schnappduch *off de Wält? – Die Hinkel* (*Hennen)*: dei botze ir Nas* (*reinigen ihre Nase) *off de Äärd.* (Scherzfrage)

Warum halde dann die lutherische Dickkepp die Naase midd-eme Schnuppduch *zu, wann se in die Kirch eitrere* (eintreten) *dun? Ei, weil ihr Luther in die Kirch geschisse hatt.*

(Hessisch)

Wen hät et gröttste Taschentuch*? – En Huhn* (*Henne)*, et butz* (☞ Nase *reinigen) *de Schnawel on der Erd.*

Ich maache meer ne Knöddel en et Sackdoch*, dat ich et nit verjesse.*

Ich schlon dich, datte ding Knöchelcher em Sackdoch *heimdrage* (nach *Hause tragen) *kanns.*

De micht e Gesicht wie e Forz an (in) *enem* Sackedooch*.*

(Rheinisch)

Nemm dei Sackduch _un butz dei Nos_ (*reinige deine Nase)_!_

Wos hat's grescht Schnubduch _in d'r Welt? – 'N Hink'l_ (*Henne), _'s butzt sei Nas_ (*reinigt seine Nase) _iwwerall ob uf d'r Ard._ (Scherzfrage)

(Pfälzisch)

Abb. 63: Oskar Pletsch: »Das große Vorbild« (1867)

Mei Fazinettle _hat a Stund danach no tröpfnet, so hau i g'rotzlet!_ (Folgen des Hörens einer ergreifenden Predigt)

Oh jegerle, jetz hau i koi Schneuzfazeale _drbei._

Schteck do mei Fazanaitle _a d Schtang_ (als Fahne).

En Elle Dreck zu me (einem) Nastuch (geringschätzige Äußerung über ein Geschenk).

(Schwäbisch-Alemannisch)

Wannst in Himmi willst kemma, / muaßt a Schneiztüachl _mitnehma, / denn im Himmi waars_ (wäre es) _a Schand, / wannst di schneizt_ (die Nase *reinigst) _mit da Hand!_

I daziahg's scho (ich *ziehe es schon hoch)_, hot da Bua_ (*Junge) _g'sogt, wia 'hn auf da Straß a Herr g'frogt hot, ob er net a_ Schneiztiache _brauchat._

(Bairisch)

unterhalten / Unterhaltung

Ik holl blot 'n Prootje (Klönsnack) mit uns Nahber (Nachbar).

Wi hebben de hele (ganze) *Avend bi 'n anner seten to klönen.*

Wie hebben dar mit Proten völ Vermaak (Spaß) *un Tiedverdriev hatt.*

Wi hebben man (nur) *nett 'n bietje* (*bißchen) *over 't Weer* (Wetter) *proot't (snackt).*

Laat uns man 'n Settje (nur einen Augenblick) *sittengahn un 'n bietje* (*bißchen) *mitnanner proten.*

De twee Wiewer maakt ja en banni (*sehr) *langen Dröhn.*

(Westniederdeutsch)

Wi hemm' 'n lütt'n (kleinen) *Klön (Drön) maakt.*

Die ließen nachher sogar den Bus sausen, damit wa noch 'n Plausch machen konnten.

Führ ik, denn führ ik, klön ik, denn klön ik, sä' Kutscher Friedrich un geef denn Paster (*Geistlichen) *keen Antwurt.*

We will'n noch 'n bäten Klönschnack afhollen (abhalten).

Karl makt inne Lüd'stuw (Gesindestube) *irst sinen Klön.*

(Ostniederdeutsch)

Ihr habt doch die ganze Zeit bloß gequatscht, un de Arweet is liechengebliem.

De Weiber off der Straße ham wieder was zu babeln.

Mer sin dann ins Dischgeriern gekumm', un da war de Zeit fix weg.

Manche Weiber, die texten stundenlang off der Straße.

Was habt ihr denn fer enn Dischgur mitennanner gehabt?

Do hoben mer bis in der Nacht üm dreie in der Küch gesassen und hoben gemart.

Mir gam' (kamen) *da nich glei widder* (vom Wasserholen), *dort wurde erscht ahmds bißchen jeklatscht, un da platzte heeme* (zu *Hause) *manchma bahle de Fanne* (ein in den Ofen eingebauter Behälter zum Erwärmen des Wassers).

(Sächsisch)

Ihr kennt doch net de halwe Nacht quatschen.

Do bleibt mer do un schwotzt *miet dan un miet gen* (jenem).

Wenn die zusammen jetratscht *hunn, do hunn se alles durchjehechelt.*

Emol hamm se ne ganze Oomd vun Wetter gekust.

In der Eck dischkerierten *e paar Altdeitsche.*

Die fingk met beiden ä Schwätzchen *aan.*

(Thüringisch)

Abb. 64: Ein Wirtshaus der Frühen Neuzeit (Vergil: »Georgica«, Druck von 1502)

'S soll emool ooner sunndags in e Werdshaus komme, wann se unner sich sei. Dass fluddschd unn giht so gladd vun de Schibb (aus dem Mund) *wie geschmeerd, wann se sich eananner uffziehe, peerze* (eig. *kneifen; übertr.: necken), *stichele, uze* (☞ *hänseln) *unn* dischgereere, *daß mr meend, se wollde sich an de Kobbe krieje.*

Heit hodd niemand meh Zeit, emool e gemiidliches Schwätzje *zu mache orrer sich e Stinnche zu aam zu setze.*

Redewendungen: unterhalten / Unterhaltung

Meu Fraa hodd kaa Rouh, säi muß de Dagiwwer e poormool niwwer zou de Nachborn laafe unn e Schwätzje *mache.*

E geschlaae (geschlagene) *Stunn houn die zwaa minanner* geschwätzd.

Mer babbeld *so lang von de Kärb* (Kirchweih; ☞ *Jahrmarkt), *bis se doo iß.*

Die gäihd dagsiwwer schwätze *unn owends schaffd* (*arbeitet) *se.*

Er hodd lang merr-em dischkeräärd.

Da sitzese beisamme unn dischkerirn *iwwer Sell unn Jeens* (solches und jenes).

Da lichtse manchmal stundelang am Fenster dahinne unn dischkerirt *mit dene Schreinerschgeselle* (☞ *Tischler).

(Hessisch)

Di Frau kwatsch *at* (schon) *en Stond an de Strooseäck. Ich wondere mich, dat ier Noopersch* (Nachbarin) *sulang Pööl häld* („Pfahl hält"; d.h. standhält).

Deer Vezäl *noom kee Änd, wi de aal Mööne* (Frauen) *beim *Kaffee zesammesoose.*

Di zwei weerde met iirem Klaaf *net feerdich.*

On wat es bei däm janze Kal *erusjekomme? Niks!*

Ich han met mingem Nooper (Nachbar) *ne kleene* Vezääl *jehaale.*

Ich wolld joo flök wider ömsen (schnell wieder umsein; d.h. zurückkehren), *äver doo han ich om Röckwääch en fröere Noopersch* (Nachbarin) *jetroffe, di suvel ze vezäle hatt, dad-ene lange* Klaaf *dodrus jewuurde es.*

Me han nooch de Kerech noch jät (etwas) *medenander* jeklaaf.

Mer han düchteg metenander gekallt.

Komm hück ovend ens (einmal) *eröm, dann dummer jett* (etwas) kalle.

Do ston se widder un klaafe.

An de Frau es nicks gelege, die de ganzen Dag op de Strot te quatsche *stätt.*

(Rheinisch)

Mer henn noch e bissel (*bißchen) gerätscht.

Mer hän lang driwwer gebappelt.

Sie dippeln widder fort un babbeln, *die Schossee anne* (Chaussee anhin = entlang).

Die Weibsleit rätschen *halt* (*eben) *gären.*

Die Weibsminscher kinne fa gewehnlich om beschde maie.

Sie sitze beienanner un dischkuriere.

Die zwei Weibsleit stehn schunn widder bei enanner se ratsche.

*Mer hon e *beßje beienanner* gemait.

Die Maie *geht die Reih erom, heit owend es se bei us.*

(Pfälzisch)

Abb. 65: Ernest Meissonier: Gespräch beim Wein (1853)

Baatscha *und schaffa* (*arbeiten) *gehn auf verschiedene Füß.*

(Schwäbisch-Alemannisch)

Ja, und wii hald (*eben) *übeoll, su wöed aa doo auf-n Margd* geraadschd. *Vom Wedda ham se sich undehaldn und daß fääadn* (voriges Jahr) *schöna woa als wi hoija* (dieses *Jahr) .

(Fränkisch)

Wia mei Vata no Leara in Birg (Lehrer im Gebirge) *g'wais'n is, da is an aita Jaga, Roregga had a g'hoaß'n, offt za'n eam in* Hoagascht'n *kemma. Da Vata had'n recht* (*sehr) *gean g'habt, den ait'n kreizbrav'n Ma; afa von Geistan hamm s' nid re'n deaff'n* (dürfen), *da is's ausg'wäis'n; mei Vata had nix von Geistan glapt* (geglaubt).

Haind nocht dean me bein Michibauern hoagarddln.

Kim fei (*eben) *zan üns i 'n* Haagartn!

Haamgartln, *liebln, spiln / des war iar aanzi's* (einziges) *Zil.*

Laß a weng (*bißchen) *mit diar* haamgartn.

Und a drai Woocha-r iss gwen no dä Läicht (*Begräbnis)*: Gnoggand* (knocken = hocken) *do no etla Buasschn borananda en Wiatshaus. Und wej se hoid* (*eben) *da* Schmaaz *schickt* (ergibt), *hand-s do z* schmatzn *khema name iiwa de Läicht.*

(Bairisch)

Viehbremse

Wenn de Keuh de Bremsen *wies ward* (gewahr wird), *kriegt se't Birsen* (Herumrennen).

De olen Brömschen *sund vandag* (heute) *ganz dull* (verrückt), *dat gifft noch'n Gewitter.*

De Blindflegen *(*Blinden*) steekt vondog so asig* (stechen heute so sehr), *dat giw woll noch'n Gewidder.*

De Bremsen *laten de Deren haast geen Free* (den Tieren fast keinen Frieden), *se mutten de hele Tied birsen* (die ganze Zeit herumrennen).

De Bauen *maaken de *Perde rein wild.*

Mi hett güstern 'n Baue *stäken, dat bitt* (beißt) *immer noch.*

*„*Bliseken *met Müggenfett ätt ick gern, anner Tüg* (Zeug) *magg ich nich, nee!"* (Bekenntnis einer Schwalbe zu ihrem Leibgericht)

(Westniederdeutsch)

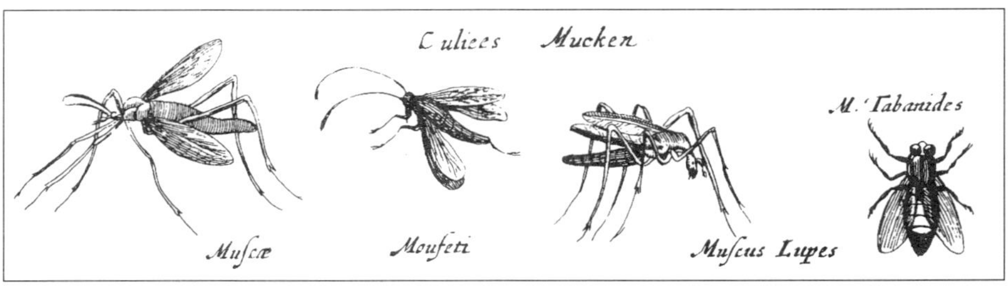

Abb. 66: Matthäus Merian: »Culices – Mucken« (diverse Mücken und die Viehbremse, 1650)

De rönnt jo, as wenn he ne Bröms' *unner 'n Stiert* (Schwanz) *hett.*

Dee löppt vör de ierst Bröms' *nich, dar möten all'* (schon) *poor Ossen kamen.*

Dä blinge Dasen, *de koamen na Johanni* (24. Juni), *det sind sonne jrisen* (grauen). *Sei seien* (sagen) *immer, de können nich kiken.*

Bählämmken un Buköhken (etwa: Muhkühchen) */ gingen beede in Groasen / eh' se an dät Hedekin* (Heide) *kiëm'n / stäken er de* Doasen */ grote Löcker un Bloasen.* (Kinderlied)

(Ostniederdeutsch)

Wenn's so tobrich (schwül) *is, wern de* Brahm' *arg.*

(Sächsisch)

Die Breeme steche, 's gidd Räje.

Worim springd (*läuft) *de Bauer, wann die Breeme steche? – Weil's Gewirrer kimmd.* (Scherzfrage)

(Hessisch)

Di Bräms hät mich jestoche.

(Rheinisch)

Der brummt do rum wie e schäli (blinde) *Bremm.*

Der Gaul (*Pferd) *werd vun de Bremse geploogt.*

Mich hot an de Hand e Brääm g'stoche.

Wer net springt mit'm Reche, wann die Micke (*Stechmücke) *un Bremme (Bremse, Brummse) steche, muß im Winder springe mit'm *Sääl un rufe: hot jemand Hai fääl* (Heu zum Verkauf feil)*!*

(Pfälzisch)

Se pfurret (schießt) rom wia a (blinde) Bream.

Mit einem Imi (Hohlmaß) *Breme fährt man weiter als mit einem Imi Haber* (wenn sie das Pferd antreiben).

Wer nicht gablet (bei der Heuernte), */ So die Breme zablet* (umherschwirrt), */ Der wird sehe, wie's im Winter geht.*

(Schwäbisch-Alemannisch)

Wos is n las? Hutzd da rum (*läufst herum) *wi a blinda Bräma!*

Der fehrt umernander wie a blinda Bräma.

(Fränkisch)

Weihnachtsmann

Winachsmann, kiek mi an, / Lütte Deern bin ek man (ein kleines *Mädchen bin ich bloß), / *Ungeschickt bin ik nech: / Winachsmann, vergät mi nech!*

*„Wat bringt di de Wiehnachtsmann?" – „En *Perd mit 'n Fleut* (Flöte) *in 'n Stert* (Hintern). " (Scherzantwort)

Wiehnachtsmann, du lütte (kleine) *Kröt, / bring mi Appeln un Pepernöt, / vel beden kann ik ni, / Wiehnachtsmann, ach, hau mi ni!*

Wiehnachtsmann, stick de Lichter an up den Steindamm, / dat ik di seihn kann, / puus äwer nich werrer ut, / süs kriegst wat an de Snuut (*Mund).

Swart, witt, rot, / Wiehnachtsmann is dood, / wi wüllt em begraben / in unsen Poppenwagen.

Wenn ji (ihr) *all leev sünd* (*artig seid), *denn bringt 't Christkindche jo* (euch) *ok wat.*

Is Kindjees ok bi di west? Wat hett Kindjees di bröcht?

Kindenjäis, Bodderknecht, / Lick mi in Noors (Hintern), *dat is recht!*

(Westniederdeutsch)

Dat is de Wihnachtsmann, / Dee fröggt, wat he juch (euch) *bringen kann.*

In Rostock wiren dat hauptsächlich Seelüd', dee den Ruklas maakten.

De Ruklasen hadden alltosammen ne Rod, dor slögen se de Dierns (*Mädchen) *mit.*

De Heelchrist, dee kümmt von 'n Himmel, / un de Ruhklas dee ritt up 'n Schimmel, / Un de witt Schimmel hett 'n swart Fahlen, / Dor sall de Düwel den Ruhklas met halen.

Heilechrist, du gode Mann, / Du kloppst vör alle Dören an, / De lütten (kleinen) *Kinner krigen wat, / De groten Kinner krigen Klapp* (Schläge).

Up aller Gesichter leg so 'ne apenbore Freud, as wenn dei Gören (Kinder) *up den Heilchrist luren* (*warten).

In diss' Nacht kümmt de hela Christ! Dat was bi 't Uttrecken (Ausziehen der Kleidung; ☞ *ziehen) *uns' Een un uns' Allens, un mit den hela Christ up de Lippen, in 'n Kopp un in 't Hart slöpen wi in.*

Kinnjes' is dor, Kinnjes' juchhei! Ick spring' üm den Dannenbom (*Weihnachtsbaum)*!*

Heelechrist up 'n Bessenstäl, / Slag' de Kinner alltoväl, / Alltoväl is ungesund, / Büst 'n groten Pudelhund.

Ick möt ümmer in Ängsten läben: in 'n Sommer dat Gewitter un in 'n Winter de Heelechrist.

*De *Jung' hett seggt, ut de Angst kümmt 'n gor nich rut, sommers de Gewitter un winters de Ruklasen.*

Aller Augen, / Dei Katt hett Klaugen, / Dei Hund hett Titten, / Dor kann Kinnjes' up sitten.

Ruklas, piß up 'n Pott (Topf; ☞ *Kochtopf), *Ruklas is 'n groten Schaapskopp.*

Kinnjé, Kinnjé, du Rug'pot (Rauhfuß), */ Di is dat ganze Oorslock blot* (bloß = nackt).

Kinnjes, Beckerknecht (Bäckergeselle), */ Schit int Schapp* (Schrank), *dann deist* (tust) *du recht.*

Vater unser, der du bist, / Uns' Vadder stoppt dei Wust, / Uns' Mudder prüünt (verschließt mit einem Stachel) *dei Darm, / Kannjes' dei löppt up hölten Slarpen* (hölzernen Pantoffeln; ☞ *Hausschuhe).

Echtet Marzipan, keen Persipan – det wär een schöna Weihnachtsmann (übertragen auf das Geschenk).

(Ostniederdeutsch)

Abb. 67: Weihnachtsbescherung (1860)

Wenn der Ruprich tut erscheine / un der Kuhhos (*Kaninchen) *werd geschlacht', / wenn de Peremett* (Pyramide) *tut laafen, / wenn Musikprub in der Kerch, / un mer tut enn Haufen kaafen, – / dann is Weihnacht in Geberg.*

'S Schennste vun ganzen Weihnachten is awer da, wenn der Voter de Tiere uffmacht und reinrufft: „Der Heilche Christ is grode dogewasen, kummt nur fix mo in die Stuwe rim!"

Redewendungen: Weihnachtsmann

Durt brennt nu der Christboom (*Weihnachtsbaum), _und der_ Heilche Christ _hot fur jeden wos drungergeläht._

Ruprich, Ruprich, _guter Gast, / wenn de was im Seckel hast, / sei willkumm' un setz dich nieder, / haste nischt, da gehste wieder!_

Rupperch, Rupperch, _Läusepelz, / host'ch in Dreck remgewälzt, / hast'n Schubsack_ (Manteltasche) _vuller Waanzen, / mußt met denner Liebsten taanzen!_

Setz na aa anne Lorv (Larve) _auf, sinst sitt man doch dlei, doß de ni da_ helch Christ _bist._

Do ho' ich än klänn Helgchrist (übertragen auf das Geschenk) _fer dich._

Das hoht mer s Bornkinnel _gebracht._

Die schiene Pupp war mei Bornkinnel (übertragen auf das Geschenk).

(Sächsisch)

Dis Johr kimmet dar Wiehnachtsmann _bei uns us Armsleben_ (oder _Reichenbach_; je nachdem, ob es viele oder wenige Geschenke gibt).

Wenn Weihnachten is, wenn Weihnachten is, / da kimmt dar liewe heeliche Christ, _/ där bringt änne Muh, där bringt änne Mäh / un änne Zintärätätä._

Nu kömmt ball der Härrschekloäs _on dos_ Chrisskennle, _seid schö *artig!_

D'r *Heilichawed kam abei. Die Kenner bischperte (flüsterten) _un toete haimlich. A jedes wor *neugirich, bas wohl d's_ Chrißkennele _wür bränge. D's Riele_ (die kleine Marie) _trippelte von än Bai off's anner. Endlich worscht soweit. D'r Bast_ (Sebastian) _spärrt d's Fenster spärrangelweit auf on rief naus auf die Gass: „_Chrißkennele, _doe rei!" On richtich, das_ Chrißkennele _flog nei, läät jeden ä Bönnele_ (Bündelchen) _hie on flog so schnell, wie's gekomme wor, widder naus._

Ihr Kinner, kummt, s Bornkinnel _wor do!_

Ich muß heite widder n Hans Rupprich _moche._

'S is su schie ze Weihnachten, su schie, wie in ganzen Gahr nett. Wenn draußen d'r Wind heilt un in d'r Hell (Hölle = Ofenecke) _mei Pfeifel dampft; wenn de Stoll'n gut geroten sei; wenn d'r_ Rupperich _kimmt un leßt de Klänn_ (Kleinen) _su schie harbaten_ (zu sich heranbitten), _un se hamm Wasser in Ahnge_ (Augen) _un namme mit arnsthafting Gesichtern de Niss un de Epfel, die 'r ne gibt; wenn's_ Bornkinnel _aufgetafelt hot, d'r Tannebaam_ (*Weihnachtsbaum) _brennt, de Peremitt_ (Pyramide) _sich in de Paradiesgartel_ (das Weihnachtsereignis in Figuren) _schie rundsrim dreht un de Kinner zamm singe »Stille Nacht, heilige Nacht« – 's is nett ze sohng_ (sagen), _wie schie 's do is._

Bas häst'ann zun Christkengchen (übertragen auf das Geschenk) _gekrecht?_

(Thüringisch)

Kreschkinnche, kumm in unser Haus, / leer dei scheene Sache aus, / stell dei Eselche uff de Mist, / daß es Hai unn Hawwer frißd.

Weis (zeig') emool, was des Kreschdkindche deer Scheenes bescheerd hodd!

Mer wolle mol *gucke, was 'es Kreschdkind bescheerd hodd.

Ich bin der heilig Nikelaus, klobb de beese Buwe (*Jungen) de Hose aus, doch der, wo brav (*artig) gewesen iß, der kriehd jetzt aach Ebbel unn Niß.

Heid oowend kimmd de Nikeloos, was will-er dann vunn meer? Ich nemm-en an de Zibbelkapp (☞ *Mütze) unn schmeiß-en vor de Deer.

Fraa, for-e Krischdkinnche (übertragen auf das Geschenk) krieschde vun meer en naie Windermandel.

Ich geh bei mei Petter (*Pate) unn hol mer mei Krischdkinnche (übertragen auf das Geschenk).

Bumm, bumm, bumm, / die Weihnachd iß rum, / das Krischdkind war da / unn ich kann singe tri ra ra.

(Hessisch)

„Es och et Kreßkingche bei dich jekumme udder worste nit brav (*artig)?" – „Endoch (aber sicher), ich han vill vum Kreßkingche kräje, et hät mer och ene Roller jebraat."

„Wat hät dir et Kreßking mitbrach?" – „Ech han en Kled vom Kreßking krege."

Et Krestkind fiehrt met twee *Perdchen op e Schlien (Schlitten) dürch de Lucht.

Krestkindche, komm in unser Haus, / lehr dei Kist un Kaste aus, / stell dei Iselche uf de Mist, / dar et Hau un Hawwer frißt!

Ich han ä schön Kreßkingche (übertragen auf das Geschenk) kräje un noch e schön Stöck Jeld derbei.

Krestkindche, Knuche (Knochen), / mer bere (beten) alle Wuche. / Eich krie't Fläsch, / un dau kriest de Knuche!

(Rheinisch)

Krischtkinnel kumm in unser Haus, leer dei goldisch Kerwel (Körbchen) aus, stell de Krischtbaam (*Weihnachtsbaum) uf de Disch, daß mar sischt, daß Weihnacht is.

Die Männer dun am Weihnachdsoowend (*Heiligabend) die Laader an de Himmel stelle, daß 'es Krischkind runnersteije kann.

Kristkinnel kumm, mach mich frumm, daß ich in de Himmel kumm, schmeiß mer Äppl un Beere (Birnen) *rei, ich will e brav* (*artig) *Kinnel sei.*

Belzenickel, bum bum bum, haag (hau) *die beese Buwe* (*Jungen) *rum, awer net die Mädle* (*Mädchen) *mit de scheene Klädle.*

Heid Owend kummt de Belzenickel. Was schafft er dann bei mer? Ich nemm ehne an de Zippelkapp (☞ *Mütze) *un werf ehne vor die Der.*

Mei Got (*Patin) *hot mer a schie Kreschkinge* (übertragen auf das Geschenk) *gäb.*

(Pfälzisch)

Des wirst doch au glaube, daß s Christkindle kei Ma ist, sonst tät ma s Christkindle Christma (Christmann) *heiße.*

*Liebs Christkindle zart, / I haun e Jahr auf di *gwart, / I bitt, du wöllst mir lege ein, / Was dei guter Will mag sei: / Äpfel, Bire, Nuß, / Des macht mir kein Verdruß. / I bitt, du wöllst mir wohl aufmesse / Und andre Sache nit vergesse.*

S ist e Sach nur e Weille hübsch, hat seler Messner gsait und hat s Christkindle scho am Stephanstag (26. Dezember) *wegta* (weggetan).

Hast e schös Christkindle (übertragen auf das Geschenk) *kriegt?*

Ihr machet mir koan Pelzmärte (d.h. ihr jagt mir keinen Schrecken ein)*; jetzt bleib ih airst* (recht) *doo.*

(Schwäbisch-Alemannisch)

Der schdrald wäi ä Griskindla.

Der had gschaud wi a Griskindla!

Hunnäd Mark hob i dsun Grisdkindla (übertragen auf das Geschenk) *griechd!*

Housd dei Griskindla (übertragen auf das Geschenk) *scho gräichd?*

(Fränkisch)

Was mogstn haier (dieses *Jahr) *zon Grischtkindl?* (übertragen auf das Geschenk)

(Bairisch)

Ziege

*De **Zeeg** is de Koh för de lüttje* (kleinen) *Mann.*

He is so arm as Job (Hiob), *de harr tominnsten* (zumindestens) *noch 'n **Zeeg**.*

*Watt een hett, dat hett he, säd de Snieder, do leet he sien **Zeeg** ut 't Huck* (Stall, Verschlag).

He sücht ut (sieht aus), *as wenn he mit de **Zeeg** dör de Röps* (Futterkrippe) *freten hett* (d.h. er ist sehr mager).

***Zeegen** sünd good to bruken* (brauchen), *se freten dat Gras un schieten de Bohnen* (hier: die Kotballen der Ziege).

*Well was de eerste Aptheker? – De **Zeeg**, de frett Krüden* (Kräuter) *un dreiht Pillen* (d.h. ihre Kotkügelchen). (Scherzfrage)

*He geiht darvun af as de **Seeg** vun de Scheet* (d.h. er drückt sich vor etwas, meist vor der Arbeit).

*Heil dir im Siegerkranz, / *Grootmodder er **Seeg** hett lammt, / fief Daag to fröh.*

*De leve Gott lett de **Zeeg** den Steert* (Schwanz) *nich länger wassen* (wachsen), *as se em bruken* (brauchen) *kann.*

„Achter (hinter) *unsen Backam* (Backofen), */ da danzen dräi **Szägen**, / Och Murrer, wat wüllt du / dien Dochter mitgäben?" / „Een Poor Schou un een oole Kou, / Wenn du dat wullt, denn sla du man tou* (dann schlage ruhig ein)*!"*

(Der Pastor tadelt den Dorfschulmeister, weil die Kinder statt „Ziege" immer die alte niederdeutsche Form *Seg* verwenden. Als die Kinder zu einer vorbeigehenden Ziege erneut *Sege* sagen, will der Pastor den Lehrer zur Rechenschaft ziehen, doch dieser unterbricht ihn mit den Worten:) *„Wahr un wahrafti, Herr Paster* (*Geistlicher), *dat is 'n **Zeg**; wi hebbt gorkeen Buck in 't Dörp!"*

(Westniederdeutsch)

Olt mag ick se nich, säd de Voß (Fuchs) *un frett ne jung' **Zäg'** up.*

Sonn' Mul mak man (zieh' ruhig so ein Gesicht), *denn ward de **Zäg'** woll bucken* (brünstig werden; d.h. du wirst deine Absicht kaum erreichen).

Sonn' Mul mak man (zieh' ruhig so ein Gesicht), *denn ward'st de **Zick** woll loswarden* (d.h. dann wirst du das Gegenteil deiner Absicht erreichen).

*Dat kann kein **Zäg'** uthollen, wenn s' ok noch sonn' spitz Oorslock hett.*

*Dat 's äklig för de Penzliner, hebben **Zägen** un könen de Brak* (Brachland) *nich taumeßt* (gänzlich gedüngt) *krigen.*

Dat is, as wenn de Penzliner Zicken *dor gras't hebben* (d.h. es ist schlecht gemäht).

Hei verstünn von de Imkeri just soväl as Luttern sin Zäg' *von 't Orgelspill.*

(Ostniederdeutsch)

Heit miß mer noch die Ziege *fiehrn* (d.h. zum Decken führen).

Der liewe Gott läßt der Zieche *d'n Schwanz schunn ni zu langk wachsen, daß se sich ni in de Oochng sticht dermit.*

Där zieht 'n Kupp ein wie de Zieg, *wenn's dunnert.*

Da hilft kee Meckern, liewe Zieche, *Fleesch muß sin bei der Kermst* (Kirmes; ☞ *Jahrmarkt).

Dera Ziech *fehlt nix, schau nea wöi schea sa loarbat* (lorbeert = kotet), *döi Lärbala* (Lorbeerlein; hier Kotkügelchen) *glänzen wöi gewichst* (poliert).

Will iech ner gleich de Häpp *fittern.*

Die Zieg, *die am mehsten meckert, gibt de wenigste Millich.*

(Sächsisch)

*Die *Groußmutter hon kän Dokter gekennt. Dare ihr Dokter woern die* Ziegn. *„Es gibt nex gsündersch, mei Bübla* (*Junge)*", hot sa gsogt, „wie dös, wu van de* Zieg *kümmt! Die* Zieg *is es gsündsta Tier!"*

Unse Hippe *gitt den Tag zwei Liter Mällich.*

Von eener Staude (Strauch) *verreckt kee* Gääß (d.h. einmal ist keinmal).

Trimpeltrampel heßt mei Ziech, *Breätfuß heßt mei* Gaaß.

Aach de Beammeten hotten änne Zicke *un Hinner* (*Hennen) *un fitterten sich e Schweinichen.*

Dr liewe Gutt läßt dr Häppe *n Schwanz nich ze lang wachse.*

Unner Harrgott leßt der Ziech *n Schwaanz nee so laank wachs, süst* (sonst) *schläicht sa sich nei di Aache* (in die Augen).

Jeder macht's wie e will, der Schramm (Eigenname) *in Watzdorf hat de* Zieche *ufn Ricken uffgeschnieten.*

Leier leier Leffelstiel, orme Leite hun nich viel, hun nich marre al eene Zeeche, *mussen's Wosser salwer seeche* (urinieren).

Newen dr Kue, se hus Lise, hade sid Joren ene Zain *als Naberschen* (Nachbarin) *geschdan. Wi nune dr *Flaischer de ole Lise zun Dore nusfirde, gung de ganze Familje hingerher, un* *de Zain luf au zun Schdale nus un wulde dr Lisen das lezde Gelaide gewe. Indem nune de Buerschlide dr Lise noch nochgukden, gung de Hibe an de Gelden* (Geldscheine), *sak de schinen hebschen Bilrchen un dochde, 's wern drokene Kubleder* (Kuhplatter = Kuhfladen), *un mufelde se nunger. Wi dr Buer sich rimdride un das Geld wekneme wulde, war kains mi do. Wi awer de Hibe nach 's Mul dride* (drehte), *gung dr Buerschfrauen en Daleklichd uf un se sade: „Unse Zain hed de Schine jefressen!"*

De aale Scharteken (hier: abwertende Bezeichnung für eine Frau) *es *noubgierig wie ne Heppe.*

(Thüringisch)

Abb. 68: *Von der Ziegen oder Geissen Alter und Güte*
(F.P. Florinus: »Haus-Vatter«, 1722)

Zeje hot de Großbüre mästens net.

En ahle Zieje freßt ok noch gern en grienes Blättje.

Die gescheitst (*intelligenteste) *Zieje machd als emool en Bock* (d.h. hin und wieder einmal einen Fehler).

Die Gaas is willig, awwer der Bock is schwach.

Reiß de Gaas de Schwanz aus, reiß er'n nor nit gonz aus, loß er noch en Stumbe stehe, daß se konn spaziere gehe.

Redewendungen: Ziege

E Mann, e Gaul (*Pferd) *en e Gaaß kunne niks laire* (leiden; d.h. sind wehleidig).

Hot der Teufel die Geiß gelangt (geholt), *dann kann e aach de Bock noch lange.*

Däer hot wearrer emol sa ääje Gaas duud gedrampeld (d.h. er ist ein Tolpatsch).

Der eß so krank, der kann noch kaa dood Gääßche em Hof erumfihrn.

Dros, dros, Dribelgaas (Reimwort), */ wais Flaasch hod di Gaas, / lange Ferern* (Federn) *hod de Gigel* (*Hahn), */ gigerigii, gigerigii.*

Voll Maß hat Gott lieb, unn wer e Gaas stihld, iß kaa Bocksdieb.

Do hawwese so e Heemelche (Hämmelchen) *gehat, oddere Gasi, wasses war – däß hat ‚mä' gemacht, wammerm de Kopp nidergedrickt hat: däß hawwese aach schont verdemmert* (zertrümmert). *Däß hält alles vo älf bis Mittach beien* (bei denen).

(Hessisch)

Ming Jroosäldere hatte keen Ackerschaf (Landwirtschaft), *äver doch en Jees em Stall.*

Jeese woore fröer di Koo vom kleene Mann.

En got Gees as besser wie en schlechte Koh.

Jeesje, di Böckelche woore, wuurte jewönlich noo säks Woche jeschlaach.

Nuur füür-e Wiivje säät me Jees, dat andere Dier es de Jeesebock.

Er is so fett wie en Zeech (Hipp) vörm Knie.

We sinne Nober (Nachbar) *well kreten* (ärgern), *de hält sich *Hennen, Duve* (Tauben) *on Jeeten.*

Wenn een Hipp wess, dat mehr widder fönf Daler en der Keste hät, da geht se van Egensinn kapot.

Wenn een Jeet net miehr wet, wat se duehn sall, da geht se kapot.

Ich mos füür uns Hipp noch jät kruge (etwas *jäten) *jon.*

Di geht ok grad wie ne Hipp: an ene Sitt van ne Heg frett e un van de andere Sitt nech, un doch send de Blär (Blätter) *ganz egal* (gleich).

Wi dat Limche jeschlaach woor, hät deer Kleen niks von däm Fleesch jejässe, weil-e met däm Dierche net mii spile konnd.

De Jees (Hipp) well och en lange Sterz (Schwanz) *han, on moß doch mem Stümpche *lofe!*

Mer kann alles, me kann och en Gees am Schwanz en de Heh hewe.

Wer en Schnur (*Schwiegertochter) *an't Haus helt* (holt) *zor Helf, den as grad wie enen, den en Gees astellt, fir Mest ze machen.*

„Jucheminee, dem Stall hinzo; / de Küh es satt." / „Wo weeßte dat?" / „Se seet et jo, Juchemino! / Stalldür op, Stalldür op! / De Zeh, de löft de Trappe rop." (Hirtengruß)

*Die Hipp, die *löppt de Berg herop on wibbelt möt et Stetzke* (Schwänzchen), *de magere Schnider setzt sech drop on ment, et wür si *Perdsche.*

Ene Schneider on ene Jeet, die send sech ärg (*sehr) *unglik; de Jeet, die kann mer melke, de Schneider awer net.*

(Rheinisch)

„Midd Gewald heebd mer e Gaaß erum!" – „Unn wie midd Leichdigkeid?" – „Mer petzd (*kneift) *ehr enn de Schwanz, dann gehd se vun selbschd erum!"*

Unser Herrgott loßt de Gääß de Schwanz nit zu lang wachse, sunscht wedelt se sich die Augen aus.

Enere Gaas geheerd kaan lange Schwanz, sunst hedd se'n midd uff die Weld gebrochd.

An Michelsdag (29. September) *werd die Gääß zum Bock gefihrt, an Perersdag* (22. Februar) *macht se* (wirft sie).

Er hat so lang an därr Gäiß gesoff un sich vore (vorn) *die Hoor abgestuppt* (zu jemandem mit entsprechendem Haarwuchs).

Er kennt e Gääß zwische de Hörner kisse (so dünn ist er).

Der es so arm, dat em de Gääß em Stall verhongert.

Die Kinner fahren mit de Gääß uf die Wääd (treiben sie auf die Weide).

Alles was recht isch, hot Gott lieb; un wer e Gääß stiehlt isch kä Bocksdieb.

*Wenn se früh aufstehe, *gucken se no de Wolke; Mutter, is die Sopp gekocht, is die Bitsch gemolke?*

Was vestäihd e Gaaß vunn're Sackuhr (Taschenuhr), *wann se de Zeiger nedd kennd.*

Er springt in de Arwet wie e Gääß in's Messer.

Wer war de erscht Apeteker? – Die Gääß; vore frißt se die Kreire (Kräuter) *un hinne dreht se die Pille* (d.h. ihre Kotkügelchen). (Scherzfrage)

(Pfälzisch)

Der duat au liabr a verreckts Goißle *em-ma eigmachda* (eingezäunten) *Gaarta hüata als schaffa* (*arbeiten).

Dia hanget do dren, wia d' Goiß *em Melkkiebl* (d.h. sie ist unvorteilhaft gekleidet).

Dr Ambros isch doogschtande wie d' Gaiß *uffem Deller* (d.h. völlig verwirrt, ratlos).

Mit Gwalt ka ma e Geiß *hinte num lupfe – wenn der Schwanz net 'raus gaht* (d.h. mit Gewalt geht fast alles).

Des isch scho so gerichtt, daß der Geiß *der Schwanz it* (nicht) *z lang wachst – sonst tät se sie si in d Auge fitze* (schlagen).

Unser Herrgott laßt der Geiß *de Schwanz net z lang wachse, sonst tät sie si d Auge raus haue.*

Die Brav (☞ *artig sein) *hat 's* Geißle *gstohle und die Unartig hat 's gesse.*

Grad recht, daß die Geiss *verreckt isch, 's Heu ist rar.*

Der Pfaff und sei Pfäffi / Und e Aff und sei Äffi / Und e Schneider und sei Geiß, */ O des liederlich Gschmeiß.*

Wenn i voll mein Kue verkauft sambt meiner Hettla, */ So mues i, bei Gott, bettla.*

(Schwäbisch-Alemannisch)

Brächdi is mei Gaßla *gfreggd* (verendet), */ had di hindern Ba* (Beine) *nausgschdreggd.*

Der Herrgott sorchd dafir, aß der Gaß *der Schwanz nid z'lang wägsd.*

Wenn di Gaß *sadd is, schmeggd is Gros bidder.*

Der Herrgodd läßd der Gaaß *in Schwoonz ned zlang wagsn.*

(Fränkisch)

Un'a' Heargod had de' Gaas *'n Schwaaf nit länge' wochsn laussn, a's was s 'n braucht.*

Du moust halt gaar übaralld daba san, wou man s Gaissl *henkt* (d.h. wo was los ist).

Gamsjaga'n tuar-i net, falt mar in'n Stand, / i schois mar an weisfuaßats Hedal *bei'n Tanz.*

Vaddar unser Rächaschdui (Rechenstiel), */ oide Weiber bäddn vui, / junge Weiber fastn, / sBrot liegt in Kastn. / Kimmt bMaus, ziagts* (*zieht es) *raus, / kimmt da Hos, sagt dir wos, / kimmt g*Goaß, */ laßt an Regamentsschoaß* (großen Furz). (Kinderreim)

Wart, dir zoag i's, wia ma mit da Goas *ackat* (ungefähr: dir zeig ich, was los ist), *iatz is's vorbei mit da Faulenzerei.*

Was recht is, hat God liab; wer a Gaas *stilt, is kae Bockdiab.*

(Bairisch)

Register

Dialektwörter A–Z

Alle Dialektwörter aus der »Synopse« sind mit dem Stichwort als standardsprachlicher Erläuterung und Angaben zur Verbreitung in den zehn Hauptdialekten **W**est**n**ieder**d**eutsch, **O**st**n**ieder**d**eutsch, **Sä**chsisch, **Th**üringisch, **He**ssisch, **Rh**einisch, **Pf**älzisch, **Sch**wäbisch-**A**lemannisch, **Fr**änkisch und **Ba**irisch versehen. Die Seitenzahlen verweisen auf das Vorkommen der Dialektwörter in den »Redewendungen«.

A

ABC-Schütze
Erstkläßler
(Wnd, Ond, Sä, Th, He, Sch-A, Fr, Ba)

Abendbrot
Abendmahlzeit
(Wnd, Ond, Sä, Th, He, Rh, Fr)
S. 241

Abendbrot, Lütt
Kaffeetrinken
(Ond)

Abendessen
Abendmahlzeit
(Th, He, Rh, Pf, Sch-A, Fr, Ba)
S. 241

Abendkost
Abendmahlzeit
(Wnd)
S. 241

Abendstück
Abendmahlzeit
(Fr)

Aberhaar
Augenbraue
(Rh, Pf)

Aberhaar
Wimper
(Pf)

abkratzen
abputzen (Schuhe)
(Sä, Sch-A, Ba)

abputzen
abputzen (Schuhe)
(Wnd, Ond, Th, He, Rh, Pf, Sch-A, Fr, Ba)

abrackern
schuften
(Pf, Sch-A, Fr)
S. 356

Abschnitt
Schnittlauch
(Sch-A)

Absicht, mit
absichtlich
(Wnd, Ond, Sä, Th, He, Rh)

abspülen
abwaschen
(Sch-A, Fr, Ba)

abstreichen
abputzen (Schuhe)
(Sä)

abstreifen
abputzen (Schuhe)
(Fr, Ba)

abtreten (Füße)
abputzen (Schuhe)
(Wnd, Ond, Sä, Th, He, Rh, Sch-A)

abtrumpfen
schimpfen
(Th)

abwaschen
abwaschen
(Wnd, Ond, Sä, Th, He)

Abwaschwasser
Muckefuck
(Wnd)

Achatchen
Murmel
(Pf)

Achsenmacher
Wagenmacher
(Rh)

Achtkläppler
Erstkläßler
(Sä)

Äcken
Genick
(Sch-A)

Ackergaul
Pferd
(Wnd, Ond)

ackern
pflügen
(Sä, Th, He, Rh, Sch-A, Fr, Ba)
S. 285

ackern
schuften
(Wnd, Ond)
S. 352

ackerrechen
nachharken
(Sch-A)

ade
Auf Wiedersehen
(Sch-A, Fr)
S. 249, 328

aderkauen
wiederkäuen
(Wnd, Ond)

ädern
wiederkäuen
(Sä)

adjö
Auf Wiedersehen
(Pf)
S. 248

Agerst
Elster
(Sch-A)
S. 277

Agerstenauge
Hühnerauge
(Sch-A)

Ägster
Elster
(Wnd)
S. 276

Ahle
Pfriem (Werkzeug)
(Sä, He, Rh, Pf, Sch-A, Fr, Ba)

Ahna
Großmutter
(Sch-A)
S. 273

Ähne
Großvater
(Sch-A)

Ahnel
Großmutter
(Ba)
S. 329

Ähnel
Großvater
(Ba)
S. 329

Ahnferl
Großmutter
(Ba)

Ahnherr
Großvater
(Ba)

ähren
nachharken
(Fr)

Ährenrechen
Nachharke
(Th, He, Fr)

äksern
hänseln
(Sä, Th)

Aktenmappe
Aktentasche
(Sch-A)

Aktentasche
Aktentasche
(Wnd, Ond, Sä, Th, Rh, Pf, Sch-A, Fr)

Albumbilder
Glanzbilder
(Sch-A, Fr, Ba)

Alhorn
Holunder (Sambucus nigra)
(Wnd)
S. 298

alle
leer
(Sä, Th, He, Pf, Fr)

Alltag
Werktag
(Wnd, Ond, Rh, Pf)
S. 308

Altbabbe
Großvater
(Rh)

Altmamme
Großmutter
(Rh)

Amahd
Grummet
(He, Pf)
S. 287

Ameise
Ameise
(Th, He, Pf, Sch-A, Fr, Ba)

Amme
Hebamme
(He)

Ammebase
Hebamme
(Pf)

Ammefräla
Hebamme
(Fr)

Ammefrau
Hebamme
(Th)

Ammfrau
Hebamme
(Fr)

anbrennen
anzünden (Zigarette)
(Sä, Th, Sch-A, Fr)

Anemone
Anemone
(Th, Fr, Ba)

anerden
häufeln (Kartoffeln)
(Wnd)

anfahren
häufeln (Kartoffeln)
(Sä)

anfünken
anzünden (Zigarette)
(Sä)

Angewand
Pflugwende
(Sä, Th)

anhacken
häufeln (Kartoffeln)
(Wnd, Sä)

Anhang
Rauhreif
(Th, Ba)

Anke
Genick
(Sch-A, Fr)

Anken
Genick
(Th, He)

ankenten
anzünden (Zigarette)
(Ba)

anmachen
anzünden (Zigarette)
(Rh)

Anmal
Narbe
(Pf)

anpflügen
häufeln (Kartoffeln)
(Ond)

anregen
häufeln (Kartoffeln)
(Wnd)

Anreim
Rauhreif
(Sä, Th)

anscheren
häufeln (Kartoffeln)
(Ba)

anständig sein
artig sein
(Sch-A)

anstecken
anzünden (Zigarette)
(Wnd, Ond, Th, He, Rh, Pf, Fr)

Antdrache
Erpel
(He, Sch-A, Fr)

Anterer
Erpel
(Ba)

Ant-hät
Pflugwende
(Pf)

Anwand
Pflugwende
(Sä, He, Pf, Sch-A)

Anwander
Pflugwende
(Ba)

Anweide
Pflugwende
(Wnd)

Anwende
Pflugwende
(Wnd, Ond, Rh)

Anwender
Pflugwende
(Fr)

Anzen
Gabeldeichsel
(Ba)

anzünden
anzünden (Zigarette)
(Sch-A, Fr, Ba)

Apfelhäuschen
Apfelrest
(Wnd, Ond)
S. 246

äppeln
laufen
(Sä, Th)

arbeiten
arbeiten
(Wnd, Ond, Sä, Th, He, Rh, Pf, Ba)
S. 352, 354

ären
pflügen
(Th, Fr)

Arer
Schwiegersohn
(He)

arg
sehr
(Sä, Th, He, Rh, Pf, Sch-A, Fr, Ba)
S. 270, 302, 377

ärgern
hänseln
(Wnd, Ond, Sä, Th, He, Rh, Pf, Sch-A, Fr, Ba)

Armstauche
Pulswärmer
(He)

Armstecker
Pulswärmer
(Sä)

Armstützel
Pulswärmer
(Ba)

arnen
ernten (Kartoffeln)
(Wnd, Ba)

Arschkitzel
Hagebutte
(He, Ba)

Arschkratzel
Hagebutte
(Pf)

artig sein
artig sein
(Wnd, Ond, Sä, Th)
S. 370

Aschkuchen
Napfkuchen
(Sä, Th)

Atzel
Elster
(He, Pf)
S. 276, 277

Atzelauge
Hühnerauge
(He, Pf)
S. 302

auf der Plauze haben
erkälten
(Th, Sä)

Aufgaben
Hausaufgaben
(He, Rh, Pf)

Aufgesottene
Pellkartoffeln
(Th)

aufgraben
ernten (Kartoffeln)
(Wnd)

aufheben
auflesen
(Wnd, Ond, Sä, Th, He, Rh, Pf, Sch-A, Fr)

aufklauben
auflesen
(Sch-A, Fr, Ba)

auflesen
auflesen
(Sä, Th, He, Pf)

aufnehmen
aufwischen
(Wnd, Rh)

Aufnehmer
Kehrschaufel
(Ond)

Aufnehmer
Scheuertuch
(Wnd, Rh)

aufputzen
aufwischen
(He, Sch-A, Fr)

aufraffen
auflesen
(Rh, Pf)

aufreißen, Maul
gähnen
(He, Sch-A, Ba)

aufsammeln
auflesen
(Wnd, Ond, Th, Rh)

Aufschnitt
Brotende
(Sä, Th, Pf)
S. 275

aufsperren
gähnen
(Th)

aufsperren, Maul
gähnen
(Sch-A)

aufspülen
abwaschen
(Th)

aufstrecken, Maul
gähnen
(Sch-A)

aufsuchen
auflesen
(Wnd, Ond)

Aufwartung
Putzfrau
(Ond, Sä, Th)

aufwaschen
abwaschen
(Sä, Th)

aufwaschen
aufwischen
(He)

aufwaschen
fegen
(Fr)

Aufwaschlumpen
Scheuertuch
(He)

aufwischen
aufwischen
(Ond, Fr)

Aufwischlappen
Scheuertuch
(Ond)

aufziehen
aufwischen
(Sch-A)

aufziehen
hänseln
(Sä, Sch-A, Fr)

aufziehen
häufeln (Kartoffeln)
(Sch-A)

Aufziehlumpen
Scheuertuch
(Pf)

Aufzug
Fahrstuhl
(He, Rh, Pf, Sch-A, Fr, Ba)

aufzwicken
hänseln
(Ba)

Auge
Knospe
(Wnd, He, Pf)

Augenbrame
Augenbraue
(Sch-A, Ba)

Augenbräme
Augenbraue
(Wnd, Sä, Fr)

Augenbran
Augenbraue
(Ond)

Augenbraue
Augenbraue
(Wnd, Ond, Sä, Th, He, Rh, Pf, Sch-A)

Augenbraune
Augenbraue
(Sä, Th, Sch-A, Fr, Ba)

Augenbrong
Augenbraue
(Rh)

Augendeckel
Augenlid
(He, Rh, Pf, Sch-A, Fr, Ba)

Augenflemme
Wimper
(Rh)

Augenflitter
Augenlid
(Rh)

Augenflitter
Wimper
(Rh)

Augenflügel
Augenlid
(Rh)

Augenhaar
Augenbraue
(Wnd, Pf, Fr, Ba)

Augenhaar
Wimper
(Wnd, Rh, Ba)

Augenkläff
Augenlid
(He)

Augenlid
Augenlid
(Wnd, Ond, Sä, Th, He)

Augenstecher
Libelle
(Sä, Rh, Fr)

Augenstößer
Libelle
(Rh)

Augenwimper
Wimper
(Ond)

Aulamm
Lamm (weiblich)
(Wnd, Ond)

Äuler
Töpfer
(He)

aus Daffke
absichtlich
(Ond)
S. 243

ausdrehen
auswringen
(Pf)

ausdrücken
auswringen
(Wnd)

ausfegen
fegen (Schornstein)
(Ond)
S. 348

Ausgießer
Ausguß (Kaffeekanne)
(He)

ausgrasen
jäten
(Sch-A, Fr, Ba)

ausheißen
schimpfen
(Sä)

aushieseln
hänseln
(He)

auskriegen
ernten (Kartoffeln)
(Wnd)

ausmachen
ernten (Kartoffeln)
(Th, He, Rh, Pf, Sch-A)

ausnehmen
ernten (Kartoffeln)
(Sä)
S. 309

ausputzen
fegen (Schornstein)
(Th, He, Pf, Fr)
S. 349

ausrechen
nachharken
(Ba)

ausreiben
auswringen
(Ba)

ausreißen
jäten
(Ba)

ausringen
auswringen
(Sä, Th, He, Sch-A)

ausroppen
jäten
(He)

ausschimpfen
schimpfen
(Sä)

ausschnauben
reinigen (Nase)
(Wnd, Ond, Sä)

ausschnupfen
reinigen (Nase)
(Wnd)

außernächt
vorgestern
(Fr)

austun
ernten (Kartoffeln)
(He, Rh, Pf)

Auswärts
Frühling
(Ba)
S. 285

auswennen
auswringen
(He)

auswieten
jäten
(Ond)

auswinden
auswringen
(Sä, Sch-A, Fr, Ba)

auswingen
auswringen
(Sä)

auswringen
auswringen
(Wnd, Ond, Rh)

Auter
Euter
(Rh, Pf, Ba)

Auwer
Hügel
(Rh)

Auwerder
Maulwurf
(Sch-A, Ba)

B

Babbel
Mund (halt den ...)
(Wnd, Ond)

babbeln
reden
(He, Fr)
S. 277

babbeln
unterhalten
(He, Pf, Sch-A, Fr)
S. 364

bäbbeln
kicken
(Sä)

Bäbe
Napfkuchen
(Sä)

Babelchen
Unterhaltung
(Sä)

babeln
unterhalten
(Sä)
S. 362

Baber
Beule
(Pf)

Babuschen
Hausschuhe
(Th)
S. 292

Bachschneider
Libelle
(Pf)

Backela
Brotrinde
(Fr)

Backelken
Schlüsselblume (Primula)
(Wnd)

Backeltrog
Backtrog
(Wnd, Ond)

Backenschelle
Ohrfeige
(Sch-A)

Backenzahn
Backenzahn
(Wnd, Ond, Sä, Th, He, Rh, Pf, Sch-A, Fr)
S. 250, 251

Backetrog
Backtrog
(He)

Backmohl
Backtrog
(Rh)

Backmolle
Backtrog
(Ond)

Backmuhl
Backtrog
(Sä, He, Pf)
S. 318

Backmuld
Backtrog
(Pf, Sch-A)

Backmulle
Backtrog
(Th)

Backpfeife
Ohrfeige
(Wnd, Ond, Sä, Th, He)

Backs
Kartoffelpuffer
(Sä, Th, Fr)

Backs
Ohrfeige
(Wnd, Ond)

Backtrog
Backtrog
(Sä, Th, Fr, Ba)

Backzahn
Backenzahn
(Sä)
S. 251

Backzank
Backenzahn
(Rh)
S. 251

Backzant
Backenzahn
(Rh)

Bademutter
Hebamme
(Wnd, Ba)
S. 332

bäffen
schimpfen
(Sch-A)

Bahn schlagen
schlittern
(Rh)

Bakchen
Kaffeetasse
(Rh)

Bale
Kater
(Sch-A)

Bällchen
Frikadelle
(Rh)

Ballen, Berliner
Berliner
(Rh)

Bamberla
Kalb (weiblich)
(Fr)

Bammel
Kater
(He)

Band
Bindfaden
(Wnd, Ond)

Bändel
Bindfaden
(Rh, Fr)

bänken
häufeln (Kartoffeln)
(Th)

Bankhader
Scheuertuch
(Sä)

Banklappen
Scheuertuch
(Th)

bannig
sehr
(Wnd, Ond)
S. 362

Bäpf
Schnuller
(Sch-A)

barbeinig
barfuß
(Wnd)

barbsch
barfuß
(Sä)
S. 291

barfbeinig
barfuß
(Ond)

barfeß
barfuß
(Fr)

barft
barfuß
(Wnd, Ond)

barfuß
barfuß
(Wnd, Ond, Sä, Sch-A, Ba)

barfüßig
barfuß
(Pf, Fr)

Bärlatschen
Hausschuhe
(Sä)
S. 291

Bärme
Hefe
(Ond)

barst
barfuß
(Ond)

Bart
Mund (halt den ...)
(Wnd)

barwes
barfuß
(Sä, Th, He, Pf)
S. 292, 349

Baschel
Ferkel
(Sä)

Base
Cousine
(Ba)

basen
unterhalten
(Pf)

Bäsle
Cousine
(Sch-A)

baß
sehr
(Wnd)

Bast
Baumrinde
(Wnd, Rh)

bataillen
schuften
(Sä, Th)
S. 352, 353

Batenke
Schlüsselblume
(Primula)
(Sch-A)

Batsch
Ohrfeige
(He, Pf, Fr)

batschen
unterhalten
(Sch-A)
S. 358, 365

Batschen
Hausschuhe
(He)

Batzeln
Mehlklümpchen
(Ba)

Batzen
Mehlklümpchen
(Sä, Fr)

Batzer
Schnuller
(Fr)

Bätzerl
Lamm (weiblich)
(Ba)

Bätzerla
Lamm (weiblich)
(Fr)

Bauchgrimmen
Bauchschmerzen
(He)

Bauchkneifen
Bauchschmerzen
(Ond, Sä, Th)
S. 252, 253

Bauchpein
Bauchschmerzen
(Sä, Rh)
S. 253

Bauchpfitzen
Bauchschmerzen
(Th)
S. 253

Bauchweh
Bauchschmerzen
(Wnd, He, Pf,
Sch-A, Fr, Ba)
S. 252–254

Bauchwehtage
Bauchschmerzen
(Ond, Sä, Th)
S. 252, 253

Bauchzwicken
Bauchschmerzen
(Ba)

Baue
Viehbremse
(Wnd)
S. 366

bauen
pflügen
(Rh)

Bauernwetzel
Mumps
(Sä)

Bause
Beule
(Pf)

bauzen
weinen
(Rh)

Beck
Mund (halt
den ...)
(Wnd)

Beefsteak
Frikadelle
(Sä)

beeilen
beeilen
(Wnd, Ond, Sä,
Th, He, Rh, Pf,
Sch-A, Fr)
S. 255, 256

Beerdigung
Begräbnis
(Wnd, Ond, Sä,
Th, He)
S. 258, 259

Begrabe
Begräbnis
(Sä, Th)
S. 258, 259

Begräbnis
Begräbnis
(Wnd, Ond, Rh,
Pf)
S. 258–260

behüpen
häufeln (Kartof-
feln)
(Ond)

Beiel
Viehbremse
(Rh, Pf)

Beißzange
Kneifzange
(Sä, Th, He, Pf,
Sch-A, Fr, Ba)

Beiz
Kneipe
(Pf, Sch-A, Ba)
S. 323

belangen
warten
(Sch-A)

belegtes Brot
Brotscheibe
(Sch-A)

belfern
schimpfen
(Sch-A, Fr, Ba)

bellen
weinen
(Sch-A)

Bember
Kater
(Ba)

Bemme
Brotscheibe
(Ond, Sä)

Benz
Kater
(Fr)

Bereim
Rauhreif
(Sch-A)

Berg
Hügel
(Wnd, Ond)
S. 288

Bergerl
Hügel
(Ba)

Bergla
Hügel
(Fr)

Berliner
Berliner
(Wnd, Sch-A)

Berliner Ballen
Berliner
(Rh)

Bern
Gabeldeichsel
(Th, He)

berwes
barfuß
(Rh)

Bescherabend
Heiligabend
(He, Pf)

Besen
Handbesen
(Sä, Th, Sch-A, Fr, Ba)

Besinge
Heidelbeere
(Ond)
S. 294

Beslok
Schnittlauch
(Wnd, Rh)

Bestmutter
Großmutter
(Wnd, Rh)

bestrichenes Brot
Brotscheibe
(Ba)

Bestvater
Großvater
(Wnd, Rh)

beten
bißchen
(Wnd, Ond)
S. 255, 265, 327, 340, 362

Bettkleid
Bettlaken
(Rh)

Bettuch
Bettlaken
(Sä, Th, He, Rh, Fr, Ba)

Betzchen
Kalb (weiblich)
(Pf)

Betze
Mütze
(Fr)
S. 328

Betzel
Mütze
(Th, He)
S. 327, 328

Beule
Beule
(Wnd, Ond, Th, Sch-A, Fr)

Beune
Baumrinde
(Rh)

Beute
Backtrog
(Sä)

Beutzel
Beule
(Sch-A)

bibberla
bißchen
(Fr)

Bibeleskäse
Quark
(Sch-A)

Bibi
Schnuller
(Ba)

Bichel
Hügel
(Ba)

Bickbeere
Heidelbeere
(Wnd, Ond)
S. 252, 294

Bickel
Murmel
(He)

Bielchen
Gänschen
(Sä)

Bigge
Ferkel
(Wnd)

Bildle
Glanzbilder
(Sch-A, Fr, Ba)

bimmelt
klingelt, es
(Wnd)

Binder
Faßmacher
(Ba)

Binder
Krawatte
(Ba)

Binderschlegel
Kaulquappe
(Ba)

Bindfaden
Bindfaden
(Wnd, Ond, Sä, Th)
S. 299

Binkel
Beule
(Ba)

bißchen
bißchen
(Th, Rh)
S. 266, 267, 301, 365

bissel
bißchen
(Sä, Th, He, Pf)
S. 253, 255, 265–267, 338, 349, 364

bisserl
bißchen
(Ba)
S. 268

bisserla
bißchen
(Fr)
S. 268

bissi
bißchen
(He)
S. 266, 267, 270

bißken
bißchen
(Ond)
S. 265, 323

bißle
bißchen
(Th, Sch-A)
S. 267, 335

bitchen
bißchen
(Rh)

Bitsch
Ziege
(Pf)
S. 377

Bitz
Apfelrest
(Rh)

bitzele
bißchen
(Sch-A)
S. 267

blarren
weinen
(Wnd)

blätzen
weinen
(He)

Blaubeere
Heidelbeere
(Wnd, Ond, Sä, He, Rh, Ba)

Blaublume
Kornblume
(Rh)

Blaukappes
Rotkohl
(Pf)

Blaukraut
Rotkohl
(Sä, Sch-A, Fr, Ba)
S. 268

Blechner
Installateur
(Sch-A)

Blechschläger
Installateur
(Wnd, Rh)

Blechschmied
Installateur
(He, Pf)

blecken
weinen
(Fr, Ba)

bleckfößig
barfuß
(Rh)

Bletz
Narbe
(Sch-A)

Blindefliege
Viehbremse
(Wnd)
S. 366

Blindseke
Viehbremse
(Wnd)
S. 366

blitzen
blitzen
(Wnd, Ond, Sä, Th, He, Rh, Pf, Sch-A, Fr, Ba)

blitzgen
blitzen
(Sch-A)

Bloddermilch
Dickmilch
(Sch-A)

bloßfüßig
barfuß
(Wnd, Ba)

Blue Jeans
Blue Jeans
(Pf)

Blümchenkaffee
Muckefuck
(Ond, Sä, Th, He, Ba)

blunzen
kicken
(Fr)

blüsen
rauchen
(Ond)

Böbbele
Mehlklümpchen
(Sch-A)

Bockel
Kater
(Ba)

Bockse
Pflaume
(He)

Bocksterz
Purzelbaum
(Sä)

Bodding
Brotscheibe
(Ond)

Boden
Dachboden
(Wnd, Ond, Sä, Th, He, Fr, Ba)
S. 284

Bodenbeere
Walderdbeere
(Sch-A)

Bodenbirne
Kartoffel
(Sch-A)
S. 311

Bollchen
Bonbon
(Wnd, Ond, Th)
S. 269

Bollen
Mehlklümpchen
(Sch-A)

Bolz
Kater
(Wnd)
S. 313, 314

bolzen
kicken
(Wnd, Ond, Sä, Th, He, Rh, Pf, Fr, Ba)

Bombo
Bonbon
(Sch-A)
S. 270

Bonbon
Bonbon
(Wnd, Ond, Sä, Th, He, Rh, Fr)
S. 269, 270

Bönger
Bonbon
(Ond)
S. 269

Bonsche
Bonbon
(Wnd)
S. 269

Bordkante
Bordsteinkante
(Ond, Sä, Th)

Bordstein
Bordsteinkante
(Wnd, Ond, Sä, Th, He, Rh, Pf)

borgen
leihen
(Wnd, Ond, Sä, Th, He, Rh, Fr)

Borke
Baumrinde
(Wnd, Ond)

Bornkindel
Weihnachtsmann
(Sä, Th)
S. 370

Borstwisch
Handbesen
(Sä, Th)

böse
sehr
(He)

bosseln
schuften
(Sch-A)

Böttcher
Faßmacher
(Wnd, Ond, Sä, Th, He)

Bottel
Hagebutte
(Rh)

Bottelchen
Hagebutte
(Pf)

Böttner
Faßmacher
(Th)

brachen
häufeln (Kartoffeln)
(Fr)

Brachwurz
Quecke
(Ba)

Brachwurzel
Quecke
(Fr)

Brack
Querholz (Fuhrwerk)
(Ond)

Brambeere
Brombeere
(Rh, Ba)
S. 297

Brame
Brombeere
(Ba)

brammen
wiehern
(Wnd)

Bran
Augenbraue
(Ond)

brasseln
schuften
(Rh)
S. 353

Brathendl
Brathähnchen
(Sä)

Bratklops
Frikadelle
(Wnd, Ond, Sä, Th)

Bratzel
Schnittlauch
(Rh)

Braunbeere
Brombeere
(Sch-A, Fr)

Braunkohl
Grünkohl
(Wnd, Ond, Th)

Brausbeere
Preiselbeere
(Ba)
S. 297

Brausche
Beule
(Sä)

Brauschnitze
Preiselbeere
(Th)

Brause
Limonade
(Wnd, Ond, Sä, Th)

Brauskanne
Gießkanne
(Wnd, Ond)

brav sein
artig sein
(He, Rh, Pf, Sch-A, Fr, Ba)
S. 296, 371, 372, 378

Brebeere
Brombeere
(Sch-A)

Bregenschülpen
Kopfschmerzen
(Wnd)

Breidelpremen
Stricknadel
(Wnd)

Breinadel
Stricknadel
(Rh)

Breitlauch
Lauch
(Rh)

Breitlauch
Schnittlauch
(Rh)

Breitpogge
Kröte
(Wnd)

Breme
Viehbremse
(Sä, Th, He, Pf, Sch-A, Fr, Ba)
S. 366, 367

Bremer
Brombeere
(Pf)

Bremse
Viehbremse
(Wnd, Ond, Sä, He, Rh, Pf, Sch-A)
S. 366, 367

Brenndistel
Brennessel
(Rh, Pf)

Brenne
Mehlschwitze
(Sch-A)

Brennessel
Brennessel
(Sä, Th, He, Pf, Sch-A, Fr, Ba)

Brennettel
Brennessel
(Wnd, Ond)

Brennhölzle
Brennessel
(Sch-A)

brenschen
wiehern
(Ond)

Brestling
Walderdbeere
(Sch-A, Fr, Ba)

Briefumschlag
Briefumschlag
(Wnd, Ond, Sä, Th, He, Rh)

briegen
weinen
(Sch-A)

Brink
Hügel
(Wnd)

Broch
Dickmilch
(Pf)

Brockel
Dickmilch
(Pf)

Brockele
Erbsen
(Sch-A)

Brockelerbsen
Erbsen
(He, Fr)

Bröckerl
Mehlklümpchen
(Fr)

Broiler
Brathähnchen
(Ond, Sä, Th)

Brombeere
Brombeere
(Ond, Sä, Th, He, Fr)

Brombel
Brombeere
(He)

Bromel
Brombeere
(Rh)

Brommelbeere
Brombeere
(Fr)

Brönnestel
Brennessel
(Fr)

Brosamen
Brotkrümel
(Pf, Sch-A)

Brösel
Brotkrümel
(Sä, Sch-A, Fr, Ba)

Brosse
Knospe
(He, Sch-A)

Brost
Knospe
(Ba)

Brot
Brotscheibe
(Wnd)

Brot, belegtes
Brotscheibe
(Sch-A)

Brot, bestrichenes
Brotscheibe
(Ba)

Brot (mit ...)
Brotscheibe
(Th, Sch-A, Fr, Ba)

Brot, Scheibe
Brotscheibe
(Wnd)

Brot, Stück
Brotscheibe
(Sä, He, Pf, Fr)

Brötchen
Brötchen
(Wnd, Ond, Th, He, Rh)
S. 262, 272, 319

Brotz
Kröte
(Ba)

Brotzeit
Kaffeetrinken
(Sch-A, Fr, Ba)

Brücke
Brotscheibe
(Wnd, Rh)

Brühe
Muckefuck
(Sä, He, Rh, Sch-A, Fr, Ba)

Brühnessel
Brennessel
(Rh)

Brühtüffel
Pellkartoffeln
(Ond)

brüllen
weinen
(Pf, Sch-A)

Brummelbeere
Brombeere
(Wnd, Ond)

Brummer
Fliege
(Wnd, Ond, Sä, Th)

Brummknaken
Musikantenknochen
(Ond)

Brummkreisel
Kreisel (Kinderspielzeug)
(Wnd, Ond)

Brummküsel
Kreisel (Kinderspielzeug)
(Wnd, Ond)

Brummser
Viehbremse
(Pf)
S. 367

Brusche
Beule
(Wnd, Ond)

Brute
Glucke
(Sch-A)

Bruthenne
Glucke
(Sch-A, Fr, Ba)

Bub
Junge
(He, Pf, Sch-A, Fr, Ba)
S. 256, 262, 268, 296, 307, 335, 344, 349, 361, 371, 372, 374

Büchertasche
Schulranzen
(Fr)

Buchsbaum
Weihnachtsbaum
(Pf, Sch-A)

Buckel
Hügel
(He, Pf, Sch-A, Fr, Ba)

Buckele
Hagebutte
(Sch-A)

Buddele
Kalb (weiblich)
(Sch-A)

buddeln
ernten (Kartoffeln)
(Ond)

Buddla
Henne
(Fr)
S. 312

Bügelbrett
Bügelbrett
(Wnd, Ond, Sä, Th, He, Rh, Pf, Sch-A, Fr, Ba)

Bügeleisen
Bügeleisen
(Wnd, Ond, Sä, Th, He, Rh, Pf, Sch-A, Fr, Ba)
S. 253

Bühl
Beule
(Rh, Sch-A)

Bühne
Dachboden
(Wnd, Ond, He, Sch-A)
S. 276, 282, 308, 314, 315, 359

Bulette
Frikadelle
(Wnd, Ond, Sä)

Bulldog
Traktor
(Sä, He, Rh, Pf, Sch-A, Fr, Ba)

Bülle
Beule
(Th)

Bullenkäfer
Mistkäfer
(Ond)

Bült
Hügel
(Wnd)

Bund
Napfkuchen
(Rh, Pf)

Bunden
Korken
(Sch-A)

Bundkuchen
Napfkuchen
(He)

Bünerpel
Pellkartoffeln
(Rh)

Bürgersteig
Bürgersteig
(Wnd, Ond, Th, Rh)

Burre
Beule
(Sch-A)

Bürrle
Hügel
(Sch-A)

Buschbaum
Weihnachtsbaum
(Th)

büschen
bißchen
(Wnd, Ond)

Buscherbel
Walderdbeere
(Rh)

Buscherdbeere
Walderdbeere
(Ond)

Buschwindröschen
Anemone
(Wnd, Ond, Sä, Th, He, Rh)

Buschwindrösel
Anemone
(Ba)

Buschwindrösle
Anemone
(Sch-A)

Büsdok
Taschentuch
(Wnd)

Busele
Kalb (weiblich)
(Sch-A)

Buskohl
Weißkohl
(Wnd)

Büssenholt
Holunder (Sambucus nigra)
(Rh)

Bußkäfer
Mistkäfer
(Ond)

Butike
Kneipe
(Ond, Pf)
S. 323

Butsch
Ziege
(Rh)

Butte
Hagebutte
(Sch-A)

Buttelte
Hagebutte
(Wnd)

Butterbrot
Brotscheibe
(Wnd, Rh, Pf, Ba)

Butterfaßla
Hagebutte
(Fr)

Butterram
Brotscheibe
(Rh)

Büttner
Faßmacher
(Fr)

Bützel
Beule
(Th)

Butzele
Ferkel
(Fr)

Butzen
Apfelrest
(He, Pf, Sch-A, Fr, Ba)
S. 246, 247

Butzen
Knospe
(Ba)

Bützget
Apfelrest
(Sch-A)

C

Christ, Heiliger
Weihnachtsmann
(Sä, Th)
S. 369, 370

Christabend
Heiligabend
(Wnd, Th, He, Rh, Pf, Fr)
S. 325

Christbaum
Weihnachtsbaum

(Wnd, Ond, Sä, Th, He, Rh, Pf, Sch-A, Fr, Ba)
S. 370, 371

Christbusch
Weihnachtsbaum
(Th)

Christkind
Weihnachtsmann
(Wnd, Th, He, Rh, Pf)
S. 325, 334, 368, 370–372

Christkindel
Weihnachtsmann
(Ba)
S. 372

Christkindel-baum
Weihnachtsbaum
(Ba)

Christkindla
Weihnachtsmann
(Fr)
S. 372

Christkindle
Weihnachtsmann
(Sch-A)
S. 372

Christnacht
Heiligabend
(Sä, Fr)

Cousin
Cousin
(Wnd, Ond, Sä, Th, He, Rh, Pf, Sch-A, Fr, Ba)

Cousine
Cousine
(Wnd, Ond, Sä, Th, He, Rh, Pf, Sch-A, Fr, Ba)

Cowboyhose
Blue Jeans
(Fr)

Dachtel
Ohrfeige
(Ond, Sä, Th, Rh, Pf, Fr, Ba)

Dacklünk
Sperling
(Wnd)

Daffke, aus
absichtlich
(Ond)
S. 243

daheim
Hause, zu
(Sä, Th, He, Rh, Pf, Sch-A, Fr, Ba)
S. 242, 243, 256, 257, 296, 305, 310, 311, 316, 319

dakig
dunkel, es wird
(Ond)

Dallewatsch
Mumps
(Ba)

damisch
sehr
(Ba)

dämisch
sehr
(Sä, Th)

dämpen
rauchen
(Pf)

Därmereißen
Bauchschmerzen
(Fr)

Dase
Viehbremse
(Ond, Rh)
S. 366

Datsch
Kartoffelpuffer
(Pf, Ba)

Dätscher
Kartoffelpuffer
(Th)

Datschert
Kartoffelpuffer
(Rh)

däuen
wiederkäuen
(Sch-A, Fr)

Dauerlutscher
Lutscher
(Rh)

Dausch
Mutterschwein
(Th, Fr)

Deern
Mädchen
(Wnd, Ond, Rh)
S. 276, 288, 290, 332, 336, 348, 368

Deichsel
Deichsel
(Sä, Rh, Pf, Sch-A, Fr, Ba)

Deissel
Deichsel
(He, Pf, Sch-A)

Deistel
Deichsel
(Sä, Th, Fr)

dengeln
schärfen (Sense)
(Sä, Th, He, Pf, Sch-A, Fr, Ba)

Denngras
Quecke
(Rh)

der Plauze haben, auf
erkälten
(Th, Sä)

derblecken
hänseln
(Fr, Ba)

derwischen, Frost
erkälten
(Ba)

Dese
Backtrog
(Sä)

Déssert
Nachtisch
(Sch-A)

Destille
Kneipe
(Ond)
S. 323

Dickkopf
Kaulquappe
(Wnd, Th, He, Rh, Pf, Fr)

Dickmilch
Dickmilch
(Wnd, Ond, He, Rh, Pf)

Diele
Hausflur
(Wnd, Ond, He, Rh)
S. 280, 311

Diesenkalb
Kalb (weiblich)
(Th)

dieses Jahr
Jahr, dieses
(Wnd, Ond, Sä, Th, He, Rh, Pf, Sch-A)
S. 263, 291, 309, 324, 326

Diessel
Deichsel
(Wnd, Ond)

Diesselbaum
Deichsel
(Wnd)

Dietzel
Schnuller
(Ba)

Dilldopp
Kreisel (Kinderspielzeug)
(Rh, Pf)

dinsen
ziehen
(Th, He)

Dippchen
Kaffeetasse
(Pf)

Dippe
Kochtopf
(Th, He, Pf)
S. 315, 330

Dippenmacher
Töpfer
(Th, He, Pf)

Dirndel
Mädchen
(Ba)

diskurrieren
unterhalten
(Wnd, Sä, Th, He, Pf, Sch-A, Fr, Ba)
S. 362–364

Diskurs
Unterhaltung
(Sä)
S. 362

döbben
ernten (Kartoffeln)
(Rh)

Döbbert
Tauber
(Wnd, Ond, Th)

Docht
Docht
(Wnd, Ond, Sä, Th, He, Sch-A, Fr, Ba)

Docke
Mutterschwein
(He)

Döhle
Eigelb
(Wnd)

Döllchen
Ohrfeige
(Rh)

Dopp
Kreisel (Kinderspielzeug)
(Rh)

Döppärften
Erbsen
(Wnd)

Doppch
Kreisel (Kinderspielzeug)
(He)

Döppe
Kochtopf
(Rh)
S. 296, 331

Döppebäcker
Töpfer
(Rh)

Dörnerbeere
Brombeere
(Pf)

Dorrle
Kreisel (Kinderspielzeug)
(Th)

Dot
Pate
(Th, Sch-A, Fr)
S. 334, 335

Döt
Pate
(Ba)
S. 335

Dote
Patin
(Th, He, Sch-A, Fr, Ba)
S. 335

Dotter
Eigelb
(Wnd, Ond, Sä, Th, He, Rh, Pf, Sch-A, Fr, Ba)

Dotterling
Eigelb
(Ba)

Dotz
Beule
(Rh)

Dotz
Murmel
(Rh)

Drache
Erpel
(Th)

Drake
Erpel
(Wnd)

Draller
Kreisel (Kinderspielzeug)
(Ba)

Dreckkäfer
Mistkäfer
(Pf, Sch-A, Ba)

Dreckschippe
Kehrschaufel
(He, Rh, Pf, Fr)

Dreibrot
Kaffeetrinken
(Th)

Driller
Kreisel (Kinderspielzeug)
(He, Pf, Sch-A)

Drischling
Pilz
(Pf)

Drivels
Hefe
(Wnd)

Dröhnappel
Musikantenknochen
(Ond)

Drön
Unterhaltung
(Wnd, Ond)
S. 362

Drücker
Türklinke
(Wnd, Ond, Sä, Th, He, Fr)

Druschel
Stachelbeere (Ribes grossularia)
(Pf)

Düffer
Tauber
(Wnd, Ond)

Duft
Rauhreif
(He, Rh, Pf, Sch-A)
S. 285

Düllen
Beule
(Rh)

Dult
Jahrmarkt
(Ba)
S. 307

dunkel
dunkel, es wird
(Wnd, Ond, Th, He, Rh, Pf, Sch-A, Fr)

Dunken
Docht
(Wnd)

duster
dunkel, es wird
(Wnd, Ond, Rh)

Duttel
Hagebutte
(Rh)

Dutz
Beule
(Pf)

Dutzel
Schnuller
(Ba)

dweilen
aufwischen
(Wnd)

E

eben
eben
(Wnd, Ond, Sä, Th, Rh)

ebend
eben
(Ond, Sä)

echtmachen
pfropfen
(Ond)

ederkauen
wiederkäuen
(Wnd)

ehergestern
vorgestern
(Wnd, Ond, Sä, Th)

Eichelhäher
Eichelhäher
(Ond, Sä, Th, Fr, Ba)

Eichelkabsch
Eichelhäher
(Sä)

Eichsel
Deichsel
(Ba)

Eidam
Schwiegersohn
(Th, He, Rh, Pf, Sch-A)

Eierdatsch
Pfannkuchen
(Sch-A)

Eierkuchen
Pfannkuchen
(Wnd, Ond, Sä, Th)
S. 336, 337

Eierpfannkuchen
Pfannkuchen
(Ond, He)
S. 338

Eigelb
Eigelb
(Wnd, Ond, Sä, Th, He, Rh, Pf)

eilen
beeilen
(He, Rh, Pf)
S. 256, 257

Einbrenne
Mehlschwitze
(Sä, He, Rh, Pf, Sch-A, Fr, Ba)

einen Hund holen
erkälten
(Sä)

Einerbabel
Erstkläßler
(Sä)

einkälten
erkälten
(Sä)

einkäuen
wiederkäuen
(Ba)

Einkehr
Pflugwende
(Ba)

Einkriegezeck
Fangen (Kinderspiel)
(Ond, Sä)

Einwärts
Herbst
(Fr, Ba)

Eisbahn
Rutschbahn
(He, Rh, Ba)

Eisbein
Eisbein
(Wnd, Ond, Sä, Th, He, Rh, Pf)

Eiternessel
Brennessel
(Th)

eitrucken
wiederkäuen
(Sch-A)

Elektrisierknochen
Musikantenknochen
(Rh)

Eller
Großmutter
(Th, He)

Eller
Hebamme
(He)

Ellervater
Großvater
(Th, He)

Else
Pfriem (Werkzeug)
(Wnd)

Elster
Elster
(Sä, Th, He, Rh, Sch-A, Ba)
S. 276, 277

Elsterauge
Hühnerauge
(Ond, Rh)
S. 301, 302

emden
pfropfen
(Sch-A)

Emetze
Ameise
(Th, He, Pf, Fr)

Emigge
Ameise
(Wnd)

Emken
Ameise
(Ond)

Emseek
Ameise
(Rh)

Enkel
Knöchel
(Wnd, Ond, Th, Rh, Pf, Ba)

enken
pfropfen
(Ond)

Enteler
Erpel
(Sch-A)

enten
pfropfen
(Wnd)

Entenhahn
Erpel
(Rh)

Entenvogel
Erpel
(Rh, Sch-A)

Enterich
Erpel
(Sä, Th, He, Rh, Pf, Sch-A, Fr)

Erbel
Walderdbeere
(Th, He, Rh, Pf, Fr)

Erbel, Wilde
Walderdbeere
(Rh)

Erbern
Kartoffel
(Sä, Th, Fr)
S. 309, 312

Erbern, Ganze
Pellkartoffeln
(Sä)

Erbernbrei
Kartoffelpürree
(Sä)

Erbier
Walderdbeere
(Pf)

Erbsen
Erbsen
(Wnd, Ond, Sä, Th, He, Rh, Pf, Sch-A, Fr, Ba)
S. 309, 316, 326

Erdapfel
Kartoffel
(Sä, Th, Rh, Fr, Ba)
S. 268, 309–312, 360

Erdbeere
Walderdbeere
(Wnd, Sä, He, Ba)

Erdbeere, Wilde
Walderdbeere
(Wnd)

Erdbesinge
Walderdbeere
(Ond)

Erdbirne
Kartoffel
(Sä, Th, Sch-A, Fr)
S. 306, 311

Erdbirnenpappe
Kartoffelpürree
(Sä)

Erdbirnstopfer
Kartoffelpürree
(Sch-A)

Erdgeschoß
Erdgeschoß
(Wnd, Sch-A)

Erdwürmchen
Regenwurm
(Pf)

erkälten
erkälten
(Wnd, Ond, Sä, Th, He, Rh, Fr)
S. 266

Ern
Hausflur
(Th, He, Sch-A, Fr)

Ernterechen
Nachharke
(He)

Erpel
Erpel
(Wnd, Ond, Sä, Th)

Erpel
Kartoffel
(Rh)
S. 295, 311, 316, 318

Erpel, Gestovte
Kartoffelpürree
(Rh)

Erpelspappe
Kartoffelpürree
(Rh)

Erstbember
Erstkläßler
(Sch-A)

Erstenbatzer
Erstkläßler
(Fr)

Erstenkrutscher
Erstkläßler
(Sä)

Erster Stock
Erdgeschoß
(Sä, Pf, Sch-A, Fr)

Erstklaßler
Erstkläßler
(Ba)

Erstkläßler
Erstkläßler
(He, Pf, Sch-A, Fr)

es nachtet
dunkel, es wird
(Sch-A)

es wird Nacht
dunkel, es wird
(He, Sch-A, Fr, Ba)

Esse
Schornstein
(Sä, Th)

Essenkehrer
Schornsteinfeger
(Sä, Th)
S. 348

Ettgröde
Grummet
(Wnd)
S. 286

Etui
Federmäppchen
(Wnd, Rh, Sch-A)

etwas
bißchen
(Wnd, Ond, Rh)
S. 265

Eule
Handbesen
(Wnd, Ond, Th)

Euter
Euter
(Sä, Th, Pf, Sch-A, Fr, Ba)

exküse
absichtlich
(Pf)
S. 244

express
absichtlich
(He, Rh, Pf)
S. 243, 244

extra
absichtlich
(Wnd, Ond, He, Rh, Pf, Sch-A, Fr, Ba)
S. 243–245

F

Fackel
Ferkel
(Ba)

Fackelsau
Mutterschwein
(Ba)

Fahrstuhl
Fahrstuhl
(Wnd, Ond, Sä, Th)

Fake
Ohrfeige
(Sä, Th)

Fangches
Fangen (Kinderspiel)
(Pf)

Fangerles
Fangen (Kinderspiel)
(Th, He, Sch-A, Fr)

Fangermandl
Fangen (Kinderspiel)
(Ba)

fänzen
weinen
(Sä)

Farken
Ferkel
(Wnd, Ond)
S. 276

Farschel
Ferse
(Th)

Färsenkalb
Kalb (weiblich)
(Ond)

Fartzebeere
Brombeere
(He)

Fäsch
Kalb (weiblich)
(Rh)

Fasching
Fastnacht
(Wnd, Ond, Sä, Th, He, Sch-A, Fr, Ba)

Fasnet
Fastnacht
(Sch-A)

Fasnetküchle
Berliner
(Sch-A)

Faßbänder
Faßmacher
(Rh)

Faßbänger
Faßmacher
(Rh)

Faßbinder
Faßmacher
(Ond, Ba)

Fastelabend
Fastnacht
(Wnd, Ond, Th, He, Rh)
S. 263, 316

Fastnacht
Fastnacht
(Sä, Th, He, Rh, Pf, Sch-A, Fr, Ba)
S. 260, 262–264, 272

Fastnachtsküchel
Berliner
(Pf, Fr)
S. 263, 264

Fastnachtsküchle
Berliner
(Sch-A)
S. 264

Faulstich
Viehbremse
(Rh)

Fautze
Ohrfeige
(Sä)

Fazinettla
Taschentuch
(Fr)

Fazinettle
Taschentuch
(Sch-A)
S. 361

Federmappe
Federmäppchen
(Sä, Th)

Federmapperl
Federmäppchen
(Ba)

Federmäpple
Federmäppchen
(Fr)

Federtasche
Federmäppchen
(Wnd, Ond, Sä, Th)

Fegeblech
Kehrschaufel
(Wnd)

fegen
aufwischen
(Fr)

fegen
fegen
(Wnd, Ond, Rh)
S. 276, 355

fegen
fegen (Schornstein)
(Wnd, Ond, Th, He, Rh, Fr)
S. 348, 350

Feghadern
Scheuertuch
(Fr)

Fehl
Mädchen
(Sch-A)

fei
eben
(Th, Sch-A, Fr, Ba)
S. 358, 365

Ferkel
Ferkel
(Ond, He, Rh, Pf)
S. 280

Ferkelsau
Mutterschwein
(Sä, He, Rh, Pf)

Ferse
Ferse
(Sä, Th, He, Rh, Pf, Sch-A, Fr, Ba)

Fersen
Ferse
(Sch-A)

Ferst
Ferse
(Pf)

Feudel
Scheuertuch
(Wnd, Ond)

feudeln
aufwischen
(Wnd)

Feueresse
Schornstein
(Sä)

Feuerrüpel
Schornsteinfeger
(Sä)
S. 349

Feuerspänchen
Streichholz
(Rh)

Feuersteckel
Streichholz
(Fr)

Fickel
Ferkel
(Wnd)

fies
sehr
(Rh)

Fieze
Brotende
(Th)

Fieze
Brotscheibe
(Sä)

Fimpchen
Streichholz
(Rh)

Finken
Hausschuhe
(Sch-A)

finster
dunkel, es wird
(Sä, Sch-A, Fr, Ba)

firben
fegen
(Sch-A)

Fischklässer
Erstkläßler
(Th)

fix zumachen
beeilen
(Ond)
S. 255

Fixchen
Streichholz
(He)

Fixfeuer
Streichholz
(Rh, Pf)

fixmachen
beeilen
(Sä, Th)
S. 349

Fladen
Brotscheibe
(Th)

Flädle
Pfannkuchen
(Sch-A)

flämisch
sehr
(Th)
S. 256

Flämmstern
Glühwürmchen
(Ond)

Flapp
Mund (halt den ...)
(Ond)

Flarren
Narbe
(Sä)

Flaschner
Installateur
(Sch-A, Fr, Ba)

Flechter
Peitsche
(Ond)

Flechtgras
Quecke
(Fr)

Fleischer
Fleischer
(Ond, Sä, Th)
S. 278, 279, 374

Fleischhäuer
Fleischer
(Rh)
S. 280

Fleischhuller
Frikadelle
(Th)

Fleischklößchen
Frikadelle
(Sä, Th, Fr)

Fleischkrapfel
Frikadelle
(Ba)

Fleischküchla
Frikadelle
(Fr)

Fleischküchle
Frikadelle
(Pf, Sch-A)

Fleischpflanzerl
Frikadelle
(Ba)

Fleiß, mit
absichtlich
(Sä, He, Pf, Sch-A, Fr, Ba)
S. 243–245

Fleiß, zu
absichtlich
(Ba)
S. 245

Fleiß, zum
absichtlich
(Th)

flennen
weinen
(Sä, Th, He, Fr, Ba)

Flennes
Begräbnis
(He)

Fleppe
Mund (halt den ...)
(Th)

fletschen
weinen
(Th, Fr)

Fletz
Hausflur
(Ba)

Flieder
Holunder (Sambucus nigra)
(Wnd, Ond, Rh)
S. 298, 300

Flieder, Schwarzer
Holunder (Sambucus nigra)
(Ond)

Flieder, Weißer
Holunder (Sambucus nigra)
(Ond)
S. 298

Flieder, Wilder
Holunder (Sambucus nigra)
(Ond)

Fliege
Fliege
(Wnd, Ond, Sä, Th, He, Rh, Ba)

fliehen
pflügen
(Th)

Flimmflämmke
Glühwürmchen
(Rh)

flink
intelligent
(Fr)

Flitsche
Schleuder (Kinderspielzeug)
(Rh)

flöppen
rauchen
(Rh)

Flötenkäse
Quark
(Rh)

fluchen
schimpfen
(Ba)

fluppen
rauchen
(Pf)

Flur
Hausflur
(Wnd, Ond, Th, He, Rh, Pf)

folgen, schön
artig sein
(Sä)

Föpp
Schnuller
(Rh)

fördern
beeilen
(Sä)
S. 255

Forellchen
Kreisel (Kinderspielzeug)
(Sä)

Formkuchen
Napfkuchen
(Th, He, Pf)

Fotze
Ohrfeige
(Ba)

Fotzen
Mund (halt den ...)
(Ba)

Fräla
Großmutter
(Fr)

Fräle
Großmutter
(Th)

Fratzen
Kartoffelpuffer
(Sä)

Fraudote
Patin
(Fr)

Frauenvögele
Marienkäfer
(Sch-A)

Fraupate
Patin
(Th)

Freck
Schnupfen
(Pf)
S. 347

Freckel
Ferkel
(He, Pf)

freden
jäten
(Ba)

fretten
häufeln (Kartoffeln)
(Fr)

friere, ich
friere, ich
(Wnd, Th)

friert's, mich
friere, ich
(Sch-A, Fr, Ba)

Frieseli
Schnittlauch
(Fr)

Frieserich
Schnittlauch
(Sä)

Frieslauch
Schnittlauch
(He)

Frikadelle
Frikadelle
(Wnd, He, Rh, Pf)

Frosch
Frosch
(Sä, Th, He, Pf, Sch-A, Fr, Ba)
S. 345

Frösch
Frosch
(Rh)

Frost derwischen
erkälten
(Ba)

Fröte
Maulwurf
(Wnd)

frotzeln
hänseln
(Fr, Ba)

Frucht
Getreide
(Wnd, Th, He, Rh, Pf, Sch-A, Fr)
S. 282–285

Frühjahr
Frühling
(Wnd, Ond, Sä, Th, He, Rh, Pf, Sch-A, Fr, Ba)
S. 294, 342

Frühling
Frühling
(Sä, Sch-A)
S. 311

fummeln
kicken
(Ond)

Fürner
Iltis
(Rh)

fürwitzig
neugierig
(Rh, Pf, Sch-A)
S. 331

Füße abtreten
abputzen (Schuhe)
(Wnd, Ond, Sä, Th, He, Rh, Sch-A)

Füße, nackte
barfuß
(Rh)

fußeln
kicken
(Ba)

fußeln
laufen
(Pf, Sch-A)

Fußsteig
Bürgersteig
(Sä)

Fußweg
Bürgersteig
(Wnd, Sä, Th)

G

Gabeldeichsel
Gabeldeichsel
(Fr, Ba)

Gabeldeistel
Gabeldeichsel
(Sä, Th)

gabsen
gähnen
(Rh, Pf)

Gacken
Apfelrest
(Sch-A)
S. 247

gackern
gackern
(Ond, Sä, Th, Pf, Ba)

Gäckert
Eichelhäher
(Pf)

gacksen
gackern
(Rh, Sch-A)

gäcksen
gackern
(He, Pf)

Gaffel
Gabeldeichsel
(Ond)

Gaffeltang
Ohrwurm
(Wnd)

gagatzen
gackern
(Ba)

Gagerhätzel
Elster
(Fr)

gähnen
gähnen
(Sä, Th, He, Pf, Sch-A, Fr)

Gaine
Grasschwade
(Wnd)

gaken
weinen
(Th)

Gamberla
Schleuder (Kinderspielzeug)
(Fr)

Ganeist
Ganter
(Th)

Gang
Hausflur
(He, Pf, Sch-A, Fr, Ba)

Gansblume
Margerite
(Chrysanthemum leucanthemum)
(Rh)

Gänschen
Gänschen
(Th, He, Rh, Pf)

Gänseblume
Margerite
(Chrysanthemum leucanthemum)
(Th, He, Sch-A, Fr, Ba)

Gänsehahn
Ganter
(Rh)

Gänseküken
Gänschen
(Ond)

Gänsel
Gänschen
(Pf)

Ganser
Ganter
(He, Fr)

Ganserer
Ganter
(Ba)

Gänserich
Ganter
(Sä, He, Rh, Sch-A)

Ganserl
Gänschen
(Ba)

Gansert
Ganter
(Sä, Th, He, Pf)

Gansker
Ganter
(Sch-A, Fr)

Gänsla
Gänschen
(Fr)

Gänsle
Gänschen
(Sch-A)

Ganter
Ganter
(Wnd, Ond)

Gäntsch
Ganter
(Sä)

Ganze Erbern
Pellkartoffeln
(Sä)

gar
leer
(Sch-A, Fr)

garren
weinen
(He)

gatzen
gackern
(Sä, Fr)

gätzen
gackern
(Th, He)

gatzgen
gackern
(Sch-A)

Gätzger
Schluckauf
(Sch-A)

gau tomaken
beeilen
(Wnd)
S. 255

Gäukelbock
Purzelbaum
(Sä)

Gaul
Pferd
(Wnd, Ond, Th, He, Pf, Sch-A, Fr, Ba)
S. 347, 350, 354, 367, 376

Gäulskopf
Kaulquappe
(He)

Gauser
Ganter
(Sch-A)

Geäderstutzen
Pulswärmer
(Sch-A)

Gebatsch
Unterhaltung
(Fr)

Geckisches Knippchen
Musikantenknochen
(Pf)

Geeuter
Euter
(Sch-A)

Gehacktes
Hackfleisch
(Wnd, Ond, Sä, Th, He, Rh, Pf, Fr)

Gehackteskloß
Frikadelle
(Ond)

Gehannsböbchen
Glühwürmchen
(Pf)

Gehannsböbchen
Marienkäfer
(Pf)

Gehsteig
Bürgersteig
(Fr, Ba)

Gehweg
Bürgersteig
(Wnd, Sä, Th, Sch-A)

Geiß
Ziege
(Th, He, Rh, Pf, Sch-A, Fr, Ba)
S. 320, 374–378

Geißblume
Anemone
(He, Fr)

Geißel
Peitsche
(Th, He, Pf, Sch-A, Ba)

Geißpeter
Mumps
(Fr)

Geit
Erpel
(Sch-A)

Geitel
Ganter
(Ba)

Gekochte Kartoffeln
Pellkartoffeln
(Ba)

Gekochte Potakken
Pellkartoffeln
(Fr)

Gelbe Rübe
Möhre
(Th, He, Pf, Sch-A, Fr, Ba)
S. 324–326

Gelbei
Eigelb
(Ond, Th)

Geldbeutel
Portemonnaie
(Wnd, Ond, He, Pf, Sch-A, Fr, Ba)
S. 274, 332, 335, 340–342

Geldbörse
Portemonnaie
(Wnd, Ba)

Geldpüt
Portemonnaie
(Wnd)
S. 332

Geldtaschel
Portemonnaie
(Sä)

gell
nicht wahr?
(Rh, Pf, Sch-A, Fr, Ba)
S. 251, 268, 285, 335

gelle
nicht wahr?
(Sä, Th, He)
S. 292, 334

Gemahd
Grasschwade
(He, Rh, Pf)

Gemelk
Euter
(Sch-A)

Genack
Genick
(Sch-A, Fr, Ba)

Genick
Genick
(Wnd, Ond, Sä, Th, He, Rh, Pf, Sch-A)

Gent
Ganter
(Rh)

Geplauder
Unterhaltung
(Fr)

Gequellte
Pellkartoffeln
(He, Pf)
S. 242, 311

gerade zu Leid
absichtlich
(Pf)
S. 244

Gereim
Rauhreif
(Ba)

Germ
Hefe
(Ba)

Geronnene Milch
Dickmilch
(Th)

Gerret
Ganter
(Pf)

gescheit
intelligent
(Sä, Th, He, Rh, Pf, Sch-A, Fr, Ba)
S. 266, 306, 311, 375

Geschleck
Bonbon
(Fr)

Geschnäuf
Schnupfen
(Sch-A)

Geschnäuks
Bonbon
(Pf)

Geschnuder
Schnupfen
(Sch-A)

Geschwad
Grasschwade
(Sä, Th)

Geschwellte
Pellkartoffeln
(Pf)

Geschwellti
Pellkartoffeln
(Sch-A)

Geschwisterkind
Cousin
(Sch-A)

Gesottene
Pellkartoffeln
(Pf)

Gesottene Grumbire
Pellkartoffeln
(Sch-A)

Gesottene Kartoffeln
Pellkartoffeln
(Ba)

Gesparn
Sperling
(Sch-A)

Gest
Hefe
(Wnd)

Gestandene Milch
Dickmilch
(Sch-A, Ba)

Gestell
Gabeldeichsel
(Rh, Pf)

Gestöckelte Milch
Dickmilch
(Ba)

Gestockte Milch
Dickmilch
(Fr)

Gestovte Erpel
Kartoffelpürree
(Rh)

Gestovte Tüffeln
Kartoffelpürree
(Wnd, Ond)

Gesundheitskuchen
Napfkuchen
(Fr, Ba)

Getreide
Getreide
(Sä, Th, Fr, Ba)
S. 283

Getzen
Kartoffelpuffer
(Sä)

Gevatter
Pate
(Wnd)

Gevatterin
Patin
(Sä, Th)

Gewand
Pflugwende
(He, Pf)

Gewende
Pflugwende
(Sä, Th, Fr)

gewieft
intelligent
(Sch-A)

Gewiegtes
Hackfleisch
(Sä)

gewitzt
intelligent
(Rh)

Gickel
Brotende
(Sch-A)

Gickel
Hahn
(He)
S. 376

Gickelhahn
Hahn
(Th)

Gickerhahn
Hahn
(Sä)

Gickerl
Brathähnchen
(Ba)

Gickerl
Hahn
(Ba)

Gickersch
Hahn
(Sä)

Gieger
Hahn
(Sch-A, Fr)

Giegerla
Brathähnchen
(Fr)

Gieße
Gießkanne
(He, Rh, Pf)

Gießer
Gießkanne
(Wnd, Th, Sch-A, Fr)

Gießkanne
Gießkanne
(Wnd, Sä, Th, He, Rh, Pf)

Gießkante
Gießkanne
(He, Sch-A)

giewen
gähnen
(He)

Gimellamm
Lamm (weiblich)
(He)

Ginsel
Gänschen
(He)

Gischel
Deichsel
(Th, He)

Giske
Gänschen
(Rh)

Gist
Hefe
(Rh)

Gländer
Rutschbahn
(Th, Pf)

gländern
schlittern
(Th, He, Pf)

Glanzbilder
Glanzbilder
(He, Rh, Pf)

Gleiärseken
Glühwürmchen
(Rh)

Gleitebahn
Rutschbahn
(He)

Glickerleskäse
Quark
(Th)

Glimmors
Glühwürmchen
(Wnd)

Glimmstert
Glühwürmchen
(Wnd)

glissen
schlittern
(Ond)

Glitschbahn
Rutschbahn
(Wnd)

Glitsche
Rutschbahn
(Ond)

glitschen
schlittern
(Wnd, Ond, Pf)

Glocke
Klingel
(Sch-A, Fr, Ba)

Glucke
Glucke
(Wnd, Ond, Sä, Th, He, Rh, Pf, Fr)
S. 344

Gluckere
Glucke
(Sch-A)

Gluckhenne
Glucke
(Wnd)

Gluckser
Schluckauf
(Pf, Sch-A)

Glückskäfer
Marienkäfer
(Th)

Glufe
Stecknadel
(Pf, Sch-A, Fr, Ba)
S. 358

Glugger
Murmel
(Sch-A)

Glühwurm
Glühwürmchen
(Wnd, Ond)

Glühwürmchen
Glühwürmchen
(Sä, Th, He, Pf)

Glühwürmle
Glühwürmchen
(Sch-A)

Glutzer
Schluckauf
(Fr)

Glutzger
Schluckauf
(Sch-A)

Gnidde
Stechmücke
(Wnd, Ond)

Gockel
Hahn
(Pf, Ba)

Göcker
Hahn
(Th, Fr)

Gockler
Brathähnchen
(Sch-A)

Gockler
Hahn
(Sch-A)

Göle
Patin
(Rh)

Gooskůken
Gänschen
(Wnd)

Gosch
Mund (halt den ...)
(Sch-A)

goschen
schimpfen
(Sch-A)

Goschen
Mund (halt den ...)
(Fr, Ba)

Gössel
Gänschen
(Wnd, Ond, Rh)

Göt
Pate
(Ba)

Götchestante
Patin
(Rh)

Gote
Patin
(He, Rh, Pf, Sch-A)
S. 334, 335, 342, 372

Gotebäs
Patin
(Sch-A)

Gotel
Patin
(Ba)

Götel
Patin
(Pf)
S. 335

Göti
Pate
(Sch-A)
S. 335

Gott, Grüß
Guten Tag
(Sch-A, Fr, Ba)
S. 249

Götzger
Ganter
(Fr)

graben
ernten (Kartoffeln)
(Pf, Sch-A, Fr, Ba)

Gräff
Begräbnis
(Wnd)

Gräfnis
Begräbnis
(Ond)
S. 258

gramm
heiser
(Rh)

grammelich
heiser
(He)

Grammer
Grummet
(Wnd)

Grantelbeere
Preiselbeere
(Ba)

Grapen
Kochtopf
(Wnd, Ond, He, Pf, Fr)
S. 310

grasen
jäten
(Sä, Th)

Grashitsche
Heuschrecke
(Th)

Grashupfer
Heuschrecke
(Sä, Fr)

Grashüpfer
Heuschrecke
(Wnd, Th)

Graslauch
Schnittlauch
(Wnd, Th)

Graslitzbeere
Preiselbeere
(Fr)

Graspferd
Heuschrecke
(Sä, Th)

Graswurzel
Quecke
(Rh)

Greifen
Fangen (Kinderspiel)
(Ond)

greinen
weinen
(Wnd, Sä, Th, He, Rh, Pf, Sch-A, Fr)
S. 261, 268

Griebs
Apfelrest
(Th, He, Fr)

Griebsch
Apfelrest
(Wnd, Ond, Sä)
S. 246

Griepsch, Mutter
Hebamme
(Wnd, Ond)

Grieschel
Gänschen
(Sä)

Grieseli
Schnittlauch
(Fr)

Grieslauch
Schnittlauch
(He)

Grieslich
Schnittlauch
(Th)

Griff
Türklinke
(Wnd, He, Fr, Ba)

Griffelkasten
Federmäppchen
(Rh)

Griffelmappe
Federmäppchen
(Wnd)

griglet
heiser
(Ba)

Grimmen
Bauchschmerzen
(Sch-A, Ba)
S. 254

Grindweh
Kopfschmerzen
(Sch-A)

grinsen
weinen
(Sä)

Grole
Gänschen
(Sch-A)

Gromad
Grummet
(Ba)

Gromper
Kartoffel
(Rh)
S. 311

Groß
Großmutter
(Pf)

Großbabbe
Großvater
(Pf)

Größing
Großmutter
(Ond)

Großmamme
Großmutter
(Pf)

Großmöhm
Großmutter
(Wnd)

Großmutter
Großmutter
(Wnd, Ond, Sä, Th, He, Rh, Pf, Sch-A, Fr, Ba)
S. 251, 291, 340, 373, 374

Großvater
Großvater
(Wnd, Ond, Sä, Th, He, Rh, Pf, Sch-A, Fr, Ba)
S. 293

Grübel
Genick
(Pf)

Grumber
Kartoffel
(He, Pf, Fr)
S. 242, 296, 310, 311

Grumberküchle
Kartoffelpuffer
(Pf)

Grumberpfannkuchen
Kartoffelpuffer
(Pf)

Grumberschnitte
Kartoffelpuffer
(Pf)

Grumbir
Kartoffel
(Sch-A)
S. 311, 312

Grumbire, Gesottene
Pellkartoffeln
(Sch-A)

Grumbirstock
Kartoffelpürree
(Sch-A)

Grummet
Grummet
(Sä, Th, He, Rh, Pf, Fr)
S. 286, 287

Grünkohl
Grünkohl
(Wnd, Ond, Sä, Th, He, Rh, Pf, Sch-A, Fr, Ba)
S. 291

Grünschel
Stachelbeere (Ribes grossularia)
(Rh)

Grüsbeere
Stachelbeere (Ribes grossularia)
(Wnd)

Grüschel
Stachelbeere (Ribes grossularia)
(Rh, Pf)

Grüß Gott
Guten Tag
(Sch-A, Fr, Ba)
S. 249

Grusselbeere
Stachelbeere (Ribes grossularia)
(Pf)

Grüsselbeere
Stachelbeere (Ribes grossularia)
(Sch-A)

g'stad sein
artig sein
(Ba)

guck
guck
(Sä, Th, He, Pf, Sch-A, Fr)
S. 247, 262, 267, 279, 285, 325, 335, 339, 355, 371, 377

Gude
Guten Tag
(He)

Gufe
Stecknadel
(Pf, Sch-A)

Gugelhupf
Napfkuchen
(Sch-A, Fr, Ba)
S. 264

Guhlere
Henne
(Sch-A)

Guller
Hahn
(Sch-A)

Gummer
Gurke (Cucumis sativus)
(He, Rh, Pf)
S. 266, 288, 289

Gumpen
Teich
(Sch-A, Ba)

Güntche
Ausguß (Kaffeekanne)
(Wnd)

Gür
Maulwurf
(Rh)

Gurke
Gurke (Cucumis sativus)
(Wnd, Ond, Sä, Th, He, Rh, Sch-A)
S. 241, 288, 289

Gusche
Mund (halt den ...)
(Sä, Th, He, Pf)
S. 293

gut, mach's
Auf Wiedersehen
(Sä, Th, He)
S. 248

Gute Tag
Guten Tag
(Sä, Th, He, Pf, Sch-A)

Gutel
Bonbon
(Ba)

Guten Tag
Guten Tag
(Wnd, Ond, Rh)

Guthäher
Eichelhäher
(Fr)

gutmachen
pfropfen
(Th)

Guts-chen
Bonbon
(He, Pf)

Gutsel
Bonbon
(He, Pf)
S. 270

Gutsele
Bonbon
(Sch-A, Fr)
S. 270

H

häbbeln
wiehern
(He, Pf)

habe kalt, ich
friere, ich
(Pf)

haben, auf der Plauze
erkälten
(Th, Sä)

haben, Rotlauf
erkälten
(He, Rh, Pf)

haben, Sucht
erkälten
(Sch-A)

Habergeiß
Kreisel (Kinderspielzeug)
(Sch-A)

Haberheiß
Heuschrecke
(Ba)

Hach
Rauhreif
(Pf)

hachern
wiehern
(Pf)

Hack
Hackfleisch
(Wnd)

Hacke
Ferse
(Wnd, Ond, Sä, Th, He, Rh)
S. 271

hacken
ernten (Kartoffeln)
(Sä)
S. 310

hacken
häufeln (Kartoffeln)
(Sch-A, Fr)

Hacken
Ferse
(Wnd, Ond)
S. 291

Hackepeter
Hackfleisch
(Ond, Sä)

Hackfleisch
Hackfleisch
(He, Pf, Sch-A, Fr, Ba)

Hackküchelchen
Frikadelle
(Pf)

Hader
Scheuertuch
(Sä)

Hadern
Scheuertuch
(Ba)

Hafela
Kaffeetasse
(Th)

Hafen
Kochtopf
(He, Pf, Sch-A, Fr)
S. 251, 316, 318

Haferbock
Heuschrecke
(Ond)

Haferl
Kaffeetasse
(Ba)

Haferl
Kochtopf
(Ba)

Haferla
Kaffeetasse
(Fr)

Hafner
Töpfer
(Sch-A, Ba)

Häfner
Töpfer
(He, Pf, Fr)

Hagameise
Ameise
(Sch-A)

Hagappel
Hagebutte
(Rh)

Hagebutte
Hagebutte
(Wnd, Ond, Sch-A, Ba)

Hagebutze
Hagebutte
(Sch-A, Fr)

hageln
hageln
(Wnd, Ond, Sä, Th, He, Rh, Sch-A, Fr, Ba)

Häger
Eichelhäher
(Wnd)

Häher
Eichelhäher
(He, Pf, Sch-A)

Hahn
Hahn
(Wnd, Ond, Sä, Th, He, Rh, Pf)
S. 263, 344

Hähnchen
Brathähnchen
(Wnd, He, Rh, Pf)

Hahnebutte
Hagebutte
(Wnd, Ond, Sä, Th)

Hahnewiepchen
Hagebutte
(Sä)

Hähnla
Brathähnchen
(Fr)

Hähnle
Brathähnchen
(Sch-A)

Halbabend
Kaffeetrinken
(Sä, Th)

halgern
wiehern
(Pf)

Halle
Scheune
(Fr)

halmrecheln
nachharken
(Ba)

halmrechen
nachharken
(Sch-A)

Halmrechen
Nachharke
(Ba)

Hals, rauher
heiser
(He, Sch-A, Ba)

Halsgenick
Genick
(Th, He)

Halskaule
Genick
(Pf)

Halskaute
Genick
(Pf)

halt
eben
(He, Rh, Pf, Sch-A, Fr, Ba)
S. 364, 365

Hambutte
Hagebutte
(Th)

Hambuttel
Hagebutte
(He)

Hameisel
Ameise
(Th)

Hämken
Querholz (Fuhrwerk)
(Rh)

Hämmchen
Eisbein
(Rh)

hampern
wiehern
(Ba)

Hanappel
Hagebutte
(He)

Handbesen
Handbesen
(He, Pf)

Handfeger
Handbesen
(Wnd, Ond, Sä, Th, He, Rh, Pf)

Handmuff
Pulswärmer
(Wnd)

Handmüffchen
Pulswärmer
(Sä, Th)

Handpöters
Pulswärmer
(Ond)

Handstauchen
Pulswärmer
(Th)

Handsteckerla
Pulswärmer
(Fr)

Handstritzel
Pulswärmer
(Ba)

Hängeblume
Anemone
(He)

Hankel
Pferd
(Th, Fr)

hankern
wiehern
(Fr)

Hans
Nachharke
(Pf)

Hans Ruprecht
Weihnachtsmann
(Th)
S. 370

Hansel
Nachharke
(Sch-A)

hanseln
nachharken
(Sch-A)

hanseln
wiehern
(Fr)

hänseln
hänseln
(Wnd, Ond, Sä, Th, He, Rh, Pf, Sch-A)

hansen
nachharken
(Pf)

hänt
nicht wahr?
(Sä)

Happen
Schnuller
(Wnd)

härcheln
wiehern
(He)

Härdchen
Murmel
(Pf)

haren
schärfen (Sense)
(Wnd, Ond, He, Rh)

Harke
Nachharke
(Rh)

harken
nachharken
(Rh)

harren
warten
(Th)

härscheln
nachharken
(Sä)

Härschelrechen
Nachharke
(Sä)

Harst
Schornstein
(Pf)

Harstenputzer
Schornsteinfeger
(Pf)

Harwutzel
Hagebutte
(Ba)

Haschen
Fangen (Kinderspiel)
(Sä, Th)

Hase
Kaninchen
(Sä, He, Sch-A, Ba)

Hasekuh
Kaninchen
(Th, Fr)

Hasenbrot
Sauerklee
(Pf)

Hasenklee
Sauerklee
(He, Rh, Pf, Sch-A, Ba)

Hasenklewer
Sauerklee
(Wnd, Ond)

Hasenkohl
Sauerklee
(Ond)

Haspel
Eisbein
(He)

Häspele
Eisbein
(Fr)

Hät
Pflugwende
(Fr)

Hätigen
Pflugwende
(Rh)

Hättel
Ziege
(Sä, Th, Sch-A, Ba)
S. 378

hätteln
wiehern
(Sch-A)

Hätze
Elster
(Sch-A)
S. 277

Hätzel
Elster
(Fr)

Hätzenauge
Hühnerauge
(Sch-A, Fr)

Hauben
Mütze
(Fr, Ba)
S. 328, 329

haudern
schuften
(He, Rh, Pf, Sch-A, Fr, Ba)
S. 353, 354

Häuer
Murmel
(Rh)

häufeln
häufeln (Kartoffeln)
(Th, He, Pf, Sch-A, Fr, Ba)

häufen
häufeln (Kartoffeln)
(Rh)

Hauptschmerzen
Kopfschmerzen
(Th)

Hauptwehtage
Kopfschmerzen
(Th)

Haus
Hausflur
(Sä)
S. 309

Hausaufgaben
Hausaufgaben
(Sch-A, Fr, Ba)

Hause
Hausaufgaben
(Ba)

Hause, nach
Hause, nach
(Wnd, Ond, Sä, Th, Rh)

Hause, nach
Hause, zu
(Ond)
S. 314

Hause, zu
Hause, nach
(Ond, Th)
S. 359

Hause, zu
Hause, zu
(Wnd, Ond, Sä, Th, Rh)

Häuserlhupfen
Himmel und Hölle (Hüpfspiel)
(Ba)

Hausfink
Sperling
(Wnd)

Hausschuhe
Hausschuhe
(Sch-A, Ba)

Hawuttel
Hagebutte
(Pf)

Haxe
Ferse
(Ba)

haxeln
schlittern
(Ba)

he
nicht wahr?
(Sä, Th)

Hebamme
Hebamme
(Wnd, Ond, Th, Rh, Sch-A, Ba)

Heckenbeere
Brombeere
(Pf)

Heckenbeere
Stachelbeere (Ribes grossularia)
(Sch-A)

Hecker
Schluckauf
(Sch-A)
S. 345

Hecksau
Mutterschwein
(Sä, Th)

Hefe
Hefe
(Wnd, Ond, Sä, Th, He, Rh, Pf, Sch-A, Fr, Ba)

Hehrlauch
Schnittlauch
(He)

Heidbeere
Heidelbeere
(Sch-A, Ba)
S. 296, 297

Heidelbeere
Heidelbeere
(Sä, Th, He, Pf, Sch-A, Fr)
S. 294–296

heiden
sehr
(Th)

Heierles
Unterhaltung
(Sch-A)

Heilechrist
Weihnachtsmann
(Ond)
S. 368

Heiligabend
Heiligabend
(Wnd, Ond, Sä, Th, He, Rh, Pf, Sch-A, Fr, Ba)
S. 370

Heilige Nacht
Heiligabend
(Sch-A)

Heiliger Christ
Weihnachtsmann
(Sä, Th)
S. 369, 370

heim
Hause, nach
(Sä, Th, He, Rh, Pf, Sch-A, Fr, Ba)
S. 241, 256, 266, 272, 273, 280, 281, 285, 293, 295, 296, 311, 320, 323, 338, 343, 345, 350, 351, 360

heim
Hause, zu
(Ond, Sä, Th)
S. 266, 327, 362

heimgarten
unterhalten
(Sch-A, Ba)
S. 365

Heimgarten
Unterhaltung
(Sch-A, Ba)
S. 365

heindeln
häufeln (Kartoffeln)
(Ba)

Heinz
Kater
(Sä, Th)
S. 315

Heinzelmann
Kater
(Th)

Heinzer
Kater
(Fr)

heinzern
wiehern
(Fr, Ba)

heisch
heiser
(Wnd, Ond, Sä, Th)

heiser
heiser
(Wnd, Ond, Sä, Rh, Pf, Sch-A, Fr, Ba)

heiserig
heiser
(Th, He, Fr)

Heister
Elster
(Wnd, Ond)
S. 276

heisterig
heiser
(Wnd)

helle
intelligent
(Ond, Sä, Th)

Hendl
Brathähnchen
(Ba)

Hengbeere
Himbeere
(Th)

Hengst
Pflaume
(Sch-A)

Henne
Henne
(Wnd, Ond, Sä, Th, Rh, Sch-A, Fr, Ba)
S. 264, 285, 376

Hennenauge
Hühnerauge
(Fr, Ba)

Herbst
Herbst
(Wnd, Ond, Sä, Th, He, Rh, Pf, Fr)
S. 304

Herdapfel
Kartoffel
(Sch-A)
S. 312

Herdäpfelstock
Kartoffelpürree
(Sch-A)

Herr
Geistlicher
(Rh, Pf, Ba)

Herrdot
Pate
(Fr)

Herrel
Großvater
(Ba)

Herrenvogel
Eichelhäher
(Fr)

Herrgottskäfer
Marienkäfer
(Pf, Sch-A)

Herrgottsmockela
Marienkäfer
(Fr)

Herrgottstierchen
Marienkäfer
(Rh, Pf)

Herrgottswürmchen
Marienkäfer
(Ond)

Herrla
Großvater
(Fr)

Herrle
Geistlicher
(Sch-A)

Herrle
Großvater
(Th)
S. 272

Herrscheklaus
Weihnachtsmann
(Th)
S. 370

Hesse
Ferse
(Ond)

Hetsch
Frosch
(Ba)

Hetschebeer
Hagebutte
(Ba)

Hetschelbahn
Rutschbahn
(Fr)

hetscheln
schlittern
(Fr)

Hetscher
Schluckauf
(Fr, Ba)
S. 345

Heubutzer
Heuschrecke
(Pf)

heuer
Jahr, dieses
(Sä, Th, Sch-A, Fr, Ba)
S. 309, 312, 326, 365, 372

heugen
wenden (Heu)
(Ba)

Heugumber
Heuschrecke
(Sch-A)

Heuhopser
Heuschrecke
(Ond, Pf)

Heuhupfer
Heuschrecke
(Ba)

Heuhüpfer
Heuschrecke
(Wnd, Ond, Th, He, Fr)

Heujucker
Heuschrecke
(Sch-A)

Heuldopp
Kreisel (Kinderspielzeug)
(Rh)

heulen
weinen
(Wnd, Sä, Th, He, Rh, Pf, Sch-A, Fr)
S. 335

heunen
weinen
(Sch-A, Ba)

Heupferd
Heuschrecke
(Ond, Sä, Rh)

Heupferdchen
Heuschrecke
(Wnd)

Heuroß
Heuschrecke
(Ba)

Heuschnecke
Heuschrecke
(Fr, Ba)

Heuschneider
Heuschrecke
(Ba)

Heuschnickel
Heuschrecke
(Sch-A)

Heuschrecke
Heuschrecke
(Rh, Sch-A)

Heusprengsel
Heuschrecke
(Ond)

Heuspringer
Heuschrecke
(Wnd, Rh)

Heusprung
Heuschrecke
(Pf)

Heustaffel
Heuschrecke
(Sch-A)

Hex
Kreisel (Kinderspielzeug)
(Sch-A)

hicheln
wiehern
(He)

hichern
wiehern
(Sä, Th)

Hick
Schluckauf
(Wnd, Rh)
S. 343, 344

Hickelhäuschen
Himmel und Hölle (Hüpfspiel)
(He)

Hickelkästchen
Himmel und Hölle (Hüpfspiel)
(He)

hickeln
hüpfen (auf einem Bein)
(He, Pf)

Hickelsches
Himmel und Hölle (Hüpfspiel)
(He, Pf)

Hicker
Schluckauf
(Ond)

Hickerle
Schluckauf
(Fr)

hicksen
hüpfen (auf einem Bein)
(Sä, Th)

Hicksen
Himmel und Hölle (Hüpfspiel)
(Th)

Hickser
Schluckauf
(He)

Hiefe
Hagebutte
(Th, Sch-A, Fr, Ba)

Hiekster
Eichelhäher
(Wnd)

Hiele
Gänschen
(Sä)

Hieske
Pferd
(Wnd)

hille tomaken
beeilen
(Wnd)

Himbeere
Himbeere
(Wnd, Ond, Sä, Th, He, Rh, Pf, Sch-A, Fr)
S. 294

himmazen
blitzen
(Ba)

Himmel und Hölle
Himmel und Hölle (Hüpfspiel)
(Sch-A, Fr)

Himmelhopfen
Himmel und Hölle (Hüpfspiel)
(Sch-A)

Himmelkühchen
Marienkäfer
(Sä)

Himmelschlüssel
Schlüsselblume (Primula)
(Rh, Sch-A, Ba)

Himmelschlüsselchen
Schlüsselblume (Primula)
(Sä, Th)

Himmelstierchen
Marienkäfer
(Rh)

hinanstreichen
häufeln (Kartoffeln)
(Sä, Th)

hinaufackern
häufeln (Kartoffeln)
(Fr)

hinaufstreifen
häufeln (Kartoffeln)
(Fr)

Hindel
Himbeere
(Sch-A)

Hinkel
Henne
(He, Pf, Fr)
S. 263, 300, 360, 361

Hinkelkasten
Himmel und Hölle (Hüpfspiel)
(Wnd)

hinkeln
hüpfen (auf einem Bein)
(Rh)

Hinkeln
Himmel und Hölle (Hüpfspiel)
(Rh)

hinken
hüpfen (auf einem Bein)
(Wnd, Ond)

Hinke-Pinke
Himmel und Hölle (Hüpfspiel)
(Wnd)

Hinkepott
Himmel und Hölle (Hüpfspiel)
(Wnd)

Hinketick
Himmel und Hölle (Hüpfspiel)
(Ond)

hinmachen
beeilen
(Wnd, Sä, Th)
S. 255, 256

Hippe
Ziege
(Sä, Th, Rh, Fr)
S. 318, 374–377

Hirnschiesser
Libelle
(Sch-A)

hitrucken
wiederkäuen
(Ba)

Hittchen
Lamm (weiblich)
(Wnd)

Hitte
Ziege
(Wnd)

Hitternettel
Brennessel
(Ond)

Hitzchen
Lamm (weiblich)
(He)

Höbbing
Kröte
(Ba)

Hofmus
Grünkohl
(Rh)

Höftland
Pflugwende
(Ond)

högen
häufeln (Kartoffeln)
(Rh)

Hoippa
Himbeere
(Ba)
S. 297

hojahnen
gähnen
(Wnd, Ond)
S. 343

hojappen
gähnen
(Wnd, Ond)

Holänter
Holunder (Sambucus nigra)
(Rh, Pf)
S. 300

Holbeere
Himbeere
(Sch-A, Fr, Ba)

Holder
Holunder (Sambucus nigra)
(Sch-A)
S. 300

holen
ernten (Kartoffeln)
(Th)

holen, einen Hund
erkälten
(Sä)

holen, Pips
erkälten
(Rh)

Hölle, Himmel und
Himmel und Hölle (Hüpfspiel)
(Sch-A, Fr)

Holler
Holunder (Sambucus nigra)
(He, Pf, Fr, Ba)
S. 300

Höllerten
Holunder (Sambucus nigra)
(Rh)

Hollrungen
Holunder (Sambucus nigra)
(Th)

Hölperle
Preiselbeere
(Th, Fr)

Holunder
Holunder (Sambucus nigra)
(Sä, Th, Rh)
S. 298

Holzschreier
Eichelhäher
(Ond)

hopfen
hüpfen (auf einem Bein)
(Sch-A, Fr)

Hopfseil
Springseil
(Sch-A)

Höppekästchen
Himmel und Hölle (Hüpfspiel)
(Rh)

Hoppelpferd
Heuschrecke
(Sä)

Höpper
Frosch
(Wnd, Ond)

Hopse
Himmel und Hölle (Hüpfspiel)
(Ond)

hopsen
hüpfen (auf einem Bein)
(Ond, Sä, Sch-A)

Horkel
Hügel
(Th)

Horn
Beule
(Sä, Th, He, Rh, Sch-A, Fr, Ba)

Höscher
Schluckauf
(Sch-A)
S. 345

Hosendot
Pate
(Sch-A)

Hötsch
Kröte
(Fr, Ba)

Hotten
Quark
(Th)

Hottepferd
Libelle
(Ond)

Hübel
Beule
(Sä)

Hübel
Hügel
(Sä, He, Rh, Pf, Fr)

Hucke
Kröte
(Rh)

Huckekasten
Himmel und Hölle (Hüpfspiel)
(Wnd)

Huckel
Hügel
(Sä, Th, Ba)

Huckup
Schluckauf
(Wnd, Ond)
S. 343, 344

Hudel
Scheuertuch
(Th)

Hüdel
Kloß
(Wnd)
S. 317

hüffeln
häufeln (Kartoffeln)
(Rh)

Hügel
Hügel
(Ond, Sä, Th, Rh, Fr)

Huhn
Henne
(Wnd, Ond, Th, He, Rh, Sch-A, Fr)
S. 276, 344, 359, 360, 374

Hühnerauge
Hühnerauge
(Wnd, Ond, Sä, Th, He, Sch-A, Fr, Ba)
S. 301, 302

Hühnerblind
Schlüsselblume (Primula)
(Sä)

Hühnerblume
Anemone
(Th)

Humpelkasten
Himmel und Hölle (Hüpfspiel)
(Ond)

Humpelter
Himbeere
(Rh)

Hund holen, einen
erkälten
(Sä)

Hundsblume
Margerite (Chrysanthemum leucanthemum)
(Wnd, Ond, Rh)

Hungerharke
Nachharke
(Wnd, Ond)

hungerharken
nachharken
(Ond)

Hungerrechen
Nachharke
(Th)

Hunschel
Ferkel
(Sä)

hüpen
häufeln (Kartoffeln)
(Wnd, Ond)

Hüpfekästchen
Himmel und Hölle (Hüpfspiel)
(Wnd, Th, Rh)

hupfen
hüpfen (auf einem Bein)
(Sä, Sch-A, Fr, Ba)

hüpfen
hüpfen (auf einem Bein)
(Wnd, Ond, Th, Rh)

Hupferles
Himmel und Hölle (Hüpfspiel)
(Sch-A)

Hupfeschneider
Heuschrecke
(Fr)

Hupfseil
Springseil
(Fr)

Hüpfseil
Springseil
(Th, He)

Huppe
Himmel und Hölle (Hüpfspiel)
(Sä)

Huppekästel
Himmel und Hölle (Hüpfspiel)
(Sä)

Hüppel
Beule
(Fr)

Hüppelches
Himmel und Hölle (Hüpfspiel)
(Pf)

Hüppelhäuschen
Himmel und Hölle (Hüpfspiel)
(Pf)

huppen
hüpfen (auf einem Bein)
(Sä)

Huppen
Schnuller
(Th)

Hüpperling
Frosch
(Rh)

Huppeseil
Springseil
(Sä)

Huppestrick
Springseil
(Sä)

hurren
schlittern
(Fr)

Husche
Gänschen
(Sä)

Husserl
Gänschen
(Ba)

Husserla
Gänschen
(Fr)

Hutel
Schnuller
(Sä)

Hütsche
Kröte
(Rh)

hutscheln
wiehern
(He, Fr)

Hutschke
Frosch
(Sä)

Hutschke
Kröte
(Sä)

hüttern
wiehern
(He)

Hutzelbrühe
Muckefuck
(Ba)

hutzen
laufen
(Fr, Ba)
S. 367

I

ich friere
friere, ich
(Wnd, Th)

ich habe kalt
friere, ich
(Pf)

i-Dotz
Erstkläßler
(Rh)

i-Dötzchen
Erstkläßler
(Rh)

i-Gacken
Erstkläßler
(Pf)

Igel
Igel
(Sä, Th, He, Rh, Pf, Sch-A, Fr, Ba)

Ilk
Iltis
(Wnd, Ond)

illerücken
wiederkäuen
(He)

Iltis
Iltis
(Ond, Sä, He, Rh, Pf, Sch-A, Fr, Ba)

i-Männchen
Erstkläßler
(Wnd, Rh, Pf)

Imber
Himbeere
(Rh, Pf)

impfen
pfropfen
(Sch-A)

Installateur
Installateur
(Sch-A, Fr, Ba)

irrerücken
wiederkäuen
(Pf)

ist kalt, mir
friere, ich
(Wnd, Ond, Sä, He, Rh)

iterichkauen
wiederkäuen
(Pf)

itern
wiederkäuen
(Pf, Fr)

iterücken
wiederkäuen
(Rh)

itrucken
wiederkäuen
(Ba)

itrücken
wiederkäuen
(Fr)

J

Jäckel
Eichelhäher
(Sch-A)

Jäger
Libelle
(He)

Jahr, dieses
Jahr, dieses
(Wnd, Ond, Sä, Th, He, Rh, Pf, Sch-A)
S. 263, 291, 309, 324, 326

Jahr, över
Jahr, dieses
(Ond)

Jahr, van 't
Jahr, dieses
(Wnd)
S. 282

Jahrmarkt
Jahrmarkt
(Wnd, Ond, Sä, Th, Sch-A)
S. 304–306

jappen
gähnen
(Wnd, Ond, Rh)

jäten
jäten
(Sä, Th, He, Rh, Pf, Sch-A)

Jeans
Blue Jeans
(Wnd, Ond, Sä, He, Rh, Sch-A, Fr, Ba)

Jeans, Blue
Blue Jeans
(Pf)

Jeder
Euter
(Rh)

jentag
vorgestern
(Sä, Th)

jessasmäßig
sehr
(Sch-A)

Jidder
Euter
(Wnd, Ond)

jiewen
gähnen
(Rh)

Johannisblume
Margerite (Chrysanthemum leucanthemum)
(Th, He)

Johannisfünkchen
Glühwürmchen
(He, Pf)

Johannisfunken
Glühwürmchen
(Sä)

Johanniskäfer
Glühwürmchen
(Ba)

Johanniskühla
Marienkäfer
(Th)
S. 272

Johannismücke
Glühwürmchen
(He)

Johannisvögelchen
Glühwürmchen
(He, Pf, Fr)

Johanniswürmchen
Glühwürmchen
(Wnd, Sä, Th, Rh)

juchen
wiehern
(Wnd, Ond)

Juchhannel
Wacholder (Juniperus communis)
(Sä)

juchzen
wiehern
(Th, Sch-A)

jucken
hüpfen (auf einem Bein)
(Sch-A)

Juckpulver
Hagebutte
(Wnd, Ond, Rh)

Juckseil
Springseil
(Sch-A)

Jüddefleesch
Pilz
(Rh)

Judenknöchelchen
Musikantenknochen
(He, Pf)

Julklappabend
Heiligabend
(Ond)

Jüller
Euter
(Wnd)

Junge
Junge
(Wnd, Ond, Sä, Th, He, Rh)
S. 272, 274, 283, 299, 304, 313, 317, 322, 327, 332, 336, 348, 359, 369

Junikäfer
Marienkäfer
(He, Rh, Fr, Ba)

Kabolz
Purzelbaum
(Ond)

Kachel
Kochtopf
(Sch-A, Ba)

Kaffeekacherl
Kaffeetasse
(Ba)

Kaffeepause
Kaffeetrinken
(Wnd, Ond, Rh, Pf)

Kaffee(trinken)
Kaffeetrinken
(Wnd, Ond, Sä, Th, He, Rh, Pf, Sch-A, Fr, Ba)
S. 242, 364

Kägersch
Elster
(Sch-A)
S. 277

kakeln
gackern
(Wnd, Ond, Rh)

Kalabums
Purzelbaum
(Wnd)

Kalb
Kalb (weiblich)
(Wnd, Ba)

Kälbchen
Kalb (weiblich)
(Rh, Pf)

Kalbla
Kalb (weiblich)
(Fr)

Kälble
Kalb (weiblich)
(Sch-A)

kälen
wiederkäuen
(Sä, Th, Fr)

Kalken
Holunder (Sambucus nigra)
(Wnd)
S. 298

Kall
Unterhaltung
(Rh)
S. 364

kallen
reden
(Rh)

kallen
unterhalten
(Rh)
S. 364

kalt, ich habe
friere, ich
(Pf)

kalt, mir ist
friere, ich
(Wnd, Ond, Sä, He, Rh)

Kamelle
Bonbon
(Rh)
S. 270

Kamin
Schornstein
(Th, Rh, Sch-A, Fr, Ba)

Kaminfeger
Schornsteinfeger
(Sch-A, Fr)
S. 350, 351

Kaminkehrer
Schornsteinfeger
(Fr, Ba)

Kaminsfeger
Schornsteinfeger
(Rh)
S. 350

kämmen
kämmen
(Wnd, Ond, Sä, Th, He, Rh, Fr)
S. 283

kämmen
nachharken
(Rh, Pf)

Kämmet
Schornstein
(Sch-A)

Kämmetkehrer
Schornsteinfeger
(Sch-A)
S. 351

kampeln
kämmen
(Sch-A, Ba)

Kaninchen
Kaninchen
(Wnd, Ond, Rh)

Kankergespinst
Spinngewebe
(Sä, Th)
S. 355

Käntchen
Brotende
(Th)

Kanten
Brotende
(Ond, Sä)
S. 274

Kanten
Brotrinde
(Ond)

Kantstein
Bordsteinkante
(Wnd)

Kappe
Brotende
(Wnd)
S. 274

Kappe
Mütze
(Th, He, Rh, Pf, Sch-A, Fr, Ba)
S. 316, 327–329, 350, 371, 372

Kappes
Weißkohl
(Rh, Pf)

Kappes, Roter
Rotkohl
(Rh)

Kappes, Saurer
Sauerkraut
(Rh)

Kappes, Weißer
Weißkohl
(Rh, Pf)

Karbatsche
Peitsche
(Sä, Th)

Karkenslötel
Schlüsselblume (Primula)
(Wnd)

Karneval
Fastnacht
(Wnd, Ond, He, Rh)

Karnickel
Kaninchen
(Wnd, Ond, Sä, Th, He)
S. 274

Karotte
Möhre
(He, Pf)
S. 326

Karre
Schubkarre
(Ond)

Kartoffel
Kartoffel
(Wnd, Ond, Sä, Th, He, Rh, Sch-A, Fr, Ba)
S. 241, 286, 308–312, 319, 338

Kartoffelbrei
Kartoffelpürree
(Wnd, Ond, Sä, Th, He, Rh, Pf, Sch-A, Fr, Ba)

Kartoffelkräpfla
Kartoffelpuffer
(Fr)

Kartoffelkräppel
Kartoffelpuffer
(He)

Kartoffelkräppelchen
Kartoffelpuffer
(Rh)

Kartoffelkuchen
Kartoffelpuffer
(Ond)

Kartoffelküchla
Kartoffelpuffer
(Fr)

Kartoffelküchle
Kartoffelpuffer
(Sch-A)

Kartoffelmus
Kartoffelpürree
(Wnd, Sä, Sch-A)

Kartoffeln, Gekochte
Pellkartoffeln
(Ba)

Kartoffeln, Gesottene
Pellkartoffeln
(Ba)

Kartoffelpfannkuchen
Kartoffelpuffer
(Wnd, He, Fr)

Kartoffelpuffer
Kartoffelpuffer
(Sä, Th, Sch-A, Fr)

Kartoffelpüree
Kartoffelpürree
(Rh, Pf, Ba)

Kartoffelstampf
Kartoffelpürree
(Ba)

Karz
Unterhaltung
(Sch-A)

Käse, Weicher
Quark
(Pf)
S. 242

Käse, Weißer
Quark
(Wnd, Rh, Pf, Fr)

Käseblume
Margerite (Chrysanthemum leucanthemum)
(Sä)

Käsematte
Quark
(Pf)

Käseschmier
Quark
(Pf)

Kastenkarre
Schubkarre
(Sä)

Kasterlhupfen
Himmel und Hölle (Hüpfspiel)
(Ba)

Kästlashupfen
Himmel und Hölle (Hüpfspiel)
(Fr)

Kästlehüpfen
Himmel und Hölle (Hüpfspiel)
(Sch-A)

Katapult
Schleuder (Kinderspielzeug)
(Wnd, Ond, Sä, Th)

Katarrh
Schnupfen
(Sch-A, Fr, Ba)
S. 347

Kater
Kater
(Wnd, Ond, Sä, He, Rh, Pf, Ba)
S. 291, 313–316

Katerich
Kater
(Sä)

Katernettel
Brennessel
(Wnd)

Katsche
Schleuder (Kinderspielzeug)
(Ond, Sä)

Katzer
Kater
(Fr)

Katzert
Kater
(Th)

Kaularsch
Kaulquappe
(Sä)

Kaulbatz
Kaulquappe
(Sä)

Kaule
Beule
(Sä)

Kaulquappe
Kaulquappe
(Wnd, Ond, Sä, Th, Sch-A, Ba)

Kauschieten-kleier
Mistkäfer
(Wnd)

Kauter
Tauber
(Sch-A)

Kauzekopf
Kaulquappe
(Pf)

Kecker
Kröte
(Sä)

Kehl
Grünkohl
(Pf, Sch-A, Fr)

Kehr
Eichelhäher
(Th, He)

Kehrblech
Kehrschaufel
(Wnd, Ond, Sä, Rh)

Kehrbürste
Handbesen
(Pf)

Kehre
Pflugwende
(Sch-A)

kehren
fegen
(Sä, Th, He, Rh, Pf, Sch-A, Fr, Ba)

kehren
fegen (Schornstein)
(Sä, Th, Sch-A, Ba)

kehren
wenden (Heu)
(Wnd, Ond)

Kehrichtbesen
Handbesen
(Ba)

Kehrichtschaufel
Kehrschaufel
(Sä, Fr, Ba)

Kehrschaufel
Kehrschaufel
(Sä, Th, Sch-A)

Kehrwisch
Handbesen
(Sch-A, Fr, Ba)

keimen
kämmen
(Rh)

Kella
Dickmilch
(Wnd)
S. 276

Kentscheitel
Streichholz
(Ba)

Kerb
Jahrmarkt
(He, Pf)
S. 289, 305, 306, 364

Kerkenschlöttel
Schlüsselblume (Primula)
(Rh)

Kerngehäuse
Apfelrest
(Wnd, Ond)
S. 246

keschen
nachharken
(Sä)

Keschrechen
Nachharke
(Sä)

keuchet
heiser
(Ba)

kicken
kicken
(Wnd, He, Pf, Sch-A, Fr)

Kicks
Schluckauf
(Rh)
S. 344

kiek
guck
(Wnd, Ond)
S. 248, 274, 276, 278, 290, 340

Kiepe
Hagebutte
(Rh)

kießeln
hageln
(He, Rh, Sch-A, Fr)

Kiestock
Backenzahn
(Fr)

Kifererbsen
Erbsen
(Rh, Sch-A, Ba)

Kilwerlamm
Lamm (weiblich)
(Th, He)

Kinderfrau
Hebamme
(Sä, Th, He)

Kindermutter
Hebamme
(Sä)

Kindjesus
Weihnachtsmann
(Wnd, Ond)
S. 368, 369

Kinihas
Kaninchen
(Ba)

Kintel
Schornstein
(Ba)

Kintelkehrer
Schornsteinfeger
(Ba)

Kipf
Brotende
(Fr)

Kipfel
Brötchen
(Fr)

Kipfel
Brotende
(Ba)

Kippe
Apfelrest
(Rh)

Kippe
Mütze
(Wnd)

Kirbe
Jahrmarkt
(Sch-A)
S. 300, 306, 307

Kirchweih
Jahrmarkt
(Fr)

Kirmes
Jahrmarkt
(Wnd, Sä, Th, He, Rh, Pf)
S. 304–306, 341, 374

kirren
wiehern
(Fr, Ba)

Kirtag
Jahrmarkt
(Ba)
S. 307

Kirwa
Jahrmarkt
(Fr)
S. 307

Kiseken
Holunder (Sambucus nigra)
(Wnd)

Kitsch
Apfelrest
(Rh)
S. 246

kittern
wiehern
(Th)

Kitzhahn
Hahn
(Rh)

Klabatsch
Peitsche
(Ond)

Klaf
Unterhaltung
(Rh)
S. 364

klafen
unterhalten
(Rh)
S. 364

Klafüt
Muckefuck
(Ond)

klägen
schuften
(Sä, Th)
S. 352, 353

Klatsch
Unterhaltung
(Fr)

klatschen
unterhalten
(Sä)
S. 362

Klatschkäse
Quark
(Rh)

Klattermilch
Dickmilch
(Rh)

klauben
ernten (Kartoffeln)
(Sch-A, Ba)

Klebebilder
Glanzbilder
(Fr)

Kleff
Querholz (Fuhrwerk)
(Rh)

Kleffle
Querholz (Fuhrwerk)
(Sch-A)

kleiben
kneifen
(Sch-A)
S. 322

kleien
ernten (Kartoffeln)
(Wnd)
S. 286

Kleinlauch
Schnittlauch
(Wnd, Th)

klemmen
kneifen
(Sch-A)
S. 273, 322

Klempner
Installateur
(Wnd, Ond, Sä, Th, He, Rh, Pf, Fr)

Klensche
Türklinke
(Rh, Pf)

Kletsch
Peitsche
(Rh)

Klicker
Murmel
(He, Rh, Pf, Fr)

Klingel
Klingel
(Wnd, Ond, Sä, Th, He, Rh, Pf, Sch-A, Fr, Ba)

klingelt
klingelt, es
(Wnd, Ond, Sä, Th, He, Rh, Pf, Ba)

Klinke
Türklinke
(Wnd, Ond, Sä, Th, He, Rh, Pf, Sch-A, Fr, Ba)

Klinsel
Klingel
(Ba)

klinselt
klingelt, es
(Ba)

Klippe
Türklinke
(Th)

Klitscher
Kartoffelpuffer
(Sä)

Klön
Unterhaltung
(Ond)
S. 362

klönen
unterhalten
(Wnd, Ond)
S. 362

Klönschnack
Unterhaltung
(Wnd, Ond)
S. 362

kloppen
schärfen (Sense)
(Wnd, Ond, Sä, Rh)

Kloß
Kloß
(Wnd, Ond, Sä, Th, He, Rh, Pf, Sch-A, Fr)
S. 317–320, 357

Klößchen
Kloß
(He)

Klosterbeere
Stachelbeere (Ribes grossularia)
(He)

Klott
Mütze
(Ond)
S. 327

Kluckschе
Glucke
(Wnd)

Kluckse
Glucke
(Th, Rh)

Kluftdießel
Gabeldeichsel
(Wnd)

klug
intelligent
(Wnd, Ond, Sä, Rh)
S. 255, 304, 313, 318, 325, 337

Klump
Kloß
(Wnd, Ond)
S. 308, 317, 318

Klümpchen
Bonbon
(Rh)

Klümpchen
Mehlklümpchen
(Pf)

Klumpen
Bonbon
(He, Sch-A)

Klumpen
Mehlklümpchen
(Wnd, Ond, Sä, Th, He, Rh, Pf, Sch-A, Fr, Ba)

Klumpen
Quark
(Fr)

Klunker
Mehlklümpchen
(Ond)

Klunscher
Bonbon
(He)
S. 270

Kluntern
Mehlklümpchen
(Wnd)

Klusterbeere
Preiselbeere
(Wnd)

Klüten
Kloß
(Wnd, Ond)
S. 317

Klüten
Mehlklümpchen
(Wnd, Ond)

Klutze
Glucke
(Rh)

Klutzhenne
Glucke
(Fr)

Knackelbeere
Walderdbeere
(Th)

knälen
wiederkäuen
(Sä)

knällern
rauchen
(He)

Knallschote
Ohrfeige
(Ond)

Knapp
Hügel
(Rh)

Knäppchen
Brotende
(Rh)
S. 275

knatschen
weinen
(Rh)

Knäuschen
Brotende
(Pf)

Knäusle
Brotende
(Sch-A)
S. 275

Knecht Ruprecht
Weihnachtsmann
(Sä)
S. 369, 370

kneifen
kneifen
(Wnd, Ond, He, Rh)
S. 322

Kneifzange
Kneifzange
(Wnd, Ond, Sä, Th, Rh)
S. 321, 322

Kneipe
Kneipe
(Wnd, Ond, Sä, Th, He, Rh, Pf, Sch-A, Fr, Ba)
S. 323

kneipen
kneifen
(Sä)

Knettrog
Backtrog
(Sch-A)

Kneul
Beule
(He)

Knickchen
Erbsen
(Sä)

Knicker
Murmel
(Wnd, Rh)

kniepen
kneifen
(Wnd, Ond)
S. 290, 321

Knietzchen
Brotende
(Th)

Knifte
Brotscheibe
(Rh)

Kning
Kaninchen
(Rh)
S. 325

Knipfel
Beule
(Sch-A)

Knippchen, Gekkisches
Musikantenknochen
(Pf)

Knippel
Beule
(He)
S. 328

Knippke
Portemonnaie
(Wnd)
S. 340

Knirk
Wacholder (Juniperus communis)
(Ond)

knitz
intelligent
(Sch-A)

Knöbel
Knöchel
(Wnd, Sä, Ba)

Knöchel
Knöchel
(Sä, Th, He, Rh, Pf, Sch-A, Ba)

Knöchelchen
Eisbein
(Pf)

Knochenhauer
Fleischer
(Wnd)

Knöchle
Eisbein
(Sch-A, Fr)
S. 264

Knöchsel
Knöchel
(Ond, Sä)

Knock
Hügel
(Fr)

Knöckel
Knöchel
(Wnd, Ond)

Knödel
Kartoffel
(Ond)

Knödel
Kloß
(Pf, Sch-A, Fr, Ba)
S. 273, 319, 320

knödeln
kicken
(Ond)

knojen
schuften
(Wnd)
S. 352

Knolle
Kartoffel
(Ond)
S. 309

Knollen
Bonbon
(He)

Knollen
Mehlklümpchen
(He, Sch-A)

Knollen
Quark
(Sch-A)

Knopf
Knospe
(Sch-A, Fr, Ba)

Knopfe
Knospe
(Th)

Knöpfle
Kloß
(Pf, Sch-A)
S. 296, 319

Knoppe
Knospe
(Wnd, Ond, Sä, Th, He, Rh, Pf)
S. 346

Knoppnadel
Stecknadel
(Rh)

Knöppnadel
Stecknadel
(Wnd, Ond)
S. 357

Knorren
Knöchel
(Wnd, Sä, Th, Fr)

Knörzchen
Beule
(He)

Knörzchen
Brotende
(He)
S. 275

Knörzel
Brotende
(Pf)

Knörzla
Brotende
(Fr)
S. 275

Knose
Stechmücke
(Rh)

Knospe
Knospe
(Wnd, Ond, Sä, Th, He, Rh, Pf, Sch-A, Fr, Ba)

Knössel
Knöchel
(Ond)

Knoten
Knöchel
(Sch-A)

Knöterle
Knöchel
(Fr)

Knottelkäfer
Mistkäfer
(Pf)

knottern
schimpfen
(Rh)

Knubbel
Mehlklümpchen
(He, Rh)

knuffen
schuften
(Ond)

Knull
Murmel
(Ond)

Knüll
Hügel
(Wnd)

knullen
kicken
(Wnd)

Knuppe
Beule
(Wnd, He, Rh, Pf)

Knüppel
Querholz (Fuhrwerk)
(Wnd)

Knurschel
Stachelbeere (Ribes grossularia)
(Rh)

knusprig
knusprig
(Wnd, Ond, Sä, Th, He, Rh, Pf, Sch-A, Fr, Ba)
S. 271

Knust
Apfelrest
(Ond)

Knust
Beule
(Wnd)

Knust
Brotende
(Wnd, Ond, He, Rh)
S. 274

Knüttsticken
Stricknadel
(Ond)

Knüttstock
Stricknadel
(Wnd, Th)

Kobel
Schnupfen
(He)
S. 346

Kobolz
Purzelbaum
(Sä)

kochem
intelligent
(He)

Kocherbsen
Erbsen
(Pf)

Kochlöffel
Kaulquappe
(Ba)

Kochlöffela
Kaulquappe
(Fr)

Kohl, Saurer
Sauerkraut
(He)

Kollertour
Purzelbaum
(Th)

Komkomere
Gurke (Cucumis sativus)
(Rh)
S. 289

Kommoden
Hausschuhe
(Th)

Kommodschuhe
Hausschuhe
(Fr)

Kompott
Nachtisch
(Ond, Sä)

Kopfangst
Kopfschmerzen
(Sä)

Köpfchen
Kaffeetasse
(Wnd, Sä, Th, He, Rh)
S. 252, 300

Kopfgäukel
Purzelbaum
(Sä, Th)

Kopfkählt
Kopfschmerzen
(Wnd)

Kopfnadel
Stecknadel
(Wnd, Rh)
S. 358

Kopfpein
Kopfschmerzen
(Wnd, Th, Rh, Pf)
S. 302

Kopfreißen
Kopfschmerzen
(Sä)

Kopfschmerzen
Kopfschmerzen
(Th, He)

Kopfsehr
Kopfschmerzen
(Wnd)

Kopfweh
Kopfschmerzen
(He, Pf, Sch-A, Fr, Ba)
S. 254

Kopfwehtage
Kopfschmerzen
(Wnd, Ond, Sä, Th)
S. 252

Kopp
Hügel
(Rh, Pf)

Köppel
Hügel
(Th, He)

Köppen
Kaffeetasse
(Ond)

Koppenspinne
Spinngewebe
(Rh)

Koppheister-schießen
Purzelbaum
(Wnd, Ond)

Koppstibolter
Purzelbaum
(Wnd)

Kordel
Bindfaden
(He, Rh, Pf)

Korinthenbeere
Preiselbeere
(Wnd)

Korken
Korken
(Wnd, Ond, Sä, Th, He, Rh, Pf, Sch-A, Fr)

Korks
Korken
(Sä)

Korn
Getreide
(Wnd, Ond, Sä, He, Sch-A, Ba)
S. 282–285

Korn
Roggen
(Sä, Th, He, Rh, Pf, Sch-A, Fr, Ba)
S. 287, 312

Kornbeißer
Kornblume
(Sch-A)

Kornblume
Kornblume
(Wnd, Ond, Sä, Th, He, Rh, Pf, Sch-A, Fr, Ba)

Kornnägele
Kornblume
(Sch-A)

Kornstapel
Heuschrecke
(Wnd)

Korre
Ferkel
(Rh)

Korridor
Hausflur
(Ond, Sä, Th, Rh, Fr)

Korste
Brotende
(Wnd)

Kortenkohl
Grünkohl
(Ond)

Kosel
Mutterschwein
(Sch-A)

kosen
unterhalten
(Th)
S. 363

Köter
Nachharke
(Ond)

kötertrecken
nachharken
(Ond)

Krachelsbeere
Preiselbeere
(Sch-A)

Kracherl
Limonade
(Ba)

krähen
wiehern
(Rh)

Krähenauge
Hühnerauge
(Wnd, Rh, Pf, Sch-A)
S. 301–303

Krampertsstaude
Wacholder (Juniperus communis)
(Ba)

Kranawit
Wacholder (Juniperus communis)
(Ba)

Kränge
Pflugwende
(Ond)

Kränzla
Unterhaltung
(Fr)

Krapfen
Berliner
(Wnd, Rh, Pf, Sch-A, Fr, Ba)
S. 263, 264

krapp
knusprig
(Rh)

Kräppel
Berliner
(Th, He)
S. 262, 263

Kratzbeere
Brombeere
(Sä, Th)

kratzen
fegen (Schornstein)
(Pf)
S. 350

kratzen
nachharken
(He, Rh)

Krätzer
Nachharke
(Rh)

Kräuselbeere
Preiselbeere
(Ba)

Krauskohl
Grünkohl
(Sä, Th, He, Rh, Pf, Fr)

Kraut
Sauerkraut
(Sch-A, Ba)
S. 312, 319, 320

Kraut
Weißkohl
(Sch-A, Fr)

krauten
jäten
(Sä, He, Rh, Pf, Sch-A, Fr)

Krawatte
Krawatte
(He, Sch-A, Fr, Ba)

kreischen
weinen
(He, Rh, Pf)
S. 341

Kreisel
Kreisel (Kinderspielzeug)
(Sä, Th, Fr, Ba)

Kren
Meerrettich
(Sä, Th, Sch-A, Fr, Ba)

Kribbelknochen
Musikantenknochen
(Rh)

Krieche
Pflaume
(He)

Kriechel
Pflaume
(Sä, Th)

Kriecherl
Pflaume
(Ba)

Kriegen
Fangen (Kinderspiel)
(Wnd, Ond, Th, He, Rh)

Krieme
Mutterschwein
(Rh)

krieschen
wiehern
(Ond)

krimmen
kneifen
(Sch-A)

Kronsbeere
Preiselbeere
(Wnd, Ond)

Kröpfert
Tauber
(Fr)

Kroselbeere
Preiselbeere
(Wnd, Sä)

krosen
schuften
(Rh)
S. 354

kroß
knusprig
(Wnd, Ond, Rh)

Kröte
Kröte
(Ond, Sä, Th, Fr)

Krott
Frosch
(Pf, Sch-A)

Krott
Kröte
(He, Rh, Pf, Sch-A)

Krotzen
Apfelrest
(He, Rh, Pf, Fr)
S. 246, 247

krucken
jäten
(Rh)
S. 376

Kruckser
Tauber
(Pf)

Krümel
Brotkrümel
(Wnd, Ond, Sä, Th, He, Rh, Pf)

Krumen
Brotkrümel
(Wnd, Sä, Th, He)

krummen
kneifen
(Th)

Krummholz
Wagenmacher
(Sch-A)

Krumpen
Brotkrümel
(Fr)

Krum(s)ele
Brotkrümel
(Sch-A)

Krüstchen
Brotende
(He)
S. 275

Kruste
Brotende
(Rh)

Kruste
Brotrinde
(Wnd, Ond, He, Rh, Pf, Sch-A, Fr)

Krüstel
Brotende
(Pf)

Krutseckel
Kröte
(Sch-A)

Krutte
Frosch
(Rh)

kuck
guck
(Wnd, Ond, Rh)

Kuckucksblume
Anemone
(He, Rh, Pf, Sch-A, Fr)

Kuckucksbrot
Sauerklee
(Pf, Sch-A)

Kuckucksmoos
Sauerklee
(Rh)

Küfer
Faßmacher
(He, Rh, Pf, Sch-A, Fr)

Kugel
Murmel
(Sä, Th, He, Sch-A)

Kuhhase
Kaninchen
(Sä)
S. 369

Kuhkalb
Kalb (weiblich)
(Wnd, Sä)

Kühkalb
Kalb (weiblich)
(He)

Kühmücke
Viehbremse
(Fr)

Kuhstert
Libelle
(Wnd)

Kuhteke
Heidelbeere
(Ond)

Kukelebaum
Purzelbaum
(Rh)

Kükenblume
Schlüsselblume (Primula)
(Ond)

Kukummer
Gurke (Cucumis sativus)
(He, Sch-A, Fr, Ba)
S. 289

Kulkopf
Kaulquappe
(Th, Rh)

Kuller
Murmel
(Wnd, Sä, Th)

Kullerschoß
Murmel
(Th)

Kullhüx
Kröte
(Ond)

Kulpadde
Kaulquappe
(Ond)

Kulpogge
Kaulquappe
(Ond)

Kümmerling
Gurke (Cucumis sativus)
(Fr, Ba)

Kumpchen
Kaffeetasse
(Pf)

Kumpest
Sauerkraut
(Th)

Kumpest, Roter
Rotkohl
(Rh)

Küper
Faßmacher
(Wnd, Ond)

Kuppe
Brotende
(Th, Fr)

küren
reden
(Wnd, Rh)

Kürstchen
Brotende
(Rh)

Kurste
Brotrinde
(Wnd, Ond, Rh, Pf)

Kuse
Backenzahn
(Wnd, Ond)
S. 250

Küsel
Kreisel (Kinderspielzeug)
(Ond)

Kuselkopp
Purzelbaum
(Rh)

Kusenkählt
Zahnschmerzen
(Wnd)

Kusenpein
Zahnschmerzen
(Wnd)

Küßel
Kalb (weiblich)
(Ba)

Kuter
Kater
(Ond, Sä)
S. 314

Kutter
Baumrinde
(Sä)

Kutterschaufel
Kehrschaufel
(Sch-A)

Kuvert
Briefumschlag
(Th, He, Pf, Sch-A, Fr, Ba)

L

Laabla
Brötchen
(Fr)

Labbe
Mund (halt den ...)
(Sä, Th, Sch-A)

lachen
wiehern
(Wnd, Th, He, Rh, Pf)

Lackbilder
Glanzbilder
(Wnd, Ond, He)

Lacken
Teich
(Ba)

Laken
Bettlaken
(Wnd, Ond, Rh)

Lambe
Lamm (weiblich)
(Ba)

Lamberl
Lamm (weiblich)
(Ba)

Lämmchen
Lamm (weiblich)
(He, Rh, Pf)

Lämmle
Lamm (weiblich)
(Sch-A)

Lanne
Deichsel
(Pf)

Lanne
Gabeldeichsel
(Pf, Sch-A)

Läsche
Baumrinde
(Sch-A)

lästern
schimpfen
(Sch-A)

Latsch
Muckefuck
(Th)

Latschen
Hausschuhe
(Ond, Sä, Th, Fr)
S. 291, 292

Laube
Dachboden
(He, Sch-A)
S. 284

Läube
Dachboden
(Rh)

Laubreis
Herbst
(Ba)

Lauch
Lauch
(He, Pf, Sch-A, Fr)

lauern
warten
(Sä, Th, He, Pf)

laufen
laufen
(Wnd, Ond, He, Rh, Pf, Ba)
S. 284, 290, 292, 376, 377

Laufkarre
Schubkarre
(Sä)

Laus
Mutterschwein
(Sch-A, Ba)

Lausbeere
Hagebutte
(Ond)

läutet
klingelt, es
(Sch-A, Ba)

Lecker
Lutscher
(Fr)

Lecki
Lutscher
(He)

Leckmaldran
Lutscher
(Th)

ledig
leer
(Wnd, Ond, Sä, Th, He, Rh)
S. 341

leer
leer
(Ond, Sä, Th, He,

Pf, Sch-A, Fr, Ba)
S. 335, 342

leerlich
leer
(Rh)

leg
leer
(Rh)

lehnen
leihen
(Wnd, Ond, He, Rh, Pf, Sch-A, Fr)
S. 359

Leibkählt
Bauchschmerzen
(Wnd)

Leibpein
Bauchschmerzen
(Wnd)
S. 252

Leibschmerzen
Bauchschmerzen
(He)
S. 253

Leibweh
Bauchschmerzen
(He, Pf)
S. 253, 254

Leibwehtage
Bauchschmerzen
(Wnd)
S. 252

Leich
Begräbnis
(Wnd, Sä, Th, He, Rh, Pf, Sch-A, Fr, Ba)
S. 244, 258–261, 365

Leichdorn
Hühnerauge
(Wnd, Ond, Th, He)
S. 301, 302

leichen
leihen
(Ba)

Leid, gerade zu
absichtlich
(Pf)
S. 244

Leid, zu
absichtlich
(Sch-A)
S. 244

leien
blitzen
(Wnd)

leihen
leihen
(Wnd, Ond, Sä, Th, He, Rh, Sch-A, Fr, Ba)

Leilaken
Bettlaken
(Wnd)

Leilich
Bettlaken
(Sch-A, Fr)

Leimzeichen
Narbe
(Rh, Pf)

Leintuch
Bettlaken
(He, Pf, Sch-A, Fr, Ba)

Lemmet
Docht
(Rh)

lesen
ernten (Kartoffeln)
(Sä, He)

Letschbahn
Rutschbahn
(Rh)

Letthandschen
Pulswärmer
(Wnd)

leuchten
blitzen
(Sä, Th, Ba)

Leuchtkäfer
Glühwürmchen
(Ba)

Leuchtkäferla
Glühwürmchen
(Fr)

Leuchtkäferle
Glühwürmchen
(Sch-A)

Levis
Blue Jeans
(Pf, Sch-A)

Libelle
Libelle
(Ond, Sä, Th, Rh, Pf)

Lichter
Hühnerauge
(Th)
S. 301

Lichterbaum
Weihnachtsbaum
(Sä, Th)

lieb sein
artig sein
(Wnd, Ond, Sä, Rh)
S. 368

Liebesmarken
Glanzbilder
(Wnd)

Lift
Fahrstuhl
(Sch-A, Fr, Ba)

Lilgenkumfalgen
Maiglöckchen
(Convallaria maialis)
(Ond)

Lilie
Maiglöckchen
(Convallaria maialis)
(Wnd)

Lim
Ziege
(Rh)
S. 376

Limo
Limonade
(Sä, Th, He, Rh, Pf, Sch-A, Fr, Ba)

Linjong
Preiselbeere
(Ond)

Lochkuchen
Napfkuchen
(Th)

Lohe
Baumrinde
(Ba)

Lolli
Lutscher
(Wnd, Ond, Th, He, Rh)

Lolliball
Lutscher
(Ond, Sä)

Loos
Mutterschwein
(Pf)

Löper
Murmel
(Wnd)

Lork
Kröte
(Wnd)

Lorke
Muckefuck
(Ond, Sä, Th)

lose
leer
(Wnd)

lüchten
blitzen
(Wnd, Ond)

Luckel
Henne
(Sch-A)

Luckeleskäse
Quark
(Sch-A, Fr)

luern
warten
(Wnd, Ond, Rh)
S. 368

lug
guck
(Rh, Pf, Sch-A)
S. 292, 322

Luke
Schornstein
(Wnd)

Lümmel
Mumps
(Ond)

Lüning
Sperling
(Wnd)

Luppe
Schnuller
(Rh, Pf)

lus
intelligent
(Rh)

Luskäfer
Mistkäfer
(Ond)

Lutsch
Schnuller
(Pf)

Lutscher
Lutscher
(Wnd, Ond, Sä, Th, He, Rh, Pf, Sch-A, Fr, Ba)

Lutscher
Schnuller
(Wnd, He, Rh)

Lütt Abendbrot
Kaffeetrinken
(Ond)

M

mach' tapfer
beeilen
(Sch-A)
S. 257

Machandel
Wacholder (Juniperus communis)
(Wnd, Ond)

machen, nore
beeilen
(Sch-A)

Mächen
Mädchen
(Sä, Th)
S. 291, 321

mach's gut
Auf Wiedersehen
(Sä, Th, He)
S. 248

Mädchen
Mädchen
(Wnd, Ond, Th, He, Rh, Pf, Fr)
S. 246, 272, 288, 293, 295, 300, 305, 322, 325, 334, 349, 355

Mädel
Mädchen
(Sä, Pf)
S. 242, 243, 295, 335, 372

Mäden
Mädchen
(Pf)
S. 262, 339

Maderl
Mädchen
(Ba)

Madick
Regenwurm
(Ond)

Madla
Mädchen
(Fr)
S. 268, 275

Mädle
Mädchen
(Sch-A)
S. 296, 306

Mädsche
Regenwurm
(Wnd)

Magenka
Schlüsselblume (Primula)
(Sch-A)

Magenweh
Bauchschmerzen
(Pf)
S. 254

magieren
wiehern
(Rh)

Mahd
Grasschwade
(Wnd, Th, He, Pf, Sch-A, Fr, Ba)

Mähhuberle
Lamm (weiblich)
(Sch-A)

Mählbeere
Preiselbeere
(Th)

Maiblume
Maiglöckchen (Convallaria maialis)
(Wnd, Ond, Sä, Th, He, Rh)

Maiblümle
Maiglöckchen
(Convallaria
maialis)
(Sch-A, Fr)

Maie
Unterhaltung
(Pf)
S. 365

maien
unterhalten
(Pf)
S. 364, 365

Maiglöckchen
Maiglöckchen
(Convallaria
maialis)
(Wnd, Ond, Sä,
He, Rh, Pf)

Maiglöckerl
Maiglöckchen
(Convallaria
maialis)
(Ba)

Maiglöckla
Maiglöckchen
(Convallaria
maialis)
(Fr)

Maiglöckle
Maiglöckchen
(Convallaria
maialis)
(Th, Sch-A)

Maikäfer
Marienkäfer
(Ba)

Mairöschen
Maiglöckchen
(Convallaria
maialis)
(Pf)

Mairösle
Maiglöckchen
(Convallaria
maialis)
(Sch-A)

Maischelle
Maiglöckchen
(Convallaria
maialis)
(Th)

Makei
Quark
(Rh)

Mäken
Mädchen
(Wnd, Ond)
S. 271

Maline
Himbeere
(Sä)

Mallert
Kater
(He, Pf)

malochen
schuften
(Wnd, Rh, Pf)
S. 354

Malz
Bonbon
(Sä)
S. 269

Mämme
Euter
(He)

Mampel
Euter
(He)

Mann, Schwarzer
Schornsteinfeger
(Ond)
S. 348

manních
nicht wahr?
(Ond)

Mannspate
Pate
(Th)

Mäppchen
Federmäppchen
(He, Rh, Pf)

Mappe
Aktentasche
(He, Sch-A, Fr,
Ba)

Mapperl
Federmäppchen
(Ba)

Mäpple
Federmäppchen
(Sch-A, Fr)

Mar
Teich
(Rh)

marachen
schuften
(Ond)

Marbel
Murmel
(Ba)

Märbel
Murmel
(Rh, Pf, Sch-A)

Marek
Meerrettich
(Wnd, Ond)

mären
unterhalten
(Sä)
S. 362

Marende
Kaffeetrinken
(Sch-A, Ba)

Maretzig
Meerrettich
(Ond)

**Margareten-
blume**
Margerite
(Chrysanthemum
leucanthemum)
(Fr, Ba)

Margretenblume
Margerite
(Chrysanthemum
leucanthemum)
(Wnd, Ond, Th,
He, Rh)

Margretle
Margerite
(Chrysanthemum
leucanthemum)
(Sch-A)

Margrite
Margerite
(Chrysanthemum
leucanthemum)
(Pf)

Margriten
Margerite
(Chrysanthemum
leucanthemum)
(Ba)

Margrub
Eichelhäher
(Pf)

Marienkäfer
Marienkäfer
(Wnd, Ond, Sä, Th, He, Rh, Pf, Sch-A, Fr, Ba)

Marienwürmchen
Marienkäfer
(Ond)

Märker
Eichelhäher
(Rh)

Markolf
Eichelhäher
(He, Rh)

Markt
Jahrmarkt
(Wnd)
S. 304

Markwart
Eichelhäher
(Ond)

Marmel
Murmel
(Wnd, Ond)

Masen
Narbe
(Fr, Ba)

masseln
schimpfen
(Ba)

Matte
Quark
(Th, He, Fr)
S. 241

Matz
Quark
(Sä, Th)
S. 327

mäuen
wiederkäuen
(Sch-A)

Mauerwolf
Maulwurf
(Pf)

Mauke
Kartoffelpürree
(Sä)

mauken
kicken
(Ond)

Maul
Mund (halt den ...)
(Wnd, Ond, Sä, Th, He, Rh, Pf, Sch-A, Fr, Ba)
S. 290

Maul aufreißen
gähnen
(He, Sch-A, Ba)

Maul aufsperren
gähnen
(Sch-A)

Maul aufstrecken
gähnen
(Sch-A)

maulen
schimpfen
(Sch-A)

Maulschelle
Ohrfeige
(Th)

maulsperren
gähnen
(Th)

Maulwerfer
Maulwurf
(Sch-A, Ba)

Maulwurf
Maulwurf
(Sä, Th, He, Pf, Fr)

Mäuschen
Musikantenknochen
(Sä, Th)

Mäusel
Musikantenknochen
(Sä, Th)

Mäuserl
Musikantenknochen
(Ba)

Mäusla
Musikantenknochen
(Fr)

Mäusle
Musikantenknochen
(Sch-A)

meckern
wiehern
(Ond)

Meerrettich
Meerrettich
(Wnd, Ond, Sä, Th, He, Rh, Pf, Sch-A, Fr)

Mehlschwitze
Mehlschwitze
(Wnd, Ond, Sä, Th, He, Rh, Pf, Sch-A)
S. 266

Mehn
Pflugwende
(Fr)

Meissenkälbchen
Kalb (weiblich)
(Th, He)

mentisch
sehr
(Ba)

Merch
Meerrettich
(He)

Merek
Meerrettich
(Rh)

Messe
Jahrmarkt
(He, Pf, Sch-A, Fr)
S. 305–307

Mett
Hackfleisch
(Wnd, Ond, Rh)

Mettenbaum
Weihnachtsbaum
(Th)

Metzger
Fleischer
(Th, He, Rh, Pf, Sch-A, Fr, Ba)
S. 279–281

Metzler
Fleischer
(He)

mich friert's
friere, ich
(Sch-A, Fr, Ba)

Miegimm
Ameise
(Wnd, Ond)

mieksen
wiehern
(Th)

Miere
Ameise
(Ond)

Miete
Stechmücke
(Wnd)

Mietschke
Stechmücke
(Ond, Sä)

Milch, Geronnene
Dickmilch
(Th)

Milch, Gestandene
Dickmilch
(Sch-A, Ba)

Milch, Gestökkelte
Dickmilch
(Ba)

Milch, Gestockte
Dickmilch
(Fr)

Milch, Saure
Dickmilch
(Ond, Rh, Ba)

Milchbitschen
Milchgefäß
(Ba)

Milchdippe
Milchgefäß
(He)

Milchdöppe
Milchgefäß
(Rh)

Milchgelten
Milchgefäß
(Ba)

Milchhafen
Milchgefäß
(Pf, Sch-A, Fr)

Milchhaferl
Milchgefäß
(Ba)

Milchkanne
Milchgefäß
(Wnd, Th, He, Rh, Pf, Sch-A, Ba)

Milchkraus
Milchgefäß
(Sä)

Milchkrug
Milchgefäß
(Wnd, Ond, Sä, Th, Rh, Pf, Sch-A, Fr, Ba)

Milchkumme
Milchgefäß
(Wnd)

Milchpott
Milchgefäß
(Ond, Rh)

Milchsack
Euter
(Sä, Th)

Milchsäule
Ferkel
(Sch-A, Fr)

Milchstitzen
Milchgefäß
(Ba)

Milchtopf
Milchgefäß
(Wnd, Ond, Sä, Fr)

Minkelkalb
Kalb (weiblich)
(He)

mir ist kalt
friere, ich
(Wnd, Ond, Sä, He, Rh)

Mistgaul
Mistkäfer
(He)

Mistkäfer
Mistkäfer
(Wnd, Ond, Sä, Th, He, Rh, Pf, Sch-A, Fr, Ba)

mit Absicht
absichtlich
(Wnd, Ond, Sä, Th, He, Rh)

mit Fleiß
absichtlich
(Sä, He, Pf, Sch-A, Fr, Ba)
S. 243–245

mit Willen
absichtlich
(Wnd, Ond)
S. 243

Mitsch
Brötchen
(Pf)

mizen
wiehern
(Rh)

Mockela
Kalb (weiblich)
(Fr)

Mohl
Backtrog
(Rh)

Möhre
Möhre
(Sä, Th, He, Rh, Pf)
S. 324–326

Mohrenkopf
Negerkuß
(He, Rh, Pf, Sch-A, Fr, Ba)

Mohrrübe
Möhre
(Ond)
S. 324

Moin
Guten Tag
(Wnd)

Molbeere
Heidelbeere
(Pf)
S. 296

Molbeere
Himbeere
(Ba)

Molbert
Maulwurf
(He)

Moll
Maulwurf
(Ond, Sä, Th, He, Rh)

Mollekopf
Kaulquappe
(Pf, Sch-A)

mollen
häufeln (Kartoffeln)
(Pf)

Mollmaus
Maulwurf
(Ond)

Mollwurm
Maulwurf
(Ond)

Molthauf
Maulwurf
(Rh)

Moltroff
Maulwurf
(He, Rh, Pf)

Moorkecker
Frosch
(Sä, Th)

Moosbeere
Preiselbeere
(Sch-A)

Moosjocke
Preiselbeere
(Th)

Mops
Mumps
(He, Pf)

Mor
Mutterschwein
(Sch-A)

Moren
Brombeere
(Pf)

Mösch
Sperling
(Rh)

Mostert
Senf
(Wnd, Rh, Pf)

Mostrich
Senf
(Ond, Th, Rh)

Motschenkalb
Kalb (weiblich)
(Sä, Th)

motten
rauchen
(Sch-A)

Motwolf
Maulwurf
(Sä)

Motwurf
Maulwurf
(Sä, Th)

Motwürfel
Maulwurf
(Fr)

Muck
Kaffeetasse
(Wnd)

Mucke
Fliege
(Sch-A, Fr, Ba)

Mucke
Mutterschwein
(He, Rh, Pf)

Mücke
Fliege
(Th, He, Rh, Pf)

Mücke
Stechmücke
(Wnd, Ond, Sä, Th, He, Rh, Pf, Sch-A, Fr, Ba)
S. 265, 267, 367

Muckefuck
Muckefuck
(Wnd, He, Rh, Pf, Sch-A, Fr, Ba)

Mucker
Kaninchen
(Ond)

Muff
Pulswärmer
(Rh)

Müffchen
Pulswärmer
(Sä, Th)

Müffling
Pulswärmer
(Ond)

Muhl
Backtrog
(Pf)

Muke
Kröte
(Rh, Pf)

Muld
Backtrog
(Sch-A)

Mulle
Backtrog
(Th)

Mullewurp
Maulwurf
(Wnd)

Müllschippe
Kehrschaufel
(Ond)

Mumps
Mumps
(Wnd, Ond, He, Rh, Pf, Sch-A, Fr, Ba)

Muppelkrankheit
Mumps
(Th)

Murke
Gurke (Cucumis sativus)
(Ba)

Murmel
Murmel
(Ond, Sä, Th)

muscheln
wiehern
(Sch-A)

Musikantenknochen
Musikantenknochen
(Ond)

Musikantenknopf
Musikantenknochen
(Th)

Musikknochen
Musikantenknochen
(Wnd, Sä, He, Rh)

Muskartoffeln
Kartoffelpürree
(Wnd, Ond)

Müter
Kater
(Rh)
S. 315, 316

Mutschekiebchen
Marienkäfer
(Sä, Th)

Mutschle
Brötchen
(Sch-A)

Mutte
Mutterschwein
(Wnd)

Mutter Griepsch
Hebamme
(Wnd, Ond)

Muttergottes-käfer
Marienkäfer
(Rh)

Mutterkalb
Kalb (weiblich)
(He, Pf)

Mutterkälble
Kalb (weiblich)
(Sch-A)

Muttersau
Mutterschwein
(Sä)

mutwillig
absichtlich
(Sä)

Mütze
Mütze
(Wnd, Ond, Sä, Th, He, Rh)
S. 298, 317, 327, 328

N

Nabelleiern
Bauchschmerzen
(Sä)
S. 253

Nabelsurren
Bauchschmerzen
(Sch-A)
S. 254

nach Hause
Hause, nach
(Wnd, Ond, Sä, Th, Rh)

nach Hause
Hause, zu
(Ond)
S. 314

nach sechs, vier-tel
viertel nach (6:15 Uhr)
(Wnd, He, Rh, Pf, Ba)

Nachfolge
Begräbnis
(Wnd)

Nachharke
Nachharke
(Sä)

nachharken
nachharken
(Wnd, Ond, Sä)

Nachheu
Grummet
(Rh)

Nachlauf
Fangen (Kinder-spiel)
(He)

Nachlaufen
Fangen (Kinder-spiel)
(Rh, Pf)

Nachmahd
Grummet
(Wnd, Ond, Rh)
S. 286

nachrechen
nachharken
(Sä, Th, He, Sch-A, Fr, Ba)

Nachrechen
Nachharke
(Ba)

nachschleppen
nachharken
(Wnd)

Nachschnitt
Grummet
(Ond)

Nachsöch
Nachharke
(Ond)

nachsöken
nachharken
(Ond)

Nachspeise
Nachtisch
(Ond, Fr, Ba)

nachstrangen
nachharken
(Ba)

Nacht, es wird
dunkel, es wird
(He, Sch-A, Fr, Ba)

Nacht, Heilige
Heiligabend
(Sch-A)

Nachtbrot
Abendmahlzeit
(Th)
S. 241

Nachtessen
Abendmahlzeit
(He, Pf, Sch-A, Fr, Ba)
S. 241, 242

nachtet, es
dunkel, es wird
(Sch-A)

Nachtisch
Nachtisch
(Wnd, Ond, Th, He, Rh, Pf, Sch-A, Fr)

Nachtkost
Abendmahlzeit
(Ond)
S. 241

Nachtmahl
Abendmahlzeit
(Wnd, Ba)

Nacken
Genick
(Wnd, Ond, Sä, Th, Rh)
S. 336

nackte Füße
barfuß
(Rh)

nädern
wiederkäuen
(Th)

Nahna
Großmutter
(Sch-A)

Nähne
Großvater
(Sch-A)

Napfkuchen
Napfkuchen
(Ond, Sä)

Narbe
Narbe
(Wnd, Ond, Sä, Th, He, Rh, Pf, Sch-A, Fr, Ba)

Nare
Narbe
(Wnd, Ond)

Naschel
Mutterschwein
(Ba)

naseputzen
reinigen (Nase)
(Wnd, Ond, Sä, Th, He, Rh, Pf, Sch-A, Fr)
S. 360, 361

naseweis
neugierig
(He, Sch-A, Fr)

naseweisig
neugierig
(Pf)

Nastuch
Taschentuch
(Sch-A)
S. 361

natschen
weinen
(Sä)

Naube
Genick
(Sch-A)

Nauter
Euter
(Pf)

ne
nicht wahr?
(Wnd, Ond, Sä, Th, He, Rh, Pf, Fr)

nebeln
rauchen
(Sch-A)

necken
hänseln
(Wnd)

nederkauen
wiederkäuen
(Wnd)

Negerkuß
Negerkuß
(Wnd, Ond, Sä, Th, Rh, Fr)

Negerschweiß
Muckefuck
(Fr)

nerken
wiederkäuen
(Wnd, Rh)

Nestel
Schnürsenkel
(Pf)

Nettel
Brennessel
(Wnd, Ond)

Netzkanne
Gießkanne
(Sä)

neufängisch
neugierig
(Th, He)
S. 330

neugierig
neugierig
(Ond, Sä, Th, He, Fr, Ba)
S. 330, 331, 370, 375

neulätern
neugierig
(Ond, Sä)

neulich
neugierig
(Ond)
S. 330

neumärisch
neugierig
(Th)
S. 330

neuschierig
neugierig
(Wnd, Ond, Th, He, Rh, Pf, Fr)
S. 330

Nietenhose
Blue Jeans
(Wnd, Rh, Sch-A)

Niethose
Blue Jeans
(Ond, Sä, Th)

nietig
neugierig
(Wnd)

niglig
neugierig
(Wnd)

Nikolaus
Weihnachtsmann
(He)
S. 292, 371

Nippel
Ausguß (Kaffeekanne)
(Ond)

Nischelbrummen
Kopfschmerzen
(Sä)

Nisser
Viehbremse
(Ba)

niterücken
wiederkäuen
(Th, He)

nöckern
wiehern
(Wnd)

Noll
Pfriem (Werkzeug)
(Th, Fr)

Noller
Schnuller
(Pf, Sch-A)

nore machen
beeilen
(Sch-A)

nörricken
wiehern
(Ond)

Nuckel
Schnuller
(Wnd, Ond, Sä, Th, He, Rh)

Nucki
Schnuller
(Fr)

Nudel
Kartoffel
(Ond)
S. 282, 308

Nülle
Beule
(Sch-A)

Nuppel
Schnuller
(Sä, Th)

Nüsel
Apfelrest
(Rh)

Nusser
Eichelhäher
(Sä)

Nußgackel
Eichelhäher
(Ba)

Nußhacker
Eichelhäher
(Th)

Nußhäher
Eichelhäher
(Fr, Ba)

Nußjäckel
Eichelhäher
(Sch-A)

Nußkratscher
Eichelhäher
(Ba)

Nutsch
Schnuller
(Sä, Th)

Nutscher
Lutscher
(Sä)

Nuttel
Schnuller
(He, Pf)

Oblaten
Glanzbilder
(Wnd, Ond)

ochsen
schuften
(Pf)
S. 354

Ochsenauge
Margerite
(Chrysanthemum leucanthemum)
(Pf)

Ogger
Euter
(Rh)

Öhmd
Grummet
(Sch-A)
S. 287

Ohmet
Grummet
(Fr)

Ohratzel
Ohrwurm
(Th)

Ohrenbützel
Ohrwurm
(Fr)

Ohrenhöller
Ohrwurm
(Fr, Ba)

Ohrenklamm
Mumps
(He, Pf)

Ohrenklemmer
Ohrwurm
(Sch-A)

Ohrenkneiper
Ohrwurm
(Sä, Th)

Ohrenknieper
Ohrwurm
(Wnd, Ond)

Ohrenkriecher
Ohrwurm
(Sä, He)

Ohrenkrüper
Ohrwurm
(Wnd, Rh)

Ohrenmitzel
Ohrwurm
(Sch-A)

Ohrenpetscher
Ohrwurm
(Rh)

Ohrenquangel
Ohrwurm
(Rh)

Ohrenratte
Ohrwurm
(Rh)

Ohrenschleffer
Ohrwurm
(Rh, Pf)

Ohrenschlicher
Ohrwurm
(Pf)

Ohrenschlitzer
Ohrwurm
(Fr)

Ohrenwitzeler
Ohrwurm
(Sch-A)

Ohrenzwicker
Ohrwurm
(Sch-A)

Ohrfeige
Ohrfeige
(Wnd, Ond, Sä, Th, He, Rh, Pf, Sch-A, Fr)

Ohrlitze
Ohrwurm
(Th, He)

Ohrschlitz
Ohrwurm
(He)

Ohrwissel
Ohrwurm
(He)

Ohrwurm
Ohrwurm
(Wnd)

Ohrwutzel
Ohrwurm
(Ba)

okulieren
pfropfen
(Rh)

Older
Dachboden
(Rh)

Ölk
Regenwurm
(Wnd)

Oma
Großmutter
(Wnd, Ond, Sä, Th, He, Rh, Pf)
S. 292, 334

Omelett
Pfannkuchen
(He, Sch-A, Fr)
S. 338, 339

Opa
Großvater
(Wnd, Ond, Sä, He, Rh, Pf)

Ornt
Tauber
(Wnd)

Ort
Pflugwende
(Sch-A)

Ort
Pfriem (Werkzeug)
(Ond, Th, He, Rh)

Örtel
Pfriem (Werkzeug)
(Ba)

Örtla
Pfriem (Werkzeug)
(Fr)

Ortscheit
Querholz (Fuhrwerk)
(Ond, Sä, Th, Fr)

Öschen
Anemone
(Wnd, Ond)

Osterblume
Anemone
(Wnd, Ond)

över Jahr
Jahr, dieses
(Ond)

P

Packe
Türklinke
(Rh)

Packen
Fangen (Kinderspiel)
(Wnd)

Padde
Frosch
(Ond)

Padde
Kröte
(Ond)

Pädde
Kröte
(Rh)

Paddenstuhl
Pilz
(Wnd, Rh)

Päde
Quecke
(Ond, Sä)
S. 309

paffen
rauchen
(Wnd, Ond, Sä)

Palarften
Erbsen
(Wnd)

Pale
Nachharke
(Sch-A)

palen
nachharken
(Sch-A)

Pampelmutter
Hebamme
(Th)

Pampes
Kartoffelpuffer
(Sä, Th)

Pampuschen
Hausschuhe
(Wnd, Ond)
S. 290

Pantoffeln
Hausschuhe
(Wnd, Ond, Sä, Th, Rh, Sch-A, Ba)
S. 290–293

Papotschen
Hausschuhe
(Ba)

pappala
leer
(Sch-A)

Pappbilder
Glanzbilder
(Ba)

Päppe
Mund (halt den ...)
(Th)

pappen
rauchen
(Th)

Pappen
Mund (halt den ...)
(Fr, Ba)

Päpper
Schnuller
(Fr)

Papperl
Glanzbilder
(Fr)

Parforcekohl
Sauerkraut
(Th)

Pärre
Kröte
(Wnd)

Parterre
Erdgeschoß
(Wnd, Ond, Sä, Th, He, Rh, Pf, Sch-A, Fr, Ba)

passen
warten
(He, Rh, Sch-A, Fr)

Pastór
Geistlicher
(Wnd, Rh)
S. 293, 350

Pástor
Geistlicher
(Wnd, Ond, Sä, Th)
S. 258, 330, 348, 362, 373

Patätsch
Kartoffel
(Wnd)

Pätchen
Pate
(Rh)

Pätchenstante
Patin
(Rh)
S. 334

Pate
Pate
(Wnd, Ond, Sä, Th, He, Rh, Pf, Fr)
S. 332–335, 342

paten
pfropfen
(Wnd, Ond)

Patenohm
Pate
(Rh)
S. 334

Patin
Patin

(Wnd, Ond, Sä, Th, He, Rh, Fr)
S. 332

Pätter
Pate
(He, Rh, Pf)
S. 334, 335, 371

Pauken
Beule
(Ba)

Pauternickel
Pfannkuchen
(Fr)

pecken
jäten
(Sä, Th, Fr)
S. 309, 312

Peitsche
Peitsche
(Wnd, Ond, Sä, Th, He, Rh, Pf, Sch-A, Fr, Ba)

Pelle
Baumrinde
(Sä)

Pellkartoffeln
Pellkartoffeln
(Wnd, Ond, Sä, Th, He, Rh, Sch-A, Fr, Ba)

Pellknollen
Pellkartoffeln
(Ond)

Pellmänner
Pellkartoffeln
(Pf)

Pellnudeln
Pellkartoffeln
(Ond)

pelzen
pfropfen
(Sä, Th, Fr, Ba)

Pelzmärte
Weihnachtsmann
(Sch-A)
S. 372

Pelznickel
Weihnachtsmann
(Pf)
S. 372

Perücke
Kartoffelpuffer
(Th)

pesen
laufen
(Ond, He)

petschen
kneifen
(Rh)
S. 302, 322

Petschzange
Kneifzange
(Rh)

Pette
Frosch
(Rh)

Pette
Mütze
(Wnd)

Petzemese
Ameise
(He)

petzen
kneifen
(He, Pf)
S. 321, 322, 363, 377

Pfannkuchen
Berliner
(Ond, Sä, Th)
S. 262

Pfannkuchen
Pfannkuchen
(Wnd, Ond, He, Rh, Pf, Sch-A, Fr, Ba)
S. 290, 336–339

Pfannkuchen-kraut
Schnittlauch
(Wnd)

Pfarrer
Geistlicher
(Ond, Sä, Th, He, Rh, Pf, Sch-A, Fr, Ba)
S. 260, 281

Pfarrner
Geistlicher
(Th)

Pfärrner
Geistlicher
(He)

Pfätter
Pate
(Th, He)
S. 334

Pfätterich
Pate
(Sch-A)

Pfaude
Kröte
(Sch-A)

Pfefferrute
Wacholder (Juniperus communis)
(Sch-A, Fr)

Pfefferwurzel
Meerrettich
(Wnd)

Pferd
Pferd
(Wnd, Ond, Sä, Th, He, Rh, Pf, Fr)
S. 278, 301, 306, 330, 352, 366, 368, 371, 377

Pferdekneifer
Ohrwurm
(Ond)

Pferdestecher
Libelle
(Th)

Pferdsbobert
Mistkäfer
(Pf)

Pferdsfliege
Viehbremse
(Rh)

Pferdskäfer
Mistkäfer
(Pf)

Pferdstier
Mistkäfer
(Rh)

Pferdswibbeler
Mistkäfer
(Rh)

pfetzen
kneifen
(Sch-A, Fr)
S. 322

Pfetzzange
Kneifzange
(He, Pf, Sch-A)

Pfiffer
Pilz
(Fr)
S. 268

pfiffig
intelligent
(Ond, Fr)

pfitzen
kneifen
(Th)
S. 321

Pfitzzange
Kneifzange
(Th)

Pflaume
Pflaume
(Ond, Sä, Th, Sch-A, Fr, Ba)

Pfnüsel
Schnupfen
(Sch-A)

Pfrieme
Pfriem (Werkzeug)
(Sä, Th, Sch-A)

pfropfen
pfropfen
(Sä, He)
S. 325

Pfropfen
Korken
(Sch-A)

Pfropfer
Korken
(Fr)

pfüeti
Auf Wiedersehen
(Sch-A, Ba)
S. 249

pfusen
weinen
(Fr)

Pfuser
Mumps
(Sch-A)

Pick
Schluckauf
(Rh)
S. 344

Picker
Murmel
(Wnd, Ond)

Pickert
Kartoffelpuffer
(Wnd)

Piedelpogge
Kaulquappe
(Wnd)

piefen
rauchen
(Rh)

Piep
Ausguß (Kaffeekanne)
(Wnd)

Pieplauch
Schnittlauch
(Ond)

Pier
Regenwurm
(Rh)

Pieraas
Regenwurm
(Ond)

Pierlauke
Regenwurm
(Ond)

Piermade
Regenwurm
(Ond)

Pierwurm
Regenwurm
(Wnd, Ond)

Piesel
Kneipe
(Wnd)

Pilz
Pilz
(Wnd, Ond, Sä, Th, He, Rh, Pf, Sch-A, Fr)
S. 295

Pingel
Klingel
(Wnd)

pingelt
klingelt, es
(Wnd)

Pinndopp
Kreisel (Kinderspielzeug)
(Wnd)

Pinte
Kneipe
(Wnd, He, Rh)
S. 323

Pippkeslok
Schnittlauch
(Rh)

Pips holen
erkälten
(Rh)

Pirken
Gänschen
(Wnd)

Pißämse
Ameise
(Sä)

Pißmiere
Ameise
(Ond)

placken
schuften
(Sä, Th, Sch-A)
S. 352–354

plagen
beeilen
(Rh)
S. 256, 257

plärren
weinen
(Sch-A, Fr)

Plaste
Plastik
(Ond, Sä, Th)

Plastik
Plastik
(Wnd, He, Rh, Pf, Sch-A, Fr, Ba)

plattbarft
barfuß
(Wnd, Ond)

Plättbrett
Bügelbrett
(Wnd, Ond, Sä)

Plätte
Bügeleisen
(Ond, Sä, Th)

Plätteisen
Bügeleisen
(Wnd, Ond, Sä, Th)

Plättglocke
Bügeleisen
(Sä, Th)

plätzen
rauchen
(Fr)

plaudern
reden
(Th, Pf, Fr)

Plaume
Pflaume
(He, Pf)

Plausch
Unterhaltung
(Wnd, Ond, Sä, Rh, Fr)
S. 362

plauschen
unterhalten
(Rh)

Plauze haben, auf der
erkälten
(Th, Sä)

Plempe
Muckefuck
(Sä, Th)

pliehen
pflügen
(Ond)

plietsch
intelligent
(Wnd, Ond)

Plinke
Augenlid
(Wnd)

Plinke
Wimper
(Wnd)

Plinse
Pfannkuchen
(Sä, Th)
S. 337, 338

plinsen
weinen
(Ond)

plögen
pflügen
(Wnd, Ond, Rh)

plotzen
rauchen
(He, Pf)

Pluckelse
Pfriem (Werkzeug)
(Wnd)

Plückerbsen
Erbsen
(He, Rh, Pf)

Plume
Pflaume
(Wnd, Ond)

Plundermilch
Dickmilch
(Rh)

Plürre
Muckefuck
(Wnd, Ond)

Plürrkaffee
Muckefuck
(Wnd)

Poesiebilder
Glanzbilder
(He, Pf, Ba)

Pogge
Ferkel
(Rh)
S. 325

Pogge
Frosch
(Wnd)

Poggenstuhl
Pilz
(Wnd, Ond)

Pohl
Teich
(Wnd, Ond)

pöhlen
kicken
(Wnd, Rh)

Pole
Mütze
(Wnd)
S. 327

Poll
Apfelrest
(Ond)

Porree
Lauch
(Wnd, Ond, Sä, Th, He, Rh, Fr, Ba)

Porrette
Lauch
(Pf)

Portemonnaie
Portemonnaie
(Wnd, Ond, Sä, Th, He, Rh, Pf, Fr)
S. 340–342

possen
pfropfen
(Rh, Pf)

Possen, zum
absichtlich
(Sä, Sch-A, Fr)
S. 244

Potacke
Kartoffel
(Fr)
S. 312

Potacken, Gekochte
Pellkartoffeln
(Fr)

Potche
Installateur
(Pf)

poten
pfropfen
(Th)

Pothammel
Stechmücke
(Pf)

Pott
Kochtopf
(Wnd, Ond, Rh)
S. 276, 369

Pottbäcker
Töpfer
(Wnd)

Pöttcher
Töpfer
(Wnd)

Pottchesbäcker
Töpfer
(Rh)

Potte
Knospe
(Pf)

Pötter
Töpfer
(Ond)

Pottkuchen
Napfkuchen
(Wnd, Ond)

Pottmaker
Töpfer
(Ond)

Prat
Unterhaltung
(Wnd)
S. 362

praten
reden
(Wnd)

praten
unterhalten
(Wnd)
S. 362

Praume
Pflaume
(He, Pf)
S. 296

Preiselbeere
Preiselbeere
(Ond, Sä, Th, He, Rh, Pf, Sch-A, Fr, Ba)
S. 295

Preiselbesinge
Preiselbeere
(Rh)

Preßbilder
Glanzbilder
(Pf)

pressieren
beeilen
(Sch-A, Ba)

Priem
Pfriem (Werkzeug)
(Wnd, Ond)

Prieslauch
Schnittlauch
(He)

Priester
Geistlicher
(Wnd, Ond)

Primel
Schlüsselblume
(Primula)
(Wnd)

proffen
pfropfen
(He, Rh)

proppen
pfropfen
(Wnd, Ond)

Proppen
Korken
(Wnd, Ond)

Proppen
Schnuller
(Ond)

Prume
Pflaume
(Wnd, Rh)
S. 325

puckeln
schuften
(Wnd)
S. 352

Pucksert
Murmel
(Pf)

Pudel
Kartoffel
(Wnd)

Puden
Beule
(Ond)

Puffer
Kartoffelpuffer
(Wnd, Ond)
S. 304

Puffer
Napfkuchen
(Wnd)

Pulkantüffeln
Pellkartoffeln
(Wnd)

Pullchen
Gänschen
(Rh)

Pulswärmer
Pulswärmer
(Wnd, Ond)

pumpen
leihen
(Wnd, Ond, Sä, He, Rh, Fr)

Pumser
Kartoffel
(Ba)

Purzelbaum
Purzelbaum
(Wnd, Ond, Sä, Th, He, Rh, Pf, Sch-A, Fr, Ba)

Purzelbock
Purzelbaum
(Pf)

Purzengägel
Purzelbaum
(Sch-A)
S. 328

Puschen
Hausschuhe
(Wnd, Ond)
S. 290, 291

Puspogge
Kröte
(Wnd)

putzen
aufwischen
(He, Rh, Pf, Sch-A, Fr, Ba)

putzen
fegen
(Sch-A, Fr)

putzen
fegen (Schornstein)
(Rh, Pf)

putzen
putzen
(Wnd, He, Rh, Pf, Sch-A, Fr, Ba)

Putzfrau
Putzfrau
(Wnd, Ond, He, Rh, Pf, Sch-A, Fr, Ba)

Putzlappen
Scheuertuch
(He, Pf, Sch-A, Fr, Ba)

Putzlumpen
Scheuertuch
(He, Pf, Sch-A, Fr, Ba)

Q

Quadhux
Frosch
(Ond)

Quadhux
Kröte
(Ond)

Quakeln
Wacholder (Juni-

perus communis)
(Wnd)

quäken
weinen
(Sä)

qualmen
rauchen
(Ond, Sä, Th, He)

Quark
Quark
(Wnd, Ond, Sä, Th, He, Rh, Sch-A, Fr, Ba)

quarzen
rauchen
(Sä)

Quätschchen
Unterhaltung
(Rh)

Quatsche
Ohrfeige
(Sä)

quatschen
unterhalten
(Wnd, Ond, Sä, Th, Rh)
S. 362–364

Quecke
Quecke
(Wnd, Ond, Sä, Th, He, Rh, Pf, Sch-A, Fr, Ba)

Quellgrumbere
Pellkartoffeln
(Pf)

Quellkartoffeln
Pellkartoffeln
(He, Rh)

Quellmänner
Pellkartoffeln
(Rh)

Quetsche
Pflaume
(Th, He, Rh)

Quetschkartoffeln
Kartoffelpürree
(Ond)

Quewede
Holunder (Sambucus nigra)
(Th)

Quinkeln
Preiselbeere
(Rh)

Quitsch
Quecke
(Wnd)

Rächert
Erpel
(Sä, Th)

racken
ernten (Kartoffeln)
(Ond)

rackern
schuften
(Ond, Sä, Th)
S. 353

Radebere
Schubkarre
(Sä, Th, Fr)

Radeltruhe
Schubkarre
(Ba)

Radkarren
Schubkarre
(Sä)

Radmacher
Wagenmacher
(Wnd, Ond)

Raffel
Mund (halt den ...)
(Th, Fr)

Rain
Pflugwende
(Fr, Ba)

Rainwasen
Quecke
(Fr)

Ralle
Kater
(Sch-A)

Rälling
Kater
(Sch-A)
S. 316

Rämmel
Kater
(Rh)

rammeln
laufen
(Sä, Th)

rammeln
schuften
(Sä)
S. 352

Rämmler
Kater
(Fr)

ramsen
schimpfen
(Fr)

Randstein
Bordsteinkante
(He, Pf, Sch-A, Fr, Ba)

Ranft
Brotrinde
(Sch-A, Ba)

Ränftchen
Brotende
(Th)
S. 275

Ränftel
Brotende
(Sä, Ba)
S. 274, 275

Ränftla
Brotende
(Fr)

Ränftle
Brotende
(Sch-A)
S. 275

Range
Mutterschwein
(Ond)

rängeln
häufeln (Kartoffeln)
(Fr)

Ränkele
Brotende
(Sch-A)

ranklotzen
schuften
(Wnd, Ond)
S. 352

ranksen
wiehern
(Pf)

rantscheln
schlittern
(Ba)

Ranzel
Schulranzen
(Wnd)

Ranzenweh
Bauchschmerzen
(Sch-A)

Ratsch
Unterhaltung
(Ba)

Rätsch
Erpel
(Sch-A)

ratschen
unterhalten
(Pf, Sch-A, Fr, Ba)
S. 358, 364, 365

Ratz
Iltis
(Th, He, Fr)

rauchen
rauchen
(Wnd, Ond, Sä, Th, He, Rh, Pf, Sch-A, Fr, Ba)

Rauchfang
Schornstein
(Ba)

Rauchfangkehrer
Schornsteinfeger
(Ba)

raufen
jäten
(Th, Fr)

Rauhbeere
Stachelbeere (Ribes grossularia)
(Ond)

rauher Hals
heiser
(He, Sch-A, Ba)

Rauhfrost
Rauhreif
(Wnd, Sä, Th)

Rauhreif
Rauhreif
(Wnd, Ond, Sä, Th, He, Rh, Pf, Sch-A, Fr, Ba)

raumen
fegen (Schornstein)
(He)

rauslangen
ernten (Kartoffeln)
(Th)

rausmachen
ernten (Kartoffeln)
(Fr)

rausroppen
jäten
(Pf)

rausrupfen
jäten
(Fr)

raustun
ernten (Kartoffeln)
(Th, Sch-A, Fr)

recheln
nachharken
(Rh)

rechen
nachharken
(He, Pf)

Rechen
Nachharke
(Rh, Pf, Sch-A)

recht
sehr
(Ba)
S. 257, 261, 307, 365

Reckholder
Wacholder (Juniperus communis)
(Sch-A)

reden
reden
(Wnd, Ond, Sä, Th, He, Rh, Pf, Fr, Ba)

Reep
Seil
(Wnd, Ond)

regen
beeilen
(Wnd)

Regenmade
Regenwurm
(Sä, Th)

Regenwurm
Regenwurm
(Wnd, Sä, Th, He, Rh, Pf, Sch-A, Fr, Ba)

Reibasch
Napfkuchen
(Sä)

Reibekuchen
Kartoffelpuffer
(Wnd, Ond, He, Rh)

Reibeplätzchen
Kartoffelpuffer
(Rh)

Reiberdatschi
Kartoffelpuffer
(Sch-A, Ba)

Reif
Rauhreif
(Wnd, Ond)

reifeln
laufen
(Sch-A)

Reim
Rauhreif
(Ba)

Reinemachefrau
Putzfrau
(Wnd, Ond, Sä, Th)

reinemachen
fegen (Schornstein)
(Th, He)

reinemachen
putzen
(Wnd, Ond, Sä, Th)

reisen
pfropfen
(Wnd, Ond)

Rengsbeere
Himbeere
(He)

rennen
laufen
(Wnd, Ond, Sä, Th, He, Rh, Pf, Sch-A, Fr, Ba)
S. 243, 293

Rettich
Meerrettich
(He, Rh)

Reu
Begräbnis
(Rh)

Ribel
Brotkrümel
(He)

Riebele
Brotende
(Sch-A)
S. 275

riëch
heiser
(Sch-A)

Riedpogge
Kröte
(Ond)

Riemen
Peitsche
(Th)

Rietholt
Streichholz
(Ond)

Rietsticken
Streichholz
(Wnd, Ond)

Rimm
Rauhreif
(Rh)

Rinde
Baumrinde
(Sä, Th, He, Pf, Sch-A, Fr, Ba)

Rinde
Brotrinde
(Wnd, Ond, Sä, Th, Sch-A, Fr, Ba)

Rindel
Brotende
(Sä)
S. 274, 275

Ringe
Brotrinde
(Sä, Th)

Rinnstein
Bordsteinkante
(Ond)

Rinscheit
Querholz (Fuhrwerk)
(Rh)

Robbern
Schubkarre
(Sä, Th, Fr)

roboten
schuften
(Sä)

Rockdote
Patin
(Sch-A)

roden
ernten (Kartoffeln)
(Wnd)

Rodonkuchen
Napfkuchen
(He, Rh, Pf)

Roggen
Roggen
(Wnd, Ond, Th, Rh, Sch-A)
S. 298

Roggenblume
Kornblume
(Wnd, Ond)

Röhling
Frosch
(Th, He)

Roller
Kater
(Sch-A)
S. 316

rönneken
wiehern
(Rh)

roren
weinen
(Wnd, Ond)

rören
weinen
(Ba)

rösch
knusprig
(Sä, Sch-A, Fr, Ba)

Rosinenbaum
Weihnachtsbaum
(Ond)

Roß
Pferd
(Sch-A, Ba)
S. 285

Roßbacken
Pflaume
(Ba)

Roßkäfer
Mistkäfer
(Sch-A, Ba)

Roßkopf
Kaulquappe
(Sch-A)

Roßwiebel
Mistkäfer
(Ba)

Rotbeere
Walderdbeere
(Th, He, Fr, Ba)
S. 297

Rotbesinge
Walderdbeere
(Ond)

Roter Kappes
Rotkohl
(Rh)

Roter Kumpest
Rotkohl
(Rh)

Rotkohl
Rotkohl
(Wnd, Ond, Rh)

Rotkraut
Rotkohl
(Sä, Th, He, Pf, Sch-A, Fr)

Rotlauf haben
erkälten
(He, Rh, Pf)

Rotz
Schnupfen
(Ond, Sä, Th)
S. 346

Rotzkolm
Kaulquappe
(Fr)

Rotzlappen
Taschentuch
(Ond)
S. 359

Rübe, Gelbe
Möhre
(Th, He, Pf, Sch-A, Fr, Ba)
S. 324–326

rücheln
wiehern
(Sch-A, Fr, Ba)

Ruckert
Tauber
(He, Rh)

Rüdenblume
Margerite (Chrysanthemum leucanthemum)
(Wnd, Rh)

Ruhklas
Weihnachtsmann
(Ond)
S. 368, 369

ruhren
pflügen
(Th, Fr)

Rührkuchen
Napfkuchen
(Sä, Th, He, Pf)

Rummel
Jahrmarkt
(Wnd, Ond, Sä, Th, He, Sch-A)
S. 304

Runde
Pellkartoffeln
(Sä)

Rundstück
Brötchen
(Wnd)
S. 271

Ruprecht, Hans
Weihnachtsmann
(Th)
S. 370

Ruprecht, Knecht
Weihnachtsmann
(Sä)
S. 369, 370

rußeln
fegen (Schornstein)
(Sch-A)

rußen
fegen (Schornstein)
(Sch-A, Fr)

Rußkehler
Schornsteinfeger
(Sä)
S. 349

Rutschbahn
Rutschbahn
(Ba)

Rutsche
Rutschbahn
(Fr)

rutschen
schlittern
(Wnd, Th, He, Rh, Sch-A, Fr, Ba)

Rutscher
Kochtopf
(Fr)

Rutscherle
Kochtopf
(Sch-A)

S

Saat
Getreide
(Wnd)
S. 282

Sabbel
Mund (halt den ...)
(Wnd, Ond)

Sack
Euter
(Rh)

Sacktuch
Taschentuch
(He, Rh, Pf, Sch-A, Fr, Ba)
S. 360, 361

sakrisch
sehr
(Ba)

Sal
Teich
(Ond)

sammeln
ernten (Kartoffeln)
(Ond)

Samstag
Samstag
(He, Rh, Pf, Sch-A, Fr, Ba)
S. 289

Satertag
Samstag
(Wnd, Rh)

Sau
Mutterschwein
(Ond, Sä, Th, Rh)

Saubein
Eisbein
(Sä, Th)

Saubel
Pfriem (Werkzeug)
(Th)

saubermachen
putzen
(Wnd, Ond, Sä)

Säuchen
Ferkel
(Pf)

sauen
laufen
(Sch-A)

Sauerkappes
Sauerkraut
(Pf)

Sauerklee
Sauerklee
(Wnd, Ond, Sä, Th, He, Rh, Pf, Sch-A, Fr, Ba)

Sauerkohl
Sauerkraut
(Wnd, Ond)

Sauerkraut
Sauerkraut
(Wnd, Ond, Sä, Th, He, Pf, Sch-A, Fr, Ba)
S. 311

Sauermilch
Dickmilch
(Wnd, Sä, Th, He, Pf, Sch-A, Fr)

Sauermoos
Sauerklee
(Rh)

Sauermus
Sauerkraut
(He, Rh)

Sauger
Schnuller
(Wnd)

Sauigel
Igel
(Sä, Fr)

Saul
Pfriem (Werkzeug)
(Wnd, Ond, He, Rh, Pf)

Säule
Ferkel
(Sch-A)
S. 264, 319

Säule
Pfriem (Werkzeug)
(Sch-A)

Saumstein
Bordsteinkante
(Wnd)

Saure Milch
Dickmilch
(Ond, Rh, Ba)

Saurer Kappes
Sauerkraut
(Rh)

Saurer Kohl
Sauerkraut
(He)

schäbbern
schimpfen
(Th)

Schabefleisch
Hackfleisch
(Ond, Sä)

Schackelster
Elster
(Ond, Sä)
S. 276, 330

Schädelbrummen
Kopfschmerzen
(Sä, Sch-A)

Schädelweh
Kopfschmerzen
(Sch-A, Fr, Ba)

Schaf
Lamm (weiblich)
(Sä, Th, Rh, Pf, Sch-A, Fr)

Schäfchen
Lamm (weiblich)
(Rh, Pf)

schaffen
arbeiten
(He, Rh, Pf, Sch-A, Fr)
S. 353, 354, 364, 365, 378

Schaffkuchen
Pfannkuchen
(Th)

Schäffler
Faßmacher
(Ba)

Schäfle
Lamm (weiblich)
(Sch-A, Fr)

Schafskopf
Mumps
(Wnd)

schafudern
schimpfen
(Wnd)

Schale
Baumrinde
(Th, He, Rh, Pf)

Schale
Kaffeetasse
(He, Sch-A, Fr, Ba)
S. 264

Schales
Kartoffelpuffer
(Pf)

Schalkartoffeln
Pellkartoffeln
(Sch-A, Fr)

Schaltkarre
Schubkarre
(Sch-A)

Schappel
Mütze
(Th, Sch-A)
S. 327

Scharbekraut
Sauerkraut
(Th)

Scharbs
Kartoffelpuffer
(Th)

Schard
Napfkuchen
(Fr)

scharfmachen
beeilen
(Th)
S. 256

Scharnbull
Mistkäfer
(Wnd, Ond)

Scharnwewer
Mistkäfer
(Ond)

Scharphase
Igel
(Rh)

scharwerken
schuften
(Th)
S. 353

Schatterhex
Elster
(Sch-A, Ba)

schau
guck
(He, Rh, Sch-A, Fr, Ba)
S. 245, 268, 285, 307

schaubern
schlittern
(Th)

schauern
hageln
(Ba)

Schaufel
Kehrschaufel
(Wnd, Th, Rh, Pf, Sch-A, Fr, Ba)

Schaufel
Schaufel
(Wnd, Sä, Th, Sch-A, Fr, Ba)

Scheelmücke
Viehbremse
(Rh)

Scheibe
Brotscheibe
(He)

Scheibe Brot
Brotscheibe
(Wnd)

Scheinwürmle
Glühwürmchen
(Sch-A)

Scheißkäfer
Mistkäfer
(Sä)

Scheißkrabbler
Mistkäfer
(He)

Scheiten
Baumrinde
(Ba)

Schelfe
Baumrinde
(Fr)

Schelle
Klingel
(Th, He, Rh, Pf, Sch-A)

Schelle
Ohrfeige
(Ond, Sä, Sch-A, Fr, Ba)

schellt
klingelt, es
(He, Rh, Pf, Sch-A, Fr, Ba)

schelten
schimpfen
(Wnd, Ond, Th, He, Pf, Sch-A, Ba)

schennen
schimpfen
(He, Rh, Pf, Fr)
S. 353

Scherben
Kochtopf
(Sch-A, Ba)

Schere
Gabeldeichsel
(Ond, Sä, Th, He, Rh, Pf, Fr)

scheren
nachharken
(Rh)

Scherendießel
Gabeldeichsel
(Wnd)

scherlen
häufeln (Kartoffeln)
(Sch-A)

Schermaus
Maulwurf
(Sch-A, Ba)

scherren
nachharken
(Pf)

Scherzel
Brotende
(Ba)
S. 275

schesen
laufen
(Wnd, Ond)

Scheuer
Scheune
(Th, He, Rh, Pf, Sch-A, Fr)
S. 285, 316

Scheuerhader
Scheuertuch
(Sä)

Scheuerlappen
Scheuertuch
(Wnd, Ond, Sä, Th)

scheuern
aufwischen
(Wnd, Sä, Th)

Scheune
Scheune
(Wnd, Ond, Sä, Th, He, Rh, Fr)
S. 274, 330

Scheurepurzel
Purzelbaum
(Sch-A)

Schibbicke
Holunder (Sambucus nigra)
(Sä, Th)

schicken
beeilen
(Sä, Th, Fr, Ba)
S. 255–257

schicken, sich
artig sein
(Wnd, He, Pf)

Schiebekarre
Schubkarre
(Th)

Schiebkarre
Schubkarre
(Wnd, Ond)

Schieferkästel
Federmäppchen
(Sä)

Schille
Baumrinde
(Wnd)

Schillebock
Libelle
(Ond)

schimpfen
schimpfen
(Wnd, Ond, He, Sch-A, Fr, Ba)

schinageln
schuften
(Sch-A, Ba)

schinden
schuften
(Sch-A)
S. 354

Schinderbahn
Rutschbahn
(Sä)

schindern
schlittern
(Sä)

schindern
schuften
(Ond, Th)
S. 352, 353

Schippe
Kehrschaufel
(Ond, Sä, He, Pf)

Schippe
Schaufel
(Wnd, Ond, Sä, Th, He, Rh, Pf, Fr)

Schlacht
Grasschwade
(Pf)

Schlachter
Fleischer
(Wnd, Ond, Th, He)
S. 278, 279

Schlächter
Fleischer
(Ond, Rh)
S. 278, 280

schläfern
gähnen
(Sä)

Schlag
Grasschwade
(Pf)

schlagen, Bahn
schlittern
(Rh)

Schlappen
Hausschuhe
(Ond, Th, He, Rh, Pf, Sch-A, Fr)
S. 291–293, 369

Schlappermilch
Dickmilch
(Sch-A)

Schläppermilch
Dickmilch
(Th)

Schlappschleuder
Schleuder (Kinderspielzeug)
(Th)

schlau
intelligent
(Wnd, Ond, Sä, Th, He, Rh, Pf)

Schlauch
Schnuller
(Ba)

Schleckerbär
Lutscher
(Ba)

Schlegel
Kaulquappe
(Ba)

Schlegela
Kaulquappe
(Fr)

Schleiche
Regenwurm
(Rh)

Schleifbahn
Rutschbahn
(He, Sch-A, Fr)

Schleife
Rutschbahn
(He, Pf, Sch-A, Fr)

schleifen
nachharken
(Ond, Fr)

schleifen
schlittern
(He, Pf, Sch-A, Fr, Ba)

Schleifere
Rutschbahn
(Sch-A)

Schleifharke
Nachharke
(Wnd, Ond)

schleifharken
nachharken
(Wnd)

Schleifrechen
Nachharke
(Fr)

Schleimer
Rutschbahn
(Pf)

schleimern
schlittern
(Pf)

Schlempe
Türklinke
(Pf)

Schleppe
Nachharke
(Th)

schleppen
nachharken
(Sä, Th)

schleppen
ziehen
(Th)

Schlepper
Traktor
(Wnd, He, Fr, Ba)

Schleppharke
Nachharke
(Wnd, Ond, Sä, Th)

Schlepprechen
Nachharke
(Sä, Th, Fr)

Schleuder
Schleuder (Kinderspielzeug)
(He, Rh, Pf, Sch-A, Fr, Ba)

schleunen
beeilen
(Ba)

Schlickermilch
Dickmilch
(Sä, Th)

Schlicks
Schluckauf
(Rh)
S. 344, 345

Schlickser
Schluckauf
(He, Pf, Fr)
S. 344

Schliefferl
Pulswärmer
(Ba)

Schlinderbahn
Rutschbahn
(Wnd, Rh)

schlindern
schlittern
(Wnd, Rh)

Schlinke
Türklinke
(Pf, Fr)

Schlips
Krawatte
(Wnd, Ond, Sä, Th, He, Rh, Pf, Fr, Ba)

Schlitterbahn
Rutschbahn
(Ond, Sä, Th)

schlittern
schlittern
(Ond)

schloßen
hageln
(Sä, Th, He, Pf)

Schlot
Schornstein
(Th, He, Fr, Ba)

schloten
hageln
(Wnd)

Schlotfeger
Schornsteinfeger
(Th, He, Fr, Ba)
S. 349, 351

Schlotten
Schnittlauch
(He)

Schlotter
Dickmilch
(Sch-A)

Schlotzer
Lutscher
(Sch-A)
S. 270

Schlotzer
Schnuller
(Sch-A)

Schluckauf
Schluckauf
(Wnd, Ond)
S. 343

Schlucken
Schluckauf
(Ond, Sä, Th, He)
S. 272, 343, 344

Schlucker
Schluckauf
(Fr)

Schlucksen
Schluckauf
(Th)
S. 344

Schluckser
Schluckauf
(Pf)
S. 345

Schluffen
Hausschuhe
(Rh)
S. 292, 293, 315, 350

Schlupfer
Pulswärmer
(Sch-A, Fr)

Schlurren
Hausschuhe
(Wnd, Ond)
S. 290, 291

Schlüsselblume
Schlüsselblume (Primula)
(Wnd, Ond, Th, He, Rh, Pf, Fr, Ba)

Schmachtharke
Nachharke
(Wnd)

schmachtharken
nachharken
(Wnd)

Schmaden
Grasschwade
(Sä, Th)

Schmallauch
Schnittlauch
(Rh)

Schmälze
Mehlschwitze
(Th)

Schmarre
Narbe
(Th, Sch-A, Fr)

Schmatz
Unterhaltung
(Ba)
S. 365

schmatzen
unterhalten
(Ba)
S. 365

schmauchen
rauchen
(Th)

Schmicke
Peitsche
(Rh)
S. 257

Schmierbrot
Brotscheibe
(Fr)

Schmiere
Brotscheibe
(Pf)

Schmierkäse
Quark
(Th, He)

schmöken
rauchen
(Wnd, Ond, Rh)
S. 348

schmuren
rauchen
(Rh)

schmurzen
rauchen
(Sä)

Schnabel
Ausguß (Kaffeekanne)
(Sch-A, Ba)

Schnacke
Peitsche
(Rh)

schnacken
reden
(Wnd, Ond)
S. 301, 355

schnacken
unterhalten
(Wnd)
S. 362

Schnackler
Schluckauf
(Ba)

Schnagge
Ferkel
(Rh)

Schnähe
Brotscheibe
(Ond)

Schnake
Fliege
(Pf)

Schnake
Stechmücke
(Sä, Th, He, Rh, Pf, Sch-A, Fr, Ba)

Schnäkes
Bonbon
(Pf)
S. 270

Schnalle
Türklinke
(Sch-A)

schnappen
gähnen
(Sä)

Schnäpper
Türklinke
(Sch-A)

Schnattergacks
Kreisel (Kinderspielzeug)
(Fr)

schnättern
unterhalten
(Sch-A)
S. 358

Schnaube
Ausguß (Kaffeekanne)
(Sch-A, Fr)

schnauben
reinigen (Nase)
(Ond, Sä, Th)

Schnauben
Schnupfen
(Th, Fr)

Schnauze
Ausguß (Kaffeekanne)
(Sä, Sch-A, Fr)

Schnauze
Mund (halt den ...)
(Ond, Th)

Schneekätherle
Anemone
(Sch-A)

Schneider
Libelle
(Wnd, Sä, He, Rh, Pf, Sch-A, Fr, Ba)

Schneller
Murmel
(Sch-A)

Schnellfeuer
Streichholz
(Ba)

schnellmachen
beeilen
(Sä)

Schneppe
Ausguß (Kaffeekanne)
(Sä, Th)

schneußen
reinigen (Nase)
(Th)

schneuzen
reinigen (Nase)
(He, Sch-A, Fr, Ba)
S. 361

Schneuzfleck
Taschentuch
(Sch-A)

Schneuztuch
Taschentuch
(Ba)
S. 361

Schnieberitze
Kaulquappe
(Ba)

Schniepe
Ausguß (Kaffeekanne)
(Pf)

Schnitte
Brotscheibe
(Wnd, Sä, Th, He, Rh, Sch-A, Fr)

Schnittla
Schnittlauch
(Ba)

Schnittlauch
Schnittlauch
(Wnd, Ond, Sä, Th, He, Rh, Pf, Sch-A, Fr)
S. 338

Schnittling
Schnittlauch
(Sch-A, Fr, Ba)

Schnitzbrühe
Muckefuck
(Sch-A)

Schnongs
Bonbon
(Sä, Th)
S. 269

Schnorrbetzel
Kreisel (Kinderspielzeug)
(He)

Schnorrer
Kreisel (Kinderspielzeug)
(Fr)

Schnorrkauz
Kreisel (Kinderspielzeug)
(Th)

Schnottentuch
Taschentuch
(Wnd)
S. 359

Schnöw
Schnupfen
(Wnd, Ond)
S. 346

Schnuckel
Schnuller
(Rh)

Schnuller
Schnuller
(Wnd, He, Rh, Pf, Sch-A, Fr, Ba)

schnupfen
reinigen (Nase)
(He)

Schnupfen
Schnupfen
(Wnd, Ond, Sä, Th, He, Rh, Pf, Sch-A, Fr)
S. 327, 346, 347

Schnupftuch
Taschentuch
(Wnd, Ond, Sä, Th, He, Pf)
S. 346, 359–361

Schnuppen
Mistkäfer
(Wnd)

Schnupperkeule
Kaulquappe
(Sä)

Schnups
Schnupfen
(Rh)
S. 347

Schnur
Bindfaden
(Wnd, Ond, Sä, Th, He, Pf, Sch-A, Fr, Ba)

Schnur
Schwiegertochter
(Th, Rh, Pf)
S. 377

Schnürband
Schnürsenkel
(Wnd, Ond, Th)

Schnürbändel
Schnürsenkel
(Fr)

Schnürch
Schwiegertochter
(He, Rh)

Schnürgras
Quecke
(Sch-A)

Schnürps
Apfelrest
(Th)

Schnurre
Mund (halt den ...)
(Sch-A)

Schnurrer
Viehbremse
(Ba)

Schnürriemen
Schnürsenkel
(Rh)

Schnürsenkel
Schnürsenkel
(Ond, Sä, Th)

Schnürsteft
Schnürsenkel
(Fr)

Schnüß
Mund (halt den ...)
(Rh, Pf)
S. 296

Schnute
Ausguß (Kaffeekanne)
(Rh, Pf)

Schnute
Mund (halt den ...)
(Wnd, Ond, He)
S. 368

Schnuten
Schnupfen
(Th)

Schober
Scheune
(Sch-A, Ba)

schön folgen
artig sein
(Sä)

Schopf
Scheune
(Sch-A, Ba)

Schore
Grasschwade
(Sch-A)

Schorittfeger
Schornsteinfeger
(Rh)
S. 350

Schorkel
Baumrinde
(He)

Schornstein
Schornstein
(Wnd, Ond, Th, He, Rh, Pf)
S. 348–350

Schornsteinfeger
Schornsteinfeger
(Wnd, Ond, Th, He, Rh, Pf)
S. 348–350

Schornsteinputzer
Schornsteinfeger
(Rh, Pf)
S. 350

Schörze
Baumrinde
(Pf)

Schoten
Erbsen
(Ond, Sä, Th)

Schöttel
Murmel
(Ond)

Schottpogge
Frosch
(Ond)

Schottpoggenstuhl
Pilz
(Ond)

Schottstein
Schornstein
(Wnd, Ond)

Schottsteinfeger
Schornsteinfeger
(Wnd, Ond)

Schramme
Narbe
(Sä, Th, Pf, Sch-A, Fr, Ba)

schrau
heiser
(Ond)

schrauen
weinen
(Rh)

schreien
weinen
(Th, He)

schreien
wiehern
(Ba)

Schreihäkster
Eichelhäher
(Wnd)

Schreiner
Tischler
(Wnd, Th, He, Rh, Pf, Sch-A, Fr, Ba)
S. 354, 364

Schrippe
Brötchen
(Ond)
S. 271

Schrubbtuch
Scheuertuch
(Rh)

Schubber
Rutschbahn
(He)

Schubkarre
Schubkarre
(Wnd, Ond, Sä, Th, Rh)

Schubkarren
Schubkarre
(He, Pf, Sch-A, Fr, Ba)
S. 289

schuften
schuften
(Wnd, Ond, Sä, Th, He, Rh, Pf, Sch-A, Fr, Ba)
S. 352–354

Schuhband
Schnürsenkel
(Wnd, Ond)

Schuhbandel
Schnürsenkel
(Ba)

Schuhbändel
Schnürsenkel
(Th, He, Pf, Sch-A, Fr)

Schuhlitzen
Schnürsenkel
(Ba)

Schuhnestel
Schnürsenkel
(Pf, Sch-A)

Schuhriemen
Schnürsenkel
(He, Rh, Pf, Sch-A)

Schularbeiten
Hausaufgaben
(Wnd, Ond, Sä, Th, Rh)

Schulaufgaben
Hausaufgaben
(He)

Schulkalier
Schulranzen
(Ba)

Schullern
Hausaufgaben
(Sä, Th)

Schulmappe
Schulranzen
(Ond)

Schulpack
Schulranzen
(Ba)

Schulranzen
Schulranzen
(Sä, Th, He, Pf, Sch-A, Fr, Ba)

Schulsack
Schulranzen
(Fr)

Schultasche
Schulranzen
(Ba)

Schure, zum
absichtlich
(Sä, Th)
S. 243

Schurrbahn
Rutschbahn
(Wnd)

schurren
schlittern
(Wnd, Th, He)

Schussel
Rutschbahn
(Sä, Th)

Schüssel
Kaffeetasse
(Pf, Fr)

Schüssele
Kaffeetasse
(Sch-A)

schusseln
schlittern
(Sä)

Schusser
Murmel
(Sch-A, Fr, Ba)

Schußwurz
Quecke
(Ba)

schütten
wenden (Heu)
(Ond, Sä)

Schuttkarre
Schubkarre
(Sä, Th)

Schwade
Grasschwade
(Wnd, Ond, Sä, Th, Rh)

Schwamm
Pilz
(Sä, Th, He, Rh, Pf, Sch-A, Fr)

Schwammerl
Pilz
(Ba)
S. 297

Schwank
Grasschwade
(Sch-A)

Schwarzbeere
Brombeere
(Pf)

Schwarzbeere
Heidelbeere
(Sä, Th, He, Fr, Ba)
S. 294, 295, 297

Schwarzer Flieder
Holunder (Sambucus nigra)
(Ond)

Schwarzer Mann
Schornsteinfeger
(Ond)
S. 348

Schwatz
Unterhaltung
(Ond, He)

Schwätzchen
Unterhaltung
(Sä, Th, He, Rh, Pf)
S. 363

schwatzen
reden
(Th)
S. 241

schwatzen
unterhalten
(Sä, Th)
S. 363

schwätzen
reden
(He, Rh, Pf, Sch-A)
S. 289, 335

schwätzen
unterhalten
(He, Rh, Pf, Sch-A, Fr)
S. 289, 364

Schwätzle
Unterhaltung
(Sch-A)

schweepen
fegen
(Ond)

Schwefelchen
Streichholz
(Rh)

Schwefele
Streichholz
(Sch-A)

Schwefelholz
Streichholz
(Th)

Schwefelsteckel
Streichholz
(Fr)

Schwefelsticken
Streichholz
(Wnd, Ond)

Schwegele
Streichholz
(Rh)

Schweinchen
Ferkel
(Th)

Schweinmutter
Mutterschwein
(Sch-A)

Schweinsfuß
Eisbein
(He, Sch-A)

Schweinshaxe
Eisbein
(He, Pf, Sch-A, Fr, Ba)

Schweinsköte
Eisbein
(Th)

Schweinsmus
Hackfleisch
(Th)

Schwengel
Querholz (Fuhrwerk)
(Wnd, Ond, Th, Rh)

Schwiegersohn
Schwiegersohn
(Wnd, Ond, Sä, Th, He, Rh, Pf, Sch-A, Fr, Ba)

Schwiegertochter
Schwiegertochter
(Wnd, Ond, Sä, Th, He, Rh, Fr, Ba)

schwinde
sehr
(Th)

Schwippe
Peitsche
(Wnd, Ond, Rh)

sechs, viertel nach
viertel nach (6:15 Uhr)
(Wnd, He, Rh, Pf, Ba)

sechs, viertel über
viertel nach (6:15 Uhr)
(Ba)

See
Teich
(Sch-A, Fr)

Sehne
Bindfaden
(Wnd)

sehr
sehr
(Wnd, Ond, Sä, Th, He, Rh, Ba)
S. 259, 301, 309, 333

Seichameise
Ameise
(He, Rh, Pf, Fr)

Seichämse
Ameise
(Sä, Th)

Seihe
Kaffeesieb
(He)

Seiher
Kaffeesieb
(Th, Pf, Sch-A, Fr, Ba)

Seil
Bindfaden
(Pf)

Seil
Seil
(Sä, Th, He, Rh, Pf, Sch-A, Fr, Ba)
S. 367

Seil
Springseil
(Rh, Pf, Ba)

Seilchen
Springseil
(Rh)

seilchenhöppen
seilspringen
(Rh)

seilchenspringen
seilspringen
(Rh)

seilhopfen
seilspringen
(Sch-A)

seilhopsen
seilspringen
(Ond)

seilhupfen
seilspringen
(Ba)

seilhüpfen
seilspringen
(Th, He, Fr)

seilhuppen
seilspringen
(He)

seilhüppen
seilspringen
(Sä)

seilhupsen
seilspringen
(Pf)

seiljucken
seilspringen
(Sch-A)

seilspringen
seilspringen
(Wnd, Ond, Sä, He, Pf)

Seiltänzer
Kreisel (Kinderspielzeug)
(Fr)

Seime
Seil
(Th)

sein, anständig
artig sein
(Sch-A)

sein, artig
artig sein
(Wnd, Ond, Sä, Th)
S. 370

sein, brav
artig sein
(He, Rh, Pf, Sch-A, Fr, Ba)
S. 296, 371, 372, 378

sein, g'stad
artig sein
(Ba)

sein, lieb
artig sein
(Wnd, Ond, Sä, Rh)
S. 368

Selbstbinder
Krawatte
(Ba)

Semmel
Brötchen
(Wnd, Ond, Sä, Th, Sch-A, Fr, Ba)
S. 271, 273

Senf
Senf
(Wnd, Sä, Th, He, Rh, Pf, Sch-A, Fr, Ba)

Sengnessel
Brennessel
(Rh, Pf)

servus
Auf Wiedersehen
(Pf, Sch-A, Fr, Ba)
S. 248, 249

Setzmilch
Dickmilch
(Wnd)

sich schicken
artig sein
(Wnd, He, Pf)

Sieb
Kaffeesieb
(Wnd, Ond, Sä, Th, He, Rh, Sch-A)

Siebchen
Kaffeesieb
(Pf)

sieben, viertel
viertel nach (6:15 Uhr)
(Ond, Sä, Th, He, Pf, Sch-A, Fr, Ba)

sieh
guck
(Wnd, Ond, He, Rh)

Silscheit
Querholz (Fuhrwerk)
(Th, He, Rh, Pf, Sch-A, Fr)

Sipplamm
Lamm (weiblich)
(Wnd)

Skanziger
Sperling
(Sä, Th)

Snuckup
Schluckauf
(Wnd)
S. 343

socken
laufen
(Ond)

Socken
Hausschuhe
(Fr)

söcken
laufen
(Rh)

Sög
Mutterschwein
(Wnd, Ond)

Söhnerin
Schwiegertochter
(Sch-A)

Sohnsfrau
Schwiegertochter
(Pf, Sch-A)

Söller
Dachboden
(Rh)

Sommerwürmle
Marienkäfer
(Sä)

Sonnabend
Samstag
(Wnd, Ond, Sä, Th, He)
S. 308, 336

Sonnenkäfer
Marienkäfer
(Wnd, Ond)

Sonnwendkäferl
Glühwürmchen
(Ba)

Sottcher
Schornsteinfeger
(Wnd)

Spackelter
Hagebutte
(Pf)

Spagat
Bindfaden
(Sch-A, Fr, Ba)

Spagonerl
Murmel
(Ba)

Spanischlauch
Lauch
(Th)

Spätjahr
Herbst
(Pf, Sch-A, Fr)

Spätling
Herbst
(Sch-A)

Spatz
Sperling
(Wnd, Ond, Sä, Th, He, Rh, Pf, Sch-A, Fr, Ba)

Spatzert
Sperling
(He, Pf)

Späute
Gießkanne
(Rh)

Speckfreter
Libelle
(Wnd)

Speicher
Dachboden
(He, Rh, Pf, Sch-A, Ba)

Speicher
Wagenmacher
(Th)

Spell
Stecknadel
(Wnd, Pf)
S. 357, 358

Spelte
Stecknadel
(Rh)
S. 358

Spendel
Stecknadel
(Wnd, Th)

Spengel
Stecknadel
(Rh, Pf)
S. 358

Spengler
Installateur
(Th, He, Fr, Ba)

Spennadel
Stecknadel
(He)
S. 357

Spennel
Stecknadel
(He)
S. 357

Sperk
Sperling
(Th, Fr)

Sperl
Stecknadel
(Ba)

Sperling
Sperling
(Ond, Sä, Th)

Spießigel
Igel
(Rh)

Spinnebobe
Spinngewebe
(Sch-A)

Spinnehaut
Spinngewebe
(Ba)

Spinnekanker
Spinngewebe
(Sä, Th)

Spinneklunker
Spinngewebe
(Sä)

Spinnekoppen
Spinngewebe
(Wnd)

Spinnelode
Spinngewebe
(Sä)

Spinnen
Spinngewebe
(Ond)
S. 355

Spinnest
Spinngewebe
(Pf)
S. 356

Spinnewette
Spinngewebe
(Sch-A, Ba)

Spinnewupp
Spinngewebe
(Wnd)

Spinngewebe
Spinngewebe
(Ond, Rh)
S. 355

Spinnhudel
Spinngewebe
(Pf, Sch-A)
S. 356

Spinnlappen
Spinngewebe
(Th, He)

Spinnwebe
Spinngewebe
(Wnd, Ond, Sä, Th, He, Pf, Sch-A, Fr)
S. 355, 356

Spinnwette
Spinngewebe
(Rh, Pf)
S. 355

Spitzbein
Eisbein
(Ond, Sä, Th)

Spitzgras
Quecke
(Sch-A)

Spitzwurzel
Quecke
(Fr)

Spräutze
Gießkanne
(Rh)

sprechen
reden
(Wnd, Ond, Sä, Th, Rh, Fr)
S. 241

Spreiselbeere
Preiselbeere
(Th, Fr)

Sprengeimer
Gießkanne
(Ba)

Sprenger
Gießkanne
(Ond, Fr)

Sprengstütze
Gießkanne
(Sä)

Sprengstützen
Gießkanne
(Ba)

Sprenzkante
Gießkanne
(Sch-A)

Spretzer
Gießkanne
(Fr)

springen
laufen
(Th, He, Sch-A, Fr)
S. 311, 322, 345, 367

Springepferd
Heuschrecke
(Ond)

Springerl
Limonade
(Ba)

Springerla
Limonade
(Fr)

Springhahn
Heuschrecke
(Wnd, Rh)

Springseil
Springseil
(Ond, Sä, Pf, Ba)

Springtau
Springseil
(Wnd)

Spritzbecher
Gießkanne
(Fr)

Spritzfaß
Gießkanne
(Ond)

Spritzkanne
Gießkanne
(Sch-A)

Spritzkrug
Gießkanne
(Ba)

Sprudel
Limonade
(Wnd, He, Rh, Pf, Sch-A, Fr)

Sprudel, Süßer
Limonade
(Pf, Sch-A)

Sprute
Knospe
(Wnd)

spülen
abwaschen
(Wnd, He, Rh, Pf, Sch-A, Fr)

Spülwasser
Muckefuck
(Rh, Sch-A)

Spunziger
Sperling
(Sä)

sputen
beeilen
(Wnd, Ond, Sä, Th)
S. 255

Stachelbeere
Stachelbeere (Ribes grossularia)
(Ond, Sä, Th, He, Sch-A, Fr, Ba)

Stacheligel
Igel
(Th)

Stachelschwein
Igel
(Wnd, Ond, Sä)

Stadel
Scheune
(Th, Sch-A, Fr, Ba)
S. 356

Stallhase
Kaninchen
(Th, He, Pf, Sch-A, Fr)

Stammbilder
Glanzbilder
(Th)

Stammbuchbilder
Glanzbilder
(Sä)

Stammbuchblümchen
Glanzbilder
(Sä)

Stammversbilder
Glanzbilder
(Ond)

Stampe
Kneipe
(Ond)
S. 323

Stamperle
Glanzbilder
(Sä)

Stampes
Kartoffelpürree
(He, Pf)

Stampf
Kartoffelpürree
(Th, Fr)

Stampfkartoffeln
Kartoffelpürree
(Wnd, Ond, Rh)

Ständerle
Unterhaltung
(Fr)

Stänker
Iltis
(Sä, Th)

Starke
Kalb (weiblich)
(Ond)

Starkenkalb
Kalb (weiblich)
(Wnd)

stauben
rauchen
(Ba)

Stäuber
Handbesen
(Wnd, Rh)

Stauche
Pulswärmer
(He, Rh, Pf)

Staucher
Pulswärmer
(Fr)

Stäucherle
Pulswärmer
(Sch-A)

Staudelbeere
Heidelbeere
(Pf)
S. 296

Staunze
Stechmücke
(Ba)

Staunzer
Stechmücke
(Fr)

Stechbeere
Stachelbeere (Ribes grossularia)
(Sch-A, Ba)

stecken
pfropfen
(Rh)

Steckerla
Pulswärmer
(Fr)

Steckhaftla
Stecknadel
(Fr)

Stecknadel
Stecknadel
(Ond, Sä, Th, He, Pf, Sch-A, Fr, Ba)
S. 357, 358

Steinbeere
Preiselbeere
(Sch-A)

Steinel
Murmel
(Ba)

Steinert
Murmel
(Th)

Stellmacher
Wagenmacher
(Wnd, Ond, Sä, Th, Rh)

Stengelsbeere
Himbeere
(He)

Stertpogge
Kaulquappe
(Wnd)

Stichweinbeerl
Stachelbeere (Ribes grossularia)
(Ba)

Stickelbeere
Stachelbeere (Ribes grossularia)
(Wnd, Ond)

Stickelbese
Stachelbeere (Ribes grossularia)
(Ond)

Sticken
Streichholz
(Wnd)

Stinkert
Iltis
(Rh)

Stinkkäfer
Mistkäfer
(Pf)

Stippmilch
Dickmilch
(Ond)

Stirkenkalb
Kalb (weiblich)
(Rh)

Stock, Erster
Erdgeschoß
(Sä, Pf, Sch-A, Fr)

Stöckert
Dickmilch
(Fr)

Stockmilch
Dickmilch
(Sch-A)

Stockzahn
Backenzahn

(Th, Sch-A, Fr, Ba)
S. 251

Stöpfel
Korken
(Th)

Stopfen
Korken
(He, Rh, Pf)

Stopfer
Kartoffelpürree
(Fr)

Stöpfer
Korken
(Fr)

Stöppel
Schnuller
(Th)

stoppeln
nachharken
(Fr)

stoppelrechen
nachharken
(He)

Stoppelrechen
Nachharke
(He)

Stoppen
Korken
(He)

Stopper
Korken
(Pf)

Stopsel
Korken
(Ba)

Stöpsel
Korken
(Sä, Th, Fr)

storchen
unterhalten
(Th)

Storchenblume
Margerite
(Chrysanthemum leucanthemum)
(Pf)

Storchentante
Hebamme
(Th)

Stößle
Pulswärmer
(Sch-A)

strählen
kämmen
(He, Pf, Sch-A)

Strang
Seil
(Wnd, Ond)

Strauchen
Schnupfen
(Fr, Ba)
S. 347

Streckbrett
Bügelbrett
(Pf)

Streckeisen
Bügeleisen
(Pf)

Streichbrett
Bügelbrett
(Wnd, Rh)

Streicheisen
Bügeleisen
(Wnd, Rh)

streichen
häufeln (Kartoffeln)
(He)

Streichholz
Streichholz
(Wnd, Ond, Sä, Th, He, Rh, Pf, Sch-A, Fr, Ba)

streifen
nachharken
(Fr, Ba)

Streifer
Nachharke
(Ba)

Streifrechen
Nachharke
(Sch-A, Fr)

Strick
Bindfaden
(Sä, Th, Fr, Ba)

Strick
Seil
(Wnd, Ond, Sä, He, Rh, Pf, Sch-A)

Strick
Springseil
(Pf, Fr, Ba)

Strickeisen
Stricknadel
(Rh, Pf, Fr)

Strickelwier
Stricknadel
(Wnd)

strickhupfen
seilspringen
(Fr, Ba)

Strickhupfer
Springseil
(Fr)

strickhupsen
seilspringen
(Pf)

Stricknadel
Stricknadel
(Ond, Sä, Th, He, Rh, Pf, Sch-A, Fr, Ba)

Strickspieß
Stricknadel
(Pf)

Strickstengla
Stricknadel
(Fr)

Strichsticken
Stricknadel
(Wnd)

Strickstock
Stricknadel
(Th, He)

Striekbeere
Preiselbeere
(Wnd)

Striekspan
Streichholz
(Rh)

Stripp
Euter
(Wnd)

Strippe
Bindfaden
(Ond)

Strunk
Apfelrest
(Sä)

Strupfer
Pulswärmer
(Sch-A, Fr)

Stück Brot
Brotscheibe
(Sä, He, Pf, Fr)

Stulle
Brotscheibe
(Ond, Th)
S. 288

Sturzebockel
Purzelbaum
(Sch-A)

Sturzelbaum
Purzelbaum
(Sä, Th, Fr)

Stürzkarre
Schubkarre
(Ond)

Stützel
Pulswärmer
(Sä)

Stutzen
Pulswärmer
(Pf, Sch-A, Ba)

Stützerl
Pulswärmer
(Ba)

Sucht haben
erkälten
(Sch-A)

Suckel
Ferkel
(Ba)

Suckel
Mutterschwein
(Sch-A)

Suckel
Schnuller
(Sch-A)

Suckelsau
Mutterschwein
(Fr)

Suckerla
Ferkel
(Fr)
S. 312

Sucksäula
Ferkel
(Th, Fr)

Suge
Mutterschwein
(Rh)

Süßer Sprudel
Limonade
(Pf, Sch-A)

Susterbe
Nachharke
(Wnd)

susterben
nachharken
(Wnd)

Swienegel
Igel
(Wnd, Ond)

T

Tag, (Gute)
Guten Tag
(Sä, Th, He, Pf, Sch-A)

Tag, (Guten)
Guten Tag
(Wnd, Ond, Rh)

Tagel
Peitsche
(Wnd)

Talerblume
Margerite
(Chrysanthemum leucanthemum)
(Sä, Th)

Tannenbaum
Weihnachtsbaum
(Wnd, Ond, Sä, Th, He, Rh)
S. 368, 370

Tannhäger
Eichelhäher
(Wnd)

Tanzbär
Kreisel (Kinderspielzeug)
(He, Ba)

Tänzeler
Kreisel (Kinderspielzeug)
(Pf)

Tänzer
Kreisel (Kinderspielzeug)
(He, Pf, Sch-A)

Tanzknopf
Kreisel (Kinderspielzeug)
(Sch-A, Fr)

tapfer, (mach')
beeilen
(Sch-A)
S. 257

Tappen
Hausschuhe
(Fr, Ba)

Tapper
Hausschuhe
(Sch-A)
S. 293

tarren
ziehen
(Ond)

Tasche
Aktentasche
(Wnd, Ond, Sä, He, Rh, Pf, Sch-A, Fr, Ba)

Taschentuch
Taschentuch
(Wnd, Ond, Sä, Th, He, Rh, Pf, Sch-A, Fr, Ba)
S. 359, 360

Tasse
Kaffeetasse
(Wnd, Ond, Sä, Th, He, Rh, Ba)
S. 344

Tassenkopf
Kaffeetasse
(Ond, Th)

Tätscher
Murmel
(Sch-A)

Tatzer
Murmel
(Fr)

Tau
Seil
(Wnd)

Taubeere
Heidelbeere
(Ba)

Taubenmännchen
Tauber
(Rh)

Tauber
Tauber
(Sch-A, Fr)

Tauberer
Tauber
(Ba)

Täuberich
Tauber
(Ond, Sä, He, Rh, Fr)

Taubert
Tauber
(Sä, Th, He, Pf)

Taubhorn
Tauber
(He)

Taumade
Regenwurm
(Ond)

Tauschbilder
Glanzbilder
(Rh)

tauspringen
seilspringen
(Wnd)

Tauwurm
Regenwurm
(Wnd)

Teich
Teich
(Wnd, Ond, Sä, Th, He, Rh, Sch-A, Fr)
S. 312

Teigtrog
Backtrog
(Wnd, Rh)

Tellerblume
Margerite
(Chrysanthemum leucanthemum)
(Sä)

Teufelsnadel
Libelle
(Sch-A)

Texashose
Blue Jeans
(Rh, Pf, Sch-A)

texten
unterhalten
(Sä)
S. 362

Tick
Fangen (Kinderspiel)
(Wnd)

Tiegel
Kochtopf
(Wnd, Fr, Ba)

Tiegelkuchen
Napfkuchen
(Th, Fr)
S. 259

Tierläusken
Schlüsselblume
(Primula)
(Wnd)

Tilltopp
Kreisel (Kinderspielzeug)
(Wnd)

Tipp
Ausguß (Kaffeekanne)
(Ond)

Tippel
Kaffeetasse
(Sä)

Tischler
Tischler
(Wnd, Ond, Sä, Th)

Titscherkugel
Murmel
(Sä)

Titt
Schnuller
(Ond)

Titte
Euter
(Wnd)

Titze
Euter
(He, Pf)

Titzen
Euter
(Th)

Tochterkalb
Kalb (weiblich)
(Pf)

Tochtermann
Schwiegersohn
(Th, He, Pf, Sch-A, Fr)

Töffel(n)
Hausschuhe
(Wnd, Ond)
S. 290, 291, 321

Toge
Nachharke
(Wnd)

togen
nachharken
(Wnd)

Tölpel
Mumps
(Ba)

tomaken, gau
beeilen
(Wnd)
S. 255

tomaken, hille
beeilen
(Wnd)

topedden
beeilen
(Wnd, Ond)

Topf
Kochtopf
(Ond, Sä, Th)
S. 253, 318

Topf
Kreisel (Kinderspielzeug)
(Sch-A)

Topfen
Quark
(Ba)

Töpfer
Töpfer
(Ond, Sä, Th, He, Rh, Pf, Fr, Ba)

Topfkuchen
Napfkuchen
(Wnd, Ond, Th)

Toppen
Quark
(Sch-A)

Torantel
Ohrwurm
(Th)

Tornister
Schulranzen
(Wnd, Ond, Th, Rh)

töwen
warten
(Wnd, Ond)
S. 265, 269

trabmachen
beeilen
(Sä, Th)
S. 255

Trad
Getreide
(Fr, Ba)
S. 285

Tradrechen
Nachharke
(Fr)

Tragatsch
Schubkarre
(Ba)

Tragsau
Mutterschwein
(Fr)

Traktor
Traktor
(Sä, Th, He, Rh, Pf, Sch-A, Fr, Ba)

Tratsch
Unterhaltung
(Sä, Fr)

tratschen
unterhalten
(Ond, Sä, Th, He, Rh, Pf, Sch-A, Fr)
S. 363

tratzen
hänseln
(Ba)

trätzen
hänseln
(Sch-A, Fr)

Trauer
Begräbnis
(He)
S. 259

trecken
ziehen
(Wnd, Ond, Th, Rh)
S. 250, 290, 291, 314, 321, 328, 368

Trecker
Traktor
(Wnd, Ond, Sä, Th, He, Rh)

Treckharke
Nachharke
(Rh)

Treibbere
Schubkarre
(Th)

Tremse
Kornblume
(Wnd, Ond)

trenzen
weinen
(Ba)

Treppe
Pflugwende
(Sch-A)

Tretacker
Pflugwende
(Ba)

Trette
Pflugwende
(Sch-A)

Trieb
Knospe
(Sch-A, Ba)

Triesel
Kreisel (Kinderspielzeug)
(Ond)

triezen
hänseln
(Wnd, Ond, Rh)

Tröstelbier
Begräbnis
(Wnd)

Trottoir
Bürgersteig
(Ond, Th, He, Rh, Pf, Sch-A, Fr, Ba)
S. 294

Trüll
Muckefuck
(Wnd)

Tschuckel
Ferkel
(Sä)

Tschuckerl
Ferkel
(Fr)

tschüß
Auf Wiedersehen
(Wnd, Ond, Sä, Th, He, Rh, Pf, Sch-A, Fr)
S. 248

Tucke
Henne
(Rh)

Tüffel
Kartoffel
(Wnd, Ond, He, Rh)
S. 295, 308, 318

Tüffeln, Gestovte
Kartoffelpürree
(Wnd, Ond)

Tüft
Kartoffel
(Ond)

Tulk
Kartoffelpürree
(Th)

Tülle
Ausguß (Kaffeekanne)
(Wnd, Ond, Th, Rh)

Tummelkopf
Purzelbaum
(Rh)

tummeln
beeilen
(Th, He, Rh, Pf, Fr, Ba)
S. 256, 257

Tümpel
Teich
(Wnd, Ond, Sä, Th)

Tunegel
Igel
(Wnd)

Türfalle
Türklinke
(Sch-A)

Türkläppe
Türklinke
(Wnd)

Türkrücke
Türklinke
(Rh)

Tut
Ausguß (Kaffeekanne)
(Wnd)

Tütebeere
Preiselbeere
(Wnd, Ond)

Tuttel
Schnuller
(He)

Tutz
Kröte
(Wnd)

über sechs, viertel
viertel nach (6:15 Uhr)
(Ba)

Üder
Euter
(Ond)

ulen
fegen
(Wnd)
S. 355

Ülling
Iltis
(Ond)

umdrehen
wenden (Heu)
(Rh)

umkehren
wenden (Heu)
(Rh, Sch-A, Ba)

Ummer
Murmel
(Rh)

umschlagen
wenden (Heu)
(Sch-A, Ba)

unbändig
sehr
(Sä)

Untern
Kaffeetrinken
(Sch-A, Ba)

urkäuen
wiederkäuen
(Fr)

Ütsche
Frosch
(Wnd)

Ütsche
Kröte
(Wnd, Th, He)

uzen
hänseln
(Ond, He, Pf, Fr)
S. 363

van 't Jahr
Jahr, dieses
(Wnd)
S. 282

Vatter
Pate
(Wnd, Ond)
S. 313, 332, 333

Vattersch
Patin
(Wnd)
S. 332

veredeln
pfropfen
(Th)

verkälten
erkälten
(Wnd, He, Rh, Pf, Sch-A, Fr, Ba)
S. 298, 359

Verkältheit
Schnupfen
(Rh)

verkühlen
erkälten
(Wnd, Ond, Sä, Th, He, Fr)

vertlehnen
leihen
(Sch-A)

Verzähl
Unterhaltung
(Rh)
S. 364

Vesper
Abendmahlzeit
(Sch-A)

Vesper
Kaffeetrinken
(Wnd, Ond, Sä, Th, He, Pf, Sch-A, Fr)

Vesperbrot
Kaffeetrinken
(Sch-A)

Vetter
Cousin
(Wnd, Ond, Rh, Sch-A, Fr)

Viehkneifer
Viehbremse
(Ond)

viertel nach sechs
viertel nach (6:15 Uhr)
(Wnd, He, Rh, Pf, Ba)

viertel sieben
viertel nach (6:15 Uhr)
(Ond, Sä, Th, He, Pf, Sch-A, Fr, Ba)

viertel über sechs
viertel nach (6:15 Uhr)
(Ba)

vigilant
intelligent
(Ond, Sä, Th, Fr)

Vogelschippe
Schleuder (Kinderspielzeug)
(Sä)

Volksfest
Jahrmarkt
(Fr, Ba)
S. 307

Vorart
Pflugwende
(Th)

Vorbeet
Pflugwende
(He, Ba)

Vorder
Pflugwende
(He)

Vorende
Pflugwende
(Sä, Th, He, Rh, Fr)

vorgestern
vorgestern
(Wnd, Ond, Sä, Th, He, Rh, Pf, Sch-A, Fr, Ba)

Vorgewende
Pflugwende
(Ond)

Vorhaupt
Pflugwende
(Rh)

Vorhöft
Pflugwende
(Ond)

Vorjahr
Frühling
(Wnd, Ond)

Vorkopf
Pflugwende
(Rh)

vornacht
vorgestern
(Ba)

vornächt
vorgestern
(Sch-A)

vornächten
vorgestern
(Th)

Vorsaal
Hausflur
(Sä)

Vorschlagel
Querholz (Fuhrwerk)
(Ba)

Vorwende
Pflugwende
(Wnd)

Vorwete
Pflugwende
(Wnd)

Vullbuksabend
Heiligabend
(Wnd, Ond)

W

wa
nicht wahr?
(Ond, Sä)

Wachhecke
Wacholder (Juniperus communis)
(He)

Wacholder
Wacholder (Juniperus communis)
(Wnd, Ond, Sä, Th, He, Rh, Pf, Sch-A, Fr, Ba)

Wachtelbeer
Wacholder (Juniperus communis)
(Fr)

Wachtelbusch
Wacholder (Juniperus communis)
(Th)

wachten
warten
(Wnd, Rh)
S. 282

Wädick
Erpel
(Ond)

wafen
unterhalten
(Fr)

Waffel
Mund (halt den ...)
(Fr)

Wägele
Querholz (Fuhrwerk)
(Pf, Sch-A)

Wagenbutzerl
Hagebutte
(Ba)

Wagenmacher
Wagenmacher
(Wnd)

Wagenstange
Deichsel
(Ond, Sä, Th)

Wagner
Wagenmacher
(Sä, Th, He, Rh, Pf, Sch-A, Fr, Ba)

Wagritscherl
Querholz (Fuhrwerk)
(Ba)

Wagscheit
Querholz (Fuhrwerk)
(Sch-A, Fr, Ba)

Waldbeere
Heidelbeere
(He, Rh)
S. 295

Walderdbeere
Walderdbeere
(Wnd, Ond, Sä, Th, He, Sch-A)

Wäle
Heidelbeere
(Pf)
S. 296, 311

Wamsrammeln
Bauchschmerzen
(Ond)

Wangler
Wagenmacher
(Sch-A)

Wännerk
Erpel
(Ond)

Wanstrammeln
Bauchschmerzen
(Sä, Th)
S. 253

warten
warten
(Ond, Sä, Th, He, Rh, Pf, Sch-A, Fr, Ba)
S. 244, 255, 256, 266, 326, 372

Wäschebleuel
Kaulquappe
(Th)

Wasserhüter
Libelle
(Ba)

Wasserjungfer
Libelle
(Wnd, Ond, Sä, Th, He, Sch-A, Fr, Ba)

wat
nicht wahr?
(Ond)

Wäte
Teich
(Th)

Wätering
Teich
(Ond)

Wätla
Teich
(Fr)

Watsche
Ohrfeige
(Rh, Sch-A)

Watschen
Ohrfeige
(Fr, Ba)

Wätte
Teich
(Sch-A)

Weck
Brötchen
(Th, He, Pf, Sch-A, Fr)
S. 271–273, 296, 344

Weckerl
Brötchen
(Ba)

weden
jäten
(Wnd)
S. 324

Wederle
Schnittlauch
(Sä)

Wehfrau
Hebamme
(Sä)

Wehmutter
Hebamme
(Ba)

Weicher Käse
Quark
(Pf)
S. 242

weiden
jäten
(Ond)

weidlemachen
beeilen
(Sch-A, Fr)

weihen
jäten
(Wnd)

Weiher
Teich
(He, Rh, Pf, Sch-A, Fr, Ba)

Weihnachtsabend
Heiligabend
(Wnd, Pf, Sch-A)
S. 313, 371

Weihnachtsbaum
Weihnachtsbaum
(Wnd, Ond, Sä, Th, He, Rh, Pf, Sch-A)

Weihnachtsmann
Weihnachtsmann
(Wnd, Ond, Sä, Th, He)
S. 368–370

weinen
weinen
(Wnd, Ond, Ba)
S. 269, 317

Weisemutter
Hebamme
(Rh)

Weißer Flieder
Holunder (Sambucus nigra)
(Ond)
S. 298

Weißer Kappes
Weißkohl
(Rh, Pf)

Weißer Käse
Quark
(Wnd, Rh, Pf, Fr)

Weißkäse
Quark
(Ond)

Weißkohl
Weißkohl
(Wnd, Ond, Rh)

Weißkraut
Weißkohl
(Sä, Th, He, Pf, Sch-A, Fr, Ba)

Weißwurz
Quecke
(Ba)

Wek
Erpel
(Wnd)

Welschärsche
Stachelbeere (Ribes grossularia)
(Sch-A)

Wendacker
Pflugwende
(Wnd)

Wende
Pflugwende
(Wnd)

wenden
wenden (Heu)
(Wnd, Ond, Sä, Th, He, Rh, Pf, Sch-A, Fr, Ba)

Wenderich
Erpel
(Sä)

wendig
intelligent
(Fr)

weng
bißchen
(Sä, Sch-A, Fr, Ba)
S. 251, 257, 266–268, 311, 339, 365

Wenker
Erpel
(Ond)

Werftag
Werktag
(Sch-A)

werkeln
schuften
(Ba)
S. 354

Werkeltag
Werktag
(Wnd, Ond, Rh, Fr)

Werktag
Werktag
(He, Pf, Sch-A, Fr, Ba)

wetterleuchten
blitzen
(Fr)

wetzen
laufen
(He, Sch-A, Fr)

Wicht
Mädchen
(Wnd, Rh)

Wieche
Docht
(He, Pf)

wiederkäuen
wiederkäuen
(Wnd, Ond, Sä, Th, Rh)

wiehern
wiehern
(Wnd, Ond, Sä, Th, He, Rh, Pf, Sch-A, Fr, Ba)

Wiek
Docht
(Rh)

Wiele
Gänschen
(Th)

Wielegäußling
Gänschen
(Ond)

Wiepe
Hagebutte
(Sä)

wieten
jäten
(Wnd, Sä)

Wiewerla
Gänschen
(Fr)

Wilde Erbel
Walderdbeere
(Rh)

Wilde Erdbeere
Walderdbeere
(Wnd)

Wilder Flieder
Holunder (Sambucus nigra)
(Ond)

Willen, mit
absichtlich
(Wnd, Ond)
S. 243

Wimper
Wimper
(Wnd, Sä, Th, He, Rh, Pf, Sch-A, Fr, Ba)

Winder
Erpel
(Rh)

Windrösla
Anemone
(Fr)

Windwurm
Maulwurf
(Wnd)

wing
bißchen
(He)
S. 256, 267

Winterkohl
Grünkohl
(He, Sch-A, Fr)

Wintermus
Grünkohl
(Rh, Pf)

Winterworbel
Preiselbeere
(Rh)

wird Nacht, es
dunkel, es wird
(He, Sch-A, Fr, Ba)

wirken
arbeiten
(Rh)
S. 354

wischen
aufwischen
(Sä, Th, Rh, Sch-A, Ba)

wischen
fegen
(Sch-A)

Wittfrost
Rauhreif
(Wnd)

Wochendippel
Mumps
(Sch-A)

Wochentag
Werktag
(Wnd, Ond, Sä, Th, He, Rh)

Wochentölpel
Mumps
(Fr)

Woka
Großmutter
(Sä)

woll
nicht wahr?
(Rh)

Worbel
Heidelbeere
(Rh)
S. 295, 296

worgen
schuften
(Sch-A, Fr)

Wort
Erpel
(Wnd)

wrenschen
wiehern
(Wnd)

wringen
auswringen
(Wnd, Rh)

Wristhandschen
Pulswärmer
(Wnd)

Wühler
Maulwurf
(Fr)

wulen
schuften
(He, Pf)

Wullchen
Gänschen
(He)

Wullegans
Gänschen
(Th)

wunderfitzig
neugierig
(Sch-A)
S. 331

wundergern
neugierig
(Sch-A)

wunderlich
neugierig
(Pf)

Wünsche
Glanzbilder
(Wnd)

wurachen
schuften
(Ond, Sä)
S. 352

würgen
schuften
(Th)
S. 353

Wurmen
Regenwurm
(Pf)

Wurzel
Möhre
(Wnd, Ond, Rh, Pf)
S. 324–326

Wurzelbrühe
Muckefuck
(Th)

wurzeln
schuften
(He)
S. 353

wüscheln
wiehern
(Sch-A)

Wuserl
Gänschen
(Ba)

Wusserle
Gänschen
(Sch-A)

Wutzchen
Ferkel
(He, Pf)

Z

zäcken
hänseln
(Pf)

zackerfahren
pflügen
(Sch-A)

zackern
häufeln (Kartoffeln)
(Pf)

zackern
pflügen
(He, Pf, Sch-A, Fr)

Zahlenhupfen
Himmel und Hölle (Hüpfspiel)
(Th)

Zahnangst
Zahnschmerzen
(Sä)

Zahnpein
Zahnschmerzen
(Sä, Th, Rh)

Zahnreißen
Zahnschmerzen
(Sä, Th)

Zahnschmerzen
Zahnschmerzen
(Wnd, Ond, Sä, Th, He, Rh, Fr)

Zahnweh
Zahnschmerzen
(Wnd, Th, He, Pf, Sch-A, Fr, Ba)

Zahnwehtage
Zahnschmerzen
(Th)

Zähnwehtage
Zahnschmerzen
(Wnd, Ond, Fr)

Zammet
Kartoffelpürree
(Th)

zanken
schimpfen
(Sä, Th)

zannen
weinen
(Ba)

Zapfen
Korken
(Sch-A)

Zapfen
Schnuller
(Pf, Sch-A)

Zauche
Docht
(Ba)

zauen
beeilen
(Ond, Sä, Th, Rh)
S. 255–257

Zauke
Maiglöckchen (Convallaria maialis)
(Sä)

Zaute
Ausguß (Kaffeekanne)
(Fr)

Zeck
Fangen (Kinderspiel)
(Ond, Sä)

Zeltel
Bonbon
(Ba)

Zengenessel
Brennessel
(Sch-A)

zergeln
hänseln
(Ond, Th)

zergen
hänseln
(Rh)

zerren
hänseln
(Wnd, Ba)

zerren
ziehen
(Sä, Th, Fr)

Zibbe
Lamm (weiblich)
(Th)

Zibbenlamm
Lamm (weiblich)
(Ond)

Zibeleskäse
Quark
(Fr)

Zicke
Ziege
(Wnd, Ond, Sä, Th)
S. 271, 330, 373, 374

Ziege
Ziege
(Wnd, Ond, Sä, Th, He, Rh)
S. 330, 331, 373–377

ziegen
ziehen
(Sch-A, Fr, Ba)
S. 257, 261, 268, 326, 361, 378

Ziegenbein
Kornblume
(Sä, Th)

Ziegenblume
Anemone
(Wnd)

Ziegenpeter
Mumps
(Wnd, Ond, Sä, Th, He, Rh, Fr)

Zieger
Quark
(Sch-A)

ziehen
ziehen
(Wnd, Ond, Sä, He, Rh, Pf, Sch-A, Fr)
S. 328, 329, 331, 355

Ziehkalberl
Kalb (weiblich)
(Ba)

zinschern
schlittern
(Sä)

Ziper
Pflaume
(Sch-A, Fr)

Zipf
Ausguß (Kaffeekanne)
(Th)

zischen
schlittern
(Fr)

Zoche
Docht
(Fr)

zoppen
ziehen
(Ond, He)

Zosse
Pferd
(Sä)

zu Fleiß
absichtlich
(Ba)
S. 245

zu Hause
Hause, nach
(Ond, Th)
S. 359

zu Hause
Hause, zu
(Wnd, Ond, Sä, Th, Rh)

zu Leid
absichtlich
(Sch-A)
S. 244

zu Leid, gerade
absichtlich
(Pf)
S. 244

Zuchtel
Mutterschwein
(Th, Ba)

Zuckerbaum
Weihnachtsbaum
(Th, He, Pf)

Zückerchen
Bonbon
(Rh)
S. 270

Zuckerle
Bonbon
(Sä, Th, Sch-A)
S. 349

Zuckerschefen
Erbsen
(Sch-A)

Zuckerstein
Bonbon
(Th, He, Pf)
S. 270, 349

Zugeherin
Putzfrau
(Fr)

Zugehfrau
Putzfrau
(Ba)

Zugmaschine
Traktor
(Sä)

Zugrechen
Nachharke
(Sch-A)

Zugscheitel
Querholz (Fuhrwerk)
(Ba)

Zulp
Schnuller
(Sä)

zum Fleiß
absichtlich
(Th)

zum Possen
absichtlich
(Sä, Sch-A, Fr)
S. 244

zum Schure
absichtlich
(Sä, Th)
S. 243

zumachen
beeilen
(Wnd)
S. 255

zumachen, fix
beeilen
(Ond)
S. 255

Zündholz
Streichholz
(Sch-A, Ba)

Zündhölzla
Streichholz
(Fr)

Zündsteckerla
Streichholz
(Fr)

Zündwürmle
Glühwürmchen
(Sch-A)

zusammenackern
häufeln (Kartoffeln)
(Ba)

zusammenklauben
auflesen
(Ba)

zusammenlesen
auflesen
(Sch-A, Fr)

zusammenrecheln
nachharken
(Pf)

zusammenrechen
nachharken
(He, Sch-A, Fr)

zuscheln
schlittern
(Sä, Th)

Zuspringerin
Putzfrau
(Fr)

Zutte
Ausguß (Kaffeekanne)
(He, Pf)

Züttich
Ausguß (Kaffeekanne)
(Th)

Zütz
Schnuller
(Th)

Zwacke
Schleuder (Kinderspielzeug)
(He)

Zwark
Quark
(Sä)

Zwecke
Quecke
(Sch-A)

zweigen
pfropfen
(Pf, Sch-A)

Zwengerl
Preiselbeere
(Ba)

Zwerle
Mehlschwitze
(Sch-A)

Zwetsch
Ohrfeige
(Ond)

Zwetsche
Pflaume
(Ond)

Zwetschge
Pflaume
(Sch-A, Fr, Ba)

zwicken
kneifen
(Sä, Th, He, Sch-A, Fr, Ba)
S. 321, 322

Zwiesel
Schleuder (Kinderspielzeug)
(Th)

Zwilch
Sperling
(Th)

Zwille
Schleuder (Kinderspielzeug)
(Wnd, He)

Zwistel
Schleuder (Kinderspielzeug)
(Fr, Ba)

Zwunzer
Augenlid
(Th)

Wortregister »Redewendungen«

Die in den »Redewendungen« vorkommenden Dialektwörter aus der »Synopse« nach Stichwörtern geordnet. Die **fetten** Seitenzahlen nach dem Stichwort verweisen auf die »Synopse«, die *kursiven* auf die »Sachgruppen« und die unterstrichenen auf die »Redewendungen« zu einem Stichwort. Darauf folgen die einzelnen Dialektwörter mit Verweis auf die »Redewendungen«.

Abbildungsverzeichnis

Die Autoren

Ulrich Knoop

Promotion 1972. Wissenschaftlicher Mitarbeiter und Dozent am Forschungsinstitut für deutsche Sprache – »Deutscher Sprachatlas« der Universität Marburg. Neben anderen sprachwissenschaftlichen Arbeiten (u.a. zur Sprachgeschichte, Sprachphilosophie, Schriftsprache – Mitherausgeber des Handbuches »Schrift und Schriftlichkeit«, 1995 u. 1996 der Zs. »Germanistische Linguistik«), Autor und Mitherausgeber mehrerer dialektologischer Arbeiten, u.a. Handbuch »Dialektologie« (2 Bde, 1982/1983). Seit 1995 Professor für Germanische Philologie an der Albert-Ludwigs-Universität Freiburg i. Br.

Michael Mühlenhort

Nach Studium in Göttingen, Mainz und Marburg erstes Staatsexamen in Deutsch und Geschichte. In Marburg Mitarbeit am »Repertorium der deutschsprachigen Handschriften des 13. Jahrhunderts« und dem Katalog zur Ausstellung »Erzählte Welt. Frühneuzeitliche Erzählliteratur aus den Beständen der Universitätsbibliothek Marburg«. Seit 1996 wissenschaftlicher Mitarbeiter am Arbeitsbereich Geschichtliche Landeskunde des Deutschen Seminars I an der Albert-Ludwigs-Universität Freiburg i. Br. Beteiligung am Aufbau einer Arbeitsstelle »Klassikerwörterbuch« unter der Leitung von Prof. Dr. Ulrich Knoop. Bereitet seine Promotion (»Das Bild der Hexe in der frühneuzeitlichen Dichtung«) vor.

Bildnachweis

Ludwig Bechstein's Märchenbuch. Leipzig 1853 [Nachdruck Dortmund 1977, 4. Auflage 1988 (Die bibliophilen Tb 5)], S. 143 *(Abb. 28)*. – Wilhelm Busch: Und die Moral von der Geschicht – Was beliebt ist auch erlaubt [2 Bände]. Hg. von Rolf Hochhuth. Gütersloh o. J. [1959], Bd. 1, S. 37, 38, 226, 244, 353; Bd. 2, S. 477 *(Abb. 35, 36, 25, 60, 48, 58)*. – Hans Otto Stroheker/Günther Willmann: Cannstatter Volksfest. Das schwäbische Landesfest im Wandel der Zeiten. Stuttgart und Aalen 1978, Abb. 28 (nach S. 80) *Abb. 50)*. – Josef Daum und Michael Kuhn: Pflanzenbilder aus alten Büchern und auf historischen Krügen, Braunschweig 1985, S. 181 *(Abb. 46)*. – Kräuterbuch Deß vralten vnnd in aller Welt berühmtesten Griechischen Scribenten Pedacii Dioscoridis Anazarbæi, Frankfurt am Main 1610 (Nachdruck Grünewald bei München 1965), S. 348 *(Abb. 47)*. – Fedja Anzelewsky: Dürer. Werk und Wirkung, Erlangen 1988, S. 72, 102 *(Abb. 12, 40)*. – Franciscus Philippus Florinus: Allgemeiner Kluger und Rechts=verständiger Haus-Vatter. Nürnberg/Frankfurt und Leipzig 1722 [2 Bände: Nachdruck Stuttgart 1981], Bd. 1, S. 462, 565, 637; Bd. 2, S. 657, 666, 706, 722, 763, 1032, 1168, 1191 *(Abb. 43, 45, 44, 5, 11, 10, 32, 2, 68, 15, 4)*. – Hans-Friedrich Foltin: Die Kopfbedeckungen und ihre Bezeichnungen im Deutschen; in: Deutsche Wortforschung in europäischen Bezügen. Untersuchungen zum Deutschen Wortatlas hg. von Ludwig Erich Schmitt, Band 3, Gießen 1963, S. 1–296, Abb. 9, 11, 12 *(Abb. 55)*. – Alt=Kräuterbüchlein. Von der Kraft und Wirkung der Kräuter. Nach dem »New=Kreüterbüchlein« des Leonhart Fuchs [1543]. Hg. von Alexander von Bernus, Frankfurt am Main 1980 [3. Auflage 1991] (Insel Tb 456), S. 76, 108 *(Abb. 20, 19)*. – Geschichte der Handwerksberufe. Hg. von Helmut Vocke, Waldshut/Baden 1959, Bd. 1, S. 184 *(Abb. 41)*. – James Gillray 1757–1815. Meisterwerke der Karikatur. Hg.: Herwig Guratzsch, Stuttgart 1986, S. 158 *(Abb. 3)*. – Erhard Gorys: dtv-Küchen-Lexikon. Von Aachener Printen bis Zwischenrippenstück. Illustrationen von Peter Schimmel, München 1977 (dtv 3140), S. 385 *(Abb. 16)*. – Herbert Heckmann: Die Freud des Essens. Ein kulturgeschichtliches Lesebuch vom Genuß der Speisen aber auch vom Leid des Hungers, München 1979, S. 117, 278 *(Abb. 17, 65)*. – Th. Th. Heine, S. 308: © VG Bild-Kunst, Bonn 1998. – Johann Gottfried Herder: Der Cid. Nach spanischen Romanzen besungen. Dritte Auflage, Stuttgart 1859 [Nachdruck Dortmund 1978 (die bibliophilen Tb 44)], S. 153 *(Abb. 29)*. – Holzschnitte. Die 160 schönsten Beispiele der europäischen Holzschneidekunst aller Epochen, Gütersloh o. J., S. 66, 77 *(Abb. 63, 33)*. – Die Kartoffel. Geschichte und Zukunft einer Kulturpflanze. Hg. von Helmut Ottenjohann und Karl-Heinz Ziessow, Cloppenburg 1992, S. 49 *(Abb. 52)*. – Heinrich Keim/Willem Lüth: Südniedersachsens Küche. Rezepte, Geschichten, Anekdoten, Gudensberg-Gleichen 1988, S. 22 *(Abb. 30)*. – Karl-Heinz Klingenburg [u. a.]: Deutsche Kunst und Literatur in der frühbürgerlichen Revolution. Aspekte, Probleme, Positionen; Berlin 1975, S. 32 *(Abb. 42)*. – Hans Ost: Leonardo-Studien, Berlin/New York 1975 (Beiträge zur Kunstgeschichte 11), Tafel 24 *(Abb. 13)*. – Matthäus Merian: Bildvorlagenatlas. Welt der Tiere. 2859 historische Vorlagen von Vierfüßlern, Vögeln, Fischen, Niederen Tieren, Insekten, Schlangen und Drachen; Augsburg 1990 *(Abb. 22, 23, 66)*. – Alfred Richard Meyer/Heinrich Zille: Komm, Karlineken, komm! Alte und neue Berliner Kinder-Reime, München 1983 [Nachdruck der Ausgabe Berlin 1925], S. 11, 25 *(Abb. 6, 49)*. – Oikos. Von der Feuerstelle zur Mikrowelle. Haushalt und Wohnen im Wandel [hg. von Michael Andritzky], Gießen 1992, S. 85, 338 *(Abb. 8, 51)*. – Franciscus Petrarcha: Von der Artzney bayder Glück/des guten vnd widerwärtigen. [Neudruck der Ausgabe Augsburg 1532.] Hg. und kommentiert von Manfred Lemmer, Leipzig 1984, 1. Buch, Bl.6v [2. Lage], VIr; 2. Buch, Bl.XIIIIv, XXIVv, CXIXv *(Abb. 14, 62, 57, 37, 34)*. – Franz Graf von Pocci: Die gesamte Druckgraphik. Hg. von Marianne Bernhard, München 1974, S. 119, 498, 613 *(Abb. 26, 7, 38)*. – Das Ludwig Richter Hausbuch. Auswahl von Aiga Matthes, München 1976, S. 36, 265 *(Abb. 24, 59)*. – Kurt Seligmann: Das Weltreich der Magie. 5000 Jahre Geheime Kunst. Wiesbaden o. J., S. 6 *(Abb. 27)*. – Hans Schöpf: Zauberkräuter, Graz 1986, S. 112 *(Abb. 18)*. – Anton Schwind: Bayern und Rheinländer im Spiegel des Pressehumors von München und Köln. Ein Beitrag zur Wesenskunde zweier Stämme, München/Basel 1958, S. 119 *(Abb. 54)*. – Simplicissimus. Eine satirische Zeitschrift München 1896–1944. Ausstellung Kunsthalle Bremen 9. April bis 28. Mai 1978, München 1978, S. 341 *(Abb. 31)*. – Ein kurtzweilig Lesen von Dil Ulenspiegel. Nach dem Druck von 1515 mit 87 Holzschnitten. Hg. von Wolfgang Lindow, Stuttgart 1978 (RUB 1687), S. 9 *(Abb. 56)*. – Ingeborg Weber-Kellermann: Die Familie. Geschichte, Geschichten und Bilder, Frankfurt am Main 1976, S. 309 *(Abb. 67, 21)*. – Was wir gespielt haben. Erinnerungen aus der Kinderzeit. Hg. von Ingeborg Weber-Kellermann und Regine Falkenberg, Frankfurt am Main 1981, S. 51, 210 *(Abb. 53, 63)*. – Christoff Weigels Ständebuch von 1698 ausgewählt von Fritz Helbig, Ebenhausen bei München 1936 (Kulturdokumente aus vergangenen Jahrhunderten 2), S. 199 *(Abb. 61)*. – Die Welt der Fastnachtsnarren. Hg. von Franz Götz, Stockach-Wahlwies o. J., S. L *(Abb. 39)*. – Württembergisches Landesmuseum Stuttgart/Landesstelle für Volkskunde Stuttgart: Der neuen Welt ein neuer Rock. Studien zu Kleidung, Körper und Mode an Beispielen aus Baden-Württemberg. Hg. von Christel Köhle-Hezinger und Gabriele Mentges, Stuttgart 1993 (Forschungen und Berichte zur Volkskunde in Baden-Württemberg 9), S. 336 *(Abb. 9)*. – Heinrich Zille, S. 153, 304: © Fackelträger-Verlag GmbH, Hannover.